基本刑法 I
総論
第3版

大塚裕史・十河太朗・塩谷毅・豊田兼彦[著]

日本評論社

第3版　はしがき

　本書の初版を上梓してから6年半、第2版を上梓してから丸3年が経過した。その間、本書は、判例実務の立場から刑法学を学ぶ新しいタイプのテキストとして、法科大学院生、法学部生、司法試験受験生、予備試験受験生をはじめとして多くの読者を得ることができた。本書が、刑法学習の基本書として愛読されてきたことは、著者として予想外の喜びであると同時に、責任の重さを痛感する次第である。

　第2版を上梓してから3年の間に、性犯罪に関する刑法改正が行われただけでなく、学習上極めて重要な判例が出されており、それらをめぐり学説においても新たな展開がみられる。そこで、今回の改訂では、学習上重要な最新の立法・判例に関する情報を提供するとともに、旧版の内容を再検討し少しでも説明がわかりやすくなるよう全面的に見直しをすることにした。

　具体的には、第1に、共同正犯論に関する記述を全面的に見直し、よりわかりやすい記述に改めた。特に、共謀の射程と共同正犯の錯誤の関係、犯罪共同と行為共同の対立の意味など学生諸君が難解と感じる部分について丁寧な説明を加えるとともに、判例実務の共同正犯論の現状をよりわかりやすく説明した。

　第2に、正当防衛の分野では、最高裁平成29年4月26日決定を踏まえ、侵害の急迫性要件の説明を全面的に書き改め、急迫性の有無をどのように判断すべきかについて具体的かつ詳細な説明を加えた。

　第3に、実行の着手論に関する記述を全面的に見直し、着手に関する基本問題と特殊問題に分け、判断基準（密接性と危険性）と判断資料を明らかにしつつ、最新の判例実務の状況を踏まえてわかりやすく解説した。

　第4に、これら以外の分野についても、法改正の内容や新たな判例を徹底的にフォローするとともに、本書を用いて授業を担当した経験を踏まえ、読者の理解が深められるよう多くの箇所で記述内容を改めた。

　本書の基本的な考え方は、初版と全く変わっていない。本書は、判例実務の立場から、基本的な条文解釈力と具体的事例を解決できる事案処理能

力を養成できるようにさまざまな工夫を凝らしたいわば「実務刑法学」のテキストである。詳細は「初版　はしがき」を参照していただきたい。

　本書を使用して学習する際に注意すべきことは、判例実務の結論を無批判に暗記するような学習態度をとってはならないという点である。ある論点について判例実務と学説が対立している場合、重要なことはなぜある論点をめぐって見解が対立するのか、それは刑法の基本原理・原則とどのように関連するのか、なぜ判例は数ある考え方の中で一定の立場を採用したのかということをきちんと考えることである。そして、判例実務の立場を深く正確に理解するためには、それと対立する学説をしっかり学ぶ必要がある。本書が、判例実務の結論を説明する前にさまざまな学説の対立を紹介しているのは実はそのためである。こうした学習に欠けると、表面的な知識しか身につかず、具体的な事例問題を縦横に解決できる実践的応用力に欠ける結果になりかねない。本書は、便利なマニュアル本ではなく、実務刑法学の基礎をがっちり固めるための基本書であり、本物の力を身につけたい読者のバイブル的存在になることを希望している。

　第3版の改訂作業も、4人の執筆者が京都に集まり相互に意見交換を重ね、最終的には合議によって行った。また、いつもながら日本評論社編集部の田中早苗さんにも大変お世話になった。とりわけ、改訂原稿に細かく目を通していただき多くの適切な助言をいただいた。その意味では、本書は4人の著者と編集者の共同作品である。この場を借りて、心より御礼申し上げたい。

　本書が、刑法を深く正しく理解したいと願う読者の皆さんの期待に応えることができるならば、執筆者としてこれにまさる喜びはない。

2019年2月

執筆者を代表して
大塚裕史

初版　はしがき

　本書は、主として司法試験をめざして法科大学院や法学部等で刑法総論を学習しようとする読者を対象に、「判例」の視点から刑法を学ぶ新しいタイプの教科書である。

　刑法総論の分野では、これまで優れた体系書が数多く出版されている。しかし、そのいずれも、著者の学問体系に基づき一貫した立場で刑法のさまざまな問題を考察したものであるため内容が高度であり、これらの本をいきなり初学者が読んでも、基本的事項さえも理解することは必ずしも容易ではない。他方、法科大学院では、法理論と実務との架橋を強く意識した教育が、少人数制のクラス編成を基本とし、双方向的・多方向的で密度の濃い授業を通じて実践されることから、刑法の基本的知識を手とり足とり講義する時間的余裕はなく、基本的事項のある程度の修得は学生諸君の自習に任されている。それにもかかわらず、従来、学生諸君が自学自習できるような教科書は少なく、そのためか、特に刑法総論の分野では、学生諸君の基本書離れが急速に進むという深刻な状況にある。

　こうした状況を踏まえ、刑法の基本的事項を深く理解し、かつそれを使いこなせる力を涵養できる自習用の「教科書」があれば、法科大学院や学部の教育効果は飛躍的に高まるはずである。そのような狙いをもって誕生したのがほかならぬ本書である。

　本書の基本的な特徴は以下の点にある。

　第1に、本書は、「判例から学ぶ刑法総論」のテキストである。本書の主たる読者対象として想定されているのは、法科大学院生、法科大学院への進学を希望する学部生、予備試験等の受験生である。これらの者の当面の目標は司法試験の合格にある。司法試験が法曹実務家の登竜門であり、法曹実務家の仕事が条文と判例を中心として事案の適切な解決を図ることを目的とするのである以上、司法試験合格のためにも「判例」を中心に刑法を学ぶことが不可欠である。本書は、学説中心の従来型の体系書・教科書とは異なり、判例実務の考え方をしっかり理解できることを目標とする新しいタイプのテキストである。判例は、具体的事案に対する裁判所の判

断内容を示したものであり、それがわが国の実務を動かすものである以上、判例の結論に賛成するか反対するかは別として、まずは判例の考え方をしっかり理解することが刑法学習の第1歩として肝要である。本書は、刑法の重要問題について、可能な限り判例実務の立場から解説を施し、判例実務を理解し補充するのに必要な限度で学説に言及している。したがって、本書は、ある特定の学説の立場に立つものではなく、強いて言うならば判例説の立場に立ったものということができる。共同執筆者は、それぞれ学問的な立場を異にしているが、本書では執筆者の学問的個性は完全に排除し、「教科書」に徹した記述を心がけた。その意味で、本書は、これから法曹実務家をめざすという明確な目標をもつ学生諸君にとって、何を学ばなければならないかを明示したテキストとして有益であろう。

　第2に、本書は、「事例から学ぶ刑法総論」のテキストである。本書は、具体的な事例をふんだんに取り上げ、その解説を通して刑法総論を学ぶことができるように工夫されている。抽象的な概念も具体的な事例から考えればわかりやすく、また具体例を考えることにより基本的事項を正しく深く理解することが可能となる。それだけではなく、事例学習により、法規範を具体的事案に当てはめ妥当な結論を導く力を涵養することもできる。

　第3に、本書は、「読者の目線に立った刑法総論」のテキストである。本書は、日頃から刑法教育に熱意をもち、上記のコンセプトに賛同した4名が、定期的に研究会を開催し、どのように説明すれば読者の理解が容易になるかについて、持ち寄った原稿を叩き台として毎回長時間にわたって議論に議論を重ねた結果の産物である。各講の執筆者は一応明示してあるものの、文字どおり「共同作業」の成果である。また、原稿の一部は、学生モニターの方々に読者の視点から有益なアドバイスをいただき、それを踏まえて原稿に加筆修正を施している。このように、本書はわかりやすさを追求した点でも特色があり、難解といわれる刑法総論の「自習」を可能にするテキストである。

　このように、本書は、具体的な事例を通して、できるだけわかりやすく、判例実務の立場を理解できるように配慮されたテキストであり、法科大学院や学部の授業の予習・復習の教材として、また、司法試験対策の基本書としての使用に十分耐えうる内容となっている。したがって、本書を1冊じっくりマスターすれば、刑法総論の基礎をしっかり身につけること

ができるので、司法試験受験の基礎固めとしても十分であろう。

　本書の活用法については、「本書の使い方」を参照していただきたい。本書が、多くの法科大学院生、法学部生、司法試験受験生、そして広く刑法を学ぼうとする多くの方々の学習に役立つことができれば、著者としてこれにまさる喜びはない。

　本書の企画から誕生まで、日本評論社編集部の田中早苗さんには大変お世話になった。大阪や京都で行われた本書の研究会にいつもお付き合いいただき適切な助言をいただいた。田中さんのサポートなしには本書の完成はなかったであろう。また、神戸大学、岡山大学、同志社大学、関西学院大学の学生諸君には、本書のモニタリングに熱心に協力していただいた。この場を借りて、心から感謝申し上げたい。

　　　　　　　　　　　　　　　　　　　　　　　　　　2012年10月

　　　　　　　　　　　　　　　　　　　　　　　　執筆者を代表して
　　　　　　　　　　　　　　　　　　　　　　　　大塚　裕史

本書の使い方

1 本書の構成と読み方（概要）

　本書は全部で30講ある。このうち刑法総論を扱うのは1講から29講までであり、30講では刑法の事例問題の解き方を解説している。したがって、本書は、1講から29講までを順に読めば刑法総論を一通り学べるようになっている。

　これからじっくり刑法総論を学びたい読者は、1講から29講までを通読するとよいであろう。大学の法学部・法科大学院などで刑法総論を学んでいる、あるいは既に一通り学んだという読者は、3講から27講までを重点的に読むとよいであろう。この部分で刑法総論の中核をなす犯罪論が扱われているからである。刑法総論の基本知識はあるが事例問題の解き方がわからないという読者は、30講から読んでもよいであろう。

　法律の教科書を読むときに大切なことは、六法（法令集）で条文を確認し、ポイントを押さえながら、繰り返し読むということである。この点は、本書についても同様である。押さえるべきポイントは、30講4(1)に書いておいたので、そちらを参照してほしい。本書の工夫を生かした効率的かつ効果的な読み方については、後の2で説明する。ここでは、次のことをアドバイスしておきたい。

　本書では、既に述べたように、刑法総論の中核をなす犯罪論は、3講から27講までの各講で扱われている。犯罪論を学ぶにあたっては、まず、犯罪論全体の「見取図」を示した3講を熟読して、犯罪論の「幹」である「犯罪論の体系」（犯罪認定の手順）を理解し、これを頭に入れてから、4講以下へと進んでほしい。犯罪論で学ぶべきことは沢山あり、しかも難しい。これを相互に関連づけることなくバラバラに理解し覚えようとしても困難である。覚えたとしても、「使える知識」にならないであろう。「使える知識」とするためには、いま自分の学んでいることが「犯罪論の体系」という「幹」のどこに付いた「枝」なのか、それは「大きな枝」か「小さな枝」か、どの「枝」に付いた「葉」なのか、といったことを意識しながら読み、知識を体

系的に身につけていく必要がある。そのためには、3講を熟読して犯罪論の「幹」をしっかり理解し、これを頭に入れておくことが大切なのである。

なお、法学部のゼミ等で刑法の問題について発表するときやレポートを書くときには、本書にとどまらず、論文や体系書等を参照する必要がある。

2　本書の工夫と活用法

本書では、読者をサポートするために以下の工夫をしてみた。これを生かせば、より効率的かつ効果的に本書を読むことができるであろう。

①　「学習のポイント」

各講の冒頭に「学習のポイント」を掲げた。本文を読む前に「学習のポイント」を確認し、これを目標に本文を読み進めるとよい。また、各講を読み終えた後、冒頭に戻って、「学習のポイント」を理解できたかを確認するのもよいであろう。

②　活字の大きさ・字体

活字の大きさを大小2つに分けた。本書は、大活字の部分を読めば刑法総論の基本部分を一通り学べるようになっている。したがって、大活字の部分に重点を置いて繰り返し読んでほしい。初めて刑法総論を学ぶ読者や早く通読したい読者は、小活字の部分は後回しにして、大活字の部分を読んでいくとよいであろう。

キーワード・キーフレーズは太字にした。キーワードのうち、刑法総論の基本概念・用語については、正確に理解した上で、「使える知識」として記憶しておきたい。

③　【事例】と【設問】

抽象的で難しいことも、具体例があるとわかりやすい。学んだことを「使える知識」とするためにも、具体例の使用は効果的である。そこで、本文中に適宜【事例】や【設問】を挿入した。

【事例】は、主に、基本的な概念・理論を理解するための典型例からなる。抽象的な概念・理論も、典型例で考えるとわかりやすいであろう。

【設問】は、主に、論点に関する典型例や判例の事案を素材として、論点の理解を問うものである。本書は、論点について、【設問】の解答の道筋を示しながら具体的に説明するという方法をとっている。これを読めば、論点についての理解が深まるとともに、概念・理論の使い方を具体的に学ぶことができ、概念・理論を、単に抽象的にではなく、具体的な事例に応用できる「使える知識」として身につけることができるであろう。

理解度を確認するために【事例】や【設問】を活用するのもよい。抽象的な概念・理論を【事例】を使って自分の言葉で具体的に説明できるようになり、概念・理論を使って【設問】に正しく答えられるようになれば、理解度は十分であると考えてよいであろう。

なお、【設問】を抜粋してまとめたものを日本評論社のウェブサイト（http://www.nippyo.co.jp/）に掲載している。ダウンロードして、簡易な問題集として活用するとよいであろう。

④　図　表

抽象的な概念・理論も、図表で視覚的に把握できると理解しやすい。そこで、読者の理解の手助けとなるよう適宜図表を挿入した。

⑤　「コラム」

補足説明、用語解説、学習上の注意点などは、本文と別に「コラム」として囲っておいた。「コラム」を読まなくても本文は理解できるようになっているので、初めて刑法総論を学ぶ読者や本書を早く通読したい読者は、「コラム」を後回しにしてかまわない。

⑥　判例の引用

判例を引用するにあたり、判例の重要度を示した。最重要判例には◎、重要判例には○を付してある。判例を参照するときは、これを参考に優先順位や時間配分のメリハリを付けるとよいであろう。

また、判例と併せて判例教材も引用しておいた。引用した判例教材は、山口厚＝佐伯仁志編『刑法判例百選Ⅰ総論（第7版）』（有斐閣、2014年）、大谷實編『判例講義刑法Ⅰ総論（第2版）』（悠々社、2014年）、成瀬幸典＝安田拓人編『判例プラクティス刑法Ⅰ総論』（信山社、2010年）の3つで、それぞれ「百」、「講」、「プ」と略して引用してある。略語に続く数字は、各判例教材における判例の番号である。引用判例を学ぶ際に活用してほしい。

●基本刑法Ⅰ──総論（第3版） 目次

第3版　はしがき
初版　はしがき
本書の使い方

Ⅰ　刑法および犯罪論の基礎

第1講　刑法の基礎理論……………………………………………2
1　刑法の意義と分類　2
(1)　刑法の意義　2
(2)　刑法の分類　3
2　刑法の機能　4
(1)　刑法の機能（目的）　4
　ア　法益保護機能　4　　イ　自由保障機能　4　　ウ　その他の機能　5
(2)　法益保護機能と自由保障機能の対立　6
3　刑法の基本原理　7
(1)　法益保護主義　7
(2)　責任主義　7
(3)　罪刑法定主義　8
4　犯罪理論　8
(1)　非決定論と決定論の対立　9
(2)　対立の統合　9
5　刑罰理論（刑罰の正当化根拠）　10
(1)　応報刑論と目的刑論の対立　10
　ア　絶対的応報刑論　10　　イ　一般予防論　11　　ウ　特別予防論　11
(2)　対立の統合　11

　　コラム　社会規範と刑法　3
　　コラム　刑法と社会倫理　5
　　コラム　刑法の謙抑性　8
　　コラム　刑法理論の系譜　10

第2講　罪刑法定主義……………………………………………… 13

1　総　説　13
(1) 罪刑法定主義の概観　13
　ア　意　義　13　イ　罪刑法定主義を支える原理と法律主義・遡及処罰の禁止　13
　ウ　派生原則　14
(2) 本講の課題　15

2　法律主義　15
(1) 意　義　15
(2) 例　外　16
　ア　命　令　16　イ　条　例　17

3　遡及処罰の禁止　17
(1) 意　義　17
(2) 判例の不利益変更　17

4　刑罰法規の適正性　18
(1) 総　説　18
(2) 刑罰法規の明確性・広範性　18
　ア　明確性　18　イ　広範性　19

5　類推の禁止　21
(1) 意　義　21
(2) 拡張解釈との関係　22
　ア　拡張解釈の意義　22　イ　拡張解釈と類推の区別　22
　コラム　罪刑法定主義の沿革　15

第3講　犯罪論の基本構造…………………………………………… 24

1　犯罪の概念　24
(1) 犯罪論とは何か　24
(2) 犯罪とは何か　24
(3) 犯罪は「行為」である　25
(4) 犯罪は「違法」な行為である　26
(5) 犯罪は「有責」な行為である　27
(6) 構成要件に該当しなければ犯罪ではない　28

2　構成要件と違法性・有責性の関係　29
(1) 構成要件とその機能　29
(2) 構成要件の理論　30
　ア　構成要件と違法性の関係　30　イ　構成要件と有責性の関係　30

3　犯罪論体系　31
(1) 犯罪論体系とは何か　31

(2) 本書の立場　32
 4　犯罪認定の具体的手順　33
  (1) 構成要件該当性　33
  (2) 違法性阻却事由（正当化事由）　34
　　ア　緊急行為　35　　イ　正当行為　35
  (3) 責任阻却事由（免責事由）　36
　　ア　責任能力　37　　イ　（責任）故意　38　　ウ　違法性の意識の可能性　38
　　エ　期待可能性　39
  (4) まとめ　40
　　コラム　結果無価値・行為無価値の「無価値」とは　27
　　コラム　構成要件を見たことのある人はいない　29
　　コラム　違法性の判断を行う場所は2つある　34
　　コラム　故意は1つ　38
　　コラム　客観的処罰条件と一身的処罰阻却事由　39

II　構成要件該当性

第4講　構成要件　46

 1　構成要件の意義と機能　46
  (1) 構成要件の意義　46
  (2) 構成要件の機能　47
　　ア　犯罪個別化機能　47　　イ　違法性推定機能　47　　ウ　故意規制機能　47
 2　構成要件の要素　48
  (1) 結　果　48
　　ア　結果犯と挙動犯　49　　イ　侵害犯と危険犯　49　　ウ　即成犯と状態犯と継続犯　50
  (2) 行為（実行行為）　52
  (3) 因果関係　52
  (4) 行為主体　53
  (5) 行為状況　54
  (6) （構成要件的）故意・過失　54
  (7) 主観的違法要素　54
 3　記述的構成要件要素と規範的構成要件要素　54

第5講　因果関係　56

 1　因果関係の意義　56
  (1) 因果関係とは何か　56

(2) 因果関係を判断する意味　58
　2　条件関係　59
　　(1) 条件関係の判断公式　59
　　(2) 条件公式の使い方　59
　　　ア　実行行為の存在　59　イ　結果の具体的把握　60　ウ　付け加え禁止の原則　60　エ　付け加え禁止の例外　61
　　(3) 条件公式の問題点　62
　3　条件説と相当因果関係説　65
　　(1) 条件説とその問題点　65
　　(2) 相当因果関係説　66
　4　相当性の判断構造　67
　　(1) 相当性の判断基準　67
　　(2) 相当性の判断基底（判断資料）　68
　　　ア　折衷的相当因果関係説（折衷説）　68　イ　客観的相当因果関係説（客観説）　69
　5　相当因果関係説の危機　71
　6　危険の現実化説　73
　　(1) 危険の現実化の判断枠組み　73
　　(2) 判例における因果関係の認定　74
　　　ア　行為時に特殊事情が存在する類型　74　イ　行為後に行為者自身の行為が介在する類型　74　ウ　行為後に被害者の行為が介在する類型　75　エ　行為後に第三者の行為が介在する類型　77　オ　危険の現実化の判断方法　78
　　　コラム　客観的帰責（帰属）と主観的帰責（帰属）　58
　　　コラム　因果関係の中断と因果関係の断絶　66
　　　コラム　相当因果関係説の定義　67
　　　コラム　刑法は裁判規範か行為規範か　69
　　　コラム　折衷説の問題点と反論　69
　　　コラム　結果的加重犯の成立要件　70
　　　コラム　主観的相当因果関係説も気になる人のために　71

第6講　不作為犯……………………………………………………79

　1　総　説　79
　　(1) 不作為犯の意義と種類　79
　　(2) 不作為犯論の課題　80
　　(3) 不真正不作為犯の成立要件（概要）　81
　2　不作為による実行行為　82
　　(1) 作為義務　82
　　　ア　法令・契約・先行行為　83　イ　排他的支配・保護の引受け　83　ウ　多元説　85　エ　判　例　85
　　(2) 作為可能性・容易性　88

3 不作為の因果関係　89
(1) 不作為の条件関係　89
(2) 危険の現実化　90
　　コラム　不真正不作為犯と罪刑法定主義　80
　　コラム　作為との同価値性　89

第7講　故意（構成要件的故意） …………………………… 91

1 （構成要件的）故意の意義と体系的地位　91
2 認識・予見の対象となる犯罪事実　92
(1) 客観的構成要件要素の認識　92
(2) 記述的構成要件要素の認識　93
(3) 規範的構成要件要素の認識　96
3 故意と過失の区別　97
(1) 故意の本質　97
(2) 故意（未必の故意）と過失（認識ある過失）の区別　97
4 故意の種類　99
(1) 概括的故意　99
(2) 択一的故意　99
(3) 未必の故意　100
(4) 条件つき故意　100
　　コラム　「類の認識」と「種の認識」　96
　　コラム　殺意の認定　99

第8講　錯誤(1)──具体的事実の錯誤 ………………………… 101

1 事実の錯誤の意義　101
(1) 事実の錯誤と違法性の錯誤　101
(2) 事実の錯誤の諸類型　102
(3) 故意論と錯誤論　103
2 客体の錯誤・方法の錯誤　105
(1) 法定的符合説と具体的符合説　105
(2) 両説対立の本質　107
(3) 判例理論　108
(4) 併発事実と故意の個数　110
3 因果関係の錯誤　113
(1) 因果関係の錯誤の意義　113
(2) 因果関係の錯誤が問題となる前提状況　113
(3) 判例・通説による「因果関係の錯誤」の判断基準　114
(4) 遅すぎた構成要件の実現　116

コラム 「因果関係の錯誤」論は無用か？ 115

第9講　錯誤(2)──抽象的事実の錯誤 119

1　抽象的事実の錯誤の意義　119
2　抽象的事実の錯誤と法定的符合説　120
　(1)　抽象的符合説とその問題点　120
　(2)　法定的符合説の妥当性　122
　(3)　構成要件の重なり合いの判断基準　123
3　抽象的事実の錯誤の3類型とその処理　125
　(1)　軽い罪の認識で重い罪を実現した場合（第1類型）　126
　(2)　重い罪の認識で軽い罪を実現した場合（第2類型）　127
　(3)　認識した罪と実現した罪の法定刑が同じ場合（第3類型）　128
　　　コラム　構成要件の重なり合い　125

第10講　過失犯 130

1　総　説　130
2　過失犯の本質と成立要件　132
　(1)　過失犯の特徴　132
　(2)　旧過失論（伝統的過失論）　132
　(3)　新過失論　133
　(4)　現在の旧過失論　134
3　過失犯の成否の判断方法　135
　(1)　過失犯における構成要件該当性判断　136
　(2)　過失犯の実行行為　136
　　　ア　判断の構造　136　　イ　予見可能性　137　　ウ　結果回避義務違反　140
　(3)　客観的注意義務と主観的注意義務　141
4　信頼の原則　142
　(1)　意　義　142
　(2)　適用範囲　143
5　段階的過失　144
6　過失の競合　145
7　管理・監督過失　146
　(1)　意　義　146
　(2)　管理・監督過失の問題性　147
　　　コラム　結果回避義務と保障人的地位（作為義務）　141
　　　コラム　「客観」と「主観」　141

Ⅲ　違法性

第11講　違法性の本質・正当行為・被害者の承諾……………… 150

1　違法性の本質　150
(1)　形式的違法性と実質的違法性　150
　　ア　結果無価値論　151　　イ　行為無価値論　151　　ウ　検討　151
(2)　違法性阻却事由　152
　　ア　優越的利益説　152　　イ　社会的相当性説　152
(3)　主観的要素と違法性　153
　　ア　主観的違法要素　153　　イ　主観的正当化要素　154
(4)　可罰的違法性　155

2　正当行為　156
(1)　法令行為　156
　　ア　職務行為　156　　イ　権利・義務行為　156　　ウ　国家政策による行為　157
　　エ　注意的に規定された行為　157
(2)　正当業務行為　157
　　ア　法律家の弁護活動　157　　イ　報道機関の取材活動　158
(3)　その他の正当行為　158
　　ア　労働争議行為　158　　イ　自救行為　158　　ウ　医師の治療行為　158

3　被害者の承諾（同意）　159
(1)　被害者の承諾の意義　159
(2)　被害者の承諾の犯罪（違法性）阻却根拠　160
(3)　被害者の承諾の要件　161
　　ア　承諾能力　161　　イ　強制　161　　ウ　欺罔・錯誤　161　　エ　方法　162　　オ　対象　163
(4)　推定的承諾　163
(5)　安楽死・尊厳死　164
　　ア　安楽死・尊厳死の類型　164　　イ　安楽死の要件　164
(6)　危険引受け　165
　　コラム　「無価値」という言葉　152

第12講　正当防衛(1)——防衛状況を中心に………………………… 167

1　正当防衛の意義　167
(1)　正当防衛の制度趣旨　167
(2)　緊急避難等との違い　168

(3)　正当防衛の成立要件　169
　　(4)　正当防衛の正当化根拠　170
　　　　ア　法益欠如原理　170　　イ　優越的利益原理　170　　ウ　社会的相当性原理　171
　2　侵害の急迫性　171
　　(1)　急迫性要件の意義　171
　　(2)　急迫性の始期と終期　173
　　(3)　急迫性の判断資料　174
　　　　ア　侵害の予期　174　　イ　侵害の予期と積極的加害意思が並存する場合　174　　ウ　その他緊急状況性に欠ける場合　176　　エ　急迫性の判断構造　176
　3　侵害の不正性　177
　　(1)　不正性要件の意義　177
　　(2)　対物防衛　178
　　　　ア　対物防衛の問題の射程　178　　イ　対物防衛否定説　178　　ウ　対物防衛肯定説　180
　4　反撃行為性　180
　　(1)　反撃行為の意義　180
　　(2)　防衛行為と第三者　180
　　　　ア　第三者の物を利用した侵害の場合（第1類型）　180　　イ　第三者の物を利用した防衛の場合（第2類型）　181　　ウ　防衛行為の結果が第三者に生じた場合（第3類型）　182
　　　　コラム　積極的加害意思の2つの顔　177

第13講　正当防衛(2)──防衛行為　…………………………………… 185

　1　防衛するための行為　185
　　(1)　「自己又は他人の権利」　185
　　(2)　防衛効果の要否　186
　　(3)　防衛の意思の要否　187
　　(4)　防衛の意思必要説の論拠　187
　　　　ア　条文根拠　187　　イ　偶然防衛の処理　187　　ウ　口実防衛の処理　188　　エ　過剰防衛の要件　189
　　(5)　防衛の意思の内容　189
　　(6)　防衛の意思の認定　190
　2　「やむを得ずにした行為」　190
　　(1)　必要性と相当性　190
　　(2)　相当性の内容　191
　　(3)　相当性の判断基準　191
　　(4)　相当性判断の方法　193
　3　自招侵害と正当防衛　196

（1）　問題の所在　196
　（2）　自招侵害の類型　197
　（3）　学説状況　197
　　　ア　正当防衛の要件論からのアプローチ　197　　イ　正当防衛の本質論からのアプローチ　198
　（4）　判例の立場　198
4　過剰防衛　200
　（1）　過剰防衛とは何か　200
　（2）　任意的減免の根拠　200
　（3）　過剰防衛の類型　201
　（4）　行為の一体性評価と過剰防衛　202
　　　コラム　防衛の意思の認定に際し考慮すべき要素　190
　　　コラム　武器対等の原則とは　193
　　　コラム　喧嘩と正当防衛　199

第14講　緊急避難 …………………………………………………………… 205

1　総　説　205
　（1）　緊急避難の意義　205
　（2）　緊急避難の法的性質　206
2　緊急避難の成立要件　208
　（1）　現在の危難　209
　（2）　危難を避けるため（避難の意思）　210
　（3）　補充性（補充の原則）　210
　（4）　法益の均衡（権衡）　211
3　過剰避難　212
4　緊急避難の限界　212
　（1）　自招危難　212
　（2）　強要による緊急避難　214
　　　コラム　避難行為の相当性　211

Ⅳ　責　任

第15講　責任の意義・責任能力 ……………………………………… 218

1　責任の意義　218
　（1）　犯罪成立の第3の要件としての責任　218
　（2）　責任の本質——非難可能性　219

(3)　責任の要素および同時存在原則　220
　　　ア　責任の要素　220　　イ　行為と責任の同時存在の原則　221
　2　**責任能力**　222
　　(1)　責任能力の意義　222
　　(2)　心神喪失・心神耗弱　223
　　　ア　定　義　223　　イ　精神の障害　223　　ウ　判断方法　223
　3　**原因において自由な行為**　224
　　(1)　問題の所在　224
　　(2)　学　説　225
　　　ア　原因行為説　225　　イ　結果行為説　227
　　(3)　過失犯の場合　229
　　(4)　実行行為の途中からの心神喪失・心神耗弱　230
　　(5)　判　例　231
　　　ア　心神喪失の事例　231　　イ　心神耗弱の事例　232
　　　コラム　道義的責任論と社会的責任論　219
　　　コラム　期待可能性　221
　　　コラム　行為責任論と人格責任論　222
　　　コラム　二重の故意　227
　　　コラム　心神耗弱の場合の論じ方　229

第16講　責任故意と違法性の意識　233

　1　**責任故意総説**　233
　2　**違法性の意識**　234
　　(1)　違法性の意識とその可能性の意義　234
　　(2)　違法性の意識の要否をめぐる議論の状況　235
　　　ア　違法性の意識（の可能性）不要説　235　　イ　厳格故意説　236　　ウ　違法性の意識の可能性必要説　236
　　(3)　違法性の錯誤　238
　　　ア　法の不知（刑罰法規の存在に関する錯誤）　239　　イ　当てはめの錯誤（刑罰法規の解釈に関する錯誤）　239
　3　**正当化事由の錯誤**　241
　　(1)　誤想防衛の類型　241
　　(2)　狭義の誤想防衛の法的処理　242
　　(3)　防衛行為の誤想　244
　　(4)　誤想過剰防衛　245
　　(5)　誤想過剰防衛と刑法36条2項　247
　　　コラム　「誤想防衛」と「防衛行為と第三者」　242

V 未遂犯

第17講 未遂犯の基礎・実行の着手……………………………… 250

1 未遂犯の基礎 250
(1) 犯罪が未完成の場合――予備と未遂 250
　ア 予備・未遂・既遂 250　イ 未遂犯の概要 251　ウ 予備罪の概要 251
(2) 予備・未遂・既遂の区別 251
　ア 未遂と既遂の区別 252　イ 予備と未遂の区別――実行の着手 252
(3) 未遂犯の処罰根拠――結果発生の危険性 252

2 実行の着手の基本問題 253
(1) 実行の着手とは 253
　ア 2つのアプローチ 253　イ 判例・通説――密接性と危険性 254　ウ 危険性の判断資料――主観的事情の考慮 255
(2) 個別的検討 256
　ア 窃盗罪 256　イ 殺人罪 258　ウ 放火罪 258　エ 強制性交等罪 259　オ 詐欺罪 260

3 実行の着手の特殊問題 261
(1) 間接正犯・離隔犯の実行の着手 261
　ア 離隔犯の実行の着手 261　イ 間接正犯の実行の着手 262
(2) 早すぎた構成要件の実現（早すぎた結果発生） 263
　ア 問題の所在 263　イ クロロホルム事件 264

第18講 不能犯……………………………………………………… 269

1 不能犯の意義と問題の所在 269
(1) 不能犯の意義 269
(2) 危険性の意義 270
　ア 客観的危険性 270　イ 現実的危険性 270
(3) 問題の所在 271

2 危険性の判断 273
(1) 具体的危険説 273
　ア 危険性の判断方法 273　イ 理論的根拠 274　ウ 具体的危険説に対する批判 274
(2) 客観的危険説 275
　ア 危険性の判断方法 275　イ 理論的基礎 276　ウ 客観的危険説に対する批判 276　エ 修正された客観的危険説 276

3 判例の状況 277
   (1) 判例の立場 277
   (2) 不能犯（未遂犯不成立）とされた事例 278
   (3) 未遂犯（不能犯不成立）とされた事例 278
      コラム 不能犯と他罪との関係 272
      コラム 「だまされたふり作戦」と不能犯 279

第19講 中止犯 ……………………………………………… 281

1 総　説 281
   (1) 中止犯の意義 281
   (2) 注意点 282
      ア 特別な犯罪類型ではないこと 282　　イ 一身専属性 282
2 刑の必要的減免の根拠（中止犯の法的性格） 283
   (1) 減免根拠論の実益と議論状況の概観 283
      ア 刑の減免根拠を論ずる意味 283　　イ 議論状況の概観 283
   (2) 学　説 284
      ア 刑事政策説 284　　イ 法律説 284　　ウ 併合説（総合説、統合説） 285
3 中止行為（「中止した」） 286
   (1) 問題の所在 286
   (2) 中止行為の態様 286
      ア 中止行為の態様の客観面 286　　イ 中止行為の態様の主観面（中止意思） 291
   (3) 中止行為の因果関係 291
4 任意性（「自己の意思により」） 292
   (1) 問題の所在と議論状況 292
      ア 問題の所在 292　　イ 議論状況 293
   (2) 学　説 293
      ア 主観説 293　　イ 客観説 294　　ウ 限定主観説 295
   (3) 判　例 296
      コラム 予備の中止 283
      コラム 任意性の各学説の理由づけ 296

Ⅵ　共　犯

第20講　共犯の基礎理論……………………………………………298

1　総　説　298
(1)　共犯論の体系　299
　　ア　正犯と共犯　299　　イ　処　分　300
(2)　必要的共犯　301
　　ア　意　義　301　　イ　共犯規定との関連　302
(3)　共犯の意義　303

2　正犯と（狭義の）共犯の区別　304

3　共犯の因果性　306
(1)　因果的共犯論　306
(2)　広義の共犯の基礎としての因果性　306

　コラム　限縮的正犯概念と拡張的正犯概念　301
　コラム　共同正犯は正犯か共犯か　305

第21講　間接正犯………………………………………………………307

1　総　説　307
(1)　間接正犯の意義　307
(2)　間接正犯と共犯　308
(3)　間接正犯の本質（正犯性の根拠）　309

2　間接正犯の諸類型　310
(1)　是非弁別能力のない者の利用　310
(2)　意思を抑圧された者の利用　311
(3)　故意のない者の利用　313
　　ア　無過失行為者の利用　313　　イ　過失行為者の利用　313　　ウ　軽い犯罪の故意しかない者の利用　313
(4)　その他の類型　314
　　ア　故意ある幇助的道具の利用　314　　イ　身分なき故意ある者の利用　315
　　ウ　目的なき故意ある者の利用　316　　エ　適法行為者の利用　316

　コラム　自手犯　308
　コラム　間接正犯概念が生まれた経緯　308
　コラム　間接正犯の意思と間接正犯の認定　310

第22講　共同正犯………………………………………………………318

1　総　説　318

2 共同正犯の基本事項 319
    (1) 共同正犯の本質 319
      ア 共同正犯と一部行為全部責任の原則 319　イ 共同正犯の正犯性の根拠 320
    (2) 実行共同正犯と共謀共同正犯 320
      ア 実行共同正犯 320　イ 共謀共同正犯 321
    (3) 共同正犯の成立要件 322
      ア 共　謀 322　イ 重大な寄与 324　ウ 共謀に基づく実行行為 324
    (4) 処　分 325
  3 共同正犯の重要問題 326
    (1) 共謀共同正犯 326
      ア 問題の所在 326　イ 判例 327　ウ 学説 328　エ 共謀共同正犯の理論的基礎 329
    (2) 共同正犯と狭義の共犯との区別 330
      ア 実行行為を行わない共同正犯 331　イ 実行行為を行う従犯 331
    (3) 過失犯の共同正犯 331
      ア 判　例 332　イ 学　説 333　ウ 成立要件 333
    (4) 結果的加重犯の共同正犯 336
    (5) 不作為の共同正犯 337
    (6) 予備罪の共同正犯 337
    (7) 片面的共同正犯 337
      コラム　共同正犯の成立要件に関する諸説 325
      コラム　共同意思主体説 330
      コラム　実務に教唆なし？ 330

第23講　教唆犯と幇助犯……………………………………………338

  1 共犯従属性 338
    (1) 意　義 338
    (2) 実行従属性（共犯従属性の有無） 339
    (3) 要素従属性（共犯従属性の程度） 340
      ア 学　説 340　イ 判　例 342
    (4) 罪名従属性 343
  2 共犯の処罰根拠 343
    (1) 意　義 343
    (2) 責任共犯説・不法共犯説・惹起説 344
    (3) 惹起説内部の対立 344
  3 教唆犯 346
    (1) 教唆犯の成立要件 346
      ア 人を教唆すること（教唆行為）346　イ 正犯者（被教唆者）の実行行為

347　ウ　教唆犯の故意　348
　(2)　教唆犯の諸類型　349
　　ア　間接教唆　349　　イ　再間接教唆　349　　ウ　幇助犯の教唆　350
　(3)　処　分　350
4　幇助犯　350
　(1)　幇助犯の成立要件　350
　　ア　正犯を幇助すること（幇助行為）　350　　イ　正犯者（被幇助者）の実行行為　351　　ウ　幇助犯の故意　354
　(2)　幇助犯の諸類型　355
　　ア　間接幇助　355　　イ　再間接幇助　355　　ウ　教唆犯の幇助　355　　エ　日常取引行為による幇助　355
　(3)　処　分　356
　　コラム　独立教唆犯・独立幇助犯・扇動罪・あおり罪　340
　　コラム　違法は連帯的に、責任は個別的に　346

第24講　共犯の諸問題(1)——共犯と身分など……………………358

1　共犯と身分　358
　(1)　身分と身分犯　358
　　ア　身分犯の意義　358　　イ　身分の意義　359　　ウ　身分犯の分類　360
　(2)　刑法65条の1項と2項の関係　360
　　ア　問題の所在　360　　イ　判例・通説　361　　ウ　反対説1（罪名従属性を重視する見解）　362　　エ　反対説2（違法身分と責任身分により区別する見解）　363　　オ　複合的身分犯　364
　(3)　1項の「共犯」の意義　365
　(4)　身分者が非身分者の行為に加功した場合の取扱い　366
　　ア　不真正身分犯の場合　367　　イ　真正身分犯の場合　367
2　不作為と共犯　367
　(1)　不作為犯の共同正犯　368
　(2)　不作為犯における正犯と共犯の区別　368
　(3)　不作為による共犯　370
　(4)　不作為犯に対する共犯　371

第25講　共犯の諸問題(2)——共犯の錯誤など……………………372

1　共犯の錯誤(1)——同一関与形式内（共同正犯内、教唆犯内、幇助犯内）の錯誤　372
　(1)　共犯の錯誤の意義　372
　(2)　具体的事実の錯誤　373
　　ア　方法の錯誤　373　　イ　客体の錯誤　374
　(3)　共犯の因果性（共謀の射程を含む）と抽象的事実の錯誤　375

ア 狭義の共犯 375　　イ 共同正犯 377
　2　共犯の錯誤(2)——異なる関与形式間の錯誤 384
　　(1) 共犯形式相互間の錯誤 384
　　(2) 間接正犯と共犯との間の錯誤 385
　3　過失と共犯 386
　　(1) 過失による共犯 386
　　(2) 過失犯に対する共犯 387
　　　　コラム　部分的犯罪共同説における罪数処理 380
　　　　コラム　共謀の射程と共犯の因果性 384

第26講　共犯の諸問題(3)——承継的共犯など……………………389

　1　承継的共犯 389
　　(1) 意　義 389
　　(2) 承継的共同正犯 390
　　　　ア 問題の所在 390　　イ 学　説 391　　ウ 判　例 395
　　(3) 承継的幇助犯 397
　2　共犯関係の解消 397
　　(1) 意　義 397
　　(2) 解消の判断基準 398
　　　　ア 共同正犯関係の解消 398　　イ 教唆犯・幇助犯関係の解消 401
　3　共犯の中止犯 402
　　(1) 共同正犯の中止 402
　　(2) 教唆犯・幇助犯の中止 403
　　(3) 共犯関係の解消との関係 403
　4　共同正犯と量的過剰防衛 404
　　(1) 問題の所在 404
　　(2) 第1の解決方法 404
　　(3) 第2の解決方法 405
　5　共犯と違法性阻却 406
　　(1) 問題の所在 406
　　(2) 学　説 407
　　　　ア 共同正犯の場合 407　　イ 狭義の共犯の場合 408
　　(3) 判　例 409
　　　　コラム　死者の占有 391
　　　　コラム　因果関係が不明な事例 395
　　　　コラム　共犯関係からの離脱と共犯関係の解消 398
　　　　コラム　正当防衛の遂行の合意と共謀の射程 406

Ⅶ 罪数および刑の適用

第27講 罪数論 …………………………………………………………… 412

1 罪数論で学ぶこと 412
 (1) 罪数とは何か 412
 (2) 罪数論の意義 413
 (3) 罪数を決定する基準 413
 (4) 一罪・数罪の見取図 414
 (5) 共犯の罪数 415
   ア 狭義の共犯（教唆犯・幇助犯）の場合 415　イ 共同正犯の場合 416
2 単純一罪 416
3 法条競合 416
 (1) 特別関係 417
 (2) 補充関係 417
 (3) 択一関係 418
4 包括一罪 418
 (1) 単一行為型同質的包括一罪 418
 (2) 単一行為型異質的包括一罪 419
 (3) 複数行為型同質的包括一罪 419
   ア 既遂に向けられた複数行為 420　イ 接続犯 420　ウ 集合犯 421
   エ 最狭義の包括一罪 422
 (4) 複数行為型異質的包括一罪 422
   ア 共罰的事前行為 422　イ 共罰的事後行為 423　ウ 混合的包括一罪 424
5 科刑上一罪(1)──観念的競合 425
 (1) 意　義 425
 (2) 要件と効果 425
 (3) 観念的競合の具体例 426
6 科刑上一罪(2)──牽連犯 428
 (1) 意　義 428
 (2) 要件と効果 428
 (3) 牽連犯の具体例 429
 (4) かすがい現象 430
7 併合罪 431
 (1) 併合罪と単純数罪 431

(2) 併合罪の範囲　431
　　(3) 併合罪の処理方法　432
　　　　ア　死刑および無期懲役・禁錮の場合　433　　イ　有期懲役・禁錮の場合　433
　　　　ウ　罰金刑の場合　434　　エ　拘留・科料・没収の場合　434
　　　コラム　不可罰的事後行為と共罰的事後行為　424
　　　コラム　罪数検討の手順　425
　　　コラム　新潟女性監禁事件　433

第28講　刑罰論 ……………………………………………………………… 435

1　刑罰の体系　435
　(1) 刑罰および刑罰権　435
　　　ア　刑罰の本質　435　　イ　刑罰権　435
　(2) 刑罰の種類　436
　　　ア　総　説　436　　イ　死　刑　436　　ウ　自由刑　436　　エ　財産刑　437

2　刑の適用　440
　(1) 刑の適用の過程　440
　(2) 法定刑の確定　440
　　　ア　刑　種　440　　イ　法定刑の上限と下限　440　　ウ　刑の軽重　441
　(3) 処断刑の形成　441
　　　ア　刑の加重・減軽事由　441　　イ　処断刑形成の順序　443
　(4) 宣告刑の決定　444
　　　ア　刑の量定（量刑）の意義　444　　イ　刑の量定の基準　444
　(5) 刑の言渡し・刑の免除　445
　　　ア　刑の言渡し　445　　イ　刑の免除　445

3　刑の執行および執行猶予　446
　(1) 刑の執行　446
　　　ア　総　説　446　　イ　死刑の執行　446　　ウ　自由刑の執行　446　　エ　財産刑の執行　447
　(2) 刑の執行猶予　447
　　　ア　刑の執行猶予の意義　447　　イ　刑の全部執行猶予　448　　ウ　刑の一部執行猶予　450
　(3) 仮釈放・仮出場　451
　　　ア　意　義　451　　イ　仮釈放　451　　ウ　仮出場　452
　(4) 刑の消滅　452
　　　ア　刑罰権の消滅事由　452　　イ　犯人の死亡・法人の消滅　452　　ウ　恩　赦　452　　エ　刑の時効　453　　オ　刑の消滅　453
　　　コラム　死刑存廃論　436
　　　コラム　「拘留」と「勾留」　437
　　　コラム　「科料」と「過料」　438

コラム　量刑相場　445
　　　コラム　自由刑の意義と弊害　447
　　　コラム　保護観察　449
　　　コラム　公訴の時効　453
　　　コラム　前　科　454

第29講　刑法の適用範囲………………………………………………… 455

1　総　説　455
2　時間的適用範囲　456
　(1)　意　義　456
　　　ア　遡及処罰の禁止　456　　イ　法律の効力の開始　457
　(2)　犯罪後の法律による刑の変更　457
　　　ア　刑の変更　457　　イ　刑の廃止　460
3　場所的適用範囲　461
　(1)　基本原則　461
　(2)　現行刑法の解決方法　462
　　　ア　属地主義　462　　イ　属人主義　463　　ウ　保護主義　464　　エ　世界主義　465
　(3)　外国判決の効力　466
4　人的適用範囲　466
　(1)　原　則　466
　(2)　例　外　466
5　事項的適用範囲　467
　(1)　原　則　467
　(2)　例　外　467

Ⅷ　補　論

第30講　事例問題の解き方…………………………………………… 470

1　事例問題を解くとはどういうことか　470
2　事例問題を解く手順　470
　(1)　事案分析・規範定立・当てはめ　470
　　　ア　事案分析　471　　イ　規範定立　472　　ウ　当てはめ　472
　(2)　練習問題　473
3　補足説明　473
　(1)　事案分析についての補足　474
　　　ア　事実認定上の論点と法解釈上の論点　474　　イ　事案分析の際の注意点　474

(2) 規範定立・当てはめについての補足　476
　　　ア　規範定立・当てはめに共通する注意点　476　　イ　規範定立についての注意点　477　　ウ　当てはめについての注意点　477
4　事例問題を解けるようになるには　480
　(1) 教科書の熟読　480
　　　ア　基本事項の正確な理解・記憶　480　　イ　論点について自分の頭で考える　480
　(2) 判例分析　481
　(3) 問題演習　481
5　司法試験の問題を解いてみよう　481
　(1) 事案分析　483
　　　ア　検討に値する行為・犯罪の抽出　483　　イ　論点の抽出　484
　(2) 規範定立・当てはめ　485
　　　ア　殺人未遂罪の構成要件該当性（論点①②）　485　　イ　正当防衛または過剰防衛の成否（論点③）　486　　ウ　結　論　487

事項索引　488
判例索引　496

凡　例

▽法令名

・法令名を明記していない条文は刑法である。

刑訴法＝刑事訴訟法

自動車運転死傷行為処罰法＝自動車の運転により人を死傷させる行為等の処罰に関する法律

道交法＝道路交通法

犯罪被害者等給付金支給法＝犯罪被害者等給付金の支給等による犯罪被害者等の支援に関する法律

▽判例集等

刑集＝最高裁判所刑事判例集・大審院刑事判例集

刑録＝大審院刑事判決録

判時＝判例時報

判タ＝判例タイムズ

裁判例＝大審院裁判例

裁判捨遺＝大審院判例捨遺

裁判集刑＝最高裁判所裁判集刑事

高刑集＝高等裁判所刑事判例集

下刑集＝下級裁判所刑事裁判例集

東高刑時報＝東京高等裁判所刑事判決時報

高刑速＝高等裁判所刑事判決速報集

判特＝高等裁判所刑事判決特報

裁特＝高等裁判所刑事裁判特報

新聞＝法律新聞

最判解＝最高裁判所判例解説刑事篇

重判＝重要判例解説

・判例のうち、刑集（最高裁判所刑事判例集・大審院刑事判例集）・刑録（大審院刑事判決録）に収録された判例については刑集・刑録を引用し、それ以外の判例については、学習上の便宜を図るため、判時（判例時報）・判タ（判例タイムズ）を優先的に引用し、これらに収録されていないものについて高刑集（高等裁判所刑事判例集）などの公式判例集を引用した。

▽文献

各論　大塚裕史＝十河太朗＝塩谷毅＝豊田兼彦『基本刑法Ⅱ―各論（第2版）』（日本評論社、2018年）

百　　山口厚＝佐伯仁志編『刑法判例百選Ⅰ総論（第7版）』（有斐閣、2014年）

講　　大谷實編『判例講義刑法Ⅰ総論（第2版）』（悠々社、2014年）

プ　　成瀬幸典＝安田拓人編『判例プラクティス刑法Ⅰ総論』（信山社、2010年）

▽その他
・引用においては、学習上の便宜を図るため、旧字を新字にし、漢数字をアラビア数字にし、促音等は現代仮名遣いで表記している。また、引用中に著者の注記を入れる場合は、〔　〕を付している。

I 刑法および犯罪論の基礎

第1講　刑法の基礎理論

> ◆学習のポイント◆
> 1　刑法の機能について、刑法には、法益保護機能と自由保障機能という2つの重要な機能があるが、この2つの機能はしばしば矛盾・対立することがあることを常に念頭に置く必要がある。
> 2　法益保護機能と自由保障機能という2つの機能から、法益保護主義、責任主義、罪刑法定主義という3つの原理が導かれるが、それぞれの内容をよく理解し、今後の学習に役立てていかなければならない。
> 3　刑罰の正当化根拠について、応報刑論と目的刑論のそれぞれの考え方を理解した上で、今日の通説的立場は両者をどのように統合しようとしているかをよく考えておくことが重要である。

1　刑法の意義と分類

(1)　刑法の意義

　刑法（刑罰法規）とは、犯罪と刑罰に関する法である。刑法は、どのような行為が犯罪となるか（要件）を定めるとともに、それに対してどのような刑罰が科されるか（効果）を規定している。

　さまざまな刑罰法規の中で最も重要なものが、「刑法」という名の法律（明治40年法律第45号）であり、**刑法典**と呼ばれる。この法律は、「第1編　総則」において、すべての犯罪に共通する犯罪の通則規定を置いている。また、「第2編　罪」において、殺人罪や窃盗罪など最も基本的な犯罪類型を定めており、いわば「犯罪のカタログ」を示している。

　刑法の学習は、通常、刑法総論と刑法各論という2つの科目に分けられている。**刑法各論**では、殺人罪や窃盗罪など個々の犯罪に固有の成立要件を学習する。これに対して、本書で取り扱う**刑法総論**では、すべての犯罪に共通する犯罪の成立要件と刑罰の一般的要素を学習する。

なお、「第1編　総則」の規定は、刑法典以外の罪についても特別の規定がない限り適用されることになっている（8条）。したがって、刑法総論で学ぶことがらは、刑法典のみならず、その他の刑罰法規の解釈にとっても重要である。

(2)　刑法の分類

　刑法は、刑法典とそれ以外の刑罰法規に分けることができる。刑法典以外の刑罰法規は、特別刑法と行政刑法とに分かれる。**特別刑法**とは、刑法典の付属的・補充的性格をもつ刑罰法規であり、軽犯罪法や暴力行為等処罰に関する法律などのことである。他方、**行政刑法**とは、一定の行政上の取締目的のために、特定の行為を禁止して罰則を設けた刑罰法規であり、道路交通法（以下「道交法」という）や国家公務員法などがこれに当たる。

　刑法典や特別刑法に違反する犯罪を「**自然犯または刑事犯**」といい、行政刑法に違反する犯罪を「**法定犯または行政犯**」と呼ぶ。自然犯は、殺人罪のようにそれ自体が反倫理的な内容をもっている犯罪である。これに対して、法定犯は、道交法上の車両の左側通行違反のように、それ自体は倫理的に無色な行為であって、法律で定められることによってはじめて犯罪とされるような内容をもっている。もっとも、道交法上の酒気帯び運転罪のように、当初は法定犯であったものを、次第に社会がそれを反倫理的なものとみなすようになることがあり（法定犯の自然犯化）、両者の区別は相対的なものである。

　刑法典や特別刑法は、「～した者は～に処する」という規定形式を用いるのに対し、行政刑法では前半で「～してはならない」または「～しなければならない」のような禁止や命令の規定を置いて、後半で罰則の項を設けて「～条の規定に違反した者は～の刑に処する」という形式で規定するのが一般的である。

●コラム●　社会規範と刑法

　人は、通常、他人と切り離された孤独の中で自分勝手に生活しているのではなく、社会という他者との関わりの中で生活している。社会の中では対人関係のトラブルが発生することがある。対人関係のトラブルをどのように解決していくかは重要な問題であり、社会の中でのトラブルを事後的に解決したり、または発生する前に予防するための「社会規範」というルールが必要になる。社会規範とは、「禁止（～してはならない）」または「命令（～しなければならない）」という内容の、社会の中で人がどのように振る舞わなければならないかについての行動基準のことである。主な社会規範には、宗教、道徳、法がある。この中で、宗教や道徳は、内心において人を規律するものであるのに対して、法は、人の行動を外面から規律するものであり、違反者に対しては国家権力による強制（制裁）

> が加えられるという点に特色がある。このような法の中の1つに刑法がある。刑法は、違反者に対して刑罰という峻厳な制裁を加えることを規定した法なのである。

2 刑法の機能

(1) 刑法の機能（目的）

　刑法は現代社会においていかなる機能を有し、どのような役割を担うべきであるのか。これが刑法の機能（または目的）という問題である。刑法のさまざまな問題を考えるにあたっては、刑法は社会統制のための1つの手段なのであるから、それが何のためにいかなる機能を果たすべきかを常に考えておかなければならない。

ア　法益保護機能

　例えば、窃盗をしても処罰されることがなかったとしたら、窃盗はどんどん増えるであろう。しかし、これでは国民は安心して生活することができない。そこで、他人の生活利益を不当に侵害したら処罰されるとすることによって、国民の生活利益を守ろうとするのである。このように、刑法はある行為に刑罰を加えると宣言することで、その行為を行いたいと思う者に犯罪の実行を断念させ、その者を犯罪から遠ざける役割を果たしている。このことは、国民の側からいえば、刑法は国民の権利や法益（法的保護を受けるべき生活利益）を保護する機能をもつということである（**法益保護機能**）。あらゆる法は何らかの意味で法益の保護を目的としているが、刑法は、刑罰という最も峻厳な制裁を手段として用いて法益を保護する点に特色がある。

イ　自由保障機能

　もし、刑法がどのような行為をすれば犯罪となるのかを明らかにしていなかったとしたら、国家はほしいままに処罰できることになりかねず、われわれは安心して行動することができなくなってしまうであろう。このように、刑法は、一定の行為が犯罪であり、それに一定の刑罰が科されることを明示することによって、国家刑罰権の恣意的な行使から国民の自由や人権を保障している。すなわち、刑法はどのような行為が犯罪となるかを明らかにしているが、それは逆の面として、刑法に犯罪として定められていない行為は、それがいかに不道徳な行為であっても処罰されないということを消極的に保障しているのである（**自由保障機能**）。

　このように、刑法は、国民に対し、何をしてはならないか（禁止）と何をしなければならないか（命令）を示しているが、これは刑法が**行為規範**とし

ての役割を果たすということである。

　他方で、刑法は、裁判所に対し、どのような行為が行われたならばどのように裁判すべきであるのかという基準を提示しているが、これは刑法が**裁判規範**としての役割を果たすということである。刑法が裁判規範として働くということは、一定の要件が充足されたならば処罰するよう裁判官に命ずると同時に、その要件が充足されなかったならば処罰してはならないということも命じている。刑法は人を処罰するためのものであるが、無用に人を処罰しないためのものであるともいえるのである。

　ウ　その他の機能

　刑法の諸々の機能のうちで、最も重要な機能は法益保護機能と自由保障機能であるが、刑法のその他の機能としては、以下のものが挙げられている。

　国家は犯罪とされる一定の行為に対し一定の刑罰を加えることを予告することによって、その行為に対する国家の側からの規範的判断（すなわち否定的な価値判断）を明らかにすることになる（**社会倫理的機能**）。国家は、国民に対し、何をしてはならないか（禁止）と何をしなければならないか（命令）について、どのように考えているのかを刑法によって明らかにするのである。このようにすることによって、刑法は国民の行為を規制する機能を果たすことになる（**規制的機能**）。また、刑法によって人が犯罪から遠ざかるということは、国家の側からいえば、刑法によって社会秩序を維持するということである（**秩序維持機能**）。刑法は国家の秩序維持政策の最も有力な武器である。ただし、刑法のこの機能を過度に強調しすぎると、いわゆる制裁万能の思想（秩序維持のためには何でもかんでも処罰すればよいという考え方）に通じていくおそれがあることに注意すべきである。

●コラム●　**刑法と社会倫理**

　倫理それ自体を保護することが刑法の目的であると考えるリーガル・モラリズムの立場では、刑法の社会倫理的機能が重視されることになり、法益保護機能は刑法が社会倫理（もしくは社会秩序）を維持する結果として副次的に派生する機能にすぎないと考えられることになる。これに対して、現代の社会は価値観が多様化しているので、国家が正しいと信じる特定の社会倫理を刑罰によって国民に押しつけることは危険であると考えて、刑法は法益の侵害またはその危険が発生したときにはじめて国民に干渉することが許されると考える立場（これを**侵害原理**という）が近年有力に主張されている。

　多くの通常の犯罪は、法益を侵害すると同時に社会倫理にも違反するのであるから、両説の間で結論に違いは生じない。結論に違いが生じるのは、社会倫理に反するとされているが具体的にどのような法益を侵害しているのかが明らかではない場合であり、例えば、わいせつ物頒布罪のようないわゆる「被害者のない犯罪」（この場合は、買い手がわいせ

つ物の購入を納得しているので、被害者であるとは言いにくい）をめぐって両説で対立が生じている。

（2） 法益保護機能と自由保障機能の対立

前述したように、刑法には、法益保護機能と自由保障機能という2つの重要な機能があるが、この2つの機能はしばしば矛盾・対立することがある。そのことを【設問1】を通じて考えてみよう。

【設問1】鳥獣捕獲事件
　Xは、河川敷において、食用の目的で、クロスボウ（洋弓銃）を使用してカモを狙って矢を4本発射したが1本も命中しなかった。Xに（旧）鳥獣保護法違反の罪は成立するか。

この事例において、Xの行為が（旧）鳥獣保護法1条の4第3項で禁止されている「捕獲」に当たるか否かが問題となった（現在では、平成14年法律第88号によって未遂犯処罰規定が設けられたが、それが設けられる以前にXのような行為が「捕獲」といえるかが問題となったのである）。「捕獲」とは「捕まえること」を一般には意味しているので、捕まえようとして捕まえ損なった場合は捕獲したとはいえないのではないかと考えられる。しかし、なぜこの法が弓矢を使用する捕獲行為を禁じているのかといえば、それによって鳥獣の保護・繁殖という法益が害されるからである。そこで、刑法の法益保護機能を強調するならば、現実にカモを捕まえた場合だけでなく、カモを捕まえようとして失敗した場合に処罰することも法益保護のためには有益だということになる。このようにして、鳥獣保護法における「捕獲」は「捕獲行為」も含むと解釈すればXの行為は（旧）鳥獣保護法1条の4第3項違反の罪に当たることになる。最高裁も、【設問1】のような事案において同罪の成立を認めている（◎最判平8・2・8刑集50巻2号221頁〈百1、講4、プ8〉）。

これに対して、「捕獲」というのは「捕まえること」であるので、捕まえ損なった場合も処罰したいのであれば「捕獲行為」をした者を処罰する規定を設けておくべきであり、捕まえ損なった場合まで「捕獲」を禁止している規定によって処罰することは、人の行動の自由を不当に害することになるとして同罪の成立に批判的な見解も存在する。この見解は、刑法の自由保障機能を重視した考え方である。

このように、法益保護機能と自由保障機能という2つの機能は矛盾・対立

することがあるので、これらをどのように調和させるべきかが問題になることを銘記すべきである。

3　刑法の基本原理

　刑法の法益保護機能と自由保障機能という2つの機能から導かれる重要な刑法の基本原理として、法益保護主義、責任主義、罪刑法定主義という3つの原理がある。法益保護機能からは法益保護主義が、自由保障機能からは責任主義と罪刑法定主義が導かれる。

(1)　法益保護主義

　ある行為が犯罪であるといえるためには、その行為が違法でなければならない。違法とは何かについて、学説では結果無価値論と行為無価値論という2つの立場の対立がある（11講1(1)）。結果無価値論は、違法とは、法益の侵害およびその危険の惹起（これを結果無価値という）であるとする考え方である。この立場は、「結果」を中心に違法性を考えていく見解であり、「被害者の側」から違法性をみていこうとする。刑法の役割は法益の保護に尽き、それ以上に社会倫理的な秩序維持という点を考慮すべきではないとする。これに対して、行為無価値論は、違法とは、行為が国家・社会倫理規範に違反すること（これを行為無価値という）であるとする考え方である。この立場は、「行為」を中心に違法性を考えていく見解であり、「行為者の側」から違法性をみていこうとする。刑法の役割として、法益保護の観点を重視するとともに、それとは別に社会倫理的な秩序の維持という点も加味して考えなければならないとする。

　このように、今日では、両説とも刑法の役割を法益保護に求める点では共通している。社会倫理規範違反の要素を排除して法益侵害のみに立脚した違法論を採用すべきか、および違法性判断に行為者の主観を考慮すべきかという点で対立しているにすぎない。「法益侵害なければ刑罰なし」という**法益保護主義**は、刑法の基本原理としていずれの立場からも承認されているのである。

(2)　責任主義

　法益を侵害する行為がなされたとしても、法の立場から行為者を非難できなければ処罰することはできない。このように、「責任なければ刑罰なし（非難可能性がなければ処罰を認めない）」という原理を**責任主義**という（15講1(1)）。責任主義は、通常、人間の意思は自由であるということを前提にして、自由意思に基づく行為だからこそ、それに対する道義的な非難が可能

であるという道義的責任論を基礎に考えられている。非難可能性とは、違法な行為を行うという意思決定をしたことに対して、「けしからん」といって非難を加えることができるということであり、そのためには、違法な行為をやめて適法行為を選択できたということ（他行為可能性）が前提となるのである。

(3) 罪刑法定主義

法益を侵害する行為があり、かつ責任が認められても、常に犯罪になるとは限らない。そのような行為があらかじめ「犯罪のカタログ」に載っていなければ処罰されることはない。このように、「どのような行為が犯罪となり、それに対してどのような刑罰が科されるのかは、あらかじめ法律で定められていなければならない」という原理を**罪刑法定主義**という（2講1(1)）。この原理は、どのような行為が犯罪となるのかをあらかじめ明らかにすることによって、そのような行為をしなければ処罰されることはないという意味で国民の行動の自由を保障するという自由主義の考え方と、犯罪と刑罰は国民の代表者からなる国会で定めなければならないという民主主義の考え方によって基礎づけられると一般に説明されている。

●コラム● 刑法の謙抑性

刑法は、刑罰という峻厳な法効果を伴うものであるから、立法に際しても、またその適用に際しても控えめでなければならない（**刑法の謙抑性**）。刑法は、人間の共同生活を維持するための社会的な制度の1つにすぎず、トラブルが慣習や道徳的な制裁、地域社会のコントロールや民事法的なコントロールなど刑法以外の方法で解決できるならばそれでよい場合もある。刑法は、社会的なトラブルの問題解決のための「**最終手段（ウルティマ・ラティオ）**」なのであり、刑罰よりも不利益の小さい他の方法で問題が解決できない場合にはじめて投入されるべきものである（**刑法の補充性**）。このように、刑法が補充的なものであるとすると、刑法が活用される場合は断片的にならざるをえないことになる（**刑法の断片性**）。例えば、キャッチボールをしていて誤って窓ガラスを割ってしまった場合は、民法上の不法行為として損害賠償を請求されうるが、過失の器物損壊行為を処罰する規定は存在しないので、刑法上は処罰されないのである。

---

4 犯罪理論

犯罪と刑罰に関する基礎理論を刑法理論というが、これは犯罪の本質をどのように理解するかという問題と、そのような犯罪行為に対して刑罰を科すことができるのはなぜかという問題から成り立っている。前者を犯罪理論といい、後者を刑罰理論という。

(1) 非決定論と決定論の対立

犯罪理論においては、人間の自由意思をめぐる非決定論と決定論の対立が出発点となっている。**非決定論**とは、理性的人間像を基礎として、人間には自由意思があり、自己の行動について因果の法則に支配されることなくその理性的判断により選択できるとする考え方である。これに対して、**決定論**とは、宿命的人間像を基礎として、その行動は遺伝的素質と社会的環境によって支配されているという考え方である。

犯罪の本質を何に求めるべきかについて、非決定論の立場に立つと、犯罪は自由意思をもつ犯人が理性的選択に基づいて行ったことなのであるから、外部に現れた犯人の行為およびその結果に求めることになる（**客観主義**または**行為主義**）。これに対して、決定論の立場に立つと、犯罪は遺伝的素質や社会的環境により必然的に生起する現象なのであるから、外部に現れた犯人の行為よりも、犯罪を引き起こす性格の危険性に犯罪の本質を求めることになる（**主観主義**または**行為者主義**）。

刑法的評価の対象について、客観主義の立場に立つと、外部的事実としての行為にそれを求めることになる（現実主義）。これに対して、主観主義の立場に立つと、内心的事実としての犯人の社会にとって危険な性格にこれを求めることになる。ただ、犯人の社会にとって危険な性格という内心的な事実は、行為を媒介として外部から認識できるにすぎない。そこで、この立場は、行為を犯人の社会にとって危険な性格を外部から認識するための徴表として刑法的評価の対象とすることになるのである（徴表主義）。

(2) 対立の統合

今日では、この問題について、双方の立場から歩み寄りがなされている。まず、人間は遺伝的素質と社会的環境の制約の下に行動しているのであって、人間の意思はいかなる因果の支配も受けないという絶対的自由意思論は幻想であると考えられる。したがって、非決定論者が念頭に置いた完全に理性的な人間像を刑法の基礎に据えることはできない。しかし、他方、決定論者が説くように、人間が素質と環境とに完全に支配され尽くしていると解することも正当であるとは思われない。

そこで、今日の通説的立場からは、人間は遺伝の素質と社会的環境に影響を受けながらも、理性を備えた存在として限られた範囲内で逆に因果の法則に働きかけて、主体的に自己の行動を選択する自由を有しており、因果の法則をコントロールすることができると解されている（**相対的自由意思論**）。

●コラム● 刑法理論の系譜

　犯罪理論や刑罰理論は、歴史的な背景を担ったものである。中世のアンシャン・レジーム時代の刑法は、宗教的な色彩に満ちたものであり、刑罰が極めて過酷で、権力によって恣意的に運用されてきた。これに対して、ベッカリーアはその著書『犯罪と刑罰』で啓蒙主義の見地から罪刑法定主義や客観主義を主張し、アンシャン・レジーム時代の刑法に対して批判を展開した。その後、フォイエルバッハなどがこの流れを引き継いだ。この立場は、旧派と呼ばれており、非決定論・行為主義・応報刑論・一般予防論という一連の主張を行った。
　これに対して、19世紀後半の資本主義の発達に伴う累犯の激増などを契機として、この旧派の考えを批判する人たちが現れた。例えば、イタリアの医師ロンブローゾは、累犯者の実証的研究から「生来性犯罪人」という概念を用いて犯罪の必然性を主張した。その後、この流れはフェリーやリストなどによって引き継がれた。この立場は、新派と呼ばれており、決定論・行為者主義・特別予防論という一連の主張を行った。
　その後、ドイツや日本では、旧派と新派の激しい論争が行われたが、近年は旧派の考え方が優勢になっており、内容的には両者が相互に互いの主張を取り込んで次第に歩み寄っている。

5　刑罰理論（刑罰の正当化根拠）

(1)　応報刑論と目的刑論の対立

　現在のわが国の刑罰の種類には、生命を奪う生命刑（死刑）、自由を剥奪する自由刑（懲役など）、財産を剥奪する財産刑（罰金など）がある。それでは、国家が犯罪者に対して刑罰を科すことができるのはなぜであろうか。この問題は刑罰の正当化根拠と呼ばれるが、それには大別して2つの考え方がある。1つは、**応報刑論**と呼ばれるもので、過去に目を向けて、「犯罪が行われたから刑罰を科す」とする。もう1つは、**目的刑論**と呼ばれるもので、将来に目を向けて、「犯罪が行われないように刑罰を科す」とする。目的刑論は目的の内容の相違によって、さらに一般予防論と特別予防論の2つに分かれる。

ア　絶対的応報刑論

　この見解は、刑罰を加えることによって犯罪防止の効果があるかどうかとは関係なく、刑罰は犯罪に対する応報であることそれ自体によって正当化されるとする（**絶対的応報刑論**）。「刑罰は犯罪に対する当然の報いであって他に目的をもたない」ともいわれる。この考え方によれば、刑罰は、苦痛ないし害悪であり、犯罪に対する応報であることが刑罰を科す根拠である。この考え方は、通常、責任の重さに応じた応報でなければならないとしており、

厳罰主義の行き過ぎをただそうとしていた。応報刑論の下では、刑罰は犯罪に相応するものでなければならないので、犯罪との均衡を失するような刑罰を科すことは刑罰の役割に反し許されないと考えられたのである。

イ 一般予防論

この見解は、刑罰を科すことにより社会の一般人を威嚇し、一般人による将来における犯罪を予防するために刑罰は存在しているとする（**一般予防論**）。刑罰を「見せしめ」として用いて、犯罪者以外の一般の人々が同じような犯罪を犯さないように威嚇するという意味で、威嚇予防とも呼ばれる。一定の行為に対して刑罰を予告することにより、一般人の心理を強制して犯罪を抑止しようとするのである（心理強制説）。この考え方においても、刑罰は、苦痛ないし害悪である。

* なお、従来の一般予防論が威嚇の側面を強調するのに対して、近時、規範意識の強化の側面を強調する見解が有力に主張されている。このように、刑罰は「犯罪は良くないことである」という人々の規範意識を覚醒し、強化する役割をもつとする考え方を積極的一般予防論という。それとの対比で、伝統的な威嚇の側面を強調する一般予防論を消極的一般予防論と呼ぶことがある。

ウ 特別予防論

この見解は、犯人を処罰することによって犯人自身を改善し、犯人が将来再び犯罪を行わないようにするために刑罰は存在しているとする（**特別予防論**）。この考え方は、犯罪者の犯罪性に見合った刑罰を科すべきであるとした。すなわち、犯罪傾向が軽い者には「改善・教育」を施し、改善不可能な犯罪傾向が重い者には社会からの隔離による「無害化」を行うとしたのである。この考え方においては、刑罰は、犯人の再犯を防止するための教育である。この理論によれば、特別予防の効果が生じるまで刑罰を継続するというような考え方すらありうることになる。

(2) 対立の統合

今日の通説は、「刑罰は犯罪に対する応報である」ということを基本に据えながらも、犯罪予防目的をもあわせて考慮しようとしている（**相対的応報刑論**）。過去の違法な行為に対する応報として犯人に刑罰という苦痛を与えることは、人間本来の強い要求である。人間の長い歴史の中で育まれてきた罪と罰の観念は、平均的な国民の規範意識になっている。他方、応報刑論と目的刑論は必ずしも矛盾するものではない。応報刑論の基礎の下に、一般予防的・特別予防的配慮を行うことは十分可能である。ただ、その場合でも、

刑罰は犯罪との均衡を失することは許されないのであり、犯罪に相応する刑罰の範囲内で一般予防的・特別予防的配慮を行うべきなのである。

第2講　罪刑法定主義

◆学習のポイント◆
1　罪刑法定主義の定義、具体的内容、その基礎にある原理および罪刑法定主義に違反した場合の効果を理解し、具体的に説明できるようになることが必要である。
2　特に、裁判で争われることが多い刑罰法規の明確性・広範性については、代表的な判例を含めて十分に理解し、説明できるようになっておくことが大切である。

1　総　説

(1)　罪刑法定主義の概観

ア　意　義

刑法における最も重要な原則の1つが**罪刑法定主義**（罪刑法定原則）である。罪刑法定主義とは、**犯罪と刑罰は法律で事前に定めておかなければならない**（そうでない限り行為を犯罪として処罰することはできない）という原則である。

イ　罪刑法定主義を支える原理と法律主義・遡及処罰の禁止

まず注目すべきは、「法律で」のところと「事前に」の部分である。前者は、**法律主義**と呼ばれる。後者からは、**遡及処罰の禁止**（事後法の禁止）が導かれる。それぞれ**民主主義**と**自由主義**の要請に基づくといわれる。具体的には、以下のとおりである。

　a　民主主義の要請と法律主義

ここにいう民主主義とは、国のルールは主権者である国民自身が決めるという原理である（国民主権）。日本においては、国民の代表である国会において法律で定めるという原理として理解される。この原理は、当然、犯罪と刑罰を定める刑法にも妥当する。ここから、犯罪と刑罰の内容は「法律で」定めなければならない（行政府や裁判所が定めてはならない）という原則が

導かれる。これが、法律主義である。
  b　自由主義の要請と遡及処罰の禁止
　また、ある行為を犯罪として処罰するためには、その行為が犯罪であり、それに対して刑罰が科されるということが、その行為がなされるよりも「前に」定められていなければならない。そうでないと、人々は、どのような行為が犯罪として処罰されるかを予測することができず、行動の自由が不当に制限されてしまうからである。そうだとすれば、行為後に制定された刑罰法規を制定前の行為に遡及的に適用して（過去に遡ることを「遡及」という）、その行為を犯罪として処罰することも禁止される。これが、遡及処罰の禁止である。これは、人々の行動の自由は最大限保障されるべきであるという自由主義の原理に基づくものである。

ウ　派生原則
　このように、罪刑法定主義は、民主主義と自由主義の原理に基づき、法律主義と遡及処罰の禁止をその具体的内容とするが、これだけで民主主義と自由主義に応えたことになるかというと、そうではない。罪刑法定主義には、さらに以下の派生原則がある。
  a　刑罰法規の適正性
　刑罰法規の内容は、適正なものでなければならない（**刑罰法規の適正性**）。犯罪と刑罰が事前に法律で定められたとしても、例えば、その内容が「悪いことをした者は、重く処罰する」というものだったらどうであろうか。このような不明確な内容では、「悪いこと」や「重い処罰」の内容を裁判官が自由に決めてよいことになって民主主義に反するし、行動の予測可能性が欠けて自由主義にも反するであろう。犯罪と刑罰の内容は、不明確なものであってはならないのである（刑罰法規の**明確性**）。
　また、刑罰法規は、その処罰範囲が**過度に広範**なものであってはならない。例えば、「青少年（18歳に満たない者）と性交した者は、2年以下の懲役に処する」という刑罰法規は、たしかに明確ではあるが、処罰範囲が広すぎて、内容が適正であるとはいえない。例えば、真摯な交際関係にある青少年との性交を一律に犯罪として処罰するのは不当であろう。このような刑罰法規は、処罰範囲が過度に広範であるがゆえに自由主義に反し、内容的適正性を欠くのである。
　他にも、刑罰法規の適正性に位置づけられる原則はいくつかあるが、詳しくは後述する。

b　類推の禁止

以上は、主として刑罰法規の定め方についての原則であるが、定められた刑罰法規が裁判所で適用される場面においても、守られるべき原則がある。それが、**類推の禁止**（類推解釈の禁止）である。類推とは、簡単にいうと、似ているけれども異なるものに似ている規定を適用することをいう。詳細は後で説明するが、この類推が禁止されることも、罪刑法定主義の重要な派生原則である。

(2)　本講の課題

以上のとおり、罪刑法定主義には、大別すると、①法律主義、②遡及処罰の禁止、③刑罰法規の適正性、④類推の禁止が含まれる。以下では、①から④のそれぞれについて、もう少し詳しくみてみることにしよう。

●コラム●　罪刑法定主義の沿革

　罪刑法定主義の淵源は、イギリスのマグナ・カルタ（1215年）に遡る。これは、イギリス国王と貴族との約束であったが、その39条に「国の法律によるのでなければ」処罰されないと規定されていた。これが、アメリカに渡り、独立宣言（1776年）や諸州の権利章典を経て、アメリカ合衆国憲法の遡及処罰禁止規定（1788年）および適正手続規定（1791年）へと発展した。他方、ヨーロッパでは、フランス人権宣言（1789年）やナポレオン刑法典（1810年）において法律主義、遡及処罰の禁止が規定され、諸国に広まった。第2次世界大戦後、罪刑法定主義は、世界人権宣言（1948年）などに採用され、世界的な刑法原則となった。

　日本では、旧刑法（1880年）の2条に法律主義、同3条1項に遡及処罰の禁止が規定され、明治憲法（大日本帝国憲法）23条（1889年）にも法律主義の規定が置かれた。現行刑法（1907年）には罪刑法定主義の規定はないが、これは、明治憲法に規定されたので重ねて規定する必要がなかったためであると説明されている。第2次世界大戦期には、国家総動員法（1938年）などにより罪刑法定主義は骨抜きにされたが、戦後、日本国憲法（1946年）31条（適正手続の保障）、同39条（遡及処罰の禁止）などにより罪刑法定主義が復活し、今日に至っている。

2　法律主義

(1)　意　義

犯罪と刑罰は、国会において**法律**で定められなければならない。これが、**法律主義**の原則である。これによると、裁判官は、法律を適用せずに判例や慣習のみに基づいて処罰することは許されない（判例法、慣習法による処罰の禁止）。

法律主義は、前述のとおり、**民主主義**（国民主権）の原理に基づくもので

あるが、憲法にも明文の根拠を有する。憲法31条は、「何人も、法律の定める手続によらなければ、その生命若しくは自由を奪われ、又はその他の刑罰を科せられない」と定めているが、ここにいう「法律の定める手続」には、刑事手続について定めた刑訴法だけでなく、刑事手続において適用される刑罰法規（刑法）も含まれていると考えられるのである（通説）。よって、法律主義に違反する刑罰法規は、憲法31条に違反し無効である。判例法、慣習法による処罰も、同様である。

(2) 例　外

もっとも、法律主義には例外がある。命令、条例で罰則を定める場合である。

ア　命　令

命令とは、行政府が定める法をいう。内閣が定める政令、各省大臣が定める省令、その他の規則などである。これらの命令に罰則を設けることは、法律主義により、原則として許されない。しかし、「特にその法律の委任がある場合」には、例外的に許されている（憲法73条6号但書、国家行政組織法12条3項・13条2項）。

「特にその法律の委任がある場合」（憲法73条6号但書）とは、具体的に特定された事項について法律の委任（**特定委任**）がある場合を意味する。特定委任がある場合には、国会を通じた国民のコントロールが及ぶので、これを受けて命令に罰則を設けることは、民主主義の原理に反しない。よって、例外的に許されるのである。これに対し、委任事項を特定しない一般的・包括的な委任（包括委任）は、民主主義の原理に反するから、許されない（最大判昭27・12・24刑集6巻11号1346頁〈プ1〉）。包括委任を定めた法律は、憲法31条・73条6号但書に違反し、無効である。

問題は、委任事項がどの程度特定されていなければならないかである。この点が争われた有名な事件として、**猿払事件**がある（○最大判昭49・11・6刑集28巻9号393頁〈講1、プ2〉）。事案は、公務員が勤務時間外に衆議院議員選挙の候補者のポスターを公営掲示板に掲載した行為が、国家公務員法102条1項が定める「人事院規則で定める政治的行為」の禁止に違反するとして、同法違反の罪（同法110条1項19号）に問われたものである。ここでは、国家公務員法が「政治的行為」の具体的内容を人事院規則にすべて委任していたことが特定委任として許されるものであるかが、1つの争点となった。これについて、最高裁大法廷は、「国公法102条1項が、公務員の政治的中立性を損うおそれのある行動類型に属する政治的行為を具体的に定める

とを委任するものであることは、同条項の合理的な解釈により理解しうる」と述べ、憲法の許容する委任の限度を超えるものではないとした（ただし、4名の裁判官の反対意見がある）。

　イ　条　例

　普通地方公共団体（都道府県、市町村）は、法律の範囲内で**条例**を制定することができるが（憲法94条、地方自治法14条1項）、地方自治法により、「法令に特別の定めがあるものを除くほか、その条例中に、条例に違反した者に対し、2年以下の懲役若しくは禁錮、100万円以下の罰金、拘留、科料若しくは没収の刑」を科する旨の規定を設けることができるとされている（地方自治法14条3項）。これは、まさに包括委任であるが、例外的に許されると考えられている（最大判昭37・5・30刑集16巻5号577頁〈プ3〉）。条例は、住民を代表する地方議会によって制定されるものであり、条例に罰則を設けることを認めても、民主主義の原理に反しないからである。

3　遡及処罰の禁止

(1)　意　義

　行為時に犯罪とされていなかった行為を、行為後に制定された刑罰法規を遡及的に適用して、犯罪として処罰することは許されない。これを、**遡及処罰の禁止**（事後法の禁止）という。遡及処罰の禁止は、前述のとおり、**自由主義**の原理に基づくものである。憲法39条も、「何人も、実行の時に適法であった行為」について「刑事上の責任を問はれない」として、遡及処罰の禁止を定めている。遡及処罰は、憲法39条違反により無効である。

　また、遡及処罰の禁止は、犯罪後に刑を重く変更する場合にも当てはまる。犯罪後に刑を重くして遡及的に重い刑で処罰することも、自由主義の見地から許されないのである。刑法6条が「犯罪後の法律によって刑の変更があったときは、その軽いものによる」としているのは、この趣旨を含んでいる。なお、同条によれば、犯罪後、裁判までの間に、複数回の刑の変更があった場合には、最も軽い刑が適用される。例えば、行為時に刑の上限が懲役10年であった行為について、一旦上限が5年に引き下げられたが、その後、裁判までの間に7年に引き上げられた場合、最も軽い上限懲役5年の法定刑が適用される。

(2)　判例の不利益変更

　これまで不処罰としていた判例を変更して新たに処罰することは、遡及処罰の禁止に違反するであろうか。学説には、不利益に変更した判例の遡及適

用を否定する見解があるが、通説は、これを肯定している。判例は、刑法の世界では「法」そのものではないからである。最高裁も、不利益に変更した判例を遡及適用して被告人を処罰しても憲法39条に違反しないとしている（最判平8・11・18刑集50巻10号745頁〔岩教組同盟罷業事件第2次上告審〕〈プ11・259〉）。

　もっとも、判例の変更はめったにないことであるから、変更前の判例を信じて処罰されないと思っていた被告人については、違法性の意識の可能性（16講2）がない等の理由により、犯罪不成立とされる余地を認めるべきであろう（通説。なお、前掲・最判平8・11・18に付された河合裁判官の補足意見参照）。

4　刑罰法規の適正性

(1)　総　説

　刑罰法規の内容は、適正なものでなければならない（**刑罰法規の適正性**）。このことは、憲法31条によっても明らかである。同条にいう「法律の定める手続」とは、法律の定める適正な手続を意味するが、この「適正」には、刑罰法規の内容の適正も含まれるからである（このような考えを、**実体的デュー・プロセスの理論**ということがある）。内容の適正性を欠く刑罰法規は、憲法31条により違憲無効である。

　具体的には、まず、刑罰法規の内容は、**不明確**なものであってはならない。①どのような行為が犯罪として処罰されるかが不明確なものや、②刑罰の内容が不明確な刑罰法規は、内容的適正性を欠き、違憲無効である。刑の種類や量を定めない**絶対的不定期刑**は禁止されるが、これも②の1つとして理解できる。また、③処罰範囲が**過度に広範**な規定、④**罪刑の均衡**を失した規定（例えば、軽微な犯罪に対して著しく重い刑罰を科す規定）、⑤無害な行為を処罰する規定も、内容が適正でないため、違憲無効である（④について、猿払事件に関する前掲・最大判昭49・11・6、東京高判平11・3・12判タ999号297頁〈プ19〉参照。⑤について、最大判昭35・1・27刑集14巻1号33頁〈プ18〉参照）。

　以上のうち、実際に争われることが多いのは、①と③である。そこで、以下では、①と③を詳しくみてみることにしよう。

(2)　刑罰法規の明確性・広範性

ア　明確性

　どのような行為が犯罪に当たるかが不明確な刑罰法規は、憲法31条に違反

し、無効である。犯罪を定める規定は、明確でなければならないのである（**明確性**の原則）。これは、**民主主義**および**自由主義**からの要請である。刑罰法規の明確性の判断は、具体的な事案に刑罰法規を適用するための前提として、当該刑罰法規の文言それ自体について行われる。

　もっとも、明確かどうかは程度問題である。それに、そもそも犯罪行為を事細かに規定し尽くすことは困難であり、合理的理由もないことが多いであろう。例えば、殺し方には射殺、絞殺、撲殺、毒殺など色々あるが、だからといって、それらをすべて規定し尽くすことは不可能であり、不必要である。明確性は、ある程度のものにとどまらざるをえないのである。問題は、**どの程度明確でなければならないか**という点にある。

　この点について最高裁は、「交通秩序を維持すること」に違反する行為を処罰する公安条例が明確性の原則に反しないかが争われた事案（**徳島市公安条例事件**）において、「ある刑罰法規があいまい不明確のゆえに憲法31条に違反するものと認めるべきかどうかは、通常の判断能力を有する一般人の理解において、具体的場合に当該行為がその適用を受けるものかどうかの判断を可能ならしめるような基準が読みとれるかどうかによってこれを決定すべきである」と述べた（○最大判昭50・9・10刑集29巻8号489頁〈講2、プ13〉）。これは、要するに、具体的場合に「当該行為」（自分が行おうとする行為）が当該刑罰法規の適用を受けるかどうかが、通常の判断能力を有する「一般人」にとって判断できる程度に明確であればよいとするものといえよう（結論として、違憲無効の主張は斥けられた）。

　このうち、一般人が判断の基準とされた点については、異論はないようである。しかし、「当該行為」が適用を受けるかどうかが判断の対象とされた点については、これでは当該行為が刑罰法規の文言の中心に当てはまる場合には刑罰法規は明確と判断され、文言の外延（どこまでの行為に適用があるか）の曖昧さが放置されることになりかねず、妥当でないとの批判がある。刑罰法規の明確性の判断は、具体的な事案を離れて、文言それ自体を対象に、その外延についてもなされるべきであるというのが、その理由である。

イ　広範性

　処罰範囲は明確であっても、それが過度に広範なものは、前述のとおり、**自由主義**の原理および憲法31条に反し、無効である（**過度に広範ゆえに無効の理論**）。前に挙げた「青少年（18歳に満たない者）と性交した者は、2年以下の懲役に処する」という（架空の）刑罰法規が、その典型例である。刑罰法規の広範性の判断も、明確性の判断と同様、具体的な事案に刑罰法規を

適用するための前提として、当該刑罰法規の文言それ自体について行われる。

> **【設問1】福岡県青少年保護育成条例事件**
> 　福岡県青少年保護育成条例は、18歳未満の者を「青少年」と定義した上で、「何人も、青少年に対し、いん行又はわいせつの行為をしてはならない」と規定し、その違反者に対して2年以下の懲役または100万円以下の罰金を科している。「いん行（淫行）」を処罰する本規定は、過度に広範ゆえに違憲無効か。

　もっとも、判例は、処罰範囲を限定的に解釈することによって、刑罰法規自体が違憲無効とされることを回避する傾向にある（このような限定解釈を、合憲限定解釈という）。例えば、【設問1】の事例（福岡県青少年保護育成条例事件）について、最高裁は、「『淫行』とは、広く青少年に対する性行為一般をいうものと解すべきではなく、青少年を誘惑し、威迫し、欺罔し又は困惑させる等その心身の未成熟に乗じた不当な手段により行う性交又は性交類似行為のほか、青少年を単に自己の性的欲望を満足させるための対象として扱っているとしか認められないような性交又は性交類似行為をいう」として「淫行」の範囲を限定的に解釈し、このように解釈すれば処罰範囲が不当に広すぎるとはいえないとして、憲法31条に違反しないと結論づけている（◎最大判昭60・10・23刑集39巻6号413頁〈百2、講3、プ14・17〉。なお、当時の罰金刑の上限は10万円）。

　たしかに、このように限定的に解釈すれば、「婚約中の青少年又はこれに準ずる真摯な交際関係にある青少年との間で行われる性行為等、社会通念上およそ処罰の対象として考え難いもの」は処罰範囲に含まれないことになり、過度に広範であるとはいえないであろう。しかし、問題は、このような限定解釈が許されるかである。この点について、最高裁は、「このような解釈は通常の判断能力を有する一般人の理解にも適うもの」であるから許されるとしている。しかし、これに対しては、このような解釈は「通常の判断能力を有する一般人の理解」の及びえないものであり、疑問であるとする反対意見が付されており、学説上も、これを疑問視するものが少なくない（過度に広範ゆえに違憲無効であるとの主張を合憲限定解釈により斥けた近時の判例として、最判平19・9・18刑集61巻6号601頁〔広島市暴走族追放条例事件〕〈プ21〉、最判平24・12・7刑集66巻12号1337頁〔堀越事件〕、同刑集1722頁〔世田谷事件〕）。

なお、この事例では、「いん行（淫行）」の範囲が不明確であるとの主張もなされたが、最高裁は、前記のように限定して解釈すれば不明確であるとはいえないとして、これを斥けている。

5 類推の禁止

(1) 意 義

類推の禁止（類推解釈の禁止）とは、被告人に不利益な類推は許されないという原則である。類推は、民法では禁止されないが、刑法では禁止されるのである。

> 【設問2】看護師による秘密漏示
> 看護師であるXは、業務上知った患者の秘密を正当な理由なく漏示した。Xを秘密漏示罪（134条1項）で処罰することができるか。

類推（類推適用、類推解釈）とは、事項Aに適用される規定はないが、Aと似ている（しかしAとは異なる）事項Bについての規定がある場合に、AとBが似ていることを理由として、Bに適用される規定をAに適用することをいう。【設問2】の事例を使って、実際に類推を行ってみよう。秘密漏示罪の規定（134条1項）には、看護師の秘密漏示を処罰するとは書かれていない。しかし、医師の秘密漏示は処罰すると書いてある。ここで、「医師と看護師は異なる職業であるが、医療従事者という点では似ているから、看護師の秘密漏示に秘密漏示罪の規定を適用して、これを処罰してよい」とするのが、類推である。

このような被告人に不利益な類推は、刑法の世界では許されないというのが、類推の禁止である。類推は、裁判官による一種の立法である点で**民主主義**に反するし、行動の予測可能性を奪う点で**自由主義**にも反する。このように、民主主義と自由主義の原理に反するというのが、類推が禁止される理由である。もっとも、被告人に有利な類推は、許される。

【設問2】の答えは明らかであろう。「医師」という言葉に看護師は含まれないから、Xを処罰するには類推によるしかない。しかし、それは被告人に不利益な類推であり、許されない。したがって、Xを刑法の秘密漏示罪で処罰することはできない（ただし、看護師の秘密漏示については、保健師助産師看護師法に罰則があり〔44条の3・42条の2〕、これによりXは処罰されうる）。

第2講 罪刑法定主義 21

(2) 拡張解釈との関係
　ア　拡張解釈の意義
　もっとも、規定の趣旨や目的を考慮して、合目的的な観点から、言葉の意味を広く解釈することは、刑法でも禁止されていない。言葉の意味を広く解釈することを、**拡張解釈**（拡大解釈）という。例えば、名誉毀損罪（230条1項）の客体は「人の名誉」であるが、この「人」の意味を広く捉え、法人も含まれると解釈する場合である（これに対し、「人」を狭く解釈して自然人に限るとするのが、縮小解釈である）。
　そこで、刑法の世界では、「類推は許されないが、拡張解釈は許される」といわれることがある。
　イ　拡張解釈と類推の区別
　しかし、拡張解釈にも限界はある。拡張するといっても、**言葉の可能な意味の範囲を超えてはならない**のである。例えば、「人」に法人を含めるのは、「人」という言葉の可能な意味を超えるものではないから許される。これに対し、「医師」という言葉の意味をいくら広げても、そこに看護師は入らない。それにもかかわらず「医師」に看護師を含めるのは、拡張解釈の限界を超えた解釈であって、類推と同じことになる。したがって、このような解釈は許されないのである。
　問題は、類推と許される拡張解釈とを明確に区別するのが難しい場合があるということである。
　例えば、電気などのエネルギーも「財物」に含まれるかという問題がある。電気に財産的価値があるのは明らかである。問題は、電気を「物」といえるかである。「物」とは、通常、有体物（一定の空間を占める物体）として理解されている。このような理解を前提にすると、電気などのエネルギーは、有体物ではないから、財「物」に当たらない。そうすると、電気を盗んだとしても、窃盗罪（235条）で処罰することはできない。窃盗罪の客体は財「物」だからである。ここで、「電気は財物とは違うが、似たようなものだから、窃盗罪で処罰できる」という論理を使うことは許されない。これは類推であり、禁止されているからである。では、「財物」を拡張解釈して、そこに電気を含めるのはどうか。学説には、財「物」は有体物のほか「（物理的に）管理可能なもの」を含むというように広く解釈して（管理可能性説）、電気も管理可能だから財「物」に含まれるとする見解があった（旧刑法時代の判例も、このような拡張解釈により、電気窃盗を窃盗罪で処罰した。大判明36・5・21刑録9輯874頁参照）。しかし、これに対しては、財

「物」の意味を「管理可能なもの」にまで広げることは、「物」という言葉の可能な意味を超えるものであって、類推したのと同じことではないかという批判が出た。まさに「拡張解釈の名を借りた類推ではないか」というのである（現に、かつてドイツの裁判所は、電気窃盗を無罪とした）。このように、類推と許される拡張解釈との区別は、必ずしも明確でない場合があるのである（もっとも、その後、電気については、「電気は、財物とみなす」とした刑法245条ができたので、電気窃盗の問題は立法的に解決された。しかし、電気以外のエネルギーについては、未解決である。さらに、企業秘密などの財産的価値のある情報それ自体も財「物」といえるかという問題もある）。

　この問題に関する代表的な判例として、汽車代用のガソリンカー（ガソリンエンジンを動力として走行する鉄道車両）の過失による転覆・破壊について、ガソリンカーが過失往来危険罪（129条）の客体である「汽車」に含まれるかが問題となった事案で、ガソリンカーも汽車に含まれるとして本罪の成立を肯定したもの（大判昭15・8・22刑集19巻540頁〔ガソリンカー事件〕〈プ6〉）、クロスボウ（洋弓銃）でカモを狙い射かけたが、矢が外れたため捕ることができなかったという行為について、鳥獣保護法（当時）の規定を受けた環境庁告示が禁止する「弓矢を使用する方法による捕獲」に当たるかが争われた事案で、「矢が外れたため鳥獣を自己の実力支配内に入れられず、かつ、殺傷するに至らなくても、……弓矢を使用する方法による捕獲に当たる」としたもの（◎最判平8・2・8刑集50巻2号221頁〔**鳥獣捕獲事件**、1講参照〕〈百1、講4、プ8〉）がある。

第3講　犯罪論の基本構造

◆学習のポイント◆
1　構成要件該当性とは何か、違法性とは何か、有責性とは何かを理解した上で、犯罪の定義を説明できることが必要である。
2　構成要件とは何か、また構成要件にはどのような機能があるかを理解し、それとの関係で、構成要件と違法性・有責性の関係についてどのような考え方があるか、その概要を理解しておくこと。
3　構成要件該当性、違法性、有責性という犯罪論の体系に従って犯罪の成否を判断することの意義について理解し、どのような手順で犯罪を認定するのかを説明することができなければならない。

1　犯罪の概念

(1)　犯罪論とは何か

　刑法典第2編「罪」には、殺人罪（199条）、傷害罪（204条）、窃盗罪（235条）などさまざまな犯罪について、それぞれの犯罪に「固有」の成立要件とそれに対する刑罰がリストアップされている。また、刑法典第1編「総則」には、それぞれの犯罪に「共通」の成立要件が規定されている。この刑法総則の規定を基礎に、すべての犯罪に共通する「犯罪の成立要件」、すなわち、どのような行為が犯罪となり、どのようにして犯罪行為と非犯罪行為を区別していくかを明らかにするのが**犯罪論**である。そして、この犯罪論は、実は刑法各則に規定されている罪だけではなく、原則として、特別刑法、行政刑法などあらゆる刑罰法規にも妥当する（8条）。犯罪論は、刑法総論の中核をなすものであり、本書の大部分はこの犯罪論の内容を扱うものである。

(2)　犯罪とは何か

　この世の中において、社会的に有害な行為や反社会的な行為は数多く存在している。しかし、そのすべてが犯罪となるわけではなく、その中でも、国

家が特に刑罰という強力な手段を使ってまで禁圧すべきであると判断し、そのような行為に対して刑罰を科すと刑法に規定したものが「犯罪」である。

刑法学においては、**犯罪とは構成要件に該当する違法で有責な行為**」であると定義されている。この定義は、その内容をしっかり理解した上で、標語のようなものとしてしっかり記憶することが必要である。以下、犯罪の定義の内容を詳しく説明することにしよう。

(3) 犯罪は「行為」である

「犯罪とは構成要件に該当する違法で有責な行為である」という文章において、「犯罪とは」が主語であり、「行為である」が述語である。「構成要件に該当する違法で有責な」の部分は「行為」という名詞の内容を限定する修飾語句である。そうだとすると、犯罪といえるための前提条件は「行為」である。「行為」とはいえないものは「犯罪」とはいえない。ここで、「行為」とは、もちろん「人」の行為である。例えば、野生のイノシシが勝手に住居に立ち入っても住居侵入罪（130条前段）という犯罪は成立しない。（強風や水害などの）自然現象や動物の行動は「人の行為」ではないからそもそも犯罪にはならないのである。なぜなら、自然現象や動物に対して刑罰を科すことに意味がないからである。

それでは、人の行動であればすべて「行為」と言えるのであろうか。犯罪の前提条件としての行為をどのように考えるかについては、これまで因果的行為論、目的的行為論、社会的行為論などさまざまな見解が主張されてきた。しかし、これらの行為論の対立を理解することは学生諸君の当面の学習にとって重要ではない。さしあたり、「**行為とは意思に基づく身体の動静**」と解しておけば十分である。

第1に、行為といえるためには「身体の動静」であることが必要である。「動静」とは運動と静止のことであり、人の外部的行動を意味する（**外部性**）。ある人に恨みを抱き殺してやりたいと考えても、頭の中で考えているだけでは「行為」とはいえない。道徳は人の良心を規律するが、刑法は人の外部的な行動を規律する。憲法19条は思想・良心の自由を保障しており、「考え」をもっただけでは他人の法益を侵害する可能性はないので、これを処罰することはできないのである。

第2に、人の外部的行動であってもその人の自由な意思に基づく行動でなければ行為とはいえない（**意思支配可能性**）。刑罰は人の意思に働きかけて法益侵害を防止しようとするものであるから、その人の意思により左右できないような身体の動静を犯罪として処罰しても無意味だからである。

意思に基づかない身体の動静としては、反射的運動がある。例えば、睡眠中に寝がえりを打って隣に寝ていた被害者の顔面を強打したとしても、生理的な反射的運動であるから、意思に基づく行動とはいえず、行為ではない。また、他人に突き飛ばされて第三者の物を壊したとしても、物理的な反射的運動であるから意思に基づく行動とはいえない。

　このように、意思に基づく身体の動静といえないものは「行為」ではない。行為を独立した犯罪成立要件とする少数説もあるが、通説は、行為を（後述の）実行行為とは別の独立した犯罪成立要件とする意味はないとして、行為といえない場合は、犯罪体系論上、（後述の）構成要件該当性が否定されると解している。

(4)　犯罪は「違法」な行為である

　行為に対して刑罰という制裁を科す必要があるといえるためには、その行為が「違法」でなければならない。違法とは、わかりやすい言葉でいえば「悪い」という評価である。ではどのような行為が「悪い」のか。これを形式的に答えれば、法規範に違反することである。しかし、法規範に違反する行為がすべて刑罰の対象となるわけではない。

　例えば、既婚の男性Xが自分は独身であると偽って未婚の女性Aと不倫関係を続けた場合、民法上は違法な行為であり（民法770条1項1号）、Aに対しても精神的損害を賠償する責任がある（民法710条）。しかし、犯罪となるためには、違法の質と量が刑罰を科すにふさわしい程度のものであることが必要である。つまり、**処罰に値する程度に違法でなければならない（可罰的違法性）**。したがって、Xの行為は犯罪とはならない。

　そして、刑法の目的は法益の保護にあるので（1講2および3(1)）、処罰に値する程度の違法な行為とは、法益侵害行為（法益を侵害するような行為）である。もっとも、違法な行為といえるためには、法益を侵害する行為でなければならないが、他人の法益を侵害したとしても違法とはいえない場合もある。例えば、他人の身体という重要な法益を侵害する行為であっても、その他人が暴漢であってその不正な侵害から自己の身を守るために暴漢の身体を傷害した場合であれば、正当防衛（36条1項）として違法ではない。正当防衛のように、法益侵害行為でありながら違法性を否定する事由を違法性阻却事由という（詳しくは11講〜14講）。

　このように違法性は、処罰を積極的に根拠づけるものである（**処罰根拠**）。問題は、行為が違法であるか否かを具体的にどのような基準で判断するかである。その際、「行為」の悪さを重視するのか、「結果」の悪さを重視するの

かが問題となる（11講1参照）。

この点、刑法は**行為規範**（国民が従うべき行動準則）であり、行為規範を維持して犯罪を防止しようとする立場からは、「行為」の悪さ（**行為無価値**）を重視し、行為規範に違反することが違法性の本質であるが、人の行動の良し悪しを判断するには、「どのようなつもりで行動したのか」という行為者の主観面も重要であるとして、違法性の判断資料に**主観的要素**も当然含まれるとする（**行為無価値論**）。

これに対し、刑法は、結果の発生後にそれをどう裁くかという**裁判規範**（裁判官が従うべき行動準則）であるとする立場からは、「結果」の悪さ（**結果無価値**）を重視し、法益侵害が違法性の本質であるとするが、法益侵害は客観的なものであるから、違法判断は客観的な事情に基づき判断され、行為者の主観面は原則として違法判断に影響しないとされる（**結果無価値論**）。

	行為無価値論	結果無価値論
刑法の機能	行為規範	裁判規範
違法性の本質	行為規範（社会倫理規範）違反	法益侵害
判断資料	客観的事情＋主観的事情	客観的事情
判断時点	行為時（事前判断）	結果発生時（事後判断）

結果無価値論と行為無価値論の対立は、違法性に関わるさまざまな問題点の解決に影響を与えている。

●コラム● 結果無価値・行為無価値の「無価値」とは

結果無価値、行為無価値の「無価値」の意味がピンとこない人が多いようである。「無価値」というと、価値がないということから、価値が「ゼロ」であると誤解されやすい。しかし、無価値という言葉は、もともとドイツ語の unwert を訳したもので、意味としては「価値に反する」というマイナスイメージの言葉である。刑法の世界では、法益が守られている状態が価値のあることだから、行為の結果（法益侵害）はマイナス評価を受けるべきものであることから結果無価値というのである。

---

(5) 犯罪は「有責」な行為である

行為が違法であるというだけでは、常にその行為者に刑罰という制裁がふさわしいといえるとは限らない。違法な行為をしたことに対して「けしからん」という非難を加えることができる状態が存在しなければならない。例えば、幼稚園児がコンビニの商品陳列棚から無断でお菓子を持って帰ってしまったとしても、その子どもに刑罰を科すべきであるとはいえない。たしかに、無断でお菓子を持ち帰る行為はお店の財産という法益を侵害する行為で

あるから違法であるが、善悪の判断能力がまだ十分備わっていない子どもがそうした行為に出たことについて非難することはできない。この幼稚園児の行為には責任が欠けるので犯罪は成立しない。

　有責性とは、行為者に「責任があること」であり、責任とは**非難可能性**を意味する（15講）。犯罪といえるためには、違法行為を行ったことについて行為者に非難されるべき実質的な根拠が備わっていなければならない。有責性は、違法行為を行った行為者に刑罰という効果を結びつけるための要件である。

　刑法の世界では、違法性（「悪い」という評価）と有責性（「けしからん」という評価）はしっかりと区別しなければならない（**違法と責任の峻別**）。ある行為が「いいか悪いか」を判断し、「悪い」という評価がなされた後、その悪い行為をした行為者に「けしからん」という非難を加えることができるかを検討するのである。そうすることにより、刑罰という峻厳な制裁を科すことになる「犯罪」の認定を慎重に行い、処罰感情に流された恣意的な判断を防止することにより不当な人権侵害を避けることができるのである。

(6)　構成要件に該当しなければ犯罪ではない

　このように、犯罪といえるためには違法で有責な行為でなければならないが、違法で有責な行為であればすべて犯罪として処罰されるわけではない。

　犯罪はその効果として刑罰という厳しい制裁を加えるものであるから、刑罰は、法益を保護するための他の手段（民事制裁や行政制裁など）では十分な効果をあげることができないときに「最後の手段」として登場すべきものである。このように国家による刑罰権の行使は控え目にすべきであるという原則を**謙抑性の原則**（1講コラム「刑法の謙抑性」参照）といい、この謙抑主義の見地から、国家は、違法で有責な行為の中から取捨選択し、刑罰を科すことがどうしても必要な行為（**可罰的行為**）を「類型化」して、その法的特徴を示す形で刑罰法規に「犯罪」として規定し、この犯罪類型に該当する行為だけを現実の処罰の対象としている。

　例えば、ある人の行為によって被害者が死亡したケースについても、殺意（殺人の故意）をもって殺害した類型、被害者に頼まれて殺害した類型、殺意はなく暴行・傷害の故意で被害者を死亡させた類型、暴行・傷害の故意もなく過失で死亡させた類型といったグループ分けをし、それぞれ殺人罪（199条）、嘱託殺人罪（202条）、傷害致死罪（205条）、過失致死罪（210条）として（刑法典という）刑罰法規に規定している。

　このように、刑罰法規において「犯罪」と予定された行為の「型」のこと

を**構成要件**という。構成要件はいわば**犯罪のカタログ**である。ある行為が犯罪であるといえるためには、まずはこのカタログに当てはまること（**構成要件該当性**）が必要である。逆にいえば、構成要件に該当しない行為は犯罪とはならないのである。

「構成要件に該当する」というのは、犯人のある具体的な行為が、犯罪を類型化した一定の構成要件に「当てはまる」ということである。例えば、殺人罪の構成要件は「人を殺した」（199条）であるから、現実に起こった生の事実（○月○日□□の場所でAがBの首を絞めたところBがぐったりした）が「人を殺した」に当たるかどうかを判断し、当たるといえれば殺人罪の構成要件該当性が認められるのである。

以上をまとめると、犯罪とは「構成要件に該当する」「違法で」「有責な」行為であるということになる。

●コラム● 構成要件を見たことのある人はいない

　刑罰法規と構成要件は同じではない。刑罰法規は六法全書を開ければ誰でも見ることができる。刑法199条の殺人罪の規定を見れば「人を殺した者は……」とある。刑罰法規は、現実の世界に存在している「物」である。

　ところで、刑罰法規の「人を殺した」の文言の意味は、「人」、「殺した」の文言を解釈することによってその内容が明らかになる。例えば、母親のお腹の中にいる胎児はいつから「人」になるのであろうか。脳死状態でベッドに横たわっている者は「人」といえるのであろうか。これらの問いに答えるためには、「人」という文言を解釈してその内容を明らかにする必要がある。また、例えば、砂糖を毒薬と勘違いしてコーヒーの中に殺意をもって砂糖を混入する行為は人を「殺す」行為といえるのであろうか。被害者を殺意をもって日本刀で刺して傷害を負わせたところ被害者が救急車で病院に搬送される途中に救急車の交通事故で死亡した場合に、犯人は「人を殺した」といえるのであろうか。これらの問いに答えるためには、「人を殺した」という文言を解釈してその内容を明らかにする必要がある。

　構成要件は、刑罰法規の文言を前提として、それに解釈をほどこし、刑罰法規のもつ意味を確定することによって明らかにされる個々の犯罪行為の「観念像」である。したがって、構成要件は目で見える「物」ではなく、頭の中に思い浮かべられた「犯罪の型」なのである。

2　構成要件と違法性・有責性の関係

(1) 構成要件とその機能

構成要件は、現実に存在する「物」ではなく、犯罪の成否を判断するために学者が創り出した観念的な「道具」である。それでは、構成要件という道具には、どのような役割が期待されているのであろうか。

構成要件の最も基本的かつ重要な役割は、犯罪になる行為と犯罪にならない行為を振り分けることである（**罪刑法定主義機能**）。そのほか、構成要件には、ある犯罪と別の犯罪を明確に区別する働き（**犯罪個別化機能**）、故意があるといえるために認識しなければならない対象を示す働き（**故意規制機能**）、構成要件に該当する行為は例外的に違法性阻却事由が存在しない限り違法性があると評価してよいという働き（**違法性推定機能**）などが期待されている（これらの点については、4講1参照）。

(2)　構成要件の理論

　構成要件は犯罪の「類型」であるが、どのような性質の類型であろうか。この点につき、**行為類型説**、**違法類型説**、**違法・有責類型説**などの見解が主張されている。これは、構成要件と違法性、構成要件と有責性の関係をどのように理解するかをめぐる見解の対立である。

　ア　構成要件と違法性の関係

　通説によれば、構成要件は、通常違法とされる行為を類型化した**違法類型**である。そして、前述のように、通常違法とされる行為とは、刑法が法益保護を目的とするものである以上、法益を侵害する行為である。行為は構成要件に該当することによって違法であると「推定」され（構成要件の**違法推定機能**）、違法性阻却事由の存在により例外的に違法でなくなる（違法性が阻却される）が、違法性阻却事由の不存在によって違法性が「確定」する。

　イ　構成要件と有責性の関係

　問題は、構成要件は有責行為をも類型化したものとみるかである。この点について、構成要件は違法性とのみ関連性があり、有責性とは無関係であるとする**違法類型説**と構成要件は違法性のみならず有責性との関連性があるとする**違法・有責類型説**が対立している。

　本書は、近時の多数説に従い、構成要件を違法・有責類型と考える立場を採用し、以下、それを前提に犯罪論のさまざまな問題を解説することにしたい。

　それでは、なぜ本書は違法・有責類型説を採用するのか。構成要件は、前述のように、実在する「物」ではなく、犯罪を認定するための「観念的」な道具である。道具である以上、犯罪認定のために役立つように工夫すべきである。構成要件に期待される役割の中で、最も重要なものが「犯罪になる行為と犯罪にならない行為を振り分ける」という**罪刑法定主義機能**である。構成要件が罪刑法定主義機能を果たすためには、故意・過失を構成要件要素とすることが望ましい。なぜなら、故意・過失は本来責任要素であるが、構成

要件該当事実の認識・認容や認識可能性を構成要件要素としないと、無過失の行為にも構成要件該当性を認めることになり妥当でないからである。

例えば、自動車を走行中、横断歩道橋から飛び込み自殺をした者と無過失で衝突して死亡させた場合に殺人罪、傷害致死罪、過失運転致死罪などの構成要件該当性を認めたり、過失により他人の器物を損壊した場合に器物損壊罪の構成要件該当性を認めるのは無意味である。なぜなら、これらの行為はもともと犯罪とはされていない行為だからである。犯罪として処罰されていない行為に、構成要件該当性を認め違法性が推定されるとするのは望ましくない。

また、罪刑法定主義は、犯罪と刑罰はあらかじめ法律で規定しておかなければならないという原則であるから、単に処罰されるかどうかだけではなく、どのような法定刑で処罰されるかも問題となるので、構成要件に「ある犯罪と別の犯罪を明確に区別する」という**犯罪個別化機能**をもたせることも必要であり、そのためには構成要件段階で故意犯と過失犯は区別されるべきであり、その点でも故意・過失を構成要件要素とすることが望ましい。

例えば、不注意により人を死亡させた者には端的に過失致死罪の構成要件該当性を認めるべきである。しかし、故意・過失を構成要件要素としない見解をとると、この者に過失致死罪のほか、殺人罪、傷害致死罪の構成要件該当性をも認めることになるが、それは犯罪認定の道具としての構成要件が犯罪個別化機能を十分果たしていないことを意味することになり妥当ではない。

以上のように、構成要件に罪刑法定主義機能、犯罪個別化機能を果たさせるためには、責任要素である故意・過失を（犯罪の類型を区別するのに必要な限度で）構成要件要素とする必要があり、したがって、構成要件を違法・有責類型と解するのが妥当である。多数説が違法・有責類型説を支持するのはこのような理由によるものである。

3　犯罪論体系

(1)　犯罪論体系とは何か

犯罪論は高度に体系的であり、それが刑法総論の難しさであるといわれる。犯罪論体系とは、犯罪をいくつかの概念要素に分解し、それを体系的に整序したものをいう。犯罪成立の諸要素が一定の論理的順序に従って配列されており、それぞれの要素が密接に関連し合いつつ首尾一貫した論理に貫かれて「犯罪」という全体を構成している。このように説明すると、犯罪論は

すこぶる哲学的・観念的で難解なイメージがするが、それを機能的・実践的に捉えると、**犯罪論とは犯罪の成立要件を明らかにするものであり、犯罪が成立するか否かをどのような手順で確認するかを示すものである**。

(2) 本書の立場

犯罪論体系は、犯罪の成立要件を明らかにし、恣意的な判断が行われることを防止することに重大な意義がある。犯罪論の体系には、さまざまなものがあるが、本書は、通説に従い、**構成要件該当性、違法性、有責性**という三分法を採用する。

まず、犯罪をどのような要素に分解するかについては、前述のように、犯罪とは構成要件に該当する違法で有責な行為と考え、構成要件該当性、違法性、有責性の3要素に分解するのが妥当である。

次に、この3要素をどのような順序に配列するかについては、「形式的なものから実質的なものへ」「客観的（外部的）なものから主観的（内部的）なものへ」という順番に検討することがわかりやすいといえる。

そこで、形式的・類型的な判断である構成要件該当性を実質的・非類型的な判断である違法性・有責性に先行させ、客観的な判断である違法性の判断を次に、主観的な判断である有責性を最後に配置するのが妥当である。

このような犯罪論体系は刑法の基本原理にも対応している（1講参照）。ひとたび社会的に有害な事件が発生すると世間から強い処罰感情が起こるが、**罪刑法定主義**の原則に照らして、法律が規定する犯罪類型に該当するか否かのチェックをすべきである（**構成要件該当性**）。次に、**法益保護主義の原則**から、行為がどんなに反倫理的であっても客観的に法益を侵害したといえるか（あるいは法益侵害の危険性を引き起こしたといえるか）、また、法益侵害行為であってもなお正当化すべき事情がないかどうかをチェックしなければならない（**違法性**）。最後に、被害の重大さに目を奪われて行為者を非難できるのかを十分検討しないまま処罰してしまう危険を避けるためには、**責任主義の原則**に照らして、非難可能性が十分認められるかを慎重にチェックする必要がある（**有責性**）。

4 犯罪認定の具体的手順

犯罪認定手順の見取図

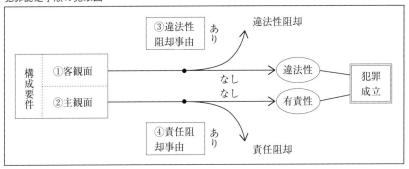

(1) 構成要件該当性

　構成要件は犯罪のカタログである。このカタログにはそれぞれの犯罪の成立に必要な法的特徴が示されている。構成要件の要素としては客観的な要素と主観的要素がある。たとえて言うならば、構成要件という部屋の中が、客観的要素の有無を検討する小部屋と主観的要素の有無を検討する小部屋に分かれているのである。そこで、まず、**犯罪認定手順の見取図**（以下「見取図」という）の①の部分（客観的要素の有無を検討する小部屋）から先に検討し、それが済んだら②の部分（主観的要素の有無を検討する小部屋）を検討しなければならない。これは、犯罪の検討にあたっては、「客観的なものから主観的なものへ」という判断ルールがあるからである。

　①の客観的な構成要件要素としては、誰が（行為の主体）、誰に（行為の客体）、何をして（実行行為）、どうなったのか（結果）、何が原因でそうなったのか（因果関係）等があるが、その中核は、**実行行為、結果、因果関係**である。客観的構成要件要素は、処罰に値する法益侵害（ないしその危険）の有無を確認するための要素である。

　①の小部屋では、どんな結果が発生しているのか、またその結果を発生させた行為は構成要件が規定している実行行為といえるか、さらには、実行行為と結果との間に因果関係が認められるかなどを検討するのである。

　②の主観的構成要件要素としては、構成要件の客観的要素に該当する事実の認識・認容（構成要件的故意）、認識可能性（構成要件的過失）のほか、特定の犯罪にのみ要求される特別な主観的要素（例えば、文書偽造罪〔154条以下〕における「行使の目的」など）がある（4講2(7)参照）。主観的構成要件要素は、処罰に値する法益侵害（ないしその危険）の認識の有無を確

第3講　犯罪論の基本構造

認する要素である。

②の小部屋では、構成要件該当事実（例えば、人を殺すこと）を認識・認容していたか（構成要件的故意）、認識はしていなくても認識しようと思えばできたか（構成要件的過失）などを検討することになる。

構成要件	①客観面（客観的構成要件要素）	実行行為―因果関係→結果
	②主観面（主観的構成要件要素）	（構成要件的）故意・過失

犯人の行った具体的な行為が当該構成要件が要求している客観的要素と主観的要素をすべて充足したときに、言い換えると、①の小部屋の審査を通過し、②の小部屋の審査も通過すると、構成要件該当性が認められる。構成要件該当性が認められると、その行為は「原則」として違法かつ有責であるといえる。

●コラム● 違法性の判断を行う場所は2つある

　犯罪とは構成要件に該当する違法で有責な行為であるという定義から、学生諸君は構成要件該当性の判断と違法性の判断が切り離された別個の判断であると誤解しやすい。しかし、構成要件が違法行為類型であることを認める以上、構成要件該当性の判断は違法性の判断そのものであり、構成要件に該当すれば原則として違法であり、例外的に違法性阻却事由が存在した場合には違法性が否定されるのである。このように、違法性の判断は、構成要件該当性の判断と違法性阻却事由の判断の2カ所に分かれて行われていることに注意しなければならない。

　同様に、構成要件を有責類型でもあることを認める本書の立場からは、有責性の判断も、構成要件該当性の判断と責任阻却事由の判断の2カ所に分かれて行われることになる。

(2)　違法性阻却事由（正当化事由）

構成要件に該当する行為は法益侵害（ないしその危険）の存在が確認されているので、原則として違法である。しかし、法益を侵害する行為でも個別具体的事情の下ではなお法的に許される場合がある。法益侵害行為でありながら法的に許される事由のことを**正当化事由**という。正当化事由は、違法性を阻却するという法的効果を有するので一般に**違法性阻却事由**という。

見取図において、①の要件を満たすと、矢印が違法性に向かって伸びている。その矢印がまっすぐ進み「違法性」というゴールに届くと違法性は確定するが、中間の分岐点から上の方に曲がると違法性が阻却され違法性がなかったことになる。

それでは、他人の法益を侵害しながらなぜそのような行為を正当化するこ

とができるのであろうか。この点、行為無価値論からは、その行為が社会倫理秩序の枠内であれば社会的にみて相当であるから違法性が阻却される（**社会的相当性説**）。これに対し、結果無価値論からは、具体的状況下でさまざまな事情を含めて判断した場合に、法益侵害を上回るプラスの利益（優越的利益）がもたらされているといえるときは違法性が阻却される（**優越的利益説**）。もっとも、被害者の承諾の場面では、被害者が法益を放棄したためその法益が刑法的保護に値しないという理由で違法性が阻却される（利益不存在の原則）。

違法性阻却事由は、通常時における行為か緊急時における行為かで2つに分類することができる。

ア　緊急行為

緊急行為とは、公的機関の救済を待っていたのでは権利・利益を守ることができないような緊急事態において、侵害された者が自らの実力で救済を図る行為（自力救済行為）をいい、正当防衛と緊急避難がこれに当たる。

第1の**正当防衛**とは、急迫不正の侵害に対し、自己または他人の権利を防衛するためにやむをえずにした行為をいう（36条）。正当防衛は、侵害者に対する防衛行為であり（**不正対正の関係**）、違法性が阻却される（12講、13講参照）。

第2の**緊急避難**とは、自己または他人の生命・身体・自由または財産に対する現在の危難を避けるため、やむをえずにした行為であって第三者の法益を侵害したもののうち、これによって生じた害が避けようとした害を超えなかった場合をいう（37条）。緊急避難は無関係な第三者に対する避難行為であるため（**正対正の関係**）、正当防衛よりも厳格な要件が要求されている。通説は緊急避難は違法性を阻却すると解しているが、学説の中には責任阻却事由とする見解もある（14講参照）。

イ　正当行為

正当行為とは、通常時において一般に認められている正当行為である。法令行為、正当業務行為、その他の正当行為がこれに当たる（35条）。

第1の**法令行為**とは、法律または命令によって許容されている行為である。例えば、死刑執行官が行う死刑執行は、殺人罪（199条）の構成要件に該当するが法令行為として違法性が阻却される。また、警察官による逮捕・勾留は、逮捕・監禁罪（220条）の構成要件に該当するが法令行為として違法性が阻却される。

第2の**正当業務行為**とは、社会生活上正当なものと認められる業務行為を

いう。業務とは、社会生活上反復・継続して行われる性格の事務であれば足り、経済的な対価を追求する性質の職業である必要はない。例えば、プロボクシングでもアマチュアボクシングでも、ボクサーがルールを守ってボクシングを行い相手選手に傷害を負わせた場合は、傷害罪（204条）の構成要件に該当するが、正当業務行為として違法性が阻却される。また、医者の手術行為も、傷害罪の構成要件に該当するが、正当業務行為として違法性が阻却される。

第3のその他の正当行為は、法令行為、正当業務行為以外の正当行為である。刑法35条は「正当な業務による行為は、罰しない」と規定しているが、ここでは「業務」であることよりも「正当な」行為であることが重要である。なぜなら、業務行為であっても社会通念上是認される範囲内のものでなければ許容されないからである。そうだとすれば、正当行為はすべて刑法35条によって違法性が阻却される。このような正当行為としては、労働争議、被害者の承諾、安楽死、尊厳死などがある（11講参照）。

③違法性阻却事由 （正当化事由）	緊急行為	正当防衛 緊急避難
	正当行為	法令行為 正当業務行為 その他の正当行為 （労働争議、被害者の承諾、安楽死、尊厳死など）

構成要件に該当し、見取図③の違法性阻却事由に該当しない場合は、分岐点から上にそれることなく、まっすぐゴールである「違法性」に到着するので、違法性が確定する。

(3) 責任阻却事由（免責事由）

見取図の①②をクリアしたことにより「構成要件に該当し」、③もクリアして違法性が確定したことから「違法な行為」であっても、行為者を非難することができない場合は刑事責任は免責される。違法な行為でありながら免責される事由のことを**免責事由**という。見取図の④である。免責事由は、責任を阻却するという法的効果を有するので、一般に**責任阻却事由**という。もし、責任阻却事由が存在した場合は、見取図の②の部分から出ている矢印は、分岐点で下に曲がるので責任が否定され犯罪は成立しない。しかし、責任阻却事由が存在しなかった場合は、②から出ている矢印は分岐点で曲がることなくまっすぐゴールの「有責性」まで到達するので、有責性が確定する。

責任が、正しい行為をすることができたのに違法な行為をしたことに対する非難可能性であるとすると、行為者に責任を負担する能力があることが前提要件となる。これが**責任能力**である（15講2参照）。また、行為者に対する非難は、違法行為をやめ適法行為を決意する意思（反対動機）が形成される可能性があるにもかかわらず、あえて違法行為を行う意思決定をしたことに対して向けられる。そこで、悪いことだと知ることができたことが必要であり、そのために（**責任**）**故意**や**違法性の意識の可能性**が責任の要件となる（この点につき16講および15講参照）。さらには、違法な行為をしたことに対して非難可能であるためには、そもそも正しい行為をすることが期待できたといえる場合でなければならないので、**期待可能性**も責任の要件となる（15講参照）。このように、責任阻却事由は、責任能力、（責任）故意、違法性の意識の可能性、期待可能性の4つである。

ア　責任能力

　責任能力とは、事理（ことがら）の是非・善悪を判断し、かつ、それに従って行動する能力をいう。つまり、正常な判断能力（**弁識能力**）とその判断に従って自分の行動を制御する能力（**制御能力**）のことであり、どちらか一方でも欠けた状態を責任無能力といい、そのような行為者を非難することはできないので責任が阻却される。また、責任能力が著しく劣っている場合を限定責任能力といい、（責任は阻却されず）犯罪は成立するが、非難可能性が弱まるので刑を減軽する。

　刑法は、「14歳に満たない者」を画一的に責任無能力者としている（41条）。14歳未満の者は心身の発育途上にあり、可塑性（変わりやすい性質）に富んでいることから、違法行為に対して刑罰以外の手段で対応することが適切であるという政策的配慮から一律に責任を阻却することにしたものである。

　14歳に達した者について、刑法は「心神喪失者の行為は、罰しない」と規定し責任能力を否定している（39条1項）。心神喪失とは何かについて刑法は規定していないが、判例・通説によれば、「精神の障害」により、弁識能力または制御能力が欠ける状態をいう。精神の障害の典型として統合失調症などがある。

　また、刑法は「心神耗弱者の行為は、その刑を減軽する」と規定（39条2項）、犯罪は成立するが必ず刑を減軽することにしている（必要的減軽）。心神耗弱とは、「精神の障害」により、弁識能力または制御能力が著しく減退した状態をいう。

イ (責任) 故意

故意とは、犯罪事実の認識・認容をいう。犯罪事実のうち、構成要件該当事実の認識・認容については、本書は、構成要件の主観的要素として構成要件該当性の段階で検討することにしている (**構成要件的故意**)。例えば、Xが包丁でAの心臓を突き刺しAを死亡させた場合、包丁で相手の胸を突き刺すことを認識している者は「人を殺す」という殺人罪の構成要件該当事実を認識・認容しているといえるので(構成要件的)故意が認められる(7講参照)。

これに対して、違法性阻却事由不存在の事実の認識・認容については、違法性阻却事由が存在しないことを確認した後に(つまり違法性が確定した後に)、責任の段階で検討することになる(**責任故意**)。例えば、正当防衛に当たる事実がないのに正当防衛に当たる事実があると思って他人の法益を侵害した場合、「犯罪事実」を認識・認容していないので(責任)故意が阻却される(16講参照)。

●コラム● 故意は1つ

故意とは犯罪事実の認識・認容のことである。犯罪事実には、構成要件該当事実と違法性阻却事由不存在の事実があるが(つまり両者がそろって犯罪事実が存在することになるが)、前者の認識・認容を構成要件的故意、後者の認識・認容を責任故意とよぶ。ただ、構成要件的故意も責任故意も犯罪事実の認識・認容という「故意」の一部分を構成するものにすぎず、2種類の故意が存在するわけではない。1つの故意のある部分を構成要件該当性の段階で検討し、ある部分を責任の段階で検討するにすぎないのである。故意を構成する2つの部分が両方そろわない限り故意があるとはいえず、したがって故意犯は成立しない。

ウ 違法性の意識の可能性

犯罪事実を認識・認容すれば、すなわち、故意があれば、通常、自己の行為の違法性を意識することができるし、過失の場合も、通常、注意すれば違法性を意識することができる。しかし、何らかの理由で、違法性を意識することが困難になる場合もある。このような場合、違法行為をやめて正しい行為を行うべきであったといえるためには(反対動機の形成が可能であったといえるためには)、行為者が違法性を意識することが可能であったといえなければならない。そこで、通説は、**違法性の意識の可能性**を(責任)故意とは独立した要件として、責任を阻却する事由としている。

例えば、法律上の要件等に誤解があり自己の行為は違法ではないと勘違いをした場合で(これを**違法性の錯誤・法律の錯誤**という)、その誤解に相当

な理由があると認められた場合には、違法性の意識の可能性が欠けるとして責任が阻却されるべきである。独占禁止法違反の事案において、通産省（当時）の行政指導と公正取引委員会の容認があった場合に、生産調整を行った被告人に違法性の意識を欠いたことに相当の理由があるとして無罪を言い渡した下級審判例がある（東京高判昭55・9・26判時983号22頁〔石油やみカルテル事件〕〈プ262〉）。なお、最高裁判例は、現時点では、違法性の意識の可能性は不要であり、それがなくても責任は認められるという立場をとっているが、将来的に判例が変更される可能性がないわけではない。

エ　期待可能性

自己の行為が違法であることを意識することが十分可能であっても、違法な行為をやめて適法な行為に出ることを期待できない場合がある。行為者を非難するには、適法行為に出ることを期待することが可能であることが必要である。これを**期待可能性**といい、期待可能性がない場合には責任が阻却される。

例えば、失業による生活苦からパン1個を万引きしたような事案において、福祉の援助を受けることもできないような事情があった場合には、期待可能性が欠けるとする余地がある。

なお、わが国の判例で、これまで期待可能性の欠如を理由に責任阻却を認めたものはないが、期待可能性の減少を理由に量刑を軽くしたものはある（大判昭8・11・21刑集12巻2072頁〔第5柏島丸事件〕〈プ264〉）。

④責任阻却事由	ア　責任能力	イ　責任故意
（免責事由）	ウ　違法性の意識の可能性	エ　期待可能性

●コラム●　　客観的処罰条件と一身的処罰阻却事由

構成要件該当性、違法性、有責性が認められれば犯罪は成立する。犯罪が成立すれば処罰できるのが通常である。ところが、ある種の犯罪においては、犯罪が成立しても処罰されるかされないかが別の条件によって決まる場合がある。このような条件を**客観的処罰条件**という。

例えば、事前収賄罪（197条2項）は、「公務員になろうとする者が、その担当すべき職務に関し、請託を受けて、賄賂を収受し……たときは、公務員となった場合において」処罰すると規定されている。国会議員に立候補中の者が議員に就任した後に担当する予定の職務についてあることを頼まれてその対価として賄賂をもらえば事前収賄という犯罪自体は成立する。しかし、落選した場合には処罰されることはない。事前収賄罪で処罰されるためには、当選すること、すなわち「公務員となること」が必要である。これが客観的処罰条件である。

また、犯罪が成立しているのに、行為者の特別な身分や地位によって、その刑が免除される場合がある。これを**一身的処罰阻却事由**という。
　例えば、窃盗罪（235条）においては、窃盗犯人と被害者（財物の占有者・所有者）の間に「配偶者、直系血族又は同居の親族」という親族関係があった場合、窃盗罪という犯罪は成立するが、親族間の特例（244条1項）によって、その刑が免除される。家庭内のトラブルに刑法は干渉しないという趣旨によるものである。もっとも、免除の効果は、親族関係のない共犯には及ばない（244条3項）。
　このような客観的処罰条件や一身的処罰阻却事由は、犯罪の成否とは無関係の事実であるから、故意の認識対象ではない。そのため、判例・通説によれば、例えば、一身的処罰阻却事由が存在しないのに存在すると思った（親族関係が存在しないのに存在すると思った）としても、故意の成否には無関係である。

(4) まとめ

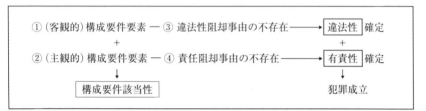

　以上のように、犯罪が成立するか否かは、まず、①で客観的構成要件要素の有無を検討し、次いで②で主観的構成要件要素の有無を検討することを通じて構成要件該当性の有無を判断し、それが肯定された場合は、③の違法性阻却事由の存否を確認し、違法性阻却事由が不存在となれば違法性が確定する。次に、④責任阻却事由の存否を確認し、責任阻却事由が不存在となれば有責性が確定する。このようにして、違法性および有責性が確定すると犯罪が成立する。

【事例1】
　Xは包丁をAの胸に刺して殺した。
【事例2】
　Yは、Bに鉈（なた）で襲われたので、正当防衛で包丁をBの胸に刺して殺した。
【事例3】
　Zは心神喪失の状態で包丁をCの胸に刺して殺した。

　例えば、【事例1】では、Xの行為は包丁という殺傷力のある凶器でAの身体の枢要部である胸を刺して殺したというもので①殺人罪の客観的構成要件要素を充足し、②殺人の故意も認められるので主観的構成要件要素も充足

するため、殺人罪の構成要件に該当する。そして、③違法性阻却事由もなく（これにより違法性が確定し）、④責任阻却事由もないので（これにより有責性が確定し）、殺人罪が成立する。

これに対し、【事例2】では、Yの行為は、①殺人罪の客観的構成要件要素を充足し、②殺人の故意も認められるので主観的構成要件要素も充足するため、殺人罪の構成要件に該当する。しかし、③違法性阻却事由のうち「正当防衛」に該当するので違法性が阻却され（これにより違法性がなくなり）、犯罪は成立しない。

さらに、【事例3】では、Zの行為は、①殺人罪の客観的構成要件要素を充足し、②殺人の故意も認められるので主観的構成要件要素も充足するため、殺人罪の構成要件に該当する。また、③違法性阻却事由もない（これにより違法性が確定する）。しかし、④責任阻却事由のうち「責任能力の欠如」により責任が阻却され（これにより有責性がなくなり）、犯罪は成立しない。

なお、刑法総論で学習する論点のうち、犯罪が成立した後に、刑を減軽したり免除すべきかが問題となる場合がある。例えば、中止犯（19講参照）、過剰防衛（13講4参照）、限定責任能力（15講参照）などがこれである。これらの論点の検討が求められる問題では、まず犯罪が成立することを先に論ずべきであり、犯罪が成立したことを確認した後にこれらの問題を検討しなければならない。

それでは、次の設問の事例を使ってこれまで学習してきたことを確認してみよう。

【設問1】
Xは、友人Aと飲酒した際、些細なことから互いに殴る蹴るの喧嘩（けんか）になり、手拳で1回Aの顔を殴ったところ、Aは転倒し頭部を床に打ちつけ、収容先の病院で死亡した。Aは日頃から血圧が高く以前に心筋こうそくで倒れたことがあった。なお、Xは、行為当時、泥酔状態にあった。また、XはAから殴られたと思われる打撲傷のほかナイフ様のものでできたと思われる切傷を負っていた。Xの罪責を検討する手順を示しなさい。

第1に、構成要件該当性を検討する。構成要件の客観的要素は実行行為、結果、因果関係である。問題文を読み、真っ先に結果と実行行為を確認しよう。結果は「Aの死」であり、実行行為は「Xが手拳でAの顔面を殴る行為」である。そこで、この実行行為と結果との間の因果関係の存否が問題となる。Aが死亡したのはXが殴ったことによるのか、それともAには心臓疾

患がありそれが原因で死亡したのか。因果関係の判断基準（5講参照）に従ってこれらの問題を検討し因果関係の存否を確認しなければならない。因果関係が認められた場合は、死亡結果についてＸが責任を負う可能性が出てくる。

　仮に因果関係が認められたとして、次に検討するのは構成要件の主観的要素である。Ｘには何罪の故意が認められるのであろうか。手拳で1回Ａの顔を殴っただけであるから殺人の故意は否定されよう。そうすると、Ｘには殴るという暴行の故意（あるいは殴ることによってけがをさせるという傷害の故意）が認められる。したがって、この段階で、Ｘの行為は傷害致死罪（205条）の構成要件に該当することになる。構成要件段階で故意の内容を考慮することにより、この時点で早くも殺人罪の構成要件該当性や過失致死罪の構成要件該当性は否定されたのである。

　第2に、Ｘは自らの暴行でＡの生命という法益を侵害したのであるが、違法性が阻却される余地がないかを検討する（12講・13講）。たしかに、ＸとＡは喧嘩をしていたにすぎないから正当防衛（36条1項）が成立する余地はないようにもみえる。しかし、喧嘩闘争があれば正当防衛が絶対に成立しないわけではない。これまで素手で殴り合っていたのに、相手が突然凶器を持って襲いかかってきたような場合にはなお正当防衛が成立する可能性はある。

　本問でも、問題文に「ＸはＡから殴られたと思われる打撲傷のほかナイフ様のものでできたと思われる切傷を負っていた」とある。そうだとすると、ＡがナイフでＸを切りつけ、それをよけようとしてＸがＡを殴打した可能性があるので、そのような事実が存在したかどうかをきちんと確認する必要がある。もし急にＡがナイフで切りつけてきたのであればＸには正当防衛の可能性が出てくる。

　ただ、状況如何にもよるが、転倒させるほど強い力でＡの顔面を殴ることまで本当に必要だったのか、それ以外にも侵害を避ける簡単な方法がなかったのかなどを検討し、Ｘは「やりすぎだ」ということになれば正当防衛は成立しないことになる。

　第3に、仮に正当防衛が成立せず違法性が阻却されなかった場合は、責任阻却事由が存在するか否かを検討する。ここでは、Ｘが泥酔していたので、アルコールの影響で責任能力が失われていないかを検討する必要がある（15講）。ただ、病的酩酊に至らない単なる泥酔によって責任が阻却されることは原則としてないので、Ｘには（正当防衛が成立して違法性が阻却されない

限り）傷害致死罪が成立する可能性が高い。

　第4に、仮に傷害致死罪が成立した場合にも、泥酔の影響で責任能力が著しく減退していたという事情があれば、「心神耗弱」（39条2項）により刑が減軽されることになる（15講）。また、正当防衛とはならなかった場合でも、防衛行為がやりすぎと評価された場合は過剰防衛（36条2項）として刑が減軽される余地が出てくる（13講4）。

II 構成要件該当性

第4講　構成要件

◆学習のポイント◆
1　まず、構成要件という概念がどのような機能を有しているかを理解することが必要である。
2　次に、構成要件の要素について、客観的な要素と主観的な要素のそれぞれにどのようなものがあるかを理解した上で、特に、「結果」との関連で、犯罪がどのように分類されるかを説明できるようにしておくことが重要である。

1　構成要件の意義と機能

(1)　構成要件の意義

3講で学んだように、犯罪とは、構成要件に該当する違法で有責な行為である。すなわち、犯罪が成立するためには、構成要件該当性、違法性、責任（有責性）という3つのハードルをクリアする必要がある。このうち、構成要件該当性の判断は、形式的なものであるので、実質的なものである違法性や責任の判断に先駆けて、3つの中でまず最初に検討することになる。

社会には多くの違法で有責な行為があるが、国家はこれらすべてを処罰の対象にするのではなく、これらの中から一定の政策的判断によって処罰の対象にすべき行為を取捨選択し、その行為を類型化して刑罰法規に犯罪として規定している。「刑罰法規が犯罪として規定している行為の類型」のことを**構成要件**という。すなわち、各犯罪における成立要件の部分、例えば殺人罪（199条）であれば「人を殺した者」、窃盗罪（235条）であれば「他人の財物を窃取した者」といった部分が構成要件なのである。構成要件は、いわば犯罪のカタログに当たる。そして、例えば、「ある日あるところでXがAを拳銃で射殺した」という事実が、「人を殺す」という殺人罪の構成要件に当てはまるという判断を**構成要件該当性**という。ある生の事実が犯罪のカタログのどれかに当てはまるという判断である（当てはまった事実を**構成要件該当**

事実という）。このように、構成要件は、犯罪の成否を検討する際に、第1の要件として、**犯罪になる行為と犯罪にならない行為を振り分ける**という大切な意義・役割を担っている（**罪刑法定主義機能**）。

　刑法は、構成要件を明示し、そこで示された行為に該当しない限り処罰しないとすることによって、罪刑法定主義における行動の自由の保障という要請に応えている。他方では、刑法は、何が犯罪となるかを明示して、国民の行動を規制しているのである。

　(2)　構成要件の機能

　構成要件は、上記のような意義・役割に基づいて、下記のような機能を営んでいる。

　ア　犯罪個別化機能

　構成要件には、個々の処罰すべき行為の枠組みを明らかにすることによって、殺人罪（199条）や過失致死罪（210条）といった個別の犯罪に分類する機能がある。このように、ある犯罪と別の犯罪を明確に区別する機能を**犯罪個別化機能**という。この機能を徹底するためには、構成要件は、客観的要素だけでなく、主観的要素も取り込まざるをえないことになる。例えば、殺人罪と過失致死罪は人を死亡させるという客観的要素は同じなので、この2つの犯罪を構成要件段階で区別するためには、故意・過失という主観的要素を構成要件に取り込まざるをえないのである。

　イ　違法性推定機能

　構成要件に該当する行為が理論上違法であることを推定させる機能、すなわち、構成要件に該当する行為は正当防衛などの違法性阻却事由がない限り違法性があると評価してよいとする機能を**違法性推定機能**という（3講2(1)、(2)）。

　　ウ　故意規制機能

　　「一定の犯罪の故意があるというためには、その犯罪の構成要件に該当する事実の認識・予見が必要である」というように、故意が成立するために必要な認識・予見の対象を示す機能を**故意規制機能**という。この機能を認めるためには、構成要件の中に故意のような主観的要素を含んでいてはならないことになる。なぜなら、もし構成要件の中に故意を含めると、「故意の成立に必要な認識・予見の対象に故意が含まれる」ということになってしまうからである。

　　そのため、犯罪個別化機能と故意規制機能は両立しがたい関係にあり、どちらか一方を承認すれば他方は否定しなければならないことになる。この点、多数説は、犯罪個別化機能を重視して、故意は構成要件に含まれる

としているので、この立場からは、故意規制機能は構成要件という概念によってではなく、そこから故意などの主観的要素を除いた客観的要素によって果たされることになる。そこで、多数説によれば、「故意とは構成要件に該当する客観的事実の認識・予見のことをいう」ということになる。

2　構成要件の要素

多数説によれば、構成要件は、客観的要素と主観的要素から成り立っている。他人の内心は外部からはわかりにくいので、外部から判断しやすい客観的要素から始めて、外部からは判断しにくい主観的要素という順番に検討する必要がある。

客観的構成要件要素としては、まず「結果」が発生しているかを確認し、それを引き起こした「行為」の存在を検討し、両者の間の「因果関係」の有無を検討することになる。それ以外にも、「行為の主体」として一定の身分が必要とされる犯罪（これを身分犯という。例えば、収賄罪〔197条〕における「公務員」という身分など）であれば身分の有無や、行為が一定の状況の下で行われることが必要な犯罪であればそのような「行為状況」（例えば、消火妨害罪〔114条〕における「火災の際」など）を検討することもある。

主観的構成要件要素としては、まず、「（構成要件的）故意」「（構成要件的）過失」といった一般的な主観的要素を検討することになる。それ以外にも、犯罪によっては、特殊な主観的違法要素（例えば、通貨偽造罪〔148条〕における「行使の目的」など）を検討することもある。

(1)　結　果

犯罪は、すべて何らかの結果を伴う。**結果**とは、行為から生じた外界の不良変更のことをいう。例えば、殺人罪（199条）であれば、人の死という、行為により惹起される結果が発生したことが必要である。このような結果は、**構成要件的結果**と呼ばれており、行為客体の侵害として法文上規定されている。

> ＊　なお、**行為客体**とは、構成要件的行為の向けられる対象としての人または物である。例えば、殺人罪（199条）の行為客体は人である。ただし、単純逃走罪（97条）のように、行為客体という物理的存在がない犯罪もある。このような行為客体と保護法益とは異なっていることに注意が必要である。例えば、殺人罪（199条）の場合、行為客体は人であり、保護法益は人の生命である。公務執行妨害罪（95条）の場合、行為客体は公務員であり、保護法益は公務である。行為客体がない犯罪はあっても、保護法益がない犯罪は存在しない。さらに、行為客体は、犯罪の被害者とも異なる。犯罪の

被害者とは犯罪によって損害を受ける者のことをいい、例えば、殺人罪（199条）の場合、行為客体は被殺者のみであるが、被害者には被殺者だけでなくその親族も含まれ、犯罪被害者等給付金支給法によって国による救済がなされうる。

結果との関連で、犯罪をいくつかに分類することができる。

ア　結果犯と挙動犯

犯罪の成立にとって、「行為客体の変化が必要か否か」という観点から結果犯と挙動犯が区別される。**結果犯**とは、行為者の身体運動とは別の行為客体の状態変化の発生が必要な犯罪のことであり、例えば殺人罪（199条）は行為者の人を殺す行為のほかに被害者の死亡という行為客体の状態変化が必要とされる。これに対して、**挙動犯**（単純行為犯ともいう）とは、行為客体の状態変化の発生が不要な犯罪のことをいう。例えば、住居侵入罪（130条前段）などである。

なお、結果犯の特殊な形態に結果的加重犯がある。**結果的加重犯**とは、基本犯（基本となる構成要件）が実現された後に、さらに一定の結果が発生した場合について、加重処罰するもののことをいう（5講1(2)、7講2(1)）。これは、通常、法文上「よって」という文言が用いられている。傷害致死罪（205条）がその典型例であり、行為者が基本となる暴行罪または傷害罪を犯し、その行為から被害者の死亡という行為者が予見していなかった結果が発生した場合にこの罪が成立する（行為者がはじめから被害者の死亡を予見していたのであれば殺人罪が成立する）。

イ　侵害犯と危険犯

犯罪の成立にとって、「法益侵害が必要かそれともその危険の発生で足りるか」という観点から、侵害犯と危険犯が区別される。**侵害犯**とは、犯罪の成立に法益侵害が必要な犯罪のことをいう。殺人罪のように、個人的法益に対する罪の既遂犯の多くはこれに当たる。これに対して、**危険犯**とは、法益侵害の危険を発生させたことが構成要件要素となっている犯罪のことをいう。危険犯は具体的危険犯と抽象的危険犯に分かれる。**具体的危険犯**とは、条文の中に法益に対する危険の発生が規定されている犯罪のことであり、法益侵害の具体的な危険（現実に危険が発生したこと）を構成要件として規定している犯罪のことをいう。**抽象的危険犯**とは、危険の発生が条文の中に規定されておらず、当該行為が行われれば危険の発生が擬制あるいは推定される犯罪のことであり、一般的に法益侵害の危険があると認められる行為があればそれだけで犯罪が成立するもののことをいう。例えば、建造物以外放火

罪（110条）は具体的危険犯であり、現住建造物放火罪（108条）は抽象的危険犯である。

> ＊　このような侵害犯と危険犯をあわせた犯罪のことを実質犯という。これに対して、行政命令の違反などによって成立する犯罪で、犯罪成立のために法益侵害の抽象的危険すら必要とされない犯罪のことを形式犯という。道交法における運転免許不携帯罪などが形式犯に当たる。

このように、「結果犯と挙動犯の区別」と「侵害犯と危険犯の区別」は異なる観点からの区別であるから、これを混同してはならない。例えば、殺人罪は、行為客体との関係では人の死亡という状態変化を必要とする結果犯であり、法益との関係では人の生命の侵害を必要とする侵害犯であるが、建造物等放火罪は、行為客体との関係では建造物の焼損を必要とする結果犯であり、法益との関係では公共の危険の発生で足りる危険犯である。

ウ　即成犯と状態犯と継続犯

> **公訴時効の起算点**
> 【事例１】
> 　Xは、2019年４月１日にＡの車を盗んだ。その４日後の2019年４月５日に車をＡに返却した。
> 【事例２】
> 　Xは、2019年４月１日にＡの監禁を開始した。その４日後の2019年４月５日にＡを解放した。

構成要件的結果が発生すると犯罪は成立するが、一旦成立した犯罪はいつ終了するのかが問題となる。行為が終了しても、**犯罪が終了しなければ、公訴時効（刑訴法250条・253条）は進行しないから、犯罪の終了時点を画することは実際上も重要な意義がある**。このような観点から、即成犯と状態犯と継続犯が区別される。また、この区別は、共犯の成立可能性や罪数の処理についても一定の意味をもっている。

即成犯とは、犯罪が既遂になったときに保護法益が消滅する犯罪であり、構成要件的結果の発生によって犯罪が完成し同時に終了するもののことをいう。例えば、殺人罪（199条）は人の死亡によって犯罪が既遂となると同時に犯罪が終了する。

次に、**状態犯**とは、実行行為後も保護法益は消滅せず、違法状態が継続する犯罪であり、構成要件的結果の発生によって犯罪が終了し、それ以後法益侵害の状態が継続するが、それはもはや犯罪事実（構成要件該当事実）とは

認められないもののことをいう。例えば、窃盗罪（235条）は財物の占有移転によって既遂となり、そこで犯罪は終了する。その後も財物の占有が被害者から失われた状態は継続するが、それは窃盗罪における犯罪事実ではなく、犯罪が継続的に成立するわけではない（各論7講2）。状態犯においては、犯罪成立後の行為が別の構成要件に当たるものであっても、それが当初の構成要件的行為によって当然に予定されている限り、別個の犯罪を構成しない。例えば、盗んできた物を売り払っても、窃盗罪のほかに横領罪（252条）が成立するわけではない。これを**不可罰的事後行為**（共罰的事後行為。27講コラム「不可罰的事後行為と共罰的事後行為」参照）と呼んでいる。しかし、窃盗後に行う行為が窃盗罪の違法状態を超えた場合には別罪が成立するのであり、例えば、盗んできた預金通帳を用いて銀行の窓口で現金を引き出せば、詐欺罪（246条）が成立することになる。

　これに対して、**継続犯**とは、既遂後も犯罪事実が継続する犯罪であり、構成要件的結果の発生とともに犯罪は既遂となるが、その後も法益侵害状態が継続する限り犯罪が終了せず継続するもののことをいう。例えば、監禁罪（220条）は、人の場所的移動の自由を侵害したときに既遂となるが、被害者が監禁状態から解放されない限り犯罪が終了せず継続しており、被害者が監禁状態から解放されてはじめて犯罪が終了し、そこから公訴時効が進行する（各論3講3）。

　特に、状態犯と継続犯の区別はわかりにくいので注意が必要である。窃盗罪においては、他人の財物の占有を移転することが犯罪事実なのであり、占有喪失状態という法益侵害状態は継続するが、占有移転という犯罪事実が継続しているわけではないので、継続犯ではなく状態犯なのである。【事例1】において、Xは盗んだAの車を4日後にAに返却しているが、盗んだ物を後に返したとしても窃盗罪は成立する。窃盗罪の犯罪事実は、2019年4月1日にAの車を「盗んだこと」（Aの車の占有がXに移転したこと）であり、その時点で窃盗罪という犯罪は終了している。その後も返却されるまでAの車に対する占有は失われたままだが、それは「盗む（財物の占有を移転する）」ことが継続的に繰り返されているわけではない。公訴時効の起算点は、2019年4月1日である。これに対して、監禁罪においては、「人（A）の場所的移動の自由を侵害すること」が犯罪事実であり、人を監禁状態から解放しない限り、「監禁の事実（人の行動の自由を侵害すること）」が継続している。【事例2】において、監禁罪という犯罪が終了するのは、Aの監禁を開始した2019年4月1日ではなく、Aを解放した2019年4月5日なのであり、それ

が公訴時効の起算点になるのである。

(2) 行為（実行行為）

前述したように（3講1(3)）、行為だけが処罰の対象になり、思想・信条は行為者の内心にとどまる限り処罰の対象にならない。

行為が特定の構成要件に該当していると認められるためには、その行為が各構成要件要素を形式的に満たしているだけでは足りず、その行為が当該構成要件の予定している実質を備えたものでなければならない。すべての構成要件はそれぞれ何らかの法益の保護を目的としているので、ここでいう構成要件の実質とは、結果発生の現実的な危険性を有しているということである。このように、「**結果発生の現実的危険性という実質**を有し、特定の構成要件に形式的にも実質的にも該当する行為」を**実行行為**（**構成要件的行為、構成要件該当行為**）という。刑法43条（未遂）や60条（共同正犯）などにおいて用いられている「実行」という言葉は、この実行行為のことを意味している。

また、結果犯の構成要件該当性が認められるためには実行行為と構成要件的結果との間に因果関係が必要であるが、構成要件的結果への因果関係の起点となる行為は、構成要件的結果を惹起する現実的危険性を備えた行為でなければならない。実行行為は、このように「**因果関係の起点となる行為**」ということも意味している。

このような構成要件的行為には、例えば、ナイフで人を刺す場合のように、禁止された何かをすること（作為）のほかに、赤ちゃんにミルクを与えない場合のように、期待された何かをしないこと（不作為）も含まれる。作為による犯罪を**作為犯**といい、不作為による犯罪を**不作為犯**という（6講1(1)）。

(3) 因果関係

> **【事例3】**
> Xは、Aを殺そうと思い、Aの車のブレーキを壊しておいた。後日、Aがその車でドライブしていたとき、ブレーキの故障とは関係なく、落石事故に巻き込まれて死亡した。

結果犯の構成要件に該当するといえるためには、以上のような結果と実行行為のほかに、実行行為と結果との間に一定の関連性（つながり）が認められることが必要である。すなわち、実行行為が原因となって当該結果が発生

したといえなければならず、このような実行行為と結果との関係のことを**因果関係**という。結果犯において、因果関係は、実行行為、結果と並ぶ構成要件の主要な要素であり、客観的構成要件要素である。

【事例3】において、Xが殺意をもってAの車のブレーキを破壊する行為は殺人罪の実行行為に当たる。また、実際にAの死亡という結果も発生している。しかし、Aが死亡したのは落石事故のためであり、それは偶然的な出来事である。そこでこのような場合、Xの行為とAの死は無関係である（因果関係がない）として殺人罪の構成要件該当性は否定される。もちろん、殺人未遂罪という犯罪が成立するが、Aの死亡という結果についてXが刑事責任を負うことはない。このように、（客観的）構成要件に該当するかどうかを検討する際に、因果関係の有無を判断することの目的は、偶然的な結果を排除し適正な帰責範囲を確定することにある（5講1(2)）。

(4)　行為主体

刑法典では、犯罪の主体は「者」と書かれているが、これは生身の人間、すなわち**自然人**を指している。法人はこれに含まれず、それを処罰の対象とする特別の規定がある場合にのみ例外的に処罰される。

ほとんどの犯罪は、自然人であれば誰でも犯罪の主体となる。例外的に、主体に特別な一定の属性＝身分を要求し、そのような身分のある者にしか犯罪が成立しない場合があり、そのような犯罪を**身分犯**という。例えば、収賄罪（197条1項）は、公務員という主体が職務に関連して賄賂を受け取った場合にのみ成立するのである（24講1(1)）。

また、**法人**は、これを処罰することを定めた特別の規定がある場合にのみ処罰される。

法人処罰規定は、従業者の違法行為について、従業者本人を処罰するとともに、その業務主である法人をもあわせて処罰する**両罰規定**の形式をとるものが一般的である（例として、売春防止法14条）。

業務主処罰規定によって自然人の業務主が処罰される根拠について、判例は、業務主として「行為者らの選任、監督その他違反行為を防止するために必要な注意を尽さなかった過失の存在を推定した規定」であるとしている（最大判昭32・11・27刑集11巻12号3113頁〈講6、プ25〉）。業務主が注意を尽くしたことの証明がなされなければ処罰されるということであり、このような理解を**過失推定説**という。そして、このような理解はその後の判例で「事業主が法人（株式会社）で、行為者が、その代表者でない、従業者である場合にも、当然推及されるべきである」とされ、業務主が法人である場合

にも過失推定説が及ぶことになった（最判昭40・3・26刑集19巻2号83頁〈百3、講7、プ26〉）。ここでは、法人の代表者と法人を同一視することを前提にして、法人の代表者に、自然人行為者による違法行為を防止するために必要な注意を尽くさなかったという過失が推定され、法人に処罰が及ぶことになるのである。

(5) 行為状況

構成要件によっては、行為が一定の状況で行われることを構成要件要素としているものがある。例えば、消火妨害罪（114条）における「火災の際」とか、名誉毀損罪（230条）における「公然と」などがその例である。これは構成要件要素であるので故意の認識対象である。

(6) （構成要件的）故意・過失

主観的構成要件要素のうち、基本的・一般的なものは（構成要件的）故意と（構成要件的）過失である。**（構成要件的）故意**とは、構成要件該当事実の認識・認容ということであり、**（構成要件的）過失**とは、構成要件該当事実の認識可能性ということである（故意については7講1、過失については10講1を参照）。

犯罪は非難可能な行為でなければならないから、犯罪と行為者との間には主観的な結びつきがなければならない。それゆえ、すべての構成要件には故意と過失のいずれかが必要とされるのであり、刑法では無過失処罰は否定されている。刑法38条1項は、「罪を犯す意思がない行為は、罰しない。ただし、法律に特別の規定がある場合は、この限りでない」と規定している。したがって、犯罪は故意犯の処罰が原則であり、過失犯は法律に特別の規定がある場合に限り例外的に処罰されるにすぎないのである。

(7) 主観的違法要素

犯罪によっては、故意または過失以外に、一定の主観的要素が構成要件に含まれることがある。学説上、主観的違法要素と呼ばれているものであり、通貨偽造罪（148条）における「行使の目的」などがこれに当たる（11講1(3)）。通貨偽造罪は目的犯であり、通貨の製造権をもたない者が真貨に類似した外観のものを作成した場合でも、それを装飾品として用いる目的であったならばこの罪にならず、それを真貨として流通に置く目的であった場合にはじめてこの罪の構成要件該当性が認められるのである（各論19講2(2)）。

3　記述的構成要件要素と規範的構成要件要素

構成要件要素は、規範的な価値判断を行うことなくその要素に該当するか

否かを判定できる**記述的構成要件要素**と、規範的な価値判断を経なければある事実がその要素に該当するか否かを決することができない**規範的構成要件要素**に区別することができる。例えば、強制性交等罪（177条）において、被害者が「13歳未満」であるか否かは特段の価値判断を行うことなく判定できるから、「13歳未満」は記述的構成要件要素である。他方、わいせつ文書頒布罪（175条）において、その文書が「わいせつ」な文書といえるかどうかは、刑法がいったいどの程度いやらしいものを取り締まろうとしているのかという規範的価値判断を行わなければ判定できないので、「わいせつ」は規範的構成要件要素である。この区別は、故意論における認識・予見の対象となる犯罪事実を考える際に重要になる（7講2）。

第5講　因果関係

◆学習のポイント◆
1　因果関係は、刑法総論の中でも最も基本的なテーマであるから、じっくり腰を据えて学習する必要がある。まず、因果関係の判断は何のために必要で、因果関係が認められるとどのような法的効果が生ずるのかを理解する必要がある。
2　次に、相当因果関係説の内容を正しく理解し、条件関係の判断および相当性の判断においてどのようなことに注意すればよいのかを確認してほしい。その際、【設問】の事例を相当因果関係説によればどのように判断し、その結果どのような結論が導き出されるかを本文の解説を見て納得するだけではなく、自らの言葉で説明できるまで繰り返し学習すること。
3　最後に、相当因果関係説にはどのような問題点があるのか、危険の現実化説は相当因果関係説の考え方とどこが異なるのかを理解するとともに、因果関係に関する代表的な判例に目を通し、判例がなぜ因果関係を肯定しているのかについてよく考えてみることが重要である。

1　因果関係の意義

(1)　因果関係とは何か

　構成要件は、いわば犯罪のカタログに当たる。ある行為に犯罪が成立するかを判断する際には、まずこのカタログに当てはまるか否か（これを構成要件該当性という）を検討しなければならない。どんな行為であっても、このカタログに当てはまらない限り犯罪とはならないという原則（これを罪刑法定主義という）を守ることにより、不意打ち処罰を避け、国民の行動の自由が保障されるのである。

　それでは、このようなカタログには何が書かれているのであろうか。そこには、どのような行為が犯罪になるのか（実行行為）が示されている。例え

ば、住居侵入罪という犯罪では、正当な理由がないのに他人の住居に侵入する行為が処罰されている（130条前段）。この犯罪の場合、他人の住居に侵入する行為（これが実行行為である）をしさえすればカタログに当てはまることになる。このように、カタログに一定の行為だけが示されていて、その行為を行えば犯罪が完成するような犯罪を、**挙動犯（単純行為犯）**という。

ところが、犯罪の中には、行為を行うだけでは足りず、一定の結果を発生させないと犯罪が完成しないものが多い。このような犯罪を**結果犯**という。例えば、殺人罪という犯罪の場合、他人の首を絞めるとか鋭利なナイフで急所を刺すといった行為（実行行為）を行っても、被害者が死亡するという結果が発生しなければ犯罪は成立しない（199条）。つまり、殺人罪は、人の死という結果が発生することが犯罪の成立要件とされる結果犯である。

このように結果犯では、構成要件に該当するといえるためには、「実行行為」と「結果」の存在が必要であるが、実行行為と結果の存在さえ認められればそれでよいのであろうか。

【事例1】
　Xは、殺意をもって帰宅途中のAめがけてピストルを発射した。幸いにも弾丸は命中せずAは無傷であった。しかし、Aは帰宅寸前に、交通事故にあって頭蓋骨骨折で死亡した。

【事例1】において、XがAに向けてピストルを発射する行為は殺人罪（199条）の実行行為に当たる。また、Aの死亡という結果も発生している。しかし、Aが死亡したのは交通事故のためであり、それは偶然的な出来事である。いくらXに殺意があるといっても、このような偶然的な結果についてまで刑事責任を負わせるのは酷であろう。そこでこのような場合、Xの発砲行為とAの死は「無関係」であるとして殺人罪の構成要件該当性は否定される。もちろん、殺人未遂罪という犯罪が成立するが、Aの死亡という結果についてXが刑事責任を負うことはない。

このように、結果犯の構成要件に該当するといえるためには、実行行為、結果のほかに、実行行為と結果との間に一定の関連性（つながり）が認められることが必要である。すなわち、実行行為が原因となって当該結果が発生したといえなければならず、このような実行行為と結果との関係のことを**因果関係**という。結果犯において、因果関係は、実行行為、結果と並ぶ構成要件の主要な要素であり、客観的な構成要件要素である。

(2) 因果関係を判断する意味

（客観的）構成要件に該当するかどうかを検討する際に、因果関係の有無を判断する狙いは、**偶然的な結果を排除し適正な帰責範囲を確定すること**にある。

それでは、【事例1】のように、実行行為と結果との間の因果関係が否定されるとどのような法的効果が発生するのであろうか。結果の発生が要件とされている結果犯においては、因果関係が肯定されると、その結果は行為者の実行行為が原因であると判断され、発生結果について行為者が刑事責任を負う可能性が出てくる。発生結果が行為者の実行行為の仕業であると認められることを、「発生結果は行為者の実行行為に客観的に帰責（帰属）される」というので、因果関係の判断は**客観的帰責の判断**であるといわれる。

●コラム● 客観的帰責（帰属）と主観的帰責（帰属）

結果が「実行行為」の仕業であると判断されたとき、結果は実行行為に帰責（帰属）されるといい、これを客観的帰責（帰属）という。したがって、因果関係の有無は、客観的帰責（帰属）の判断である。これに対し、結果が行為者の「意思」の仕業であると判断されたとき、結果は行為者の意思に帰責（帰属）されるといい、これを主観的帰責（帰属）という。故意や過失の有無は、主観的帰責（帰属）の判断である。

逆に、因果関係が認められないということは、この客観的帰責が否定されることを意味し、行為者は発生結果について一切刑事責任を負わないことになる。

そのため、**結果犯**においては、因果関係が肯定されると犯罪は既遂の（客観的）構成要件に該当し、否定されると犯罪は（**未遂を処罰する規定が存在する限り**）未遂の構成要件に該当することになる。つまり、因果関係は**既遂と未遂を区別するという機能**を果たすことになる。例えば、殺人罪（199条）のように未遂犯の処罰規定が存在する結果犯の場合は、実行行為（殺害行為）と結果（死）との間の因果関係が否定されると、殺人罪の（客観的）構成要件該当性は否定され、殺人未遂罪の構成要件に該当することになる。また、業務上過失致死罪（211条）のように未遂犯の処罰規定が存在しない結果犯の場合は、実行行為（結果回避義務違反行為）と結果（死）との間の因果関係が否定されると、業務上過失致死罪の構成要件該当性は否定され、不可罰となる。

また、**結果的加重犯**では、因果関係が肯定されると結果的加重犯の（客観的）構成要件に該当し、否定されると基本犯の構成要件に該当することにな

る。結果的加重犯とは、基本となる犯罪行為（基本犯）から予想外の重い結果（加重結果）が発生した場合を構成要件として規定し、基本犯罪よりも加重された刑が定められている犯罪類型をいう。例えば、傷害致死罪（205条）において、基本行為（傷害行為）と重い結果（死）との間の因果関係が否定されると、基本犯（傷害罪）についてのみ（客観的）構成要件該当性が肯定されることになる。

2　条件関係

因果関係は、発生した結果を実行行為に帰責（帰属）させる役割を果たすものであるから、刑法上の因果関係を肯定するためには、実行行為によって構成要件的結果が惹起されたという事実的な関係（つながり）が存在しなればならない（**事実的因果関係**）。このような関係のことを**条件関係**という。刑法上の因果関係の要件として、条件関係が存在すれば足りるのか、条件関係だけでは足りないと考えるかについて（後述のように）争いがあるが、因果関係の要件として、少なくとも条件関係が必要であることについては異論がない。そこで、以下では、条件関係の判断方法について説明することにしよう。

(1)　条件関係の判断公式

事実的な関係である条件関係は、「あれなければこれなし」、すなわち、「その行為（＝P）がなければその結果（＝Q）は発生しなかった」といえる場合に肯定される。この「PなければQなし」という判断基準を**条件関係の公式**（**条件公式**あるいは**コンディツィオ公式**）という。この公式は、もし「その行為がなければ」と仮定して判断するので**仮定的消去法の公式**ともいわれている。行為者の実行行為を取り去ることにより、その行為の結果に対する影響力を確認しようとするものであるから、条件関係の判断は行為と結果との**事実的な関係**を確認するものであるといえる。

(2)　条件公式の使い方

このような条件関係の判断にあたっては、次の4点に注意すべきである。

ア　実行行為の存在

第1に、「P（その行為）がなければ」というときの「行為」とは、当該犯罪の**実行行為**をいう。実行行為とは、構成要件的行為であり、結果発生の現実的危険性のある行為をいう（4講2(2)参照）。実行行為以外の行為はここでいう「行為」ではないので、そもそも因果関係を判断する余地がない。

【事例2】
　Xは、Aが飛行機事故にあって死ねば保険金が手に入ると思い、殺意をもってAに飛行機で外国に旅行することを勧めたところ、偶然にもAが乗った飛行機がエンジントラブルを起こして墜落してAは死亡した。

【事例2】では、条件関係の判断以前に殺人罪の成立は否定される。なぜなら、XがAに飛行機の搭乗を勧める行為は殺人罪の「実行行為」ではないからである。飛行機に搭乗させることは、人を死亡させる現実的な危険がないので、実行行為とはいえない。因果関係は、実行行為と結果との関係をいうので、実行行為が存在しなければ、そもそも因果関係の有無を検討する必要はないのである。

　イ　結果の具体的把握

第2に、「Q（その結果）は生じなかった」というときの「結果」は、例えば、○月○日○時○分における○を原因とする死亡というように、**個別具体的結果**をいう。結果を具体的に把握しないと、例えば、がんの末期状態の患者を射殺する行為は殺人罪にならなくなる。なぜなら、患者は近い将来死亡するであろうから、射殺行為は死期を早めたにすぎず、「射殺行為がなくても（いつかは）死の結果が発生する」ので条件関係がないことになってしまうからである。

　ウ　付け加え禁止の原則

第3に、「その行為がなければ」というのは、仮定的にその行為を「取り除いて」考えるだけであって、それ以上に、現実には存在しなかった事実を「付け加えて」判断してはならない（**付け加え禁止説**）。なぜなら、条件関係は行為と結果との事実的・物理的なつながりを判断するものであるから、結果に対して因果的な影響力をもちえないような現実には存在しなかった事実を付け加えるべきではないからである。

【設問1】死刑執行人事例
　Xは、自分の娘を殺害したAに復讐するため、Aに対する死刑執行の当日、執行官Yが執行ボタンを押そうとする直前に、Yを押しのけてそのボタンを押したので、Yが死刑を執行した場合と同時刻にAは死亡した。Xの行為と結果との間に条件関係は認められるか。

【設問1】の場合、条件関係を判断する際、もし、「Yが押したであろう」という（現実には行われなかった）仮定的な事実を考慮すると、Xがボタン

を押さなくてもAは死ななかったとはいえないので条件関係はないことになってしまう。しかし、通説は、そのような仮定的事実を付け加えて判断することを禁止している。したがって、Xのボタンを押す行為がなければAの死はなかったので条件関係がある。

【設問1】のように、行為者の行為の代わりに結果を発生させることができる原因（死刑執行官の執行）が現実化しなかった事例（これを**代替原因が潜在化した事例**ということもある）のことを**仮定的因果経過の事例**という。

エ　付け加え禁止の例外

第4に、「その行為がなければ」というのは、仮定的にその行為を「取り除いて」考えるだけというのが原則であるが、それには例外がある。**不作為犯**の場合は、その行為を取り除くだけではなく、「法が期待する行為」に置き換えて判断する必要がある（**期待説**）。不作為というのは、何もしないことではなく「法が期待する一定の身体運動（＝作為）」をしないことであるから、「その行為がなければ」という判断は、「法が期待する一定の作為を行っていたならば」結果が発生しなかったかを問題とすべきである。

> 【設問2】
> 　Xは、ホテルの一室内において、少女A（13歳）に覚せい剤の注射をしたところ、Aは次第に覚せい剤による錯乱状態に陥り、正常な起居の動作ができない重篤な心身の状態となったが、Xは、これが覚せい剤による強度の急性症状であることを十分認識しつつAを放置して約2時間後にホテルを立ち去った。その後、Aは同室内で覚せい剤による急性心不全により死亡した。なお、Aが錯乱状態に陥った時点において、直ちに医療機関に連絡してAに救急医療の措置を受けさせていれば、十中八九、Aの救命は可能であった。Xに保護責任者遺棄致死罪が成立するか。

【設問2】において、Xは、病者であるAの生命を保護する立場にありながら、Aを放置してホテルを立ち去っているので保護責任者遺棄罪に該当する（218条）。問題は、保護責任者遺棄致死罪（219条）が成立するか否かである。この点を決めるのが、因果関係の有無である。ところで、Xの実行行為は「立ち去る」という不作為である。そこで、実行行為と結果との間の条件関係が認められるか否かは、条件公式を使用して、「Xの行為がなければAの死はなかったか」を判断することになる。もし、Xの行為がなければAの死はなかったといえれば条件関係は肯定される。その際に、「Xの行為がなかったならば」という仮定は、言い換えれば、「XがAをホテル客室に放

置するという行為をしなければ」ということになるが、XはAをホテル客室に放置しさえしなければよいのではなく、法が期待する「救命措置」をとることが要請されている。そこで、単に「客室に放置する」という行為を取り除くだけではなく、「救命措置をとる」という作為を付け加えて、「もしXが（放置せずに）救命措置をとっていたならばAの死という結果は発生しなかったか」を検討しなければならない。

この点、判例は、Xが直ちに救急医療を要請していれば、「十中八九」Aの救命が可能であったと認定し、因果関係（条件関係）を肯定しXに保護責任者遺棄致死罪の成立を認めている（◎最決平元・12・15刑集43巻13号879頁〔覚せい剤注射事件〕〈百4、プ43〉）。「十中八九」というのは80％から90％の確率という意味ではなく、「合理的な疑いを容れない程度の確実性」という意味である。したがって、法が期待する作為を行っても、結果が回避できるかは五分五分程度であるという場合には因果関係（条件関係）は否定されることになる。

この判例の意義は、不作為の因果関係（条件関係）を判断する際には、①**法が期待する作為**を想定し、②そのような作為が行われたならば**ほぼ確実に結果を回避する**ことができるかを考えるという判断枠組みを明らかにした点にある。

(3) 条件公式の問題点

このような条件公式に対しては、いくつかの問題点が指摘されている。まず、前述のとおり、現実には存在しなかった事実を「付け加えて」判断してはならないとされていること（付け加え禁止説）に対しては、なぜ付け加えてはいけないのかその理論的根拠が明らかではないという批判がある。また、次に述べるように、択一的競合の事例においても条件公式では適切な処理ができないと批判される。

択一的競合とは、複数の独立した行為が競合してある結果を発生させたが、それらの行為がそれぞれ単独でも同じ結果を発生させることができた場合をいう。

【設問3】択一的競合事例（100％投毒事例）
　　X、Y、Aの3人はワインで乾杯することになり、テーブルのグラスにワインが注がれた。Aが電話のため席を外し、Yがトイレに行った隙に、XはAのグラスの中に致死量の青酸カリの粉末を入れた。その後、Yが戻ってきたので、Xはトイレに行ったところ、今度は、YがAのグラスの中に致死量の青酸カリの粉末を入れた。電話から戻ったAはこのワインを飲んだため18時30分に死亡した。X

およびYの行為に条件関係は認められるか。

　【設問3】は、単独で結果を発生させる事情が複数存在している場合であり、行為者の行為の代わりに結果を発生させることができる原因が現実化している事例（これを**代替原因が現実化した事例**ということもある）であり、択一的競合の問題の事例とよばれている。

　もっとも、この事例では、XとYがそれぞれ致死量の毒薬を混入させているので、致死量の2倍量の毒薬を投与したことになり、1人だけが毒薬を投与した時よりも「死亡時期が早まった場合」には、X、Yの行為はそれぞれ明らかに条件関係が認められるので、特に問題はない。なぜなら、例えば、Xの行為がなければ、（1人分の毒薬量なので、それだけの場合は18時45分に死亡したとすると）その早まった時刻（18時30分）での死亡はなかったといえるからである。

　これに対し、毒薬の量が被害者の死亡時期に影響しない場合（致死量を超えて増量しても死亡時期に全く影響がなかったような場合）は、Xの行為を取り除いても、（Yが致死量の毒薬を投与したので）Aの18時30分の死はなくならず、Xの行為とAの死との間に条件関係が認められないのではないかが問題となる。このような場合を、（狭義の）**択一的競合**の問題とよんでいる。

　それでは、このような（狭義の）択一的競合の事例では、何が問題となるのであろうか。問題点を見つけ出すためには次の【事例3】と比較してみるとよい。

>　**【事例3】重畳的因果関係事例（50％投毒事例）**
>　　X、Y、Aの3人はワインで乾杯することになり、テーブルのグラスにワインが注がれた。Aが電話のため席を外し、Yがトイレに行った隙に、XはAのグラスの中に致死量の2分の1の青酸カリの粉末を入れた。その後、Yが戻ってきたので、Xはトイレに行ったところ、今度は、YがAのグラスの中に致死量の2分の1の青酸カリの粉末を入れた。電話から戻ったAはこのワインを飲んだため18時30分に死亡した。

　この【事例3】では、Xの行為を取り除くと（Yは致死量の2分の1の毒薬しか投与していないので）結果は発生しないので、Xの行為とAの死との間に条件関係は認められる。【事例3】のように、複数の事情が合わさってはじめて結果が発生するような場合を、**重畳的因果関係**の事例という。

そこで、投与した毒薬の量が少ない重畳的因果関係の事例では条件関係が認められるのに、毒薬の量が多い択一的競合事例では条件関係が認められないのはアンバランスであるという批判が条件公式に向けられるようになった。

　従来の通説は、このようなアンバランスを解消するために、条件関係の公式を修正する。すなわち、「その行為がなければその結果がなかった場合には条件関係がある」という公式の末尾に、「ただし、いくつかの行為について、それを択一的に取り除いたのでは結果が発生するが、累積的に全部取り除くとその結果が発生しない場合には、そのいずれの行為についても、条件関係が認められる」という文言を追加することにより、【設問3】のXに条件関係を肯定するのである（**修正公式**）。

　しかし、「いくつかの行為について、それを択一的に取り除いたのでは結果が発生するが、累積的に全部取り除くとその結果が発生しない場合」というのは、択一的競合の事例をいうから、この修正公式は「択一的競合の場合には、いずれの行為についても、条件関係が認められる」として結論を述べているにすぎない。特に、共犯関係にない場合に、なぜ全部の行為を「取り除く」ことが許されるのかその理論的根拠は必ずしも明らかではないという厳しい批判が加えられたのである。

　そこから、条件公式はもはや維持できないとして、その代わりとして新たに**合法則的条件公式**を採用する見解が主張されている。この見解は、行為と結果の間をつなぐ事実的経過を1コマ1コマ順にたどり検討したとき、それぞれが自然法則により説明できる形でつながっている場合に条件関係が肯定されるというものである。条件公式（仮定的消去法の公式）が「PなければQなし」と判断するのに対し、合法則的条件公式は「PあればQ」ありと判断するのである。そこで、この見解によれば、【設問3】のXには、当然条件関係が認められる。

　逆に、条件公式（仮定的消去法の公式）に結果回避可能性という積極的な意義を認め、条件関係を事実的判断ではなく規範的な判断と理解する見解（**論理的結合説**あるいは**規範的条件関係説**）も主張されている。すなわち、「その行為がなければその結果なし」という公式には、当該結果が回避可能であったかを判断するという特別の意味があり、このような結果回避可能性が事実的因果関係とは別に犯罪の成立要件とされるべきであるというのである。なぜなら、結果回避可能性がなければ、結果を発生させたことを非難することはできないからである。過失犯や不作為犯においてはこのような結

果回避可能性を犯罪の成立要件とすることは一般に認められているが、この見解は結果回避可能性は故意犯においても必要であり、それを条件関係に位置づけるところに特色がある。この見解によれば、【設問3】のXには結果回避可能性がないとして条件関係が否定されると一般に説明されている。

3 条件説と相当因果関係説

(1) 条件説とその問題点

刑法上の因果関係は、前述のような条件関係さえあればそれで十分であるとする見解を**条件説**という。ドイツでは現在でも通説とされ、わが国の判例も、少なくとも1967年の米兵ひき逃げ事件最高裁決定（◎最決昭42・10・24刑集21巻8号1116頁〈百9、講50、プ61〉）が出されるまではこの条件説を採用してきたといわれている。

しかし、条件説は、因果関係が認められる範囲が広く、結果の帰責範囲が不当に拡大する点で問題がある。

【設問4】救急車事例（殺意がない場合）
XはAを殴って重傷を負わせたので、Aは治療を受けるため救急車で病院に向かったが、途中で救急車の交通事故のために死亡した。Xに傷害致死罪が成立するか。

例えば、【設問4】でも、殴打行為がなければAは救急車に乗ることはなく、救急車に乗らなければ交通事故にあうことはなかったのでXの行為とAの死との間に因果関係が認められ、Xには傷害致死罪が成立する。しかし、救急車事故による死亡は偶然的な結果であり、死亡結果をXの殴打行為に帰責させるのは不合理である。

これに対し、条件説の立場からは、因果関係が拡大することの不合理さは、故意や過失という責任要件で限定すれば足りると反論している。例えば、【設問4】で問題となる傷害致死罪のような結果的加重犯では、死亡という重い結果について予見可能性を要求し、Xには死の点が予見不可能であるから傷害致死罪は成立せず、傷害罪が成立すると説明される。しかし、それにも限界がある。

【設問5】救急車事例（殺意がある場合）
Xは殺意をもってAに日本刀で切りつけ傷害を負わせたので、Aは治療を受けるため救急車で病院に向かったが、途中で救急車の交通事故のために死亡した。

Xに殺人罪が成立するか。

　例えば、【設問5】の場合、Xの行為とAの死との間に因果関係が認められる以上、Xには殺人の故意があるので殺人罪が成立する。そうなると、故意・過失による帰責範囲の限定が不可能な場合が生ずることになる。
　そこで、条件説の論者の中には、このような不合理な結論を避けるために、【設問5】のような場合は、「因果関係が中断する」と説明する者もいる（**因果関係の中断論**）。しかし、条件説によれば、因果関係はあくまでも「その行為がなかったならばその結果は発生しなかった」場合に認められるべきものであり、因果関係は存在するかしないかのいずれかであって、一旦存在した因果関係が中断し、存在しなかったことになるという思考は理論的に無理がある。

> ●コラム● **因果関係の中断と因果関係の断絶**
> 　因果関係の中断とは、条件関係が存在するのに、なお因果の経路に一定の事情が介在したことを理由に因果関係を否定する考え方である。「因果関係の中断」と間違えやすい言葉に「因果関係の断絶」がある。**因果関係の断絶**というのは、実行行為から結果に向けて因果の流れが進行中、行為者の行為とは全く無関係な偶然の事情が介入し、それによって条件関係そのものが否定される場合をいう。例えば、「Xは、Aを殺害するためにAに毒薬を投与したが、まだ毒が体にまわらないうちに、YがAを射殺した」という事例では、Xの毒薬投与行為を取り除いても、Yの射殺行為が介在するので、Aの死はなくならず、Xの行為とAの死との間の条件関係が否定される。このように、因果関係の中断と因果関係の断絶は、条件関係が肯定されるか否かで区別されることに注意してほしい。

(2) 相当因果関係説

　因果関係は、前述のように、**偶然的な結果を排除し、適正な帰責範囲を確定するために必要な要件**である（**因果関係の機能**）。したがって、偶然的な結果を排除することのできない条件説には問題がある。そこで、わが国の通説は、刑法上の因果関係が認められるためには、行為と結果の間に事実的な条件関係が認められるだけでは足りず、規範的見地からこれに限定を加えている（**法的因果関係**）。その際の基準として、従来の通説は、「相当性」が認められることが必要であるとする相当因果関係説を支持してきた。
　相当因果関係説とは、条件関係があることを前提に、その行為からその結果が発生することが**一般人の経験上相当である**といえる場合に刑法上の因果関係を認める見解をいう。

> ●コラム● 相当因果関係説の定義
>
> 　相当因果関係の定義は、よく内容を理解した上で正確に記憶する必要がある。ポイントは、①条件関係があることが前提となっていること、②相当性の判断にあたっては一般人の経験則を基準にすること、③相当性の判断の内容は、その行為からその結果が発生することが相当であること、という3点である。

　相当因果関係説による因果関係の判断は、わかりやすくいうと、条件関係（あれなければこれなし）と相当性（その結果が生じることが通常か）の2段階審査である。

　第1次審査である「条件関係」の判断は、実行行為と結果との事実的なつながりをみるものであるのに対し（事実的判断）、第2次審査である「相当性」の判断は、条件関係が認められる場合に法的な限定を加えるものである（規範的判断）。

　それでは、【設問5】を相当因果関係説の立場から検討してみよう。まず、日本刀で切りつける行為をしなければAの死はなかったので、Xの行為とAの死との間には条件関係が認められる。次に、日本刀で切りつける行為から交通事故死という結果が発生することは一般人の経験上相当とはいえないから相当性がなく、因果関係は否定される。したがって、Xには、殺人未遂罪が成立するにとどまる。

　わが国では、因果関係の判断にあたっては、この相当因果関係説が長らく通説的地位を占めてきた。ところが、後述の大阪南港事件（【設問7】）を契機として、相当因果関係説の危機ということがいわれ、相当因果関係説を修正する見解が有力に主張されるようになっている。これらの問題状況を理解するためには、相当因果関係説そのものに対する深く正確な理解が必要であるので、以下、相当因果関係説による相当性判断の方法について説明することにしよう。

4　相当性の判断構造

(1)　相当性の判断基準

　相当性とは「**一般人の経験上その行為からその結果が発生することが相当であること**」をいう。したがって、相当性の判断基準は、**経験的通常性**にあるといえる。相当因果関係説は、偶然的結果を排除し、適正な帰責範囲を確定することにその狙いがあるので、相当性は、その行為から通常その結果が発生するというような蓋然性（高度の可能性）がなくても、ある程度の可能

性、つまり、「ありうることだ」とか「異常でない」という程度の関係があればよい。つまり、積極的に通常であることを確認する必要はなく、異常でないことを確認すれば、「通常である」すなわち「相当である」とされるのである。

(2) 相当性の判断基底（判断資料）

次に、相当性の有無を判断する際に、どのような事情を判断資料として考慮するのであろうか。この問題を**判断基底の問題**といい、判断基底の範囲をめぐり3つの学説が対立してきた。主観的相当因果関係説、客観的相当因果関係説、折衷的相当因果関係説がこれであるが、今日では主観的相当因果関係説はほとんど支持されていないので、折衷的相当因果関係説と客観的相当因果関係説の対立を理解すれば十分である。

ア 折衷的相当因果関係説（折衷説）

折衷的相当因果関係説（以下「折衷説」という）とは、一般人が認識・予見可能な事情および（一般人には認識・予見不可能でも）行為者が特に認識・予見していた事情を判断基底として相当性を判断する見解をいう。

【設問6】血友病事例
　Xは、軽傷を負わせるつもりでAの右腕を切りつけた。傷自体は非常に軽いものであったが、Aが血友病にかかっていたため、血が止まらなくなり、出血多量で死亡した。XはAが血友病にかかっていることを知らなかった。Xに傷害致死罪が成立するか。

【設問6】では、XがAを切りつける行為がなければAが死ぬことはなかったのであるから条件関係は認められる。次に相当性の判断をする際に、折衷説によれば、被害者Aが血友病にかかっていたという事情を、一般人は外見から認識不可能であるし、行為者X自身も認識していなかったので、血友病に罹患していたという事情は（客観的には存在したが相当性判断の）判断基底には入らないとされる。

そこで、血友病にかかっていない（健康な）人の右腕に軽い傷をつけると、その人が死ぬことは異常な出来事なので、相当性は否定される。したがって、因果関係が認められない以上、Xには傷害致死罪（205条）は成立せず、傷害罪（204条）が成立するにとどまる。

折衷説の背後には、刑法は第一次的に**行為規範**であるという考え方がある（**行為規範説**）。行為規範というのは、国民に対してどのような行為が禁止さ

れているかを示す規範である。刑法が人々に行為の指針を示すものだとすると、人々が行為を行う時点で因果関係が判断できなければならず、したがって、因果関係の判断の基礎となる事情は一般人が認識可能な事情に限られることになるのである。一般人にとって認識できないような事情をもとに因果関係を判断すると、行為を行う時点で結果が客観的に帰責されるのか否かの指針が与えられなくなり不都合である。そこで、判断基底を一般人にとって認識可能な事情に限定するのである。

> ●コラム● 刑法は裁判規範か行為規範か
>
> 　刑法はいったい誰に向けられたものであろうか。刑法は、まず裁判官に向けられたものである。裁判をするときに準拠すべき規範（ルール）であるから裁判規範である。しかし、同時に、国民に対してどのような行為が刑罰の対象となっているかを示しており、国民が行動するときに準拠すべき規範（ルール）であるから行為規範でもある。刑法には、この２つの顔があることについては異論はない。問題は、裁判規範と行為規範のどちらを第一次的なものとみるかであり、裁判規範説と行為規範説とが対立する（３講1(4)）。

　このような折衷説に対しては、行為と結果との客観的なつながりを問題にする因果関係において、一般人の認識可能性や行為者の認識をもとに判断基底を設定するのは不当であるという批判がある。特に、複数の者が全く同じ行為に出た場合に、ある事実を認識している行為者と認識していない行為者で客観的であるべき因果関係の有無に差が出るのは妥当でないと批判されている。

> ●コラム● 折衷説の問題点と反論
>
> 　例えば、ＸとＹが意思の連絡なく血友病患者であるＡを同時に切りつけて軽傷を負わせたところＡが出血多量で死亡したという事例において、ＸはＡが血友病に罹患している事実を知っていたがＹは知らなかったとしよう。折衷説によれば、Ｘには因果関係があるが、Ｙには因果関係がないことになる。しかし、客観的には全く同じ行為をし、ただ主観面に差があっただけなのに、客観的であるべき因果関係の有無に差が出るのは不当であるという批判が折衷説に向けられている。
> 　これに対し、折衷説の側からは、相当因果関係は偶然的な結果を排除することに意味があるから、血友病であることを認識していないＹにとってはＡの死は偶然的な結果であるが、それを認識していたＸにとっては必然的な結果であるから、認識の有無により因果関係の判断が異なるのはむしろ当然であると反論する。

イ　客観的相当因果関係説（客観説）

　客観的相当因果関係説（客観説）とは、行為当時に存在した全事情および行為後に生じた客観的に予見可能な事情を判断基底として相当性を判断する

見解をいう。

　それでは、客観説によれば【設問６】はどのように解決されるのであろうか。まず、ＸがＡを切りつける行為がなければＡが死ぬことはなかったのであるから条件関係が認められるという点までは折衷説と同じである。次に、被害者が血友病に罹患していたという事情は、Ｘが実行行為を行う時点で既に存在していた事情であるから、相当性判断の判断基底に入る。そこで、血友病に罹患している人の右腕に軽い傷をつけると、その人が出血多量で死ぬことは異常な出来事ではないので、相当性は肯定される。したがって、因果関係が認められ、Ｘには傷害致死罪が成立する可能性がある。

> ●コラム●　**結果的加重犯の成立要件**
>
> 　傷害致死罪のような結果的加重犯が成立するためには、通説によれば、因果関係があるだけではなく、主観的要件として加重結果に対する行為者の過失（予見可能性）が必要である。血友病事例の場合、ＸはＡが血友病に罹患している事実を認識することは困難であるから、軽傷を負わせたＡが死亡することは予見不可能である。したがって、因果関係において客観説をとっても、加重結果に対する過失が認められないので、傷害致死罪は成立せず、傷害罪が成立することになる。これに対し、判例は、加重結果に対する過失を不要とするので、因果関係が認められる以上、傷害致死罪が成立することになる。

　客観説の背後には、刑法は第一次的に**裁判規範**であるという考え方がある（**裁判規範説**）。裁判規範というのは、裁判官に対してどのような行為が処罰の対象となりどのような刑罰を科すべきかを示す規範である。刑法が裁判官の判断の指針を示すものだとすると、裁判を行う時点で因果関係が判断できればよいから、少なくとも行為時に存在する事情はすべて判断基底に入れてよいことになる。しかし、行為後の事情については、客観説からも、一般人が予見不可能な事情を判断基底とするべきではないとされている。これは、行為時に存在した事情は行為者のコントロールが可能であるから全事情を考慮してもよいが、行為後の事情については行為者のコントロールが及ばないから予見可能な事情に限定するという趣旨であろう。

　客観説に対しては、行為時に存在した全事情を判断基底に入れると、条件関係が肯定されながら因果関係が否定される場合がなく、因果関係の帰責限定機能が果たせなくなるという批判がある。また、行為時に存在した事情はすべて判断基底に入れるのに、行為後の事情に限って予見可能な事情に限定するのは理論的に一貫しないという批判もある。

●コラム● **主観的相当因果関係説も気になる人のために**

　主観的相当因果関係説（主観説）は、今日支持者がほとんどいないので重要性が低いが、折衷説が客観説と主観説の折衷であることを理解するためには、主観説を理解しておくことも意味がなくはない。主観説とは、行為者が認識・予見した事情および認識・予見可能な事情を判断基底として相当性を判断する見解をいう。【設問6】において、被害者Ａが血友病にかかっていたという事情を、行為者は認識していなかったし、外見からもわからないので認識不可能である。そこで、主観説によれば、血友病に罹患していたという事情は（客観的には存在したが相当性判断の）判断基底には入らない。そこで、血友病にかかっていない（健康な）人の右腕に軽い傷をつけると、その人が死ぬことは異常な出来事なので、相当性は否定される。したがって、因果関係が認められない以上、Ｘには傷害致死罪は成立せず、傷害罪が成立するにとどまる。このような主観説に対しては、行為と結果との客観的なつながりを問題にする因果関係において、行為者の認識や認識可能性という主観的基準によって判断するのは理論的に妥当でない（「目を閉じると世界が変わる」ことになってしまう）という批判があり、今日では主観説は過去の学説とみられている。

5　相当因果関係説の危機

　客観説と折衷説は、前述の【設問6】のように**行為時に特殊な事情が存在するような事例群**（これを**行為の相当性**とか**広義の相当性**の問題ということもある）において決定的に対立する。これに対し、**行為後に特殊な事情が介在するような事例群**（これを**因果経過の相当性**とか**狭義の相当性**の問題ということもある）では、客観説も折衷説も、介在事情が予見可能であれば判断基底に入れ、予見不可能であれば判断基底から除くことになる点で共通である。もちろん、厳密にいうと、折衷説は、一般人に予見不可能であっても特に行為者が予見していた介在事情があればそれを判断基底に入れる点で客観説と異なるが、それ以外の点では対立点がないといってよい。

　ところがそのような相当因果関係説（客観説・折衷説）では適正な帰責判断ができないという批判が提起されるようになった。このような批判を通じて、相当因果関係説の問題点が次第に明らかにされ、それに伴い、かつての通説である相当因果関係説がその支持を失い始めるようになった。これを、**相当因果関係説の危機**という。その契機となったのは、次の判例である。

【設問7】**大阪南港事件**
　Ｘは、１月15日午後８時から９時頃までの間、自己の営む三重県内の飯場において、Ａの頭部を洗面器の底や皮バンドで多数回殴打するなどの暴行（第１暴行）を加えた結果、恐怖心による心理的圧迫等によって、Ａの血圧を上昇させ、内因性高血圧性橋脳出血を発生させて意識消失状態に陥らせた後、同人を暴行現

> 場から100km離れた大阪市住之江区南港所在の建材会社の資材置場まで自動車で運搬し、午後10時40分頃同所に放置して立ち去った。その後、第三者Yが、同所でうつぶせ状態で倒れていたAの頭頂部を角材で数回殴打する暴行（第2暴行）をさらに加えた。翌日未明、Aは内因性高血圧性橋脳出血により死亡した。なお、鑑定により、第2暴行は、既に発生していた内因性高血圧性橋脳出血を拡大させ、幾分か死期を早める影響を与える程度のものであることが判明した。Xに傷害致死罪は成立するか。

　【設問7】の事案において、判例は「犯人の暴行により被害者の死因となった傷害が形成された場合には、仮にその後第三者により加えられた暴行によって死期が早められたとしても、犯人の暴行と被害者の死亡との間の因果関係を肯定することができ」るとしてXに傷害致死罪の成立を認めた（◎最決平2・11・20刑集44巻8号837頁〈百10、講51、プ62〉）。
　本問において、Xの暴行とAの死との間の因果関係の有無を判断する際に問題となるのは、Yの暴行という介在事情の存在である。
　介在事情が存在する場合に因果関係をどのように判断するかについては、相当因果関係説（客観説・折衷説）の内部でも見解が対立している。
　第1の考え方は、介在事情について行為時に一般人の見地から予見可能であるか否かを判断し、予見可能であれば判断基底に入れ、予見不可能であれば判断基底から除外した上で、因果経過の通常性を判断する。本問において、Yの暴行という介在事情は予見可能であろうか。この点、予見可能であるという判断もありえないわけではないが、意識不明で放置されたAの頭部を角材で殴打するということは異常であるから予見不可能であろう。そうだとすると、第2暴行は判断基底から除外されるので、「Xの暴行→死」という（現実には存在しなかった）因果の流れが相当であるかが問題となる。
　これについて、相当であるとして因果関係を肯定する見解もある。この立場によれば、相当因果関係説をとっても【設問7】において因果関係を肯定することは可能であるから相当因果関係説に危機はないことになろう。
　しかし、この見解によると、実行行為の危険性が認められさえすれば（実際の因果経過がどうであっても）常に相当性が肯定されることになり妥当でない。
　第2の考え方は、相当性の判断の対象となる因果経過はあくまでも「現実の因果経過」とし、当該因果経過が相当であるか否かを判断する。この考え方によれば、【設問7】の場合、「Xの暴行→第三者Yの暴行→脳出血による死」という現実の因果経過が一般人にとって行為時に予測できれば因果経過

は通常と判断されるが、行為時に予測できなければ因果経過は異常と判断される。たしかに、Yの暴行は、既に発生していた脳出血を拡大させ、幾分か死期を早める影響を与える程度のものにすぎないが、そもそも第三者の故意の暴行が介入するという事態は行為時に予測できるものではない。したがって、当該因果経過は経験的通常性に欠けるので因果関係は否定されることになる。

しかし、介在事情が結果に対してどの程度寄与しているかを考慮しないまま因果関係の判断をするのでは、適切な帰責範囲を画することはできない。Xの暴行により脳出血という死因が形成され、Yの暴行があっても死因に変化がなく、しかも死亡時期がわずかに早まったにすぎないときは、Aの死はXの行為によって惹起されたと評価すべきであり、因果関係を否定するのは妥当でないからである。判例実務が、今日、相当因果関係説を採用しない根本的な理由は、相当因果関係説によると介在事情の結果への寄与度を考慮することができない点にあるといえよう。

6　危険の現実化説

(1)　危険の現実化の判断枠組み

以上のように、相当因果関係説の問題点が指摘されたことにより、相当因果関係説はそのままの形では維持しがたくなった。こうした相当因果関係説の危機を克服するために、わが国の判例は危険の現実化説と呼ばれる見解を採用するようになった。

事実的因果関係	条件関係
法的因果関係	相当性 vs. 危険の現実化

危険の現実化説とは、条件関係の存在を前提に、行為の危険が結果に現実化したときに刑法上の因果関係を認める見解をいう。この見解が、従来の相当因果関係と異なる点は次の２点である。

第１は、相当因果関係説は判断基底に限定を加える点に特徴があったが、危険の現実化説は判断基底に一切の限定を加えない。したがって、行為時の事情も行為後の事情（**介在事情**）もすべて因果関係を判断する基礎事情となる。行為時の事情がすべて判断基底に入るという点では客観的相当因果関係説と同じであるが、行為後の事情もすべて判断基底に入るという点で決定的に異なる。こう解することにより、介在事情の存在を常に考慮することが可

能となる。
　第2は、相当因果関係説が因果関係を判断する基準は経験的通常性（相当性）であったが、危険の現実化説は行為のもつ危険が結果に現実化したか否かを基準とする。これにより、介在事情が結果に対してどの程度寄与しているのか、行為の危険が結果に現実化するのを介在事情が阻んでいるといえるかどうかを考慮することが可能となる。

	相当因果関係説（客観説・折衷説）	危険の現実化説
判断基底	判断基底を限定する	判断基底を限定しない
判断基準	経験的通常性	危険の現実化

　したがって、この見解によれば、因果関係の有無は、**客観的に存在するすべての事情を判断の基礎とし**、**行為の中に含まれている危険が結果の中に現実化したといえるか**によって判断することになる。

(2) 判例における因果関係の認定

　最後に、判例における因果関係の認定を概観しておくことにしよう。判例は、「危険の現実化」という表現を用いて因果関係の有無を説明している（最決平22・10・26刑集64巻7号1019頁〔日航機ニアミス事件〕、最決平24・2・8刑集66巻4号200頁〔三菱自工トラック脱輪事件〕）。判例で因果関係の有無が争われた事案は、行為時に特殊事情が存在した事例群と行為後に特殊事情が介在した事例群に分かれ、後者は、介在事情が行為者の行為か、被害者の行為か、第三者の行為かによってさらに分かれるので、合計4つの類型が存在することになる。

ア　行為時に特殊事情が存在する類型

　判例は、被害者の身体に特異体質や隠れた病変が存在していたため、行為者の実行行為とこのような特異体質等が相まって結果が発生した場合であっても、因果関係を肯定している。
　例えば、強盗犯人が老女を布団蒸しにしたところ、老女に心臓疾患があったために急性の心臓麻痺を起こして死亡した事案において、判例は、因果関係を肯定し強盗致死罪の成立を認めている（◎最判昭46・6・17刑集25巻4号567頁〔老女布団蒸し事件〕〈百8、講45、プ47〉）。被告人の行為の中には、客観的にみて被害者の心臓麻痺を惹起する危険性が含まれており、その危険が現実のものになったにすぎないからである。

イ　行為後に行為者自身の行為が介在する類型

　判例は、実行行為の後に行為者の行為が介在したため結果が発生した場合

であっても、原則として因果関係を肯定している。

　例えば、被告人が被害者の頸部を細い麻縄で絞め、死んだものと思って犯行の発覚を防ぐ目的で被害者を海岸に運び放置したところ、砂末を吸引して窒息死した事案において、判例は、因果関係を肯定し殺人罪の成立を認めている（◎大判大12・4・30刑集2巻378頁〔砂末吸引事件〕〈百15、講47、プ97〉）。殺人行為後に犯人が死体遺棄行為に出ることはよくあることであり介在事情の異常性が低いため、介在事情を経由して結果を発生させる危険が実行行為の中に含まれており、そのような危険性が結果に現実化したということができる。

　これに対し、被害者を熊と間違えて猟銃を発射し被害者に重傷を負わせた後、苦悶する被害者を早く楽にさせたいと思い猟銃で射殺した事案において、判例は、業務上過失致傷罪と殺人罪の成立を認めている（◎最決昭53・3・22刑集32巻2号381頁〔熊撃ち事件〕〈百14、講48、プ51〉）。もし、第1の過失行為により死因が形成された場合であれば、第1行為と結果との因果関係は肯定され業務上過失致死罪が成立することになり、また、第2の故意行為と結果との因果関係も明らかに認められ殺人罪も成立することになるが、死の二重評価を避ける必要から前者を業務上過失致傷罪にとどめたと解する余地もある。また、もし第2の殺人行為により死因が形成された場合であれば、第1行為の危険が結果に現実化したわけではないので、第1行為と結果との間の因果関係は否定され業務上過失致傷罪が成立するといえよう。

　ウ　行為後に被害者の行為が介在する類型
　判例は、被害者の行為が介在しそれが直接結果をもたらす原因となった場合であっても、因果関係を肯定している。

　例えば、被告人の暴行に耐えかねた被害者が逃走しようとして池に落ち露出した岩石に後頭部を打ちつけ擦過打撲傷に基づくくも膜下出血により死亡した事案において、因果関係を肯定し傷害致死罪の成立を認めている（○最決昭59・7・6刑集38巻8号2793頁〔暴行被害者逃走転倒事件〕〈プ54〉）。被告人の暴行により、被害者が池の近くを逃走せざるをえない状況が作り出された以上、被告人の実行行為には被害者の逃走行為を誘発するかなり高い危険性が認められ、それが結果に現実化したので因果関係が肯定される。

　また、判例は、被告人ら6名が、深夜の公園およびマンション居室において、被害者に激しい暴行を加え、被害者は隙を見て逃走したが、約10分後、被告人らの追跡を免れるためマンションから約800m離れた高速道路に進入し、疾走してきた自動車に轢過されて死亡した事案において、因果関係を肯

定し傷害致死罪の成立を認めている（◎最決平15・7・16刑集57巻7号950頁〔高速道路進入事件〕〈百13、プ57〉）。被害者自身が、高速道路への進入というそれ自体としてはかなり危険な行為にあえて出ており、第1審は本件進入は通常の予想の範囲外の行動であるから暴行の危険性が現実化したものであるとはいえないとして因果関係を否定した。しかし、最高裁は「被告人らに対し極度の恐怖感を抱き、必死に逃走を図る過程で、とっさにそのような行動を選択したものと認められ、その行動が、被告人らの暴行から逃れる方法として、著しく不自然、不相当であったとはいえない」として因果関係を肯定した。被告人らの執拗な暴行が被害者の精神的な圧迫を誘発しており、介在事情の異常性が低いため、介在事情を経由して結果を発生させる危険が実行行為の中に含まれており、そのような行為の危険が結果に現実化したとみることが可能である。

さらに、柔道整復師である被告人が風邪気味の被害者から診察・治療を依頼され、誤った治療方法を指示したため、それに従った被害者が死亡したという事案において、判例は、因果関係を肯定し業務上過失致死罪の成立を肯定している（◎最決昭63・5・11刑集42巻5号807頁〔柔道整復師事件〕〈講46、プ55〉）。被告人が被害者の不適切な行為を誘発している以上、被告人の行為の危険が結果へと現実化したといえるであろう。

同様の判例として、潜水指導者である被告人が、夜間潜水の指導中に不用意に移動して受講生のそばから離れ受講生を見失ったところ、指導補助者および受講生である被害者の不適切な行動が介在して被害者が溺死したという事案において、因果関係を肯定して業務上過失致死罪の成立を肯定したものもある（◎最決平4・12・17刑集46巻9号683頁〔夜間潜水事件〕〈百12、プ56、63〉）。

なお、被害者の不適切な行為を行為者が誘発したわけではない場合であっても、被害者の介在行為に結果に対する物理的な寄与が認められないときは因果関係が肯定される。

例えば、被害者に暴行を加え負傷させたところ、被害者が医師の指示に従わず治療用の管を抜くなどして暴れ安静に努めなかったため、被害者の容体が悪化して死亡したという事案において、判例は、行為者の暴行行為と被害者死亡との間の因果関係を肯定し、傷害致死罪の成立を認めた（◎最決平16・2・17刑集58巻2号169頁〔患者抜管事件〕〈プ58〉）。これは介在した被害者の不適切な行為が治療を受けないという「不作為」であったため、介在事情の結果に対する寄与が否定され、当初の暴行行為に認められる危険が、

医師の治療により妨げられることなく、死の結果へと現実化したとみることができる。

エ　行為後に第三者の行為が介在する類型

判例は、行為後に第三者の行為が介在した場合であっても、行為者の行為が結果発生の直接的な原因を設定したといえるときは、因果関係を肯定している。

例えば、【設問7】では、Xの第1暴行により脳出血という死因が形成され、Yの第2暴行が介在しても死亡時刻を幾分か早める程度の寄与しかしていないため、第1暴行のもつ危険が現実化したといえる。

また、判例は、被害者を乗用車のトランクに監禁したまま夜間道路に停車させていたところ、後続車が運転者の前方不注意により追突し、トランク内の被害者が死亡した事案でも、因果関係を肯定し監禁致死罪の成立を認めている（◎最決平18・3・27刑集60巻3号382頁〔トランク監禁致死事件〕〈百11、講52、プ65〉）。直接の死因は自動車の追突による傷害であるとしても、トランク内という逃げ場のない場所に監禁し路上に停車させる行為には追突死の危険が含まれており、その危険が現実化したにすぎないからである。

なお、実行行為後に、行為者・第三者等の行為が介在した事例として、被告人がAの運転態度に文句を言い謝罪させるため、夜明け前の暗い高速道路の第3通行帯上に自車およびAが運転する自動車を停止させAに暴行を加えた後、自車が走り去ってから7、8分後までAがその場にA車を停止させ続けたところ、後続車がA車に追突して死傷結果が発生した事案において、判例は、Aの上記行動が被告人の自車およびAが運転する自動車を停止させた過失行為およびこれと密接に関連してされた一連の暴行等に誘発されたものであるから、被告人の過失行為と死傷との間に因果関係があるとしている（◎最決平16・10・19刑集58巻7号645頁〔高速道路追突事件〕〈プ64〉）。

判例が、唯一、因果関係の存在を否定したものとして、被告人が自動車を運転中、自転車に衝突し乗っていた被害者をはね飛ばし、自動車の屋根にはね上げられた被害者を、同乗者が屋根から引きずり降ろして路上に転落させ死亡させたが、死亡の原因が被害者をはね飛ばしたことによって生じたのか、路上に転落させることによって生じたのか不明であるという事案がある。この事案において、最高裁は因果関係を否定し、被告人に業務上過失致傷罪（現在では過失運転致傷罪〔自動車運転死傷行為処罰法5条〕に当たる）の成立を認めた（前掲・最決昭42・10・24〔米兵ひき逃げ事件〕）。死因を形成した行為が特定できなかったので、「疑わしきは被告人の利益に」の

原則に従い、被害者の死が同乗者の行為によって惹起されたものとして被告人の刑事責任を判断すると、介在事情である同乗者の行為の結果への寄与度が大きく、介在事情が行為者の衝突行為の危険が現実化するのを阻んだといえるであろう。

オ　危険の現実化の判断方法

　以上から明らかなように、判例は、**行為後に介在事情が存在しない場合**には、たとえ行為時に特殊事情が存在したとしても、行為の有する危険がそのまま結果に実現したとして危険の現実化を肯定する。例えば、老女布団蒸し事件がこれに当たる。危険の現実化は客観的に存在する全ての事情を判断資料に取り込むので、実行行為の危険の中には、行為時に存在する被害者の素因（特異体質や隠れた病変）を前提とした危険が含まれ、それが現実化したといえるからである。

　これに対し、**行為後に介在事情が存在する場合**には、介在事情の結果への寄与度を考慮し、第1に、**介在事情の結果への寄与度が小さい場合**には危険の現実化を肯定する。介在事情の結果への寄与度が小さい場合には、介在事情が危険の現実化を妨げる事情にならないので、行為がもっている危険が直接結果に実現したといえるからである。こうした事例を**直接的危険実現類型**といい、例えば、大阪南港事件や患者抜管事件等がこれに当たる。

　第2に、**介在事情の結果への寄与度が大きい場合**は、原則として危険の現実化は否定される。しかし、例外として介在事情の結果への寄与度が大きいにもかかわらず危険の現実化が認められる場合もある。それは、実行行為と介在事情との間に一定の関連性が認められ、**介在事情を経由して結果を発生させる危険が実行行為の中に含まれており、そのような行為の危険が結果に現実化したといえる場合**である。こうした事例を**間接的危険実現類型**といい、介在事情が異常でないことを前提に、実行行為が介在事情を誘発したり（例えば、高速道路進入事件、柔道整復師事件、夜間潜水事件、高速道路追突事件）、ひとたび介在事情が発生すると結果を惹起する危険が実行行為に含まれている場合（例えば、トランク監禁致死事件）がこれに当たる。

第6講　不作為犯

◆学習のポイント◆
1　不真正不作為犯の意義、問題の所在および成立要件を理解し、具体的事例に即して説明できるようになること。
2　特に、不真正不作為犯の核心部分である作為義務について、その根拠としてどのようなものが考えられるか、どのような場合に作為義務が認められるかを具体的に説明できるようになることが大切である。

1　総　説

【事例1】
　Xは、人を殴り殺した。
【事例2】
　赤ちゃんの母親であるXは、殺意をもって、赤ちゃんにミルクを与えずに放置した。その結果、赤ちゃんが餓死した。Xの隣人Yは、Xの育児放棄に気づいていたが、赤ちゃんが死んでもかまわないと思い、あえて何もしなかった。

(1)　不作為犯の意義と種類

　人の行為は、作為と不作為に区別される。作為とは、一定の動作をすることであり、不作為とは、一定の動作をしないことである。犯罪は、作為によって実現されるのが通例であり（例えば、【事例1】の殺人罪）、これを作為犯という。しかし、犯罪は、不作為によって実現されることもある。例えば、【事例2】のXは、赤ちゃんにミルクを与えずに放置するという不作為によって殺人罪（199条）を実現したと考えられる。不作為によって実現される犯罪を**不作為犯**という。
　不作為犯には、特定の不作為が明記された条文で処罰される場合と、不作為が明記されていない条文、つまり作為犯と同じ条文で処罰される場合とがある。前者を**真正不作為犯**、後者を**不真正不作為犯**という。多衆不解散罪

(107条)、不退去罪（130条後段）、不保護罪（218条後段）は真正不作為犯であり、**【事例2】**の不作為による殺人罪は不真正不作為犯の一例である。

(2) 不作為犯論の課題

このうち、刑法総論で問題となるのは**不真正不作為犯**である。不真正不作為犯においては、処罰の対象となる不作為が条文で具体的に特定されておらず、どのような不作為が犯罪として処罰されるかが**条文上明確**でない。例えば、【事例2】のYにも、不作為による殺人罪（199条）が成立するのであろうか。条文には「人を殺した者」としか書かれておらず、この問いの答えは条文からストレートには出てこない。そこで、解釈によって、不真正不作為犯の成立要件・範囲を明らかにしておく必要がある。

また、不作為を処罰するということは刑罰で一定の作為を強制することにほかならず、その間は他のことが自由にできなくなるという点で、不作為犯は作為犯に比べて**自由が制約される度合いが大きい**といわれる（作為犯の場合、その作為さえしなければ他のことは自由にできるが、例えば【事例2】のXは、赤ちゃんにミルクを与えるべき時間には他のことをできないし、じっとしていることも許されない）。そこで、一般に、不作為を処罰するのは例外的な場合に限るべきであると考えられている（したがって、**まずは作為犯の成否を検討**し、その成立を肯定できない場合に不作為犯の成否を検討するのが原則である）。この点は、真正不作為犯と不真正不作為犯とで異ならない。しかし、不真正不作為犯は、前述のように、その成立要件が条文上不明確であり、しかも、理論上は、真正不作為犯以外のほとんどすべての犯罪について観念しうる。そのため、不真正不作為犯においては、例外であるべき不作為犯の成立範囲が不当に広がるおそれがある。そこで、特に不真正不作為犯については、その成立範囲を妥当な範囲に限定するという視点が重要になってくる。

こうして、不作為犯論においては、**不真正不作為犯の成立範囲を妥当な範囲に限定**し、その限界をできるだけ明確にすることが課題とされているのである。

●コラム● 不真正不作為犯と罪刑法定主義

　不真正不作為犯は、不作為が明記されていない条文（作為のみを規定したように見える条文）で不作為が処罰される場合であることから、罪刑法定主義、具体的には類推禁止や明確性（2講）との関係で問題があるといわれることがある。しかし、通説は、作為犯の条文には不作為も含まれると解して類推禁止に当たらないとし、明確性の問題については、作為義務（下記参照）によって成立範囲を明確化することにより解決できるとする。

(3) 不真正不作為犯の成立要件（概要）

では、不真正不作為犯は、どのような場合に成立するのであろうか。不真正不作為犯は、作為犯と同じ条文で処罰される以上、作為犯と同視しうる内容を備えていなければならない（作為犯との同視性、同価値性）。そこから、不真正不作為犯の**基本的な成立要件（構成要件）は作為犯と同じ**であるということが導かれる。すなわち、不真正不作為犯の成立要件は、作為犯と同様、客観的要件である**実行行為、結果、因果関係**、および主観的要件である**故意または過失**である（3 講4(1)・4 講2）。不真正不作為犯は、これらの要件がすべて満たされた場合に成立する。

もっとも、実行行為と因果関係の具体的内容は、作為犯と全く同じというわけではない。

不真正不作為犯においては、実行行為の内容として**作為義務と作為可能性・容易性**が要求される。つまり、作為義務と作為可能性・容易性がある場合の不作為のみが作為による実行行為と同視でき、不作為による実行行為と認められるのである。これらの要素をどれか1つでも欠いた場合には、実行行為性は認められない。このうち、**作為義務**は、**不真正不作為犯の成立範囲を限定し、その限界を明確にするための要件**として、**特に重要**である。例えば、【事例2】のXとYは、どちらも赤ちゃんにミルクを与えるという作為に出ることは可能かつ容易だとしても、赤ちゃんにミルクを与える義務があるかといえば、そのような作為義務は母親であるXにはあるが、隣人にすぎないYにはなく、したがってYの不作為は殺人罪（199条）の実行行為に当たらず、Yに本罪は成立しない、と説明される。その意味で、作為義務は不作為犯論の核心部分であるといってよい。

因果関係については、その起点が不作為であることから、作為のような因果関係（条件関係）は認められないのではないかという問題があるが、判例・通説は、**不作為の因果関係（条件関係）**は「**期待された作為（義務づけられた作為）がなされていれば結果は発生しなかったであろう**」という関係であると考えている。ここでは、「期待された作為」という実際には存在しなかった仮定の事情が付け加えられており（仮定的因果関係）、その点で、一般に仮定的事情を付け加えて判断することが禁止されている作為の因果関係（5 講2(2)）と異なっている。

このように、詳細に見れば、不真正不作為犯の成立要件には作為犯のそれと異なる部分があるが、実行行為、結果、因果関係、および故意・過失という犯罪の基本枠組みは作為犯と異ならない。まずは、この点をしっかり押さ

えておくことが大切である。その上で、特に実行行為と因果関係について上記のような特別の内容が含まれていることを理解しておく必要がある。

以上を踏まえて、以下では、不作為による実行行為と不作為の因果関係を取り上げ、さらに詳しく見てみることにしよう。

2　不作為による実行行為

不作為を犯罪の実行行為というためには、不作為者に**作為義務**と**作為可能性・容易性**が認められなければならない。作為義務および作為可能性・容易性が肯定される場合の不作為が、**作為義務違反**として、不作為による実行行為となる。

なお、実行行為とは、結果発生の現実的危険性のある行為をいうから（4講2(2)）、不作為の実行行為性は**結果発生の危険性が現実的なものとなった時点**で肯定されうる。例えば、親が殺意をもって幼児を自宅に閉じ込めて長期外出した場合、不作為による殺人罪の実行行為性が問題となるのは、自宅を出た時点ではなく、幼児が衰弱して死の危険が生じた時点であり、その時点における作為義務の有無等が問題となる。

(1) 作為義務

作為義務とは、作為に出て構成要件的**結果発生を防止すべき義務**をいう（**保障人的義務**ともいい、この義務を負う立場を**保障人的地位**ということがある）。それは**法的な義務**であって、単なる倫理的・道徳的義務とは区別されなければならない（法と倫理の峻別）。しかも、違反すれば刑罰が科されるという点で刑法的な義務であり、それだけ強度の特別な義務である。例えば、見知らぬ人が路上で苦しんでいるのを見過ごしたとしても、不作為による殺人罪は成立しない。倫理的には、その人を助けるべきかもしれないが、それは法的な義務、それも刑法的な義務とまではいえないからである。

なお、作為義務は、**具体的な義務**である。作為義務の有無と内容は、抽象的にではなく、事案に即して個別具体的に検討する必要がある（例えば、子どもに食事を与える義務があったか、負傷者に医師による治療を受けさせる

義務があったか、というように)。

では、作為義務が認められるのは、どのような場合であろうか。

　ア　法令・契約・先行行為

かつては、**法令、契約**、および**先行行為**(不作為に先行する一定の作為であって、結果発生の危険を創出し、または高めるもの)などの条理上の根拠のうちのどれかが認められれば、作為義務が発生すると考えられていた(形式的三分説)。法令に基づく作為義務の例としては、母親が赤ちゃんにミルクを与える義務があり(【事例2】のX)、ここでは民法の監護義務(民法820条)が根拠とされる。契約を理由とする作為義務としては、例えば、患者と看護師の間の看護契約に基づく看護義務があり、先行行為に基づく作為義務の例としては、煙草の火の不始末で出火した場合の消火義務がある。

では、次の場合はどうか。

> 【設問1】単純なひき逃げ
> 　Xは、自動車を運転中過失でAをはねて重傷を負わせたが、その場にAを放置して逃げた。Aを救助しなかったというXの不作為について、不作為による殺人罪(の実行行為)を基礎づける作為義務(Aを救助する義務)が認められるか。

【設問1】の事例の場合、自動車で人をはねて負傷させたという先行行為があり、しかも、運転者には負傷者を救護すべき法律上の義務(道交法72条1項)がある。よって、上記見解によれば、不作為による殺人罪(199条)や保護責任者遺棄罪(218条)が成立しうるはずである。しかし、実務においては、【設問1】の事例では、不作為による殺人罪等の不真正不作為犯の成立は認められていない。ここでは、先行行為や法律上の義務があるにもかかわらず、殺人罪等との関係では作為義務が認められていないのである(ただし、過失運転致死傷罪〔自動車運転死傷行為処罰法5条〕、道交法上の救護義務違反罪・報告義務違反罪は成立する)。

この例からも明らかなように、**法令、契約、先行行為は、作為義務の根拠となりうるが、それさえあれば作為義務の根拠として十分かといえば、必ずしもそうではないのである**(さらに、上記見解に対しては、刑法以外の法令・契約上の義務が、なぜ刑法上の作為義務を根拠づけるのか明らかでないという問題点も指摘されている)。

　イ　排他的支配・保護の引受け

そこで、現在の多数説は、作為義務の根拠として、**排他的支配**や事実上の

保護の引受けにも着目する。排他的支配とは、結果防止を期待できる者が他にいないことをいう。排他的支配がある場合、不作為者は結果発生に向かう因果の流れを掌中に収め、因果経過を具体的・現実的に支配していたといえ、ここに作為義務の根拠があるとされる。例えば、【事例2】で、Xが赤ちゃんと2人で生活していた場合、Xには赤ちゃんに対する排他的支配が認められるので、赤ちゃんにミルクを与える義務があると説明される。保護の引受けとは、被害者の法益の保護を引き受ける行為をいい（それは事実上のもので足り、法令、契約に基づくものでなくてよい）、例えば、ひき逃げのケースで、その場に被害者を放置するのでなく、救助のために自動車に乗せて病院へ向かう行為がこれに当たる。この場合、法益保護（結果発生の防止）が不作為者に依存するので、不作為者に作為義務を認めてよいとされる。

【設問2】保護の引受け
　Xは、自動車を運転中過失でAをはねて重傷を負わせ、Aを救護するため自動車に乗せて病院へ向かったが、途中で刑事責任を問われることを恐れ、Aを適当な場所に遺棄して逃走しようと考え、Aが死んでもかまわないと思いながら（殺意をもって）走行しているうちに、Aが死亡した。Aを救助しなかったというXの不作為について、不作為による殺人罪（の実行行為）を基礎づける作為義務（Aを救助する義務）が認められるか。

　判例は、【設問2】のXの不作為について、殺人罪の成立を肯定している（東京地判昭40・9・30判時429号13頁〈講10、プ38〉）。前述のとおり、実務では、単純なひき逃げ（【設問1】）の場合には不真正不作為犯の成立は認められていないが、【設問2】の事例のように、保護の引受けがあった場合には、作為義務が肯定され、不作為による殺人罪等の成立が認められている。また、この場合、Aを自動車に乗せたことによりXのほかにAを救護しうる者がいなくなったという点でXに排他的支配が認められ、これも作為義務の根拠と考えることができよう。
　以上のように、排他的支配や保護の引受けが作為義務の根拠として重要な意味をもつことがある。そこから、近時、これを一般化して、作為義務の根拠を専ら排他的支配または保護の引受けに求める（排他的支配、保護の引受けを作為義務の要件とする）見解が有力になっている。
　しかし、排他的支配を作為義務の「要件」としてしまうと、例えば、プールで子どもが溺れている場合、周囲の遊泳者だけでなく、子どもの親や監視

員にも、子どもを救助する義務が生じえないことになる。排他的支配が認められないからである。これが不当な結論だとすれば（多数説はそう考えているようである）、排他的支配を作為義務の要件とするのは過度の要求ということになる。また、保護の引受けを要件とすると、例えば、【設問2】で、Xが救助のためでなく、はじめから遺棄する意図でAを自動車に乗せたという場合、保護の引受けが認められず、Xに作為義務がないことになる。ここでは、救助の意図か遺棄の意図かで作為義務の有無が変わることに合理的理由があるかが問われよう。

　ウ　多元説

以上の検討からすると、法令、契約、先行行為、排他的支配および保護の引受けは、それぞれが作為義務の根拠となりうるが、そのうちのどれか1つだけで、作為義務が肯定（または否定）される場合のすべてを説明するのは困難であるといわざるをえないであろう。現時点では、これらの根拠を**総合的に考慮**し（多元説）、**問題となる不作為を作為の実行行為と同視できるか**という観点から、作為義務の有無を判断するほかないと思われる（多数説）。**判例**も、これと同様の傾向にある。

もっとも、判例上、故意の不作為犯において作為義務が肯定された事例のほとんどは、排他的支配や保護の引受けが認められるケースである（下記参照）。そこで、総合考慮の際には、**排他的支配、保護の引受け**の有無を検討し、その上で、他に根拠となりうる事情がないかを検討する、という方法をとるとよいであろう。

　エ　判例

判例では、殺人罪、放火罪、詐欺罪（246条）など、限られた種類の犯罪についてのみ不真正不作為犯の成否が問題となっている。以下では、殺人罪と放火罪に着目し、判例上どのような場合に作為義務が肯定されているかを確認しておこう。

　　a　殺人罪

不作為による殺人罪が肯定された事例としては、ひき逃げ、医療の不給付、嬰児（生まれて間もない赤ちゃん）に対する食物の不給付、嬰児の不救助、などがある。

まず、ひき逃げの事案では、既に述べたように、単純なひき逃げ（【設問1】）の事案で殺人罪の成立が肯定された例はないが、一旦被害者を自動車に乗せて走行した事案（【設問2】参照）については、不作為による殺人罪の成立が肯定された例がある（前掲・東京地判昭40・9・30、横浜地判昭

37・5・30下刑集4巻5＝6号499頁、東京高判昭46・3・4判タ265号220頁)。ここでは、自動車ではねて被害者に重傷を負わせたという**先行行為**と、その後の**保護の引受けおよび排他的支配**が救助義務の根拠として考えられる。

医療の不給付について殺人罪の成立が肯定された例として、次の【設問3】の**シャクティ事件**（◎最決平17・7・4刑集59巻6号403頁〈百6、講11、プ35〉）がある。

【設問3】シャクティ事件
シャクティ治療（手の平で患部を叩いてエネルギーを患者に通すことにより患者の治癒力を高めるという独自の治療）を施す者として信奉者を集めていたＸは、重篤な患者Ａ（Ｘの信奉者）の親族Ｂ（同じくＸの信奉者）からＡに対するシャクティ治療を依頼され、Ｂに指示して入院中のＡを病院から運び出させた上、殺意をもって、ホテルの客室で必要な医療措置を受けさせないままＡを放置して死亡させた。この場合、必要な医療措置を受けさせずにＡを放置したＸの不作為について、不作為による殺人罪（の実行行為）を基礎づける作為義務（Ａに医療措置を受けさせる義務）の根拠として、どのようなものが考えられるか。

シャクティ事件について、最高裁は、重篤な患者Ａを病院から運び出させたこと、すなわち「自己の責めに帰すべき事由により患者の生命に具体的な危険を生じさせた」こと（**先行行為**）、および「Ｘを信奉する患者の親族から、重篤な患者に対する手当てを全面的にゆだねられた立場にあった」こと（**保護の引受け、排他的支配**）を根拠に、Ｘに「直ちに患者の生命を維持するために必要な医療措置を受けさせる義務」があったとした。

＊ 医療の不給付に関する他の例として、自宅に同居させていた従業員に暴行を加えて傷害を負わせた者が、傷害のため重篤な症状を呈した従業員に医師による適切な治療を受けさせず、傷害の事実が発覚することを恐れて、化膿止めの錠剤や解熱剤などを投与したにとどまり、その結果、従業員が死亡したという事案がある（東京地八王子支判昭57・12・22判タ494号142頁〈講10、プ37〉）。ここでは、自己の暴行により従業員に重傷を負わせた**先行行為**のほか、**保護の引受け、排他的支配**を根拠として、医師による治療を受けさせるべき作為義務があったと認定されている（なお、暴行を加えた後、そのまま放置して立ち去る事例では、作為の暴行による傷害致死罪などが成立するかは別として、一般に、救助しなかったという不作為について不作為による殺人罪や保護責任者遺棄罪が成立するとは考えられていないが、それは、この場合には保護の引受けや排他的支配が認められないからであると説明できよう）。

食物の不給付のケースとして、契約により嬰児を預かった者が殺意をもって嬰児に食事を与えず餓死させた事案では、**法律または契約に基づく養育義務**の違反を理由に殺人罪の成立が肯定された（大判大4・2・10刑録21輯90頁）。実父が内縁関係にあった女性との間に生まれた嬰児を引き取ったが、殺意をもって授乳せずに死亡させた事案でも、殺人罪の成立が肯定されている（大判大15・10・25裁判拾遺(1)87頁）。ここでは、作為義務の根拠は明示されていないが、実父であることに基づく**養育義務、保護の引受け**が作為義務の根拠として考えられる。以上の両事案では、**排他的支配**も認められよう。

　嬰児の不救助について不作為による殺人罪の成立が肯定された例としては、陣痛を催した女性が便秘による腹痛と思い便所に入っているうちに嬰児を便槽内に産み落とし、そのまま放置して窒息死させた事案（福岡地久留米支判昭46・3・8判タ264号403頁）がある。ここでも作為義務の根拠は言及されていないが、親の**養育義務、排他的支配**がその根拠として考えられる。

　b　放火罪

> 【設問4】火鉢事件
> 　会社の営業所で残業していたXは、仮眠中、自分が机の下に放置していた火鉢から書類や机に火が燃え移ったにもかかわらず、自己の失策が発覚するのを恐れて、そのまま立ち去った。その結果、営業所建物が全焼した。燃え移った火を消さなかったというXの不作為について、不作為による放火罪（の実行行為）を基礎づける作為義務（消火義務）が認められるか。

　不作為による放火罪の成立が肯定された最高裁の判例としては、【設問4】の事案（**火鉢事件**）で、自己の過失により出火させたという**先行行為**と**残業職員としての地位**を根拠に消火義務を肯定し、不作為による放火罪の成立を肯定したものがある（◎最判昭33・9・9刑集12巻13号2882頁〈百5、講9、プ33〉）。出火当時、営業所内にはXのほかに宿直員等が滞在していたようであるが、出火場所である事務室にはXしかおらず、**排他的支配**も認められよう。

> ＊　大審院時代の肯定例としては、養父と喧嘩した被告人が養父を刺殺したが、喧嘩の際に養父が投げつけた燃木尻（薪の燃え残り）が庭に積んであった藁に飛散し、燃え上がるのを現認しながら、殺人の罪責を隠蔽するため消火せず、その結果、被告人所有の家屋等が焼失したという事案がある（大判大7・12・18刑録24輯1558頁）。また、独り暮らしの自宅家屋で、神

棚に2基の燈明を献じて礼拝している際、うち1基が神符の方に傾いていることに気づきながら、火災で家屋が焼失すれば保険金を受け取ることができると考えて、そのまま外出したため、家屋が全焼したという事案でも、不作為による放火罪の成立が認められている（大判昭13・3・11刑集17巻237頁）。以上の両事案では、家屋の**管理者**としての地位、故意でない原因で出火させたという**先行行為**が消火義務の根拠とされたが、**排他的支配**も認められるであろう。

なお、大審院の判例（前掲・大判大7・12・18、前掲・大判昭13・3・11）は、被告人に「既発の火力（危険）を利用する意思」があったことに言及しており、この意思を特別の主観的要件とする学説も現れたが、最高裁は、これを不要としている（前掲・最判昭33・9・9）。

(2) 作為可能性・容易性

不作為による実行行為が肯定されるためには、作為義務のほかに、**作為可能性・容易性**が認められることが必要である。作為可能性とは、義務づけられた作為に出ることが物理的または心理的に可能であること（作為能力）を意味する。例えば、川で溺れている者を泳いで助ける義務があった場合、泳げる者には作為可能性があるが、泳げない者には作為可能性がない、という。作為可能性が要件とされるのは、作為可能性がない者に作為を要求することは無意味であり、不当だからである。また、作為可能性が少しでもあれば作為を強制できるとするのも不当であり（例えば、泳げなくはないが、急流のため自分も溺れてしまうかもしれないときに、泳ぐことを強制するのは不当であろう）、作為が容易であることも必要である（例えば、判例は、消火措置をとることが容易であった場合に、不作為による放火罪の成立を肯定している。前掲・最判昭33・9・9）。

なお、ここにいう作為可能性は、次に述べる**結果回避可能性とは別物**であることに注意を要する。通説によれば、結果回避可能性は不作為の因果関係（条件関係）の問題である。例えば、泳ぐことはできた（作為可能性はあった）が、泳いで助けに行っても間に合わなかった（結果回避可能性がなかった）という場合、「期待された作為（泳いで助けるという作為）がなされていれば結果（溺死の結果）は生じなかったであろう」という関係が成り立たないことから、因果関係が否定される。

●コラム● 作為との同価値性

　学説の中には、「作為との同価値性（等価値性）」を作為義務と並ぶ別個独立の実行行為の要件とし、その中で保護の引受けや排他的支配の有無を考慮するものがあるが、このような要件を作為義務と別に立てる必要はない（多数説）。たしかに、法令、契約または先行行為という形式的な根拠のみで作為義務を広く肯定する見解（形式的三分説）をとるならば、作為義務とは別の限定要件が必要になるかもしれない。しかし、前述のように、今日の判例・多数説は、不作為を作為と同視できるかという観点から、保護の引受けや排他的支配の有無なども考慮して、作為義務の存否を実質的に判断している。このような立場においては、同価値性の問題は作為義務の存否の問題に解消されるから、作為義務と別に同価値性の要件を立てる必要はないのである。

3　不作為の因果関係

(1)　不作為の条件関係

　かつては、「無（不作為）から有（結果）は生じない」ということから、不作為には作為のような因果関係（条件関係）は存在しないとする見解も有力であった。しかし、現在の判例・通説は、不作為にも因果関係（条件関係）は存在するとしている。もっとも、既に述べたように（1(3)）、その具体的内容は作為の場合（5講2(2)）と異なる。すなわち、判例・通説によれば、不作為の因果関係（条件関係）とは、「**期待された作為（義務づけられた作為）がなされていれば結果は生じなかったであろう**」という関係、つまり**結果回避可能性**である。

　問題は、どの程度の結果回避可能性があれば因果関係（条件関係）を肯定できるかである。例えば、次の場合はどうか。

【設問5】覚せい剤注射事件
　Xは、少女Aをホテルの客室に連れ込んでAに覚せい剤を注射したところ、Aが錯乱状態に陥ったが、覚せい剤使用の発覚を恐れ、殺意なく、Aを放置したまま立ち去った。その後、Aは、覚せい剤による急性心不全で死亡した。鑑定の結果、Aが錯乱状態に陥った時点で直ちに救急医療を要請していれば、同女の救命は合理的な疑いを超える程度に確実であったことが判明した。この場合、Aを救助しなかった不作為とAの死亡との間に因果関係（死亡結果の回避可能性）があったといえるか。

　この点については、一般に、結果回避の確実性が認められる場合、すなわち結果回避が**合理的な疑いを超える程度に確実**であったと認められる場合に

因果関係を肯定できるとされている。例えば、最高裁は、【設問5】の事案（**覚せい剤注射事件**）で、Aが錯乱状態に陥った時点で直ちに救急医療を要請していれば「同女の救命は合理的な疑いを超える程度に確実であったと認められるから」、Aを救助しなかった不作為とAの死亡との間には因果関係があり、Xに保護責任者遺棄致死罪（219条）が成立するとしている（◎最決平元・12・15刑集43巻13号879頁〈百4、プ43〉）。

結果回避の確実性が認められない場合、因果関係が否定され、結果について罪責を問うことはできない。もっとも、結果回避の確実性はないが、ある程度の見込みがあった場合には、未遂犯（17講1）など、結果を除いた部分についての犯罪が成立する余地はある（例えば、【設問5】では、保護責任者遺棄罪〔218条〕が成立しうる）。

(2) 危険の現実化

不作為の場合にも、条件関係に加え、法的因果関係（相当因果関係、危険の現実化）（5講3以下参照）が肯定されることが必要である。例えば、川で溺れている人を救助すべきであった者が、その人を救助せず放置し、その人が溺死した場合、解消されるべきであったのに解消されなかった溺死の危険がそのまま溺死へと現実化したといえ、危険の現実化を肯定することができる。これに対し、川で溺れている人を救助せず放置している間に、その人が第三者により射殺された場合には、溺死の危険は（射殺という）結果へと現実化したとはいえないから、因果関係は否定される。後者の場合、直ちに救助していれば第三者に射殺されることはなかった（結果回避の確実性があった）のであれば、条件関係は認められる。しかし、危険の現実化が否定されるため、因果関係を認めることはできないのである（不作為について危険の現実化の有無が検討され、それが肯定された例として、最決平24・2・8刑集66巻4号200頁〔三菱自工トラック脱輪事件〕）。

第7講　故意（構成要件的故意）

> ◆学習のポイント◆
> 1　構成要件的故意の意義をしっかりと理解した上で、事実の錯誤と違法性の錯誤についての法効果の違いがどのように導かれ、両者がどのように区別されるかを理解することが重要である。
> 2　具体的事案としては、未必の故意など不確定的故意や規範的構成要件要素、行政取締法規において故意の成否が問題となることが多いので、それらをどのように解決すべきかをよく学習しておく必要がある。

1　（構成要件的）故意の意義と体系的地位

　刑法38条1項は、「罪を犯す意思がない行為は、罰しない。ただし、法律に特別の規定がある場合は、この限りでない」と規定している。この「罪を犯す意思」のことを故意という。この規定は、客観的には違法な行為を行ったとしても、行為者がそのことを認識していなければ原則として犯罪は成立しないという趣旨を表している。これを故意犯処罰の原則という。
　ところで、刑法38条1項は「罪を犯す意思」と規定しているだけで、故意の具体的内容について定義規定を置いていない。それゆえ、故意（罪を犯す意思）の内容については専ら学説に委ねられている。そして、通説によれば、故意があるといえるためには「犯罪事実の認識・予見」が必要である。なぜならば、行為者が自己の犯罪事実を認識し、将来の構成要件的結果の発生やそれに至る因果関係の経路について予見していれば、「規範の問題が与えられる」、すなわち、行為が法的に許されるかどうかを検討するチャンスが与えられるからである。規範の問題が与えられれば、「反対動機の形成が可能になる」、すなわち、違法行為を断念して適法行為に出るよう自らを動機づけることができたはずである。それにもかかわらず、あえて犯罪を実現しようと意思決定したことに故意犯としての重い刑罰を加えるほどの強い非

難が向けられるのである。

　故意の体系的地位について、今日の多数説によれば、故意はその本籍を責任の分野に有しており、行為者の責任の有無や程度を判断する要素であるが、その前に構成要件の要素としても考慮される。すなわち、構成要件の段階で、構成要件要素としての故意（**構成要件的故意**）が認められなければ故意犯の構成要件該当性そのものが否定される。他方、構成要件的故意が認められれば、さらに責任の段階で、責任要素としての故意（**責任故意**）が検討されることになる。「構成要件的故意は認められるが、責任故意は認められない」というのは、例えば、「友人が自分を驚かそうとしただけだったのに暴漢に襲われたと勘違いしてその友人を殴ってしまった」ような誤想防衛の場合であり、「人を殴っている」という傷害罪の構成要件に該当する客観的事実の認識があるので傷害罪の構成要件的故意はあるが、（実際には侵害はないので正当防衛でないにもかかわらず）暴漢に襲われたと勘違いしていることによって責任故意が否定されるのである（3講4⑶**イ**および16講3）。

2　認識・予見の対象となる犯罪事実

⑴　客観的構成要件要素の認識

　故意の認識対象は、**客観的構成要件要素に該当する事実**である。この事実は、構成要件的行為、行為の主体（特に身分）、行為の客体、結果、因果関係、行為状況に該当する事実であり、原則としてこれらすべてを認識していなければ構成要件的故意を認めることはできない。ただし、因果関係については、その性質上、行為から結果の発生に至る因果の経路を詳細に予見するのは不可能な場合も多いので、日常の生活経験に基づき、通常その行為からその結果が生ずるであろうという程度の認識で足りる。

　これに対して、処罰条件や処罰阻却事由（3講コラム「客観的処罰条件と一身的処罰阻却事由」参照）は故意の認識対象ではない。故意の成立のために認識が必要とされるのは構成要件に該当する事実であり、処罰条件や処罰阻却事由のように構成要件に含まれない要素は認識の対象にならないからである。

　なお、傷害致死罪などの**結果的加重犯**は、その重い結果について認識がないということが前提になっている。結果的加重犯とは、ある基本的な犯罪行為（基本犯）から、行為者の予期していなかった重い結果（加重結果）が発生したことによって、基本犯の法定刑が加重される犯罪のことをいう。例えば、傷害致死罪（205条）は、殺意なくただ人を傷つける意思で傷害罪を犯

したところ、予想外に人の死亡という重い結果が発生した場合に成立する犯罪である。もし、人の死亡という重い結果について認識があったのであれば、傷害致死罪という結果的加重犯ではなく、殺人罪という重い結果を構成要件的結果とする故意犯が成立するのである。

　構成要件要素は、規範的な価値判断を行うことなくその要素に該当するか否かを判定できる記述的構成要件要素と、規範的な価値判断を経なければある事実がその要素に該当するか否かを決することができない規範的構成要件要素に区別することができる。例えば、強制性交等罪（177条）において、被害者が「13歳未満」であるか否かは特段の価値判断を行うことなく判定できるから、「13歳未満」は記述的構成要件要素である。他方、わいせつ文書頒布罪（175条）において、その文書が「わいせつ」な文書といえるかどうかは、刑法がいったいどの程度いやらしいものを取り締まろうとしているのかという規範的価値判断を行わなければ判定できないので、「わいせつ」は規範的構成要件要素である（4講3）。まず、前者の認識の問題から検討する。

(2) 記述的構成要件要素の認識

【事例1】たぬき・むじな事件
　Xは、狩猟法が捕獲を禁止している「たぬき」を「むじな」という動物だと思って捕獲した。一般に、たぬきとむじなが同じ動物であるということは知られていなかった。

【事例2】むささび・もま事件
　Xは、狩猟法が捕獲を禁止している「むささび」を「もま」という動物だと思って捕獲した。もまはその地方のむささびの俗称であり、むささびともまが同じ動物であるということは一般に知られていた。

　【事例1】や【事例2】において、Xが捕獲した動物がそれぞれ「たぬき」であるか、「むささび」であるかは、規範的な価値判断を行うことなくその要素に該当するか否かを判定できる記述的構成要件要素であるが、この記述的構成要件要素も特に行政取締法規との関係で、行為者にある種の誤解があったときにその認識があったといえるかが争われることがしばしばある。行為者の認識と現実の不一致を**錯誤**というが、錯誤には、事実の錯誤と違法性の錯誤（法律の錯誤）がある。例えば、他人の飼犬Aを殺すという犯罪事実を実現しようと思っていたのに現実には人Bを殺すという犯罪事実を実現してしまったというように、行為者が認識していた犯罪事実と現実に実現した

犯罪事実との間に食い違いがある場合を**事実の錯誤**という。これに対して、客観的には犯罪事実を実現したにもかかわらず行為者自身は悪いことをしているとは思わなかったというように、実現した事実に対する行為者の違法評価と客観的な違法評価との間に食い違いがある場合を**違法性の錯誤（法律の錯誤）**という（8講1(1)）。

　すなわち、犯罪「事実」の面での食い違いが事実の錯誤であり、犯罪事実は正しく認識した上でその事実に対する「評価」の面での食い違いが違法性の錯誤である。形式的にみれば、両者の違いは明快であるが、実際の事案では両者を区別するのは困難な場合がある。特に、行政取締法規や規範的構成要件要素を含む構成要件においては、行為者の錯誤が事実の錯誤なのかそれとも違法性の錯誤なのかが争われることが多い。

　両者を区別するのは、**事実の錯誤の場合は重大な錯誤として故意が否定されることが多いが、違法性の錯誤の場合は原則として故意が否定されない**という法効果の違いがあるからである。犯罪事実の認識は、それによって行為者に違法性の意識を喚起し、違法行為を思いとどまり適法行為に出るよう動機づけるものであるから、この認識を誤ると違法性の意識が喚起される契機が全くなくなってしまう。それゆえ、事実の錯誤の場合には故意が否定される。これに対して、違法性の錯誤の場合には、そのような違法性の意識を喚起しうる事実の認識をもっていながら、何らかの理由で違法性の意識を喚起しないまま犯罪行為を行ったという場合であるから、よくよくの事情がなければ原則として故意が否定されないのである。そうすると、両者の違いは違法性の意識を喚起しうる事実認識をもっていたかどうかであり、換言すれば、「違法性を意識しうる程度の事実認識すら欠いている場合が事実の錯誤で、そのような事実認識を有する場合が違法性の錯誤である」ということになる。

　両者の区別が争われた判例として、「たぬき・むじな事件」と「むささび・もま事件」がある。前者は、【事例1】のような事案で、大審院は故意を否定して行為者を無罪とした（○大判大14・6・9刑集4巻378頁〈百45、講92、プ78〉）。これに対して、後者は、【事例2】のような事案で、大審院は故意を肯定して行為者を有罪とした（大判大13・4・25刑集3巻364頁〈プ77〉）。

　学説においては、両判例について、内容的に矛盾しており、両者とも事実の錯誤であるとする立場や、反対に両者とも違法性の錯誤であるとする立場もあるが、近年では、判例の結論には矛盾はなく両方とも支持できるとする

立場が有力になっている。なぜならば、両事件の間で事実関係が微妙に異なるからである。前者の場合、行為者自身が禁止の対象となっているたぬきと捕獲しようとしたむじなは別の動物であると明確に認識しており、しかも一般人も同様にたぬきとむじなは別の動物であると思っていたのであって、動物学上の知識をもつ者だけがたぬきとむじなは同じ動物であるということを知っていたのである。したがって、むじなを捕獲するという行為者の認識事実から、違法性を意識することは不可能であるので、行為者の錯誤は事実の錯誤であり故意が否定される。これに対して、後者の場合は、行為者自身がもまがむささびとは別の動物であると認識して捕獲したわけではなく、単にもまをもまとして捕獲したにすぎず、しかも、むささびともまは同じ動物であると一般に知られていたので、もまを捕獲するという行為者の認識事実から、違法性を意識することは可能であり、行為者の錯誤は違法性の錯誤として故意が肯定されるのである。

【設問1】公衆浴場無許可営業事件
会社代表者Xは、実父の公衆浴場営業を会社において引き継いで営業中に、県係官の教示により、当初の公衆浴場営業を実父から会社に変更する旨の公衆浴場営業許可申請事項変更届を県知事宛に提出し、受理された旨の連絡を県議を通じて受けたため、会社に対する営業許可があったと認識して営業を続けた。しかし、本来は新規の営業許可届でなければならないのでこの変更届受理には重大な瑕疵があり、許可としては無効であった。Xは顧問弁護士から「公衆浴場の許可は人的許可であるから名義の変更は不可能である」というアドバイスを受けていた。Xに公衆浴場法8条1号の無許可営業罪における無許可営業の故意は認められるか。

公衆浴場の営業許可は、許可申請者に限り効力を有する人的許可で、公衆浴場の営業を受け継いだ場合は新規に営業許可を受けなければならない。申請事項変更届は申請者の同一性に変更のない場合に住所などの変更を行うものであるので、この事例での変更届は法的には無効である。したがって、Xは禁止された公衆浴場の営業を許されていると誤解したのであるが、これは構成要件事実の認識を欠いたものであるのか、それとも構成要件事実の認識はあるが評価を誤って法的に許されていると誤解したにすぎないのであろうか。【設問1】のような事案について、原審は顧問弁護士からアドバイスを受けていたことなどにより無許可営業の故意は認められるとしたが、最高裁は、変更届受理の連絡を受けたため営業許可がなされたと認識していたこと

などから無許可営業罪の故意は否定されるとして、無罪を言い渡した（○最判平元・7・18刑集43巻7号752頁〈百46、講94、プ87〉）。

●コラム● 「類の認識」と「種の認識」

　覚せい剤輸入罪・所持罪の故意が認められるためにはどのような認識が必要なのであろうか。アメリカ国籍の被告人が、台湾から航空機で覚せい剤3Kgを腹巻きの中に隠して密輸入し、このうち2Kgをスーツケースに隠匿して所持していたという事案で、最高裁は、対象物が覚せい剤であるとの確定的な認識まではなくてもそれが「**覚せい剤を含む身体に有害で違法な薬物類であるとの認識**」が被告人にあったので、覚せい剤輸入罪・所持罪の故意が認められるとした（最決平2・2・9判時1341号157頁〈百40、講20、プ74〉）。すなわち、認識の対象から覚せい剤が除外されておらず、「覚せい剤かもしれないし、その他の身体に有害で違法な薬物かもしれない」という認識が必要であるとしたのである。したがって、例えば、行為者に覚せい剤を渡した者が「これは麻薬だ」と言っていたので行為者が「これは（覚せい剤ではなく）麻薬だと信じていた」のだとしたら覚せい剤輸入罪・所持罪の故意は認められない。「類（依存性の薬理作用のある違法有害な薬物）」についての認識があれば、犯罪の対象になる「種（覚せい剤輸入罪・所持罪）」に該当すると積極的に認識していなくても、「種」についての故意は認められるが、絶対に覚せい剤でないと思っていたような場合には故意が否定されるのである。

---

(3) 規範的構成要件要素の認識

【事例3】チャタレー事件
　Xは出版社の社長であるが、D.H.ロレンスの『チャタレー夫人の恋人』の翻訳・出版を企図し、Yに翻訳を依頼して日本語訳を得た。そして、その内容に性的描写の記述があることを認識しながら出版し販売した。

　わいせつ文書頒布罪（175条）における「わいせつ性」など、法律の素人にはわかりにくい、裁判官による規範的な価値判断を経なければある事実がその要素に該当するか否かを決することができない概念を**規範的構成要件要素**という。「わいせつ性」以外には、窃盗罪（235条）における財物の「他人性」や、公務執行妨害罪（95条）における職務行為の「適法性」などが規範的構成要件要素である。これは、その認識なしには行為の違法性が認識できないので、故意における認識の対象であるが、問題はどの程度まで認識している必要があるかである。

　事実認識は、例えば「わいせつ性」を例にとれば、次のように段階づけることができる。第1に、その文書に記載されている文章の存在の認識であり（裸の事実の認識）、第2に、その文書のもつ社会的意味の認識であり（**意味の認識**）、第3に、その文書が175条の「わいせつ」に当たるという認識（当

てはめの認識）である。通説は、構成要件的故意が認められるためには、当てはめの認識までは不要であり、素人的判断の程度における意味の認識が必要であるとしている。すなわち、その文書が刑法上の「わいせつ」に該当するという認識までは不要であるが、その文書が社会的意味において一般人から「いやらしいもの」と受け取られるであろうという認識は必要なのである。これを、裁判官の法的評価と平行した素人の社会的評価という意味で、**素人仲間の平行的評価**という。

判例は、【事例3】のような事案について、175条の故意が成立するためには「問題となる記載の存在の認識とこれを頒布販売することの認識があれば足り、かかる記載のある文書が同条所定の猥褻性を具備するかどうかの認識まで必要としているものでない」としている（○最大判昭32・3・13刑集11巻3号997頁〈百47、講17、プ82〉）。この判例は、当てはめの認識まではいらないとしたのは確かであるが、意味の認識を不要とした趣旨であるかどうかについては学説の間で争いがある。

3　故意と過失の区別

(1)　故意の本質

故意が成立するために、構成要件に該当する客観的事実を認識・予見することが必要であるという点で学説は一致しているが、それだけで十分であるか否かについては争いがある。故意の成立には、犯罪事実の認識・予見があれば足りるとする考え方を**認識説**という。これに対して、そのような認識・予見だけでは不十分であり、犯罪事実の実現を積極的に意欲するか、少なくとも犯罪事実が実現するとしても「やむをえない」と認容していることが必要であるとする考え方を**意思説**という。これは、故意のもつ認識的側面を重視するか意思的側面を重視するかの対立であり、故意と過失の区別基準の対立を導く。

(2)　故意（未必の故意）と過失（認識ある過失）の区別

【事例4】
　Xは、ナイフでAの心臓を突き刺していながら、死んでもいいとは思っていなかった。

【事例5】
　Xは、遠方にいるAに向けてピストルを発射するので命中確率は高くないと思いながら、Aを殺したいと思って行為を遂行した。

認識説の立場からは、故意と過失は、行為者が「**結果発生の高い蓋然性を認識・予見したか否か**」により区別される（蓋然性説）。この説は、結果発生の蓋然性を高いものと認識・予見した場合が故意であり、それを低いものと認識・予見したにすぎない場合が過失であるとする。この説からは、【事例4】のXは殺人の故意が認められるが、【事例5】のXは殺人の故意が認められないことになる。この説は、蓋然性が高いか低いかという基準は漠然としすぎていて不明確であり、また、故意のもつ意思的側面を無視していると批判されている。

これに対して、意思説の立場からは、故意と過失は、行為者に「**結果発生の認容があったか否か**」により区別される（認容説）。すなわち、結果発生の可能性を認識しつつ、これを「**結果が発生してもかまわない（やむをえない、仕方がない）**」と認容した場合が故意で、認容せずに結果発生の可能性を「**たぶん大丈夫だろう**」と打ち消した場合が過失であるとする。積極的に意欲した場合はもちろん、結果が発生してもかまわないと消極的に甘受して行為を遂行しようという心理を「認容」というが、それも故意であるとするのである。この説からは、【事例4】のXは認容がないので殺人の故意が認められないが、【事例5】のXは積極的意欲があるので殺人の故意が認められることになる。この説は、認容という微妙な心理状態を立証することは困難であり、認容という情緒的要素を中心に据えると故意の成立範囲が不明確になり、また、故意のもつ認識的側面を軽視していると批判されている。

なお、近年では、【事例4】で認容がないから故意がないとするのも、【事例5】で結果発生の確率が低いと思ったから故意がないとするのも、いずれも妥当でないとして、むしろ、故意の本質は、行為を止める動機とすべき事実を認識しながら行為に出た点にあるとする説が有力に主張されている（**動機説**）。すなわち、**法が期待するような規範心理を行為者が備えていたとしたら**（あるいは、**法が期待するような誠実な人であったなら**）、そのような結果発生の可能性の認識が行為を思いとどまる動機となるようなものであったか否かで故意と過失を区別すべきであるとするのである。この説からは、【事例4】も【事例5】も、行為を思いとどまる動機とすべき事実をXは認識しているので殺人の故意は認められることになる。

この問題に関する判例の立場は必ずしも明確ではないが、概ね認容説に親和的であるといわれている。例えば、盗品等有償譲受け罪に関して、あるいは盗品（贓物）であるかもしれないと思いながら、しかも「敢て」これを買い受ける意思があれば故意があるとしたもの（○最判昭23・3・16刑集2巻

3号227頁〔盗品性の認識事件〕〈百41、講16、プ67〉）など、判例は故意を肯定する際に、しばしば「あえて」という表現を用いているが、これは犯罪実現の認容を表す趣旨であると解されているのである。このような理解によれば、故意とは犯罪事実の認識・認容をいい、構成要件該当性の段階では、故意（構成要件的故意）とは**構成要件該当事実の認識・認容**をいう、と定義することができる。

> ●コラム● 殺意の認定
>
> 　実務では殺意の有無が問題となることがしばしばある。これらの事件では行為者が極度の興奮状態にある場合が多く、当初から相手を殺そうという明確な意思がある場合を別とすれば、行為当時の心理状態を本人すら正確にわかっていないこともあるからである。そのことから、殺意の認定にあたってはむしろ情況証拠を重視すべきであるともいわれる。具体的には、創傷の部位や程度、凶器の種類やその用法、動機の有無、犯行後の行動などの事情から総合判断されると考えられている。

4　故意の種類

　故意は、確定的故意と不確定的故意に分類することができる。**確定的故意**とは、行為者が犯罪事実の実現を確定的なものとして認識した場合であり、**不確定的故意**とは、行為者が犯罪事実の実現を不確定的なものとして認識した場合である。

　確定的故意と不確定的故意は、犯罪の成否という観点からは、いずれも故意の一種であるので違いはないが、実務上は、どちらであるかは刑の量定を行う際に重要であると考えられている。

　不確定的故意は、以下の4種類に分類される。

(1)　概括的故意

　一定範囲の客体のどれかに結果が発生することは確実であるが、結果の生じる客体やその個数が不特定の場合を**概括的故意**という。例えば、テロリストが群衆の中に爆弾を投げ込み多くの人が死傷したような場合などがこれに当たる。

(2)　択一的故意

　複数ある客体のいずれか一方に結果が生じることは確実であるが、いずれに発生するか不確定なものと認識している場合を**択一的故意**という。例えば、2つのコップの1つに毒を入れ、XとYのどちらかが毒を飲むが、どちらが飲むかはわからない場合などがこれに当たる。

(3) 未必の故意

　結果の発生を不確実なものとして認識しているが、仮に結果が発生するのであればそれでもかまわないと思った場合を**未必の故意**という。例えば、人をひき殺すかもしれないがそれでもかまわないと思いながら、人の雑踏する小路を自動車で疾走するような場合は殺人罪の未必の故意がある。

　判例は、前述した「盗品性の認識事件」において、故意が成立するためには、必ずしも買い受けるものが盗品（贓物）であることを確定的に知っている必要はなく、「或は贓物であるかも知れないと思いながらしかも敢てこれを買受ける意思（いわゆる未必の故意）があれば足りる」として、近頃近隣で盗難が相継いでいたので「或は盗品（贓物）ではないか」との疑いをもちながらこれを買い受けたのなら故意はあるとした。

(4) 条件つき故意

　犯罪の遂行ないし結果の実現を一定の条件の発生にかからせる場合を**条件つき故意**という。例えば、被害者を説得し、説得に応じるなら殺さないが、説得に応じず抵抗するなら殺そうと思っているような場合などがこれに当たる。条件つき故意は、①仮定的事実前提に基づいた決意（例として、説得に応じてくれなければ殺害しようという場合）と②行為決意と結合した中止留保（例として、紙幣の国外持出申請が許可されたら不正持出しは中止しようという場合）がある。

　判例は、借金返済をめぐるトラブルで、被害者を暴行・脅迫に訴えても強制連行し、抵抗如何によっては殺害やむなしと決意して臨んだが、被害者が連行を拒否して暴れたので殺害したという事案で、犯罪実行を被害者の態度のような一定の事態の発生にかからせていた場合に故意を肯定している（最判昭59・3・6刑集38巻5号1961頁〈講19、プ70〉）。

第8講 錯誤(1)──具体的事実の錯誤

◆学習のポイント◆
1 まず、「具体的事実の錯誤」とは何かを理解した上で、その定義を言えるようにすること。
2 次に、具体的事実の錯誤に関する「法定的符合説」と「具体的符合説」とはそれぞれどのような考え方か、【事例3】から【事例5】までの各事例がそれぞれの立場からどのように解決されるのかを説明できるようにする必要がある。その上で、重要なことは、両説が対立するのはなぜか、判例実務がなぜ法定的符合説をとるのかをしっかり理解することである。
3 因果関係の錯誤については、それが問題となるのはどのような場面であるか、法定的符合説によれば因果関係の錯誤はどのように処理されるのかをしっかり理解することが必要である。因果関係の有無を判断させる事例問題で、因果関係を肯定した場合には、因果関係の錯誤が問題とならないかどうかを常に確認することを怠らないようにしてほしい。

1 事実の錯誤の意義

(1) 事実の錯誤と違法性の錯誤

思っていたこと（主観面）と現実（客観面）が食い違うことはよくある。行為者の認識したとおりに犯罪結果が発生するとは限らない。行為者の認識と現実の不一致を**錯誤**といい、錯誤が犯罪の成否にいかなる影響を与えるかを検討する問題領域を**錯誤論**という。

まず、錯誤には、事実の錯誤と違法性の錯誤（法律の錯誤）がある。**事実の錯誤**というのは、例えば、Aを殺すという犯罪事実を実現しようと思っていたのに現実にはBを殺すという犯罪事実を実現してしまったというように、行為者が認識していた犯罪事実と現実に実現した犯罪事実との間に食い

違いがある場合をいう。

　これに対し、**違法性の錯誤（法律の錯誤）** というのは、客観的には犯罪事実を実現したにもかかわらず行為者自身は悪いことをしているとは思わなかったというように、実現した事実に対する行為者の違法評価と客観的な違法評価との間に食い違いがある場合をいう。

　このように、犯罪「事実」の面での食い違いが事実の錯誤であり、犯罪事実は正しく認識しているがその事実に対する「評価」の面での食い違いが違法性の錯誤である。両者を区別するのは、事実を正しく認識すべきだったのか、それとも刑法規範の内容を正しく理解すべきだったのかを解明することが責任評価や犯罪防止対策にとって意味のあることだからである。このうち、本講および次講では前者の問題を扱うことにする。

(2)　事実の錯誤の諸類型

　事実の錯誤とは、行為者の認識した犯罪事実（以下「認識事実」という）と現実に実現した犯罪事実（以下「実現事実」という）の食い違いをいうが、この食い違いにもさまざまなパターンがある。

　まず、認識事実と実現事実とが、共に同じ構成要件に該当する事実である場合（これを**具体的事実の錯誤**という）と異なる構成要件に該当する事実である場合（これを**抽象的事実の錯誤**という）がある。

　例えば、Aを殺そうとしてBを殺した場合は、Aを殺すという事実もBを殺したという事実もいずれも殺人罪（199条）という同一の構成要件に該当する事実なので具体的事実の錯誤に当たる。これに対し、Aを殺そうとしてAの飼犬を殺した場合、Aを殺すという事実は殺人罪（199条）の構成要件に該当する事実であるが、Aの飼犬を殺したという事実は器物損壊罪（261条）の構成要件に該当する事実であり、両者の構成要件が異なるので抽象的事実の錯誤に当たる。両者を区別するのは、後述のように、錯誤があった場合の処理の仕方が根本的に異なるからである。

　次に、**行為者が狙いどおりの客体に法益侵害結果を発生させたが、行為者が思っていた客体ではなかった場合**（これを**客体の錯誤**という）と**行為者が狙っていた客体とは別個の客体に法益侵害結果を発生させた場合**（これを**方法の錯誤〔打撃の錯誤〕** という）がある。

　例えば、Aを殺すつもりで、Aだと思って発砲したところそれはBであったためBを殺してしまった場合は、「人違い」であったので客体の錯誤に当たる。これに対し、Aを殺そうと思って発砲したところ手許が狂ってBに当たりBを殺してしまった場合は、「手許が狂った」のであるから方法の錯誤

に当たる。両者を区別するのは、後に述べるように、方法の錯誤の場合をどう処理するかで見解が対立するからである。

　なお、狙いどおりの客体に結果は発生し、しかも、人違いもないのだが、**行為者が認識した因果経過と現実の因果経過との間に食い違いがある場合**（これを**因果関係の錯誤**という）もある。例えば、Aを川で溺死させようと思いAを橋の上から突き落としたところ、Aが落下途中に橋脚に頭を打ちつけて死亡したという場合は、Aを殺そうとしてAを殺しているが、行為者が予想していた死亡原因と現実の死亡原因とが異なるので因果関係の錯誤に当たる。

　このように、事実の錯誤には、具体的事実の錯誤か抽象的事実の錯誤かという観点からの分類（2種類）と客体の錯誤か方法の錯誤か因果関係の錯誤かという観点からの分類（3種類）があるので、全部で2×3＝6通りのパターンがありそうである。しかし、よく考えてみると、因果関係の錯誤は具体的事実の錯誤の場合しか起こりえない。なぜなら、因果関係の錯誤は、認識した因果経過（溺死）も現実の因果経過（打撲死）もどちらも同一の構成要件に該当する事実だからである。

　したがって、事実の錯誤には、①具体的事実の錯誤で客体の錯誤、②具体的事実の錯誤で方法の錯誤、③具体的事実の錯誤で因果関係の錯誤、④抽象的事実の錯誤で客体の錯誤、⑤抽象的事実の錯誤で方法の錯誤、の全部で5つのパターンが存在することになる。

　それでは、このような錯誤が存在する場合、犯罪（故意犯）の成否にいかなる影響をもたらすのであろうか。詳細は、これから錯誤論を学んでのお楽しみであるが、ごく大雑把にいうと、錯誤が重大な場合は故意犯の成立を否定すべきであるが、錯誤がさほど重大でない場合は故意犯の成立を肯定するという結論になる。問題は、**錯誤が重大かどうかをいかなる基準で判断するか**であり、錯誤論の学習の到達目標は、そのことを理解する点にある。

(3)　故意論と錯誤論

　よく「錯誤論は故意論の裏面である」といわれる。この言葉はいったい何を意味しているのであろうか。実はそれを解明することにより錯誤論の守備範囲が明らかになる。

【事例1】
　Xは、帰宅途中のAの胸を刃渡り13cmの出刃包丁で何度も突き刺したため、Aは出血多量で死亡した。

【事例１】では、Ｘの行為は殺人罪の（客観的）構成要件に該当する。それでは、Ｘに殺人の故意は認められるであろうか。問題文に「殺意がある」とは書いていないけれども、刃渡り13cmの出刃包丁は殺傷能力の高い凶器であるし、それをＡの胸に「突き刺す」という行為を執拗に「何度」も行っている。したがって、以上の事実をＸが認識していたといえる限り、Ｘには「人を殺すこと」の認識、つまり、殺人の故意があったといえる。

　それでは、【事例１】の場合、Ｘにはなぜ殺人罪が成立するのであろうか。Ｘの行為が殺人罪の違法性をもつのは、Ｘの行為によってＡを死亡させたという事実に基づく。そして、自己の行為の違法性を基礎づけている「Ａの死という事実」を認識していたＸには、「Ａを殺すな」という課題が刑法規範から与えられており（これを「**規範の問題が与えられる**」と表現することがある）、したがって、自己の行為の違法性を意識し、反対動機を形成する（＝違法行為を思いとどまる）チャンスが与えられていたにもかかわらず、そのチャンスを活かさないであえて犯罪行為を実行したことに対して故意責任という重い非難が加えられるのである。つまり、実現事実（Ａの死）と認識事実（Ａの死）が一致する限り、故意責任が直ちに発生するのである。一般に、故意があれば犯罪が成立するといわれるが、これは故意の内容が実現事実と一致しているからなのである。

【事例２】
　Ｘは、帰宅途中のＢをＡだと勘違いしてＢの胸を刃渡り13cmの出刃包丁で何度も突き刺したため、Ｂは出血多量で死亡した。

　これに対し、【事例２】の場合は事情が異なる。すなわち、Ｘの刺突行為が殺人罪の違法性をもつのは、Ｘの行為によってＢを死亡させたという事実に基づく。Ｂの生命という法益を侵害したからこそＸの行為は違法なのである。ところが、Ｘは、あくまでもＡを殺そうと思っているだけであって、自己の行為の違法性を基礎づけている「Ｂの死という事実」を認識していない。このように、認識事実（Ａの死）と実現事実（Ｂの死）との間に食い違いがあるので、【事例１】のように実現事実について「直ちに」殺人罪の成立を肯定するわけにはいかない。

　故意というのは、犯罪行為を行う時点での行為者の認識である。Ｘは、包丁で刺す時点で「Ａの死」を認識しているので殺人罪の故意はある。しかし、実現事実はＡの死ではなく「Ｂの死」である。そこで、「Ｂの死」とい

う実現事実に対しても殺人罪の成立を認めることができるか（言い換えれば、故意が阻却されないか）を考えなければならない。

そこで考えられるのは、Bを殺すつもりがない以上殺人罪は成立しないという答えと、Bを殺すつもりがなくてもAを殺すつもりがあった以上は殺人罪が成立するという答えである。それでは、どのような理由でどちらの答えを採用するか、それが「錯誤論」の問題領域なのである。結論から先に言うと、わが国では後者の立場がとられているが、それは「なぜ」なのかを考えることが重要である。

以上から明らかなように、故意論と錯誤論は密接に関連するものの、その守備領域を異にする。**故意論**は、故意が成立するためにはいかなる事実を認識していることが必要かという問題である。【事例1】はまさに故意論の問題で、Xの認識している事実から殺人罪の故意は認められるという結論であった。故意の有無というのは、結果が出る前の**行為時**における行為者の認識内容が当該構成要件該当事実の認識といえるかという事実的な判断の問題である。

これに対し、**錯誤論**は、現実に発生させた結果について行為者に故意責任を問えるかという**結果発生後**における規範的な判断の問題である。【事例2】では、Xに殺人の故意があるという判断（故意論）が下された後、認識事実とは食い違う現実の発生結果に対してなお故意責任が問えるか（故意が阻却されないか）という判断（錯誤論）を経て殺人罪が成立するか否かが決定されるのである。

2 客体の錯誤・方法の錯誤

(1) 法定的符合説と具体的符合説

具体的事実の錯誤の問題の解決基準（錯誤理論）として、法定的符合説と具体的符合説が対立している。

法定的符合説というのは、認識事実と実現事実とが、構成要件的評価として一致（符合）する限度で、実現事実についても故意責任を認める立場である。つまり、認識事実と実現事実がいずれも同一の構成要件に該当する事実である場合は、実現事実に対する故意犯が成立するのである。

> 【事例3】客体の錯誤の場合
> Xは、Aを殺すつもりで発砲した。ところが、XがAだと思った人はAによく顔の似ているBであったため、弾丸はBに命中しBが死亡した。

例えば、【事例3】の場合、法定的符合説からは当然Bに対する殺人罪が成立することになる。なぜなら、Aの死もBの死もどちらも殺人罪という同一の構成要件に該当する事実だからである。

これに対し、「法定的符合説は責任主義に反する」と批判しつつ、有力に主張されているのが具体的符合説である。**具体的符合説とは、認識事実と実現事実とが具体的に一致（符合）しない限り実現事実について故意責任を認められないとする立場**である。

そこで、【事例3】の場合、認識事実と実現事実とは一致していないので、具体的符合説によればBの死に対して殺人罪が成立しないようにみえる。しかし、具体的符合説によっても、【事例3】は認識事実と実現事実は「具体的に一致している」と説明される。なぜなら、行為者が認識した客体（その人）と現実に結果が発生した客体（その人）は「同一の客体」である以上、「具体的に一致している」と認められるからである。

このように、客体の錯誤の場合は、法定的符合説をとっても具体的符合説をとってもBに対する殺人罪が成立するという結論自体には変わりはない。両説が対立するのは、【事例4】のような方法の錯誤の場合である。

【事例4】方法の錯誤の場合
　　Xは、Aを殺すつもりでAに向けて発砲したところ、弾丸が外れて、Aの近くにいた予想外のBに命中しBが死亡した。

【事例4】におけるXの行為を分析してみよう。まず、XはAめがけて発砲をしており、この発砲行為は生命という法益を侵害する現実的な危険性のある行為であるから殺人罪の実行行為といえる。しかし、弾丸が外れAは死亡していないので殺人未遂罪（203条・199条）が成立する。

それでは、Bに対してはどうであろうか。いきなり錯誤の問題に飛びつくのではなく、まずは、客観的な構成要件該当性の検討を忘れてはいけない。前述のように、Xの発砲行為は殺人罪の実行行為といえる。また、Bが死亡しているので殺人という結果も発生している。また、実行行為がなければBが死亡することはなかったので条件関係が認められる。さらに、客観的相当因果関係説によればAの近くにBが存在していたという事実がある以上、また折衷的相当因果関係説によればBの存在が認識可能であった以上、相当性が認められるので、因果関係も肯定される。また、Xの発砲行為の危険の中にはBの生命侵害の危険も含まれているので、危険の現実化説によっても因

果関係が肯定される（5講参照）。よって、Xの行為は殺人罪の（客観的）構成要件に該当する。

次に、Xは発砲時にAの死という事実を認識していたので、行為時に殺人罪の故意が認められる。しかし、実現事実はBの死であったので、具体的事実の錯誤のうち「方法の錯誤」が問題となる。

なお、問題文に「予想外のBに」と書いてあるのは、もしXがAの近くにBがいることを認識していたとすると、弾丸が傍らにいるBに当たりBが死亡する可能性があることを認識していたといえるので、Bに対する殺人の（未必の）故意が肯定され、認識事実と実現事実の食い違いという「錯誤」の問題を生じなくなるからである。問題文に「予想外」とか「意外にも」と書くことにより、XがBの存在を認識していなかったことを示しているのである。

そこで、法定的符合説によれば、Aの死もBの死も殺人罪という同一の構成要件に該当する事実であるから、実現事実に対する故意責任が肯定され（故意は阻却されず）、殺人罪（199条）が成立することになる。これに対し、具体的符合説によれば、Aの死とBの死は「客体」が異なるので、認識事実と実現事実の間に具体的な一致は認められず、実現事実に対する故意責任は肯定できない（故意は阻却される）ことになる。したがって、Xには殺人罪は成立しないので、次に、過失致死罪（210条）の成否を検討し、Bの存在が予見可能であった場合には、過失致死罪が成立する（10講参照）。

(2) 両説対立の本質

前述のように、具体的符合説といっても、認識事実と実現事実に食い違いがあればすべて故意を阻却するわけではなく、客体の錯誤の場合は故意を阻却しない。しかし、【事例3】のXからみれば、Aだと思ったから発砲したのであって、最初からBだとわかれば発砲する気はなかったと主張するであろう。それにもかかわらず、具体的符合説がXに殺人罪の故意責任を問うのは、客体の同一性に食い違いがない場合は、「行為当時殺人の故意をもっていたXに、現実に発生したBの死という結果に対し非難することが可能である（これをBの死を**主観的**に帰責可能であると表現することもある）」と**刑法的観点から評価**したことを意味する。他方、具体的符合説は、【事例4】のXには、「行為当時殺人の故意をもっていたとしても、現実に発生したBの死に対して非難することができない」との刑法的評価を下している。

このように、具体的符合説も、行為者を非難できる場合（認識事実と実現事実が具体的に一致する場合）と非難できない場合（認識事実と実現事実が

具体的に一致しない場合）を区別しているのであり、**法的観点（＝構成要件的観点）**から錯誤の重要性の有無を判断している点では法定的符合説と共通の発想である。具体的符合説のことを**具体的法定符合説**と呼ぶことがあるのはこのような理由によるものである。

ただ、具体的符合説と法定的符合説とでは、法的評価を加える際の基準として**法益主体の相違を重視すべきか否か**で決定的に対立する。すなわち、**【事例4】**におけるＡの死とＢの死はたしかに殺人罪という同一の構成要件に該当する事実ではあるが、ＡとＢは異なる法益主体であり、Ａの生命侵害という事実とＢの生命侵害という事実とは客観的にみれば別個の構成要件該当事実であるから、故意責任の法的評価にあたっても、別個の構成要件該当事実の認識であるとみるべきだというのが具体的符合説（具体的法定符合説）の考え方である。つまり、「その人」（Ａ）を殺そうとして「あの人」（Ｂ）を殺した場合は、「その人」と「あの人」が別個の法益主体である以上、主観的な評価の際にもその違いは法的に重要であり、その点で行為者には重大な錯誤があったとみるのである。Ｂを狙うつもりがなかったＸには殺人の故意は阻却されるのである。このように、具体的符合説（具体的法定符合説）は、認識事実と実現事実が「その人」という**具体的なレベルで一致（符合）**していることを必要とする点に特徴がある。

これに対し、法定的符合説は、ＡかＢかという法益主体の相違は法的に重要ではないと考える。なぜなら、「Ａを殺す」という認識をもったため殺人の故意が認められたＸには、「人を殺してはならない」という規範の問題が与えられており、それにもかかわらず実行行為に及んだ点に故意犯の重い刑事責任を負わせる根拠があるからである。これによれば、自己の行為の違法性を意識し、行為動機に対する反対動機を形成する（＝違法行為を思いとどまる）チャンスを与えられたＸが、殺害を思いとどまりさえすればＢの死という結果は発生しなかったのであるから、Ｂ殺害の結果について故意責任が認められる（したがって故意は阻却されない）のは当然だということになる。このように、法定的符合説は、認識事実と実現事実が「およそ人」という**抽象的なレベルで一致（符合）**していればよいとする点に特徴がある。法定的符合説が**抽象的法定符合説**と呼ばれることがあるのはこのような理由によるものである。

(3) 判例理論

近時、学説の上では、具体的符合説が極めて有力である。具体的符合説は、法定的符合説に対して、**【事例4】**においてＢに対する殺人罪の成立を

認めるのは、Bの死を全く認識していないXに故意責任を認めるもので**責任主義**に反すると批判する。

しかし、それにもかかわらず、判例は、「犯人が認識した罪と現実に発生した事実とが必ずしも具体的に一致することを要するものでなく、両者が法定の範囲内において一致することをもって足りると解すべきである」として具体的符合説を排斥し、法定的符合説をとることを明らかにしている（◎最判昭53・7・28刑集32巻5号1068頁〈百42、講22、プ94〉）。

それでは、判例はなぜ具体的符合説をとらないのであろうか。具体的符合説に対しては、①客体の錯誤と方法の錯誤を区別することが容易ではない場合があるし、そもそも②客体の錯誤と方法の錯誤で区別することに合理的な理由がないという批判がある。

【事例5】
　Xは、Aを殺そうとして、ある晩、Aの乗用車に爆弾を仕掛けたが、翌朝、意外にもAの妻Bが運転したためBが死亡した。

【事例5】は、客体の錯誤であろうか、方法の錯誤であろうか。Xが特定した「その人」とはAのことであり、Aに及ぶはずの危険がBに及んだと考えれば、手許が狂った場合として方法の錯誤となるが、「その人」とは翌朝乗用車を運転する人のことであると考えれば、人違いの場合と同様、客体の錯誤ということになる。そして、いずれを妥当とするかについて具体的符合説の論者の間でも見解が対立している。しかし、見解が分かれるということ自体、客体の錯誤と方法の錯誤を区別することが必ずしも容易ではないことを物語っている。

もっとも、客体の錯誤と方法の錯誤の区別が容易ではないとしても、区別自体は可能である。判例実務が法定的符合説をとるのは、主として具体的符合説の②の問題点を考慮するからであろう。つまり、【事例3】と【事例4】でXの刑事責任の内容が異なることに合理性はないというのである。

もちろん、具体的符合説の立場からは、【事例3】のような客体の錯誤の場合は行為者Xが結果発生に至る因果経過を支配しているのに対し、【事例4】のような方法の錯誤の場合はXが因果経過を支配しそこなった点で両者を区別することに合理的な理由はあると反論する。

しかし、判例実務は、AであれBであれ人を殺す意思で行動してまさにその結果を発生させたのだから、本来被害を受けるはずのなかった被害者の立

場からは、「手許が狂った場合」（方法の錯誤の場合）も単に過失によって死亡させられたのではなく、「人違いであった場合」（客体の錯誤の場合）と同様、故意に殺されたのだという素朴な法感情を無視することはできないと考えている。

このように、「人違いの場合」と「手許が狂った場合」を同等に扱うのが相当であるか否かは評価の分かれるところであり、その当否を科学的に証明することは不可能である。錯誤論は法的価値判断の問題であることに注意し、いずれの立場に立つにせよ、自分なりの結論を出せるように両説の考え方をよく理解しておく必要がある。

(4) **併発事実と故意の個数**

最後に、これまで学んできた錯誤論を具体的な事例に適用する上で生じる問題点を検討しておくことにしよう。特に問題となるのは、意図した客体に結果を発生させただけでなく、意図しなかった客体にも結果を発生させたという**併発事実**の事例の場合である。

【設問1】
　Xは、Aを殺害しようとしてピストルを発射したが、弾丸はAに命中するとともに、意外にも傍らにいたBにも命中して、Aは負傷し、Bは死亡した。Xの罪責を論じなさい。

【設問1】において、まず、Xは殺人の故意をもってAに発砲したので、この発砲行為は殺人罪の実行行為といえる。ただ、Aは死亡せず負傷したにすぎないので殺人未遂罪が成立する。

問題は、Bに対して何罪が成立するかである。方法の錯誤の事例であるので、前述のように、具体的符合説によればBに対しては過失致死罪（210条）が成立する。具体的符合説を適用する場合は、常に、「**認識した客体については故意犯が成立し、認識しなかった客体については過失犯が成立する**」という図式になる。

これに対し、法定的符合説によれば殺人罪が成立する。法定的符合説を適用する場合は、常に、「**認識した客体であろうが認識しなかった客体であろうが同一の構成要件に属する客体であれば故意犯が成立する**」という図式になる。

ただそうなると、Xは「1人の人」を殺そうとして実行行為を行ったにすぎないのに、結果的に2個の殺人罪（正確にはAに対する殺人未遂罪とBに

対する殺人罪）が成立することになる。このような結論に対しては、Aを殺そうとする1個の故意しかないのに2個の故意犯を認めるのは責任主義に反し不当ではないかという批判が具体的符合説の側から加えられてきた。

そこで、法定的符合説の論者の中には、**故意の個数**を問題にして、1個の故意しかない場合は1個の故意犯しか成立させるべきではないとする見解が主張されるようになった。これを**一故意犯説**といい、1個の故意しかなくても数個の故意犯の成立を認める法定的符合説の本来の考え方（**数故意犯説**）を修正しようとする見解である。

この一故意犯説によると、1個の故意からは1個の故意犯だけが成立し、残りはすべて過失犯が成立するにすぎない。つまり、【設問1】の2名の被害者のうち、1人に対しては故意犯が成立するが、残りのもう1人に対しては過失犯しか成立しないのである。それでは、A、Bのいずれに対して故意犯が成立するのであろうか。

誰に故意犯を成立させるべきかの基準については、一故意犯説の内部で見解が分かれているが、「**第一次的には重い結果発生の客体に（第1基準）、第二次的には侵害を意図した客体に（第2基準）**」という基準が有力である。これによれば、【設問1】の場合、Aは負傷で、Bは死亡であるから、第1基準（重い結果発生の客体）により、Bに対する故意犯（殺人罪）が成立し、Aに対しては過失犯（過失致傷罪）が成立することになる。

【設問2】
　Xは、Aを殺害しようとしてピストルを発射したが、弾丸はAに命中するとともに、意外にも傍らにいたBにも命中して、Aは負傷し、Bは即死したが、その後、入院中のAも死亡した。Xの罪責を論じなさい。

【設問2】の場合、数故意犯説によれば、Aに対する殺人罪、Bに対する殺人罪が成立する。また、具体的符合説によれば、Aに対する殺人罪、Bに対する過失致死罪が成立する。

それでは、一故意犯説からは【設問2】はどのように処理されるのであろうか。この場合、AもBも死亡したのであり、同一の結果であるから第1基準は使えず、第2基準（意図した客体）により、Aに対する故意犯（殺人罪）が成立し、Bに対しては過失犯（過失致死罪）が成立することになる。

そうすると、時間の経過により、Aとの関係では、【設問1】では過失致傷罪であったものが【設問2】では殺人罪となり、Bとの関係では、【設問

1】では殺人罪であったものが【設問2】では過失致死罪に変化する。つまり、Aが後に死亡したという事情の変化で、故意犯だったものが過失犯になり、過失犯だったものが故意犯になる。これは、故意犯か過失犯かは「行為時における行為者の認識内容で決まる」という従来の考え方を否定する結論であって疑問である。

【設問3】
　Xは、Aを殺害しようとしてピストルを発射したが、弾丸はAに命中するとともに、意外にも傍らにいたBおよびCにも命中して、Aが負傷し、BとCは共に死亡した。Xの罪責を論じなさい。

　【設問3】の場合、数故意犯説によればAに対する殺人未遂罪、Bに対する殺人罪、Cに対する殺人罪が成立する。また、具体的符合説によればAに対する殺人未遂罪、Bに対する過失致死罪、Cに対する過失致死罪が成立する。
　ところが、一故意犯説をとると、【設問3】の処理にあたっても問題が生ずる。【設問3】では、第1基準によりBとCが故意犯の候補になるが、1個しか故意犯を成立させない以上、B・Cのいずれに故意犯が成立するかを確定しなければならない。しかし、それを決める合理的な基準は存在しない。したがって、一故意犯説によれば、B・Cのいずれかを特定せず、B・C1人に対する殺人罪ともう1人に対する過失致死罪、およびAに対する過失致傷罪が成立することになる。
　しかし、これに対しては、被害者を特定しないで殺人罪の成立を認めるのは少なくとも判例実務の考え方と相容れないという批判がある。
　このように、一故意犯説にはいくつかの疑問がある。そもそも、法定的符合説は、反対動機の形成という点では「およそ人」というレベルにまで抽象化した範囲で故意責任を肯定することができるという考えであり、それを一故意犯説のように「1人の人」という形で限定を加えるべき理論的根拠には欠けるように思われる。
　ここで、【設問1】～【設問3】のXの罪責を整理しておこう（表参照）。
　行為者の認識が「1人の人」を殺す意思であったという点は、犯罪が成立した後の量刑の段階で裁判官が考慮すれば足りる。例えば、【設問3】の場合、法定的符合説（数故意犯説）からは、Aに対する殺人未遂罪、Bに対する殺人罪、Cに対する殺人罪の3つの犯罪が成立するが、Xのピストル発射は1

個の行為であるから、「1個の行為が2個以上の罪名に触れ……るときは、その最も重い刑により処断する」という刑法54条1項前段の規定（これを**観念的競合**という。詳細は、27講参照）を適用し、**科刑上一罪**として処理することによって、責任主義に違反するという批判を回避することができよう。

		法定的符合説 （数故意犯説）	法定的符合説 （一故意犯説）	具体的符合説
【設問1】	A	殺人未遂	過失致傷	殺人未遂
	B	殺人既遂	殺人既遂	過失致死
【設問2】	A	殺人既遂	殺人既遂	殺人既遂
	B	殺人既遂	過失致死	過失致死
【設問3】	A	殺人未遂	過失致傷	殺人未遂
	B	殺人既遂	いずれかを特定せず	過失致死
	C	殺人既遂	殺人既遂と過失致死	過失致死

3　因果関係の錯誤

(1)　因果関係の錯誤の意義

因果関係の錯誤とは、行為者が認識した客体に結果が発生しているものの、結果に至る因果経過が行為者の認識した因果経過とは異なる場合をいう。因果関係の錯誤が存在する場合に、故意が阻却されるか否かが問題となる。

> **【事例6】橋脚事例**
> XはAを溺死させるつもりで橋から川に突き落としたところ、Aは橋脚で頭を打って頭蓋骨骨折で即死した。

例えば、**【事例6】**において、XはAを突き落とすという殺人の実行行為を行い、現実にA死亡という結果を発生させている。しかし、Xがあらかじめ認識・予見していた因果経過（川で溺れて死亡すること）と、現実に発生した因果経過（橋脚に頭を打って頭蓋骨骨折で死亡すること）との間に食い違いが生じている。このように、行為者の認識・予見していた因果経過と現実に発生した因果経過とが一致しなかった場合に、それが故意にどのような影響をもつかが「因果関係の錯誤」という問題なのである。

(2)　因果関係の錯誤が問題となる前提状況

次に、因果関係の錯誤の問題が生ずるのは、どのような場面においてであ

ろうか。第1に、実行行為と結果との間に因果関係が認められる場合でなければならない。因果関係の錯誤は、行為者が結果を発生させたが、結果発生に至る経路があらかじめ認識・予見していたものとは違っていたという場合であるからである。

したがって、そもそも因果関係が否定され、結果が客観的に帰属されない場合は因果関係の錯誤の問題は起こらないのである。

第2に、行為者に故意がなければならない。なぜなら、因果関係の錯誤は、故意があることを前提に、錯誤を理由に故意が阻却されるかを問う問題であるからである。ところで、故意があるといえるためには、構成要件該当事実の認識がなければならないが、因果関係は、実行行為および結果とともに構成要件要素の主要部分であるから、通説によれば、因果関係も故意の認識対象である（7講2(1)）。したがって、行為者に法的因果関係が認められるような因果経過の認識がない場合には、そもそも故意がないのであるから、因果関係の錯誤は問題とならないのである。法的因果関係が否定されるような突飛な因果経過を行為者が認識・予見していたときは、（錯誤論の検討に入るまでもなく）そもそも故意が否定されるのである。

以上から明らかなように、因果関係が肯定され、かつ、行為時に故意が認められるような場面で、因果関係の錯誤の問題が生ずるのである。例えば、【事例6】では、Xの突き落とす行為とAの頭蓋骨骨折死との間には法的因果関係が認められる。また、Aを突き落とす時点で、XはAが川に溺れて死ぬことを想定しており、突き落とせば溺死するという因果経過を認識しているので故意もある。したがって、故意の内容としての因果経過（溺死）と現実の因果経過（頭蓋骨骨折死）にずれがあるので因果関係の錯誤の問題が生じていることになる。

(3) 判例・通説による「因果関係の錯誤」の判断基準

それでは、因果関係の錯誤の問題が生じた場合、どのような基準で問題を解決したらよいのであろうか。

まず、因果関係の錯誤は、行為者が認識した因果経過と現実に発生した因果経過が同一の構成要件（【事例6】では殺人罪）に該当する事実であるから、「具体的事実の錯誤」の一類型である。そこで、判例・通説は、前述の法定的符合説の立場に立って、「行為者の認識した因果経過と現実の因果経過が食い違っていたとしても、そのどちらも法的因果関係の範囲内であれば、その食い違いは重要でなく、故意は阻却されない」と解している。この考え方は具体的符合説に立っても同じである。具体的符合説は法益主体の相

違を重視する点で法定的符合説と異なるだけで、構成要件的観点から錯誤の重要性を判断する点では共通だからである。

この基準は、行為者が認識した因果経過に（現実に発生したと仮定した場合に）法的因果関係が認められ、現実に発生した因果経過も法的因果関係が認められれば、どちらも構成要件的に同価値であるから、その食い違いは故意の成立にとって重要でないということを意味している。

このように考えると、【事例6】において、Xに因果関係の錯誤があっても、現実の因果経過も認識・予見した因果経過も殺人罪の構成要件に該当するので、殺人罪の故意は阻却されず、殺人罪が成立することになる。

●コラム● 「因果関係の錯誤」論は無用か？

法定的符合説に立つ以上、因果関係の錯誤が故意を阻却することはない。なぜなら、因果関係の錯誤が問題になっているときは、現実の因果経過に法的因果関係が認められているし、認識・予見した因果経過にも法的因果関係が認められるからこそ故意が肯定されているのである。つまり、前述の因果関係の錯誤が問題となる前提状況を満たしている限り、認識した因果経過と現実の因果経過のどちらも法的因果関係の範囲内であるので、故意は阻却されないのである。そこで、「因果関係の錯誤の議論は無用であって、法的因果関係の存否だけが問題となる」という議論が出てくる。しかし、因果関係の問題は、実行行為と結果との間に必要とされる客観的な関係であるのに対し、因果関係の錯誤の問題は、そのような因果関係が肯定された後に、結果発生に至った因果経過が行為者があらかじめ認識・予見していた因果経過と異なった場合に故意が阻却されるかという問題であるから、両者は明らかに別個の問題で、それぞれ独自の意義がある。故意阻却の基準を判例・通説のように「法的因果関係の枠内」に求めると、故意を阻却することはないという結論に至るだけであって、だからといって「因果関係の錯誤」論が無用になるわけではない。

このように、判例・通説の基準による限り因果関係の錯誤で故意が阻却される場合がないことから、錯誤の重要性を法的因果関係とは別の基準で判断すべきであるとする見解も主張されている。その中で最も有力な見解は、行為者の認識した事実を前提として結果が発生することが相当でない場合は故意を阻却するというものである。この見解によれば、行為者が故意による実行行為に出ている以上、故意未遂犯までは肯定できるが、客観的に因果関係が肯定されただけでは故意既遂犯は認められず、行為者の認識した行為の現実的危険性が、具体的態様における結果の中に実現したと言いうることが必要であるとする。

【事例7】断崖事例
　Xは、殺意をもってAに対してピストルを発砲した。弾丸は外れたが、それをよけようとしたAは足をすべらせ崖の下に転落して死亡した。しかし、XはAの背後に崖があるという事情を全く知らなかった。

　例えば、**事例7**の場合、判例・通説によれば、行為者の認識・予見した因果経過は弾丸の命中による死で、現実に発生した因果経過は転落死であるが、どちらも法的因果関係の範囲内であるので殺人の故意は阻却されず、殺人罪が成立することになる。これに対し、前述の有力説によれば、行為者は背後に崖が存在しているという事情を全く知らなかったのであるから、そのようなXの認識事情を前提にすると、転落死という結果はXにとって事前に予想できることではないので、行為者の認識した事実を前提とする限り転落死という結果が発生することが相当でないので故意が阻却され、Xには殺人未遂罪（死の結果についてはせいぜい過失致死罪）が成立するにすぎないことになる。

　たしかに、有力説のように、錯誤の重要性の判断基準を変えれば因果関係の錯誤によって故意を阻却する場合が出てきて、因果関係の錯誤の議論に実益が生ずることになろう。しかし、なぜ行為者の認識した事実を前提に結果発生が相当であるかを判断すべきなのか、その理論的根拠は必ずしも明らかではないし、この見解によると、結果発生の危険性のある行為を故意に実行し現に結果が発生しているのに既遂犯の成立を否定することになり、逆に帰責範囲が狭くなりすぎて妥当でないという批判もなされている。

(4)　遅すぎた構成要件の実現

　行為者が、第1行為によって結果を実現したと思い、第2行為を行ったところ、その第2行為ではじめて結果が実現された場合を**遅すぎた構成要件の実現**の事例という。

【設問4】砂末吸引事件
　X女は、夫の先妻の子Aを殺害しようと思い、午前2時頃、熟睡中のAの頸部を細い麻縄で絞めた。すると、Aが動かなくなったので既に死亡したと思い、犯行の発覚を防ぐ目的で、麻縄を解かないままAを1.5km程度離れた海岸の砂上に運び放置して帰宅したところ、Aは海岸の砂末を吸引して窒息死した。Xの罪責を論じなさい。

【設問4】の場合、Xの行為は2つあり、首を絞めるという第1の行為につき殺人未遂罪（203条・199条）、砂浜に放置するという第2の行為につき過失致死罪（210条）の成立を認めるという見解もあるが、その結論が妥当であるか疑問がある。そこで、首を絞める第1行為と砂浜に放置する第2行為を包括的に支配する「概括的故意」という特殊の故意を認め、第1行為と第2行為を含んだ全過程を1個の行為と解し、当初の意図が結局実現されたのであるから、殺人既遂が成立するという考え方が登場した。この見解を、主張したドイツの刑法学者の名にちなんで、**ウェーバーの概括的故意**という。

　しかし、Xは絞殺する意図で首を絞めているのであって、その故意の中に砂末吸引によって窒息死させる認識は含まれていないにもかかわらず、全体の行為を包括する概括的故意を認めることは、存在しない故意を擬制するものであるという批判がなされている。そこで、今日では、この問題は行為者が認識・予見したのとは違った因果経路をたどって結果が発生した場合として「因果関係の錯誤」の問題と捉えるのが一般的である。

　判例は、【設問4】と同様の事案について、殺害行為と死亡結果との間には因果関係があり、死体遺棄の目的に出た行為はその因果関係を遮断しないとして殺人既遂罪を認めており（◎大判大12・4・30刑集2巻378頁〔砂末吸引事件〕〈百15、講47、プ97〉）、通説もこの結論を支持している。

　それでは、この問題をどのように考えたらよいであろうか。まず、Xの行為を1個とみるのか2個とみるのかが問題となる。読者の中には直感的に1個の殺人行為だと考えた人が多いかもしれない。しかし、第1行為は殺人の故意のある行為であるが、第2行為は（既に死亡していると思っている以上）殺人の故意のある行為ではない。したがって、この2つを殺人の実行行為として1つにまとめるわけにはいかないのである。第1行為と第2行為がいくら時間的・場所的に近接していても、意思の内容が異なる場合にはこれを1個の行為とみることはできない。意思の連続性に欠けるという点で「早すぎた構成要件の実現」の事例（17講3(2)参照）とは異なることに注意する必要がある。

　そこで、第1行為と第2行為はとりあえず別々に評価すべきことになる。まず、結果に近い第2行為であるが、まだ生きているAを砂浜に放置する行為と砂末吸引によるAの窒息死との間には因果関係が認められる。ところが、Xには死体遺棄の故意しかない。そこで、死体遺棄の故意で殺人という結果を発生させたことになるので、「抽象的事実の錯誤」の問題となり、法

定的符合説をとる限り故意犯の成立は否定され、生きている人を不注意にも死んでいると誤信し砂浜に放置したことにより死亡させたとして過失致死罪（あるいは重過失致死罪）が成立するにとどまる（なぜこのような結論に至るのかについては、9講参照）。

次に、第1行為は、殺意をもってAの首を絞めているので殺人の実行行為である。そこで、この行為と窒息死との因果関係が問題となる。この行為がなければ窒息死という結果もなかったのであるから条件関係はある。問題は、法的因果関係が認められるかであるが、この行為とAの窒息死という結果との間には、X自身の砂浜に放置するという行為が介在している。この点については、さまざまな議論があり、その詳細は、5講6(2)の解説に譲るが、判例は、前述のように、因果関係を肯定している。判例は、当時、条件説を採用していたので因果関係は当然肯定されるが、近時の判例が採用しているといわれる「危険の現実化」説によっても因果関係は肯定されるであろう。

なぜなら、たしかに、砂浜放置行為は、砂末吸引による窒息死という直接の死因を作った行為であり介在事情の寄与度は大きいとはいえるが、殺害行為に及んだ者が犯行の発覚を恐れてこれを遺棄しようとすることはありうることであるから、Aの首を絞める行為の中には砂浜に遺棄されて窒息死する危険も含まれているといえ、結局、第1行為の危険が結果の中に実現されたと評価されるからである。

こうして因果関係が肯定されると、次に、因果関係の錯誤の問題となるが、前述の判例・通説の基準によれば、現実の因果経過（砂末吸引による死）も認識・予見した因果経過（絞扼による死）も、ともに殺人罪の構成要件に該当し、法的因果関係の範囲内にあるので故意は阻却されず、殺人罪が成立する。

以上より、Xの第1行為には殺人罪が、第2行為には過失致死罪が成立することになるが、第2行為は、第1行為と結果との間の介在事情にすぎず、第1行為による因果の流れの1コマに位置づけられるので、過失致死罪は殺人罪に包括吸収され、結局、Xには殺人罪一罪が成立することになるのである。

第9講　錯誤(2)――抽象的事実の錯誤

◆学習のポイント◆
1　判例・通説は、抽象的事実の錯誤の判断基準として法定的符合説を採用している。そこで、法定的符合説をきちんと理解し、かつ、それを使いこなせるようになることが学習の到達目標である。その際、反対説である抽象的符合説に耳を傾けることが重要である。そうすることによって、実は法定的符合説の理解が深まるのである。
2　次に、事例の処理にあたっては、原則ルールを適用するのか例外ルールを適用するのかを自分で判断できなければならない。そのためには、構成要件の重なり合いの判断基準をしっかり理解する必要がある。2つの構成要件の保護法益と行為態様は、刑法各論の知識がないとわからない。そこで、刑法各論を未修の段階では、各論の教科書を辞書のように活用して関連部分を参照するとよい。
3　抽象的事実の錯誤は全部で3つのパターンしかない。3類型の説明はやや難しいかもしれないが、よく考えてみてほしい。【設問2】が理解できるようになったら、本講は卒業である。

1　抽象的事実の錯誤の意義

　抽象的事実の錯誤とは、行為者が認識していた犯罪事実と現実に発生した犯罪事実とが構成要件を異にする場合をいう。抽象的事実の錯誤にも、客体の錯誤と方法の錯誤の2種類がある。

【事例1】抽象的事実の錯誤で客体の錯誤の事例
　　Xは、駅のホームのベンチに置かれていたバッグを忘れ物だと思ってこれを持ち逃げした。ところが、そのバッグは、被害者Aが電話をするためにベンチから少しだけ離れる間に置いていただけのものであり、忘れ物ではなかった。

　例えば、【事例1】は、Xが持ち去った物が忘れ物だと思ったらそうでは

なかったというケースで、狙いどおりの客体に結果を発生させているので、客体の錯誤の事例である。Xが認識した犯罪事実（忘れ物を持ち去ること）は占有離脱物横領罪（254条）の構成要件に該当する事実であり、現実に発生した犯罪事実（Aが事実上支配している物を持ち去ること）は窃盗罪（235条）の構成要件に該当する事実である。このように認識事実と発生事実で構成要件が異なっているので、抽象的事実の錯誤が生じているといえる。

> 【事例2】抽象的事実の錯誤で方法の錯誤の事例
> Xは、隣家の飼犬を殺すつもりで発砲したところ、弾丸が飼犬に当たらず、予想外にも近くにいた飼主Aに当たり、Aが死亡した。

また、【事例2】は、狙った客体（飼犬）とは別個の客体（A）に結果を発生させているので、方法の錯誤の事例である。Xが認識した犯罪事実（飼犬を殺すこと）は器物損壊罪（261条）の構成要件に該当する事実であり、現実に発生した犯罪事実（Aを殺すこと）は殺人罪（199条）の構成要件に該当する事実である。このように認識事実と発生事実で構成要件が異なっているので、抽象的事実の錯誤が生じているといえる。

2　抽象的事実の錯誤と法定的符合説

抽象的事実の錯誤の問題の解決基準として、抽象的符合説と法定的符合説の対立がある。

(1)　抽象的符合説とその問題点

抽象的符合説とは、行為者の反社会的な危険性に注目し、行為者の認識した事実と現実に発生した事実とが異なる構成要件にまたがる場合でも、およそ犯罪を行う意思で何らかの犯罪結果を発生させた以上、抽象的な符合（一致）が認められるので、必ずしも故意を阻却しないとする見解をいう。

抽象的符合説を理解するためには、【事例2】の場合、もし抽象的符合説が存在しなかったらどうなるかを考えてみるとよい。もし、認識事実と発生事実の符合が認められなかったらどうなるであろうか。その場合は、認識事実についての未遂犯と発生事実についての過失犯しか成立しないことになる。すなわち、Xは隣家の飼犬を殺そうとしたが弾丸が外れたのであるから器物損壊罪（261条）の未遂ということになるが、現行法は器物損壊罪に未遂処罰規定を設けていないので不可罰となる。また、XはAを死に至らしめたのだが、人の存在を認識していなかったので過失致死罪（210条）しか成

立しないことになる。ところが、Ｘが意図どおり隣家の飼犬を殺した場合でさえも器物損壊罪で３年以下の懲役等になるのに、それよりも価値の高いＡの生命という法益を侵害しておきながら過失致死罪では50万円以下の罰金となってしまい、かえって刑が軽くなりアンバランスである。そこで、何らかの形で故意犯の成立を認めてアンバランスを解消するためには、何らかの犯罪を行う意思で何らかの犯罪を実現した場合には、認識事実も発生事実も「犯罪」という抽象的なレベルでは一致しているので、何らかの故意犯の成立を認めるべきだという見解が登場するのである。

　抽象的符合説の中にもさまざまな見解があるが、ここでは代表的な２つの見解を理解すれば十分であろう。第１説は、主観的な故意に応じ故意犯の既遂の成立を認める見解である。これによれば、**【事例２】**において、Ｘの故意内容に応じて、器物損壊罪が成立することになる。

　第２説は、重い発生事実について故意犯の成立を肯定しながら、38条２項が「重い罪に当たるべき行為をしたのに、行為の時にその重い罪に当たることとなる事実を知らなかった者は、その重い罪によって処断することはできない」と規定しているので、刑を科す段階では軽い犯罪の刑によるとする見解である。これによれば、**【事例２】**では、犯罪としては殺人罪が成立するが、科刑は器物損壊罪の刑になる。

　たしかに、Ｘは発砲行為に出るときに器物損壊という「犯罪」を行う意思があったのであるから、この時点で、刑法規範はＸに「他人の飼犬を殺して良いのか」という「規範の問題」を与えている。それにもかかわらず、Ｘが「それでもかまわない」という誤った答えを出して行動に出た結果Ａを死亡させたのである。Ｘは器物損壊という犯罪事実の認識がある以上、犯罪行為に出ることをやめようと思うことができたはずで（これを**故意の提訴機能**という）、故意犯として重い刑罰効果に見合うだけの非難を向けることができる主観的事情はあったといえなくもない。

　しかし、第１説のように、器物損壊の事実が全くないのに器物損壊罪の既遂の成立を認めるのは罪刑法定主義に反するし、第２説のように、器物損壊の故意しかない行為者に殺人罪の成立を認めるのは責任主義に反する。

　故意の認識対象は一定の構成要件該当事実であり、異なる構成要件該当事実が発生した場合には、原則として、その結果に対して故意を認めることはできない。もし、異なる構成要件該当事実に対して故意を認めることができるとすると、せっかく構成要件ごとに犯罪を個別化したのに、故意のところで再び（およそ犯罪というところまで）抽象化してしまうことになり、何ら

かの犯罪を行う意思さえあれば故意があるということになりかねない。犯罪ごとに違法の質的な相違があるのに、それを軽視し、故意が構成要件該当事実を認識の対象としていること（故意の構成要件関連性）を否定する抽象的符合説は罪刑法定主義や責任主義といった刑法の基本原則に抵触するものであり妥当でない。

(2) 法定的符合説の妥当性

そこで、判例・通説は、抽象的事実の錯誤を判断する基準としても、**法定的符合説**（構成要件的符合説ともいう）を採用している。法定的符合説は、行為者が認識していた犯罪事実と現実に発生した犯罪事実とを比較し、両者が構成要件の範囲内で一致（符合）する限度において故意犯の成立を認める。そこで、抽象的事実の錯誤のように、認識事実と発生事実とが構成要件的評価を異にするような場合は、原則として、「認識していた事実については故意の未遂犯の成否を検討し、発生した事実については（当該構成要件該当事実を認識していない以上故意は認められないので）過失犯の成否を検討し、両者がともに罪となる場合にはその観念的競合を認める」という処理方法をとることになる（**原則ルール**）。

例えば、【事例2】の場合、認識事実については、器物損壊罪（261条）の未遂となるが、器物損壊罪には未遂の処罰規定がないので不可罰である。また、発生結果については過失致死罪（210条）が成立することになる。

これに対し、【事例1】の場合、認識事実については占有離脱物横領罪（254条）の未遂となり、同罪には未遂の処罰規定がないので不可罰となる。また、発生結果については過失の窃盗罪（235条）となるが、窃盗罪には過失犯の処罰規定がないので不可罰となる。しかし、Aがたまたまバッグに対する占有を失っていればXには（錯誤はなく）占有離脱物横領罪が成立するのに、Aがバッグに対する占有を失っていないと故意が阻却され不可罰となるのはあまりにも不合理である。

そこで、法定的符合説は、上記の原則の例外として、認識していた犯罪事実の構成要件と発生した犯罪事実の**構成要件が重なり合う場合**には、その限度で両事実は同一の構成要件的評価を受けることになるから、重なり合う限度で（言い換えれば、軽い罪の限度で）故意犯の成立を肯定する（**例外ルール**）。

このように、抽象的事実の錯誤は、法定的符合説によると、原則として発生事実に対する故意犯は成立しないが（原則ルール）、2つの構成要件が重なり合うときは例外として重なり合う限度（軽い罪の限度）で故意犯が成立

する（例外ルール）。そこで、どのような場合に原則ルールを適用し、どのような場合に例外ルールを適用するのかを区別することが重要である。そして、その鍵を握るのが「構成要件が重なり合うか」否かなのである。

(3) 構成要件の重なり合いの判断基準

抽象的事実の錯誤の問題に出会ったときは、まず、例外ルールが適用されるか否かを判断する必要がある。そのためには、2つの構成要件が重なり合うかどうかを確認する必要がある。それでは、どのような場合に構成要件が重なり合うといえるであろうか。

第1に、2つの構成要件が「**基本となる構成要件**」と「**加重・減軽類型としての構成要件**」という関係がある場合には重なり合いが認められる。例えば、殺人罪（199条）と同意殺人罪（202条）、単純横領罪（252条）と業務上横領罪（253条）の関係がこれに該当する。

第2に、**一方の構成要件が他方の構成要件を包含する関係**がある場合には重なり合いが認められる。例えば、殺人罪（199条）と傷害罪（204条）、強盗罪（236条）と窃盗罪（235条）、強盗罪（236条）と恐喝罪（249条）の関係がこれに該当する。

以上、2つの類型は、構成要件を形式的に比較して、加重・減軽類型の関係か内包関係という構成要件の形式的な重なり合いのある場合である。そして、構成要件の重なり合いをこの2つの類型に限定する見解（**形式説**）も主張されている。

しかし、このような形式説によると、【事例1】で問題となっている窃盗罪と占有離脱物横領罪の間には重なり合いは認められない。なぜなら、窃盗罪は他人の占有を侵害して財物を取得する犯罪であるのに対し、占有離脱物横領罪は他人の占有を侵害しない方法で財物を取得する犯罪であり、窃盗罪が成立するときは占有離脱物横領罪は成立せず、占有離脱物横領罪が成立するときは窃盗罪は成立しないというように、相互に排斥し合う関係にあるからである。

そうなると、【事例1】において、例外ルールは適用にならず、原則ルールを適用すると、（認識事実については）占有離脱物横領罪の未遂になり、（発生事実については）過失の窃盗罪ということになり、どちらも現行法上不可罰であるので、Xは無罪となる。しかし、Xは、他人の物を自分の物にしようという意思をもって他人の物を領得していながら不可罰という結論は妥当でない。

そこで、判例・通説は、構成要件の重なり合いを実質的に判断して、窃盗

罪と占有離脱物横領罪の重なり合いを肯定している（**実質説**）。このような観点から、判例は、虚偽公文書作成罪（156条）と公文書偽造罪（155条）、覚せい剤輸入罪（覚せい剤取締法41条）と麻薬輸入罪（麻薬及び向精神薬取締法64条・65条）などにおいても重なり合いを認めている。

それでは、構成要件が実質的に重なり合っているかどうかを、どのような基準で判断すべきであろうか。構成要件は法益侵害行為の類型であるから、構成要件の主要な要素は「行為」と「結果」（法益侵害）である。したがって、甲という構成要件（行為をA、結果をaとする）と乙という構成要件（行為をB、結果をbとする）が重なり合うためには、行為態様が共通で（A≒B）、かつ、結果（法益侵害）すなわち保護法益が共通（a≒b）であることが必要である。なぜなら、行為態様が共通で、法益侵害も共通であれば、2つの構成要件は基本的部分が共通であり、実質的な意味で重なり合っているといえるからである。

このように、構成要件の重なり合いの判断基準は、**行為態様の共通性**かつ**保護法益の共通性**である。「かつ」というところに注意しなければならない。

【設問1】
　Xは、生きているAを既に死亡したと思って山中に遺棄した。Aは、偶然通りかかった通行人により発見され一命をとりとめた。Xの罪責を論じなさい。

【設問1】において、XはAを山中に遺棄しているので遺棄罪（217条）の（客観的）構成要件に該当する。しかし、Xには死体遺棄の故意しかない。そこで、死体遺棄罪（190条）の故意しかないXにいかなる罪責を負わせることができるであろうか。Xの認識事実は死体遺棄で、発生事実は遺棄であり、構成要件が異なるので、抽象的事実の錯誤の問題となる。そこで、2つの構成要件が重なり合うかどうかが問題となる。

まず、行為態様の共通性の点であるが、死んでいる人を遺棄する行為と生きている人を遺棄する行為は、いずれにせよ人間を場所的に移転する行為であるから、その行為態様には共通性がある。これに対し、保護法益の点では共通性は認められない。なぜなら、遺棄罪の保護法益は人の生命・身体であるのに対し、死体遺棄罪の保護法益は死者に対する敬虔感情（広い意味での宗教感情）であり、両者は全く異なるからである。

したがって、法定的符合説によれば、保護法益の共通性が認められないので、構成要件の実質的な重なり合いも否定され、したがって、例外ルールを

適用することはできず、原則ルールを適用することになる。そこで、認識事実については死体遺棄罪の未遂、発生事実については過失による遺棄罪ということになるが、現行法は死体遺棄罪に未遂の処罰規定を置いていないし、遺棄罪にも過失犯の処罰規定がないので、Xは不可罰となる。

学説の中には、不可罰の結論は妥当でないとし、行為態様の共通性だけで構成要件の重なり合いを認め、Xに軽い罪である遺棄罪の成立を認める見解もある（罪質符合説）。しかし、生きている人間を遺棄するか死体を遺棄するかで構成要件的評価は決定的に異なるので、その点を度外視して遺棄行為をしたというだけの認識で遺棄罪の成立を認めるのは故意の抽象化を認めるものとして責任主義に反する。不可罰という結論が出たのは、現行法が死体遺棄罪の未遂や過失の遺棄罪を処罰していないからにすぎない。

●コラム● 構成要件の重なり合い

試験に抽象的事実の錯誤の問題を出題すると、法定的符合説の妥当性についてはしっかり答案に表すが、一番重要な構成要件の重なり合いの部分の論述が不十分な学生が多い。まず、構成要件の重なり合いの基準を明確に示さない答案がある。行為態様の共通性と保護法益の共通性という2つの基準が必要であること、また、なぜこの2つの基準が必要であるのかを正確に理解しておくことが必要である。次に、重なり合いの判断基準を具体的事例に当てはめるとき、説明が曖昧であったり不十分な答案が多い。例えば、【事例1】において、窃盗罪と占有離脱物横領罪の構成要件の重なり合いを説明するとき、いかなる意味で行為態様が共通なのか、いかなる意味で保護法益が共通なのかをきちんと示すことが重要である。例えば、保護法益の点では、占有離脱物横領罪の保護法益は所有権であり、窃盗罪の保護法益は（判例によれば）所有権と占有であるから、両罪は所有権の限度で共通性があることを指摘すればよい。また、行為態様の点では、占有侵害に注目すると行為態様の類似性はないが、他人の財物を不法に領得する行為である点では共通性がある点を指摘すればよい。

3　抽象的事実の錯誤の3類型とその処理

抽象的事実の錯誤について、刑法38条2項は「重い罪に当たるべき行為をしたのに、行為の時にその重い罪に当たることとなる事実を知らなかった者は、その重い罪によって処断することはできない」と規定している。

これは、①軽い罪の認識で重い罪を実現した場合の規定であるが、「処断することはできない」という文言からは、重い罪が成立するが科刑は軽い罪にとどめるという趣旨なのか、軽い罪が成立するという趣旨なのかは必ずしも明らかではないので、この規定には解釈の必要がある。

また、抽象的事実の錯誤には、逆の場合、つまり、②重い罪の認識で軽い

罪を実現した場合もあるし、さらには、③認識した罪と実現した罪が法定刑が同じ場合もある。しかし、これらについては38条2項は何も規定していないので、解釈によって結論を導かなければならない。

そこで、抽象的事実の錯誤の3つの類型について、どのように考えるべきかを示すことにしよう。

なお、2つの構成要件が重なり合わない場合は原則ルールを適用するので、認識事実の未遂犯と発生事実の過失犯が成立することになり、あとはそのような処罰規定が存在するかどうかを確認すればよい。

そこで、以下では、構成要件の重なり合いが認められるような事例の処理方法を確認することにしよう。

(1) 軽い罪の認識で重い罪を実現した場合（第1類型）

【事例3】
　Xは、占有離脱物横領の故意で、窃盗を実現した。

【事例3】では、Xの認識事実は軽い占有離脱物横領罪（254条）で、発生事実は重い窃盗罪（235条）である。前述のとおり、占有離脱物横領罪と窃盗罪は構成要件が実質的に重なり合うので、法定的符合説によれば、軽い罪である占有離脱物横領罪が成立する。

本事例は、38条2項が適用される事例であり、同条項の「重い罪によって処断することはできない」の意味を確定する必要がある。かつての判例実務は、発生した事実に従い重い罪の成立を認め、ただ38条2項により軽い犯罪の刑を科していた。しかし、その後、このような取扱いを誤りとし、軽い犯罪事実の認識しかない以上、軽い罪が成立するとしている（◎最決昭54・4・13刑集33巻3号179頁〈百90、講137、プ337〉）。軽い罪の認識しかないのに重い罪の故意があったことにするのは責任主義に反するので、38条2項の「重い罪によって処断することはできない」は、重い罪は成立しないという意味で理解すべきであろう。

ところで、Xには占有離脱物横領罪の故意があっただけで、占有離脱物を横領したという客観的犯罪事実は存在しない。それにもかかわらず、38条2項により、占有離脱物横領罪が成立するということは、占有離脱物横領罪の客観的犯罪事実が存在するものと法的に評価したことを意味する。そして、このような評価が許されるのは、2つの構成要件が重なり合うことを認める以上、実質的には、重い窃盗罪の構成要件の中に、軽い占有離脱物横領罪の

構成要件と同じものが含まれているとみてよいからである。このような考え方は、客観的な犯罪事実が存在しないのに存在しているとみなすものであり、罪刑法定主義に違反するようにみえるが、38条2項はそれを認めているので罪刑法定主義違反にはならない。その意味では、38条2項には窃盗罪の構成要件を占有離脱物横領罪の構成要件に修正する機能があるといってもよい。

このように、軽い罪の認識で重い罪を犯した類型では、「客観的に軽い罪の構成要件該当性が認められるか」が問題とされており、故意の有無が問われているわけではないことに注意する必要がある。

(2) 重い罪の認識で軽い罪を実現した場合（第2類型）

【事例4】
Xは、窃盗の故意で、占有離脱物横領罪を実現した。

【事例4】では、Xの認識事実は重い窃盗罪（235条）で、発生事実は軽い占有離脱物横領罪（254条）である。この類型については明文の規定はないが、法定的符合説によれば、軽い罪である占有離脱物横領罪が成立する。

この場合、占有離脱物横領罪の客観的犯罪事実は存在するが、Xには占有離脱物横領の認識がない。しかし、窃盗罪と占有離脱物横領罪の構成要件が重なり合う以上、窃盗の故意があるということは、占有離脱物横領の故意があると法的に評価してよい。なぜなら、窃盗罪と占有離脱物横領罪の（客観的）構成要件が占有離脱物横領罪の限度で重なり合っている以上、実質的には、重い窃盗罪の構成要件の中に、軽い占有離脱物横領罪の構成要件と同じものが含まれているとみてよく、したがって、構成要件該当事実の認識である故意の内容としても、窃盗罪の故意の中に占有離脱物横領罪の故意が含まれているとみなしてよいからである。

したがって、【事例4】では、客観的に存在する占有離脱物横領の犯罪事実に対応する故意が存在するとみなされるので、占有離脱物横領罪が成立することになる。

このように、重い罪の認識で軽い罪を犯した第2類型では、現に発生した客観的犯罪事実に対応する「故意」を認めてよいかが問題とされているのである。

なお、【事例4】では、占有離脱物横領罪のほか、不能犯論（18講参照）の理解の仕方によっては窃盗未遂罪が成立する余地もある。したがって、重

い罪の認識で軽い罪を犯した場合には、重い罪に対する未遂犯と軽い罪の既遂犯が成立して観念的競合（27講）となる場合がありうることに注意しなければならない。

(3) 認識した罪と実現した罪の法定刑が同じ場合（第3類型）

【設問2】
Xは、覚せい剤を輸入するつもりで、麻薬（ヘロイン）を覚せい剤と誤認して輸入した。Xの罪責を論じなさい。

【設問2】では、Xの認識事実は覚せい剤の輸入で、発生事実は麻薬（ヘロイン）の輸入である。覚せい剤輸入罪（覚せい剤取締法41条1項）と麻薬（ヘロイン）輸入罪（麻薬及び向精神薬取締法64条1項）は構成要件が異なるので、抽象的事実の錯誤の問題となる。そこで、両罪の構成要件は重なり合うといえるであろうか。

まず、麻薬（ヘロイン）も覚せい剤もその外観が類似しているので（客体の類似性）、麻薬（ヘロイン）の輸入と覚せい剤の輸入は行為態様の共通性がある。行為態様の共通性を説明するには、輸入行為の共通性を説明するだけでは足りず、客体の類似性を指摘する必要があることに注意してほしい。

次に、麻薬（ヘロイン）輸入罪も覚せい剤輸入罪もその立法趣旨は薬物の濫用による保健衛生上の危害の防止にあり、両罪の保護法益は依存性の薬理作用の強い薬物からの身体の安全ないし健康という点で共通である。したがって、2つの構成要件は重なり合うので、例外ルールが適用され、重なり合う限度で故意犯が成立する。

ところが、両罪の法定刑は同一なので、重なり合う限度というのは、覚せい剤輸入罪の限度とも、麻薬（ヘロイン）輸入罪の限度とも解釈できる。したがって、法定的符合説によっても、発生事実を重視して麻薬（ヘロイン）輸入罪が成立するという見解と、認識事実を重視して覚せい剤輸入罪が成立するという見解が対立している。

判例は、【設問2】と類似の事案において、麻薬（ヘロイン）輸入罪が成立するという立場をとっている（◎最決昭54・3・27刑集33巻2号140頁〈講23、プ100〉）。それでは、判例はなぜ覚せい剤輸入罪の成立を認めなかったのであろうか。

覚せい剤輸入罪が成立するとする有力説は、覚せい剤輸入の故意しかないXに麻薬（ヘロイン）輸入罪の成立を認めるのは、麻薬（ヘロイン）輸入罪

の故意を擬制するものであって責任主義に反すると主張する。

　しかし、2つの構成要件の重なり合いを認めた以上、麻薬（ヘロイン）輸入罪の構成要件と覚せい剤輸入罪の構成要件には共通性があるので、覚せい剤輸入罪の故意の中に麻薬（ヘロイン）輸入罪の故意が含まれていると法的に評価することが許されるはずである。そうだとすると、麻薬（ヘロイン）輸入罪の成立を認めることは必ずしも責任主義に反するとまではいえない。

　他方、認識事実に対応して覚せい剤輸入罪の成立を認めるということは、覚せい剤輸入という客観的犯罪事実が存在しないにもかかわらずこれが存在するものとみなすことを意味する。そして、このようなことは、前述の軽い罪の認識で重い罪を実現した場合（第1類型）でも行われていた。しかし、客観的犯罪事実がないにもかかわらずそれをあるものとみなすことができるのは、それを認める38条2項の規定が存在するからである。ところが、法定刑が同じ場合についてこれを認める明文の規定はない。それにもかかわらず、覚せい剤輸入の犯罪事実が存在することにするのは罪刑法定主義に違反するおそれがある。このように考えると、判例が麻薬（ヘロイン）輸入罪の成立を認めることには理由があるように思われる。

第10講　過失犯

> ◆学習のポイント◆
> 1　過失犯も、実行行為、結果、因果関係を順番に検討して構成要件該当性を判断するという点では故意犯と同じである。ただ、過失犯の場合は、故意犯の場合と実行行為の判断方法が異なることから、過失犯の実行行為の内容を正確に理解することが重要となる。
> 2　新過失論に立った場合、予見可能性を前提とした結果回避義務違反が過失犯の実行行為となるので、特に、予見可能性の有無をどのように判断するのか、結果回避義務をどのように特定するのかという点に着目して学習し、具体的事実に即して過失犯の成否を判断できる能力を身につけてほしい。

1　総　説

> 【事例1】素振り事例
> 　Xが道路上で周りをよく見ずにゴルフクラブで素振りをしたところ、通行人のAにゴルフクラブが当たり、Aは死亡した。
> 【事例2】傘取違え事例
> 　Xは、コンビニで買い物をした後、自分の傘と間違ってAの傘を持って家まで帰った。

　既に述べたように（7講1）、刑法38条1項は、原則として故意がある場合に限って処罰することとしている。しかし、同項には但書があり、「法律に特別の規定がある場合は、この限りでない」とする。つまり、特別の規定があれば、故意がなくても処罰されうるのである。
　【事例1】で、Xは故意にAを殺したわけではないから、刑法199条の殺人罪は成立しない。しかし、刑法210条は、過失により人を死亡させた者を過失致死罪として処罰している。過失とは何かについては後で詳しく説明する

が、一言でいえば、**過失**とは不注意のことである。Ｘには、殺人の故意はないが、周りを確認せずにゴルフの素振りをしたという不注意すなわち過失によってＡを死亡させたため、刑法210条により過失致死罪として処罰される（場合によっては、後述する重過失致死罪〔211条後段〕が成立する）。このように、過失を要件とする犯罪を**過失犯**といい、刑法210条のように過失犯を処罰することを示した規定が、刑法38条１項但書にいう「特別の規定」に当たるのである。

　もっとも、刑法典において過失犯を処罰する規定は、116条（失火罪）、117条２項（過失激発物破裂罪）、117条の２（業務上・重過失失火罪、業務上・重過失激発物破裂罪）、122条（過失建造物等浸害罪）、129条（過失往来危険罪・業務上過失往来危険罪）、209条（過失傷害罪）、210条（過失致死罪）、211条（業務上・重過失致死傷罪）の８カ条にすぎない（なお、自動車運転死傷行為処罰法５条には、自動車運転上の過失により人を死傷させる行為を処罰する過失運転致死傷罪が規定されている）。過失犯の処罰は、比較的重大な法益を侵害する場合に限られており、大部分の犯罪類型においては過失犯を処罰する規定は置かれていない。【事例２】のＸの行為は、故意による窃盗（235条）ではなく、いわば過失による窃盗であるが、過失による窃盗を処罰する「特別の規定」は存在せず、窃盗は故意がない限り処罰されることはないので、Ｘの行為は不可罰である。

　このように、過失犯は、刑法典上、「特別な規定がある場合」に限り例外的に処罰されるにすぎない。また、殺人罪の法定刑（死刑または無期もしくは５年以上の懲役）と過失致死罪の法定刑（50万円以下の罰金）を比較すると一目瞭然であるが、過失犯は、故意犯より軽く処罰される。過失犯は、結果発生を認識・予見していないことから、類型的に違法性・責任の程度が故意犯より軽いからである。

　しかし、このことは、実務における過失犯の重要性が低いということを意味するわけではない。交通事犯など過失犯が実際の刑事事件に占める割合は、非常に高い。また、大規模火災や公害事件を思い起こせばわかるように、故意犯より過失犯の方が法益侵害の程度は大きいことが多い。

　過失の種類としては、過失致死罪（210条）における「過失」のような一般の過失のほか、業務上過失致死傷罪（211条前段）などにおける「業務上の過失」、重過失致死傷罪（211条後段）などにおける「重過失」がある。**業務上の過失**とは、人の生命・身体に危害を加えるおそれのある行為等を反復継続して行う者が高度の注意義務を課されている場合をいう。**重過失**とは、

わずかな注意で結果が予見でき、かつ、結果の発生を容易に回避しうる場合をいう。

2　過失犯の本質と成立要件

> 【事例3】幼稚園児接触事例
> 　Xが幼稚園の横の道路を自動車で走行していた際、時速約10kmで徐行し、すぐにブレーキがかけられるよう注意を払っていたにもかかわらず、園児Aが先生の手を振りほどいて突然道路に飛び出してきたため、Xは避けられずに接触し、Aを負傷させた。

(1)　過失犯の特徴

　故意犯の場合、殺人罪では「人を殺」す、窃盗罪では「他人の財物を窃取」するというように、行為の内容が構成要件において明示されているので、実行行為を比較的特定しやすい。これに対し、刑法210条のように、過失犯の場合には、その中核的要素を「過失」と規定するにすぎず、具体的な構成要件の内容は必ずしも明確ではない。そのため、個々の事案において過失犯の成否を判断する際には、しばしば困難を伴う。

　過失とは、不注意すなわち注意義務に違反することをいうが、**注意義務違反の内容をどのように理解するかについては、旧過失論（伝統的過失論）と新過失論という2つの考え方が対立する**。

(2)　旧過失論（伝統的過失論）

　故意は、構成要件的結果発生の予見を中核としている。その裏返しとして、過失とは、結果発生を予見できたにもかかわらず予見しなかったことをいうとするのが、**旧過失論（伝統的過失論）**である。【事例1】（素振り事例）でいうと、道路上でゴルフの素振りをすれば通行人を死亡させるかもしれないと予見できたのに予見しなかったところに過失があるということになる。旧過失論は、過失犯の本質を予見義務違反に求めるのである。

　旧過失論によれば、過失は、精神の緊張を欠いたために結果発生を予見しなかったという行為者の精神状態であるから、行為者の非難可能性を基礎づける主観的要素である。そして、旧過失論の論者の多くは、違法性の本質について結果無価値論（11講1(1)）を基礎としているが、結果無価値論において、主観的要素は、原則として構成要件該当性や違法性ではなく責任の段階で考慮されるため、旧過失論において、過失は故意と並ぶ責任要素と捉えら

れる。それゆえ、構成要件該当性と違法性阻却の判断は故意犯と過失犯に共通であり、責任の段階になってはじめて故意犯と過失犯が区別されることになる。

(3) 新過失論

しかし、旧過失論に対しては、第1に、過失犯の成立範囲が不当に広くなるのではないかとの批判が向けられている。【事例3】（幼稚園児接触事例）を考えてみよう。交通事故が多発している現状にあっては、自動車を運転するときは常に死傷の結果発生の可能性を予見しようと思えば予見できるともいえる。そうすると、【事例3】のように、たとえ可能な限りの注意を払っても結果発生が避けられなかったような場合においても、旧過失論を前提とすると、単に結果予見義務違反を理由に過失犯として処罰されかねない。

第2に、過失を責任要素と捉える旧過失論からすると、偶然や不可抗力によって結果が生じた場合であっても、行為と結果の間に因果関係がある限り構成要件に該当して違法であると判断されることになり、構成要件該当性や違法性の意味が失われるという批判も寄せられている。例えば、【事例3】のXの行為は、傷害の結果を惹き起こした以上は構成要件に該当して違法であると評価され、ただ、故意も過失もないため責任が否定されるということになるが、Xの行為のように交通規則を遵守し可能な限りの注意を払った行為が違法と評価されるのは不合理であるというのである。

そこで、**予見義務違反に加えて結果回避義務違反を過失の要件とする**ことにより過失犯の成立範囲を限定すべきであるという見解が登場した。これが、**新過失論**である。

結果回避義務違反とは、結果回避が可能であったにもかかわらず結果回避のために必要かつ適切な措置を講じなかったことをいう。結果回避のための措置を講じたかどうかは、行為者の主観の問題ではなく、客観的な行為態様の問題であるから、**新過失論において、過失は、責任要素ではなく、構成要件要素として位置づけられる**ことになる。このように、新過失論においては、構成要件該当性の段階で故意犯と過失犯が区別されることになるため、新過失論は、行為無価値論（11講1(1)）と親和性を有する。

具体的には、注意義務に違反する行為は過失犯の実行行為であるとされる。新過失論からすると、【事例1】（素振り事例）では、ゴルフの素振りをする際には周囲に人がいないかを確認し、ゴルフクラブが人に命中しないようにする義務があるにもかかわらず、これに違反してゴルフの素振りをした行為が実行行為となる。逆に、【事例3】（幼稚園児接触事例）のXは、結果

を回避するために必要かつ適切な措置を講じている以上、そもそも過失犯の実行行為に当たらず、違法ではないと評価される。このように、具体的な結果回避義務を設定することにより、ややもすると曖昧になりがちな過失の実行行為の内容を明確にしようというところに、新過失論の狙いがある。

実務は、予見義務違反とともに結果回避義務違反をも考慮しながら過失犯の成否を判断していることから、新過失論に親和的であるといわれている。

(4) 現在の旧過失論

もっとも、旧過失論は、学説上、依然として有力に主張されている。

旧過失論によるときには過失犯の成立範囲が不当に広がるおそれがあるとの批判に対し、旧過失論は、予見可能性を具体的かつ限定的に判断すれば過失犯の成立範囲が不当に広がることはないと反論している。例えば、**【事例3】**（幼稚園児接触事例）では、何か交通事故が起きるかもしれないといった漠然とした不安感をもって予見可能性を認めるのではなく、当該具体的状況においてAが飛び出し、これに自動車が衝突して死傷の結果が生ずることを予見できたかを問題とすべきであり、このように考えれば予見可能性を否定することも可能であるという。

また、旧過失論を徹底すると結果との間に因果関係がある場合がすべて違法となってしまい妥当でないという批判を受け、現在では、過失犯の実行行為性を考慮する見解が旧過失論の中でも多数を占めている。これによると、結果が発生すれば直ちに構成要件に該当するというわけではなく、「実質的で許されない危険」、あるいは、結果発生の高度な危険性が認められてはじめて過失犯の構成要件該当性が肯定されることになる。

その上で、旧過失論は、新過失論の方がむしろ過失犯の成立範囲が無限定になるおそれがあると批判する。過失犯の実行行為の内容を義務違反と捉える新過失論においては、基準行為から逸脱したかどうかの判断が重要となるが、何をもって「基準行為」とするかの判断は恣意的になりやすいからである。例えば、自動車を時速50kmで走行させたところ、通行人を避けきれずに衝突して負傷させた場合でいうと、新過失論においては、まず「時速30kmで走行すべきである」というような基準行為を設定し、この基準行為から逸脱しているかどうかにより過失犯の実行行為性を判断することになるが、なぜ時速30kmで走行することが基準行為とされるのか、なぜ時速40kmや50kmが基準行為とならないのかは必ずしも明確でない。旧過失論は、このように新過失論を批判し、時速30kmで走行しなかったかどうかではなく、時速50kmで自動車を走行させる行為が死傷の結果発生の危険性を

有するかどうかという観点から実行行為性を判断した方が明確であるとする。

また、最近では、旧過失論の中にも、結果回避義務を考慮する見解が登場するに至っている。この見解によれば、過失犯の構成要件該当性の段階で結果回避義務違反の有無を判断し、責任の段階で予見義務違反を問題とすることになる。

旧過失論と新過失論の比較

	伝統的な旧過失論	新過失論
過失の本質	予見義務違反	結果回避義務違反
過失の機能	非難可能性を基礎づける主観的要素	実行行為性を基礎づける客観的要素
過失の体系的地位	責任要素	（違法要素としての）構成要件要素
違法性論との関係	結果無価値論と親和的	行為無価値論と親和的

3　過失犯の成否の判断方法

【設問1】森永ドライミルク事件
　乳幼児用のドライミルクを製造していた甲乳業は、粉乳の安定剤として第2燐酸ソーダを用いており、それを乙産業から購入していた。乙産業は、1955年に、丙製薬が第2燐酸ソーダ類似の商品を第2燐酸ソーダとして販売していたものを購入し、甲乳業に納入することになった。その中には多量の砒素が含まれていたが、外観はこれまでの正常なものと変わらなかったので、甲乳業の工場長Xと製造課長Yは、これを用いてドライミルクを製造し、販売した。そのため、乳幼児200名以上が死亡、1万3,000人が中毒症状を起こした。XおよびYに業務上過失致死傷罪は成立するか。

【設問2】荷台乗車事件
　Xは、助手席にAを乗せて軽トラックを運転中、人通りが多く、制限速度40kmの道路を時速約80kmで走行したところ、ハンドル操作を誤り、信号に衝突した。その結果、Aは傷害を負った。また、軽トラックの荷台にはXの知らない間にBとCが乗りこんでおり、衝突によりBとCは死亡した。Xに過失運転致死傷罪は成立するか。

【設問3】生駒トンネル火災事件
　鉄道のトンネル内における電力ケーブルの接続工事にあたったXが、ケーブルに特別高圧電流が流れる場合に発生する誘起電流を接地するための大小2種類の接地銅板のうちの1種類をY分岐接続器に取り付けるのを怠ったため、誘起電流が、大地に流されずに、本来流れるべきでないY分岐接続器本体の半導電層部に

流れて炭化導電路を形成し、長期間にわたり同部分に集中して流れ続けたことにより、半導電層部が炎上して電力ケーブルの外装部に燃え移り、トンネル内に濃煙と有毒ガスがまん延した。そのため、トンネル内に進入してきた列車が停止するに至り、列車の乗客および乗務員のうち、1名が死亡し、42名が傷害を負った。なお、Y分岐接続器に取付けを怠ったときに炭化導電路が形成されることを予見することはできなかった。Xに業務上過失致死傷罪は成立するか。

【設問4】点滅信号事件

Xは、タクシーを運転中、左右の見通しがきかない黄色点滅信号のある交差点に減速・徐行せずに時速約30〜40kmで進入したところ、Aの運転する普通乗用自動車と衝突し、その結果、Xの車の後部座席に乗っていたBが死亡し、助手席に乗っていたCが重傷を負った。Aは対面信号機が赤色点滅であったのに約70kmで一時停止せずに進行していたことから、仮にXが時速10〜15kmで交差点に進入していたとしても、A車との衝突は避けられなかった可能性がある。Xに過失運転致死傷罪は成立するか。

(1) 過失犯における構成要件該当性判断

故意犯の場合、構成要件該当性は、実行行為、結果、両者の因果関係が順に判断されるが、それは、過失犯の場合も同じである。そして、構成要件要素のうち結果や因果関係の内容は、故意犯と過失犯とで基本的に異なるところはない。

他方、上述したところからもわかるように、新過失論を前提とする限り、過失犯における実行行為は、故意犯における実行行為の場合と判断方法を異にすることになる。そこで、以下では、過失犯の実行行為の内容に焦点を当てることにする。

(2) 過失犯の実行行為

ア 判断の構造

上記のように、新過失論の特徴は、過失犯の実行行為を結果回避義務違反と捉えることにある。結果回避義務の内容は、「どのような措置をとれば結果が避けられたのか」という観点から具体的に確定される。

ただ、そもそも結果を予見することができない場合には、結果を回避することも不可能であるから、行為者に結果回避義務を負わせることは許されない。そこで、結果回避義務違反があったかどうかを判断する前提として、まず、予見可能性があったかどうかを判断する必要がある。

また、結果を予見することができたとしても、行為当時の具体的な状況の下で行為者がそのような措置を講じることが不可能であったときには、やはり行為者に結果回避義務を負わせることはできない。そのため、結果回避義

務違反の前提として、結果回避可能性が必要となる。

このようにして、新過失論においては、予見可能性→結果回避可能性→結果回避義務違反という順序で過失犯の実行行為性を判断することになる。

イ　予見可能性

予見可能性は、過失犯の成否の判断の出発点となるものであると同時に、実際の事案においても予見可能性の有無が争点となる場合が多いため、予見可能性の内容を正確に理解することは重要である。

予見可能性は、具体的な事実をもとにして判断される。交通事犯でいえば、道路の幅員、見通し、路面の状態、時間帯、交通量、交通規則、車両の走行速度、被害者の行動などの状況をもとに、結果発生が予見可能であったかどうかを判断する。

その際、理論的には、①どの程度の予見可能性が必要か、②どの範囲の事実について予見可能であることが必要か、③誰を基準として予見可能性の有無を判断するかが問題となる。

　　a　予見可能性の程度

まず、どの程度の予見可能性が必要なのであろうか。この点に関しては、結果発生に対する漠然とした危惧感を抱く可能性すなわち抽象的予見可能性で足りるとする見解（危惧感説または新・新過失論）も主張された。この見解は、特に公害などの企業災害において企業側の過失責任を積極的に追及することを狙いとして、注意義務の内容を拡大しようとしたものである。【設問1】（森永ドライミルク事件）において、乙産業はこれまでどおりの正常な安定剤と同じ外観を有する薬品を甲乳業に納入しているのであるから、XとYがドライミルクの製造・販売によって乳幼児に死傷者が出ることを予見するのは困難であったともいえる。しかし、危惧感説からすると、XとYも漠然とした危惧感を抱くことは可能であったとして、予見可能性が肯定されることになる。このような理解に立ち、XとYに業務上過失致死傷罪の成立を認めたのが、◎高松高判昭41・3・31判時447号3頁〈講32〉である。

しかし、こうした見解によるときには、過失犯の成立範囲が広がりすぎるおそれがある。例えば、「ひょっとしたらブレーキが故障して事故が起きるかもしれない」といった漠然とした不安を根拠に注意義務を認めると、自動車の運転によって死傷の結果が生じた場合には常に過失犯として処罰されることになりかねない。

そこで、現在の判例（◎札幌高判昭51・3・18判時820号36頁〔北大電気メス事件〕〈百51、講30、プ109〉）・通説は、予見可能性は具体的なもので

ければならないとして、**具体的予見可能性**を要求している。例えば、自動車運転の場合、「自動車を運転すれば何か事故が起きるかもしれない」といった漠然とした予見可能性では足りず、「このような人通りが多くて道幅が狭い道路を時速80kmで自動車を走行させているのであるから、周囲の人に衝突し、死傷の結果が生じるかもしれない」という程度の具体的な予見可能性が必要である。北大電気メス事件判決は、医師や看護師らの医療チームが電気メスを使用して手術を行った際、看護師が電気メスのケーブルの接続を誤ったために患者に傷害を負わせた事案において、執刀医にとって誤接続に起因する傷害事故発生の予見可能性が高度でなかったことなどを理由に、執刀医の過失を否定した。また、○最決平29・6・12刑集71巻5号315頁（JR福知山線脱線事件）は、多数の死傷者を出した電車脱線転覆事故について鉄道会社の歴代社長であった3名の被告人が業務上過失致死傷罪に問われた事案において、事故の起きた曲線が特に危険性の高い曲線であると認識できたとは認められないとして、予見可能性を否定し、無罪とした。

 b 予見可能性の対象

 それでは、どの範囲の事実について予見が可能であることが必要なのだろうか。一般に、故意というためには、構成要件的行為、結果、因果関係の客観的構成要件要素の認識が必要であるとされている。これに対応して、過失犯においては、行為、結果、因果関係について具体的に予見可能であることが必要となる。北大電気メス事件判決は、結果発生の予見とは「特定の構成要件的結果及びその結果の発生に至る因果関係の基本的部分の予見」を意味するとしている。

 ただし、結果発生の日時や場所などすべて具体的に予見することは不可能であろう。その意味では、予見可能性の内容は、ある程度、抽象化せざるをえない。問題は、どの程度抽象化してよいのかである。

 その点に関して問題となるのは、第1に、客体の予見可能性である。学説上は、錯誤論における具体的符合説（8講2(1)）に立脚して、過失犯における予見可能性の有無も客体ごとに個別的に判断すべきであるとする見解が有力である。これによると、【設問2】（荷台乗車事件）では、BとCが荷台に乗っていること、および、BとCが衝突により死亡することを予見できなかったことから、予見可能性は否定されることになる。

 しかし、判例・通説の採用する法定的符合説（8講2(1)）によれば、「Aという人の死」、「Bという人の死」といった認識がなくても、「およそ人の死」が生じることの認識があれば故意は認められる。これを前提とすると、

予見可能性に関しても、「およその人の死」が生じることの予見可能性で足りることになる。【設問2】でいうと、被害者が助手席の同乗者か、通行人か、荷台にいる人かといった点までの予見可能性は必要でないが、当該道路の状況においてそのような高速で自動車を走行させれば、周囲の人に死傷の結果が生じるかもしれないという程度の予見可能性があれば足りる。◎最決平元・3・14刑集43巻3号262頁〈百52、講37、プ113〉も、【設問2】と同様の事案について、過失犯の成立を認めている。

　第2に問題となるのは、因果関係の予見可能性である。例えば、【設問3】（生駒トンネル火災事件）のような場合に、過失は認められるであろうか。学説上は、そもそも故意の認識対象に因果関係は含まれないとする見解も有力であり、そのような見解からは、過失犯においても因果関係の予見可能性も不要ということになる。しかし、判例・通説は、故意について因果関係の認識が必要であるとしつつ、過失犯においても因果関係について予見が可能であったことが必要であると解している。ただ、故意犯の場合に現実の因果経路をすべて認識している必要はないとされているのと同じく、過失犯の場合にも、実際の因果経路のすべてについて予見可能であることが要求されるわけではない。

　この点、北大電気メス事件判決は、「**結果の発生に至る因果関係の基本的部分の予見**」可能性があれば足りるとしている。また、◎最決平12・12・20刑集54巻9号1095頁〈百53、講31、プ117〉は、【設問3】と同様の事案において、現実の因果経過を具体的に予見できなかったとしても、それと異なる因果経過をたどって火災に至る可能性を予見することは可能であったことを理由に過失犯の成立を肯定した。さらに、〇最決平21・12・7刑集63巻11号2641頁（明石人工砂浜陥没事件）〈講34〉も、こうした判例の立場を踏襲している。

　　c　予見可能性の基準
　構成要件は、社会通念上違法で処罰に値すると考えられる行為の類型であり、構成要件該当性は一般的・類型的判断であるから、構成要件該当性の判断としての予見可能性の有無は、一般人の注意能力を基準とする。ただ、その際に注意しなければならないのは、社会一般の通常人ではなく、**行為者と同じ立場にある通常人を基準とする**ということである。例えば、医師が患者に対して治療を施したところ、治療が功を奏さず患者の症状が悪化した場合、専門知識を有する通常の医師が行為者の立場であれば、そのような結果が生じることを予見しえたかを判断することになる（〇東京地判平13・3・

28判時1763号17頁〔薬害エイズ帝京大学病院事件〕〈百55、プ120〉参照)。
　ウ　結果回避義務違反
　結果発生を予見することが可能であったとすると、次に、結果を回避するための義務を課せられるかが問題となる。
　　a　結果回避可能性
　結果回避義務違反の前提として、**結果回避可能性**が必要となる。結果回避可能性の判断としては、まず、法令、慣習、条理等に基づき、結果発生を回避するために行為者にどのような措置が求められるのかという結果回避義務の内容を具体的に特定した上で、**①行為者がその結果回避義務を履行することが可能であったか**、**②その結果回避義務を履行すれば結果発生を防ぐことができたか**を検討することになる。交通事犯でいうと、徐行義務、的確操作義務、前方注視義務など具体的な結果回避義務を想定することになるが、例えば、徐行義務を問題とするのであれば、①当該具体的な状況においてそもそも行為者が徐行することは可能であったか、②徐行していれば死傷の結果を防ぐことはできたかを検討し、これらが肯定されたときに結果回避義務が課されることになる。
　逆に、行為者の行為それ自体は不適切であったといわざるをえない場合でも、たとえ行為者が適切な行為をとっていてもやはり結果が発生していたであろうといえるときには、結果回避可能性がないから、過失は否定されることになる。◎最判平15・1・24判時1806号157頁〈百7、講35、プ105〉は、**【設問4】**（点滅信号事件）の事案において過失を否定し、無罪を言い渡している。なお、5講2(1)で学んだように、別の行為をしていたとしても同じ結果が発生したであろうというときには条件関係がなく、因果関係が否定される。その意味では、結果回避可能性は因果関係の問題でもあるともいえるが、判断の順序としては、因果関係以前に、そもそも過失が認められるかどうかの検討が必要となる。
　なお、行政取締法規にはさまざまな注意義務が規定されているが、これと過失犯における注意義務とは必ずしも一致するわけではない。例えば、道交法の制限速度を遵守していても、結果回避のためにはそれだけでは十分でなく、過失犯における注意義務違反としてはそれ以上の措置が要求される場合もある。逆に、飲酒後に運転して人を死傷させた場合、道交法上は酒気帯び運転として義務違反行為であっても、飲酒が事故の直接の原因ではないために酒気帯び状態での運転開始が過失犯としての注意義務違反ではないということもありうる。

b　結果回避義務違反

　結果を回避すべき義務が課されたにもかかわらず義務に違反し、結果を回避するための措置を講じなかったこと、すなわち**結果回避義務違反が実行行為となる**。欠陥商品を回収しなかった場合のように、一定の措置をとらなかったという不作為も、保障人的地位が認められる限り、過失の実行行為となりうる（○最決平20・3・3刑集62巻4号567頁〔薬害エイズ厚生省事件〕〈百56、講29〉、◎最決平24・2・8刑集66巻4号200頁〔三菱自工トラック脱輪事件〕、○最決平26・7・22刑集68巻6号775頁〔明石人工砂浜陥没事件〕、○最決平28・5・25刑集70巻5号117頁〔渋谷温泉施設爆発事件〕）。

●コラム●　結果回避義務と保障人的地位（作為義務）

　過失の実行行為が不作為の形態で行われた場合は、過失犯であると同時に不作為犯であるということになるから、実行行為性を認めるためには、過失犯における結果回避義務とともに、不作為犯における保障人的地位（作為義務）が必要となる。それでは、両者はどのような関係にあるのだろうか。学説上は、保障人的地位（作為義務）の存在を確認した上で結果回避義務の有無を検討するというように、両者を明確に峻別する見解と、両者は実質的に同じ内容であるから区別して論じる必要はないとする見解とが主張されている。

---

(3)　**客観的注意義務と主観的注意義務**

　以上のように、構成要件該当性の段階では一般人を基準として注意義務を判断する。ただ、一般人であれば予見可能であり結果回避可能であったとしても、当該行為者は予見できなかった、あるいは結果を回避できなかった場合には、行為者に過失責任を問うことはできない。そこで、責任の段階では、行為者を基準として注意義務を判断する。

　一般人を基準とした注意義務を**客観的注意義務**、行為者を基準とした注意義務を**主観的注意義務**と呼んでいる。ただし、一般人は予見可能であり結果回避可能であるが、当該行為者は予見や結果回避が不可能であるという事例は稀であり、主観的注意義務の有無が問題となることは、実際上ほとんどないといってよい。

●コラム●　「客観」と「主観」

　「客観」、「主観」という言葉は、場面によって違う意味で用いられるので、注意を要する。例えば、「構成要件の客観的要素と主観的要素」というときの「客観」とは外部的事実、「主観」とは行為者の内心という意味である。これに対し、「客観的注意義務」、「主観的注意義務」という場合は、「客観」は一般人を基準とすること、「主観」は行為者を基準とすることを意味する。

4　信頼の原則

> 【事例4】信号無視横断事例1
> 　自動車を運転していたXは、青信号で交差点を直進しようとした際、交差点の横断歩道で通行人Aが信号待ちをしているのを見たが、Aが信号に従うものと思い、スピードを落とさずに交差点に進入した。しかし、Aが赤信号を無視して横断歩道を渡ってきたため、Xの自動車はAと接触し、Aは負傷した。
>
> 【事例5】信号無視横断事例2
> 　自動車を運転していたXは、青信号で交差点を直進しようとした際、交差点の横断歩道で幼稚園児Aが信号待ちをしているのを見たが、Aが信号に従うものと思い、スピードを落とさずに交差点に進入した。しかし、Aが赤信号を無視して横断歩道を渡ってきたため、Xの自動車はAと接触し、Aは負傷した。

(1)　意　義

　現実の社会では信号を守らない歩行者は多いから、【事例4】においてAが信号を無視して横断歩道を渡ることは予見できたかもしれないし、横断歩道に差しかかるときに徐行するなどすれば事故は避けられたかもしれない。しかし、そのような注意義務をXに課すことは酷であろう。また、運転中、交通法規を遵守しない者がいることまで常に予測して、あらゆる回避措置を講じなければならないとすると、円滑な交通は成り立たなくなってしまう。

　そこで、他人の適切な行動を信頼するのが相当な場合、その不適切な行動により結果が生じたとしても過失犯は成立しないとする考え方が生まれた。これを**信頼の原則**という。この信頼の原則は、電車から下りた酔客が転落して電車とホームの間に挟まれて死亡した事案において乗客係の過失を否定した最判昭41・6・14刑集20巻5号449頁や、右折車が、交通法規に違反した他車と衝突してその他車の運転手に傷害を負わせた事案について、右折車の運転者の過失を否定した〇最判昭41・12・20刑集20巻10号1212頁〈プ122〉などにおいて適用されるに至り、現在では、判例・通説の採用するところとなっている。

　信頼の原則は、主として交通事犯で問題となるが、交通事犯のように信頼する側と信頼される側とが対向的な関係にある**対向型**の場合ばかりでなく、組織内において複数の者が互いの適切な行動を信頼して共同作業や分業を行う**組織型**の場合にも問題となる。判例上も、チーム医療（北大電気メス事件判決）や工場内での共同作業（〇最判昭63・10・27刑集42巻8号1109頁〔日

本アエロジル工場塩素流出事件〕〈プ125〉）などにおいて信頼の原則が適用されている。なお、この組織型の場合は、後述する過失の競合も問題となる。

(2) 適用範囲

信頼の原則は、他人の適切な行動を信頼するのが相当な場合に適用されるのであるから、逆に、他人の適切な行動を信頼するのが相当でない場合は、信頼の原則は適用されない。【事例5】のように、相手方が幼児や酩酊者など交通法規を遵守して行動するとは限らない場合には、その不適切な行動により結果が生じたとしても、過失犯が成立する余地がある。そこで、信頼の原則を適用するにあたっては、交通環境の整備など他者への信頼が成り立っているという社会的状況が形成されていること、行為者に現実に信頼が存在していることを確認した上で、その信頼が相当なものかどうかを判断する必要がある。

ただ、信頼の原則は、結局は過失犯の成立を認めてよいかという問題であるから、信頼の原則の法理により過失犯の成立が否定されるということは、過失犯の成立要件のいずれかを欠くということにほかならない。すなわち、信頼の原則は、他人が不適切な行動をとることが予見できなかったために予見義務が生じないか、または、仮に予見できたとしても、他人が不適切な行動をとった場合に結果発生を回避するための措置を講じる義務は課せられないということを理由に過失犯の成立が否定されるということに尽きる。特に新過失論においては、原則として結果回避義務の存在を否定することになるであろう。

なお、行為者自身が交通法規等の規則に違反している場合に信頼の原則を適用し過失犯の成立を否定することは可能かについては、争いがある。学説においては、クリーンハンズの原則（不法に関与した者は救済されないとする原則）に照らして、このような場合には信頼の原則を適用すべきでないとする見解も主張されているが、行為者が規則に違反していても、前述した信頼の原則の要件を充足する場合はありえよう。判例も、行為者に規則違反がある事案において信頼の原則を適用している（◎最判昭42・10・13刑集21巻8号1097頁〈百54、講39、プ123〉参照）。

5　段階的過失

> 【設問5】運転者連続ミス事例
> 　自動車を運転していたＸは、前方不注視のため赤信号を見落とし、横断歩道を歩いていたＡに直前に来て気づいたので、急ブレーキを踏もうとしたが、誤ってアクセルを踏んでしまい、Ａをひいて死亡させた。このとき、Ｘの過失犯の実行行為はどの行為か。

　過失犯の事例の中には、１人の行為者が複数の落ち度のある行為を行い、それが積み重なって結果に至る場合も存在する。このように、単独の行為者による複数の過失が存在する場合を**段階的過失**という。【設問5】では、前方不注視、操作ミスという２つの過失が考えられる。上記のように、過失の実行行為は、具体的に特定する必要がある。そこで、段階的過失の場合に、いずれの落ち度を過失の実行行為と捉えるべきかが問題となる。

　これについては、２つの考え方が存在する。

　１つは、**直近過失一個説**である。これは、結果発生に直近する過失のみが刑法上の過失であるとする見解である。実際には、まず、結果に最も近い不注意について過失が認められるかを問い、これが否定された場合にはじめてその前の不注意、さらにその前の不注意、と順に遡って過失の有無を検討することになる。この見解によると、【設問5】では、操作ミスのみが実行行為となり、前方不注視は実行行為に至る背景にすぎない。

　もう１つは、**過失併存説**である。これは、結果と因果関係を有する過失はすべて過失の実行行為と捉えてよいという見解である。この見解においては、結果に最も近い不注意について過失が認められても、さらにその前の不注意について結果との因果関係が認められれば、その不注意も併せて実行行為と捉えることになる。【設問5】では、前方不注視と操作ミスのいずれもが過失の実行行為となる。

　過失併存説によると、結果発生にとってそれほど重要でない落ち度まで過失とされ、審理における争点が不明確になるおそれがある。その点、結果に直近する不注意のみを過失とする直近過失一個説は、当該事案における過失の内容を明確化しうるという利点を有している（札幌高判昭40・3・20判時423号55頁参照）。しかし、直近過失一個説を徹底すると、直近過失の前になされた不注意の方が結果発生にとって重要である場合や、複数の不注意が互

いに不可分の関係にあって結果発生に至った場合にも、直近過失のみが過失とされることになり、不都合である。そこで、実務では、過失併存説を基本とし、複数の不注意を過失と捉えることを認めつつも、直近過失一個説の趣旨を考慮し、結果との関連性が弱く実行行為の単なる前提事情にすぎないような不注意は過失と捉えないという取扱いが多いとされる。

6　過失の競合

> **【事例6】患者取違え事件**
> 　高齢の患者Bの手術の際、看護師Xが誤ってAを患者Bの手術室に搬送した。麻酔医Yは、Aに対し、「Bさん、おはようございます」と声をかけたところ、Aがうなずいたため、それ以上確認せず、AをBであると考え、麻酔を施した。その後、Yは、Aの身体的特徴がBと違うのではないかと疑問を抱き、これを執刀医のZに伝えたが、取り合ってもらえず、それ以上の確認を行わなかった。Zは、患者がBであるかどうかを確認することなくAに対して手術を行い、傷害を負わせた。

　過失犯の事例は、1人の行為者の不注意から結果が発生する場合ばかりではない。複数の者の不注意が積み重なって結果が発生する事例も多い。これを**過失の競合**という。

　過失の競合の場合には、**各人の立場・地位・職責や、その職務の遂行状況等に着目しながら、各人の行為について過失犯の成否を判断する**ことが必要である。【事例6】でいえば、X、Y、Zそれぞれについて注意義務違反が認められるかどうかを検討し、過失犯の成立要件を充足すれば各人に単独犯として過失犯が成立することになる。【事例6】と同様の事案において、第1審と第2審が、患者を取り違えて搬送した看護師のXや、患者の同一性を確認せずに手術を行った執刀医のZに業務上過失傷害罪の成立を認めたほか、その上告審である◎最決平19・3・26刑集61巻2号131頁〈プ127〉は、麻酔医のYについて、患者の同一性の確認のために一定程度の措置はとったものの、確実な確認措置をとらなかった点に過失があるとして、業務上過失傷害罪の成立を認めている。

　同じくチーム医療の事案として、◎最決平17・11・15刑集59巻9号1558頁（埼玉医科大学事件）〈百57、講36〉がある。薬剤の過剰投与により患者が死亡した事案について、第1審と第2審は、投与量を間違えた主治医のほか、指導医、さらにその科の医療行為全般を統括する科長兼教授の医師に業務上

過失致死罪の成立を認め、上告審である同決定も、科長兼教授の医師についてその結論を維持した。○最決平22・5・31刑集64巻4号447頁（明石花火大会歩道橋事件）〈講33〉は、夏祭りの花火大会の際に発生した歩道橋上の雑踏事故について、警備を担当していた警察官と警備員に業務上過失致死傷罪の成立を認めたが、第1審と第2審は、夏祭りの実質的主催者の市職員にも同罪の成立を認めている。○最決平22・10・26刑集64巻7号1019頁（日航機ニアミス事件）は、航空機同士の異常接近によって乗客が負傷した事案について、便名を言い間違えた実地訓練中の航空管制官と、これを是正しなかった指導監督中の航空管制官に業務上過失傷害罪の成立を認めた。

　なお、過失の競合は、他のさまざまな理論的な問題と関連しているので、注意を要する。例えば、【事例6】においてYはXが患者の同一性について十分に確認しているはずであると信頼していたというように、他者の適切な行動を信頼していた場合には、信頼の原則の適用が問題となる。また、Xの過失行為とAの傷害の結果との間にはYやZの行為が介在しているから、因果関係の有無についても検討しなければならない。さらに、互いに協力し合って結果を防止すべき義務が認められるときには、過失犯の共同正犯の成否も問題となりうる（22講3(3)）。

7　管理・監督過失

> **【事例7】ホテル火災事例**
> ホテル甲において宿泊客乙の寝煙草により客室から出火したが、ホテルの経営者Xは、スプリンクラーや防火扉などの防火設備を設置せず、また、普段から従業員に対する消防訓練もしていなかったため、従業員Yらが宿泊客を誘導するなどの適切な対応措置もとれず、火はホテル全体に燃え広がり、多数の宿泊客が死亡した。

(1)　意　義

　過失の競合に関連して問題となるのが、管理・監督過失である。**管理過失**とは、物的・人的設備等を整える注意義務に違反することをいう。**監督過失**とは、他人が過失を犯さないように監督する注意義務に違反することをいう。

　【事例7】では、適切な行動をとれなかったYには過失が認められ、業務上過失致死罪が成立するであろう。しかし、もとをただせば、そのような状況を作り出したのはホテルの経営者であるXであり、Xにも過失責任が認め

られるのではないか。そこで問題となるのが、管理・監督過失である。

　管理・監督過失において実行行為とされるのは、通常、**安全体制確立義務違反**という不作為である。【事例7】でいえば、防火設備を設置しなかった、あるいは従業員らを指導しなかったという不作為がこれに当たる。そのため、管理・監督過失における実行行為の確定にあたっては、**不真正不作為犯における保障人的地位**（6講2(1)）の存在が必要となる。

　【事例7】において、Xはホテルの経営者としてホテルの設備や従業員の指導に関する権限を有していたことから、ホテルの火災による死傷の結果発生を左右しうる立場にあり、排他的支配が認められる。したがって、Xは保障人的地位にあったといえる。

　その上で、Xの行為が過失犯の実行行為性を有するかを考えてみると、ホテルは無数の人が出入りする場所であるから、宿泊客の火の不始末や外部の者による放火など何らかの理由で火災が発生する可能性があり、一旦火災が発生すると宿泊客や従業員などに多数の死傷者が出る可能性があることは予見しえた（予見可能性）。その上、Xは、ホテルの経営者として、スプリンクラーなどの防火設備を設置するとともに、消防訓練を行うなどして火災の際に従業員が適切な行動がとれるよう監督することにより、死傷の結果を未然に防ぐことは可能であった（結果回避可能性）のであるから、Xにはそのような措置を講じて死傷の結果を回避すべき義務が課せられている（結果回避義務）。それにもかかわらず、そのような措置を講じなかったXの行為（結果回避義務違反）は、過失犯の実行行為に当たる。スプリンクラーや防火扉などの防火設備を設置しなかったことが管理過失であり、普段から従業員に対する消防訓練をしていなかったために従業員らが適切な行動をとれなかったことが監督過失である。

(2) 管理・監督過失の問題性

　管理・監督過失については、判例上も、大規模火災の事案を中心として過失犯の成立が認められている（○最決平2・11・16刑集44巻8号744頁〔川治プリンスホテル事件〕〈プ130〉、○最決平2・11・29刑集44巻8号871頁〔千日デパートビル火災事件〕〈プ131〉、◎最決平5・11・25刑集47巻9号242頁〔ホテル・ニュージャパン事件〕〈百58、講44、プ133〉など）。

　もっとも、学説上は、管理・監督過失の事例において過失犯の成立を認めることに否定的な見解も有力である。予見可能性を認めるのが困難であるというのが、主な理由である。すなわち、先述したように、予見可能性の内容としては、単なる危惧感では足りず、具体的な予見可能性が必要であるとさ

れている。これを管理・監督過失の場合でいうと、出火の時期や原因について具体的に予見可能であることが必要となるはずである。しかし、火災は何十年に1度起きるかどうかわからないようなものであるから、具体的な予見可能性は通常認められない。判例・通説は、「もしかしたら火災が起きるかもしれない」といった漠然とした不安感を根拠に予見可能性を認めるものであり、妥当でない、と。

このような批判に対して、判例・通説の立場からは、出火の確率は低いにせよ、その可能性を予見することは可能であり、また、出火原因については概括的な予見可能性で足りると反論することになろう。いずれにしても、管理・監督過失の場合には、複数の者の行為が競合するために実行行為や因果関係の確定が困難な場合が多く、各人の過失犯の成否について慎重な検討が必要となる。

管理・監督過失の事例において過失犯の成立を否定した裁判例として、○札幌高判昭56・1・22判時994号129頁（白石中央病院事件）〈プ128〉、前掲・日本アエロジル工場塩素流出事件判決、◎最判平3・11・14刑集45巻8号221頁（大洋デパート事件）〈講43、プ132〉などがある。このうち、大洋デパート事件は、デパートにおいて火災が発生した際、従業員らによる通報がなく、避難誘導もほとんど行われなかったため、多数の者が死傷した事案において、取締役人事部長、火元責任者である売場課長、営繕課の課員が業務上過失致死傷罪に問われたものである。最高裁は、株式会社においては通常、代表取締役が防火管理業務の執行にあたっており、被告人らの地位については注意義務は認められないなどとして、被告人3名に無罪を言い渡した。被告人らの地位や職務内容からすると、被告人らは保障人的地位になかったとしたものといえる。

III 違法性

第11講　違法性の本質・正当行為・被害者の承諾

> ◆学習のポイント◆
> 1　行為無価値論と結果無価値論の思考方法の違いは、主観的違法要素など違法論における論点はもちろんのこと、不能犯論や過失構造論などさまざまな分野で影響を有するので、しっかり理解することが重要である。
> 2　被害者の承諾については、「傷害罪における承諾の制限範囲」と錯誤に基づく承諾の有効性の問題が特に重要であり、どのような考え方があるのか、事例に当てはめて説明できるようにしておく必要がある。

1　違法性の本質

(1)　形式的違法性と実質的違法性

【事例1】
　Xは、Aの態度に腹を立て、Aを殴ってけがをさせた。

　構成要件には違法性推定機能があるから（4講1(2)）、行為が構成要件に該当すれば原則としてその行為は違法である。ここで、違法とは、形式的にいえば、行為が「法（または法規範）に違反すること」である（**形式的違法性**）。しかし、これだけでは言葉の言い換えと同じで、何も説明していないに等しい。ある行為が違法なのか否かを判断するためには、「法に実質的に反するということ」（**実質的違法性**）の内容を明らかにしなくてはならない。実質的違法性の内容について、学説は2つの立場に分かれている。

	結果無価値論	行為無価値論
保護の対象	法益	社会倫理秩序
違法判断の対象	結果	行為
違法判断の資料	客観面のみ	主観面も含む
違法判断の時点	裁判時（事後判断）	行為時（事前判断）

ア 結果無価値論

違法とは、結果（法益の侵害ないしその危険）の惹起（これを**結果無価値**という）であるとする考え方である。この立場は、「結果」を中心に違法性を考えていく見解であり、「被害者の側」から違法性を見ていこうとする。【事例1】のXの行為は、傷害罪の構成要件に該当するが、人の身体という法益を侵害したから違法であると説明する。刑法の役割は法益の保護に尽き、それ以上に社会倫理的な秩序の維持という点を考慮すべきではないとする。

イ 行為無価値論

違法とは、行為が国家・社会倫理規範に違反すること（これを**行為無価値**という）であるとする考え方である。この立場は、「行為」を中心に違法性を考えていく見解であり、「行為者の側」から違法性を見ていこうとする。【事例1】のXの行為は、「人を傷つけるな」という国家・社会倫理規範に違反したから違法であると説明する。刑法の役割として、法益保護の観点を重視するとともに、それとは別に社会倫理的な秩序の維持という点も加味して考えなければならないとする。わが国の行為無価値論は、純粋な行為無価値一元論ではなく、結果無価値・行為無価値二元論であることに注意が必要である。

ウ 検 討

結果無価値論は、法益侵害ないしその危険をできるだけ科学的・客観的に判断すべきであるとする。それゆえ、社会倫理規範違反の観点を違法判断に持ち込むと判定が不明確になるので望ましくないと考えるのである。行為無価値論に対しては、当該行為が社会侵害性をもつとはいえない場合に行為者の悪質な心情のみに着目して処罰してしまう危険があると批判する。これに対して、行為無価値論は次のように考える。刑法を含めた法体系は法益保護を目的として成立しているのであるから、実質的違法性の内容としても結果無価値の観点を抜きにしては考えられない。しかし、例えば、殺人罪と過失致死罪とは、人の生命を侵害するという法益侵害の点では同一であっても、両者を違法性の程度において同一とすることは一般の法感覚に反するし、また、そもそもあらゆる法益侵害を違法として刑法的評価の対象とするのは妥当ではない。結果無価値論に対しては、多くの利害が絡み合う今日の複雑な社会においては、社会倫理的な観点を無視して違法性を考えるのは適切ではないと批判する。このように、両説とも刑法の役割を法益保護に求める点では共通しており、主要な対立点は、①社会倫理規範違反の要素を完全に排除

して法益侵害のみに立脚した違法論を採用すべきか否か、および②違法性判断に行為者の主観を考慮すべきか否かである。それぞれの説が、刑法の役割（機能）をどのように考え、他説をどのように批判し、また、実際にどのような点で対立しているかを正確に理解しておくことが重要である。

> ●コラム● 「無価値」という言葉
>
> 　「無価値」という言葉は意味がつかみにくいであろう。これは、ドイツ語の"unwert"を直訳したものであるが、無価値といってしまうと日本語のニュアンスとしては、価値がない、無意味だととられてしまいかねない。行為無価値、結果無価値というときの無価値は、行為や結果に対して「否定的な評価をする」ことを意味しているのである。

(2) 違法性阻却事由

【事例2】採血事例
　Xは、Aの承諾を得て、採血を行った。

　構成要件に該当すれば原則としてその行為は違法であるが、例外的に違法性阻却事由がある場合には違法性が否定される。**違法性阻却事由（正当化事由ともいう）** とは、構成要件に該当する行為につき、違法性の推定を覆して行為を適法なものとする特別な事情のことをいう（3講4(2)）。違法性阻却事由にはさまざまなものがあるが、そのすべてに共通する基本的性質の理解についても、学説は違法性の実質に対する見解の相違に応じて2つの立場に分かれている。

ア　優越的利益説

　結果無価値論の立場は、①侵害される利益と保全される利益を比較して保全される利益が優越する場合と②法益の不存在の場合に違法性が阻却されるとする。①の典型例は緊急避難（14講参照）であり、②の典型例は被害者の承諾（後掲3参照）である。【事例2】のXの行為は、注射針をAに刺しているので傷害罪の構成要件に該当するが、Aの承諾によって法益が欠如するので違法でないことになる。

イ　社会的相当性説

　行為無価値論の立場は、行為が「歴史的に形成された社会生活秩序の範囲内（これを**社会的相当性**という）」にあれば違法性が阻却されるとする。【事例2】のXの行為は、相手方の承諾を得て採血することは社会的に相当であるといえるので、傷害罪の構成要件に該当するが違法でないことになる。

判例は、少なくとも本講が取り扱う問題領域においては行為無価値論の立場に親和的であり、行為の社会的相当性あるいは社会倫理性を違法判断にあたって重視している。例えば、新聞記者である被告人が、外務省の女性秘書から肉体関係を利用して沖縄返還に伴う秘密協定の内容を漏えいさせた行為の違法性が問題となった外務省機密漏洩事件において、最高裁は、取材の手段・方法が「一般の刑罰法令に触れないものであっても、取材対象者の個人としての人格の尊厳を著しく蹂躙する等法秩序全体の精神に照らし社会観念上是認することのできない態様のものである場合にも、正当な取材活動の範囲を逸脱し違法性を帯びる」としている（◎最決昭53・5・31刑集32巻3号457頁〈百18、講56、プ156〉）。

(3) 主観的要素と違法性

> 【設問1】 性的意図のない強制わいせつ事件
> Xは、児童ポルノと引き替えにお金を得る目的で、性的意図なく、7歳の女児Aに対してAの陰部を触るなどのわいせつな行為をした。Xに強制わいせつ罪が成立するかを論じなさい。

違法性の要素は、原則として法益侵害などの客観的な要素であるが、行為者の行為目的など主観的な要素が違法要素であるか否かについても、実質的違法性の理解に対応して争いがある。主観的な要素が違法性に影響すると考えられるものには、主観的違法要素と主観的正当化要素がある。

ア 主観的違法要素

まず、**主観的違法要素**とは、行為が違法かどうかを判断する際に、主観的要素でありながら行為の違法性に影響すると考えられる要素であり、行為に違法性を与えたり強めたりする要素のことをいう。それには、目的犯（例えば通貨偽造罪〔148条〕）の主観的目的、傾向犯（例えば強制わいせつ罪〔176条〕）の主観的傾向、表現犯（例えば偽証罪〔169条〕）の主観的意思がある。また、学説の中には、未遂犯の故意、さらには既遂犯の故意一般が主観的違法要素であるとする見解も有力である。このうち、傾向犯とは、行為者の一定の内心傾向の表出とみられる行為が犯罪となるもので、行為者にその傾向がある場合にはじめて犯罪が成立するとされるものである。刑法176条の強制わいせつ罪がその典型例であり、例えば医師が患者の女性の身体に触れる場合でも、診察・治療目的であれば違法でなく、性的意図を満足させる目的であれば違法となるとされる。これに対して、学説の中には、強制わ

いせつ罪の成立にとって主観的なわいせつ傾向は要件ではないとする見解がある。その根拠は、形式的には刑法176条の構成要件が文言上わいせつ傾向という主観的要素を要件にしていないからであり、実質的には本罪を被害者の性的自由や性的羞恥心を侵害する犯罪と捉えることにより行為者の性的意図の存否は本罪の成否とは無関係であると理解するからである（各論4講1(2)）。

この点、判例は、かつて必要説に立っていたが（最判昭45・1・29刑集24巻1号1頁）、近年、判例変更が行われ、不要説に立つことが明らかになった。【設問1】のような事案において、最高裁は、強制わいせつ罪の成立要件の解釈をするにあたっては、被害者の受けた性的な被害の有無やその内容、程度にこそ目を向けるべきであって、行為者の性的意図を同罪の成立要件とする昭和45年判例の解釈は、その正当性を支える実質的な根拠を見出すことが難しいとして、Xに強制わいせつ罪の成立を認めた（最大判平29・11・29刑集71巻9号467頁。ただし、事案により性的意図を考慮すべき場合がありうることまでは否定していない）。

イ　主観的正当化要素

次に、**主観的正当化要素**とは、行為の違法性が阻却されるかどうかを判断する際に、行為者の一定の主観的要素も違法性阻却のために必要とされるというときの主観的要素をいう。正当防衛における**防衛の意思**がその代表的なものであり、専ら攻撃の意思で行った行為が偶然にも正当防衛の客観的要件を満たした場合（偶然防衛）は、防衛の意思が欠けるので正当防衛の違法性阻却効果が生じないとされる（13講1(4)イ）。学説の中には、主観的正当化要素を認めず、偶然防衛の場合にも違法性阻却効果が生じるとする見解もあるが、判例は主観的正当化要素としての防衛の意思は必要であるとしている（○最判昭50・11・28刑集29巻10号983頁〈百24、講64、プ205〉など）。正当防衛における防衛の意思のほかは、緊急避難における避難の意思や被害者の承諾における行為者による被害者の承諾の認識などが主観的正当化要素とされる。

一般的な傾向として、結果無価値論は主観的違法要素および主観的正当化要素を全く認めないか、認めるとしても非常に限定的であるのに対し、行為無価値論はそれらを広く認める。それは、結果無価値論は、行為者の主観は法益侵害性に影響をもたず、行為者の主観は責任の問題であるとして、違法と責任の役割分担を徹底することを重視するのに対し、行為無価値論は、一定の主観的事情は責任の面とは切り離して、違法性の有無・程度を定める際

にも重要性を有すると考えるからである。

(4) 可罰的違法性

> **【事例3】マジックホン事件**
> Xは、通話の際に電話料金の計算を不能にするマジックホンを購入し、自社の電話に取り付け、社員に1回だけテスト通話させたが、不安を覚えて翌日取り外した。

　違法性はあらゆる法領域に共通するものであり、違法性の判断は全体としての法秩序の観点から行われる。しかし、違法性は程度を付すことができる概念であり、法の目的と効果は各法領域で異なるのであるから、必要とされる違法性の質や量は各法領域で異なってよいと考えられる（**違法の相対性**）。したがって、①他の法分野では違法であるが刑法上は違法でないという場合や、その逆に②他の法分野では違法ではないが刑法上は違法であるという場合が考えられる。①の場合は広く承認されており、例えば民法上は違法で損害賠償責任がある行為が刑法上は違法でなく犯罪が成立しないということがありうることは当然であろう。しかし、②のような場合を認めてよいのかは重大な問題であり、近年、誤振込などの財産犯でこの点が議論されていることに注意が必要である。

　刑法上の違法性とは、全法秩序における一般的な違法性のうち、量的に一定程度以上の重さを有し、質的に処罰に値する違法性（これを**可罰的違法性**という）を意味している。可罰的違法性の理論とは、このような可罰的違法性がないことを理由に犯罪の成立を否定する理論であり、学説上は広く承認されているが、近年の判例は、可罰的違法性の不存在を理由に犯罪成立を否定することに消極的になっている。

　まず、①法益侵害・危険それ自体が軽微で処罰に値しないという絶対的軽微型の事案としては、以下のものがある。煙草耕作者である被告人が政府に納入すべき葉煙草を約3g、価格にして一厘のものを手刻みにして消費したことが、当時の煙草専売法48条1項の不納付罪に問われた一厘事件で、大審院は、軽微な犯罪行為は犯人に危険性があると認められる特殊な状況の下に行われたものでない限り処罰の必要はないとして無罪としていた（〇大判明43・10・11刑録16輯1620頁）。しかし、近年、【事例3】のような事案で有線電気通信妨害罪と偽計業務妨害罪に問われたマジックホン事件で、第1審は可罰的違法性を欠くとして無罪を言い渡したのに対して、控訴審および最高

裁は被害の絶対的軽微による無罪を認めなかった（◎最決昭61・6・24刑集40巻4号292頁〈百17、プ141〉）。

また、②法益侵害・危険それ自体は軽微とはいえないが、それによって守られる法益との関係で処罰に値する程度とはいえないという相対的軽微型の事案は、主に労働争議事件や公安事件などで問題となってきた。被告人が春闘の際に闘争を有利に展開するため郵便局の従業員に対して職場大会に参加するよう説得したため38名の従業員が長い者で約6時間あまり職場を離れ、旧郵便法79条1項（郵便事業者がことさらに郵便の取扱をせずまたはこれを遅延させる罪）の教唆罪に当たるかが争われた全逓東京中郵事件で、最高裁は、労働法上違法であっても必ずしも刑法上の違法行為とは限らないとして、違法の相対性を明確に認める態度を打ち出し、犯罪の成立を否定していた（最大判昭41・10・26刑集20巻8号901頁〈プ136〉）。しかし、その後、被告人が職場大会による闘争を行った際、9名の郵便局従業員に大会参加を促し職場放棄させるなどの行為が旧郵便法79条1項の幇助罪に当たるかなどが争われた全逓名古屋中郵事件で、最高裁は判例を変更し、旧公共企業体等労働関係法違反の争議行為に労働組合法1条2項の適用を当然に認めるべきであるとする見解は支持できないとした（◯最大判昭52・5・4刑集31巻3号182頁〈講55、プ139〉）。

2　正当行為

刑法35条は、「法令又は正当な業務による行為は、罰しない」と規定している。これは、法令行為と正当業務行為が違法性阻却事由であることを示しているが、さらにその他の正当行為が違法性を阻却することをも示している。

(1)　法令行為

法令行為とは、法律がそれを行うことを許容している行為をいう。

ア　職務行為

職務行為とは、法令の規定上、これを行うことが一定の公務員の職務とされている行為のことである。例えば、警察官による被疑者の逮捕は、逮捕罪の構成要件に該当するが、刑訴法199条にあるように警察官の職務行為であるので違法性が阻却される。

イ　権利・義務行為

権利・義務行為とは、法令の規定上、ある者の権利または義務とされている行為のことである。例えば、私人による現行犯逮捕（刑訴法213条）や

親権者の未成年の子に対する懲戒行為（民法822条）はそれぞれ逮捕罪や暴行罪などの構成要件に該当するが、権利・義務行為として違法性が阻却される。ここでは、特に「学校教員の学生・生徒に対する懲戒」の限界が問題になる。学校教育法11条は、学生に対する懲戒権を認めながら、同条但書は「ただし、体罰を加えることはできない」としているので、どこまでが正当な懲戒であり、どこからが違法な体罰となるかがしばしば争われるのである。

ウ　国家政策による行為

国家の経済政策上の理由により、違法とされる行為が適法なものとなる場合がある。例えば、勝馬投票券の販売は賭博罪の構成要件に該当するが、競馬法上許容されており違法性が阻却される。

エ　注意的に規定された行為

理論上違法性の阻却が認められる行為について、特に法令の規定を設けてその合法性を注意的に明らかにするとともに、その方法などに技術的な制限を置いて相当性の逸脱を防止しようとしている場合がある。例えば、人工妊娠中絶は堕胎罪の構成要件に該当するが、母体保護法上許容されており違法性が阻却される。

(2)　正当業務行為

正当業務行為とは、法令上の根拠がなくても、社会生活上正当なものと認められる業務行為のことをいう。「業務」とは、社会生活上の事務として反復・継続して行う事務のことであり、必ずしも経済的対価を追求する職業として行われるものである必要はない。例えば、ボクサーの行うボクシングの試合は、プロのものでもアマチュアのものでも、スポーツの目的で一定のルールを守って行われる限りは、正当業務行為であり、暴行罪や傷害罪の構成要件に該当しても違法性が阻却される。ここでは、歴史的な経緯からまさにその職に就いているがゆえに認められる業務権が特に問題になるが、その代表例は、法律家と報道機関である。

ア　法律家の弁護活動

まず法律家の弁護活動について、弁護士が熱心さのあまり形式的には名誉毀損罪などの構成要件に当たる行為をした場合であっても、それが自分が弁護する被告人の利益を擁護するためにした正当な弁護活動であるときは、刑法35条により罰せられない。しかし、あまりに度を超すとその限りではなく、ある強盗殺人事件の上告審継続中にその事件の弁護士（被告人）が「真犯人は実は被害者の兄たちである」という上告趣意書を出して、記者会見でそれを発表したり、同内容の本を執筆し出版したりした丸正事件において、裁判所は、真犯人の指摘や公表は訴訟外救援活動であって弁護

目的との関連性も著しく間接的であり、その他諸般の事情を考慮しても法秩序全体の見地から本件での被告人の各行為は許されないとした（最決昭51・3・23刑集30巻2号229頁）。

イ　報道機関の取材活動

報道機関の取材活動は、情報提供者保護のための取材源秘匿を理由とする「証言拒絶権」や、市民の知る権利に奉仕するための取材活動の自由が国家の秘密保持の利益と衝突する場合が特に問題になる。後者の例として、前述したように、外務省機密漏洩事件では、最高裁は、肉体関係を利用した唆しは取材活動の方法として相当でないとして犯罪の成立を認めた。

(3)　その他の正当行為

ア　労働争議行為

労働争議行為は、憲法28条を根拠とし、労働組合法1条2項を通じて刑法35条につながっている。そのため、法令行為の1つとされることも多い。労働組合法1条2項は労働組合の団体交渉その他の行為のうち正当なものは刑法35条の適用があり違法性が阻却されるとするが、同項但書は「いかなる場合においても、暴力の行使は、労働組合の正当な行為と解釈されてはならない」とするので、争議行為に往々にして伴う実力行使がどこまで違法性が阻却されうるかが問題になる。適法性の判断にあたっては、特に、目的の正当性と手段の相当性が問題になることが多い。

イ　自救行為

権利を侵害された者が、その回復を国家機関の救済に求めては時機を失するときに私人の実力でその回復を図ることを**自救行為**という。過去の侵害に対するものであるという点で正当防衛と異なる（12講1(2)）。一般に、緊急性と手段の相当性が要件とされる。判例は自救行為を認めるのに極めて慎重である。例えば、自己の家屋を増築する際に、隣人家屋の玄関のひさしが工事の邪魔になるため、事情を知らない大工に命じてこれを切り取らせた被告人の行為が問題となった事案では、緊急性が否定され、建造物損壊罪（260条）で有罪とされた（〇最判昭30・11・11刑集9巻12号2438頁〈百19、講60、プ157〉）。

ウ　医師の治療行為

手術などの医師が行う治療行為は、①治療目的、②医学的適応性と医術的正当性（それが患者の健康回復のために必要であり、現代医学の水準〔これをレーゲ・アルティスという〕にかなうものであるということ）、③患者の承諾（または推定的承諾）という3つの要件が満たされる場合に違法性が阻却される。治療行為の違法性阻却は、かつては、医師の業務権の観点から説

明されることが多かったが、近年では、患者の自己決定権尊重の思想から違法性の阻却が説明されるようになっており、3要件のうちの最後の要件が重視されるようになってきている。ここでいう患者の承諾とは、単に患者が形式的に納得していたということではなく、医師からきちんとした説明を受けて、治療の見込みや治療の危険性など重要なことがらを理解した上で承諾していたということでなければならない。これを、**インフォームド・コンセント**（説明に基づく同意）という。したがって、医師の治療行為については、患者の承諾がない場合はもちろん、形式的にそれがあるようにみえる場合でも、医師の説明義務違反がしばしば問題にされるのである。

　エホバの証人の信者における輸血拒否など**専断的治療行為**（患者の明白な拒絶にもかかわらず、医師が独自の判断で手術などを行うこと）の傷害罪（204条）や強要罪（223条）の違法性が問題になりうるが、わが国の刑事判例ではそれが正面から問題になったものは今のところ見当たらない。

3　被害者の承諾（同意）

(1)　被害者の承諾の意義

　被害者の承諾（被害者の同意ともいう）とは、法益主体である被害者が法益侵害に対して承諾を与えることをいう。被害者の承諾は個人的法益に対する罪において問題になるが、以下のような類型に分けられる。①承諾が犯罪の成否に影響しない場合。例えば、13歳未満の者に対する強制性交等罪（177条）では、13歳未満の者は一般的・類型的に性的自由に対して承諾能力を欠くとされているので、彼／彼女の承諾には処罰を軽くする効果すらも与えられていない。②承諾の存在が構成要件要素とされている場合。例えば、生命については、人の生命に対する自己決定に完全な犯罪阻却効果が認められていないので、たとえ承諾があっても自殺関与・同意殺人罪（202条）が成立する。③被害者の承諾が構成要件該当性を阻却する場合。例えば、窃盗罪（235条）や器物損壊罪（261条）、逮捕監禁罪（220条）などがある（さらに傷害罪もここに含める見解もある）。④被害者の承諾が違法性を阻却する場合。例えば、傷害罪（204条）は、通説によれば、たとえ被害者の承諾があったとしても生理的機能の侵害がある限りそれは傷害といえるので構成要件該当性があり、被害者の承諾は違法性を阻却することになる（なお、被害者の承諾は、構成要件該当性自体が否定される③の場合が多いが、④の同意傷害が実務で問題とされることが多いので、本書では本講で説明することにする）。

(2) 被害者の承諾の犯罪（違法性）阻却根拠

> 【事例4】暴力団の指つめ事例
> 　暴力団員Xは、不義理をした配下の組員Aが望んだので、彼の承諾を得て出刃包丁でAの小指を切断した。
> 【事例5】臓器摘出事例
> 　医師Xは、難病に苦しむ近親者の臓器移植のためにAが臓器摘出を求めるので、命の危険はあるがAから臓器の摘出を行った。

　被害者の承諾が犯罪の成立（違法性）を阻却する根拠について、①結果無価値論は、被害者の法益処分によって保護すべき法益が存在しなくなるので犯罪成立が否定されるとする（法益欠如説）。これに対して、②行為無価値論は、諸般の事情を総合考慮して、承諾を得た法益侵害行為が社会的に相当であってはじめて犯罪成立が否定されるとする（社会的相当性説）。この考え方の特徴は、行為者の主観的な行為目的や行為の社会的評価を重視して承諾の違法性阻却効果の限界を考える点にある。

　傷害罪における承諾の制限範囲について、まず、①結果無価値のみを重視する法益欠如説からは、（生命に危険なほど）重大な傷害の場合にのみ被害者の処分権が制限されることになる。この説からは、【事例4】では承諾の違法性阻却効果が肯定されるが、【事例5】では少なくとも被害者の承諾論のみによってXの不可罰を認めることはできない（被害者の承諾とともに緊急避難の観点などが併用されて不可罰が説明されることになろう）。これに対して、②行為無価値をあわせて考慮する社会的相当性説によれば、行為が社会的に相当であるといえる場合に限って犯罪成立が否定されることになる。例えば、医師による手術のような治療行為やルールに則って行われるスポーツなどは社会的に相当であるとされ犯罪成立が否定されるが、暴力団の指つめなどは行為の社会的不相当を根拠に承諾の違法性阻却効果が否定され犯罪が成立する。この説からは、【事例4】では承諾の違法性阻却効果が否定され、【事例5】では肯定されるのである。

　この点、判例は、行為無価値的側面も考慮に入れて判断すべきであるとして、社会的相当性説の立場に親和的である。保険金詐取目的の同意傷害事件は、被告人と被害者が結託して交通事故を装い保険金を詐取しようと企て、被害者の承諾を得て、第三者の車を挟んで玉突き事故を装い被告人が運転する車を被害者が運転する車に追突させ、被害者に軽傷を負わせた事案であるが、最高裁は、承諾があっても傷害罪が成立するかどうかは「単に承諾が存

在するという事実だけでなく、右承諾を得た動機、目的、身体傷害の手段、方法、損傷の部位、程度など諸般の事情を照らし合せて決すべき」であるとし、この事案では承諾は保険金詐取目的のものなので違法であるとしている（◎最決昭55・11・13刑集34巻6号396頁〈百22、講57、プ175〉）。なお、下級審判例においても、暴力団の指つめが問題となった事案やSM行為によって力が余って被害者を死なせてしまった事案で、裁判所は、社会的相当性の観点を加味して承諾の違法性阻却効果を判断し、被告人行為の違法性を認めている（前者の例として、仙台地石巻支判昭62・2・18判時1249号145頁〈プ176〉、後者の例として、大阪高判昭40・6・7下刑集7巻6号1166頁〈プ173〉）。

(3) 被害者の承諾の要件

ア 承諾能力

承諾が有効であるためには、前提として、被害者が**承諾能力**（法益放棄がいかなる意味をもつかを理解する能力）を有していなければならない。それゆえ、幼児（大判昭9・8・27刑集13巻1086頁〈プ163〉）や通常の意思能力のない精神障害者（最決昭27・2・21刑集6巻2号275頁〈プ164〉）の承諾は無効である。

イ 強 制

承諾は、被害者の**真意**に基づくものでなければならないから、強制による承諾は無効である（○福岡高宮崎支判平元・3・24判タ718号226頁〈プ170〉）。

ウ 欺罔・錯誤

> 【設問2】反対給付の錯誤事例
> Xは、最初からその気もないのに、Aに殴らせてくれればお金を払うと欺いて、殴られて軽いけがを負うことについてのAの承諾を得て、Aを殴って軽いけがを負わせたが、お金を払わなかった。Xに傷害罪は成立するか。

錯誤に基づく承諾の有効性について、どの範囲まで有効とするか学説上争いがある。この点、①法益関係的錯誤説は、法益侵害の種類、程度、範囲など法益に関係する事実の錯誤（これを**法益関係的錯誤**という）の場合のみ承諾は無効であると考える。例えば、「素手で軽く殴られ、軽いけがを負うだけであると思ったから殴られることに同意したが、ナックルをつけて殴られたので大けがをした」という場合には、身体という法益の侵害の程度の錯誤

なので傷害罪の法益関係的錯誤があり傷害に対する承諾は無効とされる。この立場からは、【設問2】は、Aには報酬が受け取れるかという点にのみ錯誤があり（反対給付の錯誤）、傷害罪の法益である「身体」に関係する錯誤はないのであるから傷害罪の法益関係的錯誤はなく、傷害に対する承諾は有効とされることになる。これに対して、②重大な錯誤説は、もし錯誤に陥っていなかったならば承諾しなかったであろうといえる場合（錯誤と承諾に因果関係がある場合）には承諾は無効であるとする。錯誤したことがらについて、被害者本人が与えた主観的重要性を専ら重視し、被害者本人の主観と離れた客観的な重要性判断をしないということがこの説の特徴である。この説によれば、【設問2】は、「反対給付（お金）を受け取ることができないことを被害者がわかっていたのであれば被害者は殴られることを承諾しなかったであろう」といえるので、傷害に対する承諾は無効となりXに傷害罪が成立することになる。

　最高裁は、②重大な錯誤説の立場に親和的である。追死すると欺いて自殺するようにし向けた偽装心中が問題となった事案で、裁判所は、被害者の「決意は真意に添わない重大な瑕疵ある意思である」から承諾は無効であり、通常の殺人罪が成立するとしている（◎最判昭33・11・21刑集12巻15号3519頁〈プ169〉）。

エ　方　法

> 【事例6】窃盗事例
> 　貧乏なXはパン屋でパンを盗んだが、店主AはXがかわいそうなので見て見ぬふりをした。Xは、パンを盗むことをAが承諾してくれていることに気づかなかった。

　まず、承諾の方法として、承諾は外部へ表示されることを必要とするかにつき、①意思表示説は、承諾が効力をもつためには外部に表明されることを要するとする。なぜなら、承諾が外部へ表明されておらず承諾の有無が他人からわかりえない場合になお承諾を有効とすることは、承諾の有効・無効の判断を不安定なものにするからである。これに対し、②意思方向説は、承諾は外部に表明されなくても被害者が法益侵害に承諾している以上法益は既に欠如しており、被害者の内心に法益放棄の意思が存在すれば足りるとする。

　次に、承諾の有効性における行為者の主観的要件として行為者は被害者が承諾してくれていることを認識していなければならないのかについて、①認識必要説は、行為者の主観的な要件として承諾の認識は必要であるとする。

これに対して、②認識不要説は、行為者によって承諾が認識されていなくても承諾は有効であるとする。

通常は、①意思表示説をとれば認識必要説になり、②意思方向説をとれば認識不要説をとることになるので、【事例6】は、①からは窃盗罪（235条）の既遂が成立し、②からは窃盗罪既遂は成立しないことになる（②から窃盗罪が完全に不成立なのか、それとも窃盗罪の未遂は成立するのかは争いがある）。

　オ　対　象

承諾の対象は行為か結果かという点について、学説の間で争いがある。この点、①行為説は、承諾の対象は行為で足りるとする。被害者が危険な行為の実行を承諾していれば、行為無価値がなくなるので行為無価値一元論からは完全な承諾の効果を認めることができるのである。これに対して、②結果説は、承諾の対象は構成要件的結果でなければならないとする。結果無価値一元論や行為無価値・結果無価値二元論からは、結果に承諾していない以上、たとえ行為実行に承諾していたとしても結果無価値はなくならない（残ってしまう）ことになるからである。通説は、承諾の対象は、行為では足りず、結果でなければならないと考えている。したがって、結果発生を承認せず行為実行のみを受け入れていた場合は、**危険引受け**と呼ばれ、被害者の承諾とは別の問題になる（後述(6)参照）。

(4)　推定的承諾

> 【事例7】水道管破裂事例
> 　Xは、留守にしている隣人A宅で水道管が破裂して浸水しそうになっていたので、許可なくA宅に入って元栓を閉めた。

【事例7】のように、被害者が不在や意識不明などの理由で意思表明することができなかったので現実の承諾は得ていないが、もし被害者が事態を正しく認識したならば承諾したであろうと推定される場合を**推定的承諾**という。推定的承諾は違法性阻却事由とされている。【事例7】では、Xの行為に住居侵入罪の構成要件該当性は否定できないが、推定的承諾によって違法性が阻却される。推定的承諾の判断方法についても、行為無価値論と結果無価値論の間に争いがある。結果無価値を重視する立場は、具体的な被害者の推定される意思を重視し、現実の承諾の延長上に被害者の推定的承諾を置いて承諾が実際にあった場合と同様に扱う（本人意思重視説）。すなわち、「被

害者本人が承諾したであろうか」を考えるのである。これに対して、行為無価値も重視する立場は、「被害者の立場に置かれた一般人ならば承諾したであろうか」を考え、法益侵害行為の目的や手段が社会的相当性を有する場合に違法性が阻却されるとする（社会的相当性説）。

推定的承諾が認められるための要件は、現実の承諾を得ることができないという要件（補充性）のほかは、現実の承諾の要件を参考にして総合判断される。

(5) 安楽死・尊厳死

ア　安楽死・尊厳死の類型

安楽死とは、死期が切迫し激しい苦痛にあえいでいる患者に対して、殺害して苦痛から解放する場合をいい、**尊厳死**とは、治療不可能な病気にかかって意識を回復する見込みがなくなった患者に対して、延命治療を中止する場合をいう。

前者の安楽死は一般的に以下のように類型が区別される。まず、①消極的（不作為型）安楽死は、治療行為の不開始や中止のことをいい、不治で瀕死の患者の苦痛を長引かせないように積極的な生命延長の処置を行わない場合であり、生命維持装置のスイッチを切ることなどがこれに当たる。次に、②間接的（治療型）安楽死は、苦痛除去の行為が副作用として死期を早める場合であって、苦痛を緩和するために麻酔剤を投与したことによって、患者の深い呼吸が害され、それを投与しなかった場合よりも患者の死が早まったような場合をいう。最後に、③積極的（殺害型）安楽死は、死なせることによって被害者を楽にする場合をいう。ガンの末期患者に筋弛緩剤を注射して息を引き取らせる場合などのほか、自動車事故で生きたまま火で体を焼かれ苦しむ人を楽にするために刃物で殺すような場合も含まれる。

イ　安楽死の要件

わが国では、オランダなどのように安楽死を合法化する法律は存在しない。しかし学説においては、近年の患者の自己決定尊重思想の高まりから、一定の要件を満たした場合に違法性阻却ができないかが議論されてきた。

判例においては、現在のところ、わが国の安楽死・尊厳死が問題となった事案で無罪となったものは存在しないが、安楽死を正当化する要件がしばしば提案されている。まず、脳溢血で倒れ激痛を訴える被害者である父に対して、被告人（息子）が殺虫剤入りの牛乳を飲ませて殺害した事案では、①不治の病で死期が目前に迫っていること、②苦痛が甚だしいこと、③死苦の緩和目的でなされたこと、④意思表示が可能な場合には、本人の真摯な嘱託・

承諾のあること、⑤原則として医師の手によること、⑥方法が倫理的に妥当なことという 6 要件を満たした場合に安楽死は正当化しうるとされた上で、本件事案では要件の⑤と⑥が満たされていないとして嘱託殺人罪（202条）が適用され有罪とされた（○名古屋高判昭37・12・22判時324号11頁〈プ179〉）。これに対して、被告人（東海大病院に勤務する医師）が、ガンで余命数日の患者に、その長男や妻の要請に従って塩化カリウム製剤を注射して殺害した東海大学安楽死事件では、①耐えがたい肉体的苦痛が存在すること、②死が回避不能で死期が切迫していること、③肉体的苦痛除去・緩和のために方法を尽くし、他に方法がないこと、④積極的安楽死においては、患者の明示の意思表示が存在することという 4 要件を満たした場合に安楽死は正当化しうるとされた上で、本件では①③④が欠如しているとして普通殺人罪（199条）で有罪とされた（◎横浜地判平 7・3・28判時1530号28頁〈百20、講58、プ180〉）。

なお、尊厳死が問題とされた川崎協同病院事件では、最高裁は、適法化の要件を明確には示さず、本件では死期切迫と回復可能性が確認できないので治療中止はいずれにせよ許容されないとした（◎最決平21・12・7 刑集63巻11号1899頁〈講59〉）。

(6) 危険引受け

> **【事例 8】ふぐ中毒死事例**
> 料理店の店主 X が、客 A の要求に従ってふぐの肝を提供し、それを食べた A がふぐ中毒によって死亡した。A は、ふぐの肝に中毒の危険があることをわかっていながらふぐの肝料理を注文していた（なお、料理店のある当該地域では、客へのふぐの肝の提供は、条例によって禁止されていた）。

被害者の危険引受けとは、被害者が結果は発生しないであろうと思ってあえて自らをその危険にさらしたところ不幸にも結果が発生してしまった場合に、慎重さを欠いた被害者の態度が行為者の犯罪成立との関わりで一定の意義をもつのではないかという問題である。

この問題に対して、これを被害者の承諾の 1 つの場面として考えようとする見解がある（承諾説）。この立場からは、承諾の犯罪阻却効果が制限されるのはどのような場合かを考える際に、ふぐの肝の提供が条例違反であるという行為無価値的側面を重視せず、かつ、故意の生命侵害に対する承諾には犯罪成立を否定する効果がないとしても、過失の生命侵害に対する承諾には

犯罪成立を否定する効果が認められると考えるのであれば、（業務上）過失致死傷行為に対して有効に承諾することができるということになるので、【事例8】では被害者の承諾の一場面としてXに業務上過失致死罪（211条）が成立するのを否定できる。しかし、ここでの問題状況においては、被害者は「結果の発生そのもの」については納得しておらず、ただ「危険な行為を実行すること」のみを容認しているにすぎない。結果の発生については、それに全く思いをはせていないか、あるいはせいぜい漠然とした危惧感の程度でその可能性はありうるとしか思っておらず、おそらく大丈夫だろうと考えて結果発生の可能性を最終的に心のうちで打ち消していたのであって、結果が発生するのであればそれでもかまわないとまでは思っていない。また、承諾によって被害者と法益との保護必要性という関係を断ち切るためには、単に被害者が結果発生を予見したというだけでは足りず、承諾の心理的内容としても、被害者が結果発生を「意欲するか少なくとも認容的に甘受する」ことが必要であるが、ここでは被害者にそのような考えはない。したがって、通説は、危険引受けは被害者の承諾とは異なる問題であるとしている。

　そこで、視点を転換して、被害者より行為者に重点を移し、行為者の行為が社会倫理的観点から許容されるか否かを重視して問題を解決しようという見解がある（社会的相当性説）。この説からは、社会的相当性の有無を判断する1つの資料として被害者の危険引受けが一定程度考慮される。そして、例えばスポーツ事故の場合には、当該行為がそのスポーツのルールが許容する範囲内にあれば社会的相当性が肯定され、違法性が阻却されるが、【事例8】では、条例違反の行為なので社会的相当性が否定されXに業務上過失致死罪が成立することになる。

　裁判例としては、以下の事案がある。ダートトライアル同乗者死亡事件では、被告人がダートトライアル競技の練習走行中に運転を誤り車両を防護柵に激突させ、同乗者を死亡させてしまい、業務上過失致死罪（当時）に問われたのであるが、裁判所は、社会的相当性の論拠と並んで、危険引受けという概念でもって違法性の阻却を認定し、被告人を無罪とした（◎千葉地判平7・12・13判時1565号144頁〈百59、講62、プ183〉）。

　しかし、学説においては、本件事故が起きるまでダートトライアルではこのような重大事故が起こったことはなく、行為者からも被害者からも全く予想外の出来事だったので、そもそも被害者が死亡の危険を引き受けていたといってよいのかを疑問視する声もある。

第12講　正当防衛(1)――防衛状況を中心に

◆学習のポイント◆
1　正当防衛が、自力救済の禁止の例外として認められる緊急行為であることをよく理解するとともに、緊急避難との相違を説明できるようにしておく必要がある。
2　侵害の急迫性という要件がなぜ必要なのかを考えるとともに、侵害の時間的・場所的切迫性が認められながらも急迫性要件が否定されるのはどのような場合であるかをしっかりと理解すること。
3　正当防衛と緊急避難の限界領域の問題として「対物防衛」および「防衛行為と第三者」の問題がある。これらの問題を理解するためには、14講（緊急避難）により緊急避難の基本構造をよく理解しておくことが必要である。

1　正当防衛の意義

(1)　正当防衛の制度趣旨

　構成要件に該当するにもかかわらず、例外的に、「悪い」（＝刑法上「違法」である）とは評価できないため、犯罪の成立が否定される事由を**違法性阻却事由**という。違法性阻却事由には、さまざまなものがあるが、本講で学習する「正当防衛」も、現行刑法が規定する違法性阻却事由の１つである。
　法治国家においては、個人の権利・利益が侵害されそうになった場合の予防や侵害された場合の回復は公的機関の任務に属し、私人による実力行使は原則として禁止される（**自力救済の禁止**）。しかし、緊急の場合に、公的機関の保護を求めていたのでは権利・利益の救済が不可能ないし著しく困難であるような場合には、例外的に、私人による実力行使が許される。このような行為のことを**緊急行為**という。
　正当防衛は、このような緊急行為の１つである。例えば、道を歩いていたら突然暴漢に襲われそうになったので、自分の身を守るため、たまたま持っ

ていた傘で反撃したところ暴漢を負傷させてしまったという場合、傘で反撃して負傷させる行為は傷害罪（204条）の構成要件に該当するが、「正当防衛」として違法性が阻却されて不可罰となる。このように、**正当防衛**とは、**急迫不正の侵害に対し、自己または他人の権利を防衛するため、やむをえずにした行為**をいう（36条1項）。

正当防衛には2つの側面がある。第1は、**自力救済禁止の原則の例外**であるという面である。第2は、個人に与えられた普遍的な自己防衛権を行使する**権利行為**であるという面である。第1の側面を強調すれば、正当防衛の成立はできるだけ認めない方がよいということになるし、第2の面を強調すれば、正当防衛はできるだけ広く認めた方がよいということになる。正当防衛に関するさまざまな論点について見解が分かれるのは、究極的には、この2つの面の調和をどのように保つのかということについての考え方の相違に基づくものであるといってよい。

(2) 緊急避難等との違い

緊急行為には、正当防衛（36条1項）、緊急避難（37条1項本文）、自救行為の3つの種類があり、通説によれば、いずれも違法性阻却事由とされている。

【事例1】
　Xが、人ごみの中を歩いていたところ、突然、AがXを刺そうと刃物を突き出してきた。そこで、Xは次のような行動に出た。
　(1) Aからの攻撃を防御するために、Aを突き飛ばした。
　(2) とっさに自分の横を歩いていたBを押し倒して逃げた。

【事例1】の(1)の場合は、急迫不正の侵害を行ってきたAに対して、正当な利益を有するXが反撃を加えたので「正当防衛」が成立する（36条1項）。このように、**正当防衛の本質**は、不正な侵害者に対して反撃行為を行う点で、「**不正対正**」の関係にあるという点にある。

これに対し、【事例1】の(2)の場合のように、急迫不正の侵害を行ってきたAに対してではなく、正当な利益を有する第三者Bを犠牲にして自己等の利益を図る行為には**緊急避難**が成立する（37条1項本文）。緊急避難も緊急行為の一種であるが、**緊急避難の本質**は、正当な利益を侵害された者が第三者の正当な利益を侵害した点で、「**正対正**」の関係にあるという点である。

このように、正当防衛と緊急避難は、いずれも緊急行為でありながら、第

三者の正当な利益を侵害する緊急避難においては、害（法益）の均衡や補充性の要件が要求される点で不正な侵害者の利益を侵害する正当防衛よりもその成立要件が厳格であるのは（この点につき、14講参照）、緊急避難が「正対正」の関係を本質とするからである。

このほか、明文の規定はないが、自救行為も緊急行為としての違法性阻却事由とされている。**自救行為**（自力救済行為）とは、例えば、自分の物を奪った窃盗犯人から財物を実力で奪い返すなど、法律上の手続によらずして自力で権利の回復を図る行為をいう。正当防衛が「急迫不正の侵害」が存在する際の防衛行為であるのに対し、自救行為は「急迫不正の侵害」が終了した後に、公的機関の保護を求めていたのでは権利の回復が困難な事情がある場合に例外的に認められる**事後的救済行為**である。

(3) 正当防衛の成立要件

正当防衛は違法性阻却事由であるから、正当防衛が成立するためには、まず前提として、行為者の行為が特定の構成要件に該当していなければならない。そして、構成要件に該当した行為が「正当防衛」として違法性が阻却されるためには、刑法36条1項が規定する要件を充足することが必要である。

同条項は、「急迫不正の侵害に対して、自己又は他人の権利を防衛するため、やむを得ずにした行為は、罰しない」と規定している。

正当防衛の成立要件は、大別して2つある。1つは、**正当防衛状況に関する要件**で、条文の「急迫不正の侵害」に該当する部分である。具体的には、①**侵害の急迫性**、②**侵害の不正性**である。

もう1つは、**防衛行為**に関する**要件**で、条文の「……に対して、自己又は他人の権利を防衛するため、やむを得ずにした行為」に該当する部分である。具体的には、③侵害者に向けられた**反撃行為**であり（「……に対して」の部分）、④自己または他人の権利を**防衛する行為**でなければならず（「自己又は他人の権利を防衛するため」の部分）、しかも、⑤防衛行為として**相当性**を有する行為でなければならない（「やむを得ずにした」の部分）。

各々の成立要件の内容については、これから詳述するが、正当防衛が成立するためには、①②③④⑤のすべての要件を充足する必要がある。これに対し、①②③④は充足しているが、例えば、素手で殴ってきた相手に対してナイフで反撃するなど、反撃が強すぎて⑤の要件を充足しない場合がある。このような場合は、正当防衛は成立せず犯罪が成立するが、**過剰防衛**として刑が軽くなったり免除されたりする可能性がある（36条2項）。

(4) 正当防衛の正当化根拠

それでは、正当防衛の成立要件をすべて充足する行為はなぜ違法性が阻却されるのであろうか。その根拠をめぐりさまざまな見解が対立している。正当防衛も違法性阻却事由の一種である以上、違法性阻却の基本原理に基づいて説明される。

そして、違法性の本質を法益侵害に求める結果無価値論（11講1(1)ア）からは、**法益欠如原理**もしくは**優越的利益原理**が違法性阻却の基本原理とされ、違法性の本質を社会倫理規範に違反した法益侵害に求める行為無価値論（11講1(1)イ）からは、**社会的相当性原理**が違法性阻却の基本原理とされている。

ア 法益欠如原理

侵害された利益が刑罰による保護に値するような法益とはいえない場合、そのような利益を侵害する行為は実質的にみて違法ではない。これを**法益欠如原理**という。例えば、被害者の同意に基づく法益侵害行為は、被害者が当該法益を放棄している以上、刑罰によって保護すべき法益が欠如するので違法性が阻却される。

正当防衛の場合も、この原理に基づき、不正な侵害者の法益は、防衛に必要な限度でその保護の必要性を失うので、正当防衛は違法性が阻却されると説明する見解がある。

しかし、これに対しては、急迫不正の侵害者であるからといって、なぜ侵害者の法益の要保護性が否定されるのか必ずしも明らかではないという批判や、侵害者の法益性は、減弱することはあるにせよ、ゼロになることはないはずであるという批判がある。

イ 優越的利益原理

法益侵害を惹起することが、別の法益を保護するために必要であり、当該法益侵害行為によって「保護される法益」と「侵害された法益」とを衡量した結果、前者と後者が同等か、前者が後者より優越している場合には当該法益侵害行為は違法でない。これを**優越的利益原理**という。例えば、緊急避難が違法性阻却事由であることは、この優越的利益原理から説明することが可能である。

正当防衛が違法性を阻却する根拠も、この優越的利益原理から、正当な権利者を保護する必要性は不正な侵害者を保護する必要性よりも優越すると説明する見解が有力である。その場合、防衛行為者の保護すべき利益の基本は、自己の生命・身体等の利益（これを**自己保全の利益**という）であるが、

それに加えて**法確証の利益**をあげる見解も主張されている。

法確証の利益とは、急迫不正の侵害が違法であり、それに対して反撃を行うことを認めることにより、正当な権利が不可侵であること（すなわち正当な権利を守るために法規範が存在していること）を公的に宣言する利益のことをいう。そして、自己保全の利益にこの利益をプラスすることで防衛者の利益が侵害者の利益に絶対的に優越することを説明しようとする。

このような考え方に対しては、法秩序は市民を保護するために存在しているが、市民が法秩序を保護するために行為していると考えるのは妥当でないという批判がある。また、不法な侵害には正当防衛という反撃があることを知らせることで法規範の存在を確認するのであれば、規範の意味を理解しうる者にしか法確証の利益はないということになり、責任無能力者に対しては法確証の利益が欠如するために正当防衛ができなくなり妥当でないという批判がある。

ウ 社会的相当性原理

法益侵害行為であっても、社会的にみて相当な行為であれば許容され、不相当な行為であれば違法である。これを**社会的相当性原理**という。

そこで、この立場からは、正当防衛が違法性を阻却するのは、防衛行為が社会的にみて相当であるからだと説明する。なぜなら、防衛行為は、自己保全の利益を保護する行為であるだけでなく（**自己保全の原則**）、不正な侵害に屈することなく正当な権利を守るために法規範が存在していることを公的に宣言する目的を有する行為であるからである（**法確証の原理**）。ここでは、法確証の利益を法益衡量の対象とするのではなく、法確証という目的の正当性が防衛行為の社会的相当性を基礎づけるのである。

正当防衛の正当化根拠をめぐり、以上のようにさまざまな見解がある。見解対立の重要なポイントは、正当防衛の正当化根拠を説明する際に、正当防衛を、「法秩序を確証するための制度」と捉えるか、「受忍する必要のない侵害を受けた者の正当な利益を保護するための制度」と捉えるか、そのいずれに重点を置くかにある。

2 侵害の急迫性

(1) 急迫性要件の意義

正当防衛が成立するためには「急迫不正の侵害」が存在しなければならない（36条1項）。この「急迫の侵害」とは、「法益の侵害が現に存在しているか、または間近に押し迫っていること」をいう（最判昭46・11・16刑集25巻

8号996頁〔隠匿小刀殺事件〕〈講63、プ187・192・204〉)。

急迫性要件は、過去の侵害や将来の侵害に対しては正当防衛ができないことを示し、**正当防衛の時間的範囲を画する機能**を有している。

【事例2】
　Xは、些細なことからAと口論になり、突然Aから殴打されたが、憤激のあまり、既に立ち去ろうとしているAの頭部を殴打して死亡させた。

【事例2】において、Xの行為は傷害致死罪の構成要件に該当する。次に、「急迫の侵害」が存在するかを検討すると、Xを殴打したAがそれをやめて立ち去ろうとしており、侵害行為による危険は消失し急迫な侵害行為は存在しないので、そのような段階になってAを殴打しても、それは**過去の侵害**に対する防衛行為であるから、「急迫の侵害」とはいえず、正当防衛は成立しない。

【事例3】
　Xは、Aから明日公園裏の山林内に連行して制裁を加えると脅され、難を逃れるため、殺意をもって所持していたナイフでAの腹部を突き刺して死亡させた。

【事例3】において、Xの行為は殺人罪の構成要件に該当する。次に、「急迫の侵害」が存在するかを検討すると、XはAから明日公園裏の山林内に連行して制裁を加えると脅されているだけであって、その段階では、Xの生命・身体に対する侵害の危険が現在しておらず、また切迫しているわけでもない。Xは、**将来の侵害を予測して機先を制して攻撃を加えたのであって（先制攻撃）**、現に侵害が差し迫っていたわけではないから、急迫不正の侵害とはいえず、正当防衛は成立しない。

【事例4】
　Xは、泥棒よけのために、自宅のブロック塀の上部の有刺鉄線に電流を流しておいたところ、ある夜、Aが強盗目的で塀の上によじ登ってきた。有刺鉄線に触れたAは、電流のショックで塀から転落し打撲傷を負った。

これに対し、将来の侵害を予測して純粋に防衛の目的で木刀などの防衛用具を手元に置き、侵害が現実化したときにこれを用いて反撃行為に出たときは、やはり急迫な侵害に対する防衛行為と言いうる。そうだとすると、【事例4】のように、将来の侵害を予期し純粋に防衛の目的から物的防衛設備を

設置しておき、現実に侵害が切迫した時点でその効果を発揮するようにすることも、【事例3】のようにあらかじめ先制攻撃を行う場合とは異なり、急迫性の要件に欠けることはない。したがって、Xの行為は傷害罪の構成要件に該当するが正当防衛が成立する。

それでは、「過去」の侵害や「将来」の侵害に対して正当防衛ができないのはなぜであろうか。

法治国家では、権利を侵害された者がその回復を図るためには、本来、法の予定する救済方式に従うべきで、自力による権利回復は原則として禁止されている（自力救済の禁止の原則）。しかし、公的機関に救助・救済を求める余裕がない緊急状態にあるときにまで自力救済を禁止したのでは個人の権利を保護することはできない。そこで、緊急状態にあるときに、例外的に、私人による実力行使を認めるのが「正当防衛」である（**自力救済の禁止の例外**）。

このような**正当防衛の制度趣旨**からすれば、私人の実力行使を認めるとしても時間的限界を画する必要がある。正当防衛も、他人の法益を侵害する行為であるから、公的機関の救済を得られる場合にはできるだけ法益侵害行為は避けるべきである。過去の侵害や将来の侵害に対しては、公的機関に救助・救済を求めることができるので、正当防衛を認める必要はない。

このように、侵害の急迫性は、法益侵害の危険が切迫しており、侵害を避けるためには反撃的な防衛行為をもって対抗するほかはないという緊急状態にあること（**緊急状況性**）を確認するために必要な要件なのである。

(2) 急迫性の始期と終期

侵害の急迫性が認められるためには、法益侵害の危険が切迫していることが必要である。この場合の「切迫」は、侵害者を未遂として処罰するかという問題ではないので、実行の着手（17講）の段階まで至る必要はなく、実行の着手の一歩手前の段階でよい。したがって、例えば、侵害者がポケットから拳銃を取り出せば、拳銃を客体に向けて構えなくても、具体的な侵害行為に連なりうる行為を開始したといえるので急迫性が認められる。

侵害が終了した後には急迫性は否定されるが、侵害がなお継続していると評価されれば急迫性はなお肯定される。**侵害が中断している場合**には、急迫性がなお存在しているのか、それとも終了したのかが問題となる。

侵害の継続性といっても、既に行われた侵害に対しては（過去の侵害であるから）防衛することはできないので、侵害の継続性の有無は、結局、これから加えられる侵害が切迫しているか否かによって決せられる。

この点につき、判例は、侵害行為が一時中断していても、「加害の意欲は、おう盛かつ強固であり……間もなく態勢を立て直し……再度の攻撃に及ぶことが可能であった」ときは侵害の継続性が認められると判示している（◎最判平9・6・16刑集51巻5号435頁〔アパート鉄パイプ事件〕〈プ185〉）。このように、**侵害の終了時期**は、客観的に**再度の攻撃可能性**があるか、主観的に**加害意思が存続**しているかを基準に判断される。

そして、侵害の急迫性が否定されれば、正当防衛はもちろん、過剰防衛の成立も否定される。

(3) **急迫性の判断資料**

侵害の急迫性は、侵害が時間的・場所的に切迫しているか否かという**客観的事情**によってまず判断される。

問題は、侵害が時間的・場所的に切迫しさえすれば常に侵害の急迫性を認めてよいかである。判例は、侵害の予期や積極的加害意思といった行為者の**主観的事情**を判断資料に取り入れて、法益侵害が時間的・場所的に切迫していても、なお急迫性が否定される場合があることを認めている。

ア　侵害の予期

まず、侵害を予期していたという主観的事情について、判例は、「刑法36条が正当防衛について侵害の急迫性を要件としているのは、予期された侵害を避けるべき義務を課する趣旨ではないから、当然又はほとんど確実に侵害が予期されたとしても、そのことからただちに侵害の急迫性が失われるわけではないと解する」と判示し、**侵害の予期**があっても急迫性は失われないとしている（◎最決昭52・7・21刑集31巻4号747頁〔中核派・革マル派内ゲバ事件〕〈百23、プ188〉）。

このように、判例が「侵害が確実に予期される場合でも、そのことから直ちに急迫性が失われるものではない」と解しているのは、もし侵害を予期していたことを根拠に急迫性を否定してしまうと、侵害を予期していた者は防衛行為をしてはならないことになり、行動の自由を不当に制約することになるからである。例えば、夜間、帰宅途中に強盗が出没することを予想していた者が、予想どおり強盗に襲われたとしても反撃行為をしてはならず、逃げなければだめだという結論は不当である。このように、侵害の予期があるだけで急迫性を否定するのは妥当ではない。

イ　侵害の予期と積極的加害意思が並存する場合

しかし、判例は、「侵害の急迫性を要件としている趣旨から考えて、単に予期された侵害を避けなかったというにとどまらず、その機会を利用し積極

的に相手に対して加害行為をする意思で侵害に臨んだときは、もはや侵害の急迫性の要件を充たさないものと解する」と判示している（前掲・最決昭52・7・21）。すなわち、侵害の予期に加え、侵害の機会を利用して積極的に相手に対して加害行為をする意思、すなわち、**積極的加害意思**がある場合には、侵害の急迫性に欠けるので正当防衛も過剰防衛も成立しないとしている。

これに対し、通説は、「急迫」という文言の解釈において主観的事情を考慮することは、その日本語として可能な解釈を逸脱するものであるという理解から、急迫性は侵害が時間的・場所的に切迫しているか否かという「客観的事情」のみによって判断されるべきであり、「侵害の予期」や「積極的加害意思」等の主観的事情によって「急迫性」が左右されることはないと批判している。

【設問1】
　いわゆる中核派の学生であるXは、集会を開こうとした際、対立するいわゆる革マル派に属するAらの襲撃を受け撃退したものの、再びAらが襲撃してくることを予期して鉄パイプ等を準備していた。そして、Aらが再度攻撃してきたので、準備していた鉄パイプを投げつけるなどしてAらに暴行を加えた。Xに正当防衛は成立するか。

【設問1】において、革マル派の再度の攻撃があった時点で、不正の侵害が時間的・場所的に切迫しているといえる。そこで、通説のように侵害の急迫性を客観的な要素だけで判断するのであれば急迫性は肯定されることになる。

しかし、判例は、【設問1】類似の事案において、「Xは、相手の攻撃を当然に予想しながら、単なる防衛の意図ではなく、積極的攻撃、闘争、加害の意図をもって臨んだというのであるから、これを前提とする限り、侵害の急迫性の要件を充たさない」と判示し、正当防衛の成立を否定している（前掲・最決昭52・7・21）。侵害を確実に予期しながら、凶器を準備する等攻撃のための十分な準備をしていたという事実から積極的加害意思の存在が認定されているのである。

それでは、判例が、行為者の主観的事情として、侵害の予期と積極的加害意思が共存する場合には急迫性を否定するのはなぜであろうか。それは、侵害を確実に予期しながら積極的加害意思をもって侵害に臨むような場合は、正当防衛状況を利用した単なる加害行為であって、公的機関に救助・救済を

求める余裕があり、自力救済の禁止の例外を認めなければならないような緊急状態は存在しないからである（**緊急状況性の否定**）。そして、このような場合、行為者にとって侵害は「予定どおりのもの」であるから「急迫」な侵害とはいえないと解釈することは「急迫」という文言からして十分可能であるとされる。

ウ　その他緊急状況性に欠ける場合

このように緊急状況性の不存在が急迫性を否定する根拠であるとすると、急迫性が否定されるのは侵害の予期と積極的加害意思が共存する場合に限られるわけではない。そこで、判例は、積極的加害意思が存在しない事案においても、「刑法36条の趣旨に照らし許容されるものとはいえない場合には、侵害の急迫性の要件を充たさない」と判示するようになった（◎最決平29・4・26刑集71巻4号275頁〔マンション下路上殺人事件〕）。この判例は、「行為者がその機会を利用し積極的に相手方に対して加害行為をする意思で侵害に臨んだとき」は当然、それ以外であっても緊急状況性に欠ける場合には急迫性を否定することを明らかにした点で重要な意義がある。

問題は、「刑法36条の趣旨に照らし**許容されるものとはいえない場合**」に当たるかをどのように判断するかである。

この点につき、上記判例は、「対抗行為に先行する事情を含めた行為全般の状況」に照らして検討すべきことを指摘している。具体的には、行為者と相手方との従前の関係、予期された侵害の内容、侵害の予期の程度、侵害回避の容易性、侵害場所に出向く必要性、侵害場所にとどまる相当性、対抗行為の準備の状況（特に、凶器の準備の有無や準備した凶器の性状等）、実際の侵害行為の内容と予期された侵害との異同、行為者が侵害に臨んだ状況およびその際の意思内容などの事情が考慮要素となる。

エ　急迫性の判断構造

以上から明らかなように、**判例の急迫性の判断構造は以下のとおりである**。第1に、侵害が時間的・場所的に切迫していない場合は急迫性は否定される。第2に、侵害が時間的・場所的に切迫しており、かつ、侵害の予期がない場合には急迫性は肯定される。第3に、侵害が時間的・場所的に切迫しており、かつ、侵害の予期があり、さらに、積極的加害意思もある場合には急迫性は否定される。第4に、侵害が時間的・場所的に切迫しており、かつ、侵害の予期があるが、積極的加害意思がない場合であっても刑法36条の趣旨に照らし許容されるといえない場合、急迫性が否定されることがある。

時間的・場所的切迫性	×	○	○	○
侵害の予期	/	×	○	○
積極的加害意思	/	/	○	×
急迫性の有無	×	◎	×	◎ or ×

> ●コラム● 積極的加害意思の2つの顔
>
> 　本文で述べたとおり、判例は積極的加害意思をもって侵害に臨むと「急迫不正の侵害」が欠けるとしている（前掲・最決昭52・7・21）。他方、判例は、積極的加害意思をもって行った反撃行為は「防衛の意思」が欠けるとしている（最判昭50・11・28刑集29巻10号983頁〈百24、講64、プ205〉）。このように、積極的加害意思は、あるときは「急迫不正の侵害」に影響を与え、またあるときは「防衛の意思」に影響を与える。昭和52年決定で問題となっている積極的加害意思は、**侵害を予期している時点**（＝反撃行為に及ぶ前の段階）での主観的事情である。これに対し、昭和50年判決で問題となっている積極的加害意思は、**反撃行為時の主観的事情**である。そこで、行為者が侵害者からの侵害を予期している場合には、まず、「侵害の急迫性」要件との関係で、行為者が予期した侵害の機会を利用して攻撃を加える積極的加害意思をもって反撃行為に出たかどうかを検討し、そのような状況が認定された場合には「侵害の急迫性」が否定される。これに対し、このような状況が認定されなかった場合には、さらに、行為者が反撃行為に出た時に、専ら攻撃の意思を有していたか、すなわち、積極的加害意思を有していたかが問題となり、そのような状況が認定された場合には「防衛の意思」が否定されるのである。

3　侵害の不正性

(1) 不正性要件の意義

　正当防衛が成立するためには「急迫不正の侵害」が存在しなければならない（36条1項）。この「不正の侵害」とは、**違法な侵害**のことである。ただし、不正の侵害は正当防衛を可能にするための前提要件であり、侵害者を処罰するものではないから、違法な侵害が犯罪を構成するものである必要はない。例えば、刑法上処罰されない過失による器物損壊行為も不正の侵害に当たる。

　正当防衛において、反撃行為が比較的広く許容されるのは、侵害者の行為が「不正」であるからにほかならない。したがって、「適法」な行為に対して正当防衛をすることはできない。正当防衛行為に対する正当防衛は認められないし、（通説によれば緊急避難も違法性阻却事由であるから）緊急避難に対する正当防衛も認められない。これに対し、心神喪失者・14歳未満の者など責任無能力者の違法行為に対する正当防衛は可能である。

(2) 対物防衛

動物や人の所有物による侵害も不正の侵害といえるか、これらの物に対する正当防衛（対物防衛）が許されるかが問題となる。

ア 対物防衛の問題の射程

人間による侵害行為以外の「物」に対して反撃することを**対物防衛**という。対物防衛が問題となるのは、物による侵害を人間の行為とみることができない場合である。そこで、例えば、犬に噛みつかれそうになった者がとっさに鉄パイプを振り回して犬の頭を殴打し犬を死亡させた場合、犬をけしかけたり、犬を鎖でつないでおかなかったなど犬の飼主に故意・過失が認められる場合には、犬の侵害は飼主の故意行為・過失行為とみることができるので飼主に対する正当防衛となり、対物防衛の問題ではなくなる。

また、対物防衛は、物に対する正当防衛の問題であるから、物に対する反撃行為が構成要件に該当している必要がある。もし襲ってきた犬が野良犬であった場合、反撃行為は、少なくとも刑法典上は犯罪構成要件に該当しないので正当防衛の問題は生じない（もっとも、当該動物が特別法によって保護された動物であり、それに対する侵害が特別法違反を構成する場合は正当防衛の問題となる）。これに対し、もしこの犬が他人の飼犬であった場合は、反撃行為は器物損壊罪（261条）の構成要件に該当するので、正当防衛の成否が問題となる。

このように、対物防衛が問題となるのは、動物・物による侵害が人間の故意・過失に基づかない場合で、当該動物・物に対する反撃行為が何らかの構成要件に該当する場合である。したがって、対物防衛が問題となるのは【設問2】のような事例においてである。

> 【設問2】
> Xは、飼犬A（時価1万円）を連れて散歩中、地震による犬小屋倒壊により数日前から逃げ出していたYの飼犬B（時価20万円）がAに襲いかかったので、Aを守るためBを撲殺した。Xの罪責を論じなさい。

イ 対物防衛否定説

対物防衛を正当防衛として認めるか否かについては、従来、違法性の本質に関する行為無価値論と結果無価値論の対立の一場面と考えられてきた。

違法性の本質を**社会倫理規範違反**と捉える**行為無価値論**によれば、不正な侵害とは人間の意思に基づく行為でなければならない。すなわち、違法とい

う概念は、人間の行為を対象としたものであり、法は人間に対して「○○はしてはならない」「××をしなければならない」ということを示した規範である。そこで、人間以外の動物や物には規範は向けられておらず、これらの物には規範に違反する意思もないから規範違反の行為が存在しないのである。したがって、動物や物の侵害については、「不正の侵害」が存在せず、正当防衛を認める余地はないことになる（**対物防衛否定説**）。

この考え方は、前述のように、正当防衛を専ら法秩序を確証するための制度（法確証の原理）と捉える見解からは当然に支持されることになる。なぜなら、法確証の前提となる「法秩序」を共有しているのは人間に限られるからである。

このような対物防衛否定説によれば、**【設問2】**のXの行為は器物損壊罪の構成要件に該当し、Bの侵害は不正の侵害ではないので正当防衛は成立しない。そこで、XはAを守るためにYの所有物Bを侵害したので（正対正の関係であるから）緊急避難の問題として解決することになる。

そして、緊急避難が成立するためには法益の均衡が必要であるところ（この点については14講参照）、Xは小さな利益（Aという1万円の財産）を守るために大きな利益（Bという20万円の財産）を侵害しているので法益の均衡が保たれていない。そうだとすると、緊急避難は成立せず、Xには器物損壊罪が成立する可能性がある。

しかし、Bの侵害が背後の飼主の故意・過失によるものであるときは正当防衛が可能であるのに、そうではないときには緊急避難しか認めないのは、その要件の厳格さから被侵害者（X）の保護に不十分なきらいがある。なぜなら、Bの侵害が飼主Yの故意・過失に基づいているかどうかをXが判断するのは不可能に近いし、民法720条2項は、「他人の物から生じた急迫の危難を避けるためその物を損傷した場合」において「やむを得ず加害行為をした者は、損害賠償の責任を負わない」と規定し対物防衛の場合には損害賠償責任を否定しており、民法上合法的な行為が刑法上違法とされるのは不合理だからである。

そこで、行為無価値論の立場からも、「不正」とは、犯罪成立要件としての「違法」とは異なり、正当防衛が許されるか否かという見地から判断されるべきものであり、動物の侵害も被侵害者の法益を侵害するものであるから「不正」の侵害に該当するとして正面から正当防衛を認める見解や、正当防衛に準じた取扱いをすべきであるとする見解が主張されている。

ウ 対物防衛肯定説

これに対し、違法性の本質を**法益侵害**に求める**結果無価値論**の立場からは、動物・物による侵害も被侵害者の正当な法益を侵害していることに変わりはないので「不正の侵害」に当たり、これに対する正当防衛は可能であると主張する（**対物防衛肯定説**）。

そして、その論拠として、第1に、刑法36条1項は「不正の侵害」と規定しており、必ずしも「侵害行為」を要求しているわけではないこと、第2に、人間の行為に対しては正当防衛ができるが、動物・物の侵害に対しては正当防衛が否定され緊急避難の限度でしか対抗できないという結論は妥当でないこと、などが挙げられている。

このような対物防衛肯定説によれば、【設問2】のXの行為は、器物損壊罪の構成要件に該当するが、正当防衛が成立し違法性が阻却されるので不可罰となる。

4 反撃行為性

(1) 反撃行為の意義

正当防衛行為は、急迫不正の侵害に「対して」行われるもの、すなわち、不正な侵害者に向けた**反撃行為**として行われなければならない。つまり、防衛行為の結果が侵害者に発生したことが必要である。そうでなければ、正当防衛の本質である「不正対正」の利益衝突状況は存在しないからである。したがって、防衛行為により、急迫不正の侵害と無関係の第三者の法益を侵害した場合、その第三者に生じた結果を正当防衛により正当化することはできない。

(2) 防衛行為と第三者

それでは、不正の侵害に対する防衛行為によって、不正の侵害者以外の第三者の法益を侵害した場合はどのように解決したらよいのであろうか。これを**防衛行為と第三者**の問題といい、以下の3つの類型に分けて検討することにしたい。

ア 第三者の物を利用した侵害の場合（第1類型）

【事例5】
　Xは、Aが第三者Bの所有する花瓶でいきなり殴りかかってきたので、防衛のため木刀で反撃したところBの花瓶が割れてしまった。

【事例5】において、Xの行為は器物損壊罪の構成要件に該当する。もし事例を修正して、AがいきなりAの所有する花瓶で殴りかかってきたところ、Xの防衛行為によりAの花瓶を割ってしまったのであればXには正当防衛が成立する。

ところが、【事例5】では、Xの防衛行為により第三者Bの所有する花瓶を割っている。そこで、第三者Bの法益は正当なものである以上、Xの行為により「正対正」の利益衝突状況が生じたので緊急避難の問題として解決すべきだとする見解も主張されている（緊急避難説）。

しかし、Xからすれば、Aが殴ってきた花瓶が侵害者の物であるのか第三者の物であるのかはわからないのに、もしそれが第三者の物であると法益の均衡と補充性を必要とする緊急避難でしか対抗できないとするのはバランスを欠き妥当でない。

そこで、通説は、このような場合に正当防衛の成立を肯定する（**正当防衛説**）。その理由として、前述の対物防衛肯定説からは、（B自身に故意・過失はないが）Bの花瓶がXに当たること自体が不正の侵害と評価できるので正当防衛は可能であるとされる。また、対物防衛否定説からも、B自身に故意・過失はなくても、Bの花瓶はAによる不正の侵害の一部を構成しているとして、正当防衛の成立が認められている。

イ 第三者の物を利用した防衛の場合（第2類型）

【事例6】
　Xは、いきなりAが木刀で殴りかかってきたので、たまたまそばにあった第三者Bの花瓶で反撃したところ、花瓶が木刀に当たって割れてしまった。

【事例6】において、Xの行為は器物損壊罪の構成要件に該当する。そして、Bの花瓶はXの反撃行為の手段として使われ、それによって正当なBの法益が侵害されたことになるが、XとBは「正対正」の関係にあるので正当防衛は成立しない。したがって、Xには、緊急避難が成立しうるにすぎない。

そこで、XがBの花瓶を使用する以外に防衛手段が存在したり、現場から退避することが可能であったときは、補充性の要件を欠くので緊急避難は成立せず、Xには器物損壊罪が成立することになる。

ウ　防衛行為の結果が第三者に生じた場合（第3類型）

【設問3】
　Xは、Aがいきなり日本刀で切りかかってきたので、防衛のためやむをえずAに向けてピストルを発砲したが、弾丸はAに命中せず、予想外にたまたまAのそばにいたBに当たりBが死亡した。Xの罪責を論じなさい。

　【設問3】では、被害者はAとBの2名存在するので、被害者ごとに犯罪の成否を検討する必要がある。
　まず、Aとの関係では、XはAに向けてピストルを発砲し、その弾丸がAには当たらなかったので、殺人未遂罪の構成要件に該当する。次に、Xは、Aが日本刀で切りかかるという急迫不正の侵害が存在する中で、不正の侵害者Aに対して防衛のためにやむをえずピストルを発砲したのであるから正当防衛が成立し、違法性が阻却され犯罪は成立しない。
　次に、Bとの関係では、構成要件的故意を認め具体的事実の錯誤を構成要件段階で検討する通説の立場（8講）を前提にすると、そもそも何罪の構成要件に該当するかをまず検討しなければならない。
　この点、行為者の認識事実と発生事実が同一構成要件に属する具体的事実の錯誤の場合は故意を阻却しないとする法定的符合説（判例）によれば、A殺害の故意のあるXにB殺害の結果について故意責任を負わせることは可能であるから、殺人罪の構成要件に該当することになる（8講2）。
　これに対し、具体的事実の錯誤において、方法の錯誤は故意を阻却するとする具体的符合説（有力説）によれば、A殺害の故意のあるXにB殺害の結果について故意責任を負わせることはできないので、（重）過失致死罪の構成要件に該当することになる（8講2）。
　次に、第三者Bの法益を侵害したXの構成要件該当行為は、違法性が阻却されるであろうか。
　この点につき、第三者に対する法益侵害も不正の侵害者に対する防衛行為から生じている以上、正当防衛を認めるべきだとする見解もある（**正当防衛説**）。しかし、正当防衛が緊急行為として正当化されるのは、防衛行為が反撃行為として不正の侵害者に向けられるからであって、付随的とはいえ、第三者の正当な法益の侵害をも正当防衛に含めることは妥当でない。
　そこで、第三者に危険を転嫁したことによって危難を回避したことを根拠に緊急避難の成立可能性を認める見解が有力である（**緊急避難説**）。【設問

3】の場合、AがXに不正の侵害を加えてきたことはXにとっては「現在の危難」でもある。そこで、このような現在の危難を避けるためにやむをえずした行為であるから緊急避難の問題として解決すべきであるというのである。

ただ、緊急避難が成立するためには補充性の要件を満たす必要があり、Xが危難を回避するために第三者Bの法益を犠牲にする以外に方法がないという状況が存在しなければならない。しかし、Bの法益を侵害しなくてもXの危難を回避することは可能な場合が多いであろうから、緊急避難の成立が認められる場合は多くはないように思われる。

また、その点は別としても、緊急避難は、避難行為者と危難を転嫁される第三者との間に利益衝突状況、すなわち、危難を受忍するか転嫁するかという二者択一関係が存在することが前提となるが、XとBとの間にこのような関係は認められないので緊急避難の成立は困難であるという批判も有力である。

緊急避難の成立を否定した場合、Xの第三者Bの法益を侵害する行為は違法となり、問題の解決は責任の段階で図られるべきこととなる。

この点、具体的符合説に立って（重）過失致死罪の構成要件該当性を認めた場合は同罪が成立することになる。

これに対し、法定的符合説に立って殺人罪の構成要件該当性を肯定した場合、厳格責任説（16講3(2)）によれば殺人罪が成立する可能性がある。また、判例・通説によれば、誤想防衛（16講3）の一種として責任故意が阻却され、過失があれば（重）過失致死罪が成立するという見解も有力である（**誤想防衛説**）。

この点に関連し、裁判所は、被告人と実兄Pが、Qらから木刀等で攻撃を加えられ、被告人は自分の自動車の運転席に逃げ込んだが、PはQから木刀で襲いかかられたので、Qと木刀を取り合っていたPを助けるため、被告人が自動車をQに向け急後退させて追い払おうとして、Qの方向に時速約20kmで後退進行させた結果、Qの右手に同車左後部を衝突させるとともに、Pに同車後部を衝突させ出血性ショックにより死亡させた事案において、「不正の侵害を全く行っていないPに対する侵害を客観的に正当防衛だとするのは妥当でなく、また、たまたま意外なPに衝突し轢過した行為は客観的に緊急行為性を欠く行為であり、しかも避難に向けられたとはいえないから緊急避難だとするのも相当でないが、被告人が主観的には正当防衛だと認識して行為している以上、Pに本件車両を衝突させ轢過してしまった行為について

は、故意非難を向け得る主観的事情は存在しないというべきであるから、いわゆる誤想防衛の一種として、過失責任を問い得ることは格別、故意責任を肯定することはできない」と判示している（◎大阪高判平14・9・4判タ1114号293頁〈百28、講72、プ95〉）。

　【設問3】においても、Xの認識事実は正当防衛に当たる事実であり、発生事実は（正当防衛の要件を満たさない）法益侵害であり、両者に齟齬があるから、典型的な誤想防衛に類似した構造をもつといえる（一種の誤想防衛）。そこで責任故意を阻却し、過失が認められる場合には（重）過失致死罪が成立することになろう。

第13講　正当防衛(2)——防衛行為

> ◆学習のポイント◆
> 1 判例は防衛の意思をどのような内容のものと理解しているか、防衛の意思が否定されるのはどのような場合であるのかについて自ら説明できるようになること。
> 2 防衛行為の相当性については、相当性の判断方法をしっかり理解するとともに、具体的事案において相当性を認定する際にどのような要素に注目するのかを確認すること。
> 3 自招侵害の場合、判例が正当防衛を否定する2つの類型をしっかり理解すること。
> 4 過剰防衛の刑の減免の根拠論を踏まえて量的過剰防衛を認めることができるかを考えること。また、第1行為が正当防衛行為、第2行為が犯罪行為（あるいは過剰防衛行為）であるとき、行為の一体化を認めて全体として過剰防衛の規定の適用を認めることができるのはどのような場合であるかを判例に即してしっかり理解すること。

1 防衛するための行為

正当防衛が成立するためには、反撃行為が「自己又は他人の権利」を「防衛するため」の行為でなければならない（36条1項）。

(1) 「自己又は他人の権利」

防衛するための行為は、「自己の権利」を防衛するための行為（自己防衛）であっても、「他人（第三者）の権利」を防衛するための行為（**緊急救助**）であってもよい。ここでいう「権利」は、厳密な意味で法律上の権利でなくても、法律上保護に値する利益（法益）であれば足りる。

なお、36条1項の「他人」は、自然人だけでなく法人その他の団体もこれに含まれるから、例えば、国有財産など国家の財産権が侵害されようとするときにそれを保護するための正当防衛も当然許される。

問題は、国家的法益や社会的法益のような公共的法益のための正当防衛が許されるかである（特に、国家的法益のための正当防衛のことを**国家緊急救助**という）。例えば、全官公共同闘争委員会が官公庁職員各労働組合総罷業を決行すべき旨のゼネスト突入宣言を行ったとの新聞報道に接した被告人が、ストライキのおそれを阻止し国民の生活権を防衛するために総罷業中止を勧告しようとして産別会議議長を訪れ、議長に対して傷害を与えた行為に正当防衛が成立するであろうか。

学説の中には、正当防衛は個人的利益を保護するための制度であるので公共的利益に対する正当防衛を一律否定する見解もあるが、判例は、公共的利益について正当防衛が許されるべき場合があるとしながらも、それは公共機関の有効な公的活動を期待しえない極めて緊迫した例外的な場合に限定されるとし、上述のゼネスト中止を勧告しようとして産別会議議長に傷害を与えた行為は例外的な場合に当たらないので、正当防衛は成立しないとしている（最判昭24・8・18刑集3巻9号1465頁〈プ201〉）。

(2) 防衛効果の要否

次に、「防衛するため」の行為であるといえるためには、当該反撃行為が**客観的にみて防衛に向けられた行為**でなければならない。したがって、不正の侵害を排除するためにおよそ役立たない行為は「防衛するため」の行為とはいえない。

問題は、それを超えて、現実に防衛効果を生じたことまで必要とするかである。

> 【事例1】
> Xは、Aが拳銃でBを殺害しようとしているのを目撃し、Bの生命を守るためにAに拳銃を発射してAを殺害したが、一瞬早くAが発砲したのでBは殺害されてしまった。

【事例1】において、Xの発砲はAの不正の侵害を排除するために役立ちうる行為ではあったが、結果的にBが殺害されてしまったため、現実には防衛効果が発生しなかった。このような場合、Xの行為は現実の防衛効果が発生しなかった以上、正当防衛は成立しないとする見解もある。

しかし、現実の防衛効果が発生しない限り正当防衛は認められないということになると、防衛行為の失敗を恐れて防衛行為に出ること自体を委縮させることになり妥当でない。

そこで、通説は、正当防衛が「不正対正」の関係にあり、自己の「正当な利益」に対する「不正の侵害」を甘受しなければならない理由はないので、防衛効果をもちうる可能性が十分認められる限り、結果的に侵害を排除できなくても正当防衛は許容されると解している。

(3) 防衛の意思の要否

「防衛するため」の行為といえるためには、客観的に防衛行為とみることができる行為であればよいか、それに加えて、主観的に「防衛の意思」が必要か否かについては争いがある。

この点は、違法性の本質に関する行為無価値論と結果無価値論の対立（11講）の試金石であるといわれている。

すなわち、違法性の本質を社会倫理規範違反に求める立場（行為無価値論）からは、ある行為が規範に違反したといえるためには、規範に違反しようという意思が必要であり、正当防衛として正当化されるためには防衛の意思が必要であるとされる（**防衛の意思必要説**）。

これに対し、違法性の本質を法益侵害に求める立場（結果無価値論）からは、違法性の判断に基本的に主観的要素を持ち込むべきではなく、被侵害者が客観的に正当防衛状況にあることにより正当化されるので防衛の意思は不要であるとされる（**防衛の意思不要説**）。

しかし、結果無価値論の立場からも防衛の意思必要説を主張する見解もあり、防衛の意思の要否は必ずしも違法性の本質論と論理必然性があるわけではない。

判例は、一貫して、防衛の意思必要説を採用している。それは、（喧嘩闘争のように）一見すると不正の侵害に対する防衛行為のような外観を呈する場合であっても正当防衛や過剰防衛の成立を否定すべき場合があり、その判別の機能を防衛の意思に求めているからであろう。

(4) 防衛の意思必要説の論拠

判例が防衛の意思必要説をとっている理由は、次の点にあるとされている。

ア 条文根拠

36条1項は、権利を防衛する「ため」という文言になっており、この文言の文理解釈から防衛の意思は必要である。

イ 偶然防衛の処理

偶然防衛とは、ある者が他人の法益を侵害したところ、実は、その他人も自己または第三者の法益を攻撃しようとしていたため、偶然にも自己または

第三者の法益を防衛する結果となっていた場合をいう。

> **【事例2】**
> Xは殺意をもってAを射殺した。実はたまたまAもXを殺そうとしてXに銃を向けていたが、Xはそれを知らず一瞬早く発砲したため自己の生命を防衛することができた。

例えば、【事例2】において、防衛の意思不要説をとると、Xの行為は客観的にみて防衛に向けられた行為であることから正当防衛が成立し殺人罪は成立しない。

しかし、客観的には正当防衛状況が存在していたとはいえ、X自身はそのような状況を全く認識しないままAに対して一方的に攻撃を加えており、その内心の意思は通常の犯罪者のそれと何ら異なることがない。それにもかかわらず、防衛の意思不要説は、たまたま攻撃の時点で正当防衛状況にあったことが事後的に判明したというだけで正当防衛の成立を肯定し、行為者を不可罰とする。この見解によれば、Xは先に発射したから正当防衛が成立するのであって、もしAの方が先に発射すればAに正当防衛が成立することになり「早いもの勝ち」になってしまう。

しかし、このような結論は明らかに一般の法感情に反する。そこで、防衛の意思必要説は「防衛の意思」に基づく反撃行為であるからこそ違法性が阻却されるのであるとし、Xには防衛の意思がない以上正当防衛は成立せず殺人罪が成立すると主張する。

* なお、学説の中には、不要説に立ちつつ正当防衛ではない状況で構成要件を実現する危険性があるとか、必要説に立ちつつ行為無価値はあるが結果無価値に欠けるなどの理由から、Xに殺人未遂罪が成立するという見解も主張されている。

ウ 口実防衛の処理

口実防衛とは、侵害を受けたのを好機として（防衛を口実として）積極的に攻撃を加える場合をいう。

このような場合も、防衛の意思不要説からは客観的にみて防衛に向けられた行為であるから正当防衛（もしくは過剰防衛）が成立するとされる。

しかし、防衛行為の名の下に積極的な侵害行為をする場合にまで自力救済の禁止の例外としての正当防衛を認めるのは妥当でない。口実防衛は、防衛の意思が欠けるとして正当防衛の成立を否定すべきであるとされる。

エ　過剰防衛の要件

　過剰防衛（後掲4）は、急迫不正の侵害に対する防衛行為としてなされ、その行為が防衛の程度を超えたために正当防衛の成立は認められないが、刑を任意的に減軽または免除することができるとされる事由である。

　しかし、そもそも防衛の意思に基づく反撃行為とはいえない場合にまで刑の減免措置は必要でない。その意味で、防衛の意思は過剰防衛の要件でもあるといえよう。

(5)　防衛の意思の内容

　判例は、防衛の意思の内容について明確な定義を示していない。判例は、当初、防衛の意思の内容として防衛の意図や動機・目的を要求していたが、緊急状態において反射的・本能的に行われることも少なくない正当防衛においてこのような明確な意図まで要求するのは正当防衛の趣旨と相容れないという学説の批判を受け、その内容を正当防衛状況および防衛行為の認識に近いところまで希薄化するに至った。しかし、正当防衛状況や防衛行為の認識だけでは足りず、それを超えた意思的要素を要求している。

　そこで、防衛の意思を定義すると、**急迫不正の侵害を認識しつつ侵害を避けようとする単純な心理状態**ということになろう。

　防衛の意思の内容をこのように理解すると、①急迫不正の侵害を受けた者が「**憤激または逆上して反撃を加えた**からといって、ただちに防衛の意思を欠くものと解すべきではない」（◎最判昭46・11・16刑集25巻8号996頁〔隠匿小刀殺害事件〕〈講63、プ187・192・204〉）。なぜなら、他人から不正の攻撃を受けて憤激の情をもつのは人間として自然の感情であるといえるからである。

　また、②「**防衛の意思と攻撃の意思とが併存**している場合の行為は、防衛の意思を欠くものではないので、これを正当防衛のための行為と評価することができる」（◎最判昭50・11・28刑集29巻10号983頁〈百24、講64、プ205〉）。

　しかし、③喧嘩闘争の場合のように、「攻撃を受けたのに乗じ積極的な加害行為に出た」という場合（前掲・最判昭46・11・16）や「防衛に名を借りて侵害者に対し積極的に攻撃を加える行為」（前掲・最判昭50・11・28）については、**専ら攻撃の意思**で反撃行為がなされたものであるから防衛の意思は認められない。

　なお、防衛の意思で問題となるのは「反撃行為時」の積極的加害意思である。12講コラム「積極的加害意思の2つの顔」で述べたように、侵害の急迫

性として問題となる積極的加害意思は侵害を予期した時点（反撃行為に及ぶ前の時点）のものであり、両者は区別する必要がある。

(6) 防衛の意思の認定

正当防衛が問題となる状況では、行為者が緊急事態に直面して心理的に動揺していることもあって、行為当時の心理状態を正確に供述することを期待するのは困難である。そこで、防衛の意思の認定においては、行為者の供述（直接証拠）よりも、客観的事実（間接事実）を認定しそこから行為者の主観を推認するという方法がとられている。

具体的には、①防衛行為者と相手方との間に従前どのような関係があったのか（**従前の関係**）、②相手の侵害の態様・程度はどのようなものであったのか（**相手の侵害**）、③これに対応するためのものとして行為者に与えられた選択肢にはどのようなものがあり、それぞれ、侵害を回避するためにはどの程度有効だったのか、行為者がその選択肢をとることはどの程度容易だったのか（**選択肢**）、④防衛行為者の行為態様・強度はどのようなものであったのか（**行為態様**）、⑤防衛行為者はその行為中や行為の前後にどのような言葉を発したのか（**言動**）等の点を認定し、これらを総合して行為者の主観を推認することになる。なお、これらの客観的事実の認定は、当然のことながら、正当防衛の他の要件の検討と重複することもある。

●**コラム**●　防衛の意思の認定に際し考慮すべき要素

①の従前の関係では、例えば、初対面であれば防衛の意思を肯定する⊕の要素となり、日頃から仲が悪ければ防衛の意思を否定する⊖の要素となる。②の相手の侵害については、相手の侵害が強力・執拗であれば⊕の要素、軽微なものであれば⊖の要素となる。③の選択肢については、侵害を容易に回避することができたのであれば⊖の要素となる。④の行為態様については、相手方の侵害に対して軽い制圧行為をしたのであれば⊕の要素、強烈な加害行為であれば⊖の要素となる。⑤の言動については、相手の行動を制止するような言動があれば⊕の要素、攻撃的な言動があれば⊖の要素となる。

2　「やむを得ずにした行為」

(1) 必要性と相当性

正当防衛が成立するためには、急迫不正の侵害に対する防衛行為が「やむを得ずにした行為」であることが必要であり（36条1項）、「防衛の程度を超えた行為」である場合には正当防衛は成立せず過剰防衛となる（36条2項）。

「やむを得ずにした行為」とは、通説によれば、防衛行為としての必要性

および相当性を有する行為である。

防衛行為の必要性とは、侵害を防ぐために必要な行為を意味する。侵害行為を防ぐために必要な手段であればよく、緊急避難のようにそれ以外に法益保全の手段がないこと（補充性）はもちろん、必要不可欠な手段であることも要求されていない。

ただし、客観的に「防衛するため」の行為に該当すれば、侵害を防ぐために必要な行為であるといえるので、必要性という要件には特別の限定機能はない。

そこで、正当防衛と過剰防衛の限界づけにとって決定的な意味をもつのは、**防衛行為の相当性**である。侵害を防ぐために必要な行為であれば何でも許されるのではなく、相当な行為だけが正当化されるのである。

(2) **相当性の内容**

判例は、「やむを得ずにした行為」とは、「急迫不正の侵害に対する反撃行為が、自己または他人の権利を**防衛する手段**として**必要最小限度**のものであること、すなわち反撃行為が侵害に対する**防衛手段**として**相当性**を有するものであることを意味するのであって、反撃行為が右の限度を超えず、したがって侵害に対する防衛手段として相当性を有する以上、その反撃行為により生じた結果がたまたま侵害されようとした法益より大であっても、その反撃行為が正当防衛行為でなくなるものではない」と判示している（◎最判昭44・12・4刑集23巻12号1573頁〈講65、プ210〉）。

正当防衛は「不正対正」の関係にあるので、必ずしも防衛行為が唯一の方法であることは必要でないし（補充性の要件は不要である）、また厳格な法益の均衡も要求されていない。

反撃行為が防衛手段として必要最小限度といえれば、反撃行為により生じた結果がたまたま侵害されようとしていた法益よりも大きなものであっても正当防衛は成立するのである。

ただし、防衛しようとした法益と侵害した法益とが**著しく均衡を失している場合**は相当性が否定される。判例も、豆腐数丁という財産的利益を防衛するために侵害者の生命を侵害した事案について正当防衛の成立を否定し過剰防衛としている（大判昭3・6・19新聞2891号14頁）。

(3) **相当性の判断基準**

相当性の判断方法として、**行為としての相当性判断**をするという見解（**事前判断説**）と結果としての相当性判断をするという見解（**事後判断説**）が対立している。

両説で結論が分かれるのは次のような事例である。

> 【設問1】西船橋駅事件
> 　X女は、駅のホームにおいて、酒に酔っ払ったA男から執拗にからまれた末、胸から首筋の辺りを手でつかまれたので、Aをわが身から離そうとしてAの右肩付近を両手で突いたところ、よろめいたAは同ホーム下の電車軌道敷内に転落し、折から同駅に進入してきた電車の車体右側と同ホームとの間に挟まれて圧迫され、よって即時同所において死亡した。なお、ホーム上の周囲の乗客はAの侵害を見ていながら誰ひとりXを助けようとはしなかった。Xには傷害致死罪が成立するか。

　【設問1】において、Xの行為は「やむを得ずにした行為」といえるであろうか。

　この点、**行為としての相当性判断**をするという見解によれば、周囲の乗客が誰ひとり助けてくれない状況の中で、Aから執拗にからまれ胸から首筋の辺りを手でつかまれたXが、Aの胸を突く程度の行為は許されてしかるべきである。

　たしかに、運悪くAがホームから転落し、かつ、たまたま電車が進入してきたため重大な結果を生じたが、正当防衛は、緊急状態において市民が不正な侵害から身を守るための権利行為としての性格を有しているので、Xの行為は必要最小限度の防衛手段であるといえ、正当防衛として違法性が阻却される（◎千葉地判昭62・9・17判時1256号3頁〈プ213〉）。

　これに対し、**結果としての相当性判断**をするという見解によれば、事後的にみる限り、Xの行為は電車が入線してくるときにAをホーム下に転落させるという極めて危険な行為であり、他方、Xは生命を奪われる危険にさらされていたわけではなく、嫌がらせを受けていただけであり、Xが守ろうとした利益と比較するとAの生命ははるかに重いものである。法益の均衡は相当性の要件ではないとしても、著しく均衡を失している場合は相当性が否定される。したがって、Xには正当防衛は成立せず傷害致死罪（205条）が成立し、過剰防衛として刑の減免の対象となる。

　このように2つの見解が対立しているが、判例は、前述のように、「侵害に対する防衛手段として相当性を有する以上、その反撃行為により生じた結果がたまたま侵害されようとした法益より大であっても、その反撃行為が正当防衛行為でなくなるものではない」と判示し、防衛行為の相当性を、結果の衡量ではなく、行為が必要最小限度の手段といえるかという観点から判断

している（前掲・最判昭44・12・4）。それでは、判例が**行為としての相当性判断**をするという見解に立つのはなぜであろうか。防衛行為の相当性を完全に事後判断で行うと、防衛行為は行ったが防衛効果がなかった場合までも正当防衛が否定されることになりかねず妥当でない。正当防衛が、急迫不正の侵害を受けた市民の権利行為としての性格を有する以上、「やむを得ずにした行為」か否かは、行為時を基準として、当該具体的状況の中でどのような防衛手段をとりえたのかという視点から判断されるべきことになる。

(4) 相当性判断の方法

それでは、行為としての相当性判断はどのように行うべきであろうか。この点、判例実務では、防衛行為を、一方において侵害行為の危険性と比較し、他方において代替行為の危険性と比較し、それが防衛する手段として必要最小限度であるといえるか否かを判断している。

まず、防衛行為の危険性と侵害行為の危険性を比較し、侵害行為と防衛行為との間に著しい不均衡がないかを検討する。具体的には、侵害者と防衛行為者の武器が実質的にみて対等といえるかを判断する（**武器対等の原則**）。

●コラム● 武器対等の原則とは

判例は、相当性の判断に際して、「武器対等の原則」を採用しているといわれる。これによると、素手の攻撃者に素手で反撃したり、凶器を持つ攻撃者に凶器を用いて反撃したり、凶器を持つ攻撃者に素手で反撃した場合は相当性が認められることが多い。これに対し、素手の攻撃者に対して凶器を用いて反撃したり、危険性の低い凶器を持つ攻撃者に危険性の高い凶器を持って反撃したり、1人の攻撃者に対し数人で反撃した場合には相当性が否定されることが多い。もっとも、武器対等の原則は、形式的に適用されるべき性質のものではなく、侵害者・防衛行為者の身体的条件（年齢、性別、体力等）、侵害行為の態様、防衛行為の態様をも考慮し、事案に応じて実質的に判断されるべきものである。判例も、武器対等の原則だけで相当性を判断しているわけではない。

侵害行為と防衛行為の危険性の比較衡量にあたっては、防衛行為によって現実に生じた結果ではなく、防衛行為によって本来ならば害されるはずであった法益を重視すべきであるとされる。

例えば、【設問1】でもXがAの右肩付近を突くことにより害されるはずであった法益はAの身体であって生命ではない。したがって、危険性の低い防衛行為を選択した場合には、たとえ重大な結果が発生したとしても相当性が認められる。

しかし、行為態様の危険性の比較衡量だけでは、行為態様の危険性が高い防衛行為を選択した場合には相当性が否定されかねない。他に有効な手段が

ない場合に、行為態様の危険性の比較衡量だけで正当防衛を否定すると、被侵害者の利益保護に欠けることになる。

> 【事例3】
> X女は、夜道で暴漢Aに襲われ強制性交をされそうになった。Xは、周囲に人の気配もなく誰かに助けを求めることもできなかったので、たまたま落ちていた大きな石をAに投げたところ、石はAの頭部に当たりXは難を免れたがAは重傷を負った。

【事例3】において、Xは性的自由という法益を守るために、危険性の高い防衛手段を選択している。そこで、防衛行為と侵害行為の行為態様の危険性だけを比較すると、侵害行為の危険性に比し防衛行為の危険性の方が高いので相当性が否定される。

しかし、Xに正当防衛を否定すると、Xとしては過剰防衛として処罰されるか、性的自由の侵害を甘受するかのいずれかを選択しなければならず、Xの利益保護に欠けるといわざるをえない。

このような場合、Xに要求できるのは、当該具体的状況の中で取りうる防衛手段の中で可能な限り侵害性の低い防衛手段を選択すべきことにとどまるべきである。そこで、防衛行為の相当性の判断にあたっては代替行為の危険性との比較が不可欠である。そして、防衛行為者が、その能力や周囲の具体的状況を考慮しつつ、**侵害現場で選択しえた防衛手段**のうち、**確実に防衛効果が期待できる手段**であって、かつ、**侵害性が最も軽微な手段がまさに必要最小限の手段**であって、そのような手段をとった行為はやむをえずにした行為に当たると解すべきである。

【事例3】において、夜道で助けを求めることができない状況下で強制性交の危険に曝された女性が、暴漢に対抗し確実に防衛効果を期待できる手段は、落ちていた大きな石をAに投げるしかなかったと考えられ、結果的にAに重傷を負わせたとしても必要最小限度の手段であったとして相当性が認められる。【設問1】においてXの行為が必要最小限度の手段であると評価されたのも同様の理由による。

判例が相当性を肯定しているのは次の3つの類型である。

第1は、侵害から権利を防衛するための手段として、実際にとられた防衛行為より実質的に危険のより小さい代替手段がなかった場合である。例えば、PがQから突然出刃包丁で左肩部を刺されたため、所持していた短刀で

対抗しＱの頸部を刺して死亡させた事案では、いきなり出刃包丁で左肩部を刺された者としては刃物で必死に対抗するのも無理はなく、実質的にみて危険の小さい代替手段がなかったので防衛行為の相当性が認められる。

　第2は、侵害から権利を防衛するための手段として、より危険の小さい代替手段があったが、それをとることの困難性、侵害の危険性、急迫の程度などからみて、実際の防衛行為をとったことが不当とはいえない場合である。例えば、Ｐが柔道家のＱと飲酒した際、些細な口論から突然激昂したＱがＰを殴打したところ、それを見たＰの老母がＱを制止しようとし逆にＱから腹部を突かれて転倒しさらに暴行を受け続け息も絶え絶えの状況になったので、Ｐが老母を生命の危険から救うため出刃包丁でＱの左脇腹を刺して重傷を負わせたという事案では、左脇腹よりも危険の小さいところを刺す等の方法で侵害を排除する手段があったとしても、Ｑが柔道家であったため通常の方法では対抗しがたく、行為当時の急迫した状況からやむをえなかったといえるので防衛行為の相当性が肯定される。

　第3は、侵害から権利を防衛するための手段として、より危険の小さい代替手段があり、それをとるべきであったが、実際の防衛行為によって生じた結果が侵害者の侵害結果より小さく、しかも、防衛行為の危険性の性質・程度からみて違法性が否定される場合である。例えば、【事例3】を修正して、夜道で暴漢に襲われ強制性交をされそうになったＸが、持っていた防犯ブザー等で周囲の人の助けを求めることができたのに、道端に落ちていた石をＡの足を狙って投げたところ命中せずＡは負傷しなかったという事案では、Ｘの投石行為から傷害結果が発生せず、かつ、足を狙って投石する行為の危険性の性質・程度からして違法性が否定されるので、防衛行為の相当性が認められる。

　以上のように、防衛行為が必要最小限度であるといえるかは、侵害行為の危険性との比較（武器対等の原則）を踏まえ、代替行為との比較を行って判断される。その際の考慮要素は、①使用された武器の対等性、②侵害者・防衛行為者の身体的条件（年齢、性別、体力等）、③侵害行為の態様、④防衛行為の態様、⑤侵害排除のための代替手段の有無などである。

　なお、正当防衛の成否が議論される事案の多くは「生命・身体」に対する侵害の場合であるが、36条は自己または他人の「権利」（法益）の防衛を認めている以上、当然、財産や名誉などの「非身体的利益」に対する侵害であっても正当防衛が認められる場合はありうる。ただ、財産的権利が侵害された場合は、身体的利益が侵害された場合と異なり、正規の紛争解決手段を通

して、事後的に権利を救済・回復することが可能な場合が多いので、緊急状況の中で例外的に自力救済を認める正当防衛の趣旨からして、正当防衛の成立を否定すべき場合もあろう。この点につき、賃借権、共有持分権等の財産権に対する侵害に対する防衛行為として行った被告人の暴行行為について、従前から侵害行為が繰り返されていたことや被害者との年齢差・体格差等を考慮し、防衛行為の相当性を肯定した判例が注目される（◎最判平21・7・16刑集63巻6号711頁）。

3 自招侵害と正当防衛

(1) 問題の所在

正当防衛の成否が現実に問題となる事案は、被侵害者が何の理由もなく一方的に不正の侵害を被る場合よりも、事前に侵害者・被侵害者の間に何らかのトラブルがあったり、被侵害者が自ら挑発的な言動に出ている場合が多い。このように、被侵害者に侵害について何らかの原因がある場合、正当防衛の成立は否定されるのであろうか。

自招侵害とは、自らの行為によって相手方の侵害を招き、その状況の下で反撃を行う場合に正当防衛が成立するかという問題である。自招侵害では、「①自招行為（侵害誘致行為）→②（相手方の）侵害行為→③反撃行為」という経過をたどり、③に正当防衛が成立するか否かが問題となる。

例えば、阪神戦に負けた巨人ファンのPが、腹いせに阪神ファンのQに対し阪神の悪口を言えば必ずやQが怒って反撃してくるに違いないからその機会にQを痛めつけてやろうと考え、Qに向かって阪神の悪口を言ったところ、怒ったQがPに殴りかかってきたのでPはQに反撃しQを負傷させたという事案では、PがQに向かって阪神の悪口を言う行為が侵害を誘致する自招行為（①）であり、これに対してQがPに殴りかかる行為が侵害行為（②）であり、PがQに反撃しQを負傷させた行為が反撃行為（③）である。

このうち、②に（①に対する）正当防衛が成立する場合には、②は不正の侵害ではないので③には正当防衛は成立しない。例えば、上述の事例でPが阪神の悪口を言う代わりにQに向かって石を投げつけた場合は、自招行為である投石行為は暴行罪（208条）の構成要件に該当する行為であるから急迫不正の侵害に当たり、QがPに殴りかかる行為は正当防衛となるので、Qの侵害行為は急迫不正の侵害に当たらず、Pの反撃行為に正当防衛が成立する余地はない。

したがって、自招侵害において正当防衛の成否が問題となるのは、②に正

当防衛が成立せず過剰防衛になる場合や、（①に対する対抗として）②が行われそれ自体が急迫不正の侵害といえる場合である。

(2) 自招侵害の類型

自招侵害には、相手を害する目的で、相手方の侵害を意図的に招致し、それに対して反撃をなす**意図的自招（挑発）**事例、相手方の攻撃を認容しながら自招行為を行う**故意的自招（挑発）**事例、相手方の攻撃を予見しうるのに予見しないまま自招行為を行う**過失的自招（挑発）**事例という3つの類型がある。

このうち、**意図的自招（挑発）**事例の場合に正当防衛は成立しないとする点で判例・学説は一致しているが、この結論をいかなる根拠に基づいて説明するかについて見解が分かれている。

また、**過失的自招（挑発）**事例の場合は、原則として正当防衛の成立は否定されない。特に、過失が軽微なものである場合や、（相手方の軽微な反撃行為が予想される過失的自招行為において）相手方が予想以上に重大な法益を侵害する行為をしてきた場合には、なお正当防衛の成立する余地を認めるのが一般である（ただし、自ら侵害を招いたことにより防衛行為の相当性要件が慎重に判断されることになろう）。

これに対し、**故意的自招（挑発）**事例の場合において、どのような場合に正当防衛が認められ、どのような場合に認められないかについては個別の事案によって異なる。

(3) 学説状況

この問題について学説は複雑に対立しているが、大別して、正当防衛の要件論からアプローチする立場と正当防衛の本質論からアプローチする立場に分かれる。

ア　正当防衛の要件論からのアプローチ

まず、積極的加害意思が認められる場合には防衛の意思が否定されるとする見解（**防衛の意思否定説**）がある。

また、攻撃行為と防衛行為が同時になされたと評価できるときや防衛者に十二分の攻撃準備が存するときには「防衛するため」の行為とはいえないとする見解（**防衛行為性否定説**）もある。これらの見解により防衛の意思や防衛行為性が否定されると正当防衛はもちろん過剰防衛も認められないことになる。

次に、侵害を招致した自招行為者の法益の要保護性は通常の場合よりも低下するので、侵害者（相手方）と被侵害者（自招行為者・防衛行為者）の関

係は緊急避難状況に接近し、その結果、防衛行為の相当性の範囲が制約されるとする見解も主張されている（**相当性制約説**）。この見解の場合、相当性が制約された結果、相当性が否定されても過剰防衛は成立することになる。

イ　正当防衛の本質論からのアプローチ

形式的には正当防衛の成立要件を満たすが、実質的な観点から他の法理により一定の範囲で正当防衛を否定する見解として、正当防衛の基本原理として法確証の利益（12講1(4)を参照）を援用する立場を前提に、自招侵害は、通常の場合よりも法確証の利益が減少しており、正当防衛権の濫用と認められるときは正当防衛が否定されるとする見解（**権利濫用説**）がある。

また、防衛行為が社会的相当性を欠くものか否かで判断する見解（**社会的相当性説**）も、社会的相当性の判断の際に法確証の利益を考慮するので、実質的にみれば同一のものといえる。

次に、防衛行為自体は適法であっても、原因行為（自招行為）が（防衛行為を経由して）侵害結果を惹起した行為と評価され違法であるか否かで判断するという見解（**原因において違法な行為の理論**）がある。

これらの見解は、36条1項の文言を超えて、いわば外在的制約として正当防衛を制限・否定するものである。

(4)　判例の立場

判例が自招侵害であることを理由に正当防衛の成立を否定するのは次の2つの類型である。

第1の類型は、**意図的自招（挑発）事例**である。具体的には、**侵害を予期し、かつ、積極的加害意思が認められる場合**で、このような場合には、侵害の急迫性が否定される（12講2(3)）。

【事例4】
　Xは、Aを憤激させれば必ず攻撃してくるに違いないので、その機会を利用してAを打ちのめそうと思った。そこで、XがAを嘲笑したところ、これに憤激したAが予想どおり殴りかかってきたので、あらかじめ準備していた棍棒でAを殴打して死亡させた。

【事例4】において、Xは侵害を予期し、かつ、その時点で積極的加害意思が認められるので、侵害の急迫性が否定され正当防衛は成立しない。ただ、この考え方で対応できるのはあくまでも侵害の予期があるときに限られる。

第2の類型は、故意的自招（挑発）事例の一部である。

【設問2】ゴミ捨て事件
　Xは、ゴミ捨てのことでAと口論となりAの顔を手拳で殴打して立ち去った。ところが、Aは自転車でXを追いかけXに追いつきXの背中を殴打した。予想もしない攻撃にびっくりしたXは護身用に携帯していた特殊警棒でAの顔面を殴打し傷害を負わせた。Xに正当防衛は成立するか。

　【設問2】と類似の事案で、最高裁は、XがAの侵害に先行する「違法」な暴行により自ら不法な相互闘争行為を開始したという評価を前提に、Xが特殊警棒でAの顔面を殴打して傷害を負わせた行為は、「Xにおいて何らかの**反撃行為に出ることが正当とされる状況における行為**とはいえない」と判示して正当防衛の成立を否定している（◎最決平20・5・20刑集62巻6号1786頁〈百26、講68、プ198〉）。
　前述のように、正当防衛の制度趣旨から、反撃行為が正当化されるためには「緊急行為」といえなければならず、「急迫不正の侵害」もそのために必要な要件である。平成20年決定は、緊急行為性という正当防衛の制度趣旨から、急迫性要件を経由することなく、直ちに正当防衛の成立を否定している。これは、侵害の予期があったことが明白ではないので急迫性要件を否定することはできないが、①**違法な行為によって侵害を招致**したといえ（侵害が、自招行為に触発された、その直後における近接した場所での一連、一体の事態であること）、しかも、②**侵害が侵害招致行為の程度を大きく超えるものではない場合**には、侵害招致者が不法な相互闘争行為を開始したといえるので、そもそも緊急行為性がないとして刑法36条の個々の要件の成否の検討をするまでもなく、同条を適用できないと判断したものと思われる。
　このように判例は、自招侵害の場合は、侵害の予期がある場合と予期がない場合とに分けて正当防衛の成否を検討していることに注意する必要がある。

●コラム●　喧嘩と正当防衛
　自招侵害の延長線上に「喧嘩と正当防衛」の問題がある。喧嘩とは、闘争者双方が攻撃および防御を繰り返す一団の連続的闘争行為である。喧嘩も、部分的にみれば一方が他方を攻撃し他方がこれを防衛する関係にあるが、事態を全体的に観察する限り、正当防衛の観念を入れる余地はない場合が多く、防衛の意思や侵害の急迫性要件が否定される。昔から「喧嘩両成敗」といわれるのはこのことを意味する。しかし、喧嘩であっても正当防衛が認められる場合はある。例えば、素手で殴っていたところ、突然一方がナイフを出して

> 攻撃してきた場合など局面が急激に変化したような場合には正当防衛が成立する余地があるといえる。

4　過剰防衛

(1)　過剰防衛とは何か

過剰防衛とは、急迫不正の侵害に対し、防衛の意思で、「防衛の程度を超えた」反撃行為を行った場合をいう（36条2項）。

過剰防衛が成立するのは、正当防衛の他の成立要件はすべて満たし、かつ、防衛行為の相当性の要件だけが欠ける場合でなければならない。また、行為者が過剰性を基礎づける事実を認識していることも必要である（これを認識していない場合は誤想防衛の問題となる）。

過剰防衛は、正当防衛の一種ではなく、正当防衛が成立しないため違法性が阻却されず犯罪自体は成立しているが、情状により刑を減軽または免除することができるにすぎない（**任意的減免事由**）。

判例が過剰防衛と認める典型例は、侵害から権利を防衛するための手段として、より危険の小さい代替手段があり、それをとるべきであったのに、危険の大きい防衛行為をし、侵害者の侵害の結果より大きな法益侵害の結果を発生させた場合である。

(2)　任意的減免の根拠

過剰防衛の場合なぜ刑の任意的減免が認められるのであろうか。この点につき、**責任減少説**は、相手から攻撃を受けたという緊急状態での恐怖・驚愕・興奮・狼狽という心理的動揺により「防衛の程度を超えた」反撃行為を行ったとしても期待可能性が減少し行為者を強く非難できないことを考慮して刑の減免の可能性を認めたものと解する。この立場からは、過剰な結果を特に意図した場合には、防衛の意思が欠け、心理的動揺などの責任減少の根拠がなくなるので、過剰防衛の成立は否定される。

しかし、精神的動揺を生じさせる原因は急迫不正の侵害が存在するという認識であるから、この見解によると、急迫不正の侵害が客観的に存在する典型的な過剰防衛と急迫不正の侵害が客観的に存在しない誤想過剰防衛との区別ができなくなるという問題点がある。

これに対し、**違法減少説**は、防衛行為は過剰であったにせよ、防衛のために行われたのであるから違法性が減少すると説明する。しかし、違法性が減少しているのであれば、刑は必要的に減免すべきであり、情状によって刑を

任意的に減免するという文理には合わないし、過剰な違法結果が発生し完全な犯罪が成立しているのに刑の免除まで認める理由を説明することは難しい。

そこで、通説は、責任減少説を基礎としつつ、違法減少をも考慮する**違法・責任減少説**を支持している。すなわち、急迫不正の侵害に対する反撃行為によって正当な利益が維持されたことにより違法性が減少し、かつ、急迫不正の侵害という緊急状態下における心理的動揺（恐怖、驚愕、興奮、狼狽）から責任が減少するというのである。

この見解によれば、急迫不正の侵害が存在することにより違法性が減少することが36条2項を適用するための前提条件（外枠）であり、その上で、行為者の責任減少の有無・程度によって刑を減軽・免除するか否かを判断することになる。

(3) 過剰防衛の類型

過剰防衛には、質的過剰と量的過剰の2つの類型が存在する。**質的過剰**とは、例えば、素手による攻撃に対して鉄棒で反撃して相手を死亡させた場合のように、必要以上に強い反撃を加えて防衛の程度を質的に超えた場合をいう。この質的過剰の場合に過剰防衛の規定が適用されることについては争いがない。

これに対し、**量的過剰**とは、当初は防衛の程度の範囲内にある反撃であったが、相手方の侵害が終了したにもかかわらず、なおそれまでと同様またはさらに強い反撃を続けた場合をいう。すなわち、量的過剰とは、急迫不正の侵害に対して反撃を継続するうちに、その反撃が量的に過剰になった場合をいう。

量的過剰の場合に過剰防衛の規定が適用されるかについては争いがある。なぜなら、反撃行為の途中から急迫不正の侵害が存在しなくなっているからである。

この点、過剰防衛の刑の減免根拠について、急迫不正の侵害に対する反撃行為によって正当な利益が維持されているので違法性が減少するという**違法減少説**に立つと、急迫不正の侵害が終了している以上、正当防衛状況が存在しないので違法性の減少が認められないから過剰防衛は成立しないことになる。

これに対して、過剰防衛の刑の減免根拠を急迫不正の侵害という緊急状態下における心理的動揺（恐怖、驚愕、興奮、狼狽）から責任が減少するという**責任減少説**に立つと、急迫不正の侵害が終了していても、緊急状態下で心

理的に動揺しているという状況を考慮すれば、量的過剰の類型も過剰防衛の規定の適用が認められることになる。

また、急迫不正の侵害に対する反撃行為によって正当な利益が維持されたことにより違法性が減少し、かつ、急迫不正の侵害という緊急状態下における心理的動揺から責任が減少するという**違法・責任減少説**によると、急迫不正の侵害が終了した後の行為だけをみると違法性の減少が認められないので過剰防衛の規定は適用できない。すなわち、急迫不正の侵害が存在する時点での反撃行為は正当防衛として違法性が阻却されても、急迫不正の侵害が終了した後の反撃行為は急迫不正の侵害が存在しない以上過剰防衛は成立しない。しかし、急迫不正の侵害が存在する時点での反撃行為と急迫不正の侵害が終了した後の反撃行為を「1個」の反撃行為とみることができる場合には、1個の反撃行為の全体が「過剰防衛」になると解することができる。

判例も、伝統的に、侵害現在時および侵害終了後の一連の行為を全体として考察し過剰防衛の規定を適用している（◎最判昭34・2・5刑集13巻1号1頁〈プ219〉）。

(4) **行為の一体性評価と過剰防衛**

第1行為が正当防衛行為、第2行為が（過剰防衛も成立しない）完全な犯罪行為である場合には、第1行為と第2行為を分断して評価すべきか、全体的に考察して一連の行為とみて過剰防衛の規定を適用するかが問題となる。

2つの行為を一連の行為と評価するためには、2つの行為の間に密接な関連性が必要である。人間の行為は客観面と主観面の統合体であるから、2つの行為が客観的にみても主観的にみても関連性が強い場合は、むしろ分断すべきではなく、一連の行為と評価することができる。第1行為と第2行為が、客観的にみて、行為態様が共通で、時間的・場所的近接性が認められ、主観的にも同一の意思決定に貫かれたもの（意思の連続性）といえるときは一体性を認めることができる。

【設問3】灰皿投擲（てき）事件

Aがアルミ製灰皿（直径19cm、高さ60cm）をXに向けて投げつけたので、XがAの顔を殴打した（第1暴行）。これによりAは転倒し後頭部を地面に打ちつけ動かなくなったにもかかわらず、Xは、憤激のあまり意識を失って仰向けに倒れているAに対し、その状況を十分認識しながら暴行を加え傷害を負わせた（第2暴行）。Aは、その後、第1暴行が原因で死亡した。Xに何罪が成立するか。

【設問3】において、Xの第1暴行は、傷害致死罪（205条）の構成要件に該当するが、（Aが灰皿を投げつけるという）急迫不正の侵害に対する防衛行為として相当性も認められるので正当防衛として違法性が阻却される。

これに対し、第2暴行は、傷害罪（204条）の構成要件に該当し、Aが意識を失って倒れていることから既に急迫不正の侵害も終了しているので、正当防衛にも過剰防衛にも当たらず傷害罪が成立する。

本問と類似の事案につき、第1審判決は、第1暴行と第2暴行を全体として1個の行為とみて傷害致死罪が成立し過剰防衛の規定が適用されるとした。しかし、最高裁は、「両暴行は、時間的、場所的には連続しているものの、Aによる侵害の継続性及びXの防衛の意思の有無という点で、明らかに性質を異にし……その間には断絶があるというべきであって、急迫不正の侵害に対して反撃を継続するうちに、その反撃が量的に過剰になったものとは認められない」と判示し、第1暴行は正当防衛として無罪、第2暴行には傷害罪の成立を認めた（◎最決平20・6・25刑集62巻6号1859頁〈百27、講69、プ221〉）。

2個の行為の一体性が否定されたのは、第2暴行の時点で急迫不正の侵害が存在せず、かつ、防衛の意思も存在しなかったためである。特に、意思の連続性が認められなかった点が決定的である。

【設問4】折り畳み机投擲事件
Aが折り畳み机を持ち上げXに向けてひっくり返すように押し倒したので、Xは両手でこの机を受け止めた後Aに向かって押し返し、Aは指を負傷した（第1暴行）。Xは、押し倒された状態にあるAに対して馬乗りになって覆い被さり、Aの左ほほ付近を手拳で数回殴打した（第2暴行）。Xに何罪が成立するか。

【設問4】において、Xの第1暴行は、傷害罪（204条）の構成要件に該当するが、（Aが折り畳み机をひっくり返すという）急迫不正の侵害に対する防衛行為として相当性も認められるので正当防衛として違法性が阻却される。

これに対し、第2暴行は、暴行罪（208条）の構成要件に該当し、Aが押し倒された状態になったとはいえ再度の攻撃の可能性がある以上急迫不正の侵害は終了していないものの、それを阻止する手段としてAの左ほほ付近を手拳で数回殴打したことが防衛手段として必要最小限度を超えるものであったとして正当防衛は成立せず、暴行罪が成立し過剰防衛の規定が適用され

る。

　そして、本問と類似の事案について、最高裁は、「XがAに対して加えた暴行は、急迫不正の侵害に対する一連一体のものであり、同一の防衛の意思に基づく1個の行為と認めることができるから、全体的に考察して1個の過剰防衛としての傷害罪の成立を認めるのが相当」であると判示した（◎最決平21・2・24刑集63巻2号1頁〈講70〉）。

　このように判例は、Xに傷害罪の成立を認め過剰防衛の規定が適用されるとしたが、本件は、第2暴行の時点で急迫不正の侵害は存在し、防衛の意思も認められる点で、【設問3】とは異なる。意思の連続性が認められた点が一体性評価を肯定する決定的なポイントである。

　なお、判例のこの結論に対して、第1暴行は単独で評価すれば正当防衛となりAに対する傷害結果は適法とされるのに、第2暴行と一体性を認めることによって同じ傷害結果を違法と評価するのは被告人にとって不利益であり妥当でないという批判がある。

第14講　緊急避難

◆学習のポイント◆
1　緊急避難の法的性質については、【事例3】を素材にして、緊急避難に対するXの反撃を正当防衛と考えるべきか、それとも緊急避難と考えるべきかという観点から検討することが重要である。
2　自招危難や強要による緊急避難についても、判例を中心にして学習しておくとよい。

1　総　説

(1)　緊急避難の意義

【事例1】攻撃的緊急避難
　Xは自動車にひかれるのを避けるために近くの通行人Aを突き飛ばしてけがをさせた。

【事例2】防御的緊急避難
　Xは登山中に転落して友人Aと2人ザイルに吊り下げられたが、Aの重みによって自分自身も転落する危険があったので、自己を救うためにザイルを切断してAを転落死させた。

　緊急避難とは、自己または他人の生命・身体・自由・財産に対する現在の危難を避けるためにした行為であり、他にその危難を避ける方法がなく、その行為から生じた害悪が避けようとした害悪の程度を超えなかった場合のことをいう（37条1項本文）。緊急避難は危険が差し迫っている法益を救うために行われたので不可罰とされる行為であるという点で正当防衛（12講1(1)）と共通した性格をもっているが（緊急行為性）、正当防衛が自己または他人の正当な利益を守るために不正な侵害行為をなした者の利益を侵害する行為であるのに対して（不正対正の関係）、緊急避難は、自己または他人の正当な利益を守るために第三者の正当な利益を侵害する行為である点で本質

的に異なっている（正対正の関係）。攻撃者の不正な利益を侵害する正当防衛と比べて、第三者の正当な利益を侵害する緊急避難はその成立要件が厳格になる。例えば、正当防衛の場合には法益のバランスが厳格に要求されないが、緊急避難の場合は、より価値の低い法益を守るために、より価値の高い法益を侵害することは許されないのである（**法益均衡の原則**）。

　緊急避難には、2つのタイプがある。緊急避難の典型的事例は、例えば、【事例1】のXのように、自己に降りかかってきた現在の危難を無関係な第三者に転嫁するもので、**攻撃的緊急避難**という。【事例1】の場合、XはAを突き飛ばしてけがをさせており、この行為は傷害罪（204条）の構成要件に該当する。しかし、Xは自己の生命・身体利益（保全法益）を守るためにAの身体利益（侵害法益）を侵害したので法益の均衡は保たれており、他の要件も満たされているので緊急避難が成立するのである。この場合は、避難者以外に、危険源、第三者の三面構造になっている。

　これに対して、もう1つのタイプは、例えば、【事例2】のXのように、自己に降りかかってきた現在の危難の対象そのもの（危険源である人）に避難行為を行うもので、**防御的緊急避難**という。【事例2】の場合、被害者であるA自身が行為者にとっての危険の発生源であり、Xの避難行為は危険を生じさせているAに向けられている。XはAを転落死させており、この行為は殺人罪（199条）の構成要件に該当するが、Xは自己の生命利益（保全法益）を守るためにAの生命利益（侵害法益）を侵害したので法益の均衡は保たれており、他の要件も満たされているので緊急避難が成立するのである。この場合は、避難者と危険源の二面構造になっている。

(2)　**緊急避難の法的性質**

【事例3】カルネアデスの板
　XとAは、嵐にあって船が難破し1枚の板に泳ぎ着いたが、この板は1人を支えるだけの浮力しかなかったので、AがXを海に突き落として助かろうとしたところ、反対にXはAを突き落として溺死させた。

【事例4】住居侵入事例
　Aは、自分の家が火事になり他に逃げ場がなかったので、隣家のX宅の垣根を壊して庭に侵入し逃げ延びようとしたところ、不法侵入と垣根の破壊を嫌ったXに殴られ避難を阻止された。

　刑法37条は緊急避難の法的効果として「罰しない」と規定しているが、その法的性格については、違法性阻却事由説、責任阻却事由説、違法性阻却と

責任阻却の2つの場合があるとする二分説の間で対立がある。この対立は、主に「緊急避難に対して正当防衛で対抗することができるか」という問題に影響を与える。

この点、わが国の通説は、**違法性阻却事由説**である。この説の主な根拠は、以下の点である。①刑法37条は、**自己や親族のためばかりではなく、他人一般の法益を守るための緊急避難を認めている**。期待可能性（責任）が欠如するのは、自己や親族を救う場合に限定されるはずであり、全くの赤の他人のためにした緊急避難が常に期待可能性がないとはいえない。②**避難によって生じた害が避けようとした害を超えないことを要求している**（法益均衡の原則）。「恐怖から逃れるために、自分を優先して、より大きな他人の法益を害した」という責任阻却が認められてもよさそうな場合を緊急避難から排除している。責任阻却の観点からは、必ずしも法益の均衡を厳格に考える必要はないはずである。この説からは、【事例3】と【事例4】のAの行為は、緊急避難として違法性が阻却されるので、Xは正当防衛で対抗することはできないことになる。

これに対して、**責任阻却事由説**は、避難行為には違法性があるが、危難に直面している状態では他の適法な行為を期待できない（期待可能性がない）から責任が阻却されるとする。この説からは、【事例3】と【事例4】のAの行為は、緊急避難として責任が阻却されるだけであり、違法な行為なので、Xは正当防衛で対抗することができることになる。

さらに、緊急避難は違法性阻却と責任阻却の2つの場合があるとする**二分説**も有力に唱えられている。この説は、法益同価値の場合は責任阻却事由であるが、大なる利益を守るため小なる利益を犠牲にする場合は違法性阻却事由であるとする。優越的利益の原則からは、後者は違法性が阻却されるが、前者はこの原則の適用がないので、責任（期待可能性）が阻却されるだけであるとするのである。この説からは、【事例3】の場合は「生命対生命」の法益同価値の場合であるので、Aの緊急避難は違法性が阻却されず責任が阻却されるだけであり、Xは正当防衛で対抗できるが、【事例4】の場合は、「生命対財産権、住居権」の大なる利益を守るため小なる利益を犠牲にする場合であるのでAの緊急避難は違法性が阻却され、Xは正当防衛で対抗することはできないことになる。

【事例3】について、Aの緊急避難に対してXの正当防衛を認めるべきか否かは激しい見解の対立がある。違法性阻却事由説はXに正当防衛を認めるべきではなく、Xはせいぜい緊急避難で対抗できるだけであるとする。これ

に対して、責任阻却事由説と二分説は、Xは正当防衛で対抗することが許されるとしている。なぜなら、自己または他人の生命に対する危難を救うために第三者の生命を犠牲にする行為（【事例3】のAの行為）を適法とみるのでは、先に手を出した者の優先的権利を法が正面から認めることになってしまうし、何の落ち度もない者Xに正当防衛の権利を認めないのは不当であるからである。また、違法性阻却事由説によると、Aの適法な緊急避難とXの適法な緊急避難がぶつかり合ってお互い適法に殺し合っていることになるが、【事例3】のような極限状況において法が思考停止しどちらの行為を保護するかについての価値判断を放棄することは妥当ではないからである。これに対して、違法性阻却事由説は、他の説のように「害を転嫁する者より転嫁される者の方に法の保護は厚くあるべきだ」とすると、【事例3】のような極限状況において先に手を出すことは許されないとすることによって、結果として「2人とも死ね」と法が命じているようなものであるので妥当ではなく、このような状況においては2人とも助からないよりは1人でも助かった方がよく、そのことを違法と評価すべきではないとする。また、緊急避難に対しては緊急避難の限度で法益侵害が許されるとする方が公平の見地から妥当であると考えるのである。

2　緊急避難の成立要件

　緊急避難が成立するためには、まず前提として、行為者の行為が特定の構成要件に該当していなければならない。そして、構成要件に該当した行為について「緊急避難」として違法性または責任が阻却されるためには、刑法37条1項本文の要件を充足することが必要である。同条項は、「自己又は他人の生命、身体、自由又は財産に対する現在の危難を避けるため、やむを得ずにした行為は、これによって生じた害が避けようとした害の程度を超えなかった場合に限り、罰しない」と規定している。緊急避難の成立要件は、①現在の危難（「自己又は他人の生命、身体、自由又は財産に対する現在の危難」の部分）、②避難の意思（「危難を避けるため」の部分）、③補充性（「やむを得ずにした」の部分）、④法益の均衡（「これによって生じた害が避けようとした害の程度を超えなかった場合に限り」の部分）に分けることができる。緊急避難が成立するためには、これらすべての要件を充足する必要がある。これに対して、他の要件を充足しながら、（通説によれば）③または④の要件を充足しない場合は過剰避難として刑が軽くなったり免除されたりする可能性がある（37条1項但書。後述3）。

(1) 現在の危難

【事例5】強盗阻止事例
　AとBがある山小屋で強盗の共謀をしていたが、それを聞いた山小屋の主人Xが強盗の実行を防ぐ他の手段がなかったので、彼らが注文した茶の中に睡眠薬を入れて2人を眠らせた。2人は睡眠薬の作用で胃壁がただれた。

「現在」とは、法益侵害が現実に存在すること、またはその危険が目前に切迫していることをいう。これは、正当防衛の「急迫」と実質的にはほぼ同じ意味であるが、若干緊急避難の「現在」の方が時間的切迫性が緩やかに解されている。【事例5】において、AとBの胃壁がただれたので、Xの行為は傷害罪（204条）の構成要件に該当する。また、AとBが強盗の相談をしていただけでは侵害の急迫性を認めることができず、Xは正当防衛をすることができない。しかし、緊急避難の場合には損害回避のために即座に何らかの措置をとる必要がある場合には危難の現在性が認められ緊急避難が許されるので、Xには緊急避難が成立する。

判例として、地域の道路委員である被告人らが、同地区の吊り橋が老朽化して車馬の通行に危険であると判断し雪害による落橋を装い災害保証金を得て橋を架け替えようと考え、ダイナマイトで吊り橋を爆破した行為が爆発物取締法違反および往来妨害罪に問われた事案で、最高裁は、吊り橋の腐朽具合は未だ切迫した危険というほどでなかったとして「現在の危難」に当たらないとした（○最判昭35・2・4刑集14巻1号61頁〔吊り橋爆破事件〕〈百30、講76、プ227〉）。

「危難」とは、法益に対する侵害または侵害の危険のある状態のことをいう。それが「人の行為」によるか、あるいは「自然現象」、「事故」、「動物」、「社会的・経済的混乱」その他によるかを問わない。また、危難原因の「違法・適法」も問わない。

保全法益について、刑法37条1項は「生命、身体、自由、財産」と定めており、これが限定列挙かそれとも例示列挙かについて争いがあったが、通説は、名誉や貞操を保全法益から排除する理由はなく、これらも重要な法益であるから被告人に有利な類推解釈は許容されるとして例示列挙説をとっている。ただし、「自由」という法益を緩やかに解釈すれば、貞操を性的自由、名誉を社会的評価を受ける自由とすることもできるので両説の差は大きなものではない。また、国家や社会まで保全法益の中に含めて考えることができ

るかについては争いがある。肯定説は社会的相当性が認められる限り国家や社会のためにする緊急避難も認めてよいとするのに対し、否定説は、緊急避難は個人的法益に対する危難に限定すべきであるとしている。

(2) 危難を避けるため（避難の意思）

> **【事例6】過失犯における緊急避難**
> Xは自車を走行させていたところ、前方に道路中央線を超えて高速度で対向してくる自動車に気づき、衝突を避けるためにあわてて左ハンドルを切り約1m左に寄って進行したところ、後続の単車と衝突し、その運転手に傷害を負わせた。Xは進路変更につき安全確認を怠ったため事故を惹起したのであった。

多数説は、正当防衛と同じく、緊急避難においても主観的正当化要素として「避難の意思」が必要であるとしている。避難の意思不要説からは、緊急避難は故意の場合だけでなく過失の場合にもありうることは明らかであるが、避難の意思必要説からも、「過失犯における緊急避難」は認められている。なぜならば、「過失犯における緊急避難」は、緊急状態にあるという認識がない場合（この場合には避難の意思がないので、避難の意思不要説をとった場合のみ緊急避難になる）のほかに、【事例6】のように、緊急状態を認識し、避難意思をもって避難行為に出たが、過失によって結果を惹起した場合、すなわち、現在の危難についての認識はあるが、避難行為の結果に対する認識がない場合（この場合には避難の意思があるので、避難の意思不要説はもちろん必要説からも緊急避難になる）もありうるからである。

裁判例として、【事例6】のような事案で、後方の安全確認を怠っているので通常の状況であれば進路変更につき過失はあるが、衝突による自己の生命・身体の危険を避けるためにやむをえない処置であったとして緊急避難の成立を認めたものがある（大阪高判昭45・5・1判タ249号223頁〈プ229〉）。すなわち、業務上過失傷害罪（211条。事件当時）の構成要件には該当するが、緊急避難が成立するとされたのである。

(3) 補充性

刑法37条における「やむを得ずにした」とは、「**補充性**」、すなわち、**その危難を避けるための唯一の方法であって、他にとるべき方法がなかったということを意味する**。正当防衛と異なり、緊急避難は無関係な第三者の法益を侵害するものであるので、「逃げる」ことも含めて、最も被害が小さくてすむ方法が要求される。例えば、救急患者を病院に運ぶために飲酒運転をした

という場合において、救急患者を搬送するためには自分で車を運転しなくても、救急車を呼ぶことができたり、あるいはタクシーで運べば良かったといえる場合には、補充性は否定される。

前述した吊り橋爆破事件では、通行制限を強化するなど他の適当な手段を講ずる余地があったのであり、ダイナマイトで橋を爆破するのが唯一の方法であったとはいえないとして、補充性の要件も欠けるとされている。

(4) 法益の均衡（権衡）

刑法37条における「生じた害が避けようとした害の程度を超えなかった」とは「法益の均衡」を意味する。すなわち、①大きな利益を守るために小さな利益を犠牲にする場合と②同価値の法益を守るためにもう一方の法益を犠牲にする場合は許されるが、③小さな利益を守るために大きな利益を犠牲にすることは許されないのである。

法益の保護価値の比較には、困難な問題があることは否定しがたい。まず、同一の法益については、その量の大小が標準になる。ただし、その場合でも、例えば財産の場合には、市場価値がないものについてはどうするのか、所有者の愛情価値の強さは考慮されるのかなどの問題がある。次に、異なる法益については、それぞれの法益を保護している犯罪の法定刑の軽重が一応の目安になる。ただし、法定刑は必ずしも法益の大小を反映しているとは限らないので、一般的な標準を導き出すことは困難である。結局のところ、具体的事例に応じて社会通念に従って法益の保護価値の優劣を決すべきであるといわれている。

判例には、600円相当の猟犬を救うために、150円相当の土佐犬を傷害した場合に法益均衡を認めたものがある（大判昭12・11・6 裁判例(11)刑87頁〈プ236〉）。

●コラム● 避難行為の相当性

学説の中には、緊急避難が成立するためには、単に成立要件を形式的に備えただけでは足りず、避難行為の相当性が必要であるとする見解がある。相当性とは、緊急避難を行うことが無理もないと認められること、すなわち、当該行為に出たことが条理上肯定しうる場合ということを意味する。例えば、「Xは高価な着物を着て外出中、急に大雨に見舞われ、他に方法がなかったので、粗末な服を着ている貧乏人Aの傘を奪って自分の着物が濡れるのを防いだ」という事例で、Xの行為は窃盗罪（235条）の構成要件に該当するが、緊急避難が成立するかが問題になる。形式的には、急な大雨という現在の危難を避けるためにはAの傘を奪うしか他に方法がなかったのだとすれば、高価な着物を守るために貧乏人の傘を奪うことは法益均衡の要件も満たすので緊急避難が成立しそうである。しかし、このような場合に緊急避難を認めてもよいのかには疑問が生じる。そこで、一部の論者

は、このような場合には相当性が欠ける（そのような行為は条理上肯定できない）ので緊急避難は成立しないとするのである。しかし、相当性という要件の内容は不明確であるし、そのような要件を要求する根拠も明らかではないので、相当性要件は不要であるとする見解も有力に主張されている。

3　過剰避難

　通説によれば、緊急避難の他の要件が存在しながら、「補充性」もしくは「法益均衡」の要件を欠く場合は過剰避難であり、その刑は任意的に減免される（37条1項但書。ただし、補充性が欠けた場合には、緊急避難だけでなく過剰避難にもならないとする裁判例および学説も存在する）。刑の減免根拠については争いがある。通説は、緊急状況で恐怖などから多少のいきすぎが生じるのはやむをえないことであり、過剰な行為をした避難者の恐怖・驚愕・興奮・狼狽などを根拠とする責任の減少が過剰避難の減免根拠であるとする（**責任減少説**）。これに対して、現在の危難が全く存在しない場合と比較すれば、過剰な避難の違法性は小さく、既に客観的な面で違法性が減少しているとする**違法減少説**や、過剰避難も現在の危難を前提としているので違法減少が認められ、さらに避難行為者の心理的な動揺も考慮されるべきであるから責任減少も認められるとする**違法・責任減少説**も主張されている。

4　緊急避難の限界

(1)　自招危難

> 【設問1】過失による自招危難
> 　Xは、脇見運転していたため、自車の前を横切ろうとしたBを危うくひきそうになり、それを避けるため急にハンドルを左に切ったところ、Aをひいて死亡させてしまった。Xの罪責を論じなさい。
> 【設問2】故意による自招危難
> 　Xは、レンタカーの車内で一酸化炭素中毒による自殺を企てたが、途中で心変わりして生き延びるために車外に出ようとしたところ、ドアが故障して開かなかったので、窓ガラスを叩き割ってガスを車外に出した。Xの罪責を論じなさい。

　自招危難とは、避難行為者が自ら現在の危難を生じさせながら、危難にさらされた法益を保全するために他人の法益を侵害した場合のことをいう。これには、危難状況を故意に招致する場合と過失で招致する場合がある。このような場合に緊急避難による犯罪不成立を認めてよいかには争いがある。

まず、そのような場合であっても、緊急避難の個々の要件は形式的には満たされている以上、緊急避難が成立するとする見解がある（**全面肯定説**）。この説からは、【設問1】のXの行為は過失運転致死罪（自動車運転死傷行為処罰法5条）の構成要件に該当するが緊急避難が成立し、【設問2】のXの行為も、レンタカーを壊したことにつき器物損壊罪（261条）の構成要件に該当するが緊急避難が成立することになる。しかし、この説は、第三者を侵害することを意図して自ら危難を招くような場合にまで緊急避難が認められることになるので妥当でないと批判されている。

　そこで、多くの学説はこのような場合に何らかの限度で緊急避難を制限しようとする。このうち、**形式的二分説**は、過失により招致した場合には緊急避難は許されるが、故意により招致した場合には権利濫用であるとして緊急避難は許されないとする。この説からは、【設問1】のXの行為は過失運転致死罪（自動車運転死傷行為処罰法5条）の構成要件に該当するが緊急避難が成立し、これに対して【設問2】のXには緊急避難が成立せず、レンタカーを壊したことにつき器物損壊罪が成立することになる。しかし、この説は、【設問2】において、避難行為によって守られたXの生命という法益がレンタカー会社の自動車の窓ガラスという財産より明白に優越するのに、緊急避難の成立を認めないのは妥当でないと批判されている。そこで、**実質的二分説**は、自招行為と緊急行為を全体として把握し、社会的相当性の観点を重視して緊急避難の成否を決するべきであるとする。この説からは、【設問1】も【設問2】も緊急避難が認められるが、第三者を侵害することを意図して自ら危難を招くような場合には社会的に不相当であるとして緊急避難が否定されることになる。

　これに対して、判例は、故意または過失による自招について厳格に緊急避難の成立を否定している。例えば、貨物を満載した荷車の背後に十分注意せず進行していた自動車の運転手が、荷車の背後から急に飛び出してきた少年を避けようとして急にハンドルを切り、近くにいた老女をはねて死亡させた事案につき、「その危難が行為者の有責行為により自ら招いたもの」であり、「社会通念に照らしてやむをえないものとしてその避難行為を是認することができない場合」には、刑法37条は適用すべきでない旨を判示して緊急避難の成立を否定したものがある（〇大判大13・12・12刑集3巻867頁〈百32、講78、プ232〉）。

(2) 強要による緊急避難

【設問3】強要緊急避難
　Xは、Yに息子を誘拐され脅迫されたので、言われたとおりに銀行強盗をした。XがYの命令に逆らえば、息子を殺されるのは確実であった。Xの罪責を論じなさい。

　強要による緊急避難とは、強要者が直接実行者に強要して犯罪行為を行わせた場合に、直接実行者の行為が緊急避難として正当化されるかという問題である。例えば、「言うことを聞かないと殺すぞ」というように脅迫されて何らかの構成要件該当行為を行ったときに、緊急避難が成立しうるであろうか。
　このような場合には、緊急避難の要件を形式的に満たす以上は緊急避難が成立するとする**違法性阻却説**と、「不法の側に立つ（不法に加担した）者は緊急避難を主張できない」とし、期待可能性が存在しないため不可罰になるとする**責任阻却説**が対立している。違法性阻却説によれば、【設問3】のXの行為は緊急避難が成立して違法性が阻却されるので不正の侵害には当たらず（正対正の関係）、銀行は正当防衛で対抗することは許されない。他方、責任阻却説からは、【設問3】のXの行為は緊急避難が認められず、違法だが責任が阻却されるだけなので、不正対正の関係になり、銀行は正当防衛で対抗できることになる。
　また、Xの息子を人質にしてXに銀行強盗するよう脅迫したYが、強盗の間接正犯かそれとも教唆犯かについて、共犯が処罰されるためには正犯が構成要件に該当し違法であることが必要であるとする制限従属性説（23講1(3)）によれば、責任阻却説からはXの行為は違法なのでそれを命じたYには強盗の教唆犯が成立する。これに対して、違法性阻却説からはXの行為は違法でないのでYには教唆犯は成立せず、むしろ適法行為を利用する間接正犯であって、強盗の間接正犯が成立することになる（21講2(4)）。
　裁判例として、オウム真理教幹部に取り囲まれ、被害者を殺さなければ自分にも危害が及ぶという状況の下、教祖の指示により被告人が被害者を殺害したという事案につき、裁判所は、被告人の生命に対する現在の危難は否定し、身体の自由に対する現在の危難だけを肯定し、「身体拘束状態から解放されるためには、被害者を殺害するという方法しかとり得る方法がなかった」として補充性を肯定した上で、「自己の身体の自由に対する危難から逃

れるために、被害者を殺害したのであって、法益の均衡を失している」として「過剰避難」に当たるとしたものがある（○東京地判平8・6・26判時1578号39頁〔オウム真理教信者殺害事件〕〈講77、プ234〉）。さらに、近時の裁判例として、覚せい剤密売人から拳銃を頭部に突きつけられて覚せい剤の使用を強要されたため、断れば殺されると思い、被告人が覚せい剤を自己の身体に注射して使用したという事案につき、裁判所は、覚せい剤使用罪の構成要件該当性を認めた上で、被告人の生命および身体に対する現在の危難、補充性、法益均衡をそれぞれ肯定し、緊急避難が成立するとして被告人を無罪とした（◎東京高判平24・12・18判時2212号123頁）。これらの裁判例は、違法性阻却説に親和的である。

IV 責任

第15講　責任の意義・責任能力

◆学習のポイント◆
1 「責任」は犯罪成立の第3の要件であり、その本質は非難可能性にあり、行為と責任は同時に存在しなければならないこと（行為と責任の同時存在の原則）を押さえる。
2 その上で、責任能力に関わる事項のうち、特に心神喪失と心神耗弱について、その定義を正確に理解し覚える。
3 そして、原因において自由な行為について、問題の所在、主要な学説を理解した上で、現在の多数説であり、判例と親和的な結果行為説の立場から具体的事例を検討できるようになることが目標である。

　本講では、犯罪成立の第3の要件である**責任**の意義を確認した上で、責任の要素の1つである**責任能力**について考察し、さらに責任能力に関係する問題として**原因において自由な行為**の問題を取り上げ、検討する。

1　責任の意義

(1)　犯罪成立の第3の要件としての責任

　一般社会で責任という言葉が使われるとき、その意味は多義的であるが、刑法における責任とは、**犯罪成立の第3の要件**としての責任（有責性）を指す。すなわち、犯罪が成立するためには、具体的な行為が特定の犯罪の構成要件に該当し（第1の要件）、違法である（第2の要件）だけでは足りず、さらに、そのような行為を行ったことについて責任がなければならないが（第3の要件）（3講1、3）、ここにいう責任が本講で扱われるべき責任である。

【事例1】
　Xは、殺意をもってAの腹部を包丁で刺してAを死亡させたが、Aの腹部を包丁で刺したとき、Xは心神喪失の状態であった。

例えば、【事例１】の場合、Ｘの行為は殺人罪（199条）の構成要件に該当し、違法であるが、行為のときＸは心神喪失（39条１項）であったために責任能力がなく、責任が認められないので、殺人罪は成立しない。
　ところで、このように責任が犯罪成立の（第３の）要件であるということは、換言すれば、「責任なければ犯罪なし（したがって、責任なければ刑罰なし）」ということである。これを**責任主義**という。責任主義の要請から、責任が犯罪成立要件とされている、ということもできる。

(2)　**責任の本質——非難可能性**

　では、責任の本質（実質）は何か。それは、構成要件に該当する違法な行為を行ったことについて行為者を非難できること、つまり**非難可能性**である。

　行為者を非難できるのは、構成要件に該当する違法な行為を選択しない自由（他行為可能性、意思の自由）があったのに、あえて（または不注意で）それを選択したからである。例えば、殺人の場合、殺人を行わないこともできたのに、あえて人を殺したがゆえに、「なんて悪い人だ、けしからん」と行為者を非難することができる。これに対し、【事例１】のように、行為のときに心神喪失（詳細は後述）であった場合、行為者には他の行為を選択する自由がなく、どうすることもできなかったので、行為者を非難することができない。それゆえ、この場合には責任が否定（阻却）されて、犯罪不成立となるのである。

　要するに、責任とは、他行為可能性・意思の自由を基礎とした非難可能性である。このように考えるのが現在の通説である。キーワードは「非難可能性」である。

●**コラム**　**道義的責任論と社会的責任論**

　責任の本質をめぐって、かつては、道義的責任論と社会的責任論とが厳しく対立していた。道義的責任論とは、人間の意思には行為を選択する自由があるとする意思自由論（非決定論）を前提に、違法な行為を行わない自由（他行為可能性）があったのにあえて違法な行為を行った点に道義的非難の根拠があり、この道義的非難可能性が責任であるとする立場である。これに対し、社会的責任論は、人間の意思は素質と環境によって決定されているとする意思決定論の立場から、他行為可能性および非難可能性を否定し、責任とは、非難可能性ではなく、社会的に危険な行為者がその性格の危険性（悪性格）を理由に社会防衛のための一定の措置を受けるべき地位にあることをいうとする。この対立は、犯罪と刑罰の本質論にも対応する（１講４、５）。

　現在の通説は、責任の本質を非難可能性に求めており、その意味では、社会的責任論に立つものではない。しかし、道義的責任論にそのまま従っているわけでもない。まず、意

思の自由について、伝統的な道義的責任論は、それを絶対的な自由とみなしていたが、今日の通説は、人間の意思には決定される部分と決定されない部分（自由な部分）とがあり、後者が非難可能性を基礎づけると考えている（相対的意思自由論）。また、近時は、非難の道義性を強調せず、裁判官の立場からの法的な非難として責任を理解する立場（法的責任論）が有力に主張されている。道義的責任論と社会的責任論の対立は、今日では緩和の方向へと向かっている。

(3) 責任の要素および同時存在原則
ア 責任の要素

　行為者に責任、つまり非難可能性が認められるためには、行為のときに故意・過失がなければならない。こうして、**故意・過失**は、本来、責任要素と考えられている。では、なぜ故意・過失が必要なのか。既に述べたように、非難可能性を基礎づけるのは他行為可能性である。そして、他行為可能性があったといえるためには、違法行為に出るのを断念するよう自らを動機づけること、つまり反対動機を形成することが可能でなければならない。では、反対動機の形成が可能であるためには何が必要か。ここで必要なのが故意・過失である。なぜなら、犯罪事実の認識（故意）または認識可能性（過失）があってはじめて、反対動機の形成が可能となるからである。こうして、故意・過失が反対動機の形成可能性を基礎づけ、それが他行為可能性・非難可能性・責任を基礎づけるのである。ここに故意・過失が責任要素とされる理由がある。

　もっとも、故意・過失の体系的な位置づけ、つまり、故意・過失を構成要件該当性、違法性、責任のどの段階で検討するかについては争いがある。故意・過失は、伝統的には責任の段階で検討されてきたが、今日の多数説は、構成要件該当事実の認識・認識可能性としての故意・過失を構成要件該当性の段階で検討する（構成要件的故意・過失）。本書も、これに従っている（3講2(2)、4(1)）。

　　＊　したがって、故意・過失の検討は、原則として、構成要件該当性の段階で終了する。しかし、例えば誤想防衛（16講3）の場合のように、例外的に、責任の段階で故意が否定されることがある。この責任の段階で問題となる故意を、構成要件該当性の段階で検討される構成要件的故意と区別して、責任故意という（16講1参照）。

　心神喪失などの責任無能力の場合にも行為者を非難することができず、責任は認められない。違法性の意識の可能性がない場合や、適法行為を期待できない場合も同様と考えられている。その意味で、**責任能力、違法性の意識**

の可能性、期待可能性（適法行為を期待できること）も責任の要素である。これらのうちのいずれかが欠ける場合には、責任が阻却される。

以上の各要素のうち、故意については7講（構成要件的故意）および16講（責任故意）、過失については10講、違法性の意識の可能性については16講で、それぞれ詳しく説明されている。また、期待可能性については、その理論（史）的意義は小さくないものの（コラム「期待可能性」参照）、それが欠けるために責任が阻却されて無罪となった例は、戦後の混乱期における経済犯罪などについて無罪を言い渡した一部の下級審判例を除き、見当たらない。そこで、本講では、残る責任能力を取り上げることにする。

●コラム● 期待可能性

期待可能性とは、違法行為を行った行為者に行為時の具体的事情の下において適法行為を期待することが可能であったこと（適法行為の期待可能性）をいう。

かつては、責任能力と心理的事実としての故意・過失があれば責任を問えると考えられていた（心理的責任論）。しかし、現在の通説は、責任とは単なる心理的事実ではなく、それを基礎にして行為者に適法行為を期待できるか（つまり、行為者を非難できるか）という規範的判断であると考えている（規範的責任論）。このような見解が生まれたきっかけは、ドイツの「暴れ馬事件」判決（1897年）である。この事件は、馬車の馬が暴れて通行人が負傷し、御者が過失傷害罪で起訴されたというもので、これに対し、ドイツのライヒ裁判所は、この馬には尻尾に手綱を絡めて制御を妨げる悪癖があり、被告人は以前から別の馬に替えるよう雇主に頼んでいたが聞き入れられず、さらに抵抗すれば解雇のおそれがあったためにやむをえずその馬を使い続けていたもので、失職してまでその馬を使わないようにすることを被告人に期待することはできないとして、無罪を言い渡したのである。この判決を契機として、期待可能性がない場合には行為者を非難することができず、たとえ責任能力や故意・過失があっても責任を問えないと考えられるようになった。これを期待可能性の理論という。

もっとも、刑法には期待可能性についての明文規定はなく、最高裁は、期待可能性がないことを超法規的責任阻却事由として認めることに慎重な態度をとっている（最判昭33・7・10刑集12巻11号2471頁〔百61、講95、プ265〕）。しかし、例えば、犯人自身による犯人蔵匿・証拠隠滅が犯罪とされていないこと（103条・104条）、親族のための犯人蔵匿・証拠隠滅の刑の任意的免除（105条）、過剰防衛・過剰避難の刑の任意的減免（36条2項・37条1項但書）は、期待可能性の欠如ないし減少により説明されている。実務上も、刑の選択や量刑の場面で期待可能性の程度が考慮されることは少なくない（例えば、大判昭8・11・21刑集12巻2072頁〔第5柏島丸事件〕〈プ264〉、東京地判平8・6・26判時1578号39頁〔オウム真理教信者殺害事件、14講4(2)参照〕〈講77、プ234〉）。その意味で、期待可能性の理論は、今日も意義を失っていないのである。

イ　行為と責任の同時存在の原則

行為者に対する非難可能性は、行為者の性格の危険性（悪性格）についてではなく、行為者が構成要件に該当する違法な行為を行ったことについての

非難可能性であるから（個別行為責任）、上に述べた責任の各要素は、行為者がそのような行為をしたとき、厳密に言えば、実行行為を行ったときに存在していなければならない。これを**行為と責任の同時存在の原則**という。

> ●コラム● 行為責任論と人格責任論
>
> 　本文で述べたように、責任とは、過去に行われた個別行為についての非難可能性である。これを行為責任論という（通説）。これに対し、過去の個別行為についての非難可能性だけでなく、行為者自身による過去の人格形成についての非難可能性をも考慮して責任の重さを考えるべきだとする立場もある。これを人格（形成）責任論という。人格責任論は、主として常習犯の刑の加重（例えば、186条1項の常習賭博罪）を説明するために主張された。常習犯の場合、個別的にみれば同じ行為なのに、そうでない場合と比べて刑が重くなるが、人格責任論によると、これは個別行為責任では説明がつかない。これを説明するには、常習犯人という人格を形成したことについての責任を付け加えなければならない。このように人格責任論は主張する。しかし、過去の人格形成についての非難可能性を判断することは実際には困難であることなどから、人格責任論は少数説にとどまっている。

2　責任能力

(1)　責任能力の意義

責任能力とは、行為者を非難するために行為者に必要とされる一定の能力（有責行為能力）をいう。行為のときに責任能力が欠けた場合、行為者を非難することができず、責任が阻却されて犯罪不成立となる。

刑法は、責任能力が欠ける場合として、**心神喪失**（39条1項）と**刑事未成年**（41条）の2つを定めている。これらを**責任無能力**という。また、**心神耗弱**者の行為は、責任能力が限定的であることから、刑が減軽される（39条2項）。心神耗弱の場合を、**限定責任能力**という（これに対し、心神喪失・心神耗弱でない場合を、**完全責任能力**という）。なお、心神喪失や刑事未成年の場合には責任が阻却されて犯罪不成立となるが、心神耗弱の場合には刑が必要的に減軽されるだけで、犯罪の成立自体が否定されるわけではないことに注意が必要である。

刑事未成年については、明文で「14歳に満たない者」と定義されており、解釈の必要はなく、判断も容易である。これに対し、心神喪失および心神耗弱については定義規定がないため、その意義を解釈によって明らかにする必要がある。また、その存否の判断方法も問題となる。

(2) 心神喪失・心神耗弱
ア 定 義
　判例・通説によると、**心神喪失**とは、**精神の障害**により、**弁識能力**（行為の是非善悪を弁識する能力）**または制御能力**（その弁識に従って行動する能力）がない状態をいい、**心神耗弱**とは、精神の障害により、弁識能力または制御能力が**著しく減退**した状態をいう。

　いずれも精神の障害が原因でなければならず、それを原因とした弁識能力「または」制御能力の問題である点で、心神喪失と心神耗弱とは共通している（なお、精神の障害を生物学的要素、弁識能力・制御能力を心理学的要素といい、両者を併用する定義を混合的方法という）。心神喪失と心神耗弱の違いは、弁識能力または制御能力の「欠如」か「著しい減退」かという点にある（その意味で、両者の違いは程度の違いといってよい）。なお、心神耗弱は、弁識能力または制御能力が「著しく」減退した状態であることに注意を要する。精神の障害により弁識能力または制御能力が減退していたとしても、それが著しいものでなければ心神耗弱ではなく、完全責任能力が認められる。

イ 精神の障害
　精神の障害とは何か、そこに何が含まれるかは必ずしも明らかでないが、刑法で問題となる精神の障害の典型例は、統合失調症、アルコール中毒（飲酒酩酊）、覚せい剤中毒である。問題となることが多いのは、統合失調症である。

ウ 判断方法
　判例によれば、心神喪失・心神耗弱の判断は、病歴、犯行当時の病状、犯行前の生活態度、犯行の動機・態様、犯行後の行動、犯行以後の病状などを総合的に考慮して行われる**総合判断**である（○最判昭53・3・24刑集32巻2号408頁〈百34、プ244〉。なお、心神喪失・心神耗弱の判断は、行為者の精神状態についての判断であるから、被害者やその遺族の処罰感情は考慮されない）。また、心神喪失・心神耗弱の判断は**法律判断**であり、専ら裁判所の判断に委ねられているから、心神喪失の鑑定があっても、それに拘束されない（○最決昭59・7・3刑集38巻8号2783頁〈講81、プ242〉、○最決平21・12・8刑集63巻11号2829頁〈百35、講89〉）。さらに、その判断の前提となる生物学的要素（精神の障害）、心理学的要素（弁識能力・制御能力）についても、上記法律判断との関係で究極的には裁判所の評価に委ねられるべき問題であるとされる（○最決昭58・9・13判時1100号156頁〈プ241〉）。

もっとも、専門家である精神医学者の意見を一切無視してかまわないというわけではない。判例も、鑑定を採用しえない合理的な事情が認められるのでない限り、その意見を十分に尊重して認定すべきであるとしている（○最判平20・4・25刑集62巻5号1559頁〈講88、プ243〉）。

3　原因において自由な行為

> 【設問1】酩酊殺人事例1
> 　Xは、Aを殺すことを決意し、勢いをつけるために大量の酒を飲み、単なる泥酔を超えて病的に酩酊した後、殺意をもってAの腹部を包丁で刺し、Aを死亡させた。XがAの腹部を包丁で刺したとき、Xは心神喪失の状態であった。Xに殺人罪が成立するか。
> 【設問2】酩酊殺人事例2
> 　Xは、Aを殺すことを決意し、勢いをつけるために大量の酒を飲み、酩酊した後、殺意をもってAの腹部を包丁で刺し、Aを死亡させた。XがAの腹部を包丁で刺したとき、Xは心神耗弱の状態であった。この場合、Xに殺人罪が成立する。では、心神耗弱による刑の減軽は認められるか。
> 【設問3】酩酊運転事例1
> 　Xは、居酒屋で、最初から飲酒運転をして帰るつもりで飲酒し、酩酊状態で自動車を運転して家に帰った。運転中、Xは心神耗弱の状態であった。この場合、Xに道交法上の酒酔い運転罪が成立する。では、心神耗弱による刑の減軽は認められるか。

(1)　問題の所在

　既に述べたように、責任は実行行為を行う時点で同時に存在しなければならない（行為と責任の同時存在の原則）。責任の要素である責任能力も、実行行為時に存在しなければならない。これを**実行行為と責任能力の同時存在の原則**という。例えば、本講の冒頭に挙げた【事例1】の場合、Xの行為は殺人罪（199条）の構成要件に該当し、違法であるが、Aの腹部を包丁で刺すという殺人罪の実行行為を行ったとき、Xは心神喪失であり、実行行為と責任能力は同時に存在していないので、刑法39条1項により責任が阻却されて、殺人罪は成立しない。

　【設問1】のXについても、Aを刺した時点では心神喪失で責任無能力であったから、この原則によれば、39条1項の適用を認めて殺人罪不成立とせざるをえないはずである。しかし、Xは、殺人の勢いをつけるために積極的に飲酒して**自ら心神喪失の状態を招いている**のである。このような場合にX

を無罪とすることは、素朴な法感情からすれば納得しがたいし、犯罪の予防という刑事政策的見地からしても妥当な結論とは言いがたいであろう。そこで、判例・通説は、飲酒や薬物使用などの**原因行為**（心神喪失・心神耗弱を招く原因となった行為）の時点では完全な責任能力があったことに注目し、人を刃物で刺すなどの**結果行為**（結果を直接惹起する行為）の時点では完全な責任能力がなかったとしても、原因行為の時点では完全な責任能力があった、つまり「原因において自由」な行為であったことを理由に39条の適用を排除しようとする。このような考え方を**原因において自由な行為**の理論（法理）という。これによると、例えば【設問1】のXについては、飲酒行為の時点では責任能力があったと考えられるから、39条1項の適用は排除され、殺人罪が成立する。

　問題は、なぜ「原因において自由」であれば結果行為について**完全な責任を問いうる**のかである。この問題については、これまでさまざまな見解が主張され、未だ決着はついていないが、大別すると、それは2つのアプローチに整理できる。1つは、（完全な責任能力が認められる）原因行為を実行行為とみて、実行行為と責任能力の同時存在の原則を守ろうとする**原因行為説**である（「構成要件モデル」と呼ばれることがある）。他の1つは、結果行為を実行行為として把握する**結果行為説**である。これは、実行行為と責任能力の同時存在の原則を形式的に守ることを放棄して（その「例外」であることを認め）、同時存在原則の要請を実質的に把握し、責任非難の時点のみを原因行為に遡らせることによって、原因において自由な行為の完全な責任を問おうとするものである（「例外モデル」、「責任モデル」、「同時存在原則緩和論」とも呼ばれる）。

　以下では、それぞれのアプローチから具体的にどのような理論構成が示されているかを確認し、その後、原因において自由な行為に関する判例をみることにする。

(2) 学　説
ア　原因行為説

　原因行為を実行行為として把握する立場からみてみよう。この立場においては、原因において自由な行為の事例についても、実行行為と責任能力の同時存在の原則は貫徹される。原因行為時には完全な責任能力が認められるからである。この立場は、実行行為と責任能力の同時存在の原則を守りつつ、原因において自由な行為について完全な責任を問おうとするものである。

　問題は、原因行為の実行行為性をどのように論証するかである。伝統的な

見解である**間接正犯類似説**は、**間接正犯**（21講）の理論構成を援用する。すなわち、間接正犯が「他人」を「道具」として利用して犯罪を実現するものであるのに対し、原因において自由な行為は「責任無能力状態の自分」を「道具」として利用して犯罪を実現するものであると考える。そして、間接正犯では他人を道具として利用する行為が実行行為であるとの理解を前提に、原因において自由な行為においても、結果行為ではなく（結果行為は道具の作用にすぎない）、責任無能力状態の自分を道具として利用しようとする原因行為を実行行為とみることができるとするのである。この見解によれば、実行行為と責任能力の同時存在の原則に抵触することなく、原因において自由な行為の可罰性を説明することができる。ここに、この見解のメリットがある。

【原因行為説（間接正犯類似説）】

原因行為＝実行行為　→　結果行為（「道具」の働き・因果経過の一事情）
　↑非難　　　　　　　　　（責任能力なし）
責任能力あり（実行行為と責任能力の同時存在）

　しかし、この見解に対しては、いくつかの問題点が指摘されている。その主要なものは、第1に、原因行為を実行行為とみるのは無理ではないかという点である。例えば、【設問1】のXの飲酒行為を殺人罪の実行行為とみるのは常識的に無理ではないか。理論的にも、飲酒行為に人を死亡させる「現実的」（具体的）危険性があると考えることはできないであろう。第2は、結果行為時の状態が心神耗弱（限定責任能力）にとどまる場合、その状態の自分は「道具」であるとはいえない（限定的とはいえ責任能力がある以上、その状態の自分は、原因行為時の自分によって一方的に支配される存在ではない）ので、この見解では、原因において自由な行為の理論を適用することができず、刑法39条2項により刑の減軽を認めざるをえないという点である。例えば、【設問2】の事例では、Xに殺人罪が成立するが、39条2項により刑が減軽されることになる。責任無能力に達すれば完全な責任を問えるのに（【設問1】の場合）、限定責任能力にとどまれば刑が必要的に減軽されるというのは（【設問2】の場合）、不均衡であろう。また、【設問3】の事例のような悪質な酩酊運転についても心神耗弱による刑の減軽を認めざるをえなくなるが、そうすると「どうせ飲酒運転をするなら心神耗弱になるほど酩酊した方が得だ」ということになり、政策的にも問題がある。

●コラム● 二重の故意

　原因行為の時点で、構成要件該当事実の認識・予見（通常の故意）に加えて、自己が心神喪失・心神耗弱に陥ることについての予見があることを「二重の故意」という。間接正犯の理論を援用する原因行為説においては、間接正犯の場合に他人を道具として利用する意思が必要になるのと同様、心神喪失状態の自分を道具として利用する意思が必要になるから、二重の故意が要件になる。これに対し、結果行為説においては、二重の故意は要件とならない。判例（後掲）は、二重の故意を要求しておらず、この点で（も）結果行為説と親和的である。

イ　結果行為説

　そこで、現在の**多数説**は、結果行為を実行行為と解しつつ、責任非難のためには必ずしも実行行為の時点で完全な責任能力が存在することは必要でないとして、原因において自由な行為の可罰性を説明しようとする。ここでは、原因において自由な行為は、形式的にみれば、「実行行為」と責任能力の同時存在の原則から外れた「例外」的な場合として位置づけられる。また、この見解は、責任非難の時点だけを原因行為時に遡らせる立場とみることもできる。

　問題は、なぜ「責任非難のためには必ずしも実行行為の時点で完全な責任能力が存在することは必要でない」と解することができるかである。これについて、代表的な見解は、次のように説明する。すなわち、責任とは非難可能性であるが、責任非難は行為者の（構成要件に該当する違法な行為についての）意思決定に向けられるものである。よって、責任非難にとって重要なことは、形式的に責任能力が実行行為と同時に存在することではなく、実行行為が完全な責任能力のある状態での意思決定の実現であるといえることである。これを原因において自由な行為に当てはめると、**結果行為（実行行為）が完全責任能力のある原因行為時における意思決定の実現であるといえる場合**（原因行為と結果行為とが1個の意思決定に貫かれている場合）には、結果行為について**完全な責任**を問うことができる。この見解においては、原因行為から結果行為に至るまでの意思決定の実現過程が広い意味での「行為」（犯行）として把握され、この「行為」と責任能力が同時に存在することが行為と責任の同時存在の原則からの要請であると理解されることになる（同時存在原則の緩和）。

```
【結果行為説】
    「行為」（犯行）（＝意思決定の実現過程）
    ┌─────────────────────────────────────┐
    │ 原因行為 ──（意思の連続）→  結果行為＝実行行為 │
    │ 〈意思決定〉              〈意思決定の実現〉  │
    └─────────────────────────────────────┘
      ↑非難                  （責任能力なし）
    責任能力あり　（「行為」と責任能力の同時存在）
```

　この見解は、結果行為を実行行為とみるので、原因行為説の第1の問題は生じない。また、原因行為時に完全な責任能力があれば、その後の状態が責任無能力であろうと限定責任能力であろうと完全な責任を問えるため、限定責任能力にとどまった場合の不均衡の問題も生じない。

　この見解によれば、原因において自由な行為として刑法39条の適用を排除するためには、結果行為（実行行為）が完全責任能力のある原因行為時における意思決定の実現であるといえることが必要になる。【設問1】についてみると、Xは、飲酒行為の時点でAを殺害するという意思決定を行っており、その後にAを殺害したことは、この意思決定の実現であるといえるから、39条1項の適用が排除されて殺人罪が成立する。【設問2】の場合にも、同様の理由から39条2項の適用が排除され、心神耗弱による刑の減軽は認められない。さらに、【設問3】のXについても、飲酒運転をするという意思決定は完全責任能力のある飲酒行為時になされており、その後の飲酒運転はこの意思決定の実現であるといえるから、39条2項は適用されず、心神耗弱による刑の減軽は認められない。

> 【設問4】酩酊殺人事例3
> 　Xは、大量の酒を飲んで病的に酩酊し、心神喪失の状態に陥った後、Aを殺すことを決意し、直ちに殺意をもってAの腹部を包丁で刺し、Aを死亡させた。XがAの腹部を包丁で刺したとき、Xは心神喪失の状態であった。Xに殺人罪が成立するか。
>
> 【設問5】酩酊運転事例2
> 　Xは、居酒屋で飲酒し、酩酊して心神耗弱の状態になった後に飲酒運転の意思を生じ、この状態で自動車を運転して家に帰った。Xには道交法上の酒酔い運転罪が成立するが、心神耗弱による刑の減軽は認められるか。

　これに対し、結果行為が完全責任能力のある時点での意思決定の実現とい

えない場合には、原因において自由な行為の理論は適用されず、39条が適用される。例えば、【設問4】の事例では、病的に酩酊して心神喪失の状態になった後にはじめてA殺害の意思が生じており、この場合には、Aを殺害した行為は完全責任能力時の意思決定の実現とはいえないから、39条1項が適用され、殺人罪は成立しない。【設問5】の事例についても、飲酒運転の意思なく飲酒を開始し、酩酊して心神耗弱の状態になってはじめて飲酒運転の意思を生じたのであるから、飲酒運転は完全責任能力時の意思決定の実現とはいえず、39条2項が適用され、刑の減軽が認められる。

> ●コラム● 心神耗弱の場合の論じ方
>
> 　原因において自由な行為の問題は、心神喪失と心神耗弱に共通する問題であるが、両者は、論じられるべき体系的な位置が異なることに注意を要する。心神喪失の場合は、責任が阻却されて犯罪が不成立になるかどうかの問題であるから、犯罪成立の最後の要件である責任のところで論じられるべきことになる。これに対し、心神耗弱は責任阻却事由ではなく、刑を減軽させる事由であるから、心神耗弱の場合には、原因において自由な行為の問題は、犯罪の成立について述べた後に、科刑の問題として論じられるべきことになる。もっとも、心神喪失か心神耗弱かの事実認定が必要な場合には、責任の段階でこの点を検討しておく必要がある。

(3)　過失犯の場合

以上の議論は、主に故意犯の場合を念頭に展開されてきた。では、過失犯についてはどうか。過失犯の原因において自由な行為の例として、次のような事例が挙げられることがある。

【事例2】
　Xは、酒を飲むと病的酩酊の状態に陥り他人に危害を加える性癖の持ち主であったが、今回は大丈夫であろうと思って飲酒したところ、病的酩酊による心神喪失状態に陥り、その状態でAに暴行を加えて傷害を負わせた。

しかし、過失犯の場合には、原因行為の時点で注意義務違反（10講）が認められるかを検討すれば足り、原因において自由な行為の理論を適用する必要性はほとんどない（多数説）。例えば、【事例2】の場合、原因行為である飲酒行為を過失行為とみて、過失傷害罪（209条）の成立を肯定すればよい。すなわち、Xは自分の性癖を自覚していたと考えられるから、Xには飲酒行為の時点で暴行・傷害についての予見可能性・結果回避可能性があり、心神喪失状態に陥って他人に危害を加えることがないよう飲酒を差し控えるべき

注意義務があったといえる。Ｘの飲酒行為は、この注意義務に違反した過失行為（過失犯の実行行為）に当たると考えられる。そして、この過失行為とＡの負傷という結果との間に因果関係があることも明らかである。こうして、Ｘの飲酒行為について過失傷害罪の成立を肯定することができるのである。

* ところで、【事例２】のＸは、Ａに対して故意に暴行を加えているから、過失犯ではなく故意犯で、つまり傷害罪（204条）で処罰できるのではないかという疑問が生じるかもしれない（なお、傷害罪は、傷害の故意で傷害結果を生じさせた場合のほか、暴行の故意で傷害結果を生じさせた場合も含むとするのが判例・通説である）。しかし、Ｘを傷害罪で処罰するのは無理である。まず、暴行時に暴行の故意が認められ、この暴行により傷害結果が発生しているので、傷害罪の構成要件該当性は肯定できる。しかし、その時点では心神喪失である。よって、傷害罪の罪責を問うには、原因において自由な行為の理論を使うしかない。そこで、同理論を使えるかであるが、この事例では使えない。原因行為である飲酒行為時に暴行の故意がないからである。すなわち、結果行為説によれば、飲酒行為時に暴行の故意がなく、暴行の意思決定がなされていない以上、暴行は飲酒行為時の意思決定の実現といえないからであり、原因行為説によれば、心神喪失状態の自分を道具として利用して暴行する意思が飲酒行為時に認められないからである。以上の理由から、過失犯の成否を検討すべきことになるのである。

もっとも、心神耗弱の場合には、責任が阻却されるわけではないから、傷害罪の成立が認められる。よって、この場合には、過失犯の成否を検討する必要はない。

(4) 実行行為の途中からの心神喪失・心神耗弱

実行行為（暴行など、実行行為に当たることが明らかな行為）の途中から心神喪失・心神耗弱に陥った場合、刑法39条の適用は排除されるのであろうか。学説の中には、実行行為の開始時に完全な責任能力が認められれば十分であり、原因において自由な行為の理論を援用するまでもなく、39条は適用されないとする見解がある。ここでは、実行行為の途中からの心神喪失・心神耗弱は、因果関係の錯誤（8講3）の問題として処理される。たしかに、このケースは、実行行為の開始時点で完全な責任能力を有している点で、そうとはいえない典型的な原因において自由な行為の事例とは異なる。しかし、例えば、傷害致死罪の事案で、致命傷を与えた暴行が心神喪失・心神耗弱状態に陥ってからのものであり、しかも、その暴行の態様がそれまでの暴行の態様と質的に異なる場合には、致死の結果について当然に完全な責任を

問うてよいかは疑問の余地がある。このような場合には、原因において自由な行為の理論を援用すべきであるとの見解も有力である（なお、判例として、長崎地判平4・1・14判時1415号142頁〈百36、プ255〉）。

(5) 判　例

判例は、原因において自由な行為の事例について刑法39条の適用を排除してきたが、その理論的立場は必ずしも明らかでない。もっとも、後記のとおり、判例は、心神耗弱の場合にも原因において自由な行為の理論を適用しており、結果行為説に親和的であるといえよう。

ア　心神喪失の事例

アルコール中毒のため飲酒すると暴力を振るう習癖のあった被告人が、多量に飲酒して病的酩酊となった後、心神喪失状態でタクシーに乗り牛刀を示すなどして強盗しようとしたが、未遂に終わったという事案で、大阪地裁は、飲酒時には強盗の故意が認められず、強盗未遂罪は成立しないが、暴行脅迫の未必の故意があったとして、示凶器暴行脅迫罪（暴力行為等処罰ニ関スル法律1条）が成立するとした（○大阪地判昭51・3・4判時822号109頁〈百38、講85、プ253〉）。本件の場合、原因行為説によれば、飲酒時に自ら心神喪失状態に陥って強盗を行う意思がないことから、また、結果行為説によれば、飲酒時に強盗の意思決定がなされていないことから、強盗未遂罪については、どちらの説に立ったとしても、原因において自由な行為の理論を適用することはできず、39条1項により不成立となる。これに対し、（強盗の一部を構成する）示凶器暴行脅迫罪については、飲酒時に暴行脅迫の故意があったので、いずれの説においても、原因において自由な行為の理論により39条1項の適用を排除し、その成立を肯定することができる。

過失犯の成立が肯定された例として、次の事例がある。被告人は、多量に飲酒すれば病的酩酊に陥り、心神喪失の状態において他人に犯罪の害悪を及ぼす危険のある素質を有する者であったが、飲食店で飲食中、女性店員Aに言い寄ったところ、すげなく拒絶されたため、同女を殴打するや、居合わせたBらによって制止されて憤慨し、とっさにそばにあった肉切包丁でBを刺し、同人を即死させた。原審は、心神喪失を理由に無罪としたが、最高裁は、被告人には心神喪失の原因となる飲酒を抑止または制限するなど前記危険の発生を未然に防止するよう注意する義務があったとした上で、被告人は前記のような自己の素質を自覚しており、事前の飲酒につき注意義務を怠ったとして、過失致死罪が成立するとした（○最大判昭26・1・17刑集5巻1号20頁〈百37、講84、プ251〉）。この判例は、かつては原因において自由な

行為の理論を過失犯に適用したものと考えられていたが、近時は、一般的な過失理論によって説明できる（かつ、説明すべきである）とする理解が有力である（【事例2】の説明参照）。

イ　心神耗弱の事例

道交法上の酒酔い運転罪の事案について、最高裁は、「本件のように、酒酔い運転の行為当時に飲酒酩酊により心神耗弱の状態にあったとしても、飲酒の際酒酔い運転の意思が認められる場合には、刑法39条2項を適用して刑の減軽をすべきではないと解するのが相当である」として、39条2項を適用しなかった原判決を支持した（◎最決昭43・2・27刑集22巻2号67頁〈百39、講86、プ249〉）。最高裁は、その理論的根拠を示していないが、本件では、飲酒の時点で酒酔い運転の意思があったと認定されていることが注目される。すなわち、その時点で酒酔い運転の意思決定がなされ、酒酔い運転はその意思決定の実現といえることから、結果行為説によれば、39条2項の適用排除を説明することができる。これに対し、運転時に心神耗弱にとどまった本件では、原因行為説の立場から39条2項の適用排除を説明するのは困難であろう。

第16講　責任故意と違法性の意識

◆学習のポイント◆
1 違法性の意識（違法性の錯誤）については、特に当てはめの錯誤において、信頼の対象（判決、公的機関、私人）に応じて錯誤の相当性がどのように考えられているかを正確に理解しなければならない。
2 誤想防衛については、【事例2】がそれぞれの立場からどのように解決されるのかを理解することが重要である。
3 誤想過剰防衛については、【事例4】と【事例5】の場合に故意を阻却するか、また、過剰防衛規定を準用できるかを、それぞれの立場から説明できるようにする必要がある。

1 責任故意総説

　故意は、構成要件要素であると同時に責任要素でもある。すなわち、故意は、まず、構成要件的故意として捉えられるが、さらに、責任故意としても理解される。**構成要件的故意**は、構成要件に該当する客観的事実の認識であり、構成要件に位置づけられるが、**責任故意**は、責任に位置づけられる（7講1）。

　責任故意の内容としては、まず①違法性阻却事由不存在の認識が考えられる。行為者が、構成要件に該当する客観的事実を認識していながら、他方で、正当化事由（違法性阻却事由）に関わる錯誤があった場合を正当化事由の錯誤という。これは、正当化事由の要件についての錯誤など評価面の錯誤と正当化の前提となる事実面の錯誤に分けることができる。前者（例えば、過去の侵害に対しては「急迫性」の要件が欠けるので正当防衛でないにもかかわらず〔12講2(1)〕、正当防衛であると考えた場合など）が違法性の錯誤であることには争いがないが、後者が事実の錯誤であるか違法性の錯誤であるかは争われており、後者は、一般に、正当化事情の錯誤と呼ばれるが、その代表的なものが**誤想防衛**である。例えば、「友人が自分を驚かそうとした

だけだったのに暴漢に襲われたと勘違いしてその友人を殴ってしまった」場合は、「人を殴っている」という暴行罪（208条）または傷害罪（204条）の構成要件に該当する客観的事実の認識があるので暴行罪または傷害罪の構成要件的故意はあるが、（実際には侵害がないので正当防衛でないにもかかわらず）暴漢に襲われたと勘違いしている。この勘違いによって故意が否定されるのではないかが問題になる。

さらに、責任故意として、②違法性の意識が必要かも争われている。例えば、「宗教的な信念から異端者の殺害は違法ではないと考えて、自分と信仰の異なる者を殺す」場合は、「人を殺している」という殺人罪（199条）の構成要件に該当する客観的事実の認識があるので殺人罪の構成要件的故意はあるが、（実際には違法なことであるにもかかわらず）「違法なことではない」と考えている。自分のしていることが違法なことだと意識していないことによって故意または責任が否定されるのではないかが問題になる。すなわち、①も②も構成要件的故意はあるが、①は、違法性阻却事由に当たる事実が（実際にはないにもかかわらず）あると勘違いし、②は、（実際には違法であるにもかかわらず）違法でないと勘違いしている場合である。まず、②の問題から先に検討し、その後①の問題を検討する（後述3参照）。

2　違法性の意識

(1)　違法性の意識とその可能性の意義

違法性の意識とは、自己の行為が違法（法的に許されないもの）であると知っていることをいう。責任能力を有する者が犯罪事実を認識するならば、通常は自己の行為の違法性を容易に認識することができ、現に認識していることが多いであろう。このように、行為者が自己の行為の違法性を現に認識しながら犯罪行為を行う場合は、当該行為者を強く非難することができ、重い故意責任を当然負わせることができる。ところが、行為者が犯罪事実を認識しているにもかかわらず、何らかの特別事情によって違法性の意識をもたずに行為していることがある。このような場合に、行為者を非難することができるかどうかが問題になる。学説では、違法性の意識はそもそも必要かどうか、必要だとして違法性の現実の意識が必要かそれともその可能性で足りるか、さらに、違法性の意識（の可能性）は故意の要素なのかそれとも責任の要素なのかという点が争われている。

なお、違法性の意識にいう「違法性」の意義についても争いがある。まず、違法性の具体的内容を「単純に行為が悪い」ということ、つまり「行為

が反道徳的・反倫理的であること」とする説がある。この説に対しては、行為の違法性と反道徳性は同じではなく、法的責任と道徳的責任は区別されるべきであるという批判があり、この説を採用することはできないという点について意見の一致がある。多数説は、違法性の内容を「行為が法律上許されないこと」としている（一般的違法性の認識説）。違法性の意識が行為者に反対動機を形成させるためのものであることから、当該行為が何らかの法律によって禁止されていると認識すれば行為を思いとどまることができたはずであるからである。しかし、そのように解すると、犯罪にはならないが不法行為を構成し損害賠償は義務づけられるであろうと誤解していた（実際には処罰もされる）場合には違法性の意識があったことになってしまう。いかに民法など他の法律で許されないという認識があったとしてもそのことから直ちに刑法上の非難を基礎づけることはできないとも考えられる。したがって、近年では、行為が刑法上処罰されるということ、すなわち、違法性の内容は「行為が構成要件に該当する可罰的な刑法違反であること」と解する見解が有力になってきている（可罰的刑法違反の認識説）。

(2) 違法性の意識の要否をめぐる議論の状況

【事例1】宗教的確信による殺人事例
　Xは、宗教的な信念から、異端者の殺害は違法ではないと考えて、自分と信仰の異なるAを殺害した。

ア　違法性の意識（の可能性）不要説

かつての判例は、違法性の意識（の可能性）不要説に立ち、違法性の意識の有無は犯罪の成否にとって無関係であるとしていた。これは、「**法の不知は許さず**」という法格言に代表される考え方であり、国民一般は法が何であるかを知っているべきであるとする。そして、違法性の意識が現実に不要であるというだけでなく、その可能性すら不要であるとするのである。この説からは、Xの現実の違法性の意識やその可能性の有無はおよそ問題にならず、【事例1】のXには殺人罪が成立する。しかし、この考え方は国家の権威を一面的に強調しすぎており、違法性を意識しなかったことについて相当の理由がある場合にまで故意責任を肯定するのは責任主義に反すると批判されている。そこで、近時の最高裁判例は、違法性の意識を欠いたことに相当の理由があるかを問題にするような方向を示すようになってきている。

イ 厳格故意説

他方、学説においては、故意が認められるためには現実の違法性の意識を要するとする説があり、**厳格故意説**と呼ばれている。現実の違法性の意識こそが故意と過失を分かつ分水嶺であると考えるのである。この説からは、**【事例1】**のＸには現実の違法性の意識が存在しないので殺人罪の故意は認められず、過失致死罪が成立することになる。しかし、この説は、現実の違法性の意識を故意の要件とすることによって、確信犯や行政犯などのときに不都合が生じると批判されている。すなわち、**確信犯**は社会正義の実現のためと称して自分と価値観の異なる政治家を暗殺するなどして「悪いことをしているのではない。これは正義だ」などと考えているが、これを現実の違法性の意識がないとして処罰しないのは妥当ではない。また**行政犯**では、刑事犯と異なってその行為自体は無色であり行為を禁止する法の存在を知ってはじめて「やってはいけないことだ」ということがわかるのであるから、被告人から現実の違法性の意識はなかったと弁解された場合にそれに反論することはほとんど不可能であり、その場合に故意犯が成立しなくなるならば行政取締目的が達成できなくなって妥当ではないのである。

ウ 違法性の意識の可能性必要説

そこで、通説は、責任主義の要請から違法性の意識は必要であるが、現実の意識までは必ずしも必要ではなく、その可能性があれば足りるとする「違法性の意識の可能性必要説」に立っている。事実の認識については、それが認められる故意と認識（予見）可能性があるにすぎない過失との間に重大な相違があるが、違法性の意識については、現実の意識がある場合とそれがなくてもその可能性がある場合の間に重大な相違はなく、事実認識があることを前提にしてどちらの場合も故意犯が成立するとするのである。なぜなら、反対動機の形成可能性という観点からすれば、違法性の現実の意識がある場合とそれがなくてもその可能性がある場合との間に相違はないからである。すなわち、違法性の意識がなかったとしても、それだけでは犯罪の成立は否定されないが、違法性の意識の可能性すらなかった場合、つまり違法性の意識を欠いたことにつき相当の理由がある場合は責任故意または責任が阻却されるとするのである。これによれば、刑法38条3項本文は「違法性の意識を欠いても原則として故意犯が肯定される」ということを定めたものであり、但書は「違法性の意識を欠き、そのことについて相当の理由がなく犯罪が成立する場合でも、違法性の意識を欠いたことについて特別な事情があるときは刑を減軽できる」ことを認めた規定だということになる。ここで、違法性

の意識の可能性を故意の要素とするかそれとも故意とは別個の責任の要素にするかについて争いがある。

　ウ－①　制限故意説

　まず、**制限故意説**は、違法性の意識はその可能性で足りるとし、それは故意の要素であるとする。この説からは、【事例１】のＸには現実の違法性の意識はなくてもその可能性はあるので、殺人罪が成立する。しかし、この説は、違法性の意識の「可能性」という過失的要素を故意概念の中に入れるのは故意と過失の混同であって不当であると批判されている。

　ウ－②　責任説

　そこで、今日の通説である**責任説**は、過失犯の場合でも「違法性の意識の可能性」がない場合には処罰できないはずであるから、「違法性の意識の可能性」は故意の要素ではなく、故意犯と過失犯に共通の責任要素であるとする。したがって、厳格故意説や制限故意説では、それぞれ違法性の意識、違法性の意識の可能性が否定された場合にも過失犯成立の可能性があるが、この説からは違法性の意識の可能性が否定されれば無罪ということになる。この説は「違法性の意識の可能性」を「期待可能性」や「責任能力」、「責任故意」と並べて独立の責任要素と位置づける。したがって、責任説からすれば、故意があると認められた後に、責任があるか否かという問題が生じるのである。この説からは、【事例１】のＸには、「人を殺している」という認識があるので殺人の故意が認められ、また、現実の違法性の意識はなくてもその可能性はあるので責任もあり、結局、殺人罪が成立する。

　なお、責任説は、後述する正当化事由の錯誤の取扱いをめぐって、事実の錯誤であり故意を阻却するとする**制限責任説**と、違法性の錯誤であり故意を阻却しないとする**厳格責任説**に分かれる。このうち、制限責任説が現在の通説になっている（後述３参照）。

	厳格故意説	制限故意説	責任説	
			制限責任説	厳格責任説
違法性の意識	現実の意識が必要	意識の可能性が必要	意識の可能性が必要	
要素の位置づけ	故意の要素	故意の要素	責任要素	
違法性阻却事由不存在の認識	必要	必要	必要	不要

第16講　責任故意と違法性の意識

(3) 違法性の錯誤

> **【設問1】百円札模造事件**
> Xは、自分が経営する飲食店の宣伝のために百円札に似たサービス券を作成することを思いつき、警察署に赴いて知り合いの巡査に助言を求めたところ、誰が見ても本物と紛らわしくない物にするよう具体的な助言を受けたが、その助言を軽視して紛らわしい外観をもつサービス券Aを作成してしまった（第1行為）。その後、Xはできあがったサービス券を同警察署で配布したが、格別の注意を受けなかったことからますます安心し、同種のサービス券Bを作成した（第2行為）。Yは、Xの話を信頼し、独自の調査をせずに類似のサービス券Cを作成した。XとYに通貨等模造罪が成立するか。

　例えば、他人の物をうっかり自分の物と信じて持ち帰った場合には、事実の錯誤であり故意が阻却される。このように事実の錯誤があれば違法性の意識ももちろん欠いていたであろうが、ここでは**違法性の錯誤**の問題は生じない。違法性の錯誤という問題は、あくまで事実を正しく認識しながらも誤って行為は違法でない（法的に許されている）と考えた場合である。事実の錯誤と違法性の錯誤の取扱いは次の点で異なる。事実の錯誤であればたとえそれが軽率な誤解であっても直ちに故意が阻却されるが、違法性の錯誤であればよくよくのことがなければ故意責任は肯定される（7講2(2)）。違法性の錯誤においては、この「よくよくの場合」といえるかどうかが重要であり、**違法性の錯誤の回避可能性**と呼ばれる。

　下級審裁判例では、違法性の錯誤がある場合にその錯誤に相当な理由があるかどうかを問題にし、相当な理由がある場合に責任ないし故意の阻却を認める傾向にあるが、この「違法性の錯誤に相当な理由がある」とは、すなわち「違法性の意識の可能性すらない」ということであると考えられている。すなわち、「責任なければ刑罰なし」という責任主義からは、具体的状況の下で行為者に自己の行為が違法であることを知ることができなかった場合には違法行為の実行を思いとどまらなかったことについて非難することができないので、違法性の意識の可能性は、**事実認識があっても違法性を意識しないことに無理からぬ特別な事情**があったかどうかという基準で判断されるのである。このとき、特別な事情は、適法行為を期待する国家の側の事情と期待される個人の側の事情との緊張関係の下で、両者を比較衡量して決められるべきものであり、国家の側の取締目的という側面のみを一方的に強調するのは妥当でないことに注意を要する。

違法性の錯誤には、錯誤に陥る原因によって、法の不知と当てはめの錯誤の2種類がある。

ア　法の不知（刑罰法規の存在に関する錯誤）

刑罰法規の存在を知らなかったために、自己の行為は違法でないと誤信した場合で、特に行政取締法規において問題になる。自己の行為が違法かどうかを当初から全く意識しなかったような場合である。業務者は自己の業務に関連する法令の改廃状況に関心をもっているのが通例なので、法の不知は一般には考えにくい。したがって、刑罰法規が国民に法を周知させる合理的な方法で公布・施行され、一般の人々が知りうる状態になっていれば、違法性の意識の可能性は原則として認められ、相当の理由が認められるのはよほど特殊な事情がある場合に限られる。

イ　当てはめの錯誤（刑罰法規の解釈に関する錯誤）

刑罰法規の存在は知っているが、その法規の解釈を誤り、自己の行為は許されていると誤信した場合である。例えば、わいせつ図書の有償頒布は法によって禁止されていることは知っていたが、この程度では「わいせつ図書有償頒布罪」（175条）にいう「わいせつ」には当たらないと思っていた場合などである。何の根拠もなく自分勝手にそう解釈したという場合に相当理由が認められないのは当然であるが、それなりの権威のある立場の見解を信頼して行為した場合には、相当理由が認められることがある。それには、以下のような場合がある。

a　判決を信頼した場合

同種事案の無罪判決を信じて行為したが行為者に不利な方向で判例変更がなされた場合が問題になる。英米のような判例法主義の国と異なり、わが国のような実定法主義の国では、判例は法そのものではないので、**判例の不利益変更は罪刑法定主義における事後法禁止には該当しない**（29講2(1)）が、**違法性の錯誤において相当の理由のある場合として故意または責任が阻却されうる**のである。まず、信頼の対象が最高裁判決である場合には、その権威性から相当の理由のある錯誤として、原則として違法性の意識の可能性が否定される。判決が分かれている場合に、自分にとって都合の良い方を信頼した場合には問題がある。上級の裁判所と下級の裁判所で対立している場合に、前者を信頼したならば、相当の理由が原則として肯定される。同等の裁判所で対立している場合には、信頼した具体的事情を考慮して違法性の意識の可能性を判断すべきであると考えられている。

羽田空港デモ事件差戻審判決は、羽田空港ビルの国際線出発ロビーにおい

て、日中友好協会関係者ら約300名が無許可の集団示威運動を行った際に、これを指導した被告人が東京都公安条例 5 条違反の罪で起訴された事案である。裁判所は、本件集団示威運動が激烈悪質のものではなくむしろ平穏なものであったことなどと並んで、当時全国の裁判所で、同種の無許可集団示威運動について可罰的違法性がないとされた裁判例が多く出されておりそれを信頼したという点を考慮して、違法性の錯誤には相当の理由があり犯罪の成立を阻却すると判示した（○東京高判昭51・6・1 判時815号114頁）。

　b　公的機関（警察や検察、関係省庁など）の見解を信頼した場合

　警察や検察、裁判所など刑罰法規の解釈・運用・執行について公的権限を有する機関からの照会に対する回答のような公式の見解、あるいは所轄官庁の公式の見解を信頼して違法でないと思ったならば、自己の行為が許されると信じることにつき相当の理由があり、違法性の意識の可能性は否定される。なぜなら、照会に対して権限のある公的機関が適法であると回答したり、所轄官庁が公式にその種の行為に違法性はないと公表した以上、行為者に自己の行為が法的に許されるかどうかについてさらに検討することは期待できないからである。

　石油やみカルテル事件では、かねてより通産省の指示に基づく石油連盟による生産調整が公然と行われており、しかも公正取引委員会委員長が国会において生産調整を容認する答弁をしたので、被告人がそれを信じて違法性の錯誤が生じたという事情があったため、裁判所は、錯誤につき相当の理由があるとして、犯罪の成立を否定した（○東京高判昭55・9・26判時983号22頁〈プ262〉）。これに対して、【設問 1】のような事案が問題となった百円札模造事件では、最高裁は、「違法性の意識を欠くにつき相当の理由があれば犯罪は成立しないとの見解」を採用するかについては態度を留保し、XとYの各行為に対して、錯誤につき相当の理由があるとはいえないとして通貨等模造罪の成立を認めた原判決を肯定した（◎最決昭62・7・16刑集41巻 5 号237頁〈百48、講91、プ260〉）。

　c　私人（法律学者や弁護士など）の意見を信頼した場合

　私人の見解を信頼した場合は、弁護士などの法律専門家であったとしても、原則として自己の行為が許されると信じることにつき相当の理由がなく、違法性の意識の可能性は肯定される。なぜなら、大学教授や弁護士などの法律専門家であっても法律の解釈・運用・執行について責任をもつ公務員ではないので、そのような私人の意見を信頼して行為した場合は犯罪でないとすると、法の運用・執行が私人の意見によって左右され、**法制度の統一性**

が害されるからである。まして、法律専門家ではない私人の法解釈を信頼しても、相当の理由が認められないことは当然である。

判例においても、法律専門家の意見を信頼した例として、弁護士の意見に従って住居侵入を行った事案で有罪としたものがある（大判昭9・9・28刑集13巻1230頁）。また、法律専門家ではない者の意見を信頼した例として、前掲・百円札模造事件のＹも有罪とされている。なお、例外的に、わいせつ映画について映倫（公的機関でなく民間の自主的規制機関）の審査を通過しているので許されていると誤信して上映した事案では、映倫に対する社会的評価などを考慮して、誤信に相当の理由があるとして無罪が言い渡されている（〇東京高判昭44・9・17判時571号19頁〈プ261〉）。

3　正当化事由の錯誤

(1)　誤想防衛の類型

> 【事例2】狭義の誤想防衛
> 　暗闇でＡが友人のＸを驚かそうとして棒を振りかざしたのを、Ｘは棒で殴られると誤想して、近くに落ちていた棒を使ってＡに傷害を負わせた。
> 【事例3】防衛行為の誤想
> 　ＸはＡに棒で殴りかかられたので、近くにあった棒でＡに反撃したが、その棒の先端には釘が刺さっていたため、これがＡの頭に刺さりＡは死亡した（Ｘは棒の先端に釘が刺さっていることを認識していなかった）。
> 【事例4】誤想過剰防衛（二重の誤想防衛）
> 　暗闇でＡが友人のＸを驚かそうとして棒を振りかざしたのを、Ｘは棒で殴られると誤想して、近くに落ちていた棒を使ってＡに反撃したが、その棒の先端には釘が刺さっていたため、これがＡの頭に刺さりＡは死亡した（Ｘは棒の先端に釘が刺さっていることを認識していなかった）。

誤想防衛とは、正当防衛を基礎づける事実が存在しないのに、その事実が存在すると誤想して反撃行為をした場合をいう。誤想防衛は、一般に、正当防衛を基礎づける事実のどの部分に錯誤があるかによって、3つの類型に分類される。

第1類型は、急迫不正の侵害が存在しないのに存在すると誤想した場合で、これが誤想防衛の典型例であり、狭義の誤想防衛と呼ばれている。例えば、【事例2】のような場合である。

第2類型は、急迫不正の侵害は現実に存在したが、これに対して必要かつ相当な防衛行為をするつもりで、誤って客観的には不相当な（防衛の程度を

超えた）行為をした場合である。例えば、【事例3】のような場合である。この類型は、防衛行為の誤想や過失の過剰防衛と呼ばれることがある。

第3類型は、急迫不正の侵害が存在しないのに存在すると誤想し、かつ、これに対して必要かつ相当な防衛行為をするつもりで、誤って客観的には不相当な（防衛の程度を超えた）行為をした場合である。例えば、【事例4】のような場合である。第3類型は、後述する誤想過剰防衛の一類型でもある。

いずれにせよ、この3つの類型は、行為者の認識内容としては正当防衛の要件を完全に充足しているという点で共通している。

●コラム● 「誤想防衛」と「防衛行為と第三者」

　誤想防衛は、上述した3つの類型のほかに、防衛のために侵害者を狙って行った反撃行為が無関係の第三者を侵害したという「防衛行為と第三者」と呼ばれる問題のうちの1つの類型（12講4⑵ウ）も、防衛者が第三者を害する可能性を認識していなかったのならば、主観的には正当防衛という適法な事実の認識しかないのに、客観的には（第三者の侵害は防衛として役に立たないものであるので）正当防衛ではないという意味で、誤想防衛の一種であるといわれている。学説としては、この場合を誤想防衛と考える見解のほかに、正当防衛とする説や緊急避難とする説があるが、判例は誤想防衛の一種として扱っている（○大阪高判平14・9・4判タ1114号293頁〈百28、講72、プ95〉を参照）。

(2) 狭義の誤想防衛の法的処理

狭義の誤想防衛について、通説である**事実の錯誤説**（正当化事由の錯誤は事実の錯誤であるとする説。厳格故意説、制限故意説、制限責任説）は、故意の認識対象を構成要件該当事実および正当化事由不存在の事実であると考え、誤想防衛の場合には違法性の意識を喚起するような違法性を基礎づける事実の認識がないとして故意を阻却するとする。例えば、正当防衛による殺人をしていると認識している誤想防衛者は、「殺人の故意」はあっても「殺・人罪の故意」はないのであり、刑法38条1項にいう「罪を犯す意思」で行動したのではないと考えるのである。この説は、錯誤に過失があれば（過失犯処罰規定が存在すれば）過失犯が成立し、錯誤に過失もなければ不可罰になるとする。したがって、この立場からはおよそ故意犯が成立する余地はなく、過失犯が成立するか不可罰とされるかのいずれかになる。この説からは、【事例2】のXは、Aに棒で殴られるという誤想がたとえ一般人ならば避けることができる軽率なものであったとしても故意が阻却される。すなわち、誤想が一般人ならば避けることができるものであったならば過失傷害罪（209条）が成立し、誤想が一般人からも避けることができないものであった

ならば無罪となる。

これに対して、**違法性の錯誤説（厳格責任説）**は、故意を構成要件該当事実の認識に限定し、正当化事由の錯誤は違法性の錯誤であると考える。正当化事由の錯誤は故意の成否とは無関係であって、錯誤が避けられない場合には責任の段階で違法性の意識の可能性がなく責任が阻却されるが、錯誤が避けられる場合には故意犯が成立するとする。この説からは、【事例2】のXは、誤想が一般人からも避けられないものであったならば責任が阻却され無罪となるが、誤想が一般人ならば避けることができるものであったならば傷害罪（204条）が成立することになる。この説は、構成要件に該当する事実を認識している以上は故意の認識対象として十分であって、行為者は自己の行為が禁じられているかどうかの問題に直面しており、正当防衛であると誤信したことは、法律上許されていないのに許されていると誤解する違法性の錯誤であると考えるのである。したがって、この立場からはおよそ過失犯が成立する余地はなく、故意犯が成立するか責任が阻却されて不可罰とされるかのいずれかになる。しかし、この説は、構成要件該当性を基礎づける事実を認識していても、同時に正当化事由を基礎づける事実が存在すると誤信している行為者には、自己の行為が違法であることを判断する材料が完全にはそろっていないため、違法性の意識を喚起する機会が与えられているとはいえないと批判されている。

	事実の錯誤説	違法性の錯誤説（厳格責任説）
故意の認識対象	構成要件該当事実および正当化事由不存在の事実	構成要件該当事実
誤想防衛	過失犯か無罪	故意犯か無罪

＊　なお、正当防衛説は、相手方に襲われたという防衛行為者の錯誤が、一般人にとって避けられない場合には、正当防衛そのものとして違法性の阻却を認める見解である（他方、一般人にとって錯誤が避けられる場合には、過失犯が成立するとする見解と故意犯が成立するとする見解に分かれている）。刑法を第一次的に行為規範と解する行為無価値論の立場からは、違法性の判断は行為時を基準にすべきであり、正当防衛の要件も行為時に一般人の立場から判断されるべきであるとする考え方から、行為時を基準に一般人が急迫不正の侵害が存在するように思えるときには急迫不正の侵害の要件が存在したことになり、正当防衛として違法性が阻却されるとするのである。この説からは、【事例2】のXは、Aに棒で殴られるという誤想が一般人からも避けられないものであったならば正当防衛として違法性が阻

却されることになる。しかし、この説は、誤想防衛に対抗する相手方の反撃は正当防衛と解さざるをえないから、適法行為に対する正当防衛を認めることになってしまい、「不正対正」（12講参照）という正当防衛の構造が破綻すると批判されている。

　この問題に関する最高裁判例は未だ存在しないが（傍論としてではあるが、違法性阻却事由の前提事実についての錯誤は故意を阻却するという見解を示した大審院の判例として大判昭8・6・29刑集12巻1001頁がある）、戦後の下級審裁判例においては、誤想防衛は故意を阻却するとしたものがある。Aが右手をポケットに突っ込んだのを見て、凶器を取り出して向かってくるものと誤信し、木刀でAの右手首を殴打して傷害を負わせたという事案では、急迫不正の侵害がないのにあると誤信した誤想防衛であり、故意を阻却するとされた（○広島高判昭35・6・9判時236号34頁〈プ222〉）。

(3)　**防衛行為の誤想**

　第2類型の誤想防衛（防衛行為の誤想）も、基本的に第1類型の誤想防衛（狭義の誤想防衛）の議論が当てはまる。もっとも、狭義の誤想防衛は、急迫不正の侵害が現実には存在せず、仮に存在するとしたらそれに対して相当な行為をした場合であるから過剰防衛として刑の減免を受ける余地はないが、防衛行為の誤想は、急迫不正の侵害が現実に存在しており、これに対して客観的には不相当な防衛行為を行った（ただし、行為者は相当な防衛行為であると誤想していた）場合であるから、過剰防衛の規定が適用される。すなわち、通説の事実の錯誤説からは、誤想防衛として故意が否定されることを前提にして、過剰事実の誤想が避けられない場合は過失も否定され犯罪不成立となるが、避けられる場合は過失犯が成立するので、その場合に過剰防衛の規定が適用されるのである。**【事例3】** のＸは、誤想防衛として故意が否定され、釘が刺さっているという過剰事実の誤想が一般人にも避けられないものである場合には無罪となり、過剰事実の誤想が一般人からは避けられるものであった場合には、過失致死罪が成立して、刑の任意的減免を受けることになる。そうすると、狭義の誤想防衛に比べて防衛行為の誤想の方が有利な取扱いを受けることになるが、これは防衛行為の誤想の場合は急迫不正の侵害が現実に存在し、それに対して保全法益の利益を維持したということから基礎づけられる。

　過剰事実を誤想した裁判例としては、以下のものがある。Aに襲われた被告人が警察官が駆けつけるまでの間暴れないようにAの頸部を絞めてAの動きを封じていたが、知らず知らず誤って強く絞めすぎたためにAを窒息死さ

せたという事案では、防衛のため相当な行為をするつもりで誤ってその程度を超えたものであって、防衛行為の誤認にほかならず、誤想防衛の一場合であるとして故意責任が否定された（盛岡地一関支判昭36・3・15判時254号35頁〈プ223〉）。なお、老父Aが棒様のものを手にして打ちかかってきたのに対し、自己の身体を防衛するため、その場にあった斧を斧とは気づかず何か棒様のものと思いこみAに反撃を加えたが、興奮のため防衛の程度を超え斧で頭部を数回殴りつけて死亡させたという事案では、斧を振り上げればそれ相応の重量は手に感じるはずであり、斧だけの重量のある棒様のもので頭部を乱打したのでたとえ斧とは気づかなかったとしても過剰防衛と認められるとされた（○最判昭24・4・5刑集3巻4号421頁〈講71、プ220〉）。すなわち、この判決は過剰事実の認識が被告人にあったとしたのであり、過剰事実の錯誤の問題について答えたものではないが、過剰事実の認識の認定はかなり強引な認定であると学説からは問題視されている。

(4) 誤想過剰防衛

【事例5】狭義の誤想過剰防衛
　暗闇でAが友人のXを驚かそうとして棒を振りかざしたのを、Xは棒で殴られると誤想して、近くに落ちていた棒を使ってAに反撃したが、その棒の先端には釘が刺さっていたため、これがAの頭に刺さりAは死亡した（Xは棒の先端に釘が刺さっていることを認識していた）。

　誤想過剰防衛とは、急迫不正の侵害が存在しないのにこれをあると誤想し防衛行為を行ったが、たとえ急迫不正の侵害が存在していたとしても防衛の程度を超えていたという場合である。これには、防衛の程度が過剰である点について認識していた場合（狭義の誤想過剰防衛）以外に、それを認識していない場合、すなわち誤想した急迫不正の侵害に対して相当な防衛行為をするつもりで過剰な防衛行為を行った場合がある。後者は、二重の誤想防衛といわれることもあるが、誤想防衛の第3類型であり、誤想過剰防衛の1つでもある。前者は【事例5】のような場合であり、後者は【事例4】のような場合である。

　誤想過剰防衛は、誤想防衛と過剰防衛が交錯する場面なので、かつてはそれが誤想防衛なのか過剰防衛なのかという観点から論じられてきた。その場合には、誤想防衛は故意が阻却されて過失犯が成立する場合であり、他方、過剰防衛規定は故意犯に適用されるという理解が前提にされていたのであ

る。しかしながら、誤想防衛という側面は故意を阻却するかしないかという罪名の問題であり、過剰防衛の側面は刑の減免を認めてもよいかという科刑の問題であって、別次元の問題であるから、今日では、両者はそれぞれ別個に論じられるべきであるとされている。

　誤想過剰防衛において故意犯が認められるかについて、学説は大別して3つの説がある。まず、①故意犯説は、厳格責任説の立場から、違法性阻却事由の事実の錯誤は違法性の錯誤であって故意を阻却しないので、誤想過剰防衛は過剰事実についての認識の有無にかかわらず故意犯が認められるとし、ただ錯誤が避けられない場合には責任が阻却されるとする。この説からは、【事例4】のXも、【事例5】のXも、錯誤が避けることができた場合には傷害致死罪（205条）が成立し、避けることができなかった場合には責任が阻却され無罪となる。しかし、この説は、【事例4】のような過剰事実の認識がなかった場合、構成要件該当性を基礎づける事実を認識していても、同時に、違法性阻却事由を基礎づける事実が存在すると誤認しているので、自己の行為が違法であると判断する判断資料がすべて提供されているとはいえず、この場合に故意犯の成立を認めるのは不当であると批判されている。

　次に、②過失犯説は、誤想防衛は事実の錯誤であって故意を阻却するという前提から、誤想過剰防衛は第1の急迫不正の侵害の誤想がなければ第2の過剰な防衛行為もなかったであろうから、第1の誤認の点が行為全体について支配力をもち、行為を全体的に把握すると過失犯的性格をもつとする。この説からは、【事例4】のXも、【事例5】のXも、過失致死罪（210条）が成立する。しかし、この説によれば、【事例5】のような過剰事実の認識がある誤想過剰防衛の場合にまで故意犯が否定され過失犯が成立することになるが、それでは急迫不正の侵害が現実に存在する通常の過剰防衛の場合に故意犯が成立する（13講4）こととの間に不均衡が生じてしまうと批判されている。

　そこで、通説である③二分説は、誤想防衛は事実の錯誤であって故意を阻却するということを前提とし、過剰事実の認識がない場合には行為者の認識内容は適法な事実なので故意を阻却するが、過剰事実の認識がある場合には行為者の認識内容は過剰防衛であり、したがって違法性を基礎づける事実の認識があるので故意犯が認められるとしている。この説からは、【事例4】のXは、錯誤を避けることができた場合には過失致死罪（210条）が成立し、錯誤を避けることができなかった場合には責任が阻却され無罪となるが、【事例5】のXは、錯誤を避けることができてもできなくても傷害致死罪

（205条）が成立することになる。

(5) 誤想過剰防衛と刑法36条2項

次に、誤想過剰防衛に刑の任意的減免が認められるかという点は、過剰防衛（36条2項）における刑の減免根拠をどのように理解するかに関連している（13講4(2)）。①違法減少説は、過剰防衛は急迫不正の侵害者の法益を侵害することによって正当な者の利益が維持されたという防衛効果が生じたという点で違法性が減少するとする。この説からは誤想過剰防衛は急迫不正の侵害という客観的な正当防衛状況が存在しないので違法減少はありえず、過剰防衛規定の適用も準用も否定されることになる。

次に、②責任減少説は、過剰防衛は急迫不正の侵害という緊急な事態の下での行為であるので、恐怖・驚愕・興奮・狼狽などの異常な心理状態に陥り、それが動機となって防衛の程度を超えてしまったのだから責任（非難可能性）が減少すると説明する。この説からは、誤想過剰防衛においても、行為者が恐怖などの異常な心理状態の下で行為したのであるから責任減少が認められるとして過剰防衛規定の準用を肯定することになる。しかし、この説は、狭義の誤想防衛（【事例2】）の場合に急迫不正の侵害の誤想に過失があれば過失犯として処罰されて刑の任意的減免を受ける余地がないのと比べて不均衡であると批判されている。

最後に、③違法・責任減少説は、過剰防衛は防衛の程度を超えた場合なのであるから急迫不正の侵害に対するものとして違法性が減少し、かつ、行為者が恐怖などの異常な心理状態の下で行為したのであるから責任減少も認められると説明する。この説からは、誤想過剰防衛においては、急迫不正の侵害が存在しないので違法減少の側面は満たされず、過剰防衛規定を適用することはできないが、行為者の責任減少があるので過剰防衛規定の準用が認められるとされている。

誤想過剰防衛について、過剰事実も誤想した場合の判例は見当たらないが、過剰事実の認識はあったものとしては、以下のものがある。勘違い騎士道事件では、空手3段の被告人Xが、酩酊したAをBがなだめているのを目撃して、BがAに暴行していると誤解し、Aを助けようとしたところ、Bが自分に殴りかかってくるものと誤信して、空手技の回し蹴りをBの顔面に当て死亡させたという事案であるが、本件回し蹴りは防衛手段として相当性を逸脱しており、傷害致死罪が成立し、誤想過剰防衛として過剰防衛規定によって刑を減軽した原判決が支持された（◎最決昭62・3・26刑集41巻2号182頁〈百29、講73、プ225〉）。本判決は、過剰事実の認識がない場合の故意

阻却の余地を認めて二分説の立場に立ち、本件では過剰事実の認識があるので傷害致死罪（205条）が成立し、刑法36条2項により刑の減軽を認めたのである。

V 未遂犯

第17講　未遂犯の基礎・実行の着手

◆学習のポイント◆
1　まず、予備・未遂・既遂の意義を確認し、「実行の着手」が予備と未遂を画する概念であることを押さえた上で、「実行の着手」の判断の前提となる未遂犯の処罰根拠を理解する必要がある。
2　次に、「実行の着手」についての学説と判例を理解し、それに基づいて、「実行の着手」が問題となる基本的な事例を解けるようになることが求められる。
3　さらに、特殊問題である「間接正犯・離隔犯」の実行の着手の問題や「早すぎた構成要件の実現」の問題について、学説と判例を理解し、それに基づいて、これらの問題を解けるようになることも求められる。

　本講では、**未遂犯の基礎**と**実行の着手**を扱う。犯罪は、何らかの理由で未完成に終わることがある。このうち「犯罪の実行に着手してこれを遂げなかった」（43条本文）場合を未遂という。そして、未遂のうち犯罪として処罰されるものを未遂犯という。以下では、未遂犯の基本事項を確認した上で、実行の着手の問題を扱う。

1　未遂犯の基礎

(1)　犯罪が未完成の場合——予備と未遂
ア　予備・未遂・既遂
　犯罪は、典型的には、①犯罪の準備をし、②犯罪の実行に着手し、③そこから結果が生じて完成する。例えば、人を射殺する場合、①拳銃を手に入れ、②人に向けて拳銃を発射し、③弾丸が命中し人が死亡して、殺人罪（199条）が完成する。このうち、①の準備行為を**予備**という。そして、②の段階に達したが、③には至らず、犯罪が未完成に終わった場合、すなわち「犯罪の実行に着手してこれを遂げなかった」（43条本文）場合を**未遂**とい

う。未遂に対し、犯罪が完成した場合を**既遂**という。

　　イ　未遂犯の概要

　未遂は、犯罪が未完成の場合であるから、これを罰すると定めた個別の規定がある場合に限り処罰される（44条）。これを**未遂犯**（未遂罪）という。殺人罪など、刑法典上の少なからぬ犯罪に未遂犯が用意されているが、器物損壊罪（261条）のように未遂の処罰規定がないものもある。

　未遂犯の刑については、既遂の場合の法定刑を「減軽することができる」（43条本文）。刑を軽く「できる」というのは、軽くしてもしなくてもよいという意味であり、これを**任意的減軽**という。

　未遂に至れば予備は未遂に吸収され、既遂に至れば未遂は既遂に吸収される（27講参照）。

　なお、未遂犯成立後の科刑の問題として中止犯の問題があるが（43条但書）、これについては別の講で検討する（19講）。

　　ウ　予備罪の概要

　予備も、これを罰する個別の規定がある場合にのみ、**予備罪**として処罰される。予備は未遂より前の準備行為であるから、特に重大な犯罪に限って例外的に処罰されるにすぎない。殺人予備罪（201条）、強盗予備罪（237条）、放火予備罪（113条）などが、その例である。むしろ、窃盗罪（235条）のように、未遂罪はあっても予備罪はないという犯罪の方が多い。予備罪の刑は、個別に規定されているが、既遂の刑と比べ、かなり軽いものとなっている。

　条文からも明らかなように、予備罪の成立には既遂をめざす目的が必要である。通常の予備罪では、この目的は、後の犯罪を自ら行う目的でなければならない（この場合の予備を自己予備という）。よって、例えば、他人が殺人を実行するのを助けるために拳銃を準備するのは、殺人予備ではなく、殺人の幇助（23講4参照）である。ただし、通貨偽造準備罪（153条）においては、他人のために通貨偽造の準備をする行為（他人予備）も含まれる。

　なお、未遂より前の行為として、予備のほかに**陰謀**（2人以上の者が犯罪の実現について謀議し、合意を形成すること）があるが、陰謀が処罰されるのは、刑法典上、内乱陰謀（78条）、外患陰謀（88条）、私戦陰謀（93条）の3種のみである。

（2）　予備・未遂・既遂の区別

　以上のように、予備・未遂・既遂の各段階で扱い方が違うので、予備か未遂か、未遂か既遂かの区別は重要である。

ア 未遂と既遂の区別

このうち、未遂と既遂の区別については、犯罪が完成したか、つまり、その犯罪の構成要件要素（実行行為、結果、因果関係など）がすべてそろったかを確認すればよい。例えば、実行行為（4講2(2)参照）は認められるが結果が生じなかった場合、あるいは実行行為と結果はあるが因果関係（5講）が認められない場合が、未遂の典型である。

ただし、注意しなければならないのは、ある犯罪の未遂が成立するためには、その犯罪の故意（7講）、つまり**既遂をめざす故意が必要**だということである。例えば、殺意をもって人に暴行を加え瀕死の重傷を負わせたが、被害者は一命を取りとめたという場合、殺人（既遂）の故意があるから殺人未遂なのであって、殺人の故意なしに暴行して重傷を負わせたとしても、それは傷害罪（204条）にしかならない。

イ 予備と未遂の区別——実行の着手

以上に対し、予備と未遂は、いずれも犯罪が未完成な場合なので、アと同じやり方で両者を区別することはできない。そこで、刑法は、**実行の着手**の有無によって両者を区別することとした（43条本文）。実行の着手は、**予備と未遂を区別する概念**として重要である。

もっとも、刑法は、実行の着手の定義については何も定めていない。そこで、実行の着手とは何か、それをどのように判断するかが重要な解釈問題となる。

(3) 未遂犯の処罰根拠——結果発生の危険性

ここで重要なのが、**未遂犯の処罰根拠**である。実行の着手があれば未遂犯として処罰されうるということは、裏を返せば、未遂犯の処罰根拠が妥当する場合に実行の着手があると考えることができるからである。そこで、実行の着手の意義を明らかにするための前提作業として、未遂犯の処罰根拠をみておこう。

犯罪の処罰根拠を行為者の意思ないし性格の危険性に求める主観主義の立場（1講4(1)参照）からは、未遂犯の処罰根拠は、行為者の意思ないし性格の危険性に求められる。これを主観的未遂論という。これによれば、犯罪を実現するという意思ないし性格の危険性が外部に表れた時点で、実行の着手を認めるべきことになる（主観説）。しかし、これでは、実行の着手という概念で予備と未遂を区別することができない。殺人予備を想起すれば明らかなように、既に予備の段階（例えば、拳銃を入手した段階）で、犯罪を実現しようとする意思ないし性格の危険性は認められるからである。また、前提

である主観的未遂論自体、主観主義の衰退に伴い、現在では、ほとんど支持されていない。

今日の判例・通説は、刑罰の対象は行為（法益侵害・結果を生じさせたこと）であるとする客観主義の立場（1講4(1)参照）から、未遂犯の処罰根拠を行為の客観的な危険性、すなわち法益侵害ないし（既遂）**結果発生の危険性**に求める客観的未遂論に立っている。これによれば、結果発生の危険性が生じた時点で実行の着手が認められる、と考えることができる（客観説）。

2　実行の着手の基本問題

(1)　実行の着手とは
ア　2つのアプローチ
a　実質的客観説

前述のとおり、未遂犯の処罰根拠を結果発生の危険性に求めるなら、実行の着手は結果発生の危険性が生じた時点で認められると考えることができる。ただし、そこにいう危険性は、予備の危険性ではなく、あくまで未遂犯としての処罰に値する危険性であるから、現実的な危険性（具体的な危険性）でなければならない。このことを踏まえつつ、未遂犯の処罰根拠から実行の着手を定義すると、実行の着手とは、**結果発生の現実的危険性**（結果発生の具体的危険性）が生じた時点と定義できる。このように考える立場を**実質的客観説**という。これによれば、結果発生の現実的危険性が生じたか否かが実行の着手の判断基準となる。

b　形式的客観説

しかし、危険性には程度、幅があり、その有無を判断するのは容易ではない。また、「実行に着手して」という文言による形式的な限定も無視できない。そこで、この文言に着目し、「実行」を実行行為、「着手」を開始と理解して、実行の着手を実行行為の開始と定義する立場もある。これを**形式的客観説**という。これによれば、実行行為を開始したか否かが実行の着手の判断基準となる。

もっとも、これでは実行の着手時期が遅くなりすぎて、結論の妥当性を欠くことがある。そこで、実行行為の開始よりも時間的に前倒しされた、**実行行為に密接する行為**の開始という基準（密接性の基準）が用いられることがある。例えば、次の場合である。

【設問1】タンス物色事例
　Xは、金品を盗む目的でA宅に侵入し、タンスの中を物色していたところ、財布を見つけたので、これを持ち去ろうと手を伸ばしたが、Aに見つかったため、何も盗らずに立ち去った。窃盗罪の実行の着手があったといえるか。どの時点であったといえるか。

　【設問1】に登場する窃盗罪（235条）の実行行為は「窃取」である。窃取とは、他人が占有する財物を自己または第三者の占有下に移すこと（占有移転）をいう。したがって、窃盗罪の実行行為の開始とは、占有移転行為の開始である。【設問1】の場合、それは、Xが財布の占有を自分のところに移転させる行為の開始ということになる。では、それはいつか。早くても、財布に手を伸ばした時点であろう。

　しかし、それでは、それ以前のタンス物色行為の時点では実行の着手が認められず、家中を物色して歩いても窃盗未遂罪（243条・235条）は成立しないことになり（そして窃盗予備は不可罰であるから）、結論の妥当性を欠く。そこで、実行の着手時期を実行行為に密接する行為にまで前倒しするのである。これによれば、タンスを物色する行為は、窃盗罪の実行行為である窃取行為に密接する行為であるといえるので、その時点で窃盗罪の実行の着手を認めることが可能となる。

イ　判例・通説——密接性と危険性

　現在の判例・通説は、実行の着手を判断する際、結果発生の現実的危険性の有無を重視する。その意味で、判例・通説の基本線は、実質的客観説である（例えば、うなぎの稚魚の無許可輸出に関する最判平26・11・7刑集68巻9号963頁）。

　他方、前述のとおり、危険性の判断は容易ではなく、「実行に着手して」という文言による制約もある。そこで、判例・通説は、形式的客観説の基準、具体的には、実行行為に密接する行為の開始という基準も併用する（殺人罪につき、◎最決平16・3・22刑集58巻3号187頁〔クロロホルム事件〕〈百64、講8、プ32・267〉）。

　以上をまとめると、実行の着手は、**実行行為に密接する行為**がなされ、かつ**結果発生の現実的危険性**が生じた時点で認められる、というのが現在の一般的な理解である。例えば、【設問1】の場合、タンスを物色する行為は窃取行為に密接する行為であり、その時点でタンスの中の財布が窃取される現

実的危険性が生じたといえるので、タンス物色行為の時点で窃盗罪の実行の着手があった、と説明される。ここでは、実行行為との密接性という形式的な基準と結果発生の現実的危険性という実質的な基準とが**相互補完的**に用いられているといってよい。

> * ただし、やや細かいことではあるが重要と思われるので補足すると、密接性の基準による着手時期の前倒しが詐欺罪（246条）などの手段限定犯罪にも妥当するかは明らかでない。
>
> 　犯罪の中には、その手段が特定の行為に限定されているものがある。詐欺罪もその1つである。それは、人から財物を騙し取る犯罪であり、人をだますという手段を用いることが必要である。これを欺罔行為という（各論11講2(1)）。それは詐欺罪の実行行為の一部であるが、判例においては、詐欺罪の実行の着手は、欺罔行為を開始した時点、つまり実行行為の開始時点で認められてきた（詳しくは、後述）。暴行・脅迫を犯罪実現の手段とする強盗罪（236条）や強制性交等罪（177条）についても、暴行・脅迫を開始した時点で実行の着手が認められてきたといってよい（後者につき、詳しくは後述）。このように、手段限定犯罪については、手段行為が実行行為の一部であるにもかかわらず、それに密接する前段階の行為にまで着手時期が前倒しされてきたわけではない。
>
> 　これに対し、判例において密接性の基準が用いられてきたのは、殺人罪（199条）や窃盗罪など、手段が限定されていない犯罪についてであり、この点に注意が必要である。

ウ　危険性の判断資料──主観的事情の考慮

結果発生の危険性を判断する際、故意や犯行計画などの主観的事情を考慮すべきか、どのような主観的事情を考慮すべきかが問題となる。結論からいうと、判例は、故意のほか、行為者の**犯行計画**も考慮しており、多数説も、これを支持している。

【事例1】拳銃事例
　Xは、Aに拳銃を向けた。
【事例2】電気器具店侵入窃盗事件
　Xは、深夜、電気器具商A方店舗内に窃盗目的で侵入し、真っ暗な店内を懐中電灯で照らして辺りを見渡したところ、電気器具類が積んであり、電気器具店だとわかったが、なるべく現金を盗みたいので、現金が置いてあると思われる同店舗内東隅側の煙草売場の方に行きかけた。

学説の中には、主観的事情を一切考慮すべきでないとする見解もあるが、少数にとどまっている。例えば、【事例1】の場合、XがAを殺すつもりで

あれば、Aの死亡という結果が発生する危険性は高いが、冗談でAをびっくりさせるつもりであったのなら、Aが死亡する危険性はそこまで高くないとみるのが自然であろう。外形上はどちらも全く同じだとすれば、危険性の違いは、故意を考慮しないとわからない。こうして、多数説は、危険性判断の際に故意を考慮に入れることを認める。

* 学説では、結果発生の危険性を高めるのは故意それ自体ではなく、行為意思であるとする見解も有力である。例えば、【事例1】の場合にAが射殺される危険があるかどうかは、Xに引き金を引く意思（行為意思）があるかどうかにかかっているのであって、このことは、XがAを熊だと誤認していても、つまりXに殺人の故意がなくても変わらない。そこで、この見解は、故意とは区別された行為意思を危険性の判断で考慮する。

では、さらに進んで、行為者の犯行計画はどうか。犯行計画を考慮すると結論が変わりうる例として、【事例2】がある。仮にXの犯行計画が電気器具類を盗むというものであったならば、電気器具店に侵入しようとした時点、遅くとも侵入した時点で、電気器具類が盗まれる現実的危険性が認められるであろう。これに対し、電気器具類ではなく現金を盗む計画であったとすると、現金が盗まれる危険性が問題となり、電気器具店に侵入しようとした、あるいは侵入した時点では、未だ現金が盗まれる現実的危険性は認められないことになろう（【設問1】〔タンス物色事例〕参照）。

判例は、【事例2】の事案で、煙草売場の方へ行きかけた時点で窃盗罪の実行の着手を認めたが（◎最決昭40・3・9刑集19巻2号69頁〈百62、プ270〉）、これは、電気器具類を盗むのではなく、現金を盗む計画であったことを考慮したものと理解できる。そして、その後、最高裁は、クロロホルム事件（後掲）において、明示的に、行為者の犯行計画を基礎として危険性を判断した。判例は、犯行計画を考慮する立場であるといえよう（犯行計画を考慮した他の判例として、後掲・最判平30・3・22）。

(2) 個別的検討

以上の理解を前提に、実行の着手の判断が具体的にどのように行われているかにつき、判例の事案を素材として検討してみよう。

ア 窃盗罪

【設問1】の事例のような住居侵入窃盗の場合、住居に侵入した時点では、窃盗罪の実行の着手は認められていないが（例えば、東京高判昭24・12・10高刑集2巻3号292頁〈プ269〉）、侵入後の物色行為の段階に至れば、着手が認められている（最判昭23・4・17刑集2巻4号399頁〈プ268〉）。もっと

も、これは、物色行為がなければ着手が認められないということではない。【設問１】と類似の事案では、金品物色のためにタンスへ歩み寄った時点で窃盗罪の着手が認められている（大判昭９・10・19刑集13巻1473頁）。この事案では、タンスに歩み寄った行為が財物の占有の侵害に「密接ナル行為」であるとして窃盗罪の着手が肯定されているが、そこでは、占有侵害の危険性も考慮されているとみることができる。

では、住居以外に侵入した場合はどうか。電気器具店に侵入した場合（【事例２】）については、既に紹介した。ここでは、窃盗目的で土蔵に侵入した場合をみてみよう。

> **【設問２】土蔵侵入事件**
> Xは、窃盗の目的で、A方の土蔵に侵入しようとして、同家の邸宅内に入り、土蔵の壁の一部を破壊したが、家人に発見されたため侵入を断念して逃走した。土蔵に侵入しようとして土蔵の壁の一部を破壊した時点で窃盗罪の実行の着手が認められるか。

【設問２】の事例について、裁判例は、土蔵に侵入しようとして土蔵の壁の一部を破壊した時点で窃盗罪の実行の着手を認めている（名古屋高判昭25・11・14高刑集３巻４号748頁〈プ271〉）。納屋、倉庫への侵入についても同様である（高松高判昭28・１・31判特36号３頁、高松高判昭28・２・25高刑集６巻４号417頁）。この結論が妥当だとすれば、住居侵入窃盗の場合との違いをどう説明するかが問題となるが、実質的客観説からは、土蔵、納屋、倉庫のような建物の場合には、通常、その内部には窃取すべき財物のみがあり、かつ人が住んでいないので、侵入して内部で物色を始めなくても、侵入しようとした時点で内部の財物が窃取される現実的危険性は認められるのであり、それゆえ、その時点で窃盗罪の実行の着手が認められる、と説明しうるであろう。

スリの事例では、いわゆるアタリ行為（ポケットの中に財物があるかを確認するために手を触れる行為）は、窃盗罪の実行の着手ではないとされるが、他人のズボンのポケット内にあって外に見えていた現金をすり取るべく右手をポケットの外側に触れたものの発見されて遂げなかった事案については、窃盗罪の実行の着手が認められている（最決昭29・５・６刑集８巻５号634頁）。

車上荒らしのケースでは、自動車内への侵入を試みる行為（例えば、ドア

の鍵穴にドライバーを差し込む行為）がなされた時点で、窃盗罪の実行の着手が認められている（東京高判昭45・9・8判タ259号306頁〈プ272〉、山口簡判平2・10・1判時1373号144頁、東京地判平2・11・15判時1373号145頁）。

イ 殺人罪

殺人罪（199条）の実行の着手については、クロロホルム事件（前掲・最決平16・3・22）が有名であり、そこでは密接性の基準と危険性の基準とが明示的に併用されているが、これについては、早すぎた構成要件の実現の事案として別項（後掲3(2)）で取り上げる。

その他の例として、次のようなものがある。事案は、Aに自動車を衝突させて同人を転倒させた上、包丁で刺し殺すという計画を立てた被告人が、時速約20kmの速度でAに自動車を衝突させたが、犯行の継続を中止したというもので、これに対し、裁判所は、自動車をAに衝突させる行為と刺突行為とは密接な関連を有する一連の行為であり、被告人が自動車をAに衝突させた時点で殺人に至る客観的な現実的危険性も認められるとして、自動車を衝突させた時点で殺人罪の実行の着手があるとした（名古屋高判平19・2・16判タ1247号342頁〈プ278〉）。ここでも、密接性の基準と危険性の基準とが明示的に併用されている。

ウ 放火罪

放火罪（108条以下）の実行の着手は、典型的には、点火行為（建造物等の目的物に点火する行為または媒介物に点火する行為）の開始時点で認められるが、場合によっては、それよりも前の段階で、建造物等の「焼損」という本罪の結果が発生する現実的危険性が認められ、本罪の実行の着手が肯定されることがある。

例えば、下級審には、妻に家出され将来を悲観した被告人が、妻との思い出のある木造平屋建の居住家屋を燃やすとともに焼身自殺しようと考え、ガソリンを家屋内に大量かつ広範囲に撒布した後、死ぬ前に最後の煙草を吸おうと口にくわえた煙草にライターで点火したところ、そのライターの火が気化したガソリンに引火して爆発し、家屋が全焼するに至ったという事案について、「被告人はガソリンを撒布することによって放火について企図したところの大半を終えたものといってよく、この段階において……本件家屋の焼燬を惹起する切迫した危険が生じるに至ったものと認められる」として、現住建造物放火罪（108条）の実行の着手を認めたものがある（○横浜地判昭58・7・20判時1108号138頁〈プ276〉）。本件では、引火性の強いガソリンを

大量かつ広範囲にわたって撒いたことが、焼損結果発生の危険性を基礎づける事実として、特に重要である（これに対し、揮発性の低い燃料を撒いた事案では、撒いただけでは放火罪の実行の着手は認められていない。灯油を撒布した事案につき、例えば、千葉地判平16・5・25判タ1188号347頁〈プ277〉）。なお、本件も、早すぎた構成要件の実現のケースである。

エ　強制性交等罪

強制性交等罪（177条）の実行の着手は、強制性交等の手段としての、被害者の抵抗を困難にする程度の暴行・脅迫を開始した時点で認められるが、最高裁は、次の【事例3】について、本罪（当時は強姦罪）の実行の着手を認めている。

【事例3】ダンプカー引きずり込み事件
　女性を物色して情交を結ぼうとダンプカーで徘徊走行していたXとYは、共謀の上、強制性交をする目的で、必死に抵抗するAをダンプカーの運転席に引きずり込み、発進して6km近く離れた護岸工事現場に移動し、同所において、運転席内で強制性交をした。

【事例3】について、最高裁は、「運転席に引きずり込もうとした段階においてすでに強姦に至る客観的な危険性が明らかに認められるから」、その時点で強制性交等罪の実行の着手があったとした（◎最決昭45・7・28刑集24巻7号585頁〈百63、講96、プ273〉）。これが実質的客観説に立つものであるのは明らかであるが、重要なのは、危険性が肯定された理由である。本件では、被告人らの計画が当初から人目につかない場所に女性を連行して運転席内で強制性交をするというものであったこと、走行中のダンプカーの運転席という閉鎖空間内に引きずり込んでしまえばいつでも強制性交をすることが可能であったこと、行為者が複数人であったこと、などの事実が重要であろう。なお、強制性交が既遂に達したのに強制性交等罪の実行の着手が問題とされたのは、引きずり込まれた際に被害者が負傷したことから、強制性交等致傷罪（181条2項）が成立するかが争われたためである。

被害者をダンプカーに引きずり込もうとする行為は、強制性交の手段としての、177条が定める「暴行」に当たると解しうる行為であることに注意する必要がある。暴行・脅迫以外の行為を用いた場合、例えば、強制性交の目的を秘して「家まで送って行ってあげる」と嘘をついて自動車に乗せた場合、判例上、その段階では、強制性交等罪の実行の着手は認められていな

い。

　オ　詐欺罪

　詐欺罪（246条）の実行の着手は、例外とみる余地がある一部の裁判例（東京高判昭34・7・2判タ94号44頁）を除き、欺罔行為の開始時点で認められている（大判明36・12・21刑録9輯1905頁、大判昭7・6・15刑集11巻859頁等）。ここにいう欺罔行為は、被害者を錯誤に陥れてその財物を交付させる手段でなければならない。

　では、詐欺罪の実行の着手があったというためには、例えば、「オレだよオレ、孫のAだよ」、「会社の金を横領してしまい、困っている」といった嘘をつくだけでなく、その先の財物の交付を求める行為、例えば、「現金を振り込んで」とか「その現金を渡して」といった財物交付要求が必要であろうか。この点が問題となったのが、次の【事例4】である。

> **【事例4】警察官のふり事件**
> 　Aは、前日に特殊詐欺の被害にあっていたところ、警察官を名乗る氏名不詳者から電話で「預金を下ろして現金化する必要がある」、「前日の詐欺の被害金を取り戻すためには警察に協力する必要がある」、「これから間もなく警察官がA宅を訪問する」との嘘を言われた。Xは、氏名不詳者から、警察官を装ってAから現金を受け取るよう指示され、その指示に従ってA宅に向かったが、到着前に警察官に逮捕された。
> 　氏名不詳者らの計画は、詐欺の被害回復に協力するとの名目で、警察官であると誤信させたAに預金から現金を払い戻させ、警察官を装ってA宅を訪問する予定でいたXにそれを交付させて騙し取るというものであり、氏名不詳者らとXは、その計画に基づいて行動していた。

　【事例4】では、現金交付の要求はなされていないが、最高裁は、当該事案については、被害者に現金の交付を求める文言を述べていないとしても、詐欺罪の実行の着手があったと認められるとして、詐欺未遂罪の成立を肯定した（◎最判平30・3・22刑集72巻1号82頁）。これにより、財物交付要求がなくても詐欺罪の実行の着手が認められる場合があることが明らかになった。

　　＊　もっとも、最高裁は、この結論を導くための枠組みについては、明確な判断を示していない。では、どのような枠組みが考えられるか。1つは、財物交付要求は欺罔行為の開始に不可欠の要素ではなく、それがなされる前であっても欺罔行為を開始したといえる場合があるという枠組みである。これによれば、欺罔行為の開始が詐欺罪の実行の着手だとする従来の判例

の立場が維持される。もう1つは、財物交付要求は欺罔行為の開始に不可欠の要素であり、それがなされない段階では欺罔行為を開始したとはいえないが、そのような場合であっても、欺罔行為に密接する行為がなされ、かつ財物交付の危険性が認められる場合には、詐欺罪の実行の着手を認めてよいとする枠組みである（前掲・最判平30・3・22に付された山口裁判官の補足意見等）。これは、殺人罪や窃盗罪で用いられる密接性と危険性の判断基準を詐欺罪に及ぼすものであるが、手段限定犯罪である詐欺罪をそうでない殺人罪等と同様に扱うことについては、異論がありうる。

3　実行の着手の特殊問題

(1)　間接正犯・離隔犯の実行の着手
ア　離隔犯の実行の着手

> **【設問3】毒入り砂糖郵送事件**
> Xは、Aを殺害するため、毒入りの砂糖を遠隔地にあるA宅に郵送し、Aが受領したが、調理の際に異常に気づき、食べるには至らなかった。殺人罪の実行の着手は、どの時点で認められるか。

【設問3】の事例では、Xの郵送行為とAが毒入りの砂糖を食して死亡するという（この事例では実際には生じなかった）結果との間に時間的・場所的間隔がある。このように、行為と結果との間に時間的・場所的間隔がある場合を**離隔犯**という（なお、【設問3】の事例は、離隔犯の事例であると同時に、後述する間接正犯の事例でもある）。

では、離隔犯の実行の着手は、どの時点で認められるであろうか。【設問3】で考えてみよう。形式的客観説の立場から、実行の着手とは実行行為の開始であり、【設問3】の事例における殺人罪の実行行為は郵送行為であると考えれば、郵送行為を開始した時点で殺人罪の実行の着手が認められる。これを発送時説という。

他方、結果発生の現実的危険性が認められる時点を実行の着手とする実質的客観説の立場においては、危険性をどのように理解するかにより結論が異なる。すなわち、危険性を結果発生の確実性・自動性と考えると、発送時説に至る。現在の郵便事情からすれば、一旦郵便物が発送されれば、ほぼ確実かつ自動的に宛先に到達するため、郵送行為の開始時点で毒殺の現実的危険性があったといえるからである。これに対し、危険性を結果発生の切迫性と考えると、実行の着手は、郵送行為の時点ではなく、毒入りの砂糖が被害者

宅に到達した時点で認められる。その段階に至ってはじめて毒殺の切迫性が認められるからである。これを到達時説という。

判例は、【設問3】の事例について、Aが毒入りの砂糖を受領した時点で毒殺行為の着手があったとしており（◎大判大7・11・16刑録24輯1352頁〈百65、講98、プ280〉）、一般に、到達時説に立つといわれる。もっとも、【設問3】の事例については、発送時説からも実行の着手が認められる。結論が分かれるのは、例えば、郵便物が発送されたが、それが宛先に届く前、それも結果発生の切迫性が認められない段階で、地震その他の災害により、郵便物がなくなってしまった場合である。この場合、発送時説からは、実行の着手が認められるが、到達時説からは、それは認められない。なお、下級審には、一家心中を企て毒入りジュース6本を自宅付近の農道に分散配置したところ、近隣の児童らが拾得飲用して死亡した事案について、被害者がジュースを拾得飲用する直前に殺人罪の実行の着手を認めたものがある（宇都宮地判昭40・12・9判時437号62頁〈プ281〉）。

イ　間接正犯の実行の着手

> 【設問4】
> 　医師Xは、患者Aを殺害するため、看護師Yに対し、毒入りの注射器であることを秘して、それをAに打つように指示したが、YがAのところへ行く前に毒入りと気づき、この注射器を捨てたため、Aの殺害は失敗に終わった。Xに殺人未遂罪が成立するか。

犯罪は、素手で人を殴り殺す場合のように、道具なしで実現される場合もあれば、拳銃で人を射殺する場合のように、道具を利用して実現されることもある。道具は、猛犬をけしかけて人を殺傷する場合のように、生き物の場合もある。さらに、道具として利用される生き物は、人間の場合もある。例えば、【設問4】のYがそうである。【設問4】の事例では、Yが毒入りと気づいたので、Aは死なずに済んだが、もし気づかずに注射していれば、Aは毒殺されていた。この場合、利用者Xが被利用者YをA殺害の道具として利用して殺人罪を実現したことになる。このように他人の行為を自己の犯罪実現のための道具として利用して犯罪を実現する場合を**間接正犯**という（21講）。

では、間接正犯の実行の着手は、どの時点で認められるであろうか。学説は、①利用者が実行行為者である以上、実行行為は利用行為であり、利用行

為の開始が実行の着手であるとする利用者標準説、②結果発生の現実的危険性は被利用者の行為時に認められるとして、被利用者の行為の開始を実行の着手とする被利用者標準説、③利用行為か被利用行為かの二者択一ではなく、個別的にみて、結果発生の現実的危険性が生じた時点を実行の着手とする個別化説に分かれる。【設問4】の事例を変えて、Yが毒入りと気づかずに注射したという事例で考えると、利用者標準説によれば、XがYに注射を指示しようとした時点、被利用者標準説によると、Yが注射しようとした時点で、それぞれ殺人罪の実行の着手が認められる。個別化説からは、Yが毒入りと気づかずに注射する可能性の程度により、結論が異なってくる。これを【設問4】に当てはめると、利用者標準説からは実行の着手が認められ、Xに殺人未遂罪（203条・199条）が成立するが、被利用者標準説からは実行の着手が否定され、Xに殺人未遂罪は成立しない。個別化説からは、Yがそのまま注射する可能性が高かったのであれば、実行の着手が認められ、Xに殺人未遂罪（203条・199条）が成立する。

判例は、被利用者標準説に立っているとされる（前掲・大判大7・11・16参照）。

(2) 早すぎた構成要件の実現（早すぎた結果発生）

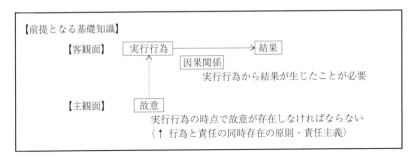

ア 問題の所在

行為者が、犯行計画上、第1行為の後に行う第2行為により犯罪の構成要件を実現しようとしていたが、実際には、第1行為により当該犯罪の結果を発生させてしまった場合を、結果発生の原因となった行為が犯行計画より早すぎたという意味で、**早すぎた構成要件の実現（早すぎた結果の発生）**という（これに対し、第1行為により構成要件を実現したと思い、第2行為を行ったが、実際には、第1行為ではなく第2行為によって構成要件が実現した場合を「遅すぎた構成要件の実現」という〔8講3(4)参照〕）。

この場合に問題となるのは、第1行為それ自体によって結果を発生させるつもりはなかったにもかかわらず、第1行為によって発生した結果について当該犯罪の既遂の責任を問えるかである。この場合に当該犯罪の既遂が成立するためには、客観的には、①第1行為を開始した時点で当該犯罪の**実行の着手**が認められることが必要であり（これが肯定されれば、結果を発生させた第1行為は実行の着手後の行為、つまり実行行為ということになり、実行行為から結果が発生した以上、既遂が成立しうるが、これが否定されれば、第1行為は実行の着手前の行為、つまり予備行為となり、既遂は成立しない）、主観的には、②第1行為の時点で当該犯罪の**故意**が認められることが必要である（これが肯定されれば、実行行為と故意の同時存在が認められ、当該犯罪が成立しうるが、これが否定された場合、予備の故意しかないため、第1行為は予備行為にとどまることになる。ただし、他の犯罪が成立する余地はある）。

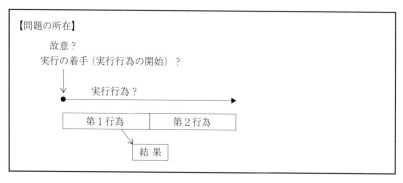

イ　クロロホルム事件

　この問題に関する重要な判例として、**クロロホルム事件**に関する最高裁決定（◎前掲・最決平16・3・22）がある。以下では、この事件を素材に考えてみよう（なお、他の事例としては、前掲・横浜地判昭58・7・20のほか、マンションのベランダの手すり伝いに隣室に逃げ込もうとした被害者を、室内に連れ戻して殺害するべくつかみかかったところ、被害者が足を滑らせて転落死した事案につき、直前の包丁による刺突行為の時点で殺人罪の着手を認めた東京高判平13・2・20判時1756号162頁〈プ31〉がある）。

> **【設問5】クロロホルム事件**
> 　Xら数名は、Xの夫Aを事故死に見せかけて殺害し生命保険金を詐取しようと考え、クロロホルムを使ってAを失神させた上、Aを車ごと海に転落させて溺死

> させる計画を立てた。この計画に基づき、Xらは、Aにクロロホルムを吸引させてAを失神させた上（第1行為）、Aを乗せた車を約2km離れた場所で事故に見せかけて海中に転落させて沈め（第2行為）、Aを死亡させた。ところが、死因は特定できず、Aは第2行為以前に第1行為により死亡していた可能性があった。第1行為により死亡していたとしても、Xらに殺人罪が成立するか。

a 最高裁の判断

最高裁は、まず、殺人罪の実行の着手につき、「実行犯3名の殺害計画は、クロロホルムを吸引させてAを失神させた上、その失神状態を利用して、Aを港まで運び自動車ごと海中に転落させてでき死させるというものであって、第1行為は第2行為を確実かつ容易に行うために必要不可欠なものであったといえること、第1行為に成功した場合、それ以降の殺害計画を遂行する上で障害となるような特段の事情が存しなかったと認められることや、第1行為と第2行為との間の時間的場所的近接性などに照らすと、第1行為は第2行為に密接な行為であり、実行犯3名が第1行為を開始した時点で既に殺人に至る客観的な危険性が明らかに認められるから、その時点において**殺人罪の実行の着手があったものと解するのが相当である**」とした。

殺人罪の故意については、「実行犯3名は、クロロホルムを吸引させてAを失神させた上自動車ごと海中に転落させるという一連の殺人行為に着手して、その目的を遂げたのであるから、たとえ、実行犯3名の認識と異なり、第2行為の前の時点でAが第1行為により死亡していたとしても、**殺人の故意に欠けるところはなく**」、被告人Xらには**殺人既遂**（の共同正犯〔22講〕）が成立するとした。

以下、実行の着手と故意に分けて、最高裁の判断を分析してみよう。

b 殺人罪の実行の着手

実行の着手につき、最高裁は、被告人らの**犯行計画**を前提として、第2行為によるAの死亡、つまり溺死という結果に注目し、そのような結果が発生する危険性が第1行為の開始時点で認められるかを問題にした。

> ＊ 本件は、クロロホルムの吸引による死亡の危険性を肯定しうる事案と思われるが、それにもかかわらず、最高裁が、実行の着手の検討に際し、クロロホルムの吸引による死亡の危険に着目せず、第2行為による溺死の危険に着目したのは、第1行為と第2行為を1個の殺人の実行行為と捉えることにより、第1行為の開始時点で殺人罪の故意が認められるようにするためである。この点については、後述する。

なお、例えば、クロロホルムを吸引させたところだけをアレンジして、

死亡する危険性のない量の睡眠薬を投与して眠らせたとした場合、最高裁の判断枠組みからは、同じように、睡眠薬投与の時点で殺人罪の実行の着手が認められるであろうが、第1行為のみに着目する立場からは、この場合、睡眠薬の作用で死亡する危険性がない以上、実行の着手を認めることはできないであろう。

その上で、最高裁は、Xらの犯行計画によれば、第1行為は第2行為に密接な行為であること（**密接性**）、第1行為を開始した時点で既に殺人に至る客観的な危険性が認められること（**危険性**）を理由に、第1行為を開始した時点で殺人罪の実行の着手があったとした。

さらに、密接性と危険性の判断要素として、①**第1行為の必要性**、②第1行為と第2行為との間の**特段の障害の不存在**、③第1行為と第2行為との間の**時間的・場所的近接性**を明示したことも注目される。これら3つの要素は、実行の着手を判断するための具体的な判断要素として重要である。

なお、ここにいう第1行為と第2行為は、犯行計画上の行為であり、これら3つの要素も、**犯行計画に照らして判断**されていることに注意が必要である。

　　＊　以上の判断枠組みは、実行の着手が問題となる他の事例にも用いられる。例えば、下級審には、Aに自動車を衝突させて同人を転倒させた上（第1行為）、包丁で刺し殺す（第2行為）という計画を立てた被告人が、時速約20kmの速度でAに自動車を衝突させたが、犯行の継続を中止したという事案につき、最高裁の判断枠組みを採用して、自動車を衝突させた時点で殺人罪の実行の着手があるとした裁判例がある（前掲・名古屋高判平19・2・16〈プ278〉）。

　　　もっとも、この判断枠組みを用いた場合、例えば、放火罪の実行の着手時期が、現在の判例の傾向よりも、かなり前倒しされることになるのではないかという懸念が生じうる。既にみたように、家屋内で揮発性の低い燃料を撒いた時点では放火罪の着手は認められていないが、他に人のいない家屋内で撒いた場合、上記の基準を用いると、その時点で着手が肯定されうる。燃料を運び込む段階で着手を肯定することさえ可能かもしれない。家屋内での放火の事案でも、この基準を同じように使ってよいかは、検討を要する問題である。

c　殺人罪の故意

第1行為の開始時点で客観的には殺人罪の実行の着手が認められたとしても、前述したように、その時点で殺人罪の故意がなければならない。クロロホルム事件の場合、被告人らには第1行為それ自体でAを死亡させるつもりはなかったにもかかわらず、第1行為の開始時点で殺人罪の故意があったと

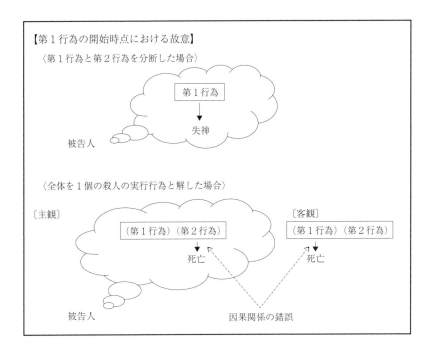

いえるかが問題となる。

　ここで、第1行為と第2行為を分けて別々に考えれば、被告人らに第1行為それ自体でAを死亡させる意思はなかった以上、その時点で殺人罪の故意を認めることはできない。これに対し、第1行為と第2行為を分けずに全体を1個の殺人の実行行為とみれば、第1行為の開始時点で殺人罪の故意があったといえる。理由は、次のとおりである。まず、全体が1個の殺人の実行行為だとすると、第1行為は殺人の実行行為の一部ということになり、したがって、第1行為を行うことの認識は、殺人の実行行為を行うことの認識、つまり殺人罪の故意ということになる。そして、第1行為で殺すつもりはなかったという点は因果関係の錯誤の問題となり、因果関係の錯誤は（法的因果関係の範囲を超えるほどの重大な錯誤でない限り）故意を阻却しないから（8講3(3)参照）、第1行為の開始時点で殺人罪の故意を認めることができる。

　そこで、**第1行為と第2行為を分けて考えるか、全体を1個の殺人の実行行為とみるか**が問題になる。これについて、最高裁は、「クロロホルムを吸引させてAを失神させた上自動車ごと海中に転落させるという**一連の殺人行為に着手して**」と判示しており、全体を1個の殺人の実行行為とみたことは

明らかである。その理由は、はっきりとは書かれていないが、実行の着手を肯定したのと同じ理由である（それゆえ、書くのを省略した）と考えられる。つまり、第2行為と密接する第1行為の開始時点でAが溺死する現実的危険性が認められることから、Aを溺死させるという殺人の実行行為が第1行為の開始時点にまで拡張され、第1行為と第2行為が全体として1個の殺人の実行行為と解されたと考えられる。こうして、最高裁は、第1行為の開始時点で殺人罪の故意があったとしたのである。

* 学説では、殺人罪の成立に必要な故意が欠けるとして殺人未遂罪の成立を肯定する見解や、傷害致死罪の成立を肯定する見解が有力である。

第18講　不能犯

> ◆学習のポイント◆
> 1　不能犯とは、結果を発生させることが不可能であるため、未遂犯の成立に必要な結果発生の危険性が認められず、未遂犯が成立しない場合をいうこと、そして、この危険性の存否をどのように判断するかが問題となることを理解する。
> 2　次に、危険性の存否の判断方法に関する具体的危険説と客観的危険説をそれぞれ理解し、説明できるようになることが求められる。
> 3　最後に、【設問1】から【設問5】の各設問や判例の事案は、具体的危険説、客観的危険説それぞれの立場からどのように解決されるかを説明できるようになることが大切である。

1　不能犯の意義と問題の所在

(1)　不能犯の意義

不能犯（不能未遂）とは、行為者の認識においては実行の着手（17講）があり未遂犯（43条）が成立するようにみえるが、結果を発生させることが不可能（「不能」）であるため、未遂犯の成立に必要な危険性が認められず、**未遂犯が成立しない場合**をいう（不能「犯」と呼ばれるが、未遂犯でないことに注意）。明文規定はないが、理論上一般に認められている。例えば、次の場合である。

> 【事例1】砂糖事例
> 　砂糖で人を殺すことができると信じていたXは、Aを殺すために、コーヒーに砂糖を入れ、Aに飲ませた。
> 【事例2】砂糖青酸カリ事例
> 　Xは、Aを殺すために、砂糖を青酸カリであると誤信してコーヒーに入れ、Aに飲ませた。

これらの事例の場合、Xとしては殺人の実行に着手したつもりであったが、砂糖を与えて人を死亡させることは（重度の糖尿病患者に多量の砂糖を与える場合を別とすれば）不可能であり、この行為に人を死亡させる危険性はない。よって、Xの行為は不能犯であり、殺人未遂罪（203条・199条）は成立しない。

(2) 危険性の意義
ア 客観的危険性

上の説明からも明らかなように、ここにいう危険性とは、行為者の意思の危険性ではなく、行為の危険性（結果発生の危険性）、すなわち**客観的危険性**のことである。

* かつては、未遂犯の処罰根拠（17講1(3)）を行為者の意思の危険性に求める主観的未遂論の立場から、意思の危険性が外部に表れた場合に未遂犯の成立を認める主観説（純主観説）や、行為者の認識した事実を基礎として一般人の立場から危険性を判断する主観的危険説（抽象的危険説）も主張された。主観説によると、【**事例1**】（砂糖事例）、【**事例2**】（砂糖青酸カリ事例）のいずれにおいても、人を殺そうとする危険な意思が外部に表れており、Xに殺人未遂が成立する（ただし、「丑の刻参り」のような迷信犯は不能犯とされる。もっとも、迷信犯を不能犯とする理論的根拠は明らかでない）。主観的危険説によれば、【**事例1**】では、Xの認識した事実は「人に砂糖を与えること」であり、一般人から見て、この行為には人を死亡させる危険性はないから、不能犯となるが、【**事例2**】については、Xが認識した事実は「人に青酸カリを与えること」であり、この行為には一般人から見て人を死亡させる危険性があるから、殺人未遂が成立する。

　しかし、現在の判例・通説は、未遂犯の処罰根拠は意思の危険性でなく行為の危険性にあるとする客観的未遂論の立場に立っており、主観的未遂論を前提とする主観説や抽象的危険説は、現在、ほとんど主張されていない。

イ 現実的危険性

また、ここにいう危険性は、漠然とした危険性ではなく、**結果発生の現実的危険性（具体的危険性）** を意味する。危険性が漠然としたものにとどまる場合、それは未遂の前段階である予備の可罰性を基礎づけるにすぎない。未遂犯の可罰性を基礎づけるには、危険性が現実的（具体的）なものとなったことが必要である（17講2(1)）。例えば、Aを殺す目的で凶器の包丁を購入した段階では、Aを死亡させる現実的危険性はなく、漠然とした危険性しかないので、殺人の予備（201条・199条）が成立するにとどまる。これに対

し、Aに近づき包丁を向けた段階になれば、Aを死亡させる危険性は現実的なものとなり、殺人未遂となる。このように、未遂犯を基礎づけるのは結果発生の現実的危険性であり、不能犯は、これを欠くために未遂犯とならない場合であるということができる。

なお、結果発生の現実的危険性のある行為を実行行為というとすれば（4講2(2)）、不能犯とは、実行行為性を欠くために未遂犯が成立しない場合であるとみることもできる。

(3) 問題の所在

危険性は、以上のように理解されるのであるが、その有無を判断するのが難しい場合もある。例えば、次の場合はどうであろうか。

> 【設問1】空ポケット事例
> Xは、Aの財布をすろうとしてズボンのポケットに手を突っ込んだが、Aが財布を持ち合わせていなかったため、目的を果たせなかった。Aの財布がすられる危険性は認められるか。

この「空ポケット事例」の場合、Aは財布を所持していなかったのだから、いくらAを狙っても財布は出てこないのであり、財布がすられる危険性はなかったようにみえる。しかし、一般的にいえば、ズボンのポケットに財布が入っている可能性はあり、すられる危険性はあったようにもみえる。

この見方の違いはどこからくるのであろうか。第1のポイントは、**どのような事実を基礎に危険性を判断するか**である。「財布を所持していない人のポケットに手を突っ込んだ」という事実を基礎に判断すると、およそ財布が存在しなかった以上、すられる危険性もなかったと判断されうる。しかし、「財布を所持していなかった」というのは、行為後に判明した事実である。一般人の目から見れば、すろうとした時点で「ポケットに財布がない」ということはわからない。行為時に一般人に認識しうるのは、「財布が入っているかもしれないポケットに手を突っ込んだ」という事実である。この事実を前提とすると、財布がすられる危険性はあったと判断されることになろう。このように、どのような事実を判断の基礎とするかによって、危険性の有無の判断が異なりうる。

また、**どのような基準で危険性を判断するか**も重要である。例えば、次の「硫黄事例」で考えてみよう。

【設問2】硫黄事例
　Xは、Aを殺すために、食事に硫黄の粉末を混ぜて食べさせた。Aが死亡する危険性は認められるか。

　ここで、Aが死亡する危険性を科学的に判断すると、そのような危険性はないということになる。硫黄には人を死亡させる毒性がないからである。これに対し、硫黄に人を死亡させる毒性がないということが一般に知られていないとすると、一般人の立場を基準に危険性を判断した場合、危険性ありと判断されうる。このように、科学知識を基準にするか、一般人を基準にするかによっても、危険性の有無の判断は異なりうる。
　こうして、不能犯論においては、未遂犯と不能犯を区別するために、**どのような事実を基礎として、どのような基準で危険性の有無を判断するか**が重要な問題となるのである。この危険性の判断方法をめぐって、現在、**具体的危険説**と**客観的危険説**が対立している（しかも、どちらか一方が通説ないし多数説というわけでもない）。また、判例の立場も必ずしも明らかでない。そこで、以下では、両学説の内容・対立状況および判例の状況を確認することにしよう。
　なお、ここで簡単に用語説明をしておきたい。不能犯が問題となる事例は、客体の不能、方法の不能（手段の不能）、主体の不能の3つに分類される。このうち、特に問題となるのは前二者である。客体の不能とは、構成要件要素としての客体が存在しなかったため、結果発生が不可能な（不可能にみえる）場合をいう。【設問1】（空ポケット事例）は、窃盗罪（235条）の客体である「財物」（財布）がポケットになかったという客体の不能の事例である。方法の不能とは、例えば、硫黄粉末を与えるという誤った方法でAを殺そうとした【設問2】の事例（硫黄事例）のように、犯罪実現の方法・手段に誤りがあったために結果発生が不可能な（不可能にみえる）場合をいう。砂糖を飲ませて人を殺そうとした【事例1】、【事例2】も、方法の不能の例である。

●コラム●　不能犯と他罪との関係

　不能犯は、問題となる犯罪の未遂犯が成立しない場合であり、別罪が成立することはありうる。例えば、【設問2】で、殺人については不能犯だとしても、硫黄粉末の作用で腹痛や下痢になった場合には、傷害罪（204条）が成立する。この点に注意が必要である。

---

2 危険性の判断

(1) 具体的危険説
ア 危険性の判断方法

具体的危険説は、行為時に**一般人が認識しえた事実**および**行為者が特に認識していた事実**を基礎に、一般人の立場から、つまり**一般人の危険感**を基準に危険性の有無を判断する。これによると、【設問1】（空ポケット事例）は、次のように解決される。Aは財布を所持していなかったが、そのことを行為時に一般人が認識することはできないであろう。行為時に一般人が認識しえたのは、「財布が入っているかもしれないポケットに手を突っ込んだ」という事実である。この事実を基礎にすると、一般人には、財布がすられる危険性があったと感じられるであろう。こうして、Xに窃盗未遂罪（243条・235条）が成立する。

では、次の場合はどうか。

> 【設問3】空ベッド事例
> 　Xは、就寝中のAを殺すために、深夜、ふだんAが寝ているベッドに向けて拳銃を発射した。しかし、たまたまAが外出中であったため、目的を果たせなかった。拳銃を発射したXの行為について、殺人の危険性が認められ、殺人未遂罪が成立するか。
>
> 【設問4】日本刀刺突事例
> 　Xは、YがAを殺そうとして拳銃を発射し命中させたのを知り、その直後、Yに加勢するため、とどめを刺すつもりでAの腹部を日本刀で突き刺した。ところが、鑑定の結果、AはYの行為によって既に死亡していたことが判明した。Xの刺突行為について、殺人の危険性が認められ、殺人未遂罪が成立するか。
>
> 【設問5】空ピストル事例
> 　Xは、勤務中の警察官から拳銃を奪取し、Aに向けて引き金を引いたが、たまたま実弾が装てんされていなかったため、発射されなかった。Aに向けて拳銃の引き金を引いたXの行為について、殺人の危険性が認められ、殺人未遂罪が成立するか。

具体的危険説からは、上の各設問の事例においても、未遂犯が成立する。【設問3】（空ベッド事例）では、Aは不在であったが、この事実を行為時に一般人が認識することはできないであろうから、その事実を捨象して、「深夜、人が寝ているかもしれないベッドに向けて拳銃を発射した」という事実を基礎に、一般人の危険感で判断することになる。この場合、一般人には、

人を死亡させる危険性はあったと感じられるであろう。よって、殺人未遂罪が成立する。**【設問4】**（日本刀刺突事例）の場合、Xが日本刀で刺突した時点で既にAが死亡していたという事実は、事後に判明したことであり、行為時に一般人には認識しえない。そうすると、この事実は除外して、「撃たれた直後で、死亡しているかどうかわからない人の腹部に日本刀を突き刺した」という事実を基礎に判断することになる。この事実を基礎にすると、一般人には、Xの刺突行為にはAを死亡させる危険性があったと感じられるであろう。よって、この場合にも、Xに殺人未遂罪が成立する。**【設問5】**（空ピストル事例）については、説明はいらないであろう。

　具体的危険説は、判断の基礎に「行為者が特に認識していた事実」を取り込むが、これは、一般人には認識しえない事実を行為者が積極的に利用した場合、例えば、一般人には砂糖にしか見えない粉末を行為者が青酸カリであることを知って人に飲ませた場合を不能犯としてしまうのは妥当でないと考えられているためである。

イ　理論的根拠

　具体的危険説は、**行為無価値論**（行為無価値・結果無価値二元論）（11講1(1)イ）の立場から主張されることが多い。行為無価値論によれば、違法性の本質は行為無価値にあり、その判断は、行為に対する**事前判断**（結果発生前、つまり行為の時点における一般人の立場からの判断）としてなされる。未遂犯の危険性は、未遂犯の違法性を基礎づけるものであるから、未遂犯の危険性についても事前判断がなされるべきことになる。また、行為無価値論は、行為者の主観的事情を違法性判断の際に考慮することを認めるから、未遂犯の危険性の判断においても、行為者の認識した事実を考慮に入れることができる。こうして、行為時に一般人が認識しえた事実および行為者が特に認識していた事実を基礎に一般人の立場から危険性を判断する具体的危険説が導かれるのである。

ウ　具体的危険説に対する批判

　具体的危険説によると、結果不発生にとって決定的な事実であっても、それが一般人に認識できず、かつ行為者の認識していない事実であれば、それはなかったものとして危険性が判断される。例えば、**【設問3】**（空ベッド事例）では、Aが外出中であったという事実は除外され、「深夜、人が寝ているかもしれないベッドに向けて拳銃を発射した」という抽象化された事実を基礎に危険性が判断される。しかし、このような抽象化に対しては、危険性が過度に抽象的に判断されることになり、現実的危険性が認められない場合

にまで未遂犯の成立が肯定されてしまうのではないか（主観的危険説〔抽象的危険説〕とほとんど差がなくなるのではないか）という批判がある（例えば、【事例2】で、一般人も砂糖を青酸カリであると誤信しうる状況にあった場合、具体的危険説からは未遂犯の成立が肯定されうる）。

一般人の危険感を基準とすることに対しても、基準が曖昧ではないかとの批判がある。例えば、【設問2】（硫黄事例）では、よく考えてみると、硫黄の毒性についての知識は人によってさまざまであり、一般人の判断も分かれるであろう。また、一般人の危険感という基準を一貫させると、一般人が迷信を信じていた場合には迷信であっても危険性が肯定され、逆に、科学的危険性が一般には知られていない場合には科学的に危険であっても不能犯になりかねず、それは妥当でないとの批判もある。これらの批判を受け、近年では、具体的危険説の立場から、科学的知識を基準とする見解も主張されている。しかし、これに対しても、具体的危険説の理論的根拠である行為無価値論と整合的か、といった疑問が示されている。

さらに、行為者が特に認識していた事実を判断の基礎に取り入れる点についても批判がある。すなわち、具体的危険説によると、例えば、一般人には砂糖にしか見えない粉末（青酸カリ）を人に飲ませる場合、それが青酸カリであると知って飲ませれば危険性あり、知らずに飲ませれば危険性なし、ということになるが、このように行為者の認識によって危険性の有無が異なるのは妥当でない、との批判である。具体的危険説は、行為者が特別な事実を認識していなかった場合にまで未遂犯の成立を肯定するのは妥当でないと考えるのであるが、この場合は、危険性はあるが故意がないので未遂犯は成立しないと説明することが可能であると指摘されている。

	具体的危険説	客観的危険説
未遂犯の処罰根拠	結果発生の現実的（具体的）危険性	
危険性の判断資料	行為時に一般人が認識しえた事実および行為者が特に認識していた事実	行為時に存在したすべての事実
危険性の判断基準	一般人の危険感	科学的見地
危険性の判断時点	行為時（事前判断）	行為後（事後判断）

(2) 客観的危険説
ア 危険性の判断方法

客観的危険説は、行為時に存在したすべての事実（行為後に判明した事実を含む）を基礎に、**科学的見地**から危険性の有無を判断する。これによる

と、例えば、【設問1】（空ポケット事例）におけるXの行為は、不能犯になる。Aが財布を所持していなかった以上、Aから財布がすられることは科学的にありえず、その危険性はなかったと判断されるからである。【設問2】以下の各Xの行為も、すべて不能犯となる。【設問2】（硫黄事例）については、科学的にみて硫黄で人を殺すことは不可能なので、殺人の危険性はないと判断される。【設問3】（空ベッド事例）でも、不在のAが殺されることは科学的にありえず、殺人の危険性は認められない。【設問4】（日本刀刺突事例）の場合、Xが刺突した時点でAは死亡しており、この事実を基礎にすると、死んでしまった人をもう一度死亡させることは科学的に不可能なので、殺人の危険性はなかったということになる。【設問5】（空ピストル事例）についても、弾の入っていない拳銃で人を射殺することは科学的に不可能であるから、殺人の危険性は否定され、不能犯となる。

 イ 理論的基礎

 客観的危険説は、**結果無価値論**（11講1(1)ア）から主張されるのが一般的である。結果無価値論によると、違法性の本質は結果無価値にあり、結果無価値についての判断は、科学的な**事後判断**（裁判時に全事実を基礎にして行われる科学的判断）によってなされる。既に述べたように、未遂犯の危険性は、未遂犯の違法性を基礎づけるものであるから、結果無価値論においては、未遂犯の危険性についても科学的な事後判断がなされるべきことになる。

 ウ 客観的危険説に対する批判

 客観的危険説に対しては、具体的危険説から、科学的な事後判断を行うと未遂犯はすべて不能犯になってしまうのではないかという批判がなされている。例えば、人に向けて拳銃を発射したが、わずかに左に銃口がずれたために命中しなかった場合、殺人未遂が成立するが、この場合であっても、はじめから銃口がずれていた以上、命中しなかったことは必然の産物であり、殺人の危険性がない（よって殺人未遂は成立しない）ということになってしまうのではないか。

 エ 修正された客観的危険説

 そこで、近年、客観的危険説の立場から、次のような見解が有力に主張されている。すなわち、結果不発生の原因を解明し、事実がいかなるものであったなら結果の発生がありえたかを科学的に明らかにした上で、こうした結果発生に必要な事実が存在しえたか（**仮定的事実の存在可能性**）を一般人の立場から事後的に判断する、という見解である。**修正された客観的危険説**と

呼ばれる。これによれば、このような仮定的事実がありえたと一般人が考える場合には、危険性が認められ、未遂犯が成立する。例えば、上の例の場合、拳銃の銃口が少しでも右にずれていたら頭部に命中していたということが明らかになれば、銃口が少しでも右にずれることがありえたかを一般人の立場で判断することになり、そのようなことは十分にありえたと考えられるので、殺人の危険性が肯定される。また、【設問2】（硫黄事例）では、Xが硫黄以外の毒物（例えば青酸カリ）を与えた可能性があったかが判断され、【設問5】（空ピストル事例）の場合には、警察官の拳銃に実弾が装てんされていることがありえたかを問うこととなる。前者の場合は、具体的事情により結論は異なりうると思われるが、後者については、警察官の拳銃に実弾が装てんされていることは十分にありえたと考えられるから、危険性が肯定され、殺人未遂罪が成立することになろう。

　【設問1】（空ポケット事例）、【設問3】（空ベッド事例）、【設問4】（日本刀刺突事例）のような客体の不能の事例については、客体が存在しえたか（ズボンのポケットに財布が入っていた可能性、ベッドにAがいた可能性、Aが生きていた可能性）を検討すべきことになる（もっとも、客体の不能の事例については、客体が存在しえたとしても、危険は現実的でないとして、これを不能犯とする見解もある）。

3　判例の状況

（1）　判例の立場

　判例の立場は必ずしも明らかでない。判例は、伝統的に、不能犯が問題となる事例を絶対的不能と相対的不能に区別し、前者は不能犯、後者を未遂犯としてきたが、この区別は不明確であると批判され、戦後の下級審判例では、具体的危険説の立場から未遂犯の成立を肯定したように読めるものが増えてきている。そのため、具体的危険説からは、現在の判例は具体的危険説に立っていると評価されることがある。しかし、これに対しては、客観的危険説の立場から、具体的事案との関係でみると、客観的な結果発生の可能性と無関係に一般人の危険感だけを根拠に未遂犯の成立を認めたものはなく、実務は客観的危険説の立場から危険性判断を行っているとの反論がなされている。

　　＊　最高裁には、被告人が自ら製造したピース缶爆弾の導火線に点火して、これを機動隊の庁舎正門前に投げつけたが、不発に終わった事案（ピース缶爆弾事件）で、行為者はピース缶爆弾を確実に爆発する構造・性質を有

する爆弾であると信じており、「一般人においてもそのように信ずるのが当然であると認められる状況にあったことがうかがえる」として、被告人の行為は「爆発物の使用」（爆発物取締罰則1条）に当たると判示したものがある（最判昭51・3・16刑集30巻2号146頁〈プ284〉）。学説には、これを具体的危険説に立つ最高裁判例として理解するものがあるが、本件は不能犯の成否が問題となったものではなく、このような理解には疑問が示されている。

(2) 不能犯（未遂犯不成立）とされた事例

不能犯とされた例としては、①【設問2】（硫黄事例）の事案で、硫黄粉末で人を殺すことは「絶対ニ不能」であるとして、殺人未遂罪の成立を否定したもの（○大判大6・9・10刑録23輯999頁〈プ283〉。ただし、傷害罪の成立を肯定）、②地中に埋没していたために本来の性能を欠いていた手榴弾を、安全栓を抜いて人に投げつけた事案で、「目的とした危険状態を発生する虞はない」として、殺人未遂罪の成立を否定したもの（東京高判昭29・6・16高刑集7巻7号1053頁）、③不真正の原料で覚せい剤を製造しようとした事案について、覚せい剤の製造という「結果発生の危険は絶対に存しない」として、覚せい剤製造未遂罪の成立を否定したもの（東京高判昭37・4・24高刑集15巻4号210頁〈プ285〉）がある。

これらは、いずれも方法の不能の事例であるが、一般人の危険感を基準とする具体的危険説からは未遂犯の成立が肯定されうると思われる。これに対し、客観的危険説からは、判例と同様、不能犯となるであろう。否定例をみる限り、判例は、客観的危険説と親和的な立場にあるといえよう。

(3) 未遂犯（不能犯不成立）とされた事例

客体の不能の事例で、未遂犯が成立するとされた例としては、④通行人を引き倒して懐中物を奪取しようとした事例（【設問1】と類似）について、「通行人カ懐中物ヲ所持スルカ如キハ普通予想シ得ヘキ事実ナレハ之ヲ奪取セントスル行為ハ其結果ヲ発生スル可能性ヲ有スル」として、強盗未遂罪（243条・236条）の成立を肯定したもの（大判大3・7・24刑録20輯1546頁〈プ291〉）、⑤【設問4】（日本刀刺突事例）の事案で、行為者だけでなく一般人も当時死亡していることを知りえなかったのであり、刺突行為により被害者が死亡する危険を感じるであろうことは当然であるとして、殺人未遂罪が成立するとしたもの（◎広島高判昭36・7・10判時269号17頁〈百67、講108、プ292〉）がある。いずれも具体的危険説となじむ判示であるが、④については、懐中物を所持していた可能性は必ずしも否定されないこと、⑤に

ついては、「医学的にも生死の限界が微妙な案件」であったことから、(修正された)客観的危険説からも同じ結論を導きうるとされている。

　方法の不能が問題となる場合で、未遂犯の成立を認めたものとしては、⑥**【設問5】**(空ピストル事例)の事案について、警察官携帯の拳銃には「常時たまが装てんされているべきものであることは一般社会に認められている」として、殺人未遂罪の成立を肯定したもの(福岡高判昭28・11・10判特26号58頁〈プ289〉)、⑦科学的根拠のある方法により覚せい剤を製造しようとしたが、触媒の量が不足していたために失敗した事案で、覚せい剤製造未遂罪が成立するとしたもの(最決昭35・10・18刑集14巻12号1559頁〈プ288〉)、⑧都市ガスを部屋に充満させ、子どもを道連れに無理心中を図ったが、訪問者に発見されて目的を遂げなかった事案(ガス漏出事件)で、被告人が漏出させた都市ガスは天然ガスであり、これによる中毒死のおそれはないが、静電気によるガス爆発や酸欠による死亡の危険があったとし、また、一般人も死の危険を感じるとして、殺人未遂罪の成立を認めたもの(岐阜地判昭62・10・15判タ654号261頁〈講107、プ290〉)、⑨静脈内に空気を注射して空気塞栓で殺害しようとしたが、空気が致死量に達せず目的を遂げなかった事案(**空気注射事件**)について、「致死量以下であっても被注射者の身体的条件その他の事情の如何によっては死の結果発生の危険が絶対にないとはいえない」とする原判決の判断を支持し、殺人未遂罪の成立を肯定したもの(◎最判昭37・3・23刑集16巻3号305頁〈百66、講106、プ287〉)がある。これらの事案の結論は、具体的危険説からも(修正された)客観的危険説からも説明可能であるが、⑥は、一般人の危険感を基準にしているようにみえる。他方、⑦⑨は、一般人の危険感に言及していない。⑧は、一般人の危険感に触れているが、その前に科学的な結果発生の危険性について判示している。

●コラム● 「だまされたふり作戦」と不能犯

　いわゆる振り込め詐欺などの特殊詐欺の事案において、だまされたふり作戦が行われることがある。特殊詐欺とは、被害者に電話をかけるなどして対面することなく信頼させ、現金を預貯金口座へ振り込ませたり、送付させたり、手渡しさせたりして、不特定多数の者から現金等を騙し取るというもので、近時、大きな社会問題となっている。このような特殊詐欺の取締りの一環として行われているのが、だまされたふり作戦である。これは、犯人(架け子)から電話を受け、詐欺と見破った者が、警察に協力してだまされたふりを続け、現金の替わりに模造紙幣を送付するなどし、それと知らずに受取りにきた(架け子とは別の)犯人(受け子)を捕まえるという作戦である。この場合、架け子による欺罔行為の後、だまされたふり作戦の実行により、被害者の錯誤に基づく現金の受取りができなくなるので、詐欺未遂罪が成立するにとどまる。

問題は、受け子が最初からではなく、だまされたふり作戦の開始後に犯人グループと共謀を遂げ、受取役を引き受けた場合である。この場合の受け子は、だまされたふり作戦の実行により詐欺が失敗に終わった後に加わっており、そのような場合であっても詐欺未遂罪の共犯（より正確には、承継的共犯〔26講1参照〕）が成立するかが問題となる。というのも、そもそも共犯は犯罪の終了後には成立しえないところ、だまされたふり作戦の実行により詐欺が失敗に終わった以上詐欺未遂罪も終了したと考えれば、その後に加わった受け子に共犯は成立しえないからである。そこで、だまされたふり作戦の実行により詐欺未遂罪が終了したかが問題となる。具体的には、架け子の欺罔行為によって発生した詐欺既遂に至る危険性がだまされたふり作戦の実行後もなお残存し、詐欺未遂罪は終了していないと考えるか、それとも、だまされたふり作戦の実行により危険性が消滅し、詐欺未遂罪は終了したと考えるかが問題となる。

この問題を考える際に参考になるのが、不能犯の議論である。下級審裁判例の多くは、具体的危険説の立場から危険性を肯定し、共犯の成立を認めている。だまされたふり作戦の実行は一般人に認識できず、犯人も認識していないため、危険性の判断の基礎とならず、これを除いて一般人の立場から観察すれば危険性が認められると考えるのである。最高裁も、だまされたふり作戦の開始いかんにかかわらず、受け子は詐欺未遂罪の共犯になるとしている（最決平29・12・11刑集71巻10号535頁）。もっとも、最高裁は、危険性の判断について言及しておらず、どのような理論構成を採用したかは不明である。

第19講　中止犯

> ◆学習のポイント◆
> 1　中止犯の問題は未遂犯の成否の問題ではなく、未遂犯の成立を前提とした科刑の問題であることを理解する。
> 2　次のポイントは、刑の必要的減免の根拠に関する主要な見解を理解し、説明できるようになることである。
> 3　最後に、具体的事例における中止犯の成否について、中止犯の成立要件である中止行為（犯罪を「中止した」）および任意性（「自己の意思により」）の意義と判断基準を明らかにした上で、具体的事例に即して検討できるようになることが目標である。

1　総説

(1)　中止犯の意義

中止犯（中止未遂）とは、「犯罪の実行に着手してこれを遂げなかった」という未遂犯（43条本文）（17講1）のうち、「自己の意思により犯罪を中止した」場合（43条但書）をいう。例えば、次の【事例2】の場合である。

【事例1】通常の未遂犯
　Xは、殺意をもってAの腹部を包丁で刺し、そのまま逃げた。Aは、救急車で病院へ運ばれ、治療を受けた結果、一命を取りとめた。
【事例2】中止犯
　Xは、殺意をもってAの腹部を包丁で刺したが、苦しむAの姿を見て「大変なことをした」と反省し、直ちにタオルをAの腹部に当てて止血し、電話で救急車の派遣などを依頼した上、救急車の到着を待ってAを救急車に運び込み、その場で警察官に犯行を告げて逮捕された。Aは、病院で治療を受けた結果、一命を取りとめた。

【事例2】のXは、殺意をもってAの腹部を包丁で刺したが、Aは死亡し

なかったので、Xに殺人未遂罪（203条・199条）が成立する。この点は、通常の殺人未遂の場合（【事例1】）と同じである。しかし、【事例2】のXは、誰にも強制されず自発的に、まさに「自己の意思」で、止血したり救急車を呼んでAを運び込んだりするなどの「中止」行為を行っている。よって、Xには、殺人未遂の中止犯（殺人の中止未遂）が成立する。

中止犯が成立した場合、その犯罪の**刑は必ず減軽または免除**される（**刑の必要的減免**）（43条但書）。このように刑の**必要的減免**という効果が与えられるところが、刑の任意的減軽にとどまる通常の未遂犯と異なる。

ところで、中止犯（中止未遂）と区別された通常の未遂は、**障害未遂**と呼ばれる。本講でも、この用語を用いることにする。

以下では、まず、**刑の減免根拠**について考察し、その後、**中止犯の成立要件**の検討に入ることにするが、その前に、ここで中止犯について検討する際の注意点を述べておきたい。

(2) 注意点

ア　特別な犯罪類型ではないこと

中止「犯」と呼ばれるが、これは**特別な犯罪類型ではない**。犯罪としては障害未遂の場合と同じであり（成立する罪名は「○○未遂罪」）、ただ「刑」が障害未遂の場合と異なるだけである。つまり、中止犯の問題は、**未遂犯の成否の問題とは関係ない**。それは、未遂犯が成立した後の**「刑をどうするか」という問題**である。したがって、中止犯の成否については、ある犯罪の未遂犯の成否を検討し、検討の結果それが成立するということになった場合に、その後で「科刑の問題」として検討することになる。

また、中止犯は、条文から明らかなように、未遂犯のうちで、刑の特別扱いを受ける場合であるから、当該犯罪が未遂にとどまったことが前提である。既遂に達してしまった場合には、中止犯が成立する余地はない（ただし、少数反対説あり）。

イ　一身専属性

刑の必要的減免という中止犯の効果は、「自己の意思により」犯罪を「中止した」者にだけ与えられる。つまり、**中止犯の効果は一身専属的**なものである。例えば、XとYが殺人を共謀し、この共謀に基づいてYが殺人を実行したが、Yが自己の意思により殺人を中止したために殺人未遂にとどまったという場合、XとYには殺人未遂罪の共同正犯（60条・203条・199条）が成立するが（22講参照）、中止犯が成立し刑の必要的減免の効果が与えられるのは、自己の意思により殺人を中止したYのみであり、自己の意思により殺

人を中止しなかったXには、共同正犯といえども、その効果は及ばない。

> ●コラム● 予備の中止
>
> 　中止犯の規定（43条但書）は、未遂犯の特別規定である。したがって、予備（17講1(1)）の中止には「適用」できない。予備罪のうち、殺人予備罪（201条）や放火予備罪（113条）は、もともと法定刑が軽い上、刑の任意的免除が規定されているから、これに中止犯の規定が適用できなくても、未遂犯の場合との刑の不均衡の問題は生じない。しかし、強盗予備罪（237条）のように、刑の任意的免除が規定されていない場合には、次のような刑の不均衡の問題が生じる。すなわち、強盗の実行に着手した後（強盗未遂成立後）に中止すれば（中止犯の規定が適用されて）刑の免除の余地が生じるのに、着手前の予備の段階で中止したら刑の免除の可能性がなくなってしまう。つまり、着手前の中止よりも着手後の中止の方が有利に扱われることになるのである。この不均衡を解消するために、多数説は、予備罪に対する中止犯規定の「準用」ないし（被告人に有利な）類推適用を認めるべきであるとする。しかし、判例は、準用を否定している（最大判昭29・1・20刑集8巻1号41頁〈百72、講105〉）。その理由は判例上明らかでないが、考えられる理由づけとしては、例えば、予備罪の法定刑については刑の免除を認めるものとそうでないものとが区別されていることから、中止に対する科刑については予備罪の規定の内部において既に考慮されているというものがありえよう。

2　刑の必要的減免の根拠（中止犯の法的性格）

(1)　減免根拠論の実益と議論状況の概観

ア　刑の減免根拠を論ずる意味

　中止犯の刑が必要的に減軽または免除されるのはなぜか。既遂に達しなかったことは43条本文で任意的減軽として考慮されている。ここで問題なのは、それに加えて必ず減免されることの説明である。この刑の減免根拠の問題は、従来、中止犯の法的性格の問題として論じられてきた。その実益は、刑の減免根拠が**中止犯の成立要件を解釈する際の指針ないし論拠となりうる**ところにある。もっとも、わが国の議論においては、刑の減免根拠論と中止犯の成立要件の解釈との間には、ある程度の関連性があることは否定できないが、減免根拠についてある見解をとれば必然的に成立要件の解釈はこうなる、といった**論理必然的な関係があるわけではない**（詳しくは、後述4参照）。

イ　議論状況の概観

　わが国の減免根拠をめぐる議論状況を概観すると、多様な見解が主張されており、その状況は複雑である。学説は、大きく**刑事政策説**と**法律説**とに区別され、後者はさらに**違法減少説、責任減少説、違法・責任減少説**に分かれ

る。近年では、刑事政策説と法律説とを対立させるのではなく、両者を併合する立場（併合説）も有力である。判例の立場は明らかでない。

(2) 学 説
ア 刑事政策説

　刑事政策説（奨励説）は、犯罪が既遂に達する前に自己の意思により中止した者に刑の恩恵を与えることにより、犯罪の実行に着手した後に「後戻りのための黄金の橋」を架けてやるのが中止犯であるとする。つまり、刑の恩恵を与えて結果発生を阻止するよう奨励することにより当該犯罪の法益を保護しようとする政策が、刑の減免根拠であると考える見解である。この見解によると、中止の動機の良し悪しを問わず、ともかく「自己の意思」で「中止」して未遂にとどまれば、法益保護という政策目的は達成されるから、例えば、被害者から「やめてくれたらお金をあげる」と言われて中止した場合のように、悪しき動機で中止した場合であっても、中止犯の成立が認められるべきことになる。

　この見解に対しては、①中止犯規定を知らない一般の犯罪者にとっては政策的効果を期待できない、②奨励のためには刑の減軽または免除では弱い（ドイツ刑法のように刑の必要的免除まで認めないと結果発生阻止を期待できない）、③好ましくない動機で中止した場合に中止犯の恩恵を与えるのは妥当でない、などの批判がなされており、現在、純粋な刑事政策説の支持者は極めて限られている。

　　＊　刑事政策説は、批判①に対し、同じく法益保護を目的とする通常の犯罪については犯罪規定を知っているかどうかを問題にしないのであるから、意味のある批判ではないと反論し、②の批判については、奨励すべき行為にどれだけの報奨を与えるべきかはまさに政策の問題であり、中止行為の奨励のために必要的減免という報奨を与えることには一定の意味があると反論する。批判③に対しては、好ましくない動機による中止であっても法益保護という政策目的はその限度で達成されること、条文には「自己の意思により」としか書かれておらず動機による限定がないこと、立法者も悪い動機から中止した場合を中止犯に含めることを意図していたことから、動機の良し悪しを問うべきでないと反論する。

イ 法律説

　法律説は、刑の減免根拠を、（実質的な）犯罪成立要件である違法性や責任と関連づけて説明する立場である。中止犯が成立する場合、未遂犯として犯罪は成立しているから、その違法性や責任がなくなるわけではないが、障害未遂の場合と比べて違法性、責任が減少するので、その刑が必要的に減免

される、と説明する。

　　a　違法減少説

　違法減少説は、減免根拠を違法性の減少に求める。この見解は、（故意を主観的違法要素〔11講1(3)〕とする立場においては、これを前提に）故意の事後的な撤回により（主観的違法要素としての故意が撤回された分だけ）違法性が減少する、あるいは、中止行為により結果発生の危険性が消滅したことにより違法性が減少する、と説明する。

　違法減少説に対しては、故意を主観的違法要素とすべきでないとする立場からの批判があるほか、違法性が減少すると考えてしまうと（共犯者の間で違法性は連帯すると考えられていることから〔23講2(3)のコラム「違法は連帯的に、責任は個別的に」参照〕）中止犯の一身専属的効果を説明できなくなる、などの批判が向けられている。

　　b　責任減少説

　責任減少説は、自己の意思により中止したことによって責任が減少すると考える見解である。責任減少の説明には色々なものがあるが、その代表的なものは、（故意を責任要素とする立場において、これを前提に）故意の事後的な撤回により（責任要素としての故意が撤回された分だけ）責任が減少する、と説明する。

　責任減少説においては、（共犯者の間で責任は連帯しないと考えられていることから〔23講2(3)の前掲コラム参照〕）中止犯の一身専属的効果を説明できなくなるのではないか、という問題は生じない。しかし、責任（非難可能性）が減少するという事情は、自己の意思により中止行為を行ったものの努力の甲斐なく結果が発生してしまった既遂の場合であっても同じであり、既遂の場合にも中止犯の成立が認められるべきことになるが、現行法は未遂犯の枠内で中止犯を規定しており、このことを説明できない（現行法と矛盾する）、との批判が向けられている。

　　c　違法・責任減少説

　違法・責任減少説は、故意を主観的違法要素とする立場から、故意の事後的な撤回により違法性が減少するとともに、自己の意思による中止により法敵対性（法に敵対しようとする態度）が弱まるので責任も減少する、と説明する。この見解に対しては、違法減少説、責任減少説に対するのと同様の批判が向けられうる。

　　ウ　併合説（総合説、統合説）

　法律説には、以上のような批判・問題点があり、現在では、これを純粋に

貫く見解はほとんどみられない。今日では、法律説と刑事政策説とを併合する見解（**併合説**）が多数である。これは、法律説または刑事政策説のどちらか一方だけでは刑の減免根拠を十分に説明できないとの理解を前提に、足りないところを補い合うために、両者を併合しようとするものである。この見解には、違法減少説と刑事政策説とを併合するものと、責任減少説と刑事政策説とを併合するものとがある。この見解に対しては、併合によって、刑事政策説および法律説（違法減少説、責任減少説）の問題点も抱え込んでしまうことになるのではないか、中止犯の成立要件を一貫した立場で説明できなくなり、減免根拠を論ずる実益が失われてしまうのではないか、などの疑問が向けられている。

3　中止行為（「中止した」）

(1)　問題の所在

中止犯が成立するためには、①「自己の意思により」犯罪を②「中止した」ことが必要である。以下では、まず、②の中止行為から考察する。

考察の対象は、第1に、「中止した」といえるためには、どのような行為がなされなければならないかという問題、すなわち、続けて実行行為を行わないという不作為で足りるのか、それとも結果発生を防止するために積極的な作為に出ることが必要か、あるいは、具体的にどのような不作為または作為でなければならないか、という**中止行為の態様**の問題である。第2は、中止行為と結果不発生との間に因果関係のあることが必要か、という**中止行為の因果関係**の問題である。

(2)　中止行為の態様

ア　中止行為の態様の客観面

a　作為か不作為か

現在は、中止行為が問題となる時点において、放置しても**結果が発生する危険性がない場合には不作為で足りる**が、放置すれば**結果が発生する危険性がある場合には作為が必要**であると考えられている。

例えば、冒頭の【事例2】で、Xは、殺意をもってAの腹部を包丁で刺しており、放置すればAが死亡する危険性があったと考えられるので、中止行為の内容としては、Aが死なないように積極的に救助することが必要になる。Xは、止血したり救急車を呼んでAを運び込んだりするなどの救助行為を行っているから、中止行為をしたといえる。これに対し、Xが反省して、これ以上刺すのをやめたとしても、やめただけで立ち去った場合には中止行

為をしたとはいえず、中止犯は成立しない。

　他方、不作為で足りる場合としては、例えば、Xが、殺意をもってAに切りかかったが、かすり傷を負わせただけで、放置してもAが死亡する危険性がなかった場合である。この場合には、続けてAに切りかかることをしなければ、中止したといえる。

　　＊　かつては、未遂を、犯罪の実行に着手したが実行行為は終了していない着手未遂（未終了未遂）と、実行行為が終了した実行未遂（終了未遂）とに区別し、前者の場合には、それ以後の実行行為を行わないという不作為でも中止行為としては足りるが、後者の実行未遂の場合には、不作為では足りず、結果発生を防止するための積極的な作為を行う必要がある、と説明することが多かった（例えば、東京高判昭62・7・16判時1247号140頁〈百70、講100、プ294〉）。

　　　しかし、このような説明は、現在では一般的でない。次のような問題があるからである。すなわち、この説明においては、実行行為がいつ終了したかが、不作為で足りるか作為が必要かを決める重要な問題となる。実行行為の終了時期を行為者の主観（当初の計画）を基準として判断する主観説によれば、行為者の計画していた行為が終了していない場合が着手未遂、計画していた行為がすべて終了していた場合が実行未遂となる。これによると、例えば、Xが、ピストルを2発以上発射してAを殺す計画で、Aに向けて1発目を発射して瀕死の重傷を負わせ、2発目を発射しようとしたが、Aが命乞いするのを見て反省し、2発目を発射するのをやめて立ち去ったという場合、Xの計画していた行為（2発以上発射する）は終了していないため着手未遂ということになり、中止行為は不作為で足りることになる。しかし、Aが瀕死の重傷を負っているのに不作為で足りるとするのは明らかに不当であろう。このように、主観説には、結果発生のために周到な計画を立てていた場合の方が、そうでない場合よりも中止犯が成立しやすくなってしまうという問題がある。

　　　これに対し、客観説は、行為の外部的形態を基準として実行行為の終了時期を判断すべきであるとし、結果発生の危険性のある行為が終了しないうちは着手未遂であり、そのような行為が終了していれば実行未遂であるとする。しかし、これによると、結果発生の危険性のある第1行為を行った場合はすべて実行未遂となり、作為が要求されることになるので、中止犯の成立範囲が狭くなりすぎるという問題が生じる。例えば、Xが、殺意をもってAに向けてピストルを発射したが命中せず、2発目を発射しようとしたが、Aが命乞いするのを見て反省し、2発目を発射するのをやめて立ち去ったという場合、1発目の発射行為にAが死亡する危険性が認められる以上、実行未遂となり、結果発生を防止するための作為が必要という

ことになる。しかし、弾丸が命中していないのであるから、2発目を発射しないという不作為以外に中止行為はありえず、この場合に作為をしていないという理由で中止犯の成立を認めないのは明らかに不当であろう。

　b　不作為による中止

　不作為を中止行為というためには、中止される実行行為が、①続行可能なものであること（行為の続行可能性）、②既に行われた実行行為に継続する行為であること（行為の継続性・単一性）が必要である。①の続行可能性は、行為者の主観に基づいて判断されるのではなく、客観的に判断される。

【設問1】プライドの高い殺し屋事例
　プライドの高い殺し屋Xは、狙った相手は必ず1発でしとめ、2発以上発射しないという方針をもっていた。Xは、Aに向けてピストルを発射したが、外れてしまった。2発目を発射することは物理的には可能であったが、Xは、プライドが許さず、2発目を発射しなかった。2発目を発射しなかったXの不作為は、中止行為といえるか。

【設問2】ピストル故障事例
　殺し屋Yは、ピストルを2発発射してAを殺す計画で、Aに向けてピストルを1発発射したが外れ、2発目を発射しようとしたが、ピストルの故障で発射できなかったため、発射するのをあきらめた。2発目を発射しなかったYの不作為は、中止行為といえるか。

【設問3】翌日やり直し事例
　Zは、Aに向けてピストルを発射したが外れ、弾もなくなってしまった。Zは、弾を家まで取りに帰り、翌日もう一度Aに向けて発射することが可能であり、また、そのつもりであったが、家に帰った後、気が変わってやめた。ピストルの発射をやめたZの不作為は、中止行為といえるか。

　【設問1】のXの不作為は、中止行為といえる。2発目を発射することは、客観的に可能であったからである。これに対し、【設問2】のYの不作為は、中止行為といえない。ピストルの故障により、2発目を発射することは客観的に不可能であったからである。【設問3】の場合、中止された実行行為は翌日の発射行為であり、行為の継続性が認められないので、Zの不作為は中止行為といえない。

　c　作為による中止（特に「真摯な努力」について）

　放置すれば結果が発生する危険性がある場合には、結果発生を防止するための作為に出ることが必要である。この作為は、**単独でなされることは必要でない**。他人と共同する場合や他人の力を借りる場合であってもよい。例えば、本講冒頭の【事例2】のように、生命に危険を生じさせた場合には、行為者自身が医師でない限り、自ら治療にあたるよりも医師に治療してもらう

方が結果発生の防止の観点から適切であり、このような場合に他人の力を借りたというだけで中止行為を否定してしまうのは不合理だからである。

しかし、他人の力を借りてよいといっても、**無責任な他人任せは中止行為といえない**。刑の必要的減免の特典を与えるに値しないからである。例えば、次の【事例3】のような場合である。

【事例3】「よろしく頼む」事件
　Xは、Aの家に放火し、その場を立ち去ったが、裏手のB家の門前にさしかかった際、火勢を見て怖くなり、Bに対して「放火したのでよろしく頼む」と叫びながら走り去った。Bが直ちに現場に駆けつけて消火したため、放火は未遂にとどまった。

【事例3】について、判例は、「結果発生の防止は必ずしも犯人単独で行う必要はないが、自ら防止しない場合は、少なくとも**犯人自身が防止にあたったのと同視できるだけの努力が必要である**」旨を判示した上で、Xはこのような努力を尽くしたとはいえないとして、中止犯の成立を否定している（〇大判昭12・6・25刑集16巻998頁〈プ297〉）。このような努力は、判例上、「**真摯な努力**」と表現されることが多い。多数説も、他人の助力を得る場合には、無責任な他人任せでは不十分で、「犯人自身が防止にあたったのと同視できるだけの努力」が必要であると考えている。

問題は、「犯人自身が防止したのと同視できるだけの努力」ないし「真摯な努力」とは、具体的にどのような努力をいうのかである。

【設問4】110番通報事件
　Xは、殺意をもってAに睡眠薬を飲ませたが、その後翻意して警察官に通報し、その助力を得てAを病院に収容した。その結果、Aは一命を取りとめた。Xは、「犯人自身が防止したのと同視できるだけの努力」を尽くしたといえるか。

【設問5】犯行秘匿事件
　Xは、殺意をもってAの左腹部を包丁で突き刺し、肝臓に達する刺創を負わせたところ、Aが「痛い痛い」と泣きながら「病院へ連れて行ってくれ」と哀願したため、Xが自分の運転する自動車で直ちに病院に連れて行き、医師の手に引き渡したため、Aは一命を取りとめた。しかし、Xは、病院到着前の車内でAに対して刺したことを言わないように頼み、病院に到着した後には、XとAの共通の友人やAの母らに、犯人は自分ではなく、誰かわからないが他の者に刺されていたと嘘を言ったほか、病院に到着する直前に凶器の包丁を川に投げ捨てて犯跡を隠蔽しようとしていた。Xは、「犯人自身が防止したのと同視できるだけの努力」を尽くしたといえるか。

【設問4】の事例について、東京地裁は、Xの行った措置は「当時の差し迫った状況下において、被告人として採り得べき最も適切な善後処置であった」と評価し、「Xとしては、Aの死の結果を防止するため、X自身その防止に当たったと同視するに足るべき程度の真摯な努力を払った」として、中止行為を認めた（東京地判昭37・3・17判時298号32頁〈プ298〉）。ここでは、「犯人自身が防止したのと同視できるだけの努力」（真摯な努力）として、「最も適切な措置」が要求されていると考えられる。「最も適切な措置」が何かは、危険の態様・程度、周囲の状況、行為者の能力などの諸般の事情を踏まえて、事案に即して個別具体的に判断されることになる。下級審判例をみると、例えば、殺人未遂のケースでは、生命の危険が切迫している場合には、直ちに110番ないし119番通報することが要求され、被害者に応急措置の必要があり、行為者にそれが可能である場合には、119番通報に前後して応急措置をとることが要求されている。他方、生命の危険が切迫していない場合については、自ら被害者を病院へ搬送することで足りるとされた例がある（札幌高判平13・5・10判タ1089号298頁〈プ307〉。なお、放火未遂につき、119番通報をしたことでは足りないとされた例として、○東京高判平13・4・9高刑速平成13年50頁〈百71〉）。

　自ら被害者を病院に運んで医師の治療を受けさせ、一命を取りとめた場合には、「最も適切な措置」を講じた（真摯な努力を尽くした）と考えてよいように思われるが、それだけでは「真摯な努力」をしたとはいえないとされた例がある。【設問5】の事例である。これについて、大阪高裁は、「XがAを病院へ運び入れた際、その病院の医師に対し、犯人が自分であることを打明けいつどこでどのような兇器でどのように突刺したとか及医師の手術、治療等に対し自己が経済的負担を約するとかの救助のための万全の行動を採ったものとはいいがたく、単にAを病院へ運ぶという一応の努力をしたに過ぎないものであって、この程度の行動では、未だ以て結果発生防止のためXが真摯な努力をしたものと認めるに足りない」として、中止犯の成立を否定した（○大阪高判昭44・10・17判タ244号290頁〈講101、プ299〉）。なるほど、自分がやったと白状して、いつ、どこで、どのような凶器でどのように刺したかを医師に伝える方が、伝えないよりも、結果発生の防止にとってより望ましいといえるかもしれない。しかし、学説の多くは、中止行為としてそこまで要求するのは過度の要求であると批判する（自分が犯人であるという自白を要求することは、憲法で保障された黙秘権の趣旨からも問題があるとされる）。また、治療費等の負担を約するかどうかは結果発生の防止と無

関係であり、これを真摯な努力を否定する要素としたことについても批判が強い。さらに、この裁判例に対しては、「真摯な努力」の名の下に法秩序に対する全面的な恭順の意を示すことまで要求するもので、倫理主義であるとの批判も向けられている。

そこで、近年では、「真摯な努力」という言葉は使うべきでないという学説が増えており、中止行為は「最も適切な努力」である必要はなく、「積極的な努力」、「適切な努力」、「必要な努力」または「結果発生を防止するに足りる行為」で十分であるとする見解が多数を占めつつある。この見解によれば、【設問4】の事例はもちろん、【設問5】の事例についても、中止行為が認められることになる。

イ 中止行為の態様の主観面（中止意思）

中止行為といえるためには、**中止行為によって結果発生を防止することの認識（中止意思）**が必要とされる。

【設問6】死んだふり事例
Xは、ピストルを2発発射してAを殺そうとして1発目を発射し、それが命中してAを殺したと思ったので、2発目の発射をやめたが、実は1発目は命中していなかった。Aは、死んだふりをしていたのである。2発目を発射しなかったXの不作為は、中止行為といえるか。

例えば、【設問6】の事例の場合、Xには、2発目を発射しないという不作為によりAを殺すのをやめるという認識（中止意思）がないので、中止行為の成立は否定される。

(3) 中止行為の因果関係

中止行為と結果不発生との間に因果関係のあること（**中止行為の因果関係**）が必要であろうか。中止行為の因果関係は、次のような場合に問題となる。

【事例4】
Xは、Aを殺すために多量の睡眠薬を飲ませたが、その後直ちに後悔し、十分な量の解毒剤を飲ませた。Aは死亡しなかったが、それはXの飲ませた睡眠薬が致死量に達していなかったからであった。

【事例5】
Xは、麻縄に放火した後、これをもみ消そうとしたが、なかなかうまくいかず、やってきたAの行為によってやっと消火した。

【事例4】でAが死亡しなかったのは、Xが解毒剤を飲ませたからではなく、もともと睡眠薬が致死量に達していなかったためであるから、Xの中止行為と結果不発生との間に因果関係はない。しかし、この場合に因果関係がないことを理由に中止犯の成立を否定してしまうと、睡眠薬が致死量に達していた場合には中止犯が成立するのに、致死量に達していない場合には中止犯が成立しないという不均衡が生じる。そこで、多数説は、**因果関係不要説**をとっている。これによれば、【事例4】のXには中止犯が成立する。

* 因果関係不要説は、責任減少説から説明しやすい。責任減少は（自己の意思による）中止行為それ自体によって認められるからである。違法減少説のうち、主観的違法要素としての故意の撤回だけで違法性が減少すると考える見解においても、因果関係は違法減少と関係がないから、因果関係不要説が導かれる。これに対し、違法性の減少には結果発生の危険性を消滅させることが必要であるとする立場からは、中止行為と危険消滅との間の因果関係が必要となるであろう。

判例は、【事例5】について、Xの中止行為と結果不発生との間に因果関係がないことを理由に、中止犯の成立を否定している（大判昭4・9・17刑集8巻446頁）。因果関係不要説によれば、この場合も、中止犯の成立が肯定されうる。判例が因果関係不要説に立たない理由は明らかでない。

4　任意性（「自己の意思により」）

(1)　問題の所在と議論状況
ア　問題の所在

中止犯が成立するためには、「自己の意思により」犯罪を中止したことが必要である。では、「自己の意思により」とは、どのような場合か。これを明らかにすること、換言すれば、その判断基準を明らかにすることが、ここでの課題である。

「自己の意思により」とは、自発的に（強制されずに）と言い換えることができる。そこで、この要件は、一般に**任意性**と呼ばれている。問題は、任意性の有無をどのように判断するか（判断基準）である。

> 【設問7】発覚を恐れての放火の中止
> XとYは、線香を使った時限発火装置を用いて放火することを計画した。Xは、Yが線香に点火したのを認識したが、放火の時刻が遅く発火が明け方に及ぶおそれがあり、犯罪の発覚を恐れて、自ら媒介物を除去し、放火が既遂に至る前に消火した。Xの中止行為に任意性は認められるか。

【設問8】鳥肌事件
　Xは、小雪の降る中、Aに対し強制性交をする目的で、その下着を脱がせた上、強制性交しようとしたが、Aの露出した肌が寒気のため鳥肌立っているのを見て欲情が減退したため、強制性交を中止し、強制性交は未遂にとどまった。Xの中止行為に任意性は認められるか。

【設問9】哀願事件
　Xは、Aに対し強制性交をしようとしたが、Aから「やめて下さい」などと哀願されたため、強制性交を中止し、強制性交は未遂にとどまった。Xの中止行為に任意性は認められるか。

【設問10】流血驚愕事件
　Xは、殺意をもってAの頸部をナイフで1回突き刺したところ、Aが口から多量の血を吐き出しているのを見て驚愕すると同時に「大変なことをした」と思い、直ちにタオルをAの頸部に当てて止血し、電話で救急車の派遣などを依頼した上、救急車の到着を待ってAを救急車に運び込んだ。Aは、病院で治療を受けた結果、一命を取りとめた。Xの中止行為に任意性は認められるか。

イ　議論状況

任意性の判断基準をめぐっては、主に、**主観説、客観説、限定主観説**の3つが主張されてきたが、限定主観説は少数説であり、現在の主要な対立は、主観説と客観説の対立である。どちらかといえば、主観説が多数説と思われる。判例の立場は、必ずしも明らかでない。

ところで、古い判例は、犯人の意思以外の外部的事情（障害）により中止した場合には任意性がなく、専ら内部的動機に基づいて中止した場合でなければ任意性を認めないという立場をとっていた（大判大2・11・18刑録19輯1212頁〈プ373〉）。しかし、このように考えると、例えば【事例2】の場合も、苦しむAの姿という外部的事情がきっかけとなって中止しているので、任意性は認められず、中止犯は成立しないことになる。これは不当な結論であろう。そもそも、行為者が何らの外部的事情にもよらずに中止することは実際にはほとんど考えられず、何らかの外部的事情に直面して中止を決意するのが通例であろうから、このような場合であっても「自己の意思により」中止したといえるかどうかが問題とされなければならない。現在の議論は、このような理解が前提となっている。

(2) 学　説

ア　主観説

行為者本人がどう思って中止したか（行為者の主観）を基準にするのが、**主観説**である。すなわち、行為者自身が「やろうと思えばやれる」と思った

のに中止した場合は任意性がある（中止犯が成立する）が、「やろうと思ってもやれない」と考えて中止した場合は任意性がない（中止犯は成立しない）とするフランクの公式に従った見解である。この見解においては、行為者自身がどう思っていたかを認定することが不可欠になる。また、中止の動機の良し悪しは問われない。

　主観説は、刑事政策説、責任減少説の立場から主張されることが多い。刑事政策説は、中止の動機の良し悪しを問わない点で主観説と結びつき、責任減少説は、「違法性は客観的に、責任は主観的に」というテーゼにより主観説と結びつくとされる。他方、主観説は、故意を主観的違法要素とする違法減少説の立場からも主張されている。

　問題は、「やれる」、「やれない」の意味である。すなわち、「やれない」というのは、①「犯罪の完遂が物理的に不可能だ」と思った場合に限るのか、②「（心理的に）できない」と思った場合も含むのか、という問題である。この点は、これまで必ずしも明確にされてこなかったようであり、ここに主観説の問題があると批判されているが、仮に①のように考えた場合、【設問7】の事例については、Xが「犯罪の発覚により犯罪の完遂が不可能になる」と思って中止したのなら任意性は認められないが、「犯罪の発覚により犯罪の完遂が不可能になるわけではないが、後で逮捕・処罰されるのは嫌だからやめておこう」と思ったのであれば、任意性が認められる。【設問8】の事例では、Xは、欲情が減退した結果、強制性交の遂行が物理的に不可能になったと思って中止したと認定するのが自然であろうから、任意性は否定される。【設問9】、【設問10】の事例では、物理的に不可能とまでは思っていなかったであろうから、任意性が肯定されることになろう。他方、②のように考えた場合には、【設問7】、【設問8】の事例だけでなく、【設問9】、【設問10】の事例についても、「（心理的に）できない」と思ったのであれば、任意性は否定されることになる。

　イ　客観説

　客観説は、行為者の主観を基準にするのではなく、（行為者と同じ状況に置かれた）一般人なら中止するかどうか（社会経験上中止するのが通例かどうか）を基準にして任意性を判断する。すなわち、社会の経験則に照らし、一般人であれば中止しないのが通例であると考えられる（それにもかかわらず行為者は中止した）場合には任意性を認め（中止犯が成立する）、中止するのが通例であると考えられる場合には任意性を否定する。さらに換言すれば、客観説とは、中止の動機となった外部的または内部的事情が経験上一般

に犯罪の完遂を妨げる事情にならない（にもかかわらず行為者は中止した）場合は任意性あり、経験上一般に犯罪の完遂を妨げる事情になる場合は任意性なし、と考える見解であるということができる。

客観説は、「違法性は客観的に、責任は主観的に」というテーゼにより、違法減少説に結びつくと説明されることが多いが、責任判断の基準を一般人に求める責任減少説からも主張されている。

客観説に対しては、任意性の判断は「自己の意思」によるかどうかという行為者の主観を問う判断であるから、一般人を基準に判断するのは妥当でないとか、一般人の基準は曖昧である、などといった批判が向けられている。

客観説の立場から【設問7】以下を検討すると、まず、【設問7】については、犯罪の発覚のおそれは経験上一般に犯罪の完遂を妨げる事情になる（発覚のおそれが生じたときには通常の犯人であれば犯行を続けない）と考えられるので、任意性は認められない。鳥肌立った被害者の姿を見て欲情が減退した強制性交の犯人は、通常、もはや（物理的にも）強制性交を続けることはできないと考えられるから、【設問8】のXについても任意性は否定される。これに対し、経験上、強制性交の犯人は、被害者から「やめて下さい」と哀願されても強制性交を中止しないのが通例であると考えられるから、【設問9】のXには任意性が認められる。また、【設問10】のXにも、任意性が認められるであろう。殺意をもって人の頸部をナイフで突き刺した犯人は、通常、流血を見たぐらいでは中止しないと考えられるからである。

　ウ　限定主観説

限定主観説は、中止が**広義の後悔**（悔悟、憐れみ、憐憫、同情、反省など）に基づく場合に限り、任意性を認める見解である。これは、中止の動機の倫理性を要求する（中止の動機の良し悪しを問う）見解であるといってよい。限定主観説は、広義の後悔により責任非難が減少するとして、責任減少説から主張されているが、責任減少を動機が倫理的に好ましい場合に限定する理由が明らかでない、中止犯の成立範囲が狭くなりすぎる、などの批判が向けられており、少数説にとどまっている。

	主観説	客観説	限定主観説
判断基準	行為者	一般人	行為者
任意性が認められる場合	行為者が「やろうと思えばやれる」と思った場合（中止の動機の良し悪しを問わない）	（行為者と同じ状況に置かれた）一般人であれば中止しないのが通例である場合	中止が広義の悔悟に基づく場合（中止の動機の良し悪しを問題にする）

(3) 判　例

　任意性についての判例の立場は必ずしも明らかでないが、基本的には客観的基準に従って任意性を判断していると考えられる。例えば、【設問 7】の事例について、大審院は、「犯罪ノ発覚ヲ恐ルルコトハ経験上一般ニ犯罪ノ遂行ヲ妨クルノ事情タリ得ヘキモノ」であるとして任意性を否定しており（〇大判昭12・9・21刑集16巻1303頁〈プ301〉）、最高裁判例も、基本的には客観的基準によって任意性を判断している（最判昭24・7・9刑集3巻8号1174頁〈プ302〉、最決昭32・9・10刑集11巻9号2202頁〈プ303〉）。【設問 8】および【設問 9】の事例は、いずれも下級審判例の事例であるが、ここでも、客観説の立場から任意性が判断されている。すなわち、【設問 8】の事例では、客観的基準により任意性が否定され（東京高判昭39・8・5判タ166号145頁〈プ304〉）、【設問 9】の事例では、客観説の立場から任意性が肯定されている（浦和地判平4・2・27判タ795号263頁〈講103、プ306〉）。

　しかし、下級審判例には、広義の後悔（動機の倫理性）を考慮するものが少なからずあり、しかも、そこでは、客観的基準と限定主観説の基準が併用される傾向にある。例えば、【設問10】の事例について、福岡高裁は、客観説の基準を使って、通常人（通常の殺人犯人）であれば本件のような流血のさまを見たとしても、Xの行った中止行為と同様の措置をとるとは限らないとしつつ、同時に、「大変なことをした」との思いには、本件犯行に対する反省、悔悟の情が込められていると考えられると認定して、任意性を肯定している（福岡高判昭61・3・6判時1193号152頁〈百69、講102、プ305〉）。

　●コラム●　任意性の各学説の理由づけ

　本文でも述べたように（本講2⑴ア、4⑵参照）、任意性の判断基準についての各学説と中止犯の減免根拠論との間には、減免根拠についてある見解をとれば論理必然的に任意性の判断基準はこうなるといった関係があるわけではない。

　とはいえ、任意性の判断基準を答案に書くとき、なぜその見解に立つのかという理由づけが気になる人も多いだろう。そんな人のために理由づけの例を示しておくと、例えば、主観説は、責任減少説から、次のように根拠づけられる。「中止犯の減免根拠は責任減少にあり、責任は行為者の主観を基礎に判断される。よって、中止犯の任意性は、行為者の主観により判断されるべきである」。客観説は、違法減少説から、次のように根拠づけられる。「中止犯の減免根拠は違法減少にあり、違法性は一般人を基準に判断される。よって、中止犯の任意性は、一般人を基準に判断されるべきである」。最後に、限定主観説は、責任減少説から、次のように根拠づけられる。「中止犯の減免根拠は責任減少にあり、責任減少は広義の後悔があってはじめて認められる。よって、中止犯の任意性は、中止が広義の後悔に基づく場合に限り肯定される」。ただし、これらはあくまで単純化した一例にすぎないことに注意してほしい。

VI 共犯

第20講　共犯の基礎理論

◆学習のポイント◆
1　共犯論に対しては苦手意識をもっている人が多いかもしれない。たしかに、共犯論には、複雑で難解な問題が多く含まれている。しかし、基礎から順を追って学習すれば、恐れることはない。共犯論の学習の出発点は、各関与形式（単独正犯、共同正犯、教唆犯、幇助犯）の違いを理解し、具体的事例においてどの行為者がどの関与形式に当たるかを正しく答えられるようになることである。そのためには、正犯と共犯の関係を理解した上で、各関与形式の成立要件を覚えることが必須となる。まずは、この点を本講から23講で習得してほしい。
2　「共犯」という用語は、場面によって違う意味で使われるので、気をつけてほしい。
3　共犯の因果性は、共犯論上のさまざまな問題を解決するにあたって基本となる概念である。共犯の因果性とはどのようなものか、共犯の因果性は共犯論上のどのような論点と関係しているのかを意識しながら学習してほしい。

1　総　説

　前講までは、行為者が1人の場合を中心に検討してきた。しかし、犯罪は、1人の行為者によって実現されるとは限らない。むしろ、複数の者によって犯罪が行われる事例は、実際上多い。そして、複数の者が犯罪に関与した場合には、単独犯の場合とは異なる複雑な問題が理論的に生じることになる。そこで、20講から26講においては、複数の者が犯罪に関与した場合の取扱いについて学習する。まず、本講では、その基礎となる考え方を学ぶことにしたい。

(1) 共犯論の体系
ア 正犯と共犯

【事例1】銀行強盗事例
　金に困ったXとYがZに相談したところ、ZがXとYに「銀行強盗でもすればいいじゃないか」と助言したため、XとYは、その気になって銀行強盗を計画し、Wに事情を話してWからピストルを購入し、そのピストルを使って銀行強盗を実行した。

　【事例1】では、X、Y、Z、Wの4人が強盗に関わっている。4人は、それぞれどのように処罰されるのであろうか。
　複数の者が犯行に関与した場合も、単独犯の場合と同様に、構成要件該当性→違法性阻却→責任阻却の順に検討して犯罪の成否を判断する。このうち、違法性阻却と責任阻却の判断方法は、原則として単独犯の場合と同じである（ただし、共犯関係にある者の間で違法性や有責性の評価に違いが生じてもよいかは問題となるが、この点は26講5で扱う）。問題は、構成要件該当性である。殺人罪（199条）や窃盗罪（235条）など多くの構成要件は、単独犯として実現することが予定されている。したがって、これらの条文だけでは、複数の者が関与した場合における構成要件該当性は確定できない。そこで、刑法は、60条以下に、複数の者が犯罪に関与した場合の取扱いを定めた規定（共犯規定）を置いている。
　複数の者が犯罪に関与した場合については、全員を区別せずに同じ刑の範囲で処罰するという方法も考えられる。オーストリア刑法など、外国にはそのような立法例も存在する（統一的正犯体系と呼ばれる）。しかし、わが国の刑法は、**各関与者を正犯と共犯に区別し、それぞれにつき異なる取扱いをすることとしている**（正犯・共犯体系といわれる）。正犯と共犯をどのような基準によって区別するかについて詳しくは後述するが、簡単に言うと、正犯は犯罪の主役、共犯は脇役に相当するものである。「**正犯は第一次的な責任類型であり、共犯は第二次的な責任類型である**」といわれることもある。
　正犯は、単独正犯と共同正犯に分かれる。**単独正犯**とは、正犯が1人の場合であり、**共同正犯**とは、2人以上の者が正犯となる場合である（60条）。なお、21講で学ぶように、他人を道具のように利用して犯罪を実現する場合を間接正犯といい、間接正犯も正犯の一態様であるが、間接正犯にも、単独正犯の場合と共同正犯の場合がありうる。すなわち、1人の者が他人を道具

として利用した場合は、単独正犯としての間接正犯であり、複数人が他人を道具のように利用した場合は、共同正犯としての間接正犯となる。

他方、共犯は、教唆犯と幇助犯（従犯）に分かれる。**教唆犯**は、他人を唆（そそのか）して犯行を決意させ、犯罪を実行させる場合であり（61条1項）、**幇助犯（従犯）**は、教唆以外の方法で他人の犯行を手助けする場合である（62条1項）。

【事例1】では、XとYは共に主役としての役割を果しているため、その行為は強盗罪の共同正犯の構成要件に該当する。ZはXとYを唆して強盗を実行させているから、Zの行為は強盗罪の教唆犯の構成要件に該当する。WはXとYの犯行を手助けしているから、Wの行為は強盗罪の幇助犯の構成要件に該当する。適用条文で言うと、XとYには刑法60条と236条1項、Zには刑法61条1項と236条1項、Wには刑法62条1項と236条1項がそれぞれ適用される。いずれも違法性阻却事由と責任阻却事由は存在しないので、それぞれの罪が成立する。

イ　処　分

それでは、正犯か共犯かによって取扱いにどのような違いが生じるのであろうか。

1つは、**刑の重さ**である。刑法60条は、共同正犯者を「すべて正犯とする」と規定しており、共同正犯者は単独正犯と同じように、各刑罰法規の法定刑の範囲内で処罰される。これに対し、刑法63条は、「従犯の刑は、正犯の刑を減軽する」と規定し、幇助犯は正犯の行為に適用すべき法定刑を減軽した刑（68条以下）によって処断されることとしている。

もっとも、刑法61条1項は、教唆犯について「正犯の刑を科する」として、正犯の行為に適用すべき法定刑の範囲内で教唆犯を処罰することとしており、教唆犯については刑の減軽があるわけではない。さらに、量刑は、各人のさまざまな事情を考慮して決められるから、現実には、正犯者Aは懲役3年、教唆者Bや幇助者Cは懲役5年というように、正犯者より重い刑が教唆者や幇助者に言い渡されることもありうる。しかし、教唆犯や幇助犯は正犯より軽い関与形式である以上、教唆犯や幇助犯の処罰は、正犯に比べて相対的に軽いとはいえるであろう。

もう1つは、**適用範囲**である。刑法64条は、拘留または科料のみに処すべき罪の教唆者や幇助者は特別の規定がなければ処罰されないとしている。例えば、XがYにAの侮辱をするよう唆したり、援助したりした結果、Yが侮辱を実行した場合、Yは侮辱罪（231条）として処罰されるが、侮辱罪の法

定刑は拘留または科料のみであるから、Xは不可罰となる。

●コラム●　限縮的正犯概念と拡張的正犯概念

　限縮的正犯概念とは、結果との間に因果関係がある行為のうち本来は正犯性を有するものだけが処罰の対象となるのであって、共犯は刑法典における共犯規定があってはじめて処罰されるという考え方である。これによると、共犯規定は正犯以外にまで処罰の範囲を拡張するものであるから、共犯は刑罰拡張事由であり、もし刑法典に共犯規定がなければ共犯は不処罰ということになる。これに対立するのは、拡張的正犯概念である。拡張的正犯概念とは、構成要件の実現に何らかの影響を与えたものは本来すべて正犯であるが、共犯規定はそのうち教唆犯と幇助犯を特に軽く処罰するものであるという考え方である。これによると、共犯は刑罰縮小事由であり、もし刑法典に共犯規定がなければ共犯は正犯として処罰されるということになる。現行刑法の取扱いは、限縮的正犯概念を基礎とするものであり、拡張的正犯概念は支持されていない。

　なお、限縮的正犯概念という用語は、正犯を狭く捉える立場、すなわち原則として構成要件に該当する行為を自己の手によって直接行う者だけを正犯とし、間接正犯の成立範囲を限定する立場を指すこともある。

---

(2)　必要的共犯

ア　意　義

　前述したように、60条以下の共犯規定が適用されるのは、殺人罪（199条）や窃盗罪（235条）のように、もともと単独犯として実現することが予定されている構成要件を複数の者が実現した場合である。これを**任意的共犯**という。

　これに対し、構成要件の中には、はじめから複数の行為者を予定して定められているものもある。この場合には、構成要件においてはじめから複数の行為者の関与が予定されているため、各本条を適用すれば足り、原則として刑法総則の共犯規定は適用されない。このような場合を**必要的共犯**という。

　例えば、内乱罪（77条）がこれに当たる。内乱罪においては、首謀者（同条1項1号）、謀議参与者・群衆指揮者（同条1項2号）、付和随行者・暴動参加者（同条1項3号）というように関与の程度や態様に応じて処罰の段階が刑罰法規において独立に定められているため、刑法総則の共犯規定は原則として適用されないのである。

　必要的共犯には、集団犯と対向犯がある。**集団犯**（集合犯・多衆犯）とは、内乱罪や騒乱罪（106条）のように、構成要件上、同一の目標に向けられた複数人による共同行為を要する犯罪をいう。**対向犯**とは、重婚罪（184条）や賄賂罪（197条～198条）のように、構成要件上、2人以上の者の互いに対向した行為を必要とする犯罪をいう。

イ　共犯規定との関連

ただし、必要的共犯において刑法総則の共犯規定が一切適用されないかについては議論の余地がある。

a　集団犯の場合

第1は、集団犯の場合である。前述したように、集団犯につき集団の内部において教唆・幇助に当たる行為が行われても、共犯規定が適用されることはない。それでは、集団の外部から集団犯に加担する場合に共犯規定を適用することは可能であろうか。この点について、学説は、肯定説と否定説に分かれる。否定説は、集団犯の規定は集団的行動への関与者を一定の態様と限度でのみ処罰しようとするためのものであるから、それ以外の態様の関与行為は処罰の対象とされるべきではないという。しかし、集団外から集団犯に関与した者を不可罰とするのは不当であるとともに、集団外の者にまで必要的共犯の効果が及ぶとする理論的根拠は存在しないことから、学説上は、肯定説が有力である。

b　対向犯の場合

第2は、対向犯の場合である。対向犯には、①重婚罪のように対向者の双方が同一の法定刑で処罰される場合、②収賄罪（197条～197条の4）と贈賄罪（198条）のように対向者の双方が異なる法定刑で処罰される場合、③わいせつ物頒布罪（175条）のように対向者の一方（わいせつ物販売の事例でいえば、販売者）だけが処罰され、他方（購入者）には処罰規定が置かれていない場合がある。このうち、特に問題となるのが、③の場合である。刑法は、わいせつ物の販売者のみを処罰することとし、購入者については処罰規定を置いていない。しかし、客が店員に「わいせつ物を売ってくれ」という行為は、実質的にみればわいせつ物頒布罪を教唆・幇助することにほかならない。そこで、購入者がわいせつ物頒布罪の共犯として処罰されることはありうるかが問題となるのである。

この点について、通説は、**立法者意思説**を採用している。立法者意思説は、犯罪成立について当然に予想され欠くことのできない関与行為の処罰規定を立法者があえて置かなかったのは、そうした関与行為を対向者に対する共犯としても処罰しないという意思の表れであるとの理解に立ち、可罰的な対向行為に通常随伴する関与行為については共犯規定の適用はなく、不可罰であるとする。しかし、積極的・執拗な働きかけをするなど関与行為が類型的に予想される範囲を超えるものであるときは、必要的共犯関係を逸脱するから、共犯として処罰されるとする。

非弁活動を禁止する弁護士法72条・77条3号は、非弁活動をした者のみを処罰し、これを依頼した者については処罰規定を置いていないところ、◎最判昭43・12・24刑集22巻13号1625頁（非弁活動事件）〈百98、講109、プ308〉は、自己の法律事件の解決のために弁護士でない者に示談解決を依頼し、報酬を支払った事例につき、「ある犯罪が成立するについて当然予想され、むしろそのために欠くことができない関与行為について、これを処罰する規定がない以上、これを、関与を受けた側の可罰的な行為の教唆もしくは幇助として処罰することは、原則として、法の意図しないところと解すべきである」と判示した。これは、立法者意思説に立つものと解されている。

　立法者意思説に対しては、「当然に予想される範囲かどうか」という基準は不明確であるとの批判がある。そこで、関与者の一方が処罰されない根拠を、立法者の意思という形式的な観点ではなく違法性や責任の欠如という実質的な観点から説明しようとする**実質的根拠説**が有力に主張されている。例えば、わいせつ物頒布罪において、わいせつ物の販売者のみが処罰され購入者が不可罰であるのは、購入者が被害者であり、購入行為に違法性がないからであるというのである。これによると、購入者は被害者である以上、たとえ購入者が当然予想される範囲を超える関与行為を行っても処罰されることはない。

　しかし、違法性や責任の程度において当罰性を有する行為でも、刑事政策的観点や立法技術上の理由により不可罰とされることはありうるから、対向犯において関与者の一方が不可罰とされている根拠を違法性や責任の観点からのみ説明することはできない。また、わいせつ物頒布罪の保護法益は社会一般の性秩序にあるから、購入者を被害者とする解釈にも無理がある。

　そこで、必要的共犯とされている犯罪類型の中にも異なる種類のものが含まれていることに着目し、共犯者が不可罰とされる根拠を当該犯罪の特質に応じて個々に説明しようとする見解も、有力に主張されている。

(3)　共犯の意義

　「共犯」という用語は、さまざまな意味に使われるので、注意を要する。

　狭い意味では、正犯と対置される共犯つまり教唆犯と幇助犯だけを指す（**狭義の共犯**）。「犯罪の関与者を正犯と共犯に区別する」というときの「共犯」は、狭義の共犯の意味である。

　また、もう少し広く、狭義の共犯に共同正犯を加えたもの、すなわち任意的共犯のことを「共犯」という場合もある（**広義の共犯**）。さらに、最も広い意味では、任意的共犯と必要的共犯をあわせ、2人以上の行為者が犯罪に

関与した場合すべてを指す（**最広義の共犯**）。

　本講では、およそ複数の者が犯罪に関与した場合をどのように取り扱うかを学んでいるのであるから、本講の表題である「共犯の基礎理論」の「共犯」は、最広義の共犯を意味している。

　ただし、理論的にも実際にも困難な問題が生じるのは、主として任意的共犯の場合である。そこで、本講の以下の部分、さらに22講から26講では、任意的共犯すなわち広義の共犯を中心に検討していくことにする。

2　正犯と（狭義の）共犯の区別

　正犯と狭義の共犯（教唆犯、幇助犯）をどのように区別すべきかについては、古くから活発な議論が展開されてきた。正犯と共犯の区別が具体的に問題となる場面としては、21講で学ぶ間接正犯と教唆犯の区別、22講で学ぶ共同正犯と教唆犯・幇助犯との区別などがある。

　かつては、自己の犯罪を実現する意思で行為する者を正犯、他人の犯罪に加担する意思で行為する者を共犯とする**主観説**も主張された。しかし、①自己の犯罪を実現する意思かどうかという基準は不明確である、②主観説を徹底すれば、ピストルの発砲など実行行為を自ら行っても、それが他人のためになされたときは共犯にとどまることになるが、そのような結論は不合理である、などの批判を受け、現在、主観説は支持されていない。

　従来、通説とされてきたのは、基本的構成要件に該当する行為すなわち実行行為を行う者が正犯であり、自らは実行行為を行わずに教唆行為または幇助行為によって他人の実行行為に加功する者が共犯であるとする**形式説**である。これによると、正犯は、自分の手で直接的に犯罪を実現する直接正犯のほかに、他人を道具として利用することによって自らの手で行ったのと同視しうる形態で犯罪を実現する間接正犯も含むこととなる。他方、「人を教唆して犯罪を実行させ」る教唆犯、および、「正犯を幇助」する幇助犯は、いずれも正犯の実行行為を通じて犯罪の実現に関与するものであるから共犯である。

　ただ、形式説に対しては、何をもって基本的構成要件に該当する行為というのかが明らかでないという批判や、間接正犯は自らの手で犯罪を実現していない以上、形式説から間接正犯の正犯性を説明することはできないはずであるという批判が寄せられている。そこで、より実質的な基準によって正犯と共犯を区別しようとする実質説ともいうべき見解も有力になっている。例えば、犯罪事実を思いどおりに支配した者が正犯であり、そうでない者が共

犯であるとする**行為支配説**、結果の発生に重要な役割を果たした者が正犯であり、そうでない者が共犯であるとする**重要な役割説**、故意行為以前に遡って正犯責任を追及できないという遡及禁止を正犯性の判断基準として重視し、故意による他人の行為を介することなく結果を惹き起こした者は原則として正犯となり、故意による行為を介して結果を惹き起こした者は原則として共犯となるとする**遡及禁止論**などである。

一方、**実務**は、自己の犯罪を行う者を正犯、他人の犯罪に加担する者を共犯としているといわれている。

ただし、現在では、共同正犯は直接正犯や間接正犯と同様の正犯性を有しているわけではないとの理解や、正犯と共犯の一般的な区別基準を論じることはそれほど生産的ではないとの理解が有力になり、その結果、正犯と共犯の一般的な区別基準より、むしろ、間接正犯と教唆犯の区別（21講）、共同正犯と幇助犯の区別（22講）など個別の場面において各関与形式をどのように区別するかという点に議論の重点が移行しつつある。

学　　説		正犯と（狭義の）共犯の区別基準
主　観　説		自己の犯罪を実現する意思で行為したかどうか
形　式　説		自ら実行行為を行ったかどうか
実質説	行為支配説	犯罪事実を思いどおりに支配したかどうか
	重要な役割説	結果の発生に重要な役割を果たしたかどうか
	遡及禁止論	故意による行為を介さずに結果を惹き起こしたかどうか
実　　務		自己の犯罪を行ったかどうか

●コラム● 　共同正犯は正犯か共犯か

　現行法上、共同正犯は、単独犯と同様に扱われている。しかし、理論的にみても、共同正犯は正犯として実体を備えているといえるか、それとも、共同正犯は本来は（狭義の）共犯にすぎないのかについて争いがある。学説は、正犯説、共犯説、折衷説に分かれる。正犯説は、刑法60条が共同正犯を「正犯とする」としている以上、当然に共同正犯は正犯であるとする。この説によると、共同正犯は、実行行為性や行為支配性など、直接正犯や間接正犯と同様の正犯性を有する。これに対し、共犯説は、共同正犯は共犯の一種であり、直接正犯や間接正犯における正犯概念は共同正犯には妥当しないと説く。共同正犯においては各自が必ずしも実行行為の全部を行うわけではないからである。共犯説によれば、共同正犯は本来的には正犯ではないが、各自が一体となって構成要件を実現することから、特別に刑法60条により正犯として扱うこととされているにすぎない。一方、折衷説は、共同正犯は自ら構成要件を実現する意思は有しているものの、他人の実行行為を通じて犯罪を実現する点で、正犯の面と共犯の面を併せもっているとする。

3　共犯の因果性

(1) 因果的共犯論

5講で学んだように、結果犯の構成要件該当性が認められるためには、自己の行為と結果との間に因果関係がなければならない。このことは、(広義の) 共犯の場合でも同じである。共犯の本質は、自己の行為と無関係な結果について団体責任や連帯責任を負わせるところにあるわけではない。**結果を直接惹き起こしたのは他の関与者**だとしても、その関与者の行為を通して自らもその結果を惹き起こしたといえるからこそ共犯として処罰されるのである。共同正犯の場合は、2人以上の者が共同してそれぞれ結果を惹起したといえるし、教唆犯や幇助犯の場合は、教唆者や幇助者が正犯者の行為を介して結果を惹起したといえる。これを**共犯の因果性**という。

このように、共犯者が自ら構成要件的結果（法益侵害およびその危険）を惹起し、共犯行為（共同正犯の場合は共謀、教唆犯の場合は教唆行為、幇助犯の場合は幇助行為）が結果に対して因果性を有するところに共犯の処罰根拠があるという考え方は、**因果的共犯論**と呼ばれており、通説となっている。自らが惹き起こした結果についてのみ刑事責任を問われるという個人責任の原則からすれば、因果的共犯論は当然のことを述べているにすぎないともいえる。

(2) 広義の共犯の基礎としての因果性

共犯の因果性は、広義の共犯（共同正犯、教唆犯、幇助犯）に共通する要件であるという理解が一般的である。したがって、共犯の因果性が認められないときは、共同正犯、教唆犯、幇助犯のどれも成立しないことになる。

ただし、共犯の因果性が認められたからといって、それだけで共犯が成立するわけではない。共犯が成立するためには、共犯の因果性のほか、共同正犯、教唆犯、幇助犯それぞれの成立要件を満たす必要がある。その意味で、共犯の因果性は、共犯が成立するための必要条件であるが、十分条件ではない。

共犯の因果性は、幇助犯の因果関係（23講4(1)イ b）、共犯と錯誤（25講1）、承継的共犯（26講1）、共犯関係の解消（26講2）など、さまざまな論点に関係する。なお、共同正犯の場合の因果性は、**共謀の射程**と呼ばれることもあり、特に共同正犯と錯誤の場面で問題となる。

第21講　間接正犯

> ◆学習のポイント◆
> 1 まず、間接正犯の本質（正犯性の根拠）に関する考え方を理解しておかなければならない。
> 2 間接正犯か教唆犯かが争われている諸類型、特に意思を抑圧された者の利用の類型を、判例を中心にしてよく学習しておくことが重要である。

1　総説

(1)　間接正犯の意義

【事例1】無過失行為者の利用
コックXが客Aを毒殺しようとして、料理の中に毒を入れ、事情を知らない店員Yに毒を入れた料理を運ばせ、Aに提供させた。

　正犯とは、自ら犯罪を実行した者のことをいう（通説）。このうち、行為者自らの身体活動によって実行行為を行う場合を**直接正犯**という。これに対して、他人を道具のように利用して犯罪を実現する場合を**間接正犯**という。例えば、殺人罪を犯すとき、自ら素手で殴り殺すこともあれば、刃物で相手を刺し殺すこともあり、さらに、どう猛な飼犬をけしかけてかみ殺させることもある。これらはいずれも直接正犯であり、素手で殴り殺す場合のように凶器などの道具を一切使わないこともあるが、刃物などの無生物の道具やどう猛な飼犬のような人間以外の動物を道具として利用する場合もあり、この場合には道具は行為者の手の延長であって、行為者の行為そのものであるといえる。これに対して、【事例1】のXのように、他人Yの行為を自己の犯罪実現のための一種の道具として利用する場合が間接正犯である。

　＊　現行の刑法典には間接正犯を認める条文上の規定がないので、これを認めるのは罪刑法定主義に反するという見解もある。この見解は、間接正犯

を教唆犯に解消しようとした（間接正犯否定説）。共犯の処罰根拠（23講2）については純粋惹起説を採用し、かつ、共犯成立の必要条件である要素従属性については一般違法従属性説にまで薄め、教唆犯を拡大することによって、間接正犯という概念を不要のものとしたのである。

通説は、他人をあたかも道具のように利用して犯罪を実現することは不可能ではなく、規範的には自ら実行行為をしたものと評価することができるから、解釈上間接正犯を認めても罪刑法定主義に反するものではないとしている。もっとも、間接正犯といえるためには、「正犯」といえるだけの実質が必要なのであって、例えば、未成年者を利用したり、「上司が部下に命令した」というだけで、常に間接正犯になるわけではない。

なお、間接正犯については、その実行の着手時期がよく議論されているが、その問題については前に述べた（17講3(1)参照）。

> ●コラム● 自手犯
>
> 犯罪実現のために必ず行為者自身の身体活動を必要とし、他人を利用してでは犯すことができないとされている犯罪のことを自手犯という。例えば、偽証罪（169条）は自ら虚偽の陳述をしていない者には成立しないし、無免許運転罪は自ら運転していない者には成立しない。自手犯の場合には、直接正犯しか成立することはなく、間接正犯は成立しえないし、共謀共同正犯を認める立場でも、実行行為を分担しない者には共同正犯は成立しない。もっとも、いかなる罪が自手犯であるかについては学説の間で争いがある。

(2) 間接正犯と共犯

間接正犯と同じように、他人の行為を通じて、いわば間接的に構成要件を実現するものとしては、他に共同正犯と教唆犯がある。これらは**共犯**という。**共同正犯**は、他人と共に自らも実行行為を行う形態であり、**教唆犯**は、自らは実行行為を行わず、他人を唆してその他人に実行行為をさせる形態である。これに対して、間接正犯は、他人を道具として自ら単独で実行行為を行う犯罪形態である。間接正犯は共同正犯（特に実行行為を分担しない共謀共同正犯）や教唆犯と境を接するから、これと共犯との区別はこれまで盛んに議論されてきた（20講・22講・23講参照）。このうち、特に教唆犯との区別を考えるにあたっては、間接正犯は正犯なのであるから、正犯とは何かを念頭に置いてその成立要件を考えることが重要である。

> ●コラム● 間接正犯概念が生まれた経緯
>
> 間接正犯概念は、自ら手を下して犯罪を実現した者のみを正犯とする立場と、正犯者の行為に構成要件該当性、違法性、責任が備わっていた場合にのみ教唆犯・従犯が成立する

とする極端従属性説を採用した場合に生ずる処罰の間隙を埋めるために、補充的なものとして生み出されたものであるとされている。すなわち、この立場からは、刑事未成年者Yを唆して窃盗を行わせたとしても、Xは自ら手を下していないので窃盗罪の正犯とならず、また、Yは責任がないのでXに窃盗罪の教唆犯も成立せず、結局Xは不可罰になってしまう。しかしこの結論は妥当でないので、Xに窃盗罪の間接正犯が成立するとして処罰しようとしたのである。その後、共犯成立の必要条件について、通説は、正犯者の行為に構成要件該当性・違法性が備わっていた場合に教唆犯・従犯が成立するとする制限従属性説を採用することによって教唆犯・従犯の成立範囲を広げたが、依然として間接正犯の概念は認められている。そして、今日では、「教唆犯として処罰できないから間接正犯として処罰する」という間接正犯の「非共犯性」を重視するのではなく、「正犯性」を具備しているかの確認が重要だという認識が一般的になっている。例えば、「制限従属性説をとれば、違法でない行為に対する共犯は成立しないから、適法行為への加功については間接正犯の成立を認める必要がある」といった説明は、本末転倒の議論である。正犯は第一次的な関与形式、共犯は第二次的な関与形式であるから、最初に検討されるべきは間接正犯の成否であり、これが否定されたときにはじめて共犯の成否が論じられ、そのときに要素従属性が問題となるにすぎないのである（23講1⑶参照）。

⑶　間接正犯の本質（正犯性の根拠）

　かつては、責任無能力者などを利用することはあたかも動物を利用して犯罪を実行した場合と同じで、能力がなかったり錯誤に陥っていたりして不自由な状態にある直接行為者を利用者がいわば「道具」として使っているので間接正犯は正犯なのだと説明されてきた（道具理論）。しかし、「直接行為者が道具として利用されたか否か」というのは素朴な直感に基づく一種の比喩にすぎず、基準としては不明確なので、正犯性の実質的な基準を明らかにしなければならない。

　間接正犯の正犯性は、直接正犯と同様に自ら実行行為を行ったと評価できる点にある。それは、「客観的には、被利用者の行為をあたかも道具のごとく**一方的に利用・支配**し、被利用者の行為を通じて一定の構成要件を実現する場合であり、主観的には、それに対応する認識（被利用者の行為を道具のごとく一方的に利用・支配する意思）がある場合」に認められる。

　　＊　ここで、「一方的な利用・支配関係」を認定する上で重要な観点が「規範的障害」である。被利用者が、犯罪遂行を思いとどまろうという反対動機が形成される者であった場合は、通常、利用者に抵抗し、犯罪を行わないでおこうとするはずであり、利用者の思いどおりに犯罪を遂行するのはむしろ稀なことであるから、利用者からすれば、直接自分の手で犯罪を行うのと同じように自分の思いどおりに犯罪が実現するとはいえなくなる（これを指して、規範的障害という）。これに対して、被利用者が、反対動機が形成されない者であった場合は、利用者が直接自分の手で犯罪を行うのと

同じように、被利用者の抵抗にあうことなく自分の思いどおりに犯罪が実現するのであるから、そこに正犯性が認められるのである。

> ●コラム● 間接正犯の意思と間接正犯の認定
>
> 間接正犯の意思（間接正犯における正犯意思）は、「他人を自己の犯罪実現のための道具として利用する意思（最決平9・10・30刑集51巻9号816頁）」であり、間接正犯の主観的要件としては、故意（犯罪事実の認識・予見）のほかに、このような意思が必要である。これに対して、共同正犯と狭義の共犯の区別では、「自己の犯罪を行うか、それとも他人の犯罪に加担するか」が重要であるので、その場面での正犯意思は、「自らの犯罪として行う意思」である。場面の違いによって、正犯意思の具体的内容が異なることに注意しなければならない。
>
> また、間接正犯の認定については、まず、①間接正犯の客観面（行為者が被利用者の行為を道具のごとく一方的に利用・支配している事実があるか）を検討した上で、次に、②間接正犯の主観面（被利用者の行為を道具のごとく一方的に利用・支配する意思が行為者にあるか）を検討して、間接正犯の成立を認定すると良い。

2 間接正犯の諸類型

直接行為者を利用した者が、間接正犯かそれとも教唆犯か（場合によっては、共謀共同正犯か）が争われている類型について、以下順番に検討する。

(1) 是非弁別能力のない者の利用

【事例2】是非弁別能力のない者の利用
　Xは、わが子Y（3歳の幼児）に命じて、窃盗を行わせた。

高度の精神病者や幼児のように、是非弁別能力を欠く者を利用する場合には、通説は、利用者に間接正犯が認められるとしている。是非弁別能力を欠く者は、やっていいことと悪いことの区別がつかないのであるから、利用者の指示命令に抵抗しないはずであり、利用者は直接自分の手で犯罪を行うのと同じように自分の思いどおりに犯罪を実現することができるからである。この説からは、【事例2】のXは窃盗の間接正犯になる。

* これに対して、間接正犯否定説は、【事例2】のように是非弁別能力のない3歳の幼児の利用はむしろ不確実性が強まるのであり、責任のない違法行為への関与として教唆犯の成立しうる場合があるにとどまるとする（教唆犯説）。この説からは、【事例2】のXは窃盗の教唆犯になる。

(2) 意思を抑圧された者の利用

【事例3】四国八十八か所巡礼窃盗事件
　Xは、12歳10カ月の養女Yと巡礼中、日頃から顔面に煙草の火を押しつけるなどして自己の意のままにしてきたYに命じて、窃盗を行わせた。

　意思を抑圧されている者を利用する場合も、被利用者は利用者の指示命令に抵抗できないのであるから、利用者は直接自分の手で犯罪を行うのと同じように自分の思いどおりに犯罪を実現することができ、間接正犯であるといえる。そのためには、被利用者が利用者に対して単に恐れを抱いていたという程度では足りず、利用者が被利用者を自己の意のままに従わせていたといえなければならない。具体的には、「利用者によって、被利用者が他行為可能性がないといえる程度に自由な意思決定を阻害されていた」といえるかどうかが基準になるといわれている。

　判例として、以下のようなものがある。まず、【事例3】のYは刑事未成年者ではあるものの、実質的には是非弁別能力を有している。しかし、【事例3】のような事案で、最高裁は、YがXの日頃の言動に畏怖し意思を抑圧されていたことを理由に、Xに窃盗罪の間接正犯を認めた（◎最決昭58・9・21刑集37巻7号1070頁〔四国八十八か所巡礼窃盗事件〕〈百74、講13、プ328〉）。これに対して、母親Xが12歳の長男Yに命じて強盗をさせたという事案について、Yには是非弁別能力があり、Xの指示命令はYの意思を抑圧するに足るものではなく、Yは自らの意思によって強盗の決意をした上で臨機応変に対処して強盗を行ったとして、最高裁はXに強盗の間接正犯ではなく共謀共同正犯を認めた（最決平13・10・25刑集55巻6号519頁〔スナック強盗事件〕〈プ329〉）。このように、原則として、刑事未成年者であって是非弁別能力のある者の利用については、**意思抑圧の程度に達していれば間接正犯、達していなければ共謀共同正犯**とするのが現在の判例の立場であるといわれている。

【設問1】被害者自身の行為の利用
　Xは、ホストクラブでホストをしていたが、客であった被害者Aが遊興費を払うことができなかったことから、Aに対して激しい暴行、脅迫を繰り返して支払いを迫っていた。そのうち、自己と偽装結婚させたAが自分のことを極度に畏怖しているのに乗じて、Aに多額の生命保険をかけた上で事故死に見せかけた方法で自殺させ、保険金を入手しようと企てた。そこで、Xは、自己の言いなりにな

っていたAに対して、車を運転させ、車ごと海中に飛び込むことを命じた。Aは、自殺する気持ちにはならなかったものの、死亡を装ってXから身を隠す以外に助かる方法はないと考え、命じられるままに深夜の海中に車ごと飛び込んだが、思惑どおり助かった。車ごと海に飛び込めば、その際の衝撃で負傷するなどして脱出に失敗する可能性は高く、脱出に成功したとしても、冷水に触れて心臓麻痺を起こすなどして死亡する危険性は極めて高かった。Xの罪責を論じなさい。

　意思を抑圧される被利用者が被害者自身である場合もある。このような場合は、特に、被害者に働きかけて自殺させた場合に、殺人罪（199条）の間接正犯と自殺関与罪（自殺教唆罪〔202条〕）のいずれが成立するかが問題になる。すなわち、自殺関与罪が成立するためには被殺者の自殺意思の任意性が肯定されなければならないが、行為者の脅迫によって被害者が意思を抑圧され被害者の承諾の任意性が否定された場合には、自殺関与罪ではなく、殺人罪の間接正犯と評価されることになるのである。

　この点、従来の裁判例をみてみると、衰弱した被害者を河川堤防上に連行して、脅しながら追い詰めて川に転落させ、溺死させた事案では、殺人罪の成立が認められた（最決昭59・3・27刑集38巻5号2064頁）。これに対して、妻（被害者）の不貞を邪推した被告人が連日のごとく暴行、脅迫を繰り返して妻を自殺させた事案について、被告人の暴行、脅迫が妻の意思の自由を失わしめる程度のものであった確証がないとして自殺教唆罪が認定された（広島高判昭29・6・30判時33号23頁）。

　近時の重要な判例として、【設問1】のような事案で、最高裁は、「Aをして、Xの命令に応じて車ごと海中に飛び込む以外の行為を選択することができない精神状態に陥らせ」、そのような「精神状態に陥っていたAに対して、本件当日、漁港の岸壁上から車ごと海中に転落するように命じ、Aをして、自らを死亡させる現実的危険性の高い行為に及ばせたものであるから、Aに命令して車ごと海に転落させたXの行為は、殺人罪の実行行為に当たるというべきである」として殺人未遂罪の成立を認めた（◎最決平16・1・20刑集58巻1号1頁〈百73、講12、プ334〉）。このように、**被害者を利用する場合**は、「意思抑圧の程度に達していたか」ではなく、「**他の行為を選択することができない精神状態に陥らせたか**」という緩やかな基準によって、間接正犯の正犯性が認められている。

(3) 故意のない者の利用
ア　無過失行為者の利用

前述した【事例1】の場合には、間接正犯否定説の論者以外は背後者のXに間接正犯が当然認められるとする。無過失の被利用者Yは道具であって、XはYを一方的に利用・支配していると簡単にいえるからである。

イ　過失行為者の利用

【事例4】過失行為者の利用
　医師Xが患者Aを毒殺しようとして、事情を知らない看護師Yに毒入りの注射をさせた。看護師Yは注意すれば、注射の中身が毒であることに気づくことができたし、気づく義務もあった。

【事例4】について、通説は、Yは業務上過失致死罪（211条）、Xは殺人罪（199条）の間接正犯が成立するとする（間接正犯説）。なぜなら、Yには過失があるとはいえ、犯罪事実の認識がなく違法性を意識していないので、Xには抵抗しないはずであり、結局、XはYを一方的に利用・支配しているといえるからである。これに対して、有力説は、Yは業務上過失致死罪、Xは殺人罪の教唆犯であるとする（教唆犯説）。なぜなら、過失行為者Yは通常の注意をすれば結果を回避することができたし、またそうすることを法によって期待されているので、Xの思いどおりにはならないはずであり、結局、XはYを一方的に利用・支配しているとはいえないからである。

ウ　軽い犯罪の故意しかない者の利用

【事例5】軽い犯罪の故意しかない者の利用
　Xは、Aが屏風の背後にいることを知っていて、事情を知らないYに屏風を拳銃で撃てと命じ、Aを殺させた。

【事例5】の場合には、軽い罪の限度とはいえ被利用者に故意があるので間接正犯は【事例4】に比べて一層認めにくくなる。【事例4】で間接正犯説に立ちながら【事例5】では教唆犯説に立つ論者もいる。

【事例5】について、通説は、Yに器物損壊罪（261条）（と過失があれば過失致死罪〔210条〕）、Xに器物損壊罪の教唆犯とともに殺人罪の間接正犯が成立するとする（間接正犯説）。なぜなら、教唆犯は正犯に成立する犯罪の故意を生ぜしめなければ成立しないのであり、Yには器物損壊の故意しかなく、殺人に関してはXに一方的に利用・支配されているのでXは間接正犯

といえるからである。これに対して、有力説は、Yに器物損壊罪（と過失があれば過失致死罪）、Xに器物損壊罪の教唆犯とともに殺人罪の教唆犯が成立するとする（教唆犯説）。なぜなら、結果としてAを殺すことになった器物損壊行為についてYに故意があり、その限度であるとはいえ自己の行為の違法性を意識する契機が現実に与えられていたYを自己の犯罪実現のための道具として利用したとはいえないからである。

(4) その他の類型
ア 故意ある幇助的道具の利用

【事例6】故意ある幇助的道具の利用
　商社の輸入担当者Xが部下のYに命じて禁制品を国内に持ち込ませた。

【事例6】では、被利用者のYがXの部下であり、自分のためにではなく他人の犯罪を助ける意思で犯罪に関わっている場合に、利用者に間接正犯が成立するかが問題になる。このように、被利用者Yに完全な故意があり、客観的には構成要件を実現する行為をしているが、その行為を自分のためにしようという意思（正犯者意思）がなく、他人のために行おうという意思（共犯者意思）しかない者を「故意ある幇助的道具」という。この場合には、被利用者Yは犯罪の故意をもち規範の問題に直面しているので、道具とはいえないのではないかが問題になるのである。

この点、多数説は、自ら実行行為を行ったYを幇助犯とすることはできず、主観的に構成要件を実現する意思で、客観的に構成要件を実現している以上、Yは正犯であり、また、犯罪の故意のあるYはXに一方的に利用・支配されているとはいえないからXは間接正犯ではなく教唆犯になり、結局、Yは禁制品輸入罪の直接正犯、Xは禁制品輸入罪の教唆犯になるとする（教唆犯説）。

これに対して、Yは禁制品輸入罪の幇助犯、Xは禁制品輸入罪の間接正犯になるとする説も有力である（間接正犯説）。すなわち、自ら実行行為を行っても単なる機械的事務処理者として利用者に一方的に利用・支配されている場合には、被利用者は幇助犯で利用者は間接正犯であると考えるのである。この説に対しては、直接実行者Yを幇助犯とすることに関して、正犯と共犯の区別基準で主観説（正犯者意思をもつ者が正犯で、共犯者の意思しかない者は共犯になるとする考え方）を採用することになるが、それは妥当でないと批判されている。

裁判例として、会社の代表取締役である被告人が使用人に命じて食糧管理法に違反して米を運搬輸送させた事案について、最高裁は、被告人が使用人を自己の手足として自ら運搬輸送したとした原判決の趣旨は妥当であり、被告人は運搬輸送の実行正犯であるとした（○最判昭25・7・6刑集4巻7号1178頁〈プ332〉）。また、覚せい剤の取引現場で売り手の背後者が買い手と顔を合わせたくないので、介在者が両者の譲渡しの仲介をすることになり、介在者が背後者から覚せい剤を受け取りこれを買い手に手渡した事案について、裁判所は、介在者に正犯意思はなく幇助の意思しかなかったので正犯ではなく故意ある幇助的道具であるとし、彼は覚せい剤譲り渡し罪の幇助犯になるとした（○横浜地川崎支判昭51・11・25判時842号127頁）。これらの裁判例は、背後者を教唆犯ではなく正犯であるとしている。

イ　身分なき故意ある者の利用

> **【事例7】身分なき故意ある者の利用**
> 　公務員Xは、非公務員の妻Yに、事情を明かして賄賂を受け取らせた。

　【事例7】では、身分のある者が身分のない者を利用した場合に身分犯の間接正犯が成立するかが問題になる。収賄罪（197条）は公務員が公務の対価として賄賂を受け取った場合にのみ成立する身分犯の規定である。それゆえ、【事例7】では公務員の身分のないYに収賄罪の正犯は成立しない（ただし、Yに収賄罪の幇助犯は成立しうる）。その場合に、Xの罪責がどうなるかについて学説の争いがある。通説は、Yは収賄罪の幇助犯、Xは収賄罪の間接正犯であるとする（間接正犯説）。なぜなら、非公務員のYは、収受行為を行っても身分がないので収賄罪の構成要件には該当せず、共犯を他人の犯罪への加担行為と解する限り、Xに教唆犯は成立しえないことになるが、この結論は不合理だからである。この説に対しては、非公務員Yも公務員Xとの関係で賄賂を受け取れば違法となることを十分弁えているのであるから、YはXの指示に抵抗できるはずであり、XはYを一方的に利用・支配しているとはいえないという批判が向けられている。
　そこで、有力説の1つは、Yは収賄罪の幇助犯、Xは収賄罪の教唆犯であるとする（教唆犯説）。すなわち、純粋惹起説（23講2⑶）の立場から「正犯なき共犯」の成立を認め、Xは教唆犯であるとするのである。この説に対しては、「正犯なき共犯」という概念は認めるべきではないとする強い批判が向けられている。
　そこで、もう1つの有力説は、刑法65条1項の共犯には共同正犯も含まれるという立場から、XとYは収賄罪の共同正犯になると説明する。Xは実行行為を分担していないので共謀共同正犯であるとするのである（共謀

共同正犯説)。この説に対しては、刑法65条1項の共犯には共同正犯も含まれるとすることや共謀共同正犯を認めるということに対して批判が向けられている。

ウ 目的なき故意ある者の利用

【事例8】目的なき故意ある者の利用
　Xは、印刷の名人Yに、教材として使用するだけであると嘘をついて、偽札を作ってもらった。

　次に、【事例8】では、目的のある者が目的のない者を利用した場合に目的犯の間接正犯が成立するかが問題になる。通貨偽造罪（148条）は行使の目的をもって通貨を偽造した場合にのみ成立する目的犯の規定である。それゆえ、【事例8】では行使の目的のないYに通貨偽造罪は成立しない。その場合に、Xの罪責がどうなるかについて学説の争いがある。
　通説は、Yは無罪であり、Xに通貨偽造罪の間接正犯が成立するとする（間接正犯説）。被利用者Yには刑法の禁止の対象である行為を行うという認識はなく、反対動機の形成可能性がないのでXの思いどおりになるはずであり、XはYを一方的に利用・支配しているといえるからである。
　これに対して、有力説は、純粋惹起説（23講2(3)）の立場から、Yの行為は、行使可能な偽札を作成する点で実質的に違法であり、Yは目的がないので無罪であるが、Xは通貨偽造罪の教唆犯になるとする（教唆犯説）。

エ 適法行為者の利用

【設問2】正当防衛行為者の利用
　Xは、たまたまAと空手の達人Yが不仲であることを知り、内心ではAがYに返り討ちにあって殺されることを期待しつつ、Aにナイフを手渡してYを襲うよう唆した。血気にはやるAはナイフでYに襲いかかったところ、Yの回し蹴りによって蹴り殺された。Xの罪責を論じなさい。

　【設問2】では、XはYの正当防衛という構成要件に該当するが違法性を阻却される行為を利用して自らの殺意を実現している。この場合、通説は、**利用者Xは適法行為を利用した殺人の間接正犯であるとする（間接正犯説）**。ただし、通説の立場からも、XのAに対する襲撃の誘導が例えば絶対的な強制下にあるなどAを道具のように利用したといえることが必要であり、かつ、例えばこちらを向いて立っている警察官が防衛のためピストルを構えているのにそれに向かっていかせるなど、防衛行為者YがXの思ったとおりに動いてくれる客観的可能性が非常に高い状況で行われたという条件がそろっている場合にのみ間接正犯といえるとする限定が提案されている。そういえないときは、偶然に左右される程度が強くて法益侵害の確

実性に欠け、Xの行為に実行行為としての危険性を認めることはできないからである。

これに対して、有力説は、被利用者Yによってほとんど反射的になされる正当防衛を利用して被害者Aを殺そうとすることは、X自身が直接にAを殺害するほどの確実性をもって遂げられるのではなく、偶然性に依存する程度が大きいので、間接正犯とはいえず、教唆犯にすぎないとしている（教唆犯説）。この説は、直接実行者であるYが正当防衛という適法行為を行っているのに、これに関与するXを教唆犯として違法であるとするのは妥当でないと批判されている。

判例には、自ら堕胎手術を施した結果、妊婦の生命に危険を生じさせた者が、医師に胎児の排出を求め、医師が行う（妊婦の生命を救うために胎児の生命を犠牲にするという）緊急避難行為を利用して堕胎させた場合を堕胎罪（213条）の間接正犯としたもの（大判大10・5・7刑録27輯257頁〈プ331〉）や、被告人が医師に対して胃痛腹痛が激しいかのように仮装して麻薬注射を求め、事情を知らない同人に麻薬注射が必要であると誤診させ、同人に麻薬注射をさせた場合に、正当行為を利用した麻薬施用罪の間接正犯が成立するとしたもの（最決昭44・11・11刑集23巻11号1471頁）がある。

第22講　共同正犯

> ◆学習のポイント◆
> 1　実際の共犯関係の事案においては、共同正犯として処理されるものが圧倒的多数であり、教唆犯や幇助犯とされる事案はごく少数にすぎない。そのため、共同正犯の学習が最も重要となる。
> 2　学生の答案を見ると、意外に疑問のある答案が多い。例えば、問題文に「指示した」、「命じた」と書いてあると、共同正犯の成否を検討することなく安易に「教唆犯である」と解答する答案、単に意思の疎通があったことだけを根拠に共同正犯の成立を認める答案、そもそも意思の疎通がない事案であるのに、重要な役割を果たしたというだけで共同正犯とする答案などである。共同正犯の成立要件を正確に理解し、それを事案に適切に当てはめることを心がけてほしい。

1　総　説

　20講1(1)で述べたように、わが国の刑法は、複数の者が犯罪に関与した場合について、各関与者を正犯と共犯に区別し、それぞれにつき異なる取扱いをすることとしている。正犯は、単独正犯と共同正犯に分かれ、共犯は、教唆犯と幇助犯（従犯）に分かれる。このうち、複数の者が関与する共同正犯、教唆犯、幇助犯について、その意義や成立範囲を本講と次講において順にみていくことにする。

　本講では、共同正犯を扱うが、まず「2　共同正犯の基本事項」において共同正犯の本質や成立要件等の概要を確認し、次に「3　共同正犯の重要問題」において共同正犯をめぐる諸問題を具体的に検討する。

2　共同正犯の基本事項

(1)　共同正犯の本質

> **【事例1】同時犯1**
> 　XとYは、互いに意思の連絡なしに、偶然、同時に殺意をもってAに向けてピストルを発射した。Xの弾は命中しなかったが、Yの弾が命中し、Aは死亡した。
> **【事例2】共同正犯1**
> 　ZとWは、2人でB殺害を計画し、それぞれBに向けてピストルを発射した。Zの弾は命中しなかったが、Wの弾が命中し、Bは死亡した。
> **【事例3】同時犯2**
> 　VとUは、互いに意思の連絡なしに、偶然、同時に殺意をもってCに向けてピストルを発射した。その結果、Cは死亡したが、いずれの弾が命中したかは不明だった。
> **【事例4】共同正犯2**
> 　TとSは、2人でD殺害を計画し、それぞれDに向けてピストルを発射した。その結果、Dは死亡したが、いずれの弾が命中したかは不明だった。

ア　共同正犯と一部行為全部責任の原則

　共同正犯とは、「2人以上共同して犯罪を実行」することをいう（60条）。

　共同正犯も、共犯の一種である以上、法益侵害・危険を惹起したところに処罰根拠がある（20講3(1)）。したがって、共同正犯が成立するためには、各人の行為と結果との因果関係が必要となる。この点につき、刑法60条は、共同正犯者を「すべて正犯とする」と規定している。これは、共同正犯者全員が発生した結果について因果関係が認められ、正犯としての責任を問われるという意味である。

　【事例1】では、XとYの間に意思の連絡はないから、共同正犯ではなく、それぞれ単独犯である。そして、Yの行為とAの死亡との間には因果関係が存在するが、Xの行為とAの死亡との間には因果関係が存在しないから、Yにのみ殺人既遂罪が成立し、Xは殺人未遂罪となるにすぎない。しかし、同じく2人のうち1人の弾が命中したとしても、**【事例2】**のように、2人が共同して実行する意思の下に発砲した場合には、ZとWの2人とも共同正犯として殺人既遂罪の責任を負う。

　同様に、**【事例3】**においては、VとUのいずれの行為についても結果との因果関係が証明されなかった以上、VとUにはいずれも殺人未遂罪が成立

するにすぎない。しかし、【事例4】では、TとSは、共同して実行する意思の下に発砲したので、いずれの弾が命中したかがわからなくても、2人とも共同正犯として殺人既遂罪の責任を負う。

このように、共同正犯においては、犯罪を実現するための行為の一部を行えば、生じた結果全体について責任を負う。これを「一部行為全部責任」の原則と呼んでいる。

イ　共同正犯の正犯性の根拠

それでは、共同正犯者が「すべて正犯」とされるのは、なぜであろうか。この問いに答えるためには、そもそも正犯とは何か、正犯と狭義の共犯とはどのような基準によって区別されるのかを考えてみる必要がある。

実務は、正犯と狭義の共犯との区別基準を「自己の犯罪」か「他人の犯罪」かという点に求め、**正犯は自己の犯罪を行う者であり、狭義の共犯は他人の犯罪に加担する者である**と解している（20講2）。すなわち、直接正犯は、自ら実行行為を行うことにより、また、間接正犯は、他人を道具のように一方的に利用することにより、それぞれ自己の犯罪を実現したと評価しうるところに正犯性の根拠が求められる。他方、教唆犯と幇助犯は、自己の犯罪を実現するのではなく、他人の犯罪の実行を唆し、あるいは他人の犯罪を手助けするにすぎないため、狭義の共犯とされるのである。

共同正犯はどうか。共同正犯は、2人以上の者が犯罪を共同して遂行しようという合意（共謀）を形成し、その合意に基づいて実行行為が行われるところに特徴がある。つまり、【事例2】や【事例4】のように、2人以上の者が犯罪共同遂行の合意に基づいて実行行為を行い、結果を実現した場合には、各関与者の行為と結果との間に物理的・心理的な因果関係が認められるとともに、**各関与者が協力して「自分たちの犯罪」を実現した**といえるため、「共同して犯罪を実行した」といえ、全員が正犯であると評価されるのである。

なお、【事例1】や【事例3】のように、2人以上の者が意思連絡なしに時を同じくして同一の客体に対し犯罪を実行する場合を**同時犯**という。

(2) 実行共同正犯と共謀共同正犯

ア　実行共同正犯

共同正犯は、実行共同正犯と共謀共同正犯に分けられる。

実行共同正犯とは、共同行為者全員が実行行為を分担し合って犯罪を実現する場合である。この場合に共同正犯の成立が認められることに異論はない。【事例2】のZとW、【事例4】のTとSは、いずれもピストルの発射と

いう実行行為を行っており、これらの事例は実行共同正犯の典型例である。

> **【事例5】強盗事例**
> 　XとYは、2人で協力してAから無理やり財布を奪おうと計画し、XがAを羽交い絞めにしている間に、YがAの財布を奪い、持ち去った。

　【事例5】も実行共同正犯の事例である。強盗罪（236条1項）は、暴行または脅迫を用いて被害者の反抗を抑圧し、被害者から財物を奪うことを内容とするが、【事例5】において、Xは、Aを羽交い絞めにするという暴行を行ったにすぎないし、Yは、自らは暴行・脅迫を加えておらず、Aから財布を奪ったにすぎない。したがって、各人の行為を単独でみれば、いずれの行為も、強盗罪の構成要件に該当するものではない。しかし、XとYは、互いに協力してAの反抗を抑圧して財物を奪おうという犯罪共同遂行の合意を形成し、それに基づいてそれぞれ強盗罪の実行行為の一部を分担することにより、共同して強盗罪の構成要件を実現したといえるから、XとYには強盗罪の共同正犯が成立する。

イ　共謀共同正犯

> **【設問1】特殊詐欺事例**
> 　XとYは、高齢者から金銭を騙し取ろうと企て、その具体的な方法を2人で相談して決めた。Xは、その計画どおりに、高齢者のAに息子を装って電話をかけ、「借金を返済しなければならないから100万円を振り込んでほしい」と虚偽の事実を述べて錯誤に陥れ、Aに指定した預金口座に100万円を振り込ませた。X、Yにはどのような罪が成立するか。

　共謀共同正犯とは、2人以上の者が犯罪を実現するための謀議をし、共謀者の一部の者のみが実行行為を行う場合をいう。共謀共同正犯の概念を認めてよいかについては、後述するように（3(1)）、古くから争われてきたが、現在の判例・通説は、これを肯定している。
　【設問1】において、詐欺罪（246条1項）の実行行為である欺罔行為を行っているのはXだけであり、Yは欺罔行為を分担していない。しかし、それは、2人でAに電話をかけるわけにもいかないので、Xが1人で電話をかけたというだけであって、実質的には、XとYが詐欺罪を遂行しようという犯罪共同遂行の合意を形成し、それに基づいてXが詐欺罪の実行行為を行い、共同して詐欺罪の構成要件を実現したと評価してよい。XとYには詐欺罪の

共同正犯の成立が認められる。

　もっとも、実行行為者の仲間だったとか謀議の現場にいたというだけで共謀共同正犯が成立するわけではない。共謀共同正犯の成立を安易に認めると、本来教唆犯や幇助犯とすべきものまで正犯とされるおそれがある。そこで、どのような場合に共謀共同正犯の成立が認められるのかが問題となるが、これについては後で詳しく検討する（3(1)）。

(3)　共同正犯の成立要件

> 【設問2】銀行強盗事例
> 　Xは、先輩のYとZから一緒に銀行強盗をしようと誘われ、気が進まなかったが、先輩の頼みであることから仕方なく応じた。奪取した金額の10％をXが受け取り、残りの90％はYとZが折半することとなった。YとZが犯行計画を立てている場にXも同席していたが、Xは何も発言しなかった。YとZは、A銀行B支店の警備体制を調べるとともに、拳銃や鞄などを用意した。X、Y、Zは、A銀行B支店に赴き、Xは、YとZの指示に従い、現場付近で見張りを担当し、その間にYとZは銀行の行員Cを拳銃で脅して現金200万円を奪取した。X、Y、Zにはどのような罪が成立するか。

　共同正犯が成立するためには、**①共謀、②重大な寄与、③共謀に基づく実行行為**が必要となる（なお、後掲コラム「共同正犯の成立要件に関する諸説」も参照）。

　　＊　学説においては、実行共同正犯の成立要件は①共同実行の意思と②共同実行の事実であるのに対し、共謀共同正犯の成立要件は①共謀と②共謀に基づく実行行為であるというように、実行共同正犯と共謀共同正犯は成立要件を異にするとの理解も多い。しかし、犯罪共同遂行の合意に基づいて自分たちの犯罪を実現するという点では実行共同正犯と共謀共同正犯との間に本質的な相違はなく、両者の違いは、共謀に基づく実行行為を共謀者全員が行ったか、一部の者が担当したかというところにあるにすぎないとの理解から、**実務上は、実行共同正犯の成立要件と共謀共同正犯の成立要件を特に区別しない傾向にある**。そこで、本書も、両者を区別しないこととする。

ア　共　謀

a　共謀の意義

共謀とは、**犯罪の共同遂行に関する合意**をいう。

　刑法60条は、「共同して犯罪を実行した」ときに共同正犯が成立すると規定しているが、「共同して」（共同性）というためには、主観的にも客観的に

も各関与者が協力し合って犯罪を実行することが必要である。そのうちの共同性の主観面を表しているのが、**共謀**の要件である。なお、共謀は、罪となるべき事実にほかならず、これを認めるためには厳格な証明を要する（◎最大判昭33・5・28刑集12巻8号1718頁〈百75、講116、プ340〉〔練馬事件判決〕）。

　b　共同犯行の意識（共同正犯における「正犯意思」）

　共謀の成立には、第1に、各関与者が**他の関与者と協力して自分たちの犯罪を遂行しようという意識**すなわち**共同犯行の意識**を有していることが必要である。共同犯行の意識は、正犯意思の表れであるといえる。したがって、共同犯行の意識があったかどうかを判断するためには、犯行の動機や意欲に着目する必要がある。例えば、自らの意思で積極的に犯行に関与したのか、それとも、他人から犯行に加わるよう依頼され、断り切れず渋々応じたのかといった事情を考慮することになる。特に財産犯や薬物犯罪においては、犯行によって得られる財産的利益や薬物の取得を動機としていたかどうかが重視される。

　ただし、自ら実行行為を行った場合には、通常、正犯意思が認められるであろうから、実行行為を担当した者については原則として正犯意思があったかどうかを検討する必要はない。また、故意犯の場合、共同犯行の意識があれば、故意も事実上認められるので、関与者間で故意が異ならない限り（25講1）、故意の有無を重ねて検討する実益はあまりないであろう。

　c　意思の連絡

　共謀が成立するには、関与者がそれぞれ共同犯行の意識を有していることだけでは足りず、第2に、共同犯行の意識について関与者間に**意思の連絡**、**意思の疎通**が存在することが必要である。意思の連絡、意思の疎通があることによってはじめて各関与者の行為と結果との間に心理的因果関係が認められるとともに、犯罪の共同遂行に関する合意が形成される。

　意思の連絡の内容は、犯罪の日時・場所・方法など詳細に至る必要はないが、犯行の本質的部分について共謀者間に了解があることを要する。共謀は、事前に打ち合わせる場合（**事前共謀**）ばかりでなく、犯行現場で謀議がなされる場合（**現場共謀**）であってもよい。また、必ずしも全員が同一場所に会することを要せず、XからY、YからZというように複数の者が順次に謀議する場合（**順次共謀**）であってもよい（練馬事件判決）。

　意思の連絡は、明示的なものだけでなく、暗黙の意思連絡でもよい。これは、実行共同正犯については古くから認められてきた（東京高判昭40・6・

7東高刑時報16巻6号49頁）が、◎最決平15・5・1刑集57巻5号507頁（スワット事件）〈百76、講117、プ341〉は、共謀共同正犯についても暗黙の意思連絡で足りるとした。同決定は、暴力団の組長のボディガードが拳銃を所持していた事案につき、組長はボディガードに拳銃の所持を明示的に指示したわけではないが、組長とボディガードの間には暗黙の意思連絡に基づく共謀があったとして、組長に拳銃所持罪の共謀共同正犯の成立を認めた。

イ 重大な寄与

　一方、共同性の客観面が、**重大な寄与**である。構成要件の実現にとって重要な役割を果たし、結果に対して重大な寄与をしたときには、自己の犯罪を行ったといえるであろう。そこで、共同正犯の成立が認められるためには、客観的にも共謀者が犯罪を実現する上で**実行担当者と同程度の重要な役割を果たし、結果に対して重大な寄与をしたといえることが必要となる**。なお、この点が問題となるのは、主として共謀共同正犯において実行行為を担当しなかった者についてである。実行行為を担当すれば、通常はそれ自体が重大な寄与といえるから、実行行為を担当した者については重大な寄与をしたかどうかを改めて検討する必要はない（3(2)イ）。

　重大な寄与をしたかどうかは、共謀者の地位や人的関係（上下関係か対等な関係か）、謀議への関与の程度（謀議の際に実行行為の方法などについて積極的に発言したかどうかなど）、犯行全体における寄与度（道具の準備や情報の提供など犯罪の実現に不可欠な準備行為をしたか、共犯者の指示に従って単純な機械的作業をしたにすぎないかなど）といった事情から判断する（◎最決昭57・7・16刑集36巻6号695頁〔大麻密輸入事件〕〈百77、講119、プ343〉）。

ウ 共謀に基づく実行行為

　刑法60条は、共同して「犯罪を実行した」と規定しているから、共同正犯が成立するためには、**共謀に基づいて少なくとも共謀者の1人が実行行為を行うことが必要である**。2人以上の者が犯行を共謀したが、結局、誰も実行行為を行うには至らなかったときは、共同正犯は成立しない（ただし、組織的な犯罪の共謀罪等が成立する可能性はある）。

　また、実行行為は、共謀に基づいて行われたといえなければならない。たとえ共謀者の一部によって実行行為が行われたとしても、それが共謀とは無関係に行われたのであれば、共同正犯は成立しない。実行行為が共謀に基づいて行われたのか、それとも、共謀とは無関係に行われたのかは、**共犯の因果性**が認められるかどうかという問題である（25講1(3)）。

共謀者の一部による実行行為から構成要件的結果が発生すれば、既遂となる。実行行為が開始されたが、結果が生じなかった場合は、共謀共同正犯の未遂である。

【設問2】（銀行強盗事例）において、YとZは、自ら計画を立て、犯行を遂行するための準備行為を行った上、銀行において強盗の実行行為を行っていることから、強盗罪（236条1項）の共同正犯となることは明らかである。これに対し、Xは、YとZから誘われて渋々犯行に関与していること、分け前はそれほど多くないことなどから、Xに共同犯行の意識を認めることは困難であろう。また、Xは、YやZの後輩であること、謀議の際に全く発言していないこと、見張りを担当したものの、それ以外に犯罪の実現に寄与していないことなどから、実行行為に準じる重要な役割を演じたとは言いがたい。したがって、Xに強盗罪の共同正犯の成立を認めることはできず、幇助犯が問題となるにすぎない。

●コラム● 共同正犯の成立要件に関する諸説

共同正犯の成立要件についてはさまざまな見解が主張されており、裁判例においても、必ずしも同一の基準が用いられているわけではない。本文で述べた①共謀、②重大な寄与、③実行行為とする見解（A説）のほか、①共謀、②実行行為とする見解（B説）、①共謀、②正犯性、③実行行為とする見解（C説）、①共同性、②重要な因果的寄与とする見解（D説）、①共同実行の意思、②共同実行の事実とする見解（E説）などが存在する。

もっとも、共同正犯の成否を判断する際に考慮する事情は、各説において概ね一致している。それは、㋐意思の連絡、㋑正犯意思、㋒重大な寄与、㋓実行行為の4つである。**各説の決定的な違いは、この4つの要素をどの要件に位置づけるかというところにあるといってもよい。** 例えば、A説は、㋒重大な寄与を独立の要件とするのに対し、B説は、㋒重大な寄与を、㋑正犯意思を基礎づける間接事実と捉え、共謀の要件に位置づける。また、A説やB説は、共謀があったというためには㋐意思の連絡だけでなく㋑正犯意思も必要であると解しているが、C説は、共謀を単なる㋐意思の連絡に近い内容として捉え、㋑正犯意思と㋒重大な寄与が正犯性を基礎づけるとする。D説のいう共同性とは、関与者間の密接な関係性をいうが、これは、事実上㋐意思の連絡と㋑正犯意思によって形成されることが多いといえよう。さらに、E説における共同実行の意思は㋐意思の連絡と㋑正犯意思に、共同実行の事実は㋒重大な寄与と㋓実行行為にそれぞれ対応するものといってよい。

どの見解に立つにしても、上記の要素が共同正犯のどの要件に位置づけられるのかを正確に理解し、各要件を事例に的確に当てはめられるようになることが重要である。

(4) 処　分

共同正犯者は、「すべて正犯」とされる（60条）。共同正犯者は、発生した事実全体について正犯としての責任を負い、各刑罰法規の法定刑の範囲内で処罰される。もっとも、共同正犯者全員が現実に同一の刑で処罰されるわけ

ではなく、各行為者に対する宣告刑は、その行為の違法性や責任に応じて個々に決定される。

3 共同正犯の重要問題

(1) 共謀共同正犯

【設問3】支配型事例
　暴力団の組長Xは、組員Yに対し、敵対する暴力団の組長Aを殺害するよう命令した。Yは、その命令に従い、Aを射殺した。X、Yにはどのような罪が成立するか。

【設問4】相互補助型事例
　Z、W、Vは、B殺害を決意し、3人で相談して殺害の具体的な方法を取り決めた。その結果、全員が現場に行くと目立つので、射撃の得意なZが単独で現場に行き、Bを射殺することになり、Zはこれを実行した。Z、W、Vにはどのような罪が成立するか。

ア　問題の所在

既に述べたように（2(2)イ）、現在の判例・通説は、共謀共同正犯を肯定しているが、共謀共同正犯の概念を認めてよいかについては、古くから肯定説と否定説が鋭く対立し、華々しい議論が展開されてきた。そうした議論の経緯をみておくことにしよう。

先述したように（20講2）、伝統的に、正犯とは「自ら実行行為を行う者をいう」と定義されてきた。【設問3】のY、【設問4】のZは、それぞれ自ら実行行為を担当しているので、YとZが殺人罪の正犯となることに疑いはない。これに対し、【設問3】のX、【設問4】のWとVは、自ら実行行為を行っているわけではないから、先ほどの正犯の定義をそのまま当てはめると、X、W、Vは正犯ではなく、殺人罪の教唆犯か幇助犯にすぎないということになる。しかし、X、W、Vは犯罪の実現にとって実行担当者と同等もしくはそれ以上に重要な役割を果たしており、これを単に教唆犯や幇助犯として処罰するのは一般の法感情に反するのではないかという疑問が生じる。そこで、実行行為を直接分担しなかった者も含めて全員を共同正犯とすべきではないかが議論されてきたのである。

なお、【設問3】のように、背後の大物が実行担当者を思いどおりに操縦する場合は**支配型**、また、【設問4】のように、共謀者が対等の立場で互いに影響し合って共同実行の意思を形成する場合は**相互補助型**と呼ばれてお

り、共謀共同正犯が問題となる事例はこの2つの類型に分けられる。もっとも、現実には両者の中間的な形態も多い。

　イ　判　例

　判例は、旧刑法の時代から一貫して肯定説に立っている。大審院は当初、詐欺罪や恐喝罪のような知能犯に限り共謀共同正犯を認めていた（大判大11・4・18刑集1巻233頁）が、次第に、放火罪、殺人罪、強盗罪などの実力犯にもこれを適用するようになり、ついに、大判昭11・5・28刑集15巻715頁〈プ339〉は、犯罪の種類を問わず一般に共謀共同正犯が成立しうることを明言した。

　当時、共謀共同正犯論を理論的に支えていたのは**共同意思主体説**である。共同意思主体説は、共謀により一心同体的な共同意思主体が形成されるとした上で、共謀者の一部による犯罪の実行は共同意思主体の活動であり、そこから生じた結果に対する責任は共同意思主体の構成員である共謀者全員が負うと説く。大審院昭和11年判決は、「2人以上ノ者一心同体ノ如ク互ニ相倚リ相援ケテ各自ノ犯意ヲ共同的ニ実現シ以テ特定ノ犯罪ヲ実行スル」点において実行共同正犯も共謀共同正犯も異なるところはないとしており、これは共同意思主体説の影響を受けたものである。

　共謀共同正犯の理論は、最高裁においても継承された。しかし、共同意思主体説に対しては、共同意思主体という団体の刑事責任を個人に転嫁するという理論構成は団体責任を認めるものであり、個人責任の原則に反するとの批判や、共同意思主体に属していたことを根拠に個人の刑事責任を認めると、共謀に参加した者はその役割の如何を問わずすべて共同正犯とされ、共同正犯の成立範囲が不当に広くなるとの批判が強く、判例の立場を支持する学説は少数であった。

　このような状況にあって、共同意思主体説的な立場を修正し、共謀共同正犯の新たな基礎づけをしたのが、練馬事件判決（前掲・最大判昭33・5・28）である。同判決は、「共謀共同正犯が成立するには、2人以上の者が、特定の犯罪を行うため、共同意思の下に一体となって互に他人の行為を利用し、各自の意思を実行に移すことを内容とする謀議をなし、よって犯罪を実行した事実が認められなければならない。したがって右のような関係において共謀に参加した事実が認められる以上、直接実行行為に関与しない者でも、他人の行為をいわば自己の手段として犯罪を行ったという意味において、その間刑責の成立に差異を生ずると解すべき理由はない。さればこの関係において実行行為に直接関与したかどうか、その分担または役割のいかん

は右共犯の刑責じたいの成立を左右するものではない」と判示し、A巡査に恨みを抱いていた被告人ら約10名がAに暴行を加えることを順次に謀議し、そのうちの一部の者がAを襲撃して死亡させたという事案において、実際に襲撃に参加しなかった者も含め全員に傷害致死罪の共同正犯の成立を肯定した。これは、共同意思主体といった超個人的な主体ではなく、共謀者各人の行為態様に着目し、個人責任の原則に立脚した共謀共同正犯概念を明確に展開したものといえる。練馬事件判決の示した共謀共同正犯概念は、その後の判例においても採用され、現在に至っている。

なお、練馬事件判決が「謀議をなし」といった表現を用いたことから、判例は、共謀の成立には客観的な謀議行為が必要であるとの見解（客観的謀議説）に立っているという理解も有力であった。しかし、スワット事件決定が、謀議行為に参加していない被告人について共同正犯の成立を肯定したことなどを踏まえると、判例は、共謀を共同犯罪遂行の合意といった主観的要素と捉えている（主観的謀議説）といってよい。

　ウ　学　説

練馬事件判決の以前は、実行共同正犯のみが共同正犯であるとする共謀共同正犯否定説が、学説上大勢を占めていた。否定説の根拠は、①実行行為に直接関与していない者についてまで共同正犯を認めると共同正犯と狭義の共犯との限界が曖昧になる、②教唆犯の法定刑は正犯のそれと同じであり、また、幇助犯の法定刑も幅が広いから、重要な役割を演じた共謀者は教唆犯もしくは幇助犯とすれば足り、あえて共謀共同正犯を認める必要はない、③刑法60条が「共同して犯罪を実行した」と規定しているのは関与者全員が実行行為を担当した場合にのみ共同正犯の成立を認める趣旨であり、肯定説の主張は罪刑法定主義に違反する、という点にある。否定説によれば、【設問3】（支配型事例）のXは殺人罪の教唆犯、【設問4】（相互補助型事例）のWとVは殺人罪の幇助犯にすぎないということになる。

しかし、練馬事件判決により判例の変更が期待できないことが明らかになったことから、共謀共同正犯を否定するより、これを肯定した上でその成立範囲を限定した方が現実的であるとの考え方が広まり、同判決以降、共謀共同正犯肯定説が支持者を増やしていった。否定説も依然として有力であるというものの、現在では肯定説が通説であるといってよい。

肯定説は、上記の否定説の根拠に対し、それぞれ、①実行担当者に匹敵する重要な役割を演じた共謀者は単なる共犯ではなく正犯として処罰すべきであるから、実行行為を担当したかどうかという形式的な基準によって共同正

犯と狭義の共犯を区別するのは妥当でない、②実際の共謀の事例では共謀者が互いに相談し協力し合う場合が多く、これを教唆・幇助概念に包摂することはできない、③謀議により各自の犯意を実行に移すという合意を形成し、それに基づいて一部の者が実行行為を行った場合も、互いに協力して自分たちの犯罪を実現したといってよく、その実行行為は共謀者全員の共同によるものと評価しうるから、刑法60条の「共同して犯罪を実行した」には共謀共同正犯も含まれると主張する。【設問3】（支配型事例）では、XとYは、Aの殺害について犯罪共同遂行の合意を形成し、また、Xは、自らは実行行為を担当していないものの、Aの殺害を発案し、暴力団の組長という立場から組員に指示命令するという重要な役割を果たしていることから、XとYには殺人罪の共同正犯の成立が認められる。また、【設問4】（相互補助型事例）においても、Z、W、Vの3人でBの殺害の計画を立てることによって、犯罪共同遂行の合意が形成されるとともに、全員が重要な役割を果たしているため、3人に殺人罪の共同正犯が成立する。

エ 共謀共同正犯の理論的基礎

ただ、共謀共同正犯の正犯性の根拠を理論的にどのように説明するかについては、肯定説の内部においてもさまざまな見解が主張されてきた。学説としては、共同意思主体説、間接正犯類似説、行為支配説、準実行行為説（重要な役割説）などが主張されている。

共同意思主体説は、先述のように、個人責任の原則に反するとの批判にさらされ、現在のところ少数説にとどまっている。

間接正犯類似説は、共謀者が互いに他の共謀者を道具のように利用し合う点に共謀共同正犯の根拠を求める見解である。しかし、支配型はともかく相互補助型においては共謀者が実行担当者を道具のように利用するという関係は認められず、共謀共同正犯すべてを間接正犯類似の概念によって説明することはできないとの批判を受けている。

行為支配説は、共謀者が構成要件に該当する事象を支配していること、あるいは共謀者が相互にその意思や行動を強く規制する心理的拘束によって結びついていることを根拠に正犯性を肯定する。しかし、行為支配説に対しても、間接正犯類似説の場合と同様の批判が向けられている。

そこで、現在、有力に主張されているのが、**準実行行為説（重要な役割説）**である。この見解は、実行行為を担当していない者が実行に準ずる重要な役割を果たし、実行行為者とともに構成要件該当事実を共同惹起したといえるときに共謀共同正犯が認められるとする。

このことを具体的にいえば、次のようになろう。すなわち、複数の者が謀議に参加し犯行計画を立てることにより、単独犯の場合に比べて、周到に犯行の準備がなされ、犯行の方法も巧妙かつ悪質になりやすい。また、謀議によって全員の間に強い心理的な結びつきが形成されるため、実行行為者は、背後に仲間がいるという意識から、意を強くし、単独犯ではできなかったようなことまで実行することが可能になると同時に、独断では犯行を翻意しづらい状況に置かれる。逆に、実行行為を担当していない者は、実行行為者に指示・命令し、あるいは謀議に積極的に関与することによって、自ら実行行為を行う代わりに、実行行為者を通じて自己の犯意を実現したといえる。このように、共謀共同正犯の事例においては、各関与者が犯罪共同遂行の合意に基づいて重要な役割を果たし、自分たちの犯罪を実現したといえ、そこに共同正犯として扱うべき実体が存在するのである。

●コラム● 共同意思主体説

共同意思主体説に対しては、本文で述べたように、団体責任を認めるものであり、妥当でないという批判がなされている。ただ、実際には、共同意思主体説は、共同意思主体の構成員全員を共同正犯とすべきであると主張しているのではない。共同意思主体説は、広義の共犯が成立するためには共同意思主体の存在が必要であるとの前提に立ち、共同意思主体の構成員のうち重要な役割を果たした者を共同正犯、そうでない者を狭義の共犯としているのである。

●コラム● 実務に教唆なし？

実際の共犯の事案においては、共同正犯として処理されるものが圧倒的多数であり、全体の約95％を占めている。教唆犯や幇助犯とされるのは、それぞれ全体の約0.5％、約5％であり、ごく少数にすぎない。しかも、教唆犯が適用される罪名は、犯人蔵匿罪（103条）、証拠隠滅罪（104条）などにほぼ限られ、また、幇助犯の成立が認められた事案の多くは、賭博罪（185条）などの特定の犯罪に関するものである。したがって、殺人罪や窃盗罪といった典型的な犯罪においては、幇助犯とされることは少ないし、さらに、教唆犯の成立が認められることは稀といってよい。

(2) 共同正犯と狭義の共犯との区別

複数の者が犯罪に関与した場合に、共同正犯が成立するか、狭義の共犯（教唆犯、幇助犯）が成立するにすぎないかの判断は、必ずしも容易ではない。共同正犯と狭義の共犯との区別が問題となるのは、次の2つの場面である。

ア　実行行為を行わない共同正犯

　第1は、実行行為を担当しない者は常に教唆犯もしくは幇助犯にとどまるのか、それとも共同正犯となりうるのかである。これは、共謀共同正犯を認めるかどうかという問題にほかならない（2(2)）。共謀共同正犯否定説は、実行行為を直接担当したかどうかによって共同正犯と狭義の共犯を区別し、実行行為を担当しない者は教唆犯か幇助犯にすぎないとする。これに対し、共謀共同正犯肯定説からは、共同正犯の要件を満たす限りは、実行行為を分担していない者も共同正犯となり、その要件を満たさないときには教唆犯か幇助犯になるとされる。その場合、まず、共同正犯の成立が認められるかを検討し、これが否定されたときに、次に、教唆犯や幇助犯の成否を検討するという順序で判断することになるから、共同正犯と狭義の共犯との区別は、結局は、前述した共同正犯の成立要件（2(3)）を満たすかどうかの問題に帰着する。

　また、見張り行為の場合にも（【設問2】〔銀行強盗事例〕）、共同正犯と幇助犯の区別がしばしば問題となる（○最判昭23・3・16刑集2巻3号220頁〈講120〉）が、この場合も同様である。

イ　実行行為を行う従犯

　第2は、実行行為を担当していても幇助犯となる場合がありうるかである。既に述べたように（2(3)イ）、実行行為を担当した者には、通常、共同正犯の成立が認められる。しかし、犯罪の完成にとって重要な役割を果たしたかどうかを共同正犯と幇助犯の区別基準として重視する見解を徹底すれば、実行行為を担当していても、犯罪の実現にとって重要な役割を果たしたといえない場合には幇助犯にすぎないことになる。判例も、実行行為を行う従犯を肯定している（○横浜地判昭56・7・17判時1011号142頁〈講114、プ369〉）。これに対し、実行行為を行う者は常に重要な役割を演じているとして、実行行為を行う従犯を否定し、共同正犯の成立を認める見解も存在する。

(3)　過失犯の共同正犯

【設問5】鉄材投下事例
　工事作業員であるXとYが建築現場であるビルの屋上から交互に鉄材を投下する作業をしていたところ、Xの投下した鉄材が歩行者Aに当たり、Aは死亡した。XとYにはどのような罪が成立するか。

【設問6】欠陥商品事例
　Z社の製造販売した子ども用遊具に構造上の欠陥があり、遊具を使用した子ど

もが負傷する可能性があることが判明したため、W、Vら10人で構成されるZ社の取締役会において遊具の回収の問題が取り上げられた。Wは、「念のため遊具を回収してはどうか」と提案したが、Vら他の9名の取締役は、回収する必要はないという意見を述べた。そのため、Wも、「他の取締役がそう言うなら回収しなくても大丈夫だろう」と思い、結局、そのまま放置することとなった。すると、Z社が製造販売した遊具で遊んでいた子どもBが、遊具の欠陥が原因で傷害を負った。W、Vらにはどのような罪が成立するか。

【設問7】喫煙事例
　C宅の屋根のトタン板補修作業をしていたUとTは、休憩時間に屋根の上で喫煙をした。休憩時間が終わり、UとTがその場を離れた後、煙草の火の不始末により屋根に火が燃え広がった。しかし、UとTのいずれの煙草が出火原因かは特定できなかった。U、Tにはどのような罪が成立するか。

　これまでは、故意犯を前提として共同正犯について述べてきた。それでは、過失犯においても、共同正犯は認められるのであろうか。この点については、古くから肯定説と否定説が対立してきた。

ア　判　例
　大審院時代の判例の多くは否定説に立っていた（大判明44・3・16刑録17輯380頁）が、○最判昭28・1・23刑集7巻1号30頁（メタノール事件）〈プ352〉は、共同して飲食店を経営していた被告人両名が、法定除外量以上のメタノールを含んでいるウィスキーと称する液体を他人から仕入れ、不注意にも何ら調査することなく意思の連絡の下に客に販売したという事案につき、過失による有毒飲食物等取締令違反の共同正犯が成立するとし、明言をもって肯定説を採用した。これ以後の下級審判例は、若干の否定例を除き、概ね過失犯の共同正犯を理論上肯定している。

　メタノール事件判決を含め、当初の判例は、過失共同正犯の成立要件を具体的には提示していなかったが、次第に、後述する共同義務の共同違反を根拠に過失犯の共同正犯の成立を認める裁判例が現れるようになった（名古屋高判昭61・9・30判時1224号137頁〈プ355〉、◎東京地判平4・1・23判時1419号133頁〔世田谷ケーブル火災事件〕〈百80、講110、プ356〉）。

　例えば、地下洞道内でトーチランプを使用して電話ケーブルの断線探索作業等の業務に共同して従事していた被告人両名が、各自のトーチランプの炎が確実に消火しているかを相互に確認せず、電話ケーブル上に掛けられていた布製防護シートの近くにトーチランプを置いたまま同所を立ち去ったため、1個のトーチランプから炎を防護シート等に着火させ、さらに電話ケー

ブル等を焼損させて公共の危険を生じさせたという事案につき、世田谷ケーブル火災事件判決は、現場から立ち去る際には消火の有無を互いに確認し合う義務があったにもかかわらず、2人ともこれを怠ったとして、被告人両名を業務上失火罪の共同正犯とした。

　また、最決平28・7・12刑集70巻6号411頁（明石花火大会歩道橋事件）は、「業務上過失致死傷罪の共同正犯が成立するためには、共同の業務上の注意義務に共同して違反したことが必要である」と述べ、**共同義務の共同違反**が過失犯の共同正犯の成立要件であるとの立場を明らかにした。

イ　学　説

　学説上は、①過失犯の本質は無意識的部分にあるから、過失犯において共同実行の意思は想定できないことや、②過失犯の共同正犯が問題となる場合は、共同行為者各自の過失が認定できる場合か、あるいは共同行為者の一方に決定的な不注意があって他方がそれを監視し警告する義務を怠った場合であるから、過失の単独正犯として処理することが可能であり、あえて共同正犯を論ずる必要はないことなどを根拠として、否定説も有力に唱えられている。否定説は、【設問5】（鉄材投下事例）のXには下の状況を確認せずに鉄材を投下した点に過失があり、他方、YにはXに対する監督過失が認められるため、いずれにも業務上過失致死罪（211条）の成立を認めることは可能であるという。

　一方、【設問6】（欠陥商品事例）では、取締役会においてWがW製品の回収を主張したとしても、他の取締役は回収に反対し、回収はなされなかったと考えられるから、W単独で結果を回避することは不可能であった。結果回避可能性がない以上、過失の要件を満たさない（10講3(2)）から、否定説のように、過失の単独犯と構成したのでは、Wを業務上過失傷害罪（211条）に問うことはできない。これに対し、肯定説は、このような場合にも過失犯の共同正犯として構成すれば、一部行為全部責任の原則により、発生した結果全体について各人に過失責任を問いうるから、過失犯においても共同正犯を認める実益があると主張する。肯定説によると、【設問6】（欠陥商品事例）においても、W、Vらには業務上過失傷害罪の共同正犯が成立することになる。このように、過失犯の共同正犯を認めることによって処罰の間隙を埋めることが可能となることから、現在では、学説上も肯定説が多数を占めているといってよい。

ウ　成立要件

　それでは、過失犯の共同正犯は、どのような要件の下に認められるのであ

ろうか。判例・通説は、共同の注意義務に共同して違反したこと（**共同義務の共同違反**）を過失犯の共同正犯の成立要件としている。

「**共同の注意義務**」とは、自己の行為から結果が発生しないよう注意するだけでなく、共同行為者の行為からも結果が発生しないよう注意し、互いに協力し合って結果を防止すべき義務が各人に課されていることをいう。共同の注意義務が認められるためには、その前提として、各人が一定の行為を共同して行うという共同行為関係が存在することが必要となる。

この共同の注意義務に違反する行為を意思の連絡の下に共同して行ったときに、共同の注意義務に「**共同して違反した**」といえる。過失犯であっても、共同正犯を認める以上、「共同して違反した」というためには、共同遂行の合意に基づき共同して実行行為を行ったといえることが必要である。

この点について、否定説は、過失犯の場合には共同実行の意思は認められないと主張する。もちろん、過失犯であるから、故意犯とは異なり、「協力し合って他人を殺害する」といった内容の共同遂行の合意が存在するわけではない。しかし、10講3⑵で学んだように、過失犯においては、注意義務に違反する行為が実行行為とされており、その実行行為を共同して行う意思があれば共同遂行の合意は認められるのである。

【設問5】（鉄材投下事例）でいうと、まず、XとYの間には鉄材の投下作業を共同して行うという共同行為関係が存在する。その上、そうした作業を行う際には自己の投下した鉄材のみならず他の共同行為者の投下した鉄材が通行人に当たらないかどうかを確認し合い、協力して結果を防止するための共同の注意義務がXとYには課されている。それにもかかわらず、そのような確認をせずに鉄材を投下する行為が共同の注意義務に違反する過失の実行行為であり、その実行行為をXとYが意思の連絡の下に行っている以上は、共同の注意義務に共同して違反したと評価できるのである。

これに対し、【設問7】（喫煙事例）では、単に休憩時間にたまたま時と場所を同じくして喫煙していただけであり、互いに消火を確認し合ってその場を離れるべき共同の注意義務がUとTに課されているとはいえないから、失火罪（116条1項）の共同正犯は成立しない。また、各人の行為と焼損の結果との因果関係が不明である以上、単独犯としての失火罪も成立しない。秋田地判昭40・3・31下刑集7巻3号536頁〈プ357〉は、【設問7】（喫煙事例）と類似の事案において共同正犯を否定している。

【設問8】患者取違え事例
　看護師Xは、患者Aと間違えて患者Bを手術室に運んだ。執刀医Yも、確認を怠り、患者の取違えに気づかず、BをAであると思い、Bに対して手術を行った。X、Yにはどのような罪が成立するか。

　医師と看護師、バスの運転手と車掌のように法的地位の異なる共同行為者間においても過失犯の共同正犯の成立を認めうるかについては争いがある。上司と部下など、法的地位が異なる場合は、一方が他方を監督する義務はあるとしても、互いに注意し合って結果を防止すべき共同の注意義務は認められないから、共同正犯は成立しないとする見解と、法的地位が違っても共同の注意義務が課される場合はありうるから、共同正犯の成立する余地はあるとする見解が対立している。

　学説上は前者の見解が多数を占めており、判例も同様の見解に立っている。前掲・最決平28・7・12（明石花火大会歩道橋事件）においては、花火大会の会場付近の歩道橋上に多数の参集者が集中して折り重なって転倒し、多数の死傷者が出た際に警備を担当していた警察署の副署長と地域官に業務上過失致死傷罪の共同正犯が成立するかが争われたが、同決定は、各人の地位、立場、役割が異なることを理由に、本件事故を回避するために両者が負うべき具体的注意義務が共同のものであったといえず、業務上過失致死傷罪の共同正犯が成立する余地はないとした。

　こうした見解によれば、【設問8】において看護師であるXと執刀医であるYとでは法的地位が異なり、両者の間で患者の同一性について互いに確認し合うべき共同の注意義務が課されていたとはいえないであろうから、業務上過失致傷罪の共同正犯は成立しない。この場合は、単にXの過失とYの過失が並存したにすぎず、XとYのそれぞれに業務上過失致傷罪の単独犯が成立することになる（医療行為について複数の者の過失責任が問題となった裁判例として、広島高判昭32・7・20裁特4巻追録696頁〈プ358〉、東京地判平12・12・27判時1771号168頁〈プ360〉、◎最決平19・3・26刑集61巻2号131頁〈プ127〉などがある）。

　複数の者の過失が重なって犯罪的結果が発生し、過失犯の共同正犯ではなく、各自に過失犯の単独犯が成立する場合を**過失の競合**という（10講6）。この場合には、各人の行為について過失犯の成立要件を満たすかどうかを検討するので、【設問7】（喫煙事例）のように各人の行為と結果との因果関係が不明であるときは、過失犯の成立が否定され、不可罰となる。

(4) 結果的加重犯の共同正犯

【設問9】強盗致傷事例
　XとYは、共謀の上、A宅に押し入り、XがAにナイフを突きつけて脅し、その間に、Yが金品を奪った。その際、Xは、誤ってナイフでAに傷害を負わせた。XとYは、強盗の際に誰かを殺傷するという共謀はしていなかった。XとYにはどのような罪が成立するか。

　結果的加重犯の共同正犯とは、2人以上の者が共同実行の意思の下に基本となる犯罪の実行行為を共同したところ、その一部の者の行為によって重い結果が発生した場合に、共同行為者全員が重い結果について共同正犯の責任を負うことをいう。結果的加重犯の共同正犯は認められるのであろうか。
　学説は一般に、結果的加重犯の重い結果について過失を要求しているため、結果的加重犯の共同正犯と過失犯の共同正犯との関係が問題となる。過失犯の共同正犯を肯定する見解は、当然に結果的加重犯の共同正犯を認めることになるが、過失犯の共同正犯を否定する見解も、結果的加重犯の共同正犯は肯定するのが一般的である。結果的加重犯は、基本となる犯罪から一定の重い結果が発生する場合が多いために独立の犯罪とされているものであるから、基本となる犯罪を共同して実行した以上、各自は原則として重い結果について具体的予見可能性があり、結果発生を防止すべき共同の注意義務を負っているといえる。したがって、共同の注意義務に共同して違反したといえる以上は、たとえ共同行為者の一部の行為から重い結果が発生したとしても、それは全員が共同して一体となって実現したものであり、全員に結果的加重犯の共同正犯が成立することになるのである。
　一方、判例は、結果的加重犯が成立するためには基本犯の実行行為と重い結果との間に因果関係があれば足り、重い結果について過失は必要でないとしている。このような立場からは、**基本犯の共同実行と重い結果との間に因果関係が存在する以上、共同して重い結果を惹起したといえるから、全員が重い結果について責任を負うのは当然であり、結果的加重犯の共同正犯は肯定されることになる。**
　例えば、◎最判昭26・3・27刑集5巻4号686頁〈百79、講111〉は、XとYらが共謀の上、強盗を実行したところ、警察官Aに追跡されたため、XがAを殺害したという事案において、全員を強盗致死罪の共同正犯とした。このほか、判例は、傷害致死罪（最判昭23・5・8刑集2巻5号478頁）、強制

性交等致死傷罪（当時の強姦致死傷罪）（大判明41・4・14刑録14輯391頁）などにつき結果的加重犯の共同正犯を認めている。

こうした立場からは、【設問9】のXとYは強盗致傷罪（240条）の共同正犯となる。

(5) 不作為の共同正犯

不作為の共同正犯とは、不作為による実行行為を共同する場合をいう。この点については後述する（24講2）。

(6) 予備罪の共同正犯

予備罪の共同正犯とは、意思の連絡の下に予備行為を共同して行うことをいう。学説は、予備罪の共同正犯を認めるべきであるとする肯定説、認めるべきでないとする否定説、私戦予備罪（93条）などの独立予備罪と、殺人予備罪（201条・199条）などの従属予備罪とを区別し、前者については肯定し、後者については否定する二分説に分かれる。判例は、肯定説に立っている（○最決昭37・11・8刑集16巻11号1522頁〈百81、講115、プ335〉）。

肯定説は、予備罪は可罰性を有する行為として構成要件化されたものであるから予備行為を共同して行った場合もまた可罰的であることを実質的根拠とし、刑法60条にいう「実行」は予備罪という犯罪の構成要件に該当する行為の実行も含むとする。

(7) 片面的共同正犯

片面的共同正犯とは、実行行為共同の事実が認められる場合において、共同犯行の意識が一方の者にのみ存在し、他方の者には存在しないことをいう。例えば、Xが暴行・脅迫を加えてAから金品を奪取しようとしているところに出くわしたYがXを手助けするためXの知らない間に離れた場所からAに対しピストルを向けてAが抵抗できないようにし、これによりXが目的を遂げた場合に、Yに強盗罪の共同正犯が成立するかが問題となる。

学説は、肯定説と否定説に分かれる。肯定説は、客観的に相手方の行為を利用して結果を惹起した以上、共同正犯の成立を認めるべきであり、必ずしも各自に共同犯行の意識が存在することを要しないとする。しかし、多数説は、犯罪共同遂行の合意に基づいて実行行為が行われるところに共同正犯の本質があるから、共同犯行の意識が各自に存在しない限り共同正犯の成立する余地はないと解し、否定説を支持している。判例も、否定説に立っているといってよい（大判大11・2・25刑集1巻79頁〈プ348〉）。ただ、否定説においても、片面的幇助は可能であり（23講4(1)）、前記の事例ではYに強盗罪（236条1項）の幇助犯が成立すると解するのが一般的である。

第23講　教唆犯と幇助犯

◆学習のポイント◆
1　教唆犯と幇助犯の学習においては、その成立要件を理解し、事案に適切に当てはめられることが基本となる。
2　共犯従属性や共犯の処罰根拠の問題は、議論が抽象的になりがちなので、理解しづらい面があるが、具体的な事例を思い浮かべて、どのような場面でどのような見解の対立が生じているのかをイメージすることが重要である。
3　共犯の処罰根拠に関しては、複雑かつ難解な議論が展開されているので、まずは、責任共犯説と惹起説との対立を理解すれば十分である。違法の相対性など惹起説内部の対立に関する学習は、後回しにしてもよい。

1　共犯従属性

(1)　意　義

本講では、狭義の共犯すなわち教唆犯と幇助犯を扱う。

教唆犯と幇助犯に共通する特徴として、**共犯従属性**がある。共犯従属性は、教唆犯と幇助犯の成立要件に深く関わる重要な原則であるので、教唆犯と幇助犯の成立要件を具体的に検討する前に、共犯従属性とはどのような原則かを学ぶことにしよう。

わが国の刑法は、複数の者が犯罪に関与した場合、正犯と（狭義の）共犯とに区別して扱うこととしている。これによると、関与者のうち第一次的な責任を負うのは正犯であり、共犯は正犯の背後において第二次的な責任を問われるにすぎない。その意味で、共犯は正犯の存在を前提として認められる。このような共犯の性質を共犯従属性という。

共犯従属性は、実行従属性、要素従属性、罪名従属性の3つに分けて論ずることが必要である。

(2) 実行従属性（共犯従属性の有無）

> 【設問1】正犯の実行行為が行われた事例
>   Xは、YにA殺害を依頼したところ、Yはこれを承諾し、Aに向けてピストルを発射したが、弾は命中しなかった。X、Yにはどのような罪が成立するか。
>
> 【設問2】正犯の実行行為が行われなかった事例
>   Zは、WにB殺害を依頼したが、Wはこれを断った。Z、Wにはどのような罪が成立するか。

　正犯者の行為が既遂に達していなくても、少なくとも実行の着手に至っていれば、共犯の成立は可能である。【設問1】において、正犯者であるYの行為については実行の着手が認められるから、Yは殺人未遂罪となり、教唆者であるXは、殺人未遂罪の教唆犯となる。この点について争いはない。

　これに対し、【設問2】では、Wは実行行為を行っておらず、当然、何の罪にも問われない。それでは、Wに対して教唆行為を行ったZに教唆犯は成立しうるのであろうか。ここで問題となるのが、**実行従属性**である。実行従属性とは、共犯が成立するためには正犯による実行行為が行われる必要があるかという問題である。

　実行従属性に関しては、共犯独立性説と共犯従属性説が対立する。**共犯独立性説**は、共犯が成立するためには教唆・幇助行為があれば足り、正犯者が犯罪を実行したかは問わないとする。【設問2】のZは、Wに対して教唆行為を行っている以上、殺人未遂教唆罪となる。これに対し、**共犯従属性説**は、正犯者が少なくとも基本的構成要件に該当する行為を行ってはじめて共犯が成立するとする。【設問2】では、Wが実行行為を行っていない以上、Zも不可罰となる。

　共犯独立性説の基礎には、主観主義刑法理論（1講4）がある。主観主義刑法理論によると、正犯および共犯の処罰根拠は性格や意思の反社会性にあり、教唆行為および幇助行為は正犯行為と同様にそれ自体が行為者の反社会性を徴表するものであるから、正犯者が犯罪を実行したかどうかは重要でないということになるのである。

　しかし、共犯独立性説に対しては、①刑法61条は「人を教唆して犯罪を実行させた」とし、62条は「正犯を幇助した」と規定していることから、教唆犯および幇助犯の成立には正犯の実行行為の存在が必要であるというのが、現行法の建前である、②理論的にも、教唆・幇助行為自体は結果発生に至る現実的危険性に乏しく、正犯の実行行為があってこそ構成要件的結果発生の

現実的危険が生じたといえる、③そもそも共犯独立性説の基礎にある主観主義刑法理論が妥当でない、などの批判が向けられた。その結果、共犯独立性説は次第に支持者を失い、現在では、共犯従属性説が通説となっている。

> ●コラム● 独立教唆犯・独立幇助犯・扇動罪・あおり罪
> 　現行法においては、教唆・幇助行為が行われた以上、正犯者が現実に犯罪を実行したかを問わず犯罪とされる場合もある。これを独立教唆犯・独立幇助犯という。破壊活動防止法38条等における独立教唆罪や、国家公務員法111条における独立幇助罪がその例である。なお、扇動罪（爆発物取締罰則4条、公職選挙法234条など）やあおり罪（国家公務員法110条1項17号など）は、独立教唆犯と類似するが、不特定または多数人に対して犯罪の実行を決意させ、または、既に生じている決意を助長させるような勢いのある刺激を与える点に特徴がある。

(3) 要素従属性（共犯従属性の程度）

【設問3】責任が阻却される正犯行為への関与
　Xは、13歳のYにAに傷害を負わせるよう指示し、Yはこれを実行した。X、Yにはどのような罪が成立するか。

【設問4】違法性が阻却される正犯行為への関与
　ZがBを棒で殴打するようWに指示し、WがこれをBに近づいたところ、突然Bが刃物を持ってWに襲いかかってきた。Wは、とっさにZの指示を思い出し、自分の身を守るため棒でBを殴り、傷害を負わせた。Z、Wにはどのような罪が成立するか。

ア　学　説

要素従属性とは、（狭義の）共犯が成立するために正犯はいかなる要素を具備していなければならないかという問題である。要素従属性に関しては、①共犯が成立するためには正犯の行為が構成要件に該当して違法であり、かつ有責であることを要するとする**極端従属性説**、②正犯の行為が構成要件に該当し、かつ違法であることが必要であるとする**制限従属性説**、③正犯の行為が構成要件に該当すれば足りるとする**最小従属性説**などが対立する。

かつては、極端従属性説が通説であった。極端従属性説は、61条が正犯に「犯罪を実行させた」者を教唆犯としていることを根拠に、「犯罪」とは構成要件に該当し違法かつ有責な行為をいうのであるから、共犯が成立するためには構成要件に該当し違法・有責な正犯行為の存在が必要であると説く。【設問3】では、Yの行為は、傷害罪の構成要件に該当して違法ではあるが、刑事未成年者（41条）の行為として責任が阻却されるから、Yを唆したXに

おける教唆犯も否定される。また、【設問4】のWの行為は、傷害罪の構成要件に該当するものの、正当防衛として違法性が阻却されるので、Zにも教唆犯は成立しない。

　しかし、極端従属性説は、現在では、ほとんど支持されていない。第1の問題点は、極端従属性説を前提とすると、処罰の間隙が生ずるという点である。上記のように、極端従属性説によると、【設問3】のXに教唆犯は成立しない。それでは、Xに間接正犯が認められるかというと、通説によれば、被利用者であるYに是非弁別能力がある以上、XがYを一方的に道具として利用したとは言いがたいから、間接正犯の成立も認められない（21講2(1)）。そうすると、Xは何の罪責も負わないことになってしまい、処罰の間隙が生じるのである。第2に、38条の「罪」は単に構成要件に該当する行為であれば足り、有責な行為とは限らないと解されていることから、61条1項の「犯罪」も、構成要件に該当して違法かつ有責な行為と解釈する必然性はない。第3に、非難可能性の有無や程度は行為者ごとに異なるから、各行為者の責任はその固有の事情に応じて個別的に判断されるべきものであり、共犯が正犯の責任に従属すると解するのは妥当でない。

　そこで、正犯行為に有責性は必要でないとする**制限従属性説**が通説となっている。【設問3】のYのような刑事未成年者の行為も構成要件に該当して違法にほかならないから、これに関与したXには傷害罪の教唆犯が成立しうることになる。一方、制限従属性説は、他人の適法な行為に加功しても処罰する必要はないから、正犯行為は違法でなければならないと説く。【設問4】では、Wの行為は正当防衛として適法である以上、これに関与したZについても教唆犯の成立は否定される。

　もっとも、近年では、責任だけでなく違法性も行為者ごとに個別的に判断すべきである（違法の相対性）との理解から、最小従属性説が支持者を増やしつつある。共犯の処罰根拠は、正犯の実行行為を通じて間接的に構成要件的結果（法益侵害・危険）を惹起するところにあるから、共犯が成立するためには、構成要件に該当する正犯の実行行為が存在し、かつ、その実行行為によって構成要件的結果（法益侵害・危険）を生じさせたという事実があれば足りるというのである。これによると、【設問4】のWの行為は、違法性を阻却するものの、構成要件に該当する行為である以上、これに関与したZの教唆犯の成立を認めることは可能となる。そして、Zには防衛の意思がないため、Zの行為は違法であり、傷害罪の教唆犯が成立することになる。しかし、最小従属性説に対しては、違法性を阻却する行為は刑法上禁止の対象

とされていない行為なのであるから、そのような行為に関与しても共犯として処罰すべきではないとの批判が、制限従属性説からなされている。

* 正犯は構成要件に該当する必要はないが、一般的な違法行為であることを要するとする一般違法従属性説も存在する。この見解の狙いは、共犯成立の条件を緩和することにより、これまで間接正犯とされてきたものを共犯の範疇に取り込み、可能な限り間接正犯の成立範囲を限定しようとする点にある。しかし、「一般的な違法行為」とは何かが明らかでないという批判や、正犯が構成要件に該当しない場合にまで共犯の成立を認めると共犯の成立範囲が不当に拡大するとの批判があり、この見解は少数説にとどまっている（21講のコラム「間接正犯概念が生まれた経緯」参照）。

学　説 \ 正犯行為	構成要件該当性＋違法性＋責任	構成要件該当性＋違法性	構成要件該当性	構成要件該当性なし
極端従属性説	○	×	×	×
制限従属性説	○	○	×	×
最小従属性説	○	○	○	×

※○は共犯の成立が可能であること、×は共犯の成立が否定されることを表している。
※共犯不成立（＝×）の場合でも、間接正犯が成立する可能性はある。

イ　判　例

◎最決昭58・9・21刑集37巻7号1070頁（四国八十八か所巡礼窃盗事件）〈百74、講13、プ328〉が、12歳の養女に命じて窃盗を行わせた事案につき窃盗罪の間接正犯の成立を認めたものの、刑事未成年者を利用した場合につき間接正犯ではなく狭義の共犯の成立する可能性があることを示唆したことや、◎最決平13・10・25刑集55巻6号519頁（スナック強盗事件）〈プ329〉が、12歳の息子に強盗を行わせた事例につき間接正犯を否定し、成人と刑事未成年者との共同正犯の成立を認めたことなどを根拠に、判例は制限従属性説に立っているとする見方もある。

たしかに、上記の裁判例は、責任の有無が行為者ごとに異なりうることを認めたという点では、極端従属性説に否定的であるとはいえる。しかし、そのことから、判例が制限従属性説を採用したとまでは断言できない。同じ結論は、最小従属性説から導き出すことも可能だからである。実際、後述するように（26講5(3)）、◎最決平4・6・5刑集46巻4号245頁（フィリピンパブ事件）〈百88、講121、プ397〉は、共同正犯者間において違法性の評価が異なる余地があることを認めており、この考え方を狭義の共犯にも徹底すれば、最小従属性説に至る可能性がある。結局、要素従属性につき、判例がどの見解に立っているかは明らかではないというべきであろう。

(4) 罪名従属性

> 【設問5】共犯と錯誤
> 　XがYに対し、窃盗を行うよう唆したところ、Yは、強盗を実行した。X、Yにはどのような罪が成立するか。
> 【設問6】不真正身分犯への非身分者の加功
> 　賭博の常習者でないZが常習者のWを唆して賭博をさせた。Z、Wにはどのような罪が成立するか。

罪名従属性とは、共犯は正犯と同じ罪名でなければならないかという問題である。通常、共犯に成立する罪名は、正犯の罪名と同じである。例えば、殺人の故意で他人を唆して殺人を実行させた場合には、当然、正犯者に殺人罪、教唆者に殺人罪の教唆犯が成立する。しかし、正犯と共犯の罪名が一致しない場合もありうるのではないかが問題となることがある。

特に問題となるのが、共犯と錯誤の場合である。【設問5】において、正犯者であるYには強盗罪が成立するが、教唆者であるXには窃盗の故意しかない以上、刑法38条2項により窃盗罪の教唆犯が成立するにすぎないとされている。ここでは、正犯と共犯に成立する罪名が一致していない。

また、罪名従属性は、不真正身分犯への非身分者の加功の場面でも問題となる。【設問6】のWは、賭博の常習者という身分を有しており、常習賭博罪（186条1項）が成立するが、賭博の常習者という身分を有していないZについて、通説は、65条2項により単純賭博罪（185条）の教唆犯が成立するにすぎないと解している。ここでも、正犯者と共犯者には異なる罪名の犯罪が成立しているのである。

このように、罪名従属性は必ずしも要求されないというのが、一般的な理解である（共犯の錯誤、身分犯の共犯については、25講1、24講1でそれぞれ詳しく検討する）。なお、各関与者の罪名が一致しなければならないかは、共同正犯においても問題となる（行為共同説と犯罪共同説の対立）が、この点については、25講1(3)イで検討する。

2　共犯の処罰根拠

(1) 意　義

共犯に関しては、多くの解釈論上の問題が存在し、古くから複雑な議論が展開されてきた。そこで、共犯論上のさまざまな問題を統一的な観点から解決するために、そもそも共犯はなぜ処罰されるのかという点にまで遡

って解決の糸口を見出そうとするのが、共犯の**処罰根拠**の議論である（主として狭義の共犯を対象とした議論である。共同正犯の処罰根拠については、22講2⑴参照）。ただ、学説の名称や分類の仕方、議論の射程などに関する理解が論者によって異なるため、共犯の処罰根拠論は複雑な様相を呈しており、かえって議論を混乱させている面もあるが、共犯の処罰根拠をめぐる議論の内容は次のように整理することができるであろう。

⑵　責任共犯説・不法共犯説・惹起説

共犯の処罰根拠に関する学説は、責任共犯説、不法共犯説、惹起説に大別される。

責任共犯説は、正犯者を有責な行為へと誘い込み、処罰される状態に陥れたところに共犯の処罰根拠を求める。また、**不法共犯説**は、正犯者に違法な行為を行わせて社会との対立関係に陥れるところに共犯の処罰根拠があるとする。責任共犯説によると、正犯行為は有責でなければならず、極端従属性説と結びつくことから、不法共犯説は、通説である制限従属性説に適合するよう責任共犯説を修正したものといえる（ただし、後述の惹起説、特に修正惹起説を「不法共犯説」と呼ぶ論者もいる）。責任共犯説や不法共犯説によると、正犯は各構成要件の法益を侵害したために処罰されるが、共犯は犯罪者や違法行為者を作り出したがゆえに処罰される（共犯は、いわば正犯者を被害者とする犯罪である）のであり、正犯と共犯は、法的性格が質的に異なることになる。

これに対し、**惹起説**（因果的共犯論と呼ばれることもある）は、各構成要件上の構成要件的結果（法益侵害・危険）を間接的に惹起した点に共犯の処罰根拠があるとする。通説は、刑法の第一次的な任務が法益の保護にある以上、共犯の処罰根拠も法益侵害の点に求めるべきであるとして、惹起説を採用している。これによると、正犯と共犯は、法益を侵害するがゆえに処罰されるという点では質的には共通しており、正犯と共犯の違いは、法益侵害の態様が直接的か間接的かという量的な相違にすぎない。

⑶　惹起説内部の対立

【設問7】正犯者の法益の侵害
　XはAに対し、A自身を傷つけるよう唆し、Aはこれを実行した。Xにはどのような罪が成立するか。

【設問8】共犯者の法益の侵害
　YがZに「自分を殺してくれ」と依頼したところ、Zは、これを承諾し、Yを殺害しようとしたが、未遂に終わった。Yにはどのような罪が成立するか。

問題は、惹起説内部の対立である。惹起説内部の諸説をどのように分類するかについては、さまざまな見解があるが、多くの論者は、違法の相対性という観点から学説を分類している。**違法の相対性**とは、共犯者間にお

いて違法性の有無や程度が異なることは認められるかという問題である。ただし、「違法の」相対性といっても、違法性阻却の評価が共犯者間で異なることがあるかという問題だけでなく、構成要件該当性の評価が共犯者間で異なることがありうるかという問題も含んでいることには注意を要する。違法の相対性について、学説は、修正惹起説、混合惹起説、純粋惹起説の3つに分類される。

　修正惹起説は、違法の相対性を原則として否定し、共犯関係にある各人の違法性の有無は同じであるとする見解である。共犯の不法は、正犯の不法から導き出されるというのである。これによると、正犯が構成要件に該当しないとか違法性を阻却して適法であるときには、常に共犯も同様に適法であり、逆に、正犯が構成要件に該当し違法であれば、共犯も、構成要件に該当し違法となる。その基礎にあるのは、「**違法は連帯的に、責任は個別的に**」という考え方である。修正惹起説は、制限従属性説と結びつく。

　混合惹起説は、違法の相対性を一部肯定し、一部否定する見解である。共犯の不法は、正犯の不法から導き出される面と、共犯独自の不法の面とがあるという。混合惹起説によると、正犯が構成要件に該当しないとか違法性を阻却して適法であるときには、常に共犯も同様に適法であるが、他方、正犯が構成要件に該当し違法であっても、共犯は構成要件に該当しないとか違法性を阻却することによって適法となることはありうる。言い換えると、正犯が違法であることは、共犯成立の必要条件ではあるが、十分条件ではないとするのである。混合惹起説も、制限従属性説を維持することになる。学説上は、混合惹起説が多数を占めている。

　純粋惹起説は、違法の相対性を全面的に肯定する見解である。共犯の不法は、正犯の不法から独立していると考えるのである。純粋惹起説によると、違法性の有無や程度は、各行為者の固有の事情に基づいて個別的に判断されるから、正犯が適法であっても共犯は違法となるとか、正犯が違法であっても共犯は適法であるということもありうる。純粋惹起説は、最小従属性説か一般違法従属性説を採用することになる。

　【設問7】では、修正惹起説や混合惹起説においては、自傷行為が違法でない以上、これを唆したXの行為も違法ではなく、Xは不可罰であるとされる。これに対し、純粋惹起説によると、Xは、他人の傷害の結果を生じさせていることから、傷害罪の教唆犯の成立が認められうる。

　他方、【設問8】においては、混合惹起説や純粋惹起説からは、正犯であるZの行為が同意殺人未遂罪（203条・202条）として違法であっても、教唆者であるYの行為は違法でないとされる。Yは、Zの行為を介して自己の法益を侵害しようとしたにすぎない（その意味では、自傷行為と実質的には同じである）からである。これに対し、修正惹起説を徹底すれば、正犯が違法である以上その教唆も違法ということになる。もっとも、実際に

は、修正惹起説の論者も、【設問8】のYについて同意殺人罪の教唆犯の成立を否定するのが通常である。

このように、違法の相対性の問題は、要素従属性や罪名従属性といった共犯従属性と密接に関連している。さらに、違法の相対性は、関与者の一方にのみ違法性阻却事由が存在する場合に、全員について違法性阻却が認められるのかどうかという問題も含んでいる（26講5）。

> ●コラム● 違法は連帯的に、責任は個別的に
>
> 「違法は連帯的に、責任は個別的に」といわれることがある。共犯関係にある各行為者の違法性の有無や程度は同じであるが、責任の有無や程度は行為者によって異なるという意味である。当該結果が適法であれ違法であれ、各共犯者の行為がその結果と因果性を有している以上、違法性の評価は共犯者全員に共通するはずであるが、これに対し、責任は、主として内心の問題であり、内心の事情は行為者ごとに異なるから、責任の有無や程度も行為者ごとに異なるというのである。もっとも、常に共犯者の違法性の有無や程度が同じといえるかについては見解が分かれる。これが、違法の相対性の問題である。

3 教唆犯

(1) 教唆犯の成立要件

教唆犯とは、「人を教唆して犯罪を実行させた者」をいう（61条1項）。教唆犯の成立要件（構成要件）は、①教唆者が人を教唆すること（教唆行為）、②それに基づいて正犯者（被教唆者）が犯罪を実行すること、③故意を有することである。

ア 人を教唆すること（教唆行為）

a 教唆行為

教唆とは、他人に特定の犯罪を実行する決意を生じさせることをいう。命令、指揮、指示、威嚇、利益供与による依頼など、その方法・手段のいかんを問わない。黙示的あるいは暗示的な方法による教唆も可能である（大判昭9・9・29刑集13巻1245頁）。ただし、教唆という語義上、不作為による教唆は認められないというのが、通説である（24講2(3)）。

教唆行為は、「何か悪いことをやれ」というように漠然と犯罪を唆すだけでは足りず、正犯者に対し特定の犯罪を実行する決意を生じさせることを要する（最判昭26・12・6刑集5巻13号2485頁〈プ325〉）。ただし、犯罪の日時・場所・方法などを具体的に指示する必要はない。

正犯者は、特定の者でなければならない。不特定の者を唆す場合は、教唆ではなく、扇動である。

b　過失犯に対する教唆

　過失犯に対する教唆とは、他人の不注意を惹起して犯罪を実行させることをいう。後述するように、通説は、過失犯に対する教唆犯を否定している（25講3(2)）。

　　　c　不作為犯に対する教唆

　不作為犯に対する教唆とは、教唆行為によって不作為犯の実行を決意させることをいう。この点について詳しくは後述する（24講2(4)）。

　　　d　共同教唆

　共同教唆とは、2人以上の者が共同して教唆行為を行う意思で他人を教唆し、犯罪を実行させることをいう。判例には、XとYが共謀の上Yを実行担当者と決めたが、YはさらにZを教唆して、犯罪を実行させた事例につき、XとYの間に共同教唆（共謀共同教唆犯）を認めたものがある（大判明41・5・18刑録14輯539頁。さらに、最判昭23・10・23刑集2巻11号1386頁〈プ98〉）。

　　　e　片面的教唆

　片面的教唆とは、教唆者は教唆の故意に基づき教唆行為を行ったが、正犯者はその教唆行為があることを知らずに犯罪の実行を決意することをいう。例えば、XがAに傷害を負わせる意思で、Aに恨みをもつYの目のつくところにナイフを置いておき、これを見たYが犯行を決意し、そのナイフでAに切りつけた場合が、これに当たる。片面的教唆犯を認めるべきかについては、肯定説と否定説が対立しているが、教唆犯は、教唆の故意に基づいて教唆行為を行い、それによって犯罪の実行を決意させれば足り、あえて片面的教唆犯を否定する理由はないとして、多数説は肯定説を支持している。

　　　f　予備罪・陰謀罪の教唆

　予備罪・陰謀罪の教唆とは、正犯の既遂、未遂または予備・陰謀を教唆した結果、正犯が予備・陰謀に終わったことをいう。この場合に教唆犯の成立を認めるべきかについて、学説は、肯定説と否定説に分かれるが、多数説は、刑法61条1項の「実行」には予備・陰謀も含むとして、肯定説に立っている。

イ　正犯者（被教唆者）の実行行為

　教唆犯が成立するためには、教唆行為により、正犯者が犯罪の実行を決意し、それを実行することが必要である。これは、前述した共犯従属性説（1(1)(2)）からの帰結である。

　既遂罪の教唆犯が認められるためには、構成要件的結果が発生したこと、および、教唆行為と正犯者の決意や実行行為・結果との間に因果関係が存在

すること（20講3）が必要である。正犯者の実行行為が開始されたが、結果を生じなかった場合は、未遂犯の教唆犯となる。

ウ　教唆犯の故意

> 【設問9】未遂の教唆1
> 　Xは、Yを陥れるために、最初から未遂に終わらせるつもりで、Yに対しAから財物を窃取するよう唆す一方で、警察に通報し、Yの犯行の最中にYを逮捕させた。X、Yにはどのような罪が成立するか。
>
> 【設問10】未遂の教唆2
> 　Zは、致死量に達しない毒物であるので死亡することはないと思いつつ、Wに対し、その毒物でBを殺害するよう教唆した。Wが殺意をもってBにその毒物を飲ませたところ、Zの予期に反し、毒物の作用とBの体調不良とが相まってBが死亡した。Z、Wにはどのような罪が成立するか。

a　故意の内容

教唆犯の故意としては、教唆犯の客観的構成要件に該当する事実、すなわち、人を教唆することおよびそれに基づいて正犯者が犯罪を実行することの認識、認容が必要である。もっとも、その内容については、①教唆行為により正犯者が特定の犯罪の実行を決意して実行行為を行い、既遂の結果を生じさせることの認識・認容が必要であるとする説と、②教唆行為により正犯者が特定の犯罪の実行を決意し、実行行為に至ることの認識・認容で足りるとする説が対立している。

教唆犯の故意をめぐる対立が実際に問題となるのは、未遂の教唆の場面である。**未遂の教唆**とは、教唆者が正犯者の実行行為を未遂に終わらせる意思で教唆した場合をいう。【設問9】において、Yに窃盗未遂罪が成立することは明らかであるが、Xの罪責につき、①説は、既遂の結果が発生するという認識がないのであるから、教唆犯の故意は認められず、窃盗未遂罪（243条・235条）の教唆犯は成立しないと主張するのに対し、②説は、Yによって実行行為が行われるという認識がXにある以上、教唆犯の故意に欠けるところはなく、窃盗未遂罪の教唆犯が成立するという。

また、【設問10】では、Wに殺人既遂罪が成立するとして、①説からは、Zは未遂に終わると思っていたのであるから殺人罪（199条）の故意は否定され、過失が認められる限りにおいて過失致死罪（210条）が成立するにすぎない。これに対し、②説においては、Wが実行行為を行うことを認識していた以上、教唆犯の故意は肯定されるとの前提に立ち、殺人未遂罪（203

条・199条）の故意で殺人既遂罪の結果を生じさせたという事実の錯誤であり、両者は法定的に重なり合うから、刑法38条2項により殺人既遂罪の教唆犯の成立を認めることはできず、Zには殺人未遂罪の教唆犯が成立するとされる。

なお、薬物犯罪のおとり捜査のように、犯人として処罰を受けさせる目的ではじめから未遂に終わらせることを予期して一定の犯罪を教唆する場合をアジャン・プロヴォカトゥールという。これも、未遂の教唆の一形態であり、①説によれば、教唆犯の故意が欠けるために教唆犯の成立は否定されるが、②説においては、教唆犯の故意が認められ、未遂犯の教唆犯が成立することとなる。ただし、捜査上やむをえない手段であるなど社会的相当性を有するときには、②説においても、違法性が阻却されて教唆犯の成立は否定される。

b 過失による教唆

過失による教唆とは、不注意により他人に犯罪の実行を決意させることをいう。この点については、後述する（25講3(1)）。

c 結果的加重犯の教唆犯

結果的加重犯の教唆犯を認めるかについては、肯定説と否定説が対立する。例えば、傷害（204条）を教唆したところ、正犯者が傷害致死（205条）の結果を惹起した場合、肯定説は、傷害致死罪の教唆犯の成立を認め、否定説は、傷害罪の教唆犯が成立するにすぎないという。結果的加重犯の教唆犯は、基本となる犯罪から一定の重い結果が発生することが多いために独立の犯罪とされているという結果的加重犯の特別な性質に基づいて認められるものであるとの理由により、肯定説は、過失犯に対する教唆犯および過失による教唆を否定する立場からも支持されている。

(2) 教唆犯の諸類型

ア 間接教唆

間接教唆とは、教唆者を教唆する場合をいう。刑法61条2項は、間接教唆も教唆犯と同様に正犯に準じて処罰することとしている。

イ 再間接教唆

再間接教唆とは、間接教唆をさらに教唆することをいう。また、再間接教唆およびそれ以上の間接教唆を連鎖（順次）の教唆という。連鎖的教唆を教唆犯として処罰すべきかについては、肯定説（大判大11・3・1刑集1巻99頁〈プ316〉）と否定説が対立する。

ウ　幇助犯の教唆

刑法62条2項は、「従犯を教唆した者には、従犯の刑を科する」と規定している。「従犯を教唆」するとは、正犯を幇助する意思のない者に対し、正犯を幇助する決意を生じさせて幇助行為を行わせることをいう。

(3) 処　分

教唆犯には、「正犯の刑を科する」とされている（61条1項）。「正犯の刑を科する」とは、正犯の行為に適用すべき法定刑の範囲内で処罰することをいう。教唆者に言い渡される宣告刑が正犯者と同じであるという意味ではない。例えば、他人を教唆して殺人を行わせた者は、殺人罪（199条）の法定刑すなわち死刑または無期もしくは5年以上の懲役の範囲内で処罰されるが、現実には正犯者より重い刑が教唆者に言い渡されることもありうる。なお、刑法64条は、拘留または科料のみに処すべき罪の教唆者は特別の規定がなければ処罰されないとしている。

4　幇助犯

(1)　幇助犯の成立要件

幇助犯（従犯）とは、「正犯を幇助した者」をいう（62条1項）。幇助犯の成立要件（構成要件）は、①幇助者が正犯を幇助すること（幇助行為）、②それに基づいて正犯者（被幇助者）が犯罪を実行すること、③故意を有することである。

ア　正犯を幇助すること（幇助行為）

a　幇助行為

幇助とは、実行行為以外の方法で正犯の実行行為を容易にすることをいう。正犯の実行行為を容易にすれば足りるから、その方法は、凶器の提供といった物理的方法（有形的方法）であると、激励や犯行方法の教示といった精神的方法（無形的方法）であるとを問わない。物理的方法による場合を**物理的幇助犯**といい、精神的方法による場合を**精神的幇助犯**という。不作為による幇助も可能であるとされている（24講2(3)）。正犯者は、特定の者でなければならない。

精神的幇助と教唆は、いずれも正犯の行為に心理的な働きかけを行う点で共通しているが、精神的幇助は、既に犯行を決意している者に助言や激励を行うことによってその決意を強固にし、犯罪の実行を容易にするものであるのに対し、教唆は、未だ犯罪の実行を決意していない者を唆して新たに犯行を決意させる点で異なる（大判大6・5・25刑録23輯519頁〈プ326〉）。

b　過失犯に対する幇助

　過失犯に対する幇助とは、他人の注意義務違反行為を認識しつつ、これを容易にする場合をいう。この点については、後述する（25講 3(2)）。

　　　c　不作為犯に対する幇助

　不作為犯に対する幇助とは、幇助行為によって不作為犯の実行を容易にすることをいう。この点について詳しくは後述する（24講 2(4)）。

　　　d　共同幇助

　共同幇助とは、2人以上の者が共同して幇助行為を行う意思で他人の犯罪の実行を容易にすることをいう。裁判例には、2人以上の者が幇助行為を共謀し、その一部の者が幇助行為を行った場合に、共謀共同幇助犯としたもの（大判昭10・10・24刑集14巻1267頁、大阪高判平5・3・30判タ840号218頁）がある。

　　e　片面的幇助

　片面的幇助とは、幇助者は幇助の故意に基づき幇助行為を行ったが、正犯者はその幇助行為があることを知らずに犯罪を実行することをいう。例えば、Xが、Aに傷害を負わせようと計画しているYの目のつくところにナイフを置いておき、これを見たYがそのナイフでAに切りつけた場合が、これに当たる。

　片面的幇助犯を認めるべきかについては争いがあるが、多数説は肯定説を支持している。幇助犯は幇助の故意に基づいて幇助行為を行い、それによって犯罪の実行を容易にすれば足りるから、幇助を受けているという意識は正犯者になくてもよいというのが、その理由である。判例も、肯定説に立っている（大判大14・1・22刑集3巻921頁、○東京地判昭63・7・27判時1300号153頁〈百85、講126、プ351〉）。

　　　f　承継的幇助犯

　承継的幇助犯とは、正犯者の実行行為の途中で幇助行為を行い、その後の実行行為を容易にした場合をいう。これについては、後述する（26講 1(3)）。

　　　g　予備罪・陰謀罪の幇助

　予備罪・陰謀罪の幇助とは、正犯の既遂、未遂または予備・陰謀を幇助した結果、正犯が予備・陰謀に終わったことをいう。予備罪・陰謀罪の幇助犯を認めるべきかについては、教唆犯の場合と同様の学説の対立があるが、多数説は肯定説に立っている。

　イ　正犯者（被幇助者）の実行行為

　a　実行行為

　幇助犯が成立するためには、正犯者が犯罪を実行することが必要である。

これは、前述した共犯従属性説（1(1)(2)）からの帰結である。要素従属性につき制限従属性説に立てば、正犯者の行為は構成要件に該当するとともに違法でなければならないが、最小従属性説によれば、正犯者の行為は構成要件に該当するものであれば足り、違法であることを要しない。

既遂罪の幇助犯が認められるためには、構成要件的結果が発生したこと、および、幇助行為と正犯者の実行行為・結果との間に因果関係が存在すること（20講3）が必要である。ただし、以下bで述べるように、その因果関係の内容については争いがある。正犯者の実行行為が開始されたが、結果を生じなかった場合は、未遂犯の幇助犯となる。

b　幇助犯の因果関係

【設問11】合鍵事例
　Xは、YがA宅に空き巣に入ろうと計画しているのを知り、YにA宅の合鍵を手渡した。Yは、合鍵がなくても何とかしてA宅に侵入しようとは思っていたが、合鍵をもらったので意を強くしてA宅に向かった。しかし、A宅の玄関には鍵がかかっておらず、Yは合鍵を使わずに空き巣を遂行した。Xにはどのような罪が成立するか。

【設問12】見張り事例
　Zは、WがBに対して強盗しようとしている現場に出くわしたので、Wを手助けしようと思い、Wが強盗を遂行している間、Wの知らないうちに見張りをしたが、結局、通行人などは来なかったため、仮にZが見張りをしなくてもWの強盗は成功していた。Zにはどのような罪が成立するか。

【設問11】（合鍵事例）と【設問12】（見張り事例）において、XとZが合鍵の提供や見張りという幇助行為を行ったことは否定できない。しかし、【設問11】のYはXから提供された合鍵を使用せずに空き巣を遂行し、また、【設問12】ではZが見張りをしている間に通行人などは来なかったことから、XとZの幇助行為は正犯の実行行為の役に立たなかったようにも思える。そのような場合に、幇助行為と正犯の実行行為・結果との因果関係は認められるのだろうか。

5講2で学んだように、正犯の場合、行為者に既遂結果の責任を負わせるためには、実行行為と既遂結果との間に条件関係（「AなければBなし」）が存在することが必要である。問題は、幇助犯の場合にも同じことがいえるかである。

学説上は、幇助犯も法益侵害・危険の惹起に処罰根拠があるという点では

正犯と異なるところはないから、幇助犯の因果関係としては、正犯の場合と同じく、行為と結果との間の条件関係が必要であるとする見解も有力である。この見解を徹底すると、【設問11】(合鍵事例)では、Xによる合鍵の提供という幇助行為がなくても、Yは何らかの方法でA宅に侵入して窃盗を実行していたと考えられるから、Xの幇助行為と既遂結果との間に条件関係はなく、住居侵入罪（130条前段）と窃盗罪（235条）に対する幇助犯の成立は否定されることになる。同様に、【設問12】（見張り事例）においても、強盗罪（236条1項）の幇助犯は成立しないということになろう。

しかし、正犯者であるYがXから渡された合鍵を現場に持参し、安心感をもって正犯行為を行っているにもかかわらず、Xはその正犯行為から生じた既遂結果（正犯結果）について全く責任を負わないというのは、一般の法感情を満たさないであろう。そもそも幇助犯は、正犯行為を手助けするものにすぎないから、幇助行為があってもなくても、結局、正犯者は実行行為を行ったであろうと考えられる場合が多く、それゆえ、幇助行為と既遂結果との条件関係を要求すると、幇助犯の成立範囲が極めて狭くなるおそれがある。

そこで、学説の中には、幇助行為と既遂結果との間の因果関係は不要であり、幇助行為と正犯の実行行為との間に因果関係があれば足りるとする見解も、主張されている。しかし、この見解に対しては、正犯の実行行為との間にしか因果関係がないのに幇助者に既遂結果の責任を負わせるのは個人責任の原則に反し、妥当でないとの批判が強い。

現在、学説において多数を占めているのは、既遂結果について責任を負わせる以上は**幇助行為と既遂結果との間に因果関係が必要であるが、因果関係の内容としては、幇助行為と既遂結果との間の条件関係までは必要でなく、実行行為を強化し、結果の実現を促進すること（促進的因果関係）で足りる**とする見解である。その基礎には、幇助犯の処罰根拠は正犯者の実行行為を容易にし、結果の実現を促進するところにあるとの理解がある。判例も、同様の見解に立っていると考えられる（大判大2・7・9刑録19輯771頁〈プ314〉、◎東京高判平2・2・21判タ733号232頁〔宝石商殺し事件〕〈百86、講127、プ315〉）。

因果関係には、**物理的因果関係**と**精神的因果関係**があるので、幇助犯の因果関係の有無を検討するときも、物理的に正犯行為を強化し促進したといえるか、心理的に正犯行為を強化し促進したといえるかを順に検討していくことになる。【設問11】（合鍵事例）では、YがXの提供した合鍵を使用しなかったため、Xは物理的にはYの正犯行為を強化・促進したとはいえないが、

Xの幇助行為によりYが安心して犯罪を実行できたという点において正犯行為および結果の実現を心理的に強化・促進している。したがって、Xには住居侵入罪（130条前段）および窃盗既遂罪（235条）の幇助犯が成立する。

これに対し、【設問12】（見張り事例）では、誰も現場を通りかからなかったので、Zの見張り行為は、物理的にWの行為を促進したとはいえないし、WはZが見張りをしていることを認識していなかった以上、Zの行為は精神的にも正犯行為を強化し促進したともいえない。したがって、強盗罪（236条1項）の幇助犯の成立は否定されることになる。

ウ　幇助犯の故意

a　故意の内容

幇助犯の故意としては、幇助犯の客観的構成要件に該当する事実、すなわち、正犯を幇助することおよびそれに基づいて正犯者が犯罪を実行することの認識、認容が必要である。もっとも、その内容については、教唆犯の場合と同様に、①正犯者が実行行為を行い、既遂の結果が生ずることの認識・認容が必要であるとする説と、②幇助行為により正犯者の実行行為を容易にさせることの認識・認容で足りるとする説が対立している。

問題となるのは、未遂の幇助の場合である。**未遂の幇助**とは、幇助者が正犯者の実行行為を未遂に終わらせる意思で幇助した場合をいう。例えば、XがYからA殺害に使う毒物の提供を依頼されたが、未遂に終わらせるために致死量に至らない毒物をYに渡し、YはそれをAに飲ませ、A殺害は未遂に終わった場合が、これに当たる。この場合、①説によれば、既遂結果発生の認識がないことからXに幇助犯の故意は認められず、殺人未遂罪の幇助犯は成立しないのに対し、②説においては、殺人罪の実行行為が行われることの認識がXにある以上、幇助犯の故意に欠けるところはなく、殺人未遂罪の幇助犯が成立することになる。

また、正犯の行為が未遂になると思って幇助したところ、予想に反して既遂の結果が発生した場合についても、教唆犯の場合と同じ議論が妥当する。

b　過失による幇助

過失による幇助とは、不注意により正犯の実行行為を容易にすることをいう。この点については、後述する（25講3(1)）。

c　結果的加重犯の幇助犯

結果的加重犯の幇助犯についても、前述した結果的加重犯の教唆犯と同様の議論が妥当する。

(2) 幇助犯の諸類型
ア　間接幇助
　間接幇助とは、幇助犯を幇助する場合をいう。間接教唆の場合と異なり、間接幇助を処罰する明文の規定が存在しないため、間接幇助を幇助犯とすべきかどうかについて、肯定説と否定説が対立しているが、判例は、正犯の犯行を間接に幇助した以上、幇助犯が成立するとして、肯定説に立つ（最決昭44・7・17刑集23巻8号1061頁〈百84、講129、プ317〉）。

イ　再間接幇助
　再間接幇助とは、間接幇助をさらに幇助することをいう。また、再間接幇助およびそれ以上の間接幇助を連鎖的（順次）幇助という。間接幇助否定説からは、連鎖的幇助犯も否定することになるが、間接幇助肯定説は、連鎖的幇助も正犯を幇助したといえる限り幇助犯の成立を認めてよいとする見解と、連鎖的幇助は正犯との関係が不明確な場合が多いから原則として幇助犯とすべきではないとする見解に分かれている。

ウ　教唆犯の幇助
　教唆犯の幇助とは、教唆行為を幇助し、容易にすることをいう。これを幇助犯とすべきかについても、肯定説と否定説が対立している。

エ　日常取引行為による幇助

【設問13】ソフト提供事件
　Xがさまざまな分野で応用可能なファイル共有ソフト「A」を開発して自己のウェブサイト上で公開し、インターネットを介して不特定多数の者に提供していたところ、Xとは全く面識のないYが、「A」をXのウェブサイト上からダウンロードし、ソフト「A」を使って、自己のパソコンから著作物であるゲームソフトや洋画のデータをインターネット利用者に対し自動公衆送信可能な状態にして、著作権者の有する公衆送信権を侵害し、著作権法119条1項の罪を犯した。Xは、ソフト「A」が著作権侵害に使われる可能性があることを知っていたため、自己のウェブサイトにおいて、ソフト「A」を著作権侵害のためには使わないよう呼びかけていた。Xに著作権法違反の罪の幇助犯は成立するか。

　【設問13】において、Yは、Xの提供したソフト「A」を用いて著作権侵害を行っており、Xもその可能性を認識していたのであるから、幇助犯の成立要件である①幇助行為、②正犯者による犯罪の実行、③故意をすべて満たしているようにも思える。しかし、ソフト「A」は、もともと著作権侵害のために開発されたのではなく、他の正当な目的に使用するために開発されたものである。つまり、ソフト「A」それ自体は、何ら著作権を侵害するため

のものではなく、価値中立的である。そのような価値中立的なものを用いる行為まで幇助犯の成立を認めると、幇助犯の成立範囲が無限定に広がるおそれがある。例えば、怪しい人相の者に包丁を販売したところ、実際にその包丁が殺人に使われた場合、包丁を販売した者は殺人罪の幇助となりかねない。

　他方、日常取引行為や業務行為であれば直ちに幇助犯の成立が否定されるともいえない。例えば、喧嘩の最中に喧嘩の当事者に包丁を売る場合のように、それ自体は業務行為であっても、当該行為によって結果が発生する危険性が高いときには幇助犯の成立が肯定されるであろう。これまでの裁判例においても、広告代理店経営者がホテル等の宣伝用チラシを販売し、新聞紙上に広告を掲載させた事例（大阪高判昭61・10・21判タ630号230頁）や、印刷業者がホテルの宣伝用小冊子を作成した事例（東京高判平2・12・10判タ752号246頁）において、それぞれ売春周旋目的誘引罪（売春防止法6条2項3号）の幇助、売春周旋罪（売春防止法6条1項）の幇助の成立が認められている。

　そこで、日常取引行為や業務行為などの行為が幇助犯となるのはどのような場合かという問題が、近時、盛んに議論されている。学説としては、許された危険の創出に当たるかどうかを基準とする見解や、確定的故意があったかどうかを基準とする見解などが主張されている。◎最決平23・12・19刑集65巻9号1380頁（ウィニー事件）〈百87、講128〉は、「ソフトの提供者において、当該ソフトを利用して現に行われようとしている具体的な著作権侵害を認識、認容しながら、その公開、提供を行い、実際に当該著作権侵害が行われた場合や、当該ソフトの性質、その客観的利用状況、提供方法などに照らし、同ソフトを入手する者のうち例外的とはいえない範囲の者が同ソフトを著作権侵害に利用する蓋然性が高いと認められる場合で、提供者もそのことを認識、認容しながら同ソフトの公開、提供を行い、実際にそれを用いて著作権侵害（正犯行為）が行われたときに限り、当該ソフトの公開、提供行為がそれらの著作権侵害の幇助行為に当たる」との立場から、【設問13】と同様の事案において、ファイル共有ソフトを公開、提供した場合に例外的とはいえない範囲の者がそれを著作権侵害に利用する蓋然性が高いことを被告人が認識・認容していたとまで認めることは困難であるとして、幇助犯の成立を否定した。

　(3)　処　分

　「従犯の刑は、正犯の刑を減軽する」とされている（63条）。つまり、幇助

犯は、正犯の行為に適用すべき法定刑を減軽した刑（68条以下）によって処断されるのである。もっとも、現実には正犯者より重い刑が幇助者に言い渡されることもありうる。なお、刑法64条は、拘留または科料のみに処すべき罪の幇助者は特別の規定がなければ処罰されないとしている。

第24講　共犯の諸問題(1)——共犯と身分など

> ◆学習のポイント◆
> 1　これまで学んだ共犯の基礎理論を踏まえて、以下（24講〜26講）では、共犯論上のさまざまな問題について検討していくことにしたい。具体的には、①共犯と身分、②不作為と共犯、③共犯と錯誤、④過失犯と共犯、⑤承継的共犯、⑥共犯関係からの離脱、⑦共犯と中止犯、⑧共犯と違法性阻却を扱う。
> 2　共犯と身分に関しては、判例・通説を前提とするのであれば、真正身分犯と不真正身分犯の違いに着目して、共犯の成否を正確に答えられるようにすることが必要である。なお、事例問題に解答する際には、検討している犯罪が身分犯であることに気づかず、刑法65条の適用に触れずに結論を出している例をよく見るので、注意すること。
> 3　不作為と共犯に関しては、まず、前提として、単独犯の場合における不真正不作為犯の成立要件（6講）を復習しておくこと。それを踏まえて、共犯が問題となるときには、行為者間に意思の連絡はあるか、各行為者は結果の実現に際してどのような役割を果たしたのかといった点に着目しながら、不作為犯における共犯の成否について的確に結論を導き出せるようにしてほしい。

1　共犯と身分

(1)　身分と身分犯
ア　身分犯の意義
　通常は、犯罪の主体に限定はない。性別や職業を問わず誰であっても、他人を殺せば殺人罪が成立するし、他人の財物を窃取すれば窃盗罪として処罰される。しかし、犯罪の中には、主体が一定の者に限られているものもある。その典型例が、収賄罪（197条以下）である。刑法197条1項前段（単純収賄罪）は、「公務員が、その職務に関し、賄賂を収受し、又はその要求若

しくは約束をしたときは」と規定しており、単純収賄罪の主体を「公務員」に限定している。したがって、民間企業の社員がその職務に関して取引業者から金品を受け取ったとしても、単純収賄罪は成立しない。

収賄罪における「公務員」のように、犯罪の主体を限定する要素を**身分**といい、収賄罪のように、行為の主体が一定の身分ある者に限られている犯罪を**身分犯**という。

収賄罪がそうであったように、多くの場合、条文において主語が明記されているため、条文を見れば、その犯罪が身分犯であることがわかる。収賄罪のほかにも、刑法169条（偽証罪）は、「法律により宣誓した証人が」とし、刑法247条（背任罪）は、「他人のためにその事務を処理する者が」と規定しており、いずれも身分犯である。

ただ、条文上は主語が明記されていないけれども身分犯であるという場合も存在する。例えば、刑法252条（横領罪）は、明文で行為の主体を限定しているわけではないが、自己の占有する他人の物の横領という行為の性質から、横領罪は、主体が「他人の物の占有者」に限られる身分犯である。

イ 身分の意義

刑法上の「身分」は、われわれが普段の会話で使っている「身分」とは少し意味が違うことに注意する必要がある。日常用語では、士農工商とか会社の部長や係長といった社会的地位などを「身分」というが、刑法上の身分概念は、これより広く捉えられており、犯罪に関する行為者の特性または状態を表す要素すべてを含む。判例は、身分を「**男女の性別、内外国人の別、親族の関係、公務員たる資格のような関係のみに限らず、総て一定の犯罪行為に関する犯人の人的関係である特殊の地位又は状態**」と定義している（○最判昭27・9・19刑集6巻8号1083頁〈プ380〉）。これによると、上述したように、偽証罪における「法律により宣誓した証人」や、横領罪における「他人の物の占有者」も、「犯罪行為に関する犯人の人的関係である特殊の地位又は状態」であるから身分に当たる。

通貨偽造罪（148条1項）における「行使の目的」などの主観的要素は、身分に含まれるのであろうか。この点については、「身分」という文言の本来の意義から、身分といえるためには多少とも継続性を有するものでなければならないとして、目的や動機のような一時的な心理状態は身分に含まれないとする見解も、有力である。しかし、行為者が主観的要素を有していることも、「犯人の特殊の状態」にほかならないから、上述した身分の定義を前提とする限り、主観的要素を身分に含めることは可能である。実際、営利目

的麻薬輸入罪における営利の目的を身分に当たるとした最高裁判例（○最判昭42・3・7刑集21巻2号417頁〈百91、講130、プ381〉）が存在する。

ウ　身分犯の分類

　身分犯は、真正身分犯（構成的身分犯）と不真正身分犯（加減的身分犯）に分けられる。**真正身分犯**とは、身分があることによってはじめて可罰性が認められる犯罪、言い換えると、身分がなければ犯罪とならない場合をいう。例えば、公務員以外の者が職務に関連して利益を受け取っても犯罪を構成しないから、収賄罪（197条以下）は、公務員のみを主体とする真正身分犯である。これに対し、**不真正身分犯**とは、身分がなくても犯罪を構成するが、身分があることによって法定刑が加重・減軽される犯罪をいう。例えば、常習賭博罪（186条1項）は、不真正身分犯である。常習賭博罪は、主体が賭博の常習者である場合に限り成立するから身分犯にほかならない。ただ、もともと常習者でなくても賭博を行えば賭博罪（185条）として処罰されるが、常習者が賭博を行えば法定刑のより重い常習賭博罪が適用されるという関係にあるのである。なお、真正身分犯の身分を**構成的身分**、不真正身分犯の身分を**加減的身分**という。

　一般に以下のものが、構成的身分、加減的身分とされている。

構成的身分	秘密漏示罪（134条1項）の「医師、薬剤師、医薬品販売業者、助産師、弁護士、弁護人、公証人又はこれらの職にあった者」 虚偽公文書作成等罪（156条）の「作成権限を有する公務員」 偽証罪（169条）の「法律により宣誓した証人」 収賄罪（197条以下）の「公務員」 背任罪（247条）の「他人のためにその事務を処理する者」 横領罪（252条）の「他人の物の占有者」など
加減的身分	看守者等による逃走援助罪（101条）の「法令により拘禁された者を看守し又は護送する者」 常習賭博罪（186条1項）の「常習者」 特別公務員職権濫用罪（194条）、特別公務員暴行陵虐罪（195条）の「裁判、検察若しくは警察の職務を行う者又はこれらの職務を補助する者」 業務上堕胎罪（214条）の「医師、助産師、薬剤師又は医薬品販売業者」など 業務上横領罪（253条）の「業務者」

(2)　刑法65条の1項と2項の関係

ア　問題の所在

　身分犯は本来、身分を有する者（身分者）のみがなしうる犯罪であるから、身分のない者（非身分者）は、単独では身分犯として処罰されることはない。それでは、身分犯における身分者の行為に非身分者が関与した場合はどのように取り扱われるのであろうか。この問題は、「共犯と身分」と呼ば

れている。

共犯と身分について、刑法65条は、1項で「犯人の身分によって構成すべき犯罪行為に加功したときは、身分のない者であっても、共犯とする」とし、2項において「身分によって特に刑の軽重があるときは、身分のない者には通常の刑を科する」と規定している。しかし、この規定の解釈をめぐっては争いが多い。

> **【設問1】収賄事例1**
> 　市役所職員Yの妻Xは、Yに対し、市役所に弁当を納入している業者Aから、その見返りに賄賂を受け取るよう唆し、Yはこれを実行した。Xにはどのような罪が成立するか。
> **【設問2】賭博事例1**
> 　賭博をしたことのないZは、賭博の常習者Wが麻雀賭博をするための資金を提供した。Zにはどのような罪が成立するか。

最も問題となるのは、1項と2項の関係である。1項は、「身分のない者であっても、共犯とする」と規定し、非身分者は身分を欠くにもかかわらず身分犯の共犯として身分者と同じように処罰される（これを「身分の連帯的作用」と呼んでいる）とされているのに対し、2項は、「身分のない者には通常の刑を科する」とし、非身分者は「通常の刑」すなわち身分がないときに成立する犯罪の刑で処罰される（これを「身分の個別的作用」と呼んでいる）と定められている。このように、同じく非身分者が身分犯に関与しているにもかかわらず1項と2項では取扱いが異なることから、両者には矛盾があるのではないかが問われているのである。

イ　判例・通説

この点について、判例（最判昭31・5・24刑集10巻5号734頁）・通説は、1項は真正身分犯について身分の連帯的作用を、2項は不真正身分犯について身分の個別的作用を規定したものであると解している。これによると、1項にいう「犯人の身分によって構成すべき犯罪行為」とは、身分があることによってはじめて成立する罪、つまり真正身分犯を指す。したがって、真正身分犯の身分者の行為に非身分者が関与した場合は、1項により「身分のない者であっても、共犯とする」ことになり、非身分者にも身分犯の共犯が成立する。これに対し、2項の「身分によって特に刑の軽重があるとき」とは、身分があることによって法定刑が加重・減軽される犯罪、つまり不真正身分犯を意味する。したがって、不真正身分犯の身分者の行為に非身分者が

関与した場合は、「身分のない者には通常の刑を科する」から、身分犯の共犯は成立せず、身分のないときに成立する犯罪の共犯が成立し、その刑で処罰される。

【設問1】では、非公務員であるXが公務員のYを教唆して賄賂を収受させているが、収賄罪は真正身分犯であるから、Xは、65条1項により収賄罪の教唆犯となる。これに対し、【設問2】では、賭博の常習者であるWの賭博をZが幇助しており、常習賭博罪は不真正身分犯であるから、Zには65条2項が適用され、常習賭博罪の幇助犯ではなく、常習者でないときに成立する単純賭博罪の幇助犯となる。

こうした判例・通説の立場は、条文の文言に忠実な解釈であるといえる。それでは、その理論的根拠はどこにあるのであろうか。この点は必ずしも明確ではないが、次のような説明がなされている。

【設問1】では、X自身は公務員の身分を有していないが、公務員であるYの収賄を教唆することによりYの行為を介して間接的に収賄罪の保護法益を侵害したといえる。そうである以上、収賄罪の共犯として処罰してよい。このように、65条1項が真正身分犯について身分の連帯的作用を認めている根拠は、非身分者が身分者の行為を通じて間接的に身分犯の保護法益を侵害したといえるところにある。

一方、不真正身分犯の場合も、本来は同じことがいえるはずである。【設問2】でいえば、非常習者のZは、常習者のWの行為を通じて間接的に常習賭博罪の構成要件を実現したともいえるからである。ただ、同じく賭博行為を行った者のうち、常習者には常習賭博罪として重い刑を科し、非常習者には単純賭博罪として軽い刑を科すというように、不真正身分犯は、同じ構成要件的行為を行った者の中でも身分者と非身分者とに異なる構成要件を設け、異なる刑を科すこととしている。その趣旨から、不真正身分犯の身分者と非身分者が共犯関係にある場合は、身分者には身分犯の構成要件の法定刑を適用し、非身分者には身分犯ではなく通常の構成要件の法定刑を適用することとする。65条2項が不真正身分犯について身分の個別的作用を規定している理由は、この点にある。

ウ　反対説1（罪名従属性を重視する見解）

ただ、真正身分犯か不真正身分犯かという区別は形式的なものにすぎず、そのような形式的な区別によって取扱いが異なるのは合理的ではないという疑問は依然として残る。学説の中には、この点を考慮して、**1項は真正身分犯および不真正身分犯を通じて身分犯における共犯の成立を、2項は特に不**

真正身分犯について科刑の個別的作用を定めたものであるとする説が主張されている。

　この見解は、不真正身分犯も「犯人の身分によって構成すべき犯罪行為」にほかならないから、真正身分犯のみならず不真正身分犯においても共犯の成立に関しては1項が適用され、非身分者には身分犯の共犯が成立すると説く。ただし、不真正身分犯における非身分者たる共犯者の刑は、65条2項により、身分犯ではなく通常の犯罪の刑が適用される。これによると、【設問1】のXが1項により収賄罪の教唆となるのは判例・通説と同様であるが、【設問2】のZは、罪名としては1項により常習賭博罪が成立し、2項により単なる賭博罪の法定刑の範囲で処罰されることになる。

　この見解は、共犯者間の罪名は共通であるべきであるという罪名従属性（23講1(4)）を重視するものであり、有力に主張されていたが、厳しい批判にさらされている。第1は、この見解においても、科刑に関しては不真正身分犯についてのみ2項による身分の個別的作用を認めていることから、真正身分犯と不真正身分犯との間に取扱いの違いは残るという批判である。第2に、罪名としては常習賭博罪が成立するのに科刑においては単なる賭博罪の刑が適用されるというように、罪名と科刑が分離するのは妥当でないという批判も寄せられている。

エ　反対説2（違法身分と責任身分により区別する見解）

　そこで、近時、有力に主張されているのが、1項は違法身分の連帯的作用を、2項は責任身分の個別的作用を定めたものであるとする見解である。この見解は、判例や通説のように真正身分犯か不真正身分犯かといった形式的な区別によって非身分者の取扱いを異にすることには合理的な理由がないとして、むしろ違法身分か責任身分かという身分の法的性質に着目すべきであると主張する。違法身分とは、違法性とりわけ法益侵害に関係する身分であり、責任身分とは、責任すなわち非難可能性の有無や程度に影響を及ぼす身分をいう。例えば、収賄罪における公務員は、違法身分である。行為者に公務員という身分があることによってはじめて収賄罪の保護法益である職務の公正が侵害されるからである。これに対して、常習賭博罪における常習者は、責任身分とされる。常習者でなくても賭博行為を行えば、賭博罪の保護法益は侵害されるので、常習者という身分は違法身分とはいえないが、常習者であることにより非難可能性が高まるからである。このように、構成的身分の多くは違法身分であり、加減的身分の多くは責任身分である。もっとも、特別公務員暴行陵虐罪における特別公務員は、加減的身分ではあるけれ

ども、公務の適正という保護法益は特別公務員という身分があってはじめて侵害されるので、違法身分であるとされる。

この見解によると、【設問1】では、収賄罪における公務員は違法身分であるからXには65条1項が適用されて収賄罪の教唆犯が成立し、【設問2】では、常習者は責任身分であるがゆえにZは2項により単なる賭博罪の幇助犯になる。

この見解は、「違法は連帯的に、責任は個別的に」の原則（23講2(3)）を身分犯の共犯の場合にも徹底しようとするものであり、明快である。ただ、第1に、違法身分と責任身分を明確に区別するのは困難であるという問題点がある。業務上横領罪（253条）の業務者のように、違法身分とみるか責任身分とするかが争われている場合もあるし、同意殺人罪（202条）における同意を得た者のように、違法性と責任の両方に関係していると考えられる身分も存在するのである。第2に、65条1項は、「犯人の身分によって構成すべき犯罪行為」と規定し、2項は、「身分によって特に刑の軽重があるときは」としているにすぎないのであるから、これらをそれぞれ違法身分、責任身分に関する規定であると読むことには無理があるという批判もなされている。こうした点から、この見解も通説となるには至っていない。

オ　複合的身分犯

【設問3】業務上横領事例
　A村の村長Xは、収入役Yと共謀の上、Yが収入役として業務上保管していた寄付金を酒代として費消した。Xにはどのような罪が成立するか。

刑法65条の適用が特に問題となる場面として、非占有者が業務上の占有者の横領に加功した場合がある。既に述べたように、横領罪は、他人の物の占有者を主体とする真正身分犯であるが、これに業務者（他人の物の占有を反復・継続して行う者）という身分が加わると、業務上横領罪として横領罪より重い刑で処罰される。その意味では、業務上横領罪は、横領罪との関係では不真正身分犯である。このように、業務上横領罪は、占有者という構成的身分と、業務者という加減的身分とを併せもっている（このような身分犯を**複合的身分犯**という）ため、刑法65条の適用において複雑な問題が生じる。

【設問3】では、Yは、収入役として業務上他人の物を占有するものであるから、業務者という身分と、占有者という身分を併せもっているが、Xは、どちらの身分も有していない。このように、業務上他人の物を占有する

者の横領行為に占有者でない者が関与した場合、Yに業務上横領罪が成立することは明らかであるが、これに関与したXにはどのような罪が成立するのであろうか。

前述した判例・通説の見解を適用すると、まず、占有者という身分は構成的身分であるから、刑法65条1項により非占有者Xは横領罪の共犯となり、次に、業務者という身分は加減的身分であるから、同条2項が適用されて業務者Yにのみ業務上横領罪が成立し、結局、非業務者Xには横領罪の共犯が成立するということになるはずである。しかし、実際には、判例は、【設問3】と同様の事案において、罪名としては刑法65条1項により業務上の占有者でないXにも業務上横領罪が成立し、同条2項によりXには横領罪の刑が科せられるとし（○最判昭32・11・19刑集11巻12号3073頁〈百92、講133、プ388〉）、前述した反対説1のような解決方法をとっている。

(3) 1項の「共犯」の意義

> 【設問4】収賄事例2
> 　市役所職員Xとその妻Yは、市役所に弁当を納入している業者Aから、その見返りに賄賂を受け取ろうと相談し、2人でAと会い、Aに対し金品を要求して受け取った。Yにはどのような罪が成立するか。
>
> 【設問5】賭博事例2
> 　賭博をしたことのないZと、賭博の常習者Wは、2人で賭場に赴き、一緒に麻雀賭博をした。Zにはどのような罪が成立するか。

また、刑法65条1項にいう「共犯」とは、共同正犯と狭義の共犯（教唆犯、幇助犯）の両方を含むのか、それとも、いずれか一方だけを指すのかも問題となる。この点については、①共同正犯のみを意味するとする見解、②共同正犯と狭義の共犯の両者を含むとする見解、③狭義の共犯のみを指すとする見解、④真正身分犯については狭義の共犯だけに限るが、不真正身分犯については共同正犯も含むとする見解が主張されている。

これは、真正身分犯において身分者と非身分者との共同正犯は可能かという問題と関係している。身分者と非身分者が共同して不真正身分犯を実現したときに、両者に共同正犯が成立することに異論はない。例えば、【設問5】では、刑法65条2項により、Zは単純賭博罪の共同正犯、Wは常習賭博罪の共同正犯となる。しかし、【設問4】のように、身分者と非身分者が共同して真正身分犯を実行したといえるようなときに真正身分犯の共同正犯の成立を認めてよいかについては争いがある。

③説は、【設問5】のように、不真正身分犯の場合には非身分者も実行行為をなしうるから身分者と非身分者の共同正犯を認めることは可能であるが、真正身分犯においては非身分者が実行行為を行うことは不可能であるから、共同正犯とはなりえないという。【設問4】でいうと、公務員Xと非公務員Yが2人で賄賂を収受しているようにも思えるが、公務員という身分のある者がその職務に関連して利益を受け取ってはじめて「賄賂」の「収受」といえるから、非公務員であるYにとってその金品の受領は「収受」という実行行為には該当しないとされる。

　なお、③説は、刑法65条1項を真正身分犯の共犯に関する規定と解する判例・通説の立場を前提とするのに対し、④説は、③説を基本としつつも、上記の反対説1（刑法65条の1項は真正身分犯および不真正身分犯を通じて身分犯における共犯の成立を、2項は特に不真正身分犯について科刑の個別的作用を定めたものであるとする説）の立場から③説を修正したものである。すなわち、反対説1のように、刑法65条1項は真正身分犯と不真正身分犯の両者に適用があるとの前提に立ち、かつ、③説のように、真正身分犯と不真正身分犯のうち後者の場合にのみ身分者と非身分者との共同正犯が可能であると考えると、1項にいう「共犯」は真正身分犯については狭義の共犯に限るが、不真正身分犯については共同正犯も含むという④説に至るのである。

　しかし、【設問4】のように、身分者と非身分者が互いに協力し合って自分たちの犯罪を遂行しようという意識の下に意思を通じ共同して身分犯を実現したといえる場合はありうる。そのような場合には、真正身分犯においても身分者と非身分者について共同正犯の成立要件を満たすといえ、共同正犯の成立を認めてよい。そこで、多数説は、②説に立ち、**刑法65条1項**にいう「共犯」は狭義の共犯とともに共同正犯も含むとしている。

　判例は、かつて、65条は共同正犯のために設けられた規定であるから65条1項は共同正犯にのみ適用されるとして、①説に立っていた（大判明44・10・9刑録17輯1652頁）が、現在では、多数説と同じく、②説に立っている（大判昭9・11・20刑集13巻1514頁〈プ387〉、最決昭40・3・30刑集19巻2号125頁〈講131、プ383〉）。

(4) 身分者が非身分者の行為に加功した場合の取扱い

> **【設問6】賭博事例3**
> 　賭博の常習者Xは、賭博をしたことのないYが麻雀賭博をするための資金を提供した。Xにはどのような罪が成立するか。

ア　不真正身分犯の場合

　第3は、不真正身分犯の身分者が非身分者の行為に加功した場合の取扱いである。【設問6】では、正犯であるYの行為が単純賭博罪に該当することは、明らかである。それでは、これを幇助したXにはどのような罪が成立するのであろうか。

　この点については、①刑法65条2項の適用を否定し、Xを単純賭博罪の幇助犯とする説と、②刑法65条2項の適用を認め、Xを常習賭博罪の幇助犯とする説に分かれる。

　①説は、共犯従属性説を前提とする限り、正犯が単なる賭博罪にすぎないときは、これに関与したYも単純賭博罪の幇助犯にとどまるとする。これに対し、②説は、**不真正身分犯においては身分の有無に応じて個別的に刑を科すというのが刑法65条2項の趣旨であるから、この場合にも65条2項が適用される**とする。

　判例は、当初、常習賭博罪（186条1項）は自ら賭博をした者にのみ適用されるとして、賭博の常習者が非常習者の賭博を幇助した事案につき常習賭博罪の幇助犯ではなく単純賭博罪の幇助犯の成立を認めていた（大判大3・3・10刑録20輯266頁）。しかし、その後、同様の事案につき、常習者の幇助行為において常習性が発現したといえる場合には、65条2項により常習賭博罪の幇助犯が成立するとした判決（大判大3・5・18刑録20輯932頁〈プ389〉）が出され、現在では、判例は、②説に立っているといってよい。

イ　真正身分犯の場合

　真正身分犯においても身分者が非身分者の行為に関与した場合の取扱いは問題となりうる。例えば、公務員が非公務員に指示して賄賂を受け取らせた場合である。これは、いわゆる「身分なき故意ある者」の問題であり、学説は、①収賄罪の間接正犯とする説、②刑法65条1項を適用して収賄罪の共謀共同正犯とする説、③非公務員を収賄罪の幇助犯、公務員を収賄罪の教唆犯とする説に分かれるが、この点については、21講2(4)で解説した。

2　不作為と共犯

　不作為と共犯の問題については、既に、共同正犯、教唆犯、幇助犯の各項目（22講3(5)、23講3(1)ア a・c、4(1)ア a・c）において言及してきたが、ここで、不作為と共犯をめぐる諸問題についてまとめて解説しておくことにしたい。

(1) 不作為犯の共同正犯

> 【事例1】 育児放棄事例1
> 　父Xと母Yは、1歳の子どもAが邪魔になったので殺そうと計画し、1週間全く食事を与えず、Aは餓死した。
> 【事例2】 育児放棄事例2
> 　1歳の子どもBの母Zは、交際相手のWと、Bが邪魔になったので殺そうと計画し、1週間全く食事を与えず、Bは餓死した。

　まず、不作為犯において共同正犯の成否がどのように判断されるかを考えることとしたい。

　【事例1】では、XとYはいずれも、Aの親であり、作為義務を有している。このように、共同者各自に作為義務がある場合に不作為犯の共同正犯が成立することに、ほぼ異論はない。問題は、作為義務のある者とそうでない者との共同正犯が可能かである。【事例2】では、Zは、Bの母親であり、作為義務を有しているが、Wについては（排他的支配や先行行為等の事情がない限り）作為義務は認められない（6講2(1)）。この場合に、ZとWの共同正犯の成立は認められるのであろうか。

　この点については、不真正不作為犯は作為義務を有する者のみがなしうる犯罪であり、作為義務のない者が不真正不作為犯の実行行為を行うことはありえないとして、共同正犯の成立を否定し、狭義の共犯の成立を認める見解も、有力である。これによると、【事例2】では、Zが殺人罪の単独犯、Wは、殺人罪の教唆犯か幇助犯にすぎないこととなる。

　しかし、**作為義務のある者とない者とが犯罪共同遂行の合意の下にそれぞれ重要な役割を果たし、共同して結果を実現することも可能である**。【事例2】では、ZとWは、2人で共同して不作為の殺人罪を実現したといえるので、殺人罪の共同正犯の成立を認めてよいであろう。そこで、多数説は、作為義務のある者とない者との共同正犯を肯定している。

(2) 不作為犯における正犯と共犯の区別

> 【設問7】 実子に対する殺害の不阻止
> 　Xは、自分の子どもAがYに殺害されそうになっているのを目撃した。Xは、これを容易に止めることができたが、Aが死亡してもかまわないと思い、放置した。その結果、AはYに殺害された。Xにはどのような罪が成立するか。
> 【設問8】 実子による殺害の不阻止
> 　Zは、自分の子どもWがBを殺害しようとしているのを目撃した。Zは、これ

を容易に止めることができたが、Bが死亡してもかまわないと思い、放置した。その結果、WはBを殺害した。Zにはどのような罪が成立するか。

【設問9】共謀者による殺害の不阻止
　VとUは、Cから債権を回収するため、共謀の上、Cを監禁し、隠し財産の所在を追及した。しかし、Cが口を割らなかったため、Uは、Cを殺すと言い出して、自動車でCを山林に連れて行った。Vは、殺害を阻止しようと思い、これに同行したが、山林において、自動車からスコップとつるはしを取ってくるようUから指示され、UがCの殺害に及ぶことを予測しながら現場を離れ、その間にUがCを殺害した。Vにはどのような罪が成立するか。

　【設問7】において、XとYの間に意思の連絡はないので、判例・通説である片面的共同正犯否定説（22講3（7））を前提とすると、XとYの共同正犯は成立しない。【設問8】のZとWについても同様である。
　一方、【設問7】のY、【設問8】のWに殺人罪が成立することも明らかである。それでは、Yの犯行を阻止しなかったX、また、Wの犯行を阻止しなかったZには、どのような罪が成立するのであろうか。
　【設問7】のXは、実子が殺害されるのを阻止しなかったし、【設問8】のZは、実子が他人を殺害するのを阻止しなかった。そのような事情からすると、XやZには、犯行を防止すべき作為義務があったともいえそうである。そうだとすると、XやZは、作為義務違反として不作為による正犯（単独正犯）を認めてよいのか、それとも、他人の犯行を阻止しなかったことにより正犯行為を手助けしたとして不作為による幇助犯とすべきなのかが問題となる。ここで問われているのは、不作為犯において正犯と共犯はどのような基準によって区別されるのかである。

　　＊　この点については、作為義務に違反した以上は不作為犯の実行行為性が認められるから、原則として正犯とすべきであるとする見解も有力である。これによると、XおよびZはいずれも、殺人を防止すべき作為義務があったにもかかわらずこれに違反したとして、不作為による殺人罪（単独正犯）となる。
　　　　また、法益を保護すべき義務があるにもかかわらずこれを怠った場合（法益保護義務違反）と、他人の犯罪を防止すべき義務があったにもかかわらずこれを怠った場合（犯罪防止義務違反）とに分け、前者は正犯となるが、後者は幇助犯が問題となるにすぎないとする見解も存在する。これよると、【設問7】のXは、実子が殺害されるのを阻止しなかったので、実子の法益を保護すべき義務に違反した（法益保護義務違反）として、殺人罪の正犯となるが、【設問8】のZは、被害者であるBとは他人であるから法

益保護義務は認められないものの、実子の犯罪を阻止すべき義務に違反した（犯罪防止義務違反）として、幇助犯が問題となるのにすぎない。

通説は、他人の犯行を阻止しなかった場合には原則として**幇助犯が問題となるにすぎない**と解している。【設問7】、【設問8】でいえば、因果経過を支配しているのは、直接被害者を殺害したYやWであって、XやZは、因果経過を支配したとまではいえないので、正犯としての実行行為性は認められない。むしろ、XやZは、他人の犯行を阻止しなかったことにより、その犯行を容易にしたにすぎないので、幇助犯が問題となるというのが、通説の理解である。

判例も、他人の犯行を止めなかったときは原則として幇助犯が成立すると解しているといってよい。【設問9】と同様の事案において、○大阪高判昭62・10・2判タ675号246頁〈講135、プ391〉は、作為によって人を殺害した場合と等価値とは評価しがたいと述べて、殺人罪の共同正犯の成立を認めた原判決を破棄し、殺人罪の幇助犯とした。

(3) **不作為による共犯**

> **【設問10】児童虐待事件**
> Xは、実子A（3歳）を連れて、Yと同棲していた。Yは、自宅においてAに多数回殴打するなどの暴行を加え、死亡させた。Xは、妊娠中であり、また、Yから暴行を受けたことがあったことから、YがAに暴行を加えている間、暴行を制止するなどの措置をとらなかった。Xにはどのような罪が成立するか。

そこで、次に問題となるのが、どのような場合に不作為による幇助犯が成立するかである。幇助犯が成立するためには、①正犯を幇助すること（幇助行為）、②それに基づいて正犯者が犯罪を実行すること、③故意を有することが必要である（23講4(1)）が、このことは、不作為による幇助犯の場合も同じである。ただし、以下の点に注意する必要がある。

まず、①について、不作為による幇助行為は作為による幇助行為と同視しうるものでなければならない。そのためには、**正犯者の犯罪を防止すべき作為義務のある者が、作為に出ることが可能かつ容易であったにもかかわらず、その義務に違反して作為をしないことが必要である**。作為義務があるかどうかは、幇助者と被害者との関係や、幇助者と正犯者との関係に着目しながら、法令、地位、職務の内容、先行行為、結果発生に対する支配性（正犯の不真正不作為犯における排他的支配のような強い支配性までは要求されないであろう）、保護の引受けなどから総合的に判断される。

次に、②については、幇助行為と正犯行為・結果との因果関係が必要となるが、幇助犯の因果関係の内容としては、条件関係は不要であり、促進的因果関係で足りる（23講4(1)イb）。これによると、不作為による幇助犯の場合は、正犯行為を阻止しようとすれば結果発生を確実に防止できたという関係までは要求されず、**正犯行為を阻止しなかったことによって正犯者の結果実現が容易になった**（逆にいうと、もし幇助者が作為に出ていれば正犯者は犯罪を実行しづらくなった）といえれば足りる。

* 判例は、選挙長が投票干渉を目撃しながらこれを制止しなかった事例（○大判昭3・3・9刑集7巻172頁）や、劇場責任者がストリッパーの公然わいせつの演技を目撃しながら公演を継続させた事例（○最判昭29・3・2裁判集刑93号59頁）につき、不作為の幇助を認めている。これに対し、飲食店等の営業許可の名義を貸与した後、店が業として売春に使用されていることを知ったにもかかわらず放置した事例（大阪高判平2・1・23判タ731号244頁〈プ394〉）や、ゲームセンターの店長が従業員から、ゲームセンターと同じ経営者の経営するパチンコ店へ強盗に入る計画を打ち明けられたが、これを止めなかった事例（○東京高判平11・1・29判時1683号153頁〈講134、プ395〉）では、幇助犯の成立が否定されている。

【設問10】の事案で、釧路地判平11・2・12判時1675号148頁は、XがYの暴行をほぼ確実に阻止しえたとはいえないことを理由に不作為による幇助犯の成立を否定し、無罪を言い渡したが、◎札幌高判平12・3・16判時1711号170頁〈百83、プ392〉は、これを破棄し、不作為による幇助犯が成立するためには正犯者の犯行をほぼ確実に阻止できなくても、犯行を困難にできた可能性があれば足りるとの立場から、XはYを制止したり監視したりするなどの作為によりYの暴行を阻止することが可能であったのに、それをせずにYの暴行を容易にしたとして、傷害致死罪（205条）の幇助犯の成立を認めた。

なお、不作為による教唆は、「教唆」という語義上、認められないとされている。

(4) 不作為犯に対する共犯

自分の子が溺れているのを発見した母親に救助しないよう他人が唆す場合のように、作為義務のある者の不作為を教唆・幇助したときには、教唆犯もしくは幇助犯が成立する。ただし、このとき、①不真正不作為犯における作為義務を身分と解し、作為義務のない者に刑法65条1項を適用する見解と、②不真正不作為犯における作為義務違反は実行行為性の問題であって、身分ではないとして同項の適用を否定する見解とが存在する。

第25講　共犯の諸問題(2)――共犯の錯誤など

> ◆学習のポイント◆
> 　共犯において錯誤が生じた場合も、基本的には単独犯の場合の錯誤理論が当てはまるので、まずは、8講、9講の内容を復習し、錯誤の事例の解決方法を正確に理解することが必要である。その上で、共犯の事例においても適切に錯誤理論を適用し、結論を導き出せるようにしてほしい。ただし、共同正犯における抽象的事実の錯誤においては、錯誤理論のほか、共同正犯の本質論（行為共同説と犯罪共同説の対立）も重要となるので、注意すること。

1　共犯の錯誤(1)――同一関与形式内（共同正犯内、教唆犯内、幇助犯内）の錯誤

(1)　共犯の錯誤の意義

　単独犯において錯誤が犯罪の成否にどのような影響を与えるかについては、既に学んだ（8講、9講）。ただ、錯誤は、共同正犯や狭義の共犯においても生じることがある。これを**共犯の錯誤**という。共謀の内容と実行行為によって実現された事実との間に不一致がある場合や、共犯者が認識した事実と正犯者が実行した事実との間に不一致がある場合が、これに当たる。

　なお、窃盗を教唆したところ、被教唆者が強盗を実行したというように（後述【設問5】）、実行行為者が共犯者の意思内容以上の行為あるいは共同意思以上の行為をした場合を特に**共犯の過剰**と呼んでいる。これも、共犯の錯誤の1つである。

　共犯の錯誤も、基本的には単独犯の場合と同じ錯誤理論によって解決される。ただ、共犯の錯誤の場合には、共犯理論をも併せて考慮する必要があることから、単独犯の場合に比べて一層複雑な問題が生じる。共犯の錯誤には、①同一関与形式内の錯誤と、②異なる関与形式間の錯誤があるが、ここでは、①同一関与形式内の錯誤について検討する。

(2) 具体的事実の錯誤
ア　方法の錯誤

> 【設問1】被教唆者の方法の錯誤
> 　XがYにAを殺すよう指示し、YがAに向けてピストルを発砲したところ、弾はAではなく、横にいたBに命中し、Bは死亡した。XとYにはどのような罪が成立するか。
> 【設問2】共同正犯者の方法の錯誤
> 　ZとWがC殺害を共謀し、ZがCに向けてピストルを発砲したところ、弾はCではなく、横にいたDに命中し、Dは死亡した。ZとWにはどのような罪が成立するか。

　同一関与形式内における錯誤には、具体的事実の錯誤の場合と、抽象的事実の錯誤の場合がある。まず、同一構成要件内の錯誤すなわち具体的事実の錯誤について考えてみよう。

　具体的事実の錯誤については、行為者が認識した事実と発生した事実とが具体的に一致しない限り故意を阻却するとする**具体的符合説**と、行為者が認識した事実と発生した事実とが構成要件において一致している限り故意を阻却しないとする**法定的符合説**が対立している（8講2）。方法の錯誤の場合、具体的符合説は、認識していなかった客体について故意の成立を否定するが、法定的符合説は、故意の成立を認める。このような取扱いは、共犯の場合にも当てはまる。

　【設問1】は、狭義の共犯である教唆犯において正犯者の行為に方法の錯誤が生じた場合である。具体的符合説からは、狙っていたAに対する故意は認められるが、Bに対する故意は否定されるから、正犯者であるYには、Aに対する殺人未遂罪（203条・199条）とBに対する過失致死罪（210条）が成立し、教唆者であるXにはAに対する殺人未遂罪の教唆犯が成立する。なお、XにはBに対する過失致死罪の教唆犯が成立するようにも思えるが、後述するように（後述3(2)）、通説は、過失犯に対する教唆犯を否定しているから、過失致死罪の教唆犯は認められないであろう。もっとも、X自身について予見可能性を前提とした結果回避義務違反が認められるときには、Xに正犯としての過失致死罪が成立する余地はある。

　他方、法定的符合説においては、YにはAに対する殺人未遂罪とBに対する殺人既遂罪が成立し、XにはAに対する殺人未遂罪の教唆犯とBに対する殺人既遂罪の教唆犯が成立することになる。

【設問2】は、共同正犯において方法の錯誤が生じた場合である。具体的符合説においては、ZとWには、狙っていたCに対する殺人未遂罪の共同正犯と、(過失犯の共同正犯肯定説に立てば)狙っていなかったDに対する過失致死罪の共同正犯が成立する。これに対し、判例・通説が依拠する法定的符合説からは、CだけでなくDに対しても故意が認められるので、ZとWにはCに対する殺人未遂罪の共同正犯とDに対する殺人既遂罪の共同正犯が成立することになる。

イ 客体の錯誤

> 【設問3】被教唆者の客体の錯誤
>   XがYにAを殺すよう指示したところ、Yは、BをAと間違えて殺害した。XとYにはどのような罪が成立するか。
>
> 【設問4】共同正犯者の客体の錯誤
>   ZとWがC殺害を共謀したところ、Zは、DをCと間違えて殺害した。ZとWにはどのような罪が成立するか。

【設問3】は、被教唆者に客体の錯誤があった場合である。この場合については、やや複雑な議論が展開されている。客体の錯誤の場合は、具体的符合説、法定的符合説のいずれも故意の成立を肯定する。Yの錯誤は客体の錯誤であるから、Yに殺人罪が成立することに争いはないが、Xはどうか。この場合、X自身は人違いをしたわけではないから、Xの錯誤は客体の錯誤とは言いがたい。むしろ、YにA殺害を指示したところ、Yは別人のBに攻撃を加えたのであるから、これは発射した弾がそれた場合と似ており、そうだとすると、Bの死亡はXにとっては方法の錯誤であるという方が自然である。それゆえ、具体的符合説からは、教唆者であるXにとって方法の錯誤である以上、故意は阻却され、Xに教唆犯は成立しないということになるはずである。しかし、これに対しては、人を殺害するように命じた結果、人が殺害されているのに、命じた者は不可罰となるか、せいぜい過失犯として処罰されるにすぎないという結論は、一般の法感情に反し、妥当でないとの批判が寄せられている。

そこで、具体的符合説の中には、一定の場合に共犯の故意を認めて共犯の成立を肯定しようとする見解も主張されている。例えば、YがXからAの容貌を説明され、それらしい容貌のBをAと思って殺害した場合は、Xにとっても客体の錯誤であるという見解や、Xが日時場所等で客体を表示した場合は、Xにとっても客体の錯誤であるとする見解が、それである。

一方、法定的符合説からは、方法の錯誤の場合にも、構成要件的に符合する限り認識していなかった客体に対する故意は認められるから、Xの錯誤が方法の錯誤であるとしても、当然に教唆犯の故意が認められる。

　【設問4】は、共同正犯における**客体の錯誤**の事例である。Zの錯誤は客体の錯誤であるから、具体的符合説、法定的符合説のいずれの見解からも、Zの故意は否定されない。問題は、Wの故意である。ZとWは共同正犯である以上、Zと同様にWにとっても客体の錯誤であると考えると、具体的符合説からも、Wの故意は否定されず、ZとWには殺人罪の共同正犯が成立する。しかし、W自身が人違いをしたわけではないので、Wにとっては方法の錯誤であるとすると、【設問3】のXについて述べたことがWにも当てはまることになる。Wの故意が否定されると、Wには過失致死罪が成立するにすぎず、Zのみに殺人罪が成立することになる。

　これに対し、法定的符合説によれば、いずれにしてもWの故意は否定されず、ZとWに殺人罪の共同正犯が成立する。

(3)　共犯の因果性（共謀の射程を含む）と抽象的事実の錯誤

　次に、関与者間において異なる構成要件にまたがる錯誤があった場合、すなわち抽象的事実の錯誤について検討しよう。

ア　狭義の共犯

> 【設問5】窃盗教唆強盗実行事例
> 　XがYにAの財布を窃取するよう唆（そそのか）したところ、Yは、その気になり、Aから財布を盗もうとしたが、Aの抵抗に遭ったため、ナイフをAの首に突きつけて脅して反抗を抑圧し、Aの財布を奪取した。XとYにはどのような罪が成立するか。
>
> 【設問6】ゴットン師事件
> 　Zが金に困っていたW、Vらに対してB方への窃盗を唆したところ、B方は施錠されていて侵入できなかったことから、Wらは、B方への侵入を断念した。しかし、Vが「俺たちは盗みのプロだ。プライドにかけてこのまま引き下がるわけにはいかない」と言ったので、Wらは、その気になり、隣家のC方に侵入して強盗を実行した。Z、W、Vにはどのような罪が成立するか。

　【設問5】と【設問6】は、狭義の共犯における抽象的事実の錯誤の事例である。抽象的事実の錯誤について、判例・通説は法定的符合説を採用しており、認識した事実と発生した事実の構成要件が実質的に重なり合う限度で軽い罪が成立すると解している（9講2）。このことは、共犯の場合にも当

てはまる。ただし、共犯における抽象的事実の錯誤の場合には、故意の存否とともに、客観的構成要件とりわけ因果性の存否に注意を払う必要がある（20講3）。

　【設問5】において、Xが窃盗を教唆したところ、Yは強盗を実行しているが、Xの教唆行為とYの実行行為・結果との因果関係は肯定してよい。教唆行為によって生じたYの犯行の動機に変化はなく、被害者も同一であることから、YはXの教唆行為に基づいて実行行為を行ったといえるからである。したがって、客観的には強盗罪の教唆犯の事実が実現されたといえる。しかし、Xには強盗の意思はなかったため、刑法38条2項により強盗罪の教唆犯は成立せず、強盗罪と窃盗罪の重なり合う限度で窃盗罪の教唆犯が成立することになる。

　一方、【設問6】も、【設問5】と同じく、窃盗を教唆したところ、正犯者が強盗を実行したという事例である。しかし、WらはZの教唆の内容とは異なる被害者に対して強盗を実行した上、Wらの犯行の動機も、金欲しさからプライドの維持へと変化している。そのため、WらはZの教唆行為と無関係にCへの強盗を決意したというべきであり、Zの教唆行為とWらの強盗との因果関係は否定されるであろう。そうだとすると、認識した事実と発生した事実との重なり合いを判断するまでもなく、Zは、Wらの強盗について全く責任を問われないことになる。

　【設問6】と同様の事案において、◎最判昭25・7・11刑集4巻7号1261頁（ゴットン師事件）〈百89、講136、プ310、320〉は、WらのC方における犯行につき、「被告人Zの教唆に基いたものというよりむしろWは一旦右教唆に基く犯意は障碍の為め放棄したが、たまたま、共犯者3名が強硬に判示C商会に押入らうと主張したことに動かされて決意を新たにして遂にこれを敢行したものであるとの事実を窺われないでもないのであって、彼是綜合するときは、原判決の趣旨が果して明確に被告人Zの判示教唆行為と、Wの判示所為との間に、因果関係があるものと認定したものであるか否かは頗る疑問である」と判示して、原判決を破棄、差し戻した。これは、正犯行為がZの教唆に基づくものではなく、正犯者らが新たな共謀に基づいてCに対する強盗を遂行した可能性があることから、教唆行為と正犯行為との因果関係に疑問を示したものと思われる。

イ　共同正犯

> 【設問7】共謀者間の誤解事例（因果関係が判明している場合）
> 　Xは殺人の意思で、Yは傷害の意思でAの攻撃を謀議した上、共同してAを殴打し、両者の殴打が相まってAを死亡させた。XとYにはどのような罪が成立するか。
>
> 【設問8】共謀者間の誤解事例（因果関係が不明な場合）
> 　Zは殺人の意思で、Wは傷害の意思で共同してBを殴打し、Bを死亡させたが、いずれの殴打が致命傷を与えたかは不明であった。ZとWにはどのような罪が成立するか。

　a　共同正犯の本質
(a)　行為共同説と部分的犯罪共同説

【設問7】は、共同正犯における**抽象的事実の錯誤の事例**である。共同正犯における抽象的事実の錯誤の場合には、特に共同正犯の本質論が重要となる。共同正犯の本質に関しては、行為を共同するところに共同正犯の本質を求める行為共同説と、犯罪を共同するところに共同正犯の本質を求める犯罪共同説が対立している。

　両説の違いは、各共同者における罪名の一致を不要とするかどうか、言い換えると、**異なる構成要件間の共同正犯を肯定するかどうかという点**にある。**行為共同説**は、各共同者における罪名の一致を不要とする見解である。行為共同説によると、共同正犯の成立には、「ピストルを撃つ」とか「ナイフで刺す」といった行為を共同して行った事実があれば足り、特定の犯罪を共同して行う必要はないので、各共同者の意思に不一致がある場合には、その意思の内容に応じて各人に異なる構成要件の共同正犯が成立することも認められる。これに対し、**犯罪共同説**は、各共同者における罪名の一致を重視する。犯罪共同説においては、共同正犯の成立を認めるためには特定の犯罪を共同して実現することが必要となるので、異なる構成要件間の共同正犯は否定され、各共同者には同一の罪名の犯罪が成立することとなる。

　なお、犯罪共同説の中には、罪名が異なる場合に共同正犯の成立を一切認めない見解（完全犯罪共同説）も存在するが、現在、犯罪共同説の主流は、**部分的犯罪共同説**である。部分的犯罪共同説とは、各共同者の意思に不一致があった場合でも、構成要件が同質的で重なり合う限りにおいて共同正犯の成立を認める見解である。少なくとも重なり合う罪の限度では共同して構成要件を実現したといえるから、その範囲で共同正犯の成立を認めてよいとい

うのが、その理由である。

(b)　具体的帰結の違い

それでは、行為共同説と部分的犯罪共同説とでは具体的にどのような結論の違いが生じるのだろうか。

行為共同説によると、各共同者の意思の内容に応じてそれぞれに異なる構成要件の共同正犯が成立する。【設問7】においては、殺人の意思を有するXには殺人罪（199条）の共同正犯が成立し、傷害の意思を有するYには（結果的加重犯の共同正犯を肯定する見解に立てば）傷害致死罪（205条）の共同正犯が成立することになる。共同正犯として認められる罪名がXとYとで相違しているところに注意する必要がある。

> ＊　行為共同説を徹底すると、全く異質な構成要件間においても共同正犯の成立が認められる。例えば、共同正犯者の一方が殺人の意思でA宅を襲うよう指示したところ、他方がこれを放火の趣旨であると誤解してA宅を放火し、中にいたAを死亡させた場合、一方は殺人罪の共同正犯、他方は放火罪の共同正犯となる。しかし、そのような立場は、構成要件を基軸とする犯罪論体系と相容れない。そのため、行為共同説においても、無限定に共同正犯の成立を認めるのではなく、構成要件の重要部分の共同といった一定の条件を設けて共同正犯の成立を認める見解が一般的である。

これに対し、部分的犯罪共同説によると、各共同者の意思に不一致がある場合には、構成要件の重なり合う限度でのみ共同正犯の成立が認められる。殺人罪と傷害致死罪は傷害致死罪の限度で重なり合うといえるから、【設問7】のXとYには傷害致死罪の共同正犯が成立する。XとYに共同正犯として認められる罪名が一致しているところに特徴がある。もっとも、Xには殺人の意思があったので、殺人罪の成立が認められるが、これはXの単独犯にすぎない。XとYの間に殺人についての意思の連絡があったわけではないから、殺人罪の共同正犯の成立を認めることはできないのである。つまり、結論としては、Xには、殺人罪の単独犯が成立し、Yとの間では傷害致死罪の限度で共同正犯となり、また、Yには傷害致死罪の共同正犯が成立するということになる。

> ＊　部分的犯罪共同説の中には、罪名としては全員に重い罪の成立を認めながら、処断すべき刑罰は故意の内容に応じて個別化するという見解もありうる。【設問7】では、XとYの両者に殺人罪の共同正犯が成立し、ただ、Yは刑法38条2項により傷害致死罪の刑で処断されるというのである。しかし、これによると、Yには、殺人罪が成立しているのに、刑としては傷害致死罪の法定刑が適用されることになり、罪名と科刑が分離してしまう。

また、殺意のないYに殺人罪の成立を認めることにも疑問がある。そのため、このような見解はほとんど主張されていない。

　行為共同説と部分的犯罪共同説は、軽い罪の故意をもつ者について構成要件の重なり合う限度で軽い罪の共同正犯の成立を認める（【設問7】のYに傷害致死罪の共同正犯が成立する）という点では一致している。他方、重い罪の故意をもつ者については、行為共同説からは、重い罪の共同正犯が成立する（【設問7】のXは殺人罪の共同正犯）のに対し、部分的犯罪共同説からは、重い罪の単独犯が成立し、構成要件の重なり合う限度で軽い罪の共同正犯（【設問7】のXは殺人罪が成立し、傷害致死罪の限度で共同正犯）となる。

　【設問8】のように、**各人の行為と結果との因果関係が証明されなかった場合**も、両説の結論は異なる。共同正犯の意義は、**一部行為全部責任の原則**にあるから、共同者の行為から発生した結果については、たとえ個々の行為者の行為と結果との因果関係が不明であっても、共同者全員が責任を負う（22講2(1)）。行為共同説においては、Wの傷害致死罪とZの殺人罪について一部行為全部責任の原則が適用されるから、Wの傷害致死罪の共同正犯とともに、Zに殺人既遂罪の共同正犯の成立を認めることが可能となる。これに対し、部分的犯罪共同説からは、WとZに傷害致死罪の共同正犯の成立は認められるが、Zの殺人罪については単独犯にすぎないので、一部行為全部責任の原則は適用されず、Zの行為とBの死亡との間の因果関係が不明である以上、殺人未遂罪にとどまることになる（ただし、部分的犯罪共同説に立ちながら、Zにおける殺人既遂罪の成立を肯定する見解も主張されている）。

	【設問7】	【設問8】
行為共同説	X：殺人罪の共同正犯 Y：傷害致死罪の共同正犯	Z：殺人罪の共同正犯 W：傷害致死罪の共同正犯
部分的犯罪共同説	X：殺人罪の単独正犯（傷害致死罪の限度で共同正犯） Y：傷害致死罪の共同正犯	Z：殺人未遂罪の単独正犯（傷害致死罪の限度で共同正犯） W：傷害致死罪の共同正犯

(c) 判　例

　この点について、判例は、どのような立場を採用しているのであろうか。裁判例に現われているのは、【設問7】のように、各人の行為と結果との因果関係が判明している事案である。かつては、共同者全員に重い罪の共同正犯が成立し、重い罪の意思のない者は刑法38条2項により軽い罪の刑で処断

されるとする裁判例（最判昭23・5・1刑集2巻5号435頁）も見られたが、◎最決昭54・4・13刑集33巻3号179頁〈百90、講137、プ337〉は、このような立場を明確に否定した。同決定は、7名の者が傷害を共謀したところ、共謀者の1人が殺意をもって被害者を刺殺した事案につき、殺人罪の故意のなかった6名に殺人罪の共同正犯の成立を認めて傷害致死罪の刑で処断するという解決は誤りであるとして、殺人罪の共同正犯と傷害致死罪の共同正犯の重なり合う限度で傷害致死罪の共同正犯が成立するとした。

　もっとも、前掲・最決昭54・4・13は、軽い罪の故意しかなかった者に関する判断であったことから、これが、行為共同説と部分的犯罪共同説のいずれを前提とするものであるかは明らかではなかった。しかし、◎最決平17・7・4刑集59巻6号403頁（シャクティ事件）〈百6、講11、プ338〉は、自分の掌で患者の体を叩く「シャクティパット」と称する治療行為を行っていた被告人が、その支持団体の構成員と共謀の上、脳内出血により重度の意識障害状態にあり病院に入院していた同構成員の父親を病院から運び出してホテルの1室で「シャクティパット」を行い、死亡するおそれが大きいことを知りながらそれもやむなしと決意し、生存に必要な措置を何ら講じないまま放置し、窒息死させたが、共謀者である同構成員には死亡の結果について認容がなく、殺意が認められなかったという事案につき、被告人には不作為による殺人罪が成立し、殺意のない共謀者との間では保護責任者遺棄致死罪（219条）の限度で共同正犯となると判示した。同決定は、重い罪の故意をもっていた被告人について軽い保護責任者遺棄致死罪の限度で共同正犯が成立するとしたことから、**部分的犯罪共同説に立つものと一般に理解されている**。

●コラム● 部分的犯罪共同説における罪数処理

　部分的犯罪共同説からは、【設問7】のXには、単独犯としての殺人罪とともに、傷害致死罪の限度で共同正犯が成立することになるが、殺人罪と傷害致死罪の共同正犯とはどのような関係に立つのであろうか。この点について、部分的犯罪共同説の論者はほとんど言及しておらず、その解決方法は判然としない。

　考えられるのは、①観念的競合、②包括一罪、③法条競合である。罪数について詳しくは27講を参照してほしいが、Xは1つの行為によって1人の被害者を殺害したにすぎないから、殺人罪と傷害致死罪の共同正犯との2罪の成立を認めて観念的競合とするのは適切でないであろう。そうすると、残るのは包括一罪か法条競合である。部分的犯罪共同説の中には、殺人罪と傷害致死罪の関係を法条競合であると明言する見解も存在するが、他方、「傷害致死罪を内包する殺人罪（単独犯）が成立する」と述べているものもあり、これが両罪の関係を包括一罪とする趣旨か、法条競合とする趣旨かは明らかではない。

判例も、包括一罪とするのか法条競合とするのかは明確にしていない。本文で言及したシャクティ事件決定は、殺意のある被告人には「殺人罪が成立し、殺意のない患者の親族との間では保護責任者遺棄致死罪の限度で共同正犯となる」という表現を用いているが、殺人罪と保護責任者遺棄致死罪の共同正犯との関係にまでは言及していない。また、殺人の意思を有する者と傷害の意思を有する者とが共謀して被害者に傷害を負わせた事例において、札幌地判平2・1・17判タ736号244頁は、殺意のあった被告人に対する法令の適用につき、「被告人甲の……所為は刑法60条（ただし、傷害の範囲で）、203条、199条に……該当する」としている。これも、部分的犯罪共同説に立ったとみられるが、少なくとも観念的競合を定めた刑法54条1項は適用していない。

　b　具体的事例の検討方法
　(a)　問題の所在
　このように、共同正犯における抽象的事実の錯誤の場合には、共同正犯の本質論が重要となるが、他方、錯誤の事例である以上、錯誤論も問題となる。しかし、共同正犯の本質論と錯誤論がどのような関係に立つのかは、必ずしも明確にされてこなかった。特に、共同正犯の本質論における部分的犯罪共同説と錯誤論における法定的符合説は、いずれも構成要件の重なり合う限度で犯罪の成立を認めるという点では共通していることから、はたして両者はどのように違うのか、また、具体的事例を解決する際に両者とも検討しなければならないのか、片方だけでよいのかという疑問が生じる。さらに、共同正犯の本質論や錯誤論が共同正犯の成立要件のうちどの成立要件の問題であるのかも、明らかではない。

　これらの点については、さまざまな見解がありうるが、以下では、具体的事例の検討方法について、考えられる筋道をいくつか示すことにしたい。その際には、①謀議の時点で各関与者の認識に不一致があった場合、②謀議の時点では各関与者の認識は一致していたが、その後に関与者の一部が謀議の内容と異なる犯罪を実行した場合に分けて検討することが有益である。

　なお、共同正犯の本質論と錯誤論との違いについて述べておくと、共同正犯の本質論は、甲と乙が共同正犯の関係にあるかといった複数の行為者間における共同正犯の成否の問題であるのに対し、錯誤論は、認識内容と発生事実に食違いがあるときに故意犯は成立するかという個々の行為者における故意犯の成否の問題である。

　(b)　謀議の時点で各関与者の認識に不一致があった場合
　【設問7】において、Xは殺人の意思、Yは傷害の意思で謀議しており、謀議の時点で各関与者の認識に不一致がある。
　共同正犯の成立要件を順に検討すると、まず、謀議の時点で各関与者の認

識に不一致があることから、それでも「共謀」の要件を満たすのかが問題となる。ここで重要となるのが、行為共同説と部分的犯罪共同説の対立である。【設問 7】においては、行為共同説は、XとYの間に殴打という行為自体について共同遂行の合意があるから、それだけで共謀の要件を満たすとする。これに対し、部分的犯罪共同説は、殺人罪についての共同遂行の合意は存在しないから殺人罪について共謀が成立したとはいえないが、傷害罪の範囲であればXとYの間に共同遂行の合意が認められるから、傷害罪の限度では共謀の要件を満たすと解することになるだろう。

次に、XとYは実行行為を行っており、共謀と実行行為との間の因果関係も明らかに認められるから、「共謀に基づく実行行為」の要件も満たす。

さらに、罪名を確定するために錯誤論を検討する必要があるかが問題となるが、この点については、既に共同正犯の本質論によって解決済みであるから、錯誤論の検討は不要であるという見解が有力である。すなわち、【設問 7】でいうと、行為共同説は、各人の意思の内容に応じて共同正犯の罪名を決める見解であるから、その考え方を当てはめれば、錯誤論を検討するまでもなく、Xに殺人罪の共同正犯、Yに傷害致死罪の共同正犯がそれぞれ成立するという結論を導き出しうる。また、部分的犯罪共同説からは、傷害罪の共謀が成立し、それに基づいて実行行為が行われている以上、傷害致死罪の共同正犯の構成要件該当性が認められるため、さらに錯誤の問題を論じる必要はないとされる。

もっとも、認識した事実と発生した事実との間に齟齬があることは否定できない以上、錯誤論の検討が必要である（例えば、法定的符合説の立場から、認識事実と発生事実が構成要件的に重なり合う限度で故意犯が成立することを示す）との見解もありうる。

　(c)　謀議後に関与者の一部が謀議の内容と異なる犯罪を実行した場合

【設問 9】制裁事例 1
　XとYは、友人Aの嘘によってたびたび迷惑をかけられたことから、制裁を加えるためにAに傷害を負わせることを共謀し、共同してAに暴行を加えたところ、Aが謝罪し、その場は収まった。この暴行により、Aは負傷した。3日後、Xは、偶然Aと再会し、話しているうちにささいなことで口論となり、殺意を抱いてAを殺害した。XとYにはどのような罪が成立するか。

【設問10】制裁事例 2
　ZとWは、友人Bの嘘によってたびたび迷惑をかけられたことから、制裁を加えるためにBに傷害を負わせることを共謀し、共同してBに暴行を加え、負傷さ

せたところ、Bが全く反省の態度を示さなかったことにZが立腹し、殺意を抱いてBを殺害した。ZとWにはどのような罪が成立するか。

【設問9】、【設問10】において、各関与者は被害者に傷害を加える意思で謀議しており、謀議の時点では各関与者の認識に不一致はないから、「共謀」の要件を満たすことは明らかである。

しかし、その後、関与者の一部が殺意を抱いて殺人を実行しており、共謀の内容と異なる実行行為を独断で行っていることから、共謀と実行行為の因果関係が認められるのか、つまり、「共謀に基づく実行行為」の要件を満たすのかが問題となる。

共同正犯における因果性は、特に、**共謀の射程**と呼ばれている。これは、実行行為が当初の共謀に基づいて行われた（共謀の射程が実行行為に及ぶ）のか、それとも、当初の共謀とは無関係に行われた（共謀の射程が実行行為に及ばない）のかという問題である。具体的には、①当初の共謀と実行行為の内容との共通性（被害者の同一性、行為態様の類似性、侵害法益の同質性など）、②当初の共謀による行為と過剰結果を惹起した行為との関連性（機会の同一性、時間的・場所的近接性など）、③犯意の単一性、継続性、④動機・目的の共通性といった事情から、共謀の射程が実行行為に及ぶかどうかを総合的に判断することになる。

共謀の射程が実行行為に及ぶときには、次に各関与者の罪名を確定するために錯誤論を検討することになるのに対し、共謀の射程が実行行為に及ばないときは、その実行行為について他の関与者は全く（軽い罪の限度ですら）責任を負わないという結論に至り、錯誤論を検討する必要はない。

【設問9】では、XとYが共同してAに加えた暴行と、3日後にXが単独で行ったAの殺害とは、時間的・場所的に離れている上、動機も異なり、単一の犯意に基づく行為とはいえない。したがって、当初の共謀の射程はAの殺害にまでは及ばないから、錯誤の点を検討するまでもなく、Aの死亡についてYの責任は否定される。XとYには単に傷害罪の共同正犯が成立し、それとは別にXには殺人罪が成立することになる。

これに対し、【設問10】では、ZとWが共同してBに加えた暴行と、ZによるBの殺害とは、時間的・場所的に近接した同一の機会において共通の動機により行われたものであるから、当初の共謀の射程は、ZによるBの殺害に及ぶといってよいであろう。このように、共謀の内容と異なる構成要件に該当する実行行為が行われたからといって、それだけで共謀の射程が否定さ

れるわけではない。

 そこで、次にZとWの罪名を確定する必要がある。この点については、錯誤論によって罪名を確定するという理解が多い。これによると、Wには傷害の故意しかなかったのに殺人の事実が実現されたため、法定的符合説からは、刑法38条2項によりWに重い殺人罪は成立せず、重なり合う限度で軽い傷害罪の成立が認められる。さらに、実行行為によりBは死亡しているから、結果的加重犯として傷害致死罪が成立する。一方、Zに殺人罪が成立するのは明らかである。

 さらに、ZとWの共犯関係を決めなければならないが、これは共同正犯の本質論によって確定される。行為共同説によると、Zには殺人罪の共同正犯、Wには傷害致死罪の共同正犯が成立する。これに対し、部分的犯罪共同説に立つと、Zには殺人罪の単独犯が成立し、ZとWには傷害致死罪の限度で共同正犯の成立が認められることになる。

 もっとも、以上の説明と異なり、まず、共同正犯の本質論によって各共同者の客観的構成要件を決め、その後、錯誤論によって故意の有無を検討して罪名を確定する見解も存在する。

●コラム● 共謀の射程と共犯の因果性

 本文で述べたように、学説上は、共謀の射程を共犯の因果性と同義に解する見解が有力である。共犯の因果性は広義の共犯に共通するものである（20講3）から、この見解によると、共謀の射程が実行行為に及ばないと判断されたときには、共同正犯の成立が否定されるだけでなく、教唆犯や幇助犯の成立する余地もないということになる。

 これに対し、共謀の射程を共犯の因果性とは別の概念と捉え、共同正犯における共同性の問題に位置づける見解も存在する。共同性は共同正犯に固有の要素であるから、共謀の射程が否定されたとしても、共犯の因果性が認められる限り、教唆犯や幇助犯の成立する可能性は残るということになる。デニーズ事件（26講4）など共謀の射程が否定される事例をすべて共犯の因果性という観点から説明することには無理があるのではないかという問題意識が、この見解の基礎にある。この見解が「共犯の因果性」ではなく「共謀の射程」という文言をあえて用いた理由も、そこにある。さらに、この見解からは、共同正犯関係の解消（26講2）も因果性の遮断ではなく共同性の消失という基準で判断される。これによると、共同正犯関係の解消が肯定されても、教唆犯や幇助犯の成立する余地は残ることになる。

2　共犯の錯誤(2)——異なる関与形式間の錯誤

(1)　共犯形式相互間の錯誤

 共犯における錯誤は、共犯形式自体について生じる場合もある。例えば、

教唆のつもりで犯罪を実行するよう勧めたが、正犯者が既に犯行を決意していたために精神的幇助にとどまった場合、あるいは、逆に、精神的幇助のつもりで犯罪の実行を促したが、実際には正犯者がまだ犯行を決意しておらず、教唆の結果が生じた場合である。これも、抽象的事実の錯誤の一種であるから、構成要件の重なり合う限度で軽い罪が成立することになる。教唆犯と幇助犯はともに正犯行為を通じて間接的に法益侵害・危険を惹起する点で共通しており、構成要件の重なり合いが認められるから、軽い罪すなわち幇助犯が成立する。

(2) 間接正犯と共犯との間の錯誤

【設問11】患者殺害事例 1
医師Xが患者Aを殺害しようと思い、事情を知らない看護師Yに治療用の薬だと偽って毒薬を渡し、Aに飲ませるよう命じたところ、Yはそれが毒薬であることに気づいたが、Yも殺意を生じ、毒薬をAに飲ませ、Aは死亡した。XとYにはどのような罪が成立するか。

【設問12】患者殺害事例 2
医師Zが看護師Wに患者Bを殺害させるため、「この毒薬でBを殺せ」と言ってWに毒薬を渡したところ、Wはそれを冗談だと思い、治療用の薬と誤信して毒薬をBに飲ませ、Bは死亡した。ZとWにはどのような罪が成立するか。

【設問11】で、Xは、Yを道具として利用してAを殺害するつもりであったが、実際にはYへの指示によってYが殺意を抱いて殺人を実行している。Yに殺人罪が成立することに問題はないが、Xはどうか。

この点については、まず、**間接正犯の実行の着手時期**（17講 3 (1) イ）を検討する必要がある。間接正犯の実行の着手について利用者標準説をとると、【設問11】では、XがYに薬の投与を指示した時点で殺人罪の実行の着手が認められ、少なくとも間接正犯の未遂は成立しうる（個別化説に立ち、その時点でAが死亡する現実的危険が発生したとする場合も、同様である）。あとは、実行の着手後に被利用者が事情を知ったとしても間接正犯の既遂を認めることができるかが問題となり、この点については、間接正犯の既遂を認める見解と、間接正犯の未遂と既遂罪の教唆犯との法条競合（結論的には既遂罪の教唆犯が成立する）とする見解がありうる。

これに対し、間接正犯の実行の着手について被利用者標準説をとると、【設問11】において、XがYに指示した時点では実行の着手は認められない（個別化説に立ち、その時点ではまだAが死亡する現実的危険は発生してい

ないとした場合も、同様である）。そうすると、客観的に間接正犯の事実は発生しておらず、教唆犯の事実しか発生していない。つまり、Xは間接正犯の故意だったが、実際には教唆の事実が生じたということになり、**間接正犯と教唆犯との錯誤**が問題となるのである。この場合には、間接正犯と教唆犯が重なり合う限度で軽い教唆犯の成立が認められている。たしかに、間接正犯は、原則として規範的障害のない他人を一方的に道具のように利用・支配して犯罪を実現する（21講1(3)）のに対し、教唆犯は、他人に犯行を決意させて犯罪を実行させるものであるから、両者の違いは大きいようにも思える。しかし、間接正犯と教唆犯はいずれも他人を介して結果を実現する点では共通しており、構成要件の実質的な重なり合いが認められることから、間接正犯の故意は教唆の故意を含んでいるといえるのである。

【設問12】は、逆に、教唆の故意だったが、間接正犯の事実が生じた場合である。この場合も、通説は、間接正犯と教唆犯との構成要件の実質的な重なり合いを認め、軽い教唆犯を実現する意思で重い間接正犯の事実が生じたのであるから、刑法38条2項によりZには間接正犯は成立せず、教唆犯が成立するとしている。なお、Wに注意義務違反が認められる場合には、Wは、業務上過失致死罪（211条）に問われることになる。

3　過失と共犯

過失と共犯については、これまでにも共同正犯の項目や狭義の共犯の項目（22講3(3)、23講3(1)・4(1)）などで触れてきたが、ここでは、重複をいとわず、過失と共犯をめぐる諸問題をまとめて解説することにしたい。過失と共犯は、過失による共犯と、過失犯に対する共犯に分けられる。

(1)　過失による共犯

> 【事例1】鉄材投下事例
> 　工事現場のビルの屋上から交互に鉄材を投げ下ろす作業をしていたXとYは、地上の状況をよく確認していなかったため、Yの投げ下ろした鉄材が歩行者Aに当たり、Aは死亡した。
> 【事例2】不倫密告事例
> 　Zは、Wの妻Bが浮気をしていることを知り、ついそのことをWに伝えた。すると、Wは、Bに対して殺意を抱き、Bを殺害した。Wがすぐに激高する人物であることよく知っていたZは、WがBの不倫を知ればBを殺害することは予見できた。
> 【事例3】包丁貸与事例
> 　Vは、隣人のUが血相を変えてV宅にやって来て、「包丁を貸してくれ」と要

求するので、包丁を貸したところ、Uは、自宅に戻り、その包丁を使ってCを殺害した。Vは、Uの様子から、Uが誰かを殺傷する可能性があることを予見できた。

過失による共犯とは、過失により他人の犯罪行為に関与した場合をいう。

この点を検討する前提として、まず確認しておかなければならないのは、過失犯においても各関与者を正犯と共犯に区別する必要があるということである。既に述べたように（20講1(1)）、故意犯において複数の者が犯罪に関与した場合には、各人の行為の内容に応じて正犯と共犯に区別して処罰するというのが、刑法の建前である。他方、過失犯においては、正犯と共犯を区別することなく、犯罪事実の実現に関わった者はすべて正犯として処罰されるという考え方もありうる。しかし、複数の者が過失犯の実現に関わった場合も、各人の行為態様や役割はそれぞれ異なっており、その違いに応じて、**過失犯においても正犯と共犯を区別することは可能であるし、区別すべきでもある**という理解が、一般的である。

【事例1】は、過失犯の共同正犯の事例である。22講3(3)で学んだように、共同の注意義務に共同して違反したといえる場合は、過失犯の共同正犯が認められる。

【事例2】は、Zは不注意によりWに犯行を決意させ犯罪を実行させたという、過失による教唆の事例である。また、【事例3】では、Vは、不注意によりUの犯行を容易にしたという、過失による幇助の事例である。これらの場合には、教唆犯や幇助犯の成立は否定されている。「教唆し」あるいは「幇助し」は、文言上、故意がある場合に限られると解釈されることや、刑法38条1項但書は、過失による行為を処罰するためにはその旨の特別な規定が必要であるとしているが、過失による教唆や過失による幇助を処罰することを定めた規定は存在しないことが、その理由である（ただし、事案によっては、過失犯の正犯の成立が考えられる場合もある）。

(2) **過失犯に対する共犯**

【設問13】スピード違反運転の唆し事例
　Xは、Yの運転する自動車に同乗していた際、これ以上スピードを上げると死傷事故が起きるかもしれないと認識しながら、それでもかまわないと思い、Yに対し、スピードを上げるよう勧めた。Yは、大丈夫だろうと思い、スピードを上げたところ、ハンドルの自由を失い、Aをはね、死亡させた。XとYにはどのような罪が成立するか。

過失犯に対する共犯とは、他人の過失行為に関与した場合をいう。【設問13】において、Yには過失運転致死罪（自動車運転死傷行為処罰法5条）が成立する。それでは、殺人の故意をもちながらYにスピードを上げるよう指示したXは、どのような罪責を負うのであろうか。

まず問題となるのは、殺人罪の間接正犯が成立するかである。多数説は、他人の過失を介して結果を実現した場合には間接正犯の成立を認める（21講2(3)イ）から、これによると、【設問13】においてもXを殺人罪の間接正犯とすることは可能ではある。ただ、速度違反はYの自由意思によるものであり、YがXの意思どおりに行動したとはいえないとも考えられ、その場合には、間接正犯は否定される。

間接正犯が成立しないとすると、教唆犯はどうか。Yの正犯行為は過失であることから、過失犯に対する教唆は可能かが問題となるが、一般に、**過失犯に対する教唆は否定されている**。教唆とは他人に犯罪の実行を決意させることをいうから、過失を教唆することはありえないというのが、その理由である。

これに対し、過失犯に対する幇助は可能であると解されている。教唆犯と異なり、幇助犯は、他人に犯行を決意させることは必要ではなく、他人の犯罪の実行を容易にすれば足りるのであり、そうだとすると、他人の過失犯の実行を容易にすることは可能だからである。このような理解に立てば、Xを過失運転致死罪の幇助犯とすることは可能であろう。

第26講　共犯の諸問題(3)——承継的共犯など

◆学習のポイント◆
1　承継的共犯は、さまざまな犯罪類型において問題となるので、それぞれの犯罪類型の特徴に即して承継的共犯の成否を答えられるようにすることが求められる。
2　共犯関係の解消については、因果性の遮断がポイントとなるが、具体的事例においてどのような事実から因果性の遮断の有無を判断するのかという点に注意してほしい。また、共犯における中止犯は、基本的に単独犯の場合と同様に解決されるが、共犯関係の解消の問題と混同しないこと。
3　共犯と違法性阻却については、「違法は連帯的に、責任は個別的に」を原則としつつ、①どのような場合に例外的に違法の相対性を認めるのか、②共同正犯の場合と狭義の共犯の場合とで取扱いを異にするのかという点について答えられるようになることが求められる。ただし、その前提として、正当防衛など違法性阻却の判断を適切に行えることが必要となるので、11講から14講の内容を復習しておくこと。

1　承継的共犯

(1)　意　義

　承継的共犯とは、ある者（先行者）が特定の犯罪の実行に着手し、まだ実行行為を全部終了しない間に、他の者（後行者）がその事情を知りながら残りの実行行為に関与することをいう。この場合に、途中から関与した後行者に対し、関与前の先行者の行為と結果について共犯としての責任を問えるかが問題となる。
　承継的共犯には、承継的共同正犯と承継的幇助犯があるが、議論の中心となるのは、承継的共同正犯である。

(2) 承継的共同正犯
ア 問題の所在

【設問1】強盗殺人事例
　Xの妻Yは、Xが夜中に家から出て行くのを不審に思い、Xの跡をつけた。XはA宅に入っていったが、しばらくしても出てこないので、YがA宅に入ると、Xから「強盗目的でAを殺害した。今から金目のものを探して持って帰るから、手伝え」と言われた。そこで、Yは、XとともにA宅を物色し、Aの財布等を持ち帰った。XとYにはどのような罪が成立するか。

【設問2】強盗事例
　Zが強盗目的でBを殴打し、気絶させたところに友人のWが偶然出くわした。Wは、自分も金品が欲しくなり、Zと共にBの財布や時計を奪った。ZとWにはどのような罪が成立するか。

【設問3】恐喝事例
　Vが恐喝の意思でCに対して暴行・脅迫を加えて畏怖させたところに友人のUが偶然出くわした。Uは、自分も金品が欲しくなり、Cから現金を受け取った。VとUにはどのような罪が成立するか。

　承継的共同正犯とは、承継的共犯のうち、後行者が先行者と共謀して残りの実行行為を行う場合をいう。承継的共同正犯が問題となる事例としては、①【設問1】の強盗殺人罪（240条）や、強盗致死傷罪（240条）、強制性交等致死傷罪（181条）などの結果的加重犯において、先行者が加重結果（死傷の結果）を生じさせた後に、後行者が先行者と共同して基本犯（強盗や強制性交等）を実行した場合（第1類型）、②【設問2】のように、強盗罪（236条1項）などの結合犯において、手段となる行為（暴行・脅迫）を先行者が行った後に、後行者が先行者と共同して残りの行為（財物の奪取）を行った場合（第2類型）、③【設問3】のように、恐喝罪（249条1項）や詐欺罪（246条1項）など構成要件上複数の行為が予定されている単純一罪の場合において、先行者が一部の行為（暴行・脅迫や欺く行為）を行った後に、後行者が先行者と共同して残りの行為（財物の交付を受ける行為）を行った場合（第3類型）などが考えられる。

　【設問1】において、Xは、最初から財物奪取の意思でAを殺害して財物を持ち去っており、その行為は刑法240条の強盗殺人罪に当たる。一方、Yは、A殺害についてXと共謀していたわけではなく、XがAを殺害した後、はじめてXと意思を通じてAの財物を奪ったにすぎない。それでは、Yも、Xの強盗殺人に関与した以上はXと同じく強盗殺人罪として処罰されるのだ

ろうか。それとも、財物の奪取にしか関与していないので、殺人の点については責任を負わないだろうか。

　また、強盗罪は、①被害者の反抗を抑圧するに足る暴行・脅迫と②財物の奪取という2つの行為から成り立っている（各論8講）ところ、【設問2】のZには強盗罪が成立する。これに対し、Wは、①暴行には関与しておらず、②財物の奪取だけをZと共同して実行したにすぎないが、それでもZと同じく強盗罪に問われるのか。さらに、恐喝罪は、①被害者の反抗を抑圧するに至らない暴行・脅迫と②財物の受領を成立要件としており（各論12講）、【設問3】のVの行為は恐喝罪に当たるが、Uは、単に②財物の交付を受けたにすぎず、自ら①暴行・脅迫を行ったわけではない。このとき、Uも恐喝罪として処罰されるのだろうか。

●コラム●　死者の占有

　刑法各論はまだ勉強していないという人も多いと思うので、【設問1】のXの行為がなぜ強盗殺人罪となるのかを説明しておこう。窃盗罪（235条）や強盗罪（236条1項）は、他人が占有（支配）している物をその意思に反して奪う罪である。ただ、物を占有することができるのは生きている人だけであり、死者は、物を占有しているとはいえない。したがって、死体を発見して、財物奪取の意思を生じ、その死体が身につけている物を奪っても、窃盗罪や強盗罪は成立せず、せいぜい占有離脱物横領罪（254条）しか成立しない。しかし、【設問1】のXのように、最初から財物を奪う意思で殺害した場合には、たとえ被害者が死亡した後に財物を奪っても、強盗犯人が他人を殺害したものとして、強盗殺人罪（240条）が成立する（各論7講3⑷）。そのため、【設問1】のXは強盗殺人罪となるのである。

イ　学　説

　学説は、肯定説、否定説、中間説に分かれる。

　肯定説は、1個の犯罪を2つに分解して論ずることは許されないとの理解に立って、常に後行者に対し犯罪全体の共同正犯を認める。【設問1】では、Xが行った強盗殺人罪は、全体として1個の犯罪であって分割できないから、Yは、その一部に関与したにすぎないとしても強盗殺人罪の共同正犯になるという。同様に、【設問2】のWは強盗罪の共同正犯、【設問3】のUは恐喝罪の共同正犯として処罰される。

　しかし、肯定説が第1類型について承継的共同正犯を肯定する点には批判が強い。【設問1】において、Yの行為とAの死亡との間には因果関係が存在しないのに、Yに強盗殺人罪の責任を負わせるのは妥当でないと考えられるからである。特に、強盗殺人罪の法定刑は死刑または無期懲役とかなり重

く（各論10講）、Aの殺害に全く関与していないYをそのように重く処罰するのは酷であろう。そのため、肯定説は、現在ではほとんど主張されていない。

これに対し、関与以前の先行者の行為や結果については後行者の行為が因果関係をもつことはありえないことを理由に、承継的共同正犯を一切否定するのが、**否定説**である。否定説によると、後行者は、関与後の行為や結果についてのみ共同正犯としての責任を負うことになるから、【設問1】のYには窃盗罪または占有離脱物横領罪の共同正犯、【設問2】のWには窃盗罪の共同正犯が成立するにすぎない。共犯の処罰根拠を結果に対する因果性に求める因果的共犯論が通説化した（20講3参照）ことに伴い、否定説は近時、有力に主張されている。

しかし、否定説に対しては、第3類型で不都合が生じるという批判が寄せられている。否定説を徹底すると、【設問3】のUは単に財物の交付を受けただけであるから、どの構成要件にも該当せず、不可罰となる可能性があるが、UはVの恐喝罪に関与していながら全く処罰されないのは不合理であるというのである（もっとも、後行者Uの受領行為が脅迫を伴う場合には、後行者も自ら恐喝罪の実行行為をすべて担当したといえるから、否定説においてもUに恐喝罪の共同正犯の成立が認められる）。

そこで、多数説は、**中間説**を支持している。中間説とは、部分的に承継的共同正犯を肯定する見解である。中間説においては、第1類型の死傷の結果について承継的共同正犯を否定し、第2類型と第3類型について肯定するのが、一般的である。

ただし、中間説にも2つの見解がある。第1は、後行者が先行者の行為および結果を**自己の犯罪遂行の手段として積極的に利用**した場合には、共同して犯罪を実現したといえるから、後行者にも関与前の行為および結果を含めて共同正犯の成立を認めてもよいとする見解である（中間説①）。これによると、【設問2】のWは、Zが行った暴行によって生じた反抗抑圧状態を積極的に利用して財物を奪取したといえるので、強盗罪の共同正犯となる。また、【設問3】のUは、VがCに対して暴行・脅迫を加えて畏怖させたことを積極的に利用して財物の交付を受けたといえるので、恐喝罪の共同正犯の成立が認められる。これに対し、【設問1】のYは、強盗殺人罪ではなく単に強盗罪の共同正犯となるとされている。その理由については、Yは被害者の抵抗不能の状態を利用したにすぎず、殺人の結果を利用したわけではないと説明されている。

第2は、先行者の行為が後行者の関与後も効果をもち続けており、後行者が先行者とともに違法な結果を実現したといえ、後行者の行為と違法な結果との間に因果関係が存在する場合には、後行者も行為全体について責任を負うとする見解である（中間説②）。たしかに、後行者の行為は、構成要件要素全体に対して因果性を有するわけではない。しかし、先行者の立場からみれば、【設問1】や【設問2】における金員の奪取は強取（強盗罪としての財物奪取）であるし、【設問3】における金員の受領は喝取（恐喝罪としての財物取得）であるところ、後行者は先行者の行為に関与することによって共同して結果（強取や喝取）を実現したといえるため、強盗罪や恐喝罪の責任を負うとされる。したがって、【設問1】のYや【設問2】のWには強盗罪の共同正犯が成立し、【設問3】のUには恐喝罪の共同正犯が成立する。ただし、【設問1】のYの行為とAの死亡との間に因果関係はなく、YはAの死亡の結果を実現したとはいえないので、Yに強盗殺人罪の共同正犯は成立しない。この見解は、後行者の行為と違法な結果との間に因果関係が存在する場合に承継的共犯を肯定する点で、因果的共犯論との整合性を意識したものといえる。

　なお、共同正犯については否定説、幇助犯については中間説をとる見解も主張されている。共同正犯の場合、事前の合意に基づいて実行行為を分担しなければ、行為支配性が認められないので、関与後の事象についてのみ共同正犯の成立が肯定されるが、幇助犯の場合は、正犯行為による結果発生を促進すれば足りるので、途中から関与したとしても、結果発生を促進したといえれば、その犯罪の幇助犯の成立を認めてよいというのが、その理由である。これによると、【設問2】のWについては、強盗罪の共同正犯の成立は否定されるが、窃盗罪の共同正犯と強盗罪の幇助犯となり、両罪は観念的競合か法条競合の関係に立つことになる。

【設問4】傷害事例（先行者の行為から結果が発生した場合）
　XがAに暴行を加えていたところ、途中からYがXに加勢し、共同してAに暴行を加えた。Aは、Yが参加する以前にXが加えた暴行によって重傷を負った。XとYにはどのような罪が成立するか。

【設問5】傷害事例（因果関係が不明な場合）
　ZがBに暴行を加えていたところ、途中からWがZに加勢し、共同してBに暴行を加えた。その結果、Bは重傷を負ったが、Bの傷害がWの加勢の前後いずれの暴行から生じたかは不明であった。ZとWにはどのような罪が成立するか。

承継的共犯は、殺人罪（199条）や傷害罪（204条）といった生命・身体犯においても問題となる（第4類型）。【設問4】では、中間説①を徹底すれば、後行者であるYが先行者であるXの行為や結果を利用して暴行を行ったときには、Yに傷害罪の共同正犯の成立が認められることになろう。これに対し、否定説や中間説②からは、後行者であるYの行為とAの傷害結果との間に因果関係が認められない以上、傷害罪の承継的共同正犯は否定され、暴行罪の共同正犯が成立するにすぎない。

　【設問5】においても、中間説①からは、WがZの行為や結果を利用して暴行を行ったときには、Wに傷害罪の共同正犯の成立が認められよう。これに対し、否定説や中間説②によれば、Wの行為とBの傷害結果との間の因果関係が不明である以上、傷害罪の承継的共同正犯は否定されることとなり、Zは行為全体に関与しているから傷害罪に問われるが、Wは暴行罪にすぎないということになる。

　ただ、この場合には、さらに、刑法207条の適用が問題になる（各論2講1(5)イb）。刑法207条は、2人以上の者が互いに意思の疎通なしに同一の被害者に暴行を加えて負傷させたが、いずれの行為者の暴行から傷害の結果が発生したかが不明である場合に、意思の疎通がなくても共同正犯とし、全員に傷害罪の成立を認める規定であり、これを**同時傷害の特例**という。学説は、【設問5】においても、ZとWのうちいずれの行為から傷害の結果が発生したかが不明である以上、刑法207条が適用され、全員に傷害罪の共同正犯が成立するという見解と、刑法207条は、もしこの規定がなければ誰も傷害の結果について責任を負わない場合に適用される規定であり、【設問5】においては少なくともZは傷害罪に問われるから、刑法207条を適用する余地はないという見解に分かれている。

　なお、監禁罪（220条）などの継続犯（4講2(1)）や、常習犯などの包括一罪（27講4）のように、継続または反復された同種の行為が法律上は一罪として評価される場合も、先行者の行為の途中から後行者が関与することはありうる（第5類型）。例えば、Xが単独でAの監禁を開始し、その後、YがXの監禁に加担した場合である。この場合、中間説①からは、YがXの行為や結果を利用して監禁を行った場合には、Yは、関与前の監禁を含めた全体について責任を問われることになる。これに対し、否定説や中間説②によれば、上記の傷害罪の場合と同様に、Yは、関与以後の監禁についてのみ共同正犯となろう。したがって、Yの関与前の監禁から傷害の結果が発生したとしても、Yが監禁致傷罪（221条）に問われることはない。

●コラム● 因果関係が不明な事例

　事例問題では、【設問5】のように、いずれの行為から結果が発生したかが不明であるという事例がよく出題される。そのような出題がなされる論点としては、承継的共犯のほか、共犯関係の解消（後述2）や早すぎた構成要件の実現（17講3⑵）などが挙げられる。

　そもそも承継的共犯は、関与前の行為や結果について後行者に責任を問えるかという問題であるが、【設問5】では、因果関係は不明なのであるから、Wの関与前の行為から傷害の結果が発生したとは限らない。それにもかかわらず、なぜ承継的共犯の問題を論じる必要があるのであろうか。

　その理由は、こうである。【設問5】において、もしWの関与後の行為から結果が発生したのであれば、どの見解に立っても、ZとWに傷害罪の共同正犯が成立することに疑いはない。これに対し、Wの関与前の行為から結果が発生した場合には、学説によっては、Wの傷害罪の成立が否定されることがある。つまり、後者の場合の方が、Wの罪責が軽くなる可能性があるのである。そこで、「疑わしきは被告人の利益に」の原則から、Wの関与前の行為から結果が発生したときに、罪責はどうなるのかを検討してみる必要が生じる。そのため、承継的共犯が問題となるのである。

ウ　判　例

　◎大判昭13・11・18刑集17巻839頁〈講112、プ361〉は、【設問1】と類似の事案（ただし、幇助犯の事案）において「刑法第二百四十條後段ノ罪ハ強盗罪ト殺人罪若ハ傷害致死罪ヨリ組成セラレ右各罪種カ結合セラレテ単純一罪ヲ構成スル」ことを理由に、後行者に強盗殺人罪の幇助犯の成立を認めた。肯定説に立ったものといえる。

　これに対し、戦後の下級審判例の判断は分かれている。ただ、第1類型から第3類型に関しては、肯定説に依拠すると見られる裁判例も存在する（第1類型の肯定例として、札幌高判昭28・6・30高刑集6巻7号859頁〈プ362〉、東京高判昭34・12・2東高刑時報10巻12号435頁〈プ364〉）ものの、近時の裁判例の主流は中間説を採用しているといってよい（第1類型の死傷の結果に関する否定例として、福岡地判昭40・2・24下刑集7巻2号227頁〈プ363〉、浦和地判昭33・3・28判時146号33頁。第2類型の肯定例として、前掲・福岡地判昭40・2・24、名古屋高判昭38・12・5下刑集5巻11＝12号1080頁。第3類型の肯定例として、○横浜地判昭56・7・17判時1011号142頁〈講114、プ369〉）。また、第4類型、第5類型については、承継的共同正犯を肯定する裁判例と、否定する裁判例とが存在している（第4類型の肯定例として、名古屋高判昭50・7・1判時806号108頁、否定例として、○大阪高判昭62・7・10判時1261号132頁〈プ367〉、大阪地判平9・8・20判タ995

号286頁。第5類型の肯定例として、東京高判平14・3・13東高刑時報53巻1～12号31頁、否定例として、東京高判平16・6・22東高刑時報55巻1～12号50頁）。

このうち、前掲・横浜地判昭56・7・17や前掲・大阪高判昭62・7・10は、先行者の行為や結果を自己の犯行の手段として積極的に利用したときに承継的共同正犯が認められるとして、中間説①をとることを明言している。

このような状況の中で、◎最決平24・11・6刑集66巻11号1281頁（百82、講113）は、傷害罪（第4類型）の承継的共同正犯について最高裁として初めての判断を示した。事案は、XらがAらに暴行を加えて傷害を負わせた後、被告人YがXらに加担してAらに暴行を加え、これにより上記傷害の一部を相当程度重篤化させたというものである。Aらの傷害のうち、Yの加担後の暴行により重篤化した部分についてYに傷害罪の共同正犯が成立することに問題はない。争われたのは、それ以外の傷害すなわちYの加担前にXらが生じさせた傷害についてもYが責任を負うのかである。同決定は、「被告人は、共謀加担前にXらが既に生じさせていた傷害結果については、被告人の共謀及びそれに基づく行為がこれと因果関係を有することはないから、傷害罪の共同正犯としての責任を負うことはなく、共謀加担後の傷害を引き起こすに足りる暴行によってAらの傷害の発生に寄与したことについてのみ、傷害罪の共同正犯としての責任を負う」と判示した。同決定は、加担前の行為によって生じた結果について共同正犯の成立を否定していることから、肯定説を排斥したものとはいえるが、それ以外のいずれの見解に立つのかは明らかではない。また、傷害罪（第4類型）以外の犯罪類型において承継的共同正犯を認めるのかどうかについても何ら判断を示していない。ただ、同決定は、加担前の行為から生じた傷害結果と後行者の行為との間に因果関係が存在しないことを理由に承継的共同正犯を否定していることから、否定説や中間説②に親和的であるとはいえよう。

また、◎最決平29・12・11刑集71巻10号535頁は、詐欺未遂罪（第3類型）について承継的共同正犯を認めた（18講コラム「『だまされたふり作戦』と不能犯」）。事案は次のとおりである。Xが電話でAに虚偽の事実を告げ、現金を送付するよう求めたが、Aは嘘を見破り、警察官に相談の上、だまされたふり作戦（被害者が詐欺に気づいた後もだまされたふりをして模擬紙幣の送付等を行い、これを受領したところを検挙するという捜査手法）に基づき、現金が入っていない箱を指定された場所に発送した。その後、被告人Yは、だまされたふり作戦が開始されたことを知らずに、Xの依頼により、詐

欺の被害金であると思って、Aから発送された荷物を受領した。このような事案について、同決定は、「被告人は、その加功前の本件欺罔行為の点も含めた本件詐欺につき、詐欺未遂罪の共同正犯としての責任を負う」と判示した。簡潔な判示であるため、同決定がどのような理論的立場に依拠しているのかは明らかではないが、少なくとも第3類型については否定説に立たなかったといえよう。

(3) 承継的幇助犯

承継的幇助犯とは、正犯者が実行行為の一部を終了した後に幇助行為を行い、その後の正犯行為を容易にすることをいう。承継的幇助犯が認められるかどうかについては、承継的共同正犯と同様の議論が妥当する。また、後行者が共同正犯となるか幇助犯となるかは、関与後の後行者の行為が、共謀、重大な寄与、共謀に基づく実行行為といった共同正犯の成立要件（22講2(3)）を満たすか、それとも、幇助犯の成立要件（23講4(1)）を満たすにすぎないのかによって決まる。

> ＊　なお、承継的教唆犯は、想定できない。教唆犯は、まだ犯罪の実行を決意していない者に対して新たに犯罪の実行を決意させる場合に成立するから、教唆犯の場合には、正犯者の実行行為の途中から関与するということはありえない。

2　共犯関係の解消

(1) 意　義

関与者の一部（離脱者）が途中で犯行を中止し、共犯関係を解消したと認められるときには、それ以後に残りの関与者（残余者）が実現した結果について離脱者は責任を負わない。これを**共犯関係の解消**（または**共犯関係からの離脱**）という。

例えば、XとYが殺人を共謀したが、Xが実行の着手前に共犯関係を解消したとすると、その後にYが実行行為を開始し被害者を殺害したとしても、Xには全く犯罪が成立しないか、せいぜい予備罪が問題となるにすぎない。また、XとYが殺人を共謀して実行に着手した後に、Xが共犯関係を解消した場合は、Yが計画どおり殺人を実現したしたとしても、Xは殺人未遂罪となるにすぎない。さらに、共犯関係の解消は、結果的加重犯（4講2(1)ア）の場合にも問題となる。例えば、XとYが傷害を共謀して被害者への攻撃を開始したところ、途中でXが共犯関係を解消し、その後、Yが被害者への攻撃を継続して被害者を死亡させた場合には、Yは傷害致死罪に問われるが、

Xには傷害罪が成立するにすぎない。

共犯関係の解消が認められる根拠は、一般に、離脱により離脱者のそれまでの行為と離脱後に生じた結果との間の**物理的因果性と心理的因果性の両者が遮断**される点に求められている（**因果性遮断説**）。既に述べたように（20講3(1)）、共犯の処罰根拠は、共犯者の行為を通じて法益侵害・危険を惹起するところにあるとする因果的共犯論が通説であり、これによると、共犯を処罰するためには各人の行為と結果との間に因果関係が存在することが必要となる。そうだとすれば、離脱によってそれまでの行為と離脱後の結果との間の因果関係が否定される以上は、その結果について責任を負わないことになるのである。

> ●コラム● 共犯関係からの離脱と共犯関係の解消
>
> 「共犯関係からの離脱」という用語と、「共犯関係の解消」という用語は、区別せずに同じ意味で使われることが多い。ただ、近時は、その場を離れるという事実行為を「離脱」と呼ぶのに対し、法的評価（離脱以降の結果については責任を問われない）を加えた場合を「解消」というとして、両者を区別する見解が有力であり、本書もそれに従うことにする。

(2) 解消の判断基準

それでは、どのような場合に共犯関係の解消が認められるのであろうか。共同正犯関係の解消の場合と、教唆犯・幇助犯関係の解消の場合を順次見ていくことにする。

ア　共同正犯関係の解消

> 【設問6】着手前の離脱
> 　XとYは、A殺害を共謀したが、Yは、「俺は降りる」と言い出した。Xは、「わかった、後は俺1人でやる」と言い、A殺害を実行した。XとYにはどのような罪が成立するか。
>
> 【設問7】着手後の離脱1
> 　ZとWは、B殺害を共謀し、Bへの暴行を開始したが、Wは、「俺は降りる」と言い出した。Zは、「わかった、後は俺1人でやる」と言い、Wは現場から立ち去った。その後、ZはB殺害を実行した。ZとWにはどのような罪が成立するか。
>
> 【設問8】着手後の離脱2
> 　VとUは、C殺害を共謀し、共同してCへの暴行を開始したが、Uは、「もうやめよう」と言い出した。Vが「わかった、後は俺1人でやる」と言ったので、Uは、これ以上殴るのをやめるようVを説得した。Vは、一旦は犯行を中止した

が、10分後、再びC殺害の意思を生じ、Cを殴り殺した。VとUにはどのような罪が成立するか。

共同正犯関係の解消の要件については、従来、実行の着手前の解消と実行の着手後の解消とに分けて論じられてきた。

実行の着手前においては、一般に、①他の関与者に対して共犯関係から離脱する旨の意思を表明し（**離脱の意思の表明**）、②残余者が離脱を了承すれば（**残余者による了承**）足りるとされている。これに対し、**実行の着手後**においては、①離脱の意思の表明と②残余者による了承だけでは足りず、③他の共同者を説得したり凶器を片づけたりするなど残余者の実行行為を阻止するための積極的な措置を講ずること（**積極的な結果防止措置**）が必要であると解されている。判例も、実行の着手前においては共犯関係の解消を比較的広く肯定している（東京高判昭25・9・14高刑集3巻3号407頁〈プ374〉）のに対し、実行の着手後においては、積極的な結果防止措置をとらない限り共犯関係の解消を認めない傾向にある（◎最決平元・6・26刑集43巻6号567頁〈百95、講140、プ377〉参照）。

これによると、【設問6】のYは、実行の着手の前に離脱の意思を表明し、それがXによって了承されているから、解消が認められ、不可罰となる。これに対し、【設問7】のWは、離脱の意思を表明し、それがZによって了承されているが、離脱の意思を表明したのは実行の着手後であるから、解消が認められるためには積極的な結果防止措置を講じる必要がある。しかし、Wは、そのような措置を講じていないため、解消は否定され、殺人既遂罪が成立する。実行の着手後の解消を認めるためには、【設問8】のUのように、共犯者を説得するなどの措置をとることが必要となる。Uには殺人未遂罪が成立するにすぎない。

* なお、学説の中には、共同正犯の基本は共同者相互の意思疎通にあるから、解消が認められるためには意思の疎通が欠如すれば足りるとの前提に立ち、着手後においても、共同者の一部が犯意を放棄して残余者がこれを了承すれば意思の疎通が欠如し、解消は認められるのであって、犯罪が継続される危険を消滅させるための措置までとる必要はないとの見解も存在するが、少数にとどまっている。

【設問9】着手直前の離脱
Xは、Yらと共に現場の下見をした後、Yらとの間でA方への住居侵入・強盗の共謀を遂げた。Yらは、A方に侵入し、他の共犯者らのための侵入口を確保し

> たが、屋外で待機していたXは、現場付近に人が集まってきたのを見て犯行の発覚を恐れ、Yに対し電話で「先に帰る」と一方的に告げ、現場を立ち去った。YらはXが立ち去ったことを知ったが、強盗を実行し、Aを負傷させた。XとYにはどのような罪が成立するか。

　もっとも、実行の着手前の場合に、離脱の意思表示とその了承があれば常に解消が認められるとは限らない。例えば、**離脱者が首謀者**である場合や、**凶器や情報を提供した場合**などは、単に離脱の意思表示とその了承があっただけでは、それまでの共犯行為の影響力が依然として残っており、因果性を遮断したとはいえない。したがって、たとえ実行の着手前であったとしても、提供した凶器を回収するとか、犯行をやめるよう残余者を強く説得するなど、残余者の実行行為を阻止するための積極的な措置をとらなければ、因果性は遮断されない（○松江地判昭51・11・2判時845号127頁〈講139、プ376〉）。

　逆に、それまでの行為の寄与度が高くなければ、上記の３つの要件を満たさなくても、実行の着手後に離脱した場合に因果性が遮断されることはありうる。裁判例には、共犯者の実行行為が終了する前に逮捕された被告人が警察の捜査に協力した事案につき共犯関係の解消を肯定した○東京地判平12・7・4判時1769号158頁〈プ379〉、共犯者に殴られて失神し、その場に放置されている間に共犯者が犯行を継続した事案につき共犯関係の解消を認めた○名古屋高判平14・8・29判時1831号158頁〈プ378〉などがある。

　このようにみてくると、上記の**２要件ないし３要件は、必ずしも解消を認めるための不可欠の要件ではなく、単なる目安にすぎない**というべきであろう。前述したように、共犯関係の解消が認められる根拠は、離脱によって共犯行為の因果性が遮断される点に求められるのであって、その基準自体が実行の着手前と実行の着手後で変わるわけではない。もともと着手前か着手後かという区別に絶対的な意味があるわけではなく、実行の着手前は、結果発生の危険がそれほど高まっていないため、結果防止行為を行わなくても離脱の意思表示と残余者による了承があれば因果性を遮断しやすいのに対し、逆に、実行の着手後は、結果発生の現実的危険が生じているので、結果防止行為を行わなければ因果性の遮断が困難である場合が多いというにすぎないのである。結局は、**離脱前の行為によって物理的・心理的にどのような因果的影響がもたらされたのかを踏まえて、その因果的影響が、離脱の意思表示、了承、結果防止措置等によって除去されたといえるかどうかを実質的に判断**

するほかない。

　【設問9】において、Yらは住居侵入罪と強盗致傷罪を遂行したところ、Xが現場を立ち去ったのは住居侵入罪が既遂に達した後であるから、Xに住居侵入罪が成立することは否定できない。問題は、Xが強盗致傷罪についても責任を負うのかである。Xは、Yらが強盗罪の実行に着手する前に現場を立ち去っている。また、Xは首謀者というわけでもない。しかし、Xは、Yらと共に現場を下見した上、A方への強盗を共謀しており、結果の実現に一定の寄与をしている。さらに、Xが現場を立ち去った時点では、Yらは他の共犯者のための侵入口を確保するなど、強盗の実行に着手する直前となっており、強盗の危険がかなり高まっている。そのため、現場から立ち去るだけでは、Xがそれまでにもたらした物理的・心理的影響力が除去されておらず、因果性が遮断されたとはいえない。因果性を遮断するためには、YらをA方から連れ出すなどの結果防止措置をとることが必要となろう。◎最決平21・6・30刑集63巻5号475頁も、【設問9】と類似の事案において、Xが結果防止措置を講じていないことなどを理由に解消を否定し、Xに強盗致傷罪の共同正犯の成立を認めている。

　なお、それまでの行為による物理的・心理的影響力が全く存在しない状態に戻すことは、実際上、不可能に近いから、共犯関係の解消を認めるにあたって、因果的影響を完全に消滅させることまで要求するのは現実的ではないし、妥当でもない。そこで、事実的な意味での因果的影響が残存していたとしても、規範的な観点から判断して、結果の帰属を否定しうる程度にまで影響力を減少させれば因果性の遮断を認めてよいと一般に理解されている。その意味では、因果性の遮断は、事実的評価ではなく規範的評価であるといってよい。

　イ　教唆犯・幇助犯関係の解消

　教唆犯は、犯行を決意していなかった者に犯意を生じさせるものである。それゆえ、因果性遮断説からすると、教唆犯において解消が認められるためには、教唆者が離脱の意思を表明し、被教唆者の犯意を一旦消滅させるか、被教唆者の実行行為を阻止するための措置を積極的に講じることが必要となろう。そうした要件を満たす場合には、当初の教唆の効果は消滅したといえるから、たとえ教唆者の離脱後に被教唆者が再び同一内容の犯意を形成して犯行に及んだとしても、教唆者はその結果について責任を負わない。

　幇助犯においても、合鍵や凶器を提供するといった重要な寄与をした場合に解消が認められるためには、原則として、幇助者が離脱の意思表示をする

とともに、提供した物を返してもらうなど幇助行為による影響を除去するための努力をすることが要求されるであろう。

3　共犯の中止犯

共犯の場合も単独犯の場合と同様に、中止犯の要件（19講3、4）を満たす限りは刑法43条但書の適用を受ける。

> **【設問10】共同正犯の中止**
> XとYは、A殺害を企て、Aへの暴行を開始したが、Yは、苦しむAを見て反省し、殺害をやめようとXを懸命に説得した。しかし、XがYの説得を聞き入れなかったので、Yは、「Aの殺害をやめなければお前を殺すぞ」とピストルでXを脅した。そこで、Xは仕方なく殺害をやめることにした。XとYに中止犯は成立するか。

(1)　共同正犯の中止

共同正犯の中止犯の要件は、①実行の着手があったこと、②共同者の全部または一部が任意に中止を決意したこと、③その決意に基づき実行行為を中止するか、結果発生を阻止したことである。

例えば、殺人を共謀し、実行に着手した後、共同者の全員が任意にその犯罪を中止し、死亡の結果を阻止したときは、全員が中止犯となる。ただ、**中止犯の効果は、中止犯の要件を満たさない他の関与者には及ばない**（19講1(2)**イ**）。【設問10】では、Yは、自己の意思により犯罪の中止を決意し、結果の発生を阻止しているので、中止犯が成立するが、Xは、Yから命じられて仕方なく犯罪を中止したにすぎず、中止犯における任意性の要件を満たさないため、中止犯は成立しない。

中止犯の刑の減免根拠について刑事政策説もしくは責任減少説（19講2）に立てば、このように中止犯の効果がその行為者にのみ作用し、他の共犯者には及ばないという結論は容易に説明しうるであろう。刑事政策的な考慮は、当然にその要件を充足する行為者にのみ適用されるし、また、「違法は連帯的に、責任は個別的に」の原則から、責任の減少が認められるかどうかも、行為者ごとに個別的に判断されることになるからである。これに対し、中止犯の刑の減免根拠について違法性減少説を前提とすると、違法は連帯的に作用する以上、たとえ1人の行為者だけが任意に犯罪を中止したとしても、その中止犯の効果が他の共犯者にも及ぶようにも思える。しかし、前述したように（23講2(3)）、関与者間における違法の相対性を肯定すれば、中

止犯の効果が他の関与者に連動しないという結論を導き出すことは可能である。中止犯における任意性の要件は、主観的違法要素であり、主観的違法要素については行為者ごとに個別的に違法性が評価されるからである。

(2) 教唆犯・幇助犯の中止

教唆者・幇助者による任意の中止行為に基づいて正犯の完成が阻止されたときは、教唆者・幇助者には中止犯が成立する。これに対し、正犯者が任意に犯罪の実行を中止したが、それが教唆者・幇助者の中止行為に基づくものでないときは、正犯者にのみ中止犯の成立が認められ、教唆者・幇助者は共犯の障害未遂となるにすぎない。

(3) 共犯関係の解消との関係

共犯関係の解消と共犯の中止犯とは次元の異なる問題であるが、両者を混同する人が多いので、説明しておこう。犯罪論の体系でいえば、共犯関係の解消は、構成要件該当性の問題であるのに対し、共犯の中止犯は、構成要件該当性、違法性阻却、責任阻却の判断を経て犯罪の成立が確定した後の刑の減免の問題である。すなわち、共犯関係の解消は、関与者の一部が共犯関係から離れた後に他の関与者が結果を実現した場合において離脱者がどのような罪責を負うのか、とりわけ既遂か未遂か、結果的加重犯が成立するかどうかを判断するものである。他方、現行刑法は43条において未遂犯につき中止犯を規定していることから、共犯の中止犯は、当該行為者が未遂犯の罪責を負うことを前提とした上で刑法43条但書による刑の減免が適用されるかを問題としている（○最判昭24・12・17刑集3巻12号2028頁〈百97、講138、プ371〉参照）。

したがって、共犯関係の解消が認められても、中止犯が成立するとは限らない。例えば、傷害を共謀し、傷害の結果を生じさせた後、死亡の結果が発生する前に犯行をやめた場合、仮に解消が認められて離脱者における傷害致死罪の成立が否定されるとしても、傷害罪は成立するのであり、既遂に達している以上、中止犯が認められる余地はない。また、任意に犯罪を中止したとはいえなくても、離脱の意思表示とその了承、積極的な防止行為などがあるために解消が肯定され、離脱者の罪責が未遂犯にとどまることはありうるが、任意性の要件を欠く以上、中止犯は成立しない。

逆に、実行の着手後、共同者の全員が任意にその犯罪を中止した場合のように、解消は問題にならなくても中止犯が成立する場合もある。さらに、共同者の一部が自己の意思により実行行為を中止し離脱した後、他の共同者が実行行為を継続して既遂の結果を生じさせた場合には、解消が認められて離

脱者は未遂犯の罪責を負うにとどまり、その上、任意性や中止行為といった要件を満たす以上、中止犯が成立し、刑の減免を受ける可能性もある。

4 共同正犯と量的過剰防衛

> **【設問11】デニーズ事件**
> X、Y、Zらが歩道上で雑談していたところ、通りかかったAと口論となり、AがXらの仲間の女性Bの髪をつかみ、引き回すなどの乱暴を始めた。そこで、X、Y、Zは、これを制止するためAを殴る蹴るなどし（侵害現在時における反撃行為）、AはBの髪から手を放した。Aは後ずさるように移動し、XらもAを追っていき、YがAを殴打しようとしたため、一度はZがこれを制止したが、その後、YがAの顔面を殴打し（侵害終了後における追撃行為）、Aに傷害を負わせた。その間、Xは、Yの暴行を制止せず、傍観していた。XとYにはどのような罪が成立するか。

(1) 問題の所在

【設問11】において、AがBの髪を放すまでは急迫不正の侵害が存在しており（侵害現在時）、その際にX、Y、Zが共同して行った殴打（反撃行為）は正当防衛の要件を満たす。しかし、AがBの髪を放して急迫不正の侵害が終了した後（侵害終了後）も、YはAを殴打しており（追撃行為）、反撃行為と追撃行為を合わせた一連のYの行為は、量的過剰防衛に当たる（量的過剰防衛の成立要件については、13講4(4)参照）。一方、Xは、反撃行為のみに関与し、追撃行為は直接行っていない。そこで、Xは、追撃行為については責任を負わず、正当防衛として不可罰となるのか、それとも、Yと同様にXにも量的過剰防衛が成立するのかが問題となる。

(2) 第1の解決方法

主な解決方法は、2つある。第1は、共犯関係の解消の問題として解決するものである。【設問11】のように、暴行や傷害を共謀した場合、共謀者の一部が当初の予定以上の暴行を加えて死傷の結果が生じたとしても、全員がその結果について責任を問われるのが原則である。もし他の共謀者が例外的に責任を免れることがあるとすれば、それは共犯関係の解消が認められるときである。そうした取扱いは【設問11】のような正当防衛の事案でも変わらないとするのが、第1の解決方法である。これによると、共犯関係の解消が認められない限り、Xには追撃行為についてもYとの共同正犯が成立し、量的過剰防衛として扱われることになる。

それでは、【設問11】において共犯関係の解消は認められるであろうか。共犯関係の解消が認められるためには、従前の行為の物理的・心理的因果性を遮断することが必要である（2(2)ア）。【設問11】では、Xは反撃行為において主導的な役割を果たしていないなどの点から、Xの行為の因果的影響力は追撃行為にまで及んでいないとして、共犯関係の解消を肯定する見解もありうる。これによると、Xは、追撃行為について責任を負わないことになる。

　ただ、XがYらと協力してAに反撃行為を行ったからこそYの追撃行為が可能となったと考えられるから、Xの行為の因果的影響は追撃行為の時点においても残存しているといえよう。また、Xは、Zと異なりYを制止するなどの結果防止措置もとっていない。それゆえ、従来の基準を前提とする限り、共犯関係の解消を肯定するのは困難であろう。そうだとすると、Yと同様に、Xも反撃行為と追撃行為を合わせた一連の行為について傷害罪の共同正犯としての責任を負い、量的過剰防衛が成立することになる（ただし、Xには違法性を基礎づける事実の認識がなく、故意が否定されて、過失犯を問題とする余地はある）。

(3) 第2の解決方法

　これに対し、第2の解決方法を採用するのが、◎最判平6・12・6刑集48巻8号509頁（デニーズ事件〈百96、講123、プ398〉）である。同判決は、「相手方の侵害に対し、複数人が共同して防衛行為としての暴行に及び、相手方からの侵害が終了した後に、なお一部の者が暴行を続けた場合において、後の暴行を加えていない者について正当防衛の成否を検討するに当たっては、侵害現在時と侵害終了後とに分けて考察するのが相当であり、侵害現在時における暴行が正当防衛と認められる場合には、侵害終了後の暴行については、侵害現在時における防衛行為としての暴行の共同意思から離脱したかどうかではなく、新たに共謀が成立したかどうかを検討すべきであって、共謀の成立が認められるときに初めて、侵害現在時及び侵害終了後の一連の行為を全体として考察し、防衛行為としての相当性を検討すべきである」と判示した。

　これは、第1の解決方法と比べて原則と例外を逆に捉えるものといえる。すなわち、第1の解決方法は、追撃行為を直接行わなかった者も反撃行為と追撃行為を合わせた一連の行為について共同正犯としての責任を負うのが原則であり、その例外は共犯関係の解消が認められるときであるとする。これに対し、第2の解決方法は、追撃行為を直接行わなかった者は追撃行為について共同正犯としての責任を負わないのが原則であり、その例外は追撃行為

に関する新たな共謀が成立したときであるとするのである。

第2の解決方法がそのように考えるのは、共謀の内容が正当防衛の遂行であることに着目するからである。共謀の内容が正当防衛の遂行であった以上、共同正犯の成立範囲は、原則として正当防衛の遂行である侵害現在時の反撃行為に限られる。ただし、侵害終了後も続けて追撃行為を遂行しようという新たな共謀が成立すれば、反撃行為と追撃行為を合わせた一連の行為について共同正犯が成立し、全員に量的過剰防衛が成立するというのである。

【設問11】では、XとYらは正当防衛の遂行を共謀したのであるから、共同正犯が成立するのは、もともと侵害現在時の反撃行為についてのみであり、この点は正当防衛として不可罰である。そして、侵害終了後の追撃行為については、新たな共謀がない以上、共同正犯は成立せず、Xは責任を問われない。

●コラム● 正当防衛の遂行の合意と共謀の射程

第2の解決方法に対しては、共同正犯の成否は構成要件該当性の問題であるのに、共謀の内容が違法性阻却事由である正当防衛の遂行であったことを共同正犯の成否の判断において考慮してよいのかという疑問をもつかもしれない。これを理論的に説明する視点の1つが、共謀の射程である。共謀の射程は、さまざまな客観的な事情や主観的な事情をもとに、当該実行行為が共謀に基づいて行われたかどうかを判断するものである（25講1(3)イb(c)）。【設問11】では、反撃行為と追撃行為は、Aからの侵害の有無という点で客観的状況が大きく変化しているとともに、侵害阻止目的か加害目的かという点で目的や動機も異にしている。これらの点からすると、共謀の射程は反撃行為にのみ及び、追撃行為は当初の共謀と無関係に行われたものであるとすることは可能である。こうした判断は、他人からの侵害の有無という客観的事実や動機という主観的な心情を考慮するものにすぎず、共謀の内容が違法行為か適法行為かという法的評価自体を共同正犯の成否の判断に持ち込んでいるわけではない。

---

5 共犯と違法性阻却

(1) 問題の所在

各関与者の責任阻却が個別的に判断されることについては、争いがない。例えば、共同正犯者の一部が責任無能力者であっても、他の者まで責任が阻却されるわけではない。最決平13・10・25刑集55巻6号519頁（スナック強盗事件）〈プ329〉は、母親が12歳の長男に命じて強盗を実行させた事案において、母親には長男との強盗罪の共同正犯が成立するとしている。この場合、刑事未成年者である長男の行為は刑法41条により責任が阻却されるが、母親の行為まで責任が阻却されることはないのである。

これに対し、違法性阻却も関与者ごとに個別的に判断されるべきかについては、議論の余地がある。従来は、「**違法は連帯的に、責任は個別的に**」の原則から、各関与者における違法性阻却の判断は同一であると考えられてきた。たしかに、通常はそのようにいえる。例えば、急迫不正の侵害に対して防衛行為を行おうとしている者の手助けをした場合、正犯が正当防衛として違法性を阻却する以上、幇助者の行為も適法であると解すべきであろう。要素従属性に関して通説とされている制限従属性説は、まさにそのような考え方を基礎としている（23講1(3)）。また、複数の者が共同して急迫不正の侵害に対する防衛行為を行った場合、防衛行為の相当性が認められる限り全員について正当防衛として違法性阻却が認められるし、逆に、防衛の程度を超えていれば全員の行為が過剰防衛として違法となるというのが、原則である。しかし、関与者間において違法性阻却の有無が相対化する場合も例外的にありうるのではないか。これが、**違法の相対性**の問題である。

(2) 学　説
ア　共同正犯の場合

　【設問12】正当防衛事例1
　　Xは、YがAに襲われそうになっているのを見て、Yに対し、「一緒にAを殴ろう」と叫んだ。そこで、XとYは、共同してAを殴り、傷害を負わせたが、Yは、Aが自分を襲おうとしていることに気づいていなかった。X、Yにはどのような罪が成立するか。

　【設問12】において、XとYは、共同してAに暴行を加えて傷害を負わせているので、2人の行為は傷害罪の共同正犯の構成要件に該当する。それでは、2人に正当防衛は成立するか。正当防衛の成立要件として防衛の意思を要求する判例の立場を素直に当てはめると、Xには防衛の意思があるが、Yには防衛の意思がないので、Xには正当防衛が成立し、Yには成立しないということになりそうである。ただ、それは、共同正犯者の間で正当防衛の成否が相違することを意味しており、言い換えると、違法の相対性を肯定するということになる。そこで、違法の相対性が認められるのかが問題となる。
　この点、違法性の本質を法益侵害の惹起に求める結果無価値論を徹底すれば、違法の相対性は否定されるであろう。法益侵害は客観的に存在する1つの事象である以上、法益侵害の惹起に関与した者はすべて等しく違法となるし、逆に、法益侵害という事象が発生していなければ誰も違法となることは

ないからである。これによると、【設問12】では、XとYは客観的に正当防衛に当たる行為を共同して行っているから、いずれの行為も適法とされよう。

他方、人的違法を考慮する行為無価値論（違法二元論）に立てば、違法の相対性は容易に認められる。人的違法要素とりわけ防衛の意思のような主観的違法要素は各行為者に固有の要素であるから、**主観的違法要素が違法性阻却の判断に影響を及ぼす場面においては、これを有する者と欠く者とでは自ら違法性の評価に違いが生ずるとされるのである**。これによると、【設問12】では、防衛の意思を有するXには正当防衛が成立するが、防衛の意思を欠くYは正当防衛の成立が否定され、傷害罪の共同正犯が成立する。

* もっとも、学説の中には、客観的事実としての急迫性の有無も行為者ごとに個別的に判断されるべきであるとか、法益が対立する状況（正当防衛状況など）を自ら作り出した者の行為は違法となるなどと主張して、結果無価値論の立場から、違法性阻却の判断が関与者によって異なりうることを認める見解も唱えられている。

イ　狭義の共犯の場合

【設問13】正当防衛事例2
　Xは、Aに襲われそうになった際、Yから「Aを殴れ」と言われたので、自分の身を守るため、Aを殴り、傷害を負わせた。しかし、Yは、AがXを襲おうとしていることに気づいていなかった。X、Yにはどのような罪が成立するか。

仮に共同正犯において違法が相対化することがありうるとすると、同じことは、狭義の共犯においても当てはまるであろうか。

【設問13】において、正犯者のXは防衛の意思をもって傷害を実行しているのに対し、教唆者のYは防衛の意思を欠いている。この事例を【設問12】と同様に解決すると、防衛の意思という主観的正当化要素の有無に応じて各人の違法性の評価は相対化するから、Xについてのみ正当防衛が成立し、Yについては正当防衛は成立せず、傷害罪の教唆犯の成立が認められるということになる。実際、そのように主張する見解も有力である。

ただ、そのような見解を支持するということは、制限従属性説を放棄するということを意味する。既に学んだように（23講1(3)）、要素従属性に関しては、制限従属性説が通説であり、これによると、共犯が成立するためには、正犯は構成要件に該当し違法でなければならない。この制限従属性説を前提とすれば、【設問13】では、正犯者であるXの行為が違法性を阻却する以上、Yの教唆犯の成立も否定されるはずである。それにもかかわらず、Y

の教唆犯の成立を肯定するのであれば、**制限従属性説を捨てて、最小従属性説をとる必要がある。**

逆に、**制限従属性説を堅持するのであれば、【設問13】**では、Ｙの教唆犯の成立を否定せざるをえない。ただ、今度は、共同正犯の場合には違法の相対性が肯定されるのに、狭義の共犯の場合にはなぜそれが妥当しないのかを説明することが必要となる。その理由は、**共同正犯と狭義の共犯との法的性質の違い**に求められる。すなわち、共同正犯における各人は対等な立場にあり、主従の関係にあるわけではないので、共犯従属性は妥当せず、違法の相対性が認められるが、これに対し、狭義の共犯の場合には、正犯と共犯は主従の関係にあるから、共犯従属性に関する制限従属性説の考え方が妥当し、違法の相対性は認められないとするのである。

(3) 判　例

違法の相対性が問題となった裁判例として、◎最決平４・６・５刑集46巻４号245頁（フィリピンパブ事件）〈百88、講121、プ397〉がある。事案は、Ａと電話で口論となったＸがＹに包丁を渡し、Ａを殺害するよう指示して現場に赴かせたところ、Ａ殺害に乗り気でなかったＹがＡからいきなり暴行を加えられたため、Ｘの指示に従い包丁でＡを刺殺したというものである。最高裁は、ＸとＹを殺人罪の共同正犯とした上で、積極的加害意思をもたずに過剰な防衛行為を行ったＹにのみ過剰防衛の成立を認め、積極的加害意思を有していたＸについては急迫性の要件を欠くとして過剰防衛を否定した。積極的加害意思があるときには急迫性の要件が否定されるという判例の立場（12講２(3)）を前提として、積極的加害意思という主観的要素に着目して、過剰防衛の成否は行為者ごとに個別的に判断されるとしたものである。

本決定については、責任の個別性を認めたにすぎず、違法の相対性について判断を示したものではないとする評価もある。過剰防衛における刑の減免根拠（13講４(2)）を責任減少に求めると、本決定の結論は、Ｘの責任は減少しないが、Ｙの責任は減少することを認めたにすぎないことになるからである。しかし、本決定が問題とした急迫性の要件は、正当防衛とも共通する要件であるから、本決定の結論は正当防衛にも当てはまると考える方が素直である。例えば、本決定の事案を修正して、Ｙが防衛の程度を超えない反撃をしたとすると、Ｘについては、急迫性を欠くために正当防衛は成立しないが、Ｙについては、急迫性の要件を満たし、正当防衛が成立するということになるはずである。そうだとすると、本決定は、共同正犯者間において違法性の評価が相対化する余地を認めたものであるといわざるをえない。

VII 罪数および刑の適用

第27講　罪数論

> ◆学習のポイント◆
> 1　罪数論を苦手とする学生が多い。技術的要素が強いが、暗記しようとするのではなく、なぜそうなるのかの理由をしっかり考えながらテキストをじっくり読むとよい。また、テキストは何度も読み返して、基本的な概念と具体例をしっかり記憶することが重要である。
> 2　「木を見て森を見ざる」ことのないように、一罪と数罪について「見取図」をしっかり頭の中に入れ、いつでも再現できるようにしておくこと。また、罪数検討の手順もしっかり記憶しておくこと。
> 3　本来的一罪と科刑上一罪をしっかり区別すること。どのような場合に本来的一罪となるかをしっかり理解しておくことが重要である。科刑上一罪では、複数の犯罪が「成立」していることに注意すること。
> 4　観念的競合では「1個の行為」の判定基準をしっかり理解すればよい。牽連犯では具体例をしっかり記憶しておくとよい。

1　罪数論で学ぶこと

(1)　罪数とは何か

　罪数とは、「犯罪の個数」のことである。犯罪とは、構成要件に該当する違法で有責な行為をいうが、この要件を満たして犯罪が成立すると国家に刑罰権が発生する。この刑罰権は、犯罪1個について1個発生する。それでは、1人の行為者が複数の構成要件に該当する事実を実現したようにみえる場合、行為者が犯した罪は1つの罪（**一罪**）なのか複数の罪（**数罪**）なのか、また、複数の罪の場合、複数の刑罰権が発生しているが、具体的にこの行為者にどのような種類・範囲の刑罰を科すのかが問題となる。このような問題を解決するのが**罪数論**である。罪数論は、要するに、犯罪の数の数え方に関する基準を提供する理論であり、技術的で無味乾燥であると敬遠されがちであるが、犯罪論の縮図ともいうべき分野で、実務的には極めて重要であ

る。

(2) 罪数論の意義

罪数論の仕事は、ある事件について一罪か数罪かを決めることにある。罪数論は、まず何個の犯罪が「成立」するのかを検討し、何個の刑罰権が発生するかを確認する（**罪数論の刑法的意義**）。

しかし、罪数論は、このような刑法上の意義を有するだけでなく、刑訴法上も重要な意味をもつ。検察官が事件を起訴すると、事件は裁判所に訴訟係属することになり、その結果同じ事件は重ねて起訴することができなくなる（これを**二重起訴の禁止**という）。数罪の場合は、ある罪が起訴された後でも、別の罪を独立に起訴することは当然可能であるが、本来的一罪や科刑上一罪（詳しくは後述）の一部が起訴された場合、一罪の残りの部分を独立に起訴することはできなくなる。また、事件について有罪・無罪の判決が確定すると、同一の事件について再度の公訴提起を許さない効力が生じる（これを**一事不再理効**という）。そこで、一罪の一部について判決が確定すると、一罪の他の部分についてもう一度処罰することはできなくなる（**罪数論の訴訟法的意義**）。

例えば、Xが他人の住居に侵入して財物を窃取した場合、Xには住居侵入罪（130条前段）と窃盗罪（235条）が成立するが（後述のように）両罪は「科刑上一罪」とされるので、Xを窃盗罪で起訴した後にこれとは独立して住居侵入罪で起訴することはできないし、窃盗罪で有罪判決が確定したXを後に住居侵入罪で処罰することはできない。このように、罪数論の基礎知識の修得は刑訴法の理解にも必要不可欠である。

(3) 罪数を決定する基準

犯罪とは構成要件に該当する違法で有責な行為であるから（3講）、犯罪の個数を判断する基本的な基準は「構成要件に該当する数（回数）」である（**構成要件標準説**）。

ところで、刑法の目的は「法益」の保護にあり、刑法は「法益」を侵害する行為を処罰の対象とし、これを類型化して「構成要件」としているのであるから、構成要件による評価の際に決定的に重要であるのは「結果（法益侵害）」の数である。したがって、罪数論の出発点は、「**1個の法益を侵害すれば一罪となり、数個の法益を侵害すれば数罪となる**」という基本原則である。例えば、Xが爆弾を仕掛けてA、B、Cの3名を殺害した場合は、3個の生命という法益を侵害したので、3つの殺人罪が成立する（後述のように観念的競合となる）。

しかし、例外として、法益侵害の個数ではなく、**犯意の個数**や**行為の個数**が罪数を決定することもある。例えば、XがAの居室からAが所有するパソ

コンとBが所有する時計を盗んだ場合、複数の所有権を侵害したにもかかわらず、占有侵害の行為や意思が1個であるという理由で1個の窃盗罪しか成立しない。また、XがAを殺そうとして殺害に着手したが失敗し、1度は諦めたが、1年後に再度殺害行為に出て目的を達成したという場合、殺害の行為や意思は1個であるとはいえないので、殺人未遂罪（203条・199条）と殺人罪（199条）という2個の犯罪が成立する。Aの生命という同一の法益侵害に向けられたものであるとしても一括して殺人罪と評価することはできないのである。

このように、犯罪の個数は、法益侵害の個数を基本としながらも、犯意の個数や行為の個数を考慮して、何個の構成要件該当性が認められるかで決せられる。

(4) 一罪・数罪の見取図

法益侵害の個数を基本にしながらも、犯意の個数や行為の個数を考慮しつつ判断した結果、1個の構成要件によって1回の評価を受ける場合を**（本来的）一罪**といい、2個以上の構成要件によって2回以上の評価を受ける場合を**数罪（犯罪の競合）**という。

ここでは、一罪・数罪にそれぞれどのようなものがあるかをあらかじめ概観しておくことにしよう。

（本来的）一罪	単純一罪		一罪成立	一罪処断	1個の行為が1個の構成要件に該当する場合
	法条競合		一罪成立	一罪処断	1個の行為が複数の構成要件に該当するようにみえるだけ
	包括一罪		一罪成立	一罪処断	数個の行為を包括して1個の構成要件で評価
数罪	科刑上一罪	観念的競合	数罪成立	一罪処断	行為の一個性に注目して科刑上一罪扱い
		牽連犯	数罪成立	一罪処断	行為の牽連性に注目して科刑上一罪扱い
	併合罪		数罪成立	数罪処断	数罪であるが一定程度まとめて処断
	単純数罪		数罪成立	数罪処断	犯罪の個数に応じて処断

（本来的）一罪の典型は、1個の行為が1個の構成要件に該当する場合であり、これを**単純一罪**という。

また、1個の行為が数個の構成要件に該当するかのような外観を呈するため数罪のようでありながら、それらの構成要件相互の関係上、実はその中のどれか1個の構成要件だけが適用されて他の構成要件は排斥され、結局、1

個の構成要件の1回的評価しか成立しないため、やはり本来的一罪となる場合がある。これを**法条競合**という。

さらに、本来的一罪の特殊の形態のものとして、数個の行為が行われながら、結局は包括して1個の構成要件にだけ該当するにすぎないと評価されるために全体を包括して一罪とみるべき場合がある。これを（広義の）**包括一罪**という。

以上の基準により一罪とならず、複数の犯罪（**数罪**）が成立している場合を**犯罪の競合**という。犯罪が競合する場合は、原則として、各犯罪は一定の範囲で**併合罪**のグループを構成し、そのグループの中で一定の基準に従い加重された1個の刑を科すことになる。

ところが、数罪でありながら、このような併合罪としての処理をしないで、例外的に、刑を科す上で一罪として取り扱う場合がある。このような場合を、**科刑上一罪**という。科刑上一罪とは、複数の犯罪が「成立」しているにもかかわらず、一罪分の「科刑」しかしない場合をいい、それには**観念的競合**と**牽連犯**という2種類がある。

科刑上一罪にも併合罪にもならない数罪は、**単純数罪**として扱われ、それぞれの罪について言い渡すべき刑を定めてそれを合算する（これを**併科主義**という）。

(5) 共犯の罪数

複数の行為者が関与する共犯の場合、誰の行為を基準として罪数を決定するのかが問題となる。特に、観念的競合と併合罪をどのように区別すべきかについて狭義の共犯と共同正犯とでは議論が異なる。この問題は、罪数論の学習を一通り終えてから検討するのがよいであろう。

ア　狭義の共犯（教唆犯・幇助犯）の場合

例えば、Xが殺人犯人Yに頼まれて拳銃を貸し、YがまずAを射殺し次いでBを射殺したとき、Yには2個の殺人罪が成立するが、幇助者であるXの罪責はどうなるのであろうか。

この点、判例・通説は、教唆犯・幇助犯の個数は正犯により実行された犯罪の個数に従うが、教唆・幇助行為が「1個の行為」によってなされた場合には、数個の教唆犯・幇助犯は観念的競合（後述5）として科刑上一罪となるとしている（幇助犯について、◎最決昭57・2・17刑集36巻2号206頁〔覚せい剤輸入幇助事件〕〈百106、講147、プ422〉）。そこで、Xには2個の殺人罪の幇助犯が成立するが、拳銃を貸与する幇助行為は1個であるから観念的競合として科刑上一罪となる。

イ　共同正犯の場合

　共同正犯は、各自がその全部を実行したものとされるので（「一部行為全部責任」の原則。22講2(1)）、すべての犯行を1人でした場合の罪数判断と同じに扱うべきであるとされる。そこで、実行共同正犯の場合、例えば、XとYが共謀してXがAをYがBを殺害した場合は、各自がAとBを順次殺害したものとして、2個の殺人罪の共同正犯が成立して併合罪となる（傷害罪について、最決昭53・2・16刑集32巻1号47頁〈プ421〉）。

　これに対し、共謀にのみ関与した共謀共同正犯の場合、例えば、XとYが共謀してXがAとBを殺害した場合は、前掲・最決昭57・2・17の趣旨が及ぶとして、Yには2個の殺人罪の共同正犯が成立するが観念的競合となるとする見解も有力である。しかし、実行共同正犯と共謀共同正犯とで差をつける合理的理由はなく、また、観念的競合を認めると科刑上一罪となるため一事不再理効が及ぶ範囲が広がりすぎることから、2個の殺人罪の共同正犯が成立し併合罪となるとする見解も有力である。

2　単純一罪

> 【事例1】
> 　XがAを殺そうとしてAに向けて拳銃を1発発射したところ、弾丸は命中してAが死亡した。

　【事例1】において、1個の発砲行為から1個の生命侵害が惹起され、したがって、殺人罪の構成要件に1回該当したといえるので1個の殺人罪が成立する。このように、1個の行為で1個の法益侵害結果が惹起されたため、構成要件該当性の評価が1回しかなしえない場合を**単純一罪**という。

3　法条競合

　例えば、Xが「1個の行為」を行い「1個の結果」を発生させたとき、それがA罪の構成要件にも、B罪の構成要件にも該当するようにみえたとしても、2個の犯罪の成立を認めることはできない。なぜなら、1個の法益侵害に対して2個の犯罪の成立を認めることは、同一事実の二重評価（ダブルカウント）になり、「1個の法益を侵害すれば一罪となり、数個の法益を侵害すれば数罪となる」という基本原則に反することになるからである。

　そこで、A罪の構成要件の内容とB罪の構成要件の内容を比較検討し、両者の間に「一定の関係」がある場合には、一方の構成要件だけに該当すると評価され、一罪が成立する。このように、**法条競合**とは、1個の行為で1個

の法益侵害結果が惹起され、それが数個の構成要件に該当する（＝法律の条文が競合する）ようにみえるが、構成要件の相互の関係から１つの構成要件によって評価されるにすぎないため一罪となる場合をいう。法条競合が認められるのは、２つの構成要件の間に「特別関係」、「補充関係」、「択一関係」のいずれかの関係が認められる場合である。

(1) 特別関係

特別関係というのは、２つの構成要件の間に「一般法と特別法の関係」が認められる場合をいう。この場合には、２個の構成要件に該当するようにみえても、「特別法は一般法に優先する」の原則に従い、特別法に当たる構成要件のみが適用され一罪となる。

【事例２】
　銀行員Ｘは、勤務するＰ銀行で自己が保管する金銭を横領した。

【事例２】において、Ｘには特別法である業務上横領罪（253条）が成立し、一般法である横領罪（252条）の適用は排除される。

また、保護責任者が要扶助者を遺棄したときは、特別法である保護責任者遺棄罪（218条）が成立し、一般法である遺棄罪（217条）の適用は排除される。

(2) 補充関係

補充関係というのは、２つの構成要件の間に「基本法と補充法の関係」が認められる場合をいう。この場合には、２個の構成要件に該当するようにみえても、「基本法は補充法に優先する」の原則に従い、基本法に当たる構成要件のみが適用され一罪となる。

【事例３】
　ＸはＡを殴ってけがをさせた。

【事例３】において、ＸがＡを殴ったところに注目すれば暴行罪（208条）の構成要件に該当するが、傷害という結果に注目すれば傷害罪（204条）の構成要件にも該当するようにみえる。しかし、傷害罪と暴行罪は、前者だけでは法益保護の点で不十分であることからこれを補充するために後者が設けられたという関係にあるから、基本法である前者が成立する場合は補充法である後者の適用は排除される。

同様に、殺人罪（199条）が成立する場合は補充法である殺人未遂罪（203条・199条）の適用は排除される。

(3) 択一関係

相互に両立しがたい関係に立つ2つの構成要件に重なり合う部分が生じているため（**交差関係**）、1個の行為が2つの構成要件に同時に該当するようにみえることがある。このような場合、法益侵害が1個である以上、一方の構成要件が適用され、他方の構成要件が排斥される。これを**択一関係**という。

【事例4】
　P銀行の支店長Xは、貸付けを受ける資格と信用のない友人Aに、正規の貸付手続を踏まず銀行帳簿に記載することなく無担保で3,000万円を貸し付けた。

【事例4】において、他人（P銀行）の事務処理者である支店長Xが、自己の占有する他人（P銀行）の財物（金銭）を不法に処分してP銀行に損害を与えたので、業務上横領罪（253条）にも背任罪（247条）にも該当するようにみえるが、XはP銀行からの委託の趣旨に反し銀行の金銭を自己の欲しいままに領得したといえるので法定刑の重い業務上横領罪が成立し、背任罪の適用は排除される。

4　包括一罪

包括一罪とは、複数の法益侵害結果を惹起したが、1つの構成要件によって包括的に評価されるために一罪となる場合をいう。包括一罪と法条競合との決定的な違いは、法益侵害結果が1個か（法条競合）、数個であるか（包括一罪）にある。包括一罪は、数個の法益侵害結果が発生しているので、「1個の法益を侵害すれば一罪となり、数個の法益を侵害すれば数罪となる」という基本原則によれば数罪となりうるが、例外的に、**法益侵害ないし行為の一体性**の観点から、1つの構成要件によって評価され一罪とされる。

包括一罪は、複数の結果を惹起する「行為」が1個の場合と数個の場合に分類され、また、それぞれが複数の結果が同一構成要件に属する場合と異なる構成要件にまたがる場合に分かれるので、合計4つの類型が存在する。

(1)　単一行為型同質的包括一罪

包括一罪の**第1の類型**は、「1個の行為」から「数個の結果」が生じた場合で、その数個の結果が同一の構成要件内に属する場合である。この場合、

行為は1個なので、法益侵害が実質にみて1個といえる場合には包括して一罪とされる。

> 【事例5】
> 　Xは、A所有の住宅に放火し、A宅のほか近隣のB、Cの住宅をも全焼させた。

【事例5】において、Xは1個の放火行為によって3個の現住建造物を焼損しているが、放火罪の主たる保護法益は公共の安全であり、1個の放火行為から1個の公共の危険を発生させたにすぎず、実質的にみて法益侵害の数が1個であるから、包括して1個の現住建造物放火罪（108条）が成立する。

これに対し、YがV_1とその家族全員を殺害する目的で飲食物に毒物を混入し、それを食したV_1、V_2、V_3の3名が死亡したという場合、Yは1個の殺人行為によって3名を殺害しているが、生命や身体は一身専属的法益であり各個の法益ごとに独立した意味をもつので、3個の殺人罪（199条）が成立する（後述のように観念的競合となる）。

(2) 　単一行為型異質的包括一罪

包括一罪の**第2の類型**は、「1個の行為」から主従の関係がある「数個の結果」が生じた場合で、数個の結果が「異なる構成要件」にまたがる場合である。

> 【事例6】
> 　XがAを殺害しようとして拳銃を発射したところ、弾丸がAの衣服を貫通し心臓に命中しAは死亡した。

【事例6】において、Xは拳銃の発射という1個の行為により、殺人という結果と（弾丸によってAの衣服を損傷させたので）器物損壊という2個の結果を発生させている。しかし、器物損壊は殺人という主たる法益侵害結果に通常随伴する従たる法益侵害結果であることから、器物損壊罪（261条）は殺人罪（199条）の刑に吸収され（吸収一罪）、殺人罪一罪が成立する。

(3) 　複数行為型同質的包括一罪

包括一罪の**第3の類型**は、「数個の行為」が行われ「数個の結果」を発生させた場合で、その数個の行為が「同一の構成要件」内に属する場合である。これを、**狭義の包括一罪**ということもある。この類型に属するものとしては、以下の4つのタイプがある。

ア　既遂に向けられた複数行為

既遂に向けられた複数の行為は1つの意思決定に基づくといえる限り包括して既遂一罪となる。例えば、同一被害者に対して拳銃を2回発砲し、2回目で殺害した場合、殺人未遂罪と殺人罪が成立するのではなく、包括して殺人罪（199条）一罪が成立する。

【事例7】
　Xは、Aを殺害しようとして、6月から10月までの間に5回にわたり毒殺を試みたが失敗したので、ついに11月に入り出刃包丁でAを殺害した。

【事例7】において、Xは5カ月間に5回にわたって毒殺を試みて失敗し、最後の出刃包丁で殺害の目的を遂げている。判例は、**殺意の継続**を重視し、数個の攻撃行為が同一の意思活動に出てその間犯意の更新がない限りは、その各行為が同一の日時場所において行われると異なる場所で行われるとを問わず、またその方法が同一かどうかを論ぜず、その目的を達するまで行われた攻撃行為はすべて実行行為の一部として包括的に評価し、1個の殺害とみるべきであるとして1個の殺人罪を認めている（大判昭13・12・23刑集17巻980頁〔日大生殺し事件〕）。

イ　接続犯

アの延長線上に「接続犯」がある。**接続犯**とは、1つの意思決定に基づき、時間的・場所的に近接して同一の法益侵害に向けられた複数の行為（数個の接続した行為）が行われる場合で、複数の行為に密接な関連性があるため包括して1つの構成要件で評価される場合をいう。なお、接続犯ほど時間的・場所的近接性はないが、同一構成要件に当たる行為が時間的・場所的に連続して行われる場合を**連続犯**ということがある。

【事例8】
　Xは、ある日の夜、2時間の間に、3回にわたりAの倉庫から玄米3俵ずつ合計9俵を窃取した。

【事例8】において、XはAの倉庫から3回にわたり米俵を持ち出している。しかし、3個の窃取行為は、同一倉庫からの米俵の窃取であり（被害法益の単一性）、各行為が時間的・場所的にも近接しており（時間的・場所的近接性）、しかも1個の意思決定に基づくものといえる（犯意の単一性、犯意の継続性）。したがって、包括して1個の窃盗罪（235条）が成立する（◎

最判昭24・7・23刑集3巻8号1373頁〈百99、講142、プ406〉)。

　なお、判例は、同一被害者に対し約4カ月というかなり長い期間内に断続的に反復された一連の暴行により種々の傷害を負わせた事案において、複数の傷害をまとめて1つの傷害結果と捉え（法益侵害の同一性）、それが共通の動機から繰り返し犯意を生じて行われたこと（意思の継続性）などを考慮して傷害罪の包括一罪としている（最決平26・3・17刑集68巻3号368頁）。

　　ウ　集合犯
　構成要件の中には、はじめから数個の同種類の行為の反復を予定しているものがある。例えば、常習性を有する行為者が実行行為を反復することを予定した構成要件（**常習犯**）や、業として実行行為を反復することを予定した構成要件（**営業犯**）などがこれで、これらを**集合犯**という。

【事例9】
　賭博常習者のXは、花札を使用して金銭を賭ける博打を4回にわたって行った。

　常習賭博罪の構成要件は「常習として賭博をした」であるが（186条1項）、これは賭博行為をした者が常習性を有する場合に刑を加重するために設けられた犯罪類型（常習犯）であり、常習賭博者であるXが4回にわたって賭博行為をしたときでも、Xには包括して1個の常習賭博罪が成立する（最判昭26・4・10刑集5巻5号825頁〈プ400〉）。

　同様に、わいせつ物頒布罪（175条1項）は、わいせつ物を反復して譲渡等する行為を予定する犯罪類型（営業犯）であるから、例えば、わいせつ物が反復して販売されたとしても、包括して1個のわいせつ物頒布罪が成立する。

　なお、判例は、街頭募金の名の下に通行人から現金を騙し取ろうと企てた者が、約2カ月間にわたり、事情を知らない多数の募金活動員を通行人の多い複数の場所に配置し、募金の趣旨を立看板で掲示させるとともに、募金箱を持たせて寄付を勧誘する発言を連呼させ、これに応じた通行人から現金を騙し取ったという事案において、不特定多数の通行人に対し一括して同一内容の定型的な働きかけを行って寄付を募るという態様のものであり、かつ、被告人の1個の意思、企図に基づき継続して行われた活動であり、加えて、募金箱に投入された現金は個々に区別して受領するものではないという街頭募金詐欺の特徴に鑑みると、これを一体のものと評価しうるとして詐欺罪

(246条1項)の包括一罪を認めている（最決平22・3・17刑集64巻2号111頁〔街頭募金詐欺事件〕〈百101、講143〉）。

これは、従来、観念的競合ないしは併合罪と考えられてきた**街頭募金詐欺**をその特殊性から新たに包括一罪の一類型に加えたものといえよう。

エ　最狭義の包括一罪

これは、1個の構成要件において、同一の法益侵害に向けられた数個の行為態様が規定されている場合に、これら数種の態様に該当する一連の数個の行為が、その構成要件によって包括的に評価され一罪となるにすぎない場合をいう（**構成要件上の包括**）。

例えば、同一の犯人を「蔵匿」し「隠避」させたときは包括して1個の犯人蔵匿・隠避罪（103条）が成立し（大判明43・4・25刑録16輯739頁）、同一の被害者を逮捕し引き続き監禁したときは包括的に1個の逮捕監禁罪（220条）が成立し（最大判昭28・6・17刑集7巻6号1289頁）、盗品を保管しまたは運搬した上、現実にその処分をあっせんしたときは包括的に1個の盗品等有償処分あっせん罪（256条2項）が成立する。

(4)　複数行為型異質的包括一罪

包括一罪の**第4の類型**は、数個の行為が行われ数個の結果を発生させた場合で、その数個の行為が異なる構成要件にまたがる場合である。行為の外形上それぞれ異なる構成要件に該当しているようにみえるが、軽い罪が、重い罪の刑に吸収され、重い罪の構成要件において包括的に評価され1個の犯罪が成立する（**吸収一罪**）。この類型に属するものとしては、以下の3つのタイプがある。

ア　共罰的事前行為

共罰的事前行為とは、同一の法益に向けられた複数の行為が、手段・目的の関係あるいは原因・結果の関係にあり、（手段・原因である）軽い犯罪事実が、（目的・結果である）重い犯罪に「吸収」して評価され一罪になる場合をいう。

【事例10】
　Xは、ある日、Aを殺害するため出刃包丁を購入し、その翌日、この出刃包丁を使ってAを殺害した。

【事例10】において、Xは殺人予備行為（201条）と殺人行為（199条）の2個の行為を行っており、その日時も場所も異なるが、Aの生命という同一

の法益に向けられた2個の行為であり、出刃包丁の購入は殺人という「目的」を実現するための「手段」にすぎないので、手段である軽い犯罪事実（殺人予備罪）は、目的である重い犯罪（殺人罪）に「吸収」して評価すれば十分であるから、Xには殺人罪だけが成立する。この場合、殺人予備罪を共罰的事前行為というが、それは殺人予備罪は決して不可罰なのではなく、殺人罪に包括されて（殺人罪と共に）処罰されているために殺人罪と独立して処罰されないという意味であることに注意する必要がある。

イ 共罰的事後行為

共罰的事後行為とは、同一の法益に向けられた複数の行為が、手段・目的の関係あるいは原因・結果の関係にあり、（目的・結果である）軽い犯罪事実が（手段・原因である）重い犯罪に「吸収」して評価され一罪になる場合をいう。

同一の法益に向けられた複数の行為が、手段・目的の関係あるいは原因・結果の関係にあるという点では先に述べた共罰的事前行為と同じであるが、共罰的事前行為は、手段・原因に当たる事前行為が軽い罪であるのに対し、共罰的事後行為はその逆で、手段・原因に当たる事前行為が重い罪であって、目的・結果に当たる事後行為の方が軽い罪であるために、事後の軽い罪が事前の重い罪に包括されて処罰されるのである。共罰的事後行為といえるためには、①事後行為が事前行為に伴う違法状態に通常含まれるものであり（**通常随伴性**）、②新たな法益侵害を伴わないものであることが必要である。

例えば、窃盗犯人が盗品を損壊した場合、窃盗罪（235条）と器物損壊罪（261条）の2罪が成立するのではなく、事後の軽い器物損壊罪は事前の重い窃盗罪に吸収され窃盗罪のみが成立する。

> 【設問1】
> Xは、自己の占有するAの不動産に無断で抵当権を設定・登記した（第1行為）後、さらに同一の不動産を売却しその所有権を無断で移転・登記した（第2行為）。Xの罪責を論じなさい。

【設問1】は**横領物の横領**といわれる事案で、第1行為について横領罪（252条）が成立することには異論がない。問題は、第2行為にも横領罪が成立するかである。判例は、かつては第2行為を不可罰的事後行為とし処罰の対象にならないとしていた（最判昭31・6・26刑集10巻6号874頁）。しかし、最高裁は、その後この判例を変更し、第2行為は横領罪として処罰でき

るとした(最大判平15・4・23刑集57巻4号467頁〈百68、講Ⅱ74、プⅡ357〉)。

もっとも、第1行為も第2行為もどちらも横領罪として処罰することは可能だとしても、双方が起訴された場合には包括して横領罪一罪となる。

●コラム● 不可罰的事後行為と共罰的事後行為

窃盗犯人が窃取した盗品を損壊した場合には、器物損壊罪も成立しうるが、その違法性は窃盗罪という重い犯罪の中で共に評価されているため窃盗罪のみの成立を認めれば十分である。そこで、かつては、器物損壊罪を「不可罰的事後行為」と呼んでいた。しかし、例えば、窃盗罪が公訴時効にかかったために処罰することができなくなったようなときに、器物損壊罪で起訴して処罰を求めることはできる。ただ、被告人に窃盗罪と器物損壊罪の2罪の成立を認めることはできないというにすぎない。そこで、近年では、器物損壊罪は窃盗罪の中で「共に処罰されている」という意味から「共罰的事後行為」と呼ばれるようになり、事後行為が「不可罰」な場合(処罰することができない場合)と区別されるようになった。

文字どおりの不可罰的事後行為の例としては、例えば、窃盗犯人が盗品を運搬しても窃盗罪のほかに盗品運搬罪(256条2項)で処罰できないことや、欺罔により不実の旅券の交付を受けても旅券不実記載罪(157条2項)のほかに詐欺罪(246条1項)で処罰できないことなどを挙げることができる。これらの場合は、事後行為がそもそも盗品運搬罪や詐欺罪の構成要件に該当しないのである。

ウ 混合的包括一罪

混合的包括一罪というのは、罪名の異なる数個の罪の間に密接な関係があるとき、これらを包括して評価し一罪となる場合をいう。包括評価できるか否かは、両罪の実行行為に①客観的関連性(法益侵害の同一性および時間的・場所的近接性)および②主観的関連性(1つの意思に貫かれていること)が認められるかによって判断される。

【設問2】
　XとYは、共謀の上、覚せい剤取引を装いAをホテルの1室に呼びつけ、Yが覚せい剤をAから受け取って代金を支払わないままホテルから逃走し(第1行為)、XがAのいる部屋に行きAを殺害しようとしたが未遂に終わった(第2行為)。XおよびYの罪責を論じなさい。

【設問2】と類似の事案において、判例は、第1行為を窃盗罪(235条)もしくは詐欺罪(246条)の共同正犯に該当し、第2行為は覚せい剤の返還請求を免れるための殺害行為であることから強盗行為(236条2項)に当たり、それによってAを死亡させようとしたので強盗殺人未遂罪(243条・240条後

段）の共同正犯に該当するとした上で、窃盗罪または詐欺罪と（2項）強盗殺人未遂罪は、包括評価でき前者が後者に吸収されるので、（重い）強盗殺人未遂罪の共同正犯のみが成立するとしている（最決昭61・11・18刑集40巻7号523頁〔博多覚せい剤事件〕〈百39、講Ⅱ44、プ411〉）。第1行為と第2行為の間に、被害法益の共通性や時間的・場所的近接性が認められ、かつ、両行為が殺害を手段として覚せい剤を奪うという意思に貫かれていることが包括評価を可能にしているといえよう。

●コラム● 罪数検討の手順

罪数が問題になったときは、まず、前述の（本来的）一罪（単純一罪、法条競合、包括一罪）が成立するか否かを検討する。（本来的）一罪が成立しないときは、複数の犯罪が成立しているので（犯罪の競合）、「数罪」として、①**科刑上一罪**（観念的競合、牽連犯）となるかを検討し、それに該当すれば一罪分の科刑をすることになるが、それに該当しない場合は、②**併合罪**として刑の加重をすることになる。しかし、併合罪にもならないときは、③**単純数罪**として刑が併科される。

5　科刑上一罪(1)——観念的競合

(1)　意　義

観念的競合とは、「1個の行為が2個以上の罪名に触れるとき」、すなわち、1個の行為が同時に2個以上の構成要件に該当する場合をいう（54条1項前段）。例えば、1個の爆弾を爆発させて数人を1度に殺害した場合や（数個の殺人罪の観念的競合）、1個の投石行為により建物の窓ガラスを割り建物内の人を傷つけた場合（器物損壊罪と傷害罪の観念的競合）がこれである。

このような場合、数個の犯罪が成立するが、科刑の上では一罪として扱われる。複数の法益を侵害している以上複数の犯罪が成立するが、行為は1個しか存在せず、したがって犯罪実行の意思決定も1個しか存在しないので科刑の上では一罪と扱われるのである。

(2)　要件と効果

観念的競合となるための要件は、第1に、「**行為が1個**」であることである。「1個の行為」とは、判例によれば、「**法的評価をはなれ構成要件的観点を捨象した自然的観察のもとで、行為者の動態が社会的見解上1個のものとの評価をうける場合**」をいう（◎最大判昭49・5・29刑集28巻4号114頁〈百103、講146、プ413〉）。行為が1個か否かを判断する際には、法律的な評

価、すなわち、構成要件の観点からする評価を捨て、あくまでも事実的（物理的）な観点を基礎に、最終的には社会通念（常識）を手がかりにして判断すべきであるというのである。

　第2に、その1個の行為が「2個以上の罪名に触れること」が必要である。「2個以上」の罪名は、異なる罪名（A罪とB罪）であっても、同じ罪名（A罪とA罪）であってもよい。

　観念的競合の**法効果**は、複数の犯罪が成立するが、科刑の上で「**最も重い刑により処断する**」点にある。「最も重い刑により処断する」とは、法定刑の上限、下限共に重い方を選択するという意味である。例えば、法定刑が3月以上7年以下の懲役であるA罪と1月以上15年以下のB罪が観念的競合となる場合、法定刑の上限は15年、下限は3月となる。

(3)　観念的競合の具体例

　観念的競合となるか（後に述べる）併合罪となるかは、複数の構成要件に該当した行為が「1個の行為」といえるかどうかで決まる。判例は、実行行為の重なり合いの基準によって「1個の行為」か否かを判断している。すなわち、A罪の実行行為（構成要件的行為）とB罪の実行行為（構成要件的行為）を比較したとき、それらがほとんど重なり合っているか、少なくともその重要部分において重なり合っているときに「1個の行為」であることが認められ、観念的競合とされるのである。観念的競合の成否が争われた主な判例として以下のものが重要である。

【事例11】
　Xは、無免許で、かつ、酒に酔い正常な運転ができないおそれのある状態で、京都から神戸まで普通乗用自動車を運転した。

【事例11】では**無免許運転罪と酒酔い運転罪の関係**が問題となるが、判例は「被告人が本件自動車を運転するに際し、無免許で、かつ、酒に酔った状態であったことは、いずれも車両運転者の属性にすぎないから、被告人がこのように無免許で、かつ、酒に酔った状態で自動車を運転したことは、右の自然的観察のもとにおける社会的見解上明らかに1個の車両運転行為である」るとして観念的競合の関係にあると判示している（最大判昭49・5・29刑集28巻4号151頁）。このように、同一の日時・場所における実行行為が重なり合う場合は「1個の行為」といえるので観念的競合となる。

【事例12】
　Xは、京都から酒に酔って正常な運転ができないおそれのある状態で自動車を運転し、神戸市内の交差点で酒酔いのため前方注視を怠りAをひいて死亡させた。

　【事例12】では、酒酔い運転罪（道交法117条の2）と過失運転致死罪（自動車運転死傷行為処罰法5条）の関係が問題となるが、酒に酔った状態で神戸市内の交差点で事故を起こした行為は一時点一場所における行為（即成犯〔4講2参照〕）であるのに対し、京都から神戸まで酒に酔った状態で運転する行為は時間的・場所的に継続する行為（継続犯〔4講2参照〕）である。いわば、点と線の関係であり、2個の実行行為はごく一部でしか重なり合わないため、1個の行為とはいえない。
　判例も、「酒に酔った状態で自動車を運転中に過って人身事故を発生させた場合についてみるに、もともと自動車を運転する行為は、その形態が、通常、時間的継続と場所的移動とを伴うものであるのに対し、その過程において人身事故を発生させる行為は、運転継続中における一時点一場所における事象であって、前記の自然的観察からするならば、両者は、酒に酔った状態で運転したことが事故を惹起した過失の内容をなすものかどうかにかかわりなく、社会的見解上別個のものと評価すべきであって、これを1個のものとみることはできない」と判示して、本件における酒酔い運転の罪とその運転中に行われた業務上過失致死罪（当時。刑法改正後の現在では過失運転致死罪）とは併合罪の関係にあるとしている（◎前掲・最大判昭49・5・29）。

【事例13】
　Xは、自動車を運転して高速道路を走行中、甲地点で制限速度を時速65km超過して走行し（第1行為）、甲地点から約19.4km離れた乙地点で制限速度を時速90km超過して走行した（第2行為）。

　【事例13】では、第1の速度違反罪と第2の速度違反罪の関係が問題となるが、判例は、「本件においては制限速度を超過した状態で運転を継続した2地点間の距離が約19.4キロメートルも離れていたというのであり……その各地点における速度違反の行為は別罪を構成し、両者は併合罪の関係にある」と判示している（最決平5・10・29刑集47巻8号98頁〔名神高速スピード違反事件〕〈プ408〉）。
　＊　その他、判例が観念的競合を認めたものとしては、(覚せい剤取締法上

の）覚せい剤輸入罪と（関税法上の）禁制品輸入罪の関係について、「保税地域、税関空港等税関の実力的管理支配が及んでいる地域を経由する場合、両罪はその既遂時期を異にするけれども、外国から船舶又は航空機によって覚せい剤を右地域に持ち込み、これを携帯して通関線を突破しようとする行為者の一連の動態は、法的評価をはなれ構成要件的観点を捨象した自然的観察のもとにおいては、社会的見解上1個の覚せい剤輸入行為と評価すべきものであり……それが両罪に同時に該当するのであるから、両罪は刑法54条1項前段の観念的競合の関係にあると解するのが相当である」と判示したものがある（最判昭58・9・29刑集37巻7号1110頁〔覚せい剤輸入税関突破事件〕〈プ415〉）。

また、自動車を運転中不注意で歩行者をはね飛ばして逃走した「ひき逃げ」の事案において、道交法72条1項前段、後段の**救護義務違反罪**と**報告義務違反罪**の関係について、「1個の交通事故から生じた道路交通法72条1項前段、後段の各義務を負う場合、これをいずれも履行する意思がなく、事故現場から立ち去るなどしたときは、他に特段の事情がないかぎり、右各義務違反の不作為は社会的見解上1個の動態と評価すべきものであり、右各義務違反の罪は刑法54条1項前段の観念的競合の関係にある」と判示したものがある（◎最大判昭51・9・22刑集30巻8号1640頁〔ひき逃げ事件〕〈百104、講150、プ416〉）。

6　科刑上一罪(2)――牽連犯

(1)　意　義

牽連犯とは「犯罪の手段若しくは結果である行為が他の罪名に触れるとき」をいう（54条1項後段）。すなわち、犯罪Aと犯罪Bが「手段⇒目的」の関係もしくは「原因⇒結果」の関係にあるときは、A罪とB罪が共に成立するものの、科刑の点では一罪として扱われる。例えば、被害者の住居に侵入して被害者を殺害した場合、手段が住居侵入罪、目的が殺人罪なので、両罪が成立して牽連犯となる。

このような場合、行為は複数個存在しても、それが手段・目的または原因・結果の関係にあるため、犯罪実行の意思決定は実質的には1個しか存在しないので科刑上は一罪と扱われるのである。

(2)　要件と効果

牽連犯となるための要件は、「数個の行為」が犯罪の「手段⇒目的」または「原因⇒結果」の関係にあることである。

まず、牽連犯となるのは行為が「数個」の場合である。行為が1個の場合は、本来的一罪となるか観念的競合となるかのいずれかである。

次に、数個の行為の間に「手段⇒目的」または「原因⇒結果」の関係が存在しなければならない。この関係は、行為者の主観的意図によって決まるものではなく、「数罪間にその**罪質上通例手段結果の関係が存在す**る場合（最大判昭24・12・21刑集3巻12号2048頁）、すなわち、犯罪の性質上、類型的にそのような関係にあるかどうかで決まる（**客観的牽連関係**）。なぜなら、「一罪」の科刑でよいといえるためには、両罪が「通常」は手段または結果の関係にあるといえなければならないからである。

牽連犯の法効果は、観念的競合の場合と同様、複数の犯罪が成立するが、科刑の上で「**最も重い刑により処断する**」点にある。

(3) 牽連犯の具体例

牽連犯となるためには、数罪の間に、通例、その一方が他方の手段または結果となる関係があること（客観的牽連性）が必要である。客観的牽連性の有無は一義的に明確なものではないので、判例が牽連関係を認めた代表的な例を記憶しておくことが有益である。

判例が牽連関係を認めた代表的なものとして、①**住居侵入罪と窃盗罪**（大判大6・2・26刑録23輯134頁〈プ418〉）、**住居侵入罪と強盗罪**（最判昭24・11・22裁判集刑14号805頁）、**住居侵入罪と強制性交罪**（当時は強姦罪）（大判昭7・5・12刑集11巻621頁）、**住居侵入罪と殺人罪**（最決昭29・5・27刑集8巻5号741頁〈百105、講148、プ423〉）、**住居侵入罪と傷害罪**（大判明44・11・16刑録17輯1989頁）、**住居侵入罪と放火罪**（大判昭7・5・25刑集11巻680頁）、②**文書偽造罪と偽造文書行使罪**（公文書につき大判明42・7・27刑録15輯1048頁）、③**偽造文書行使罪と詐欺罪**（公正証書原本につき最決昭42・8・28刑集21巻7号863頁）、④**身の代金目的拐取罪と身の代金要求罪**（最決昭58・9・27刑集37巻7号1078頁〈講149、プ410〉）などがある。このように、判例が牽連犯を認めた事例のかなりの部分は、住居侵入罪関係と文書偽造罪関係である。

他方、判例が牽連関係を否定した代表的なものとして、①保険金目的の放火罪と詐欺罪（大判昭5・12・12刑集9巻893頁）、②殺人罪と死体遺棄罪（大判昭9・2・2刑集13巻41頁）、③監禁罪と傷害罪（最決昭43・9・17刑集22巻9号853頁）、監禁罪と恐喝罪（最判平17・4・14刑集59巻3号283頁〈百102、プ419〉）、監禁罪と強制性交致傷罪（最判昭24・7・12刑集3巻8号1237頁）、監禁罪と身の代金目的拐取罪・身の代金要求罪（前掲・最決昭58・9・27）などがある。

(4) かすがい現象

牽連犯に関連して「かすがい現象」といわれる科刑上一罪がある。**かすがい現象**とは、本来、併合罪となる数罪が、ある犯罪と科刑上一罪の関係に立つことから、数罪全体が科刑上一罪となることをいう。

【事例14】
　Xは、ある夜Aの住居に侵入し、まずAを殺害し、その後Bを殺害した。

例えば、【事例14】において、XにはAに対する殺人罪、Bに対する殺人罪が成立するが、両罪は、1個の殺人行為ではないから観念的競合にはならず、また、殺人罪と殺人罪は犯罪の通常の形態として手段または結果の関係にあるものとは認められないので牽連犯でもなく、したがって、後述の併合罪の関係に立つ。ところが、住居侵入罪とAに対する殺人罪は牽連犯の関係に、住居侵入罪とBに対する殺人罪も牽連犯の関係に立つ。そこで、判例は、このような場合、住居侵入罪が「かすがい」（＝2つのものをつなぎとめるもの）となって、併合罪となる2つの殺人罪をつなぎとめ、全体が科刑上一罪となるとしている（前掲・最決昭29・5・27）。これを**かすがい現象**という。

かすがい現象を肯定する判例の立場に対しては、屋外で2名殺害すれば、それぞれが併合罪となって刑が加重される（その結果、殺人罪の有期懲役刑は5年以上30年以下となる）のに、住居侵入罪を伴うことによって科刑の点では殺人罪一罪で処断される（有期懲役刑は5年以上20年以下となる）のはいかにも不均衡であるという批判がある。

そこで、住居侵入罪とAに対する殺人罪について牽連関係を認め、Bに対する殺人罪については住居侵入罪から切り離して併合罪とすべきだという見解もあるが、住居侵入罪とBに対する殺人罪との間にも客観的・類型的に手段・結果の関係にありながらなぜこの点が考慮されないのか疑問である。

また、住居侵入罪とAに対する殺人罪とが牽連犯となり、住居侵入罪とBに対する殺人罪とが牽連犯となり、2つの牽連犯が併合罪となるとする見解もあるが、住居侵入行為が1個しかないのに住居侵入罪を2回評価することは妥当ではない。

したがって、判例のように「かすがい現象」は認めた上で、かすがいとなる犯罪が存在しない場合とのアンバランスは量刑において考慮すべきであろう。

7　併合罪

(1)　併合罪と単純数罪

　1人の行為者に複数の犯罪が成立している場合であって、観念的競合も牽連犯も成立しない場合は科刑上一罪とはならないので、あくまでも数罪分の刑が科されることになる。その際、各犯罪ごとに刑を定めて数個の刑を言い渡すという方法（**併科主義**）を「常に」とるということになると、犯罪に対する評価としても重すぎ、特別予防の見地から不要かつ無意味な刑となるので、刑法は、原則として、数罪をいくつかのグループにまとめるとともに、**各グループごとに単一の刑を言い渡している（単一刑主義）**。この数罪のグループのことを**併合罪**という。そして、併合罪とはならない数罪を**単純数罪**という。単純数罪の場合は、**併科主義**がとられ、それぞれの犯罪ごとに刑を言い渡す。

　このように、数罪の場合は、①科刑上一罪（**観念的競合**または**牽連犯**）にならないかを検討し、②科刑上一罪にはならないときは**併合罪**にならないかどうかを検討し、③併合罪にはならないときは**単純数罪**になる。

(2)　併合罪の範囲

　併合罪になるか単純数罪になるかは、数罪が**併合罪**という名前のグループを構成しているかで決まる。そこで、数罪の**グループ分けの基準**が問題となる。

　第1の基準は、「**確定裁判を経ていない2個以上の罪**」である（45条前段）。確定裁判とは、例えば、有罪、無罪および免訴の判決、略式命令など通常の訴訟手続によっては争えない状態に至った裁判のことをいう。「確定裁判を経ていない」犯罪はすべて1つの併合罪グループを構成する。例えば、A罪、B罪、C罪の順に犯罪を犯し、どの罪も確定裁判を受けていなければ、これら3つの罪は1つの併合罪グループを構成する（**同時的併合罪ないし45条前段の併合罪**）。なぜなら、確定裁判を経ていない数罪は同時に審判されうる状況にあったので、それらの罪を一括して取り扱うことが手続的に合理的であるし（**同時審判の可能性**）、確定裁判を経ていない数罪は裁判による威嚇・けん責を受けないまま行ったものであるから、別個に処罰するのではなく、まとめて処罰するのが妥当だからである（**同時非難の可能性**）。

　第2の基準は、「**ある罪について禁錮以上の刑に処する確定裁判があったとき**」である。その場合には、「**その罪とその裁判が確定する前に犯した罪**」が1つの併合罪グループを構成する（45条後段）。

例えば、A罪、B罪、C罪、D罪の順に犯罪を犯し、このうちB罪だけが起訴され禁錮以上の刑の有罪判決が確定した場合、確定裁判を受けたB罪とその裁判が確定する前に犯したA罪は1つの併合罪グループを構成するのである（**事後的併合罪**ないし**45条後段の併合罪**）。なぜなら、現実には同時に審判されなかった数罪についても、事後的に判断すると同時審判の可能性があったとみられる場合には、同時に審判された場合とのバランスから、それらの罪を一括して取り扱うことが妥当だからである。

なお、C罪とD罪は、「確定裁判を経ていない2個以上の罪」に当たるので別個の併合罪グループを構成する。このように、**確定裁判を境**に、併合罪グループが前後2つのグループに分割されるが、裁判確定前に犯された罪と、その後に犯された罪とは**単純数罪**となり、刑が単純に併科される（大判明44・9・25刑録17輯1560頁）。

【設問3】
　Xは、A罪、B罪、C罪の順に罪を犯し、発覚したB罪、C罪につき判決（懲役1年・執行猶予3年）が確定した。その後、XはさらにD罪を犯し、その頃A罪も発覚した。B罪・C罪とA罪・D罪とは併合罪の関係に立つか。

【設問3】において、禁錮以上の刑に処する裁判があったB罪・C罪と、その裁判の確定前に犯されたA罪は、同じグループとして併合罪の関係に立つ（45条後段）。しかし、D罪は、B罪・C罪についての確定判決後に犯されたもので、A罪・B罪・C罪と同時に審判される可能性が全くないので、これらとは同じグループ、すなわち、併合罪の関係には立たない。

以上より、A罪、B罪、C罪の3罪は併合罪となるが、D罪はこれらと併合罪の関係には立たない。なお、併合罪であるA罪、B罪、C罪のうちB罪・C罪については既に確定判決があるので、A罪についてのみ裁判をし（50条）、その裁判によって定められた刑が、B罪・C罪に対する確定判決の刑に追加される（執行について51条を参照）。これに対し、D罪については別に裁判がなされ、その裁判によって定められた刑は、上記の併合罪の刑に併科される。

(3) 併合罪の処理方法

複数の犯罪が一定の基準で「併合罪」というグループに属することになった場合、1つの併合罪グループに対して1つの刑（単一刑）が言い渡される。

ア　死刑および無期懲役・禁錮の場合

　併合罪グループに属する1つの罪につき**死刑**に処すべきときは、没収を除き、他の刑を科さない（46条1項）。懲役等は死刑に吸収されるのである（**吸収主義**）。

　また、併合罪グループに属する1つの罪につき**無期懲役・禁錮**に処すべきときは、**罰金、科料、没収を除き、他の刑を科さない**（46条2項）。有期懲役等は無期懲役・禁錮に吸収されるのである（**吸収主義**）。

　死刑の場合も没収刑だけは併科されるが（**併科主義**）、無期懲役・禁錮の場合は没収刑だけではなく罰金・科料という財産刑も併科される（**併科主義**）。

イ　有期懲役・禁錮の場合

　併合罪グループ中2個以上の有期の懲役・禁錮に処すべき罪があるときは、**最も重い罪**（刑の軽重は刑法10条による）の刑の長期にその半数を加えたもの、すなわち、**最も重い刑の長期の1.5倍**を**処断刑の長期**とする（47条本文）。これを**加重単一刑主義**という。ただし、刑の長期は、各罪について定めた刑の長期を合算したものを超えることはできない（47条但書）。また、処断刑の長期は30年を超えることはできない（14条）。

●コラム●　新潟女性監禁事件

　有期懲役の場合、併合罪は最も重い罪の刑の長期の1.5倍が処断刑の長期になるので、併科主義をとる単純数罪よりは被告人に有利な処断刑となることが多い。ところが、新潟女性監禁事件では、併合罪として扱ったために単純数罪とするよりも重い刑が科された。事案は、9歳の女性を9年2カ月にわたって監禁して傷害を負わせ、さらに監禁中の被害者に着用させる下着を窃取したというもので、未成年者略取罪と監禁致傷罪が観念的競合とされ（重い監禁致傷罪の法定刑の上限は当時懲役10年であった）、それと窃盗罪が併合罪とされた。

　第1審は、併合罪加重して処断刑が15年以下のところ被告人の宣告刑を懲役14年とした。これは、形成された処断刑全体の範囲内で宣告刑を量定すれば足りるとする立場である（全体的判断説）。

　ところが、窃盗は軽微な万引きであったためせいぜい懲役1年程度のものであったからそれに監禁致傷の懲役10年を加えても懲役11年にしかならないので、控訴審は、（懲役14年を言い渡した）第1審判決は併合罪が単純数罪よりも重く処罰されてはならないという刑法47条の立法趣旨に反するとして懲役11年を言い渡した。これは、処断刑形成後も個別的な考察によって宣告刑が制約される場合があることを認める立場である（個別的判断説）。

　しかし、最高裁（最判平15・7・10刑集57巻7号903頁〈プ438〉）は、「刑法47条は、併合罪のうち2個以上の罪について有期の懲役又は禁錮に処するときは、同条が定めるところに従って併合罪を構成する各罪全体に対する統一刑を処断刑として形成し、修正された

法定刑ともいうべきこの処断刑の範囲内で、併合罪を構成する各罪全体に対する具体的な刑を決することとした規定であり、処断刑の範囲内で具体的な刑を決するに当たり、併合罪の構成単位である各罪についてあらかじめ個別的な量刑判断を行った上これを合算するようなことは、法律上予定されていない」として第1審判決を支持した。これに対し、控訴審判決を支持すべきだとして最高裁判決に批判的な学説も有力である。

ウ　罰金刑の場合

　併合罪の中のある罪に対し罰金刑が選択された場合には、48条1項により、(死刑以外の)懲役、禁錮、拘留、科料、没収と併科する。財産刑である罰金については**併科主義**がとられている。例えば、併合罪のグループを構成するA罪とB罪があり、A罪について懲役7年、B罪について罰金50万円のときは、2つの刑が共に言い渡される（48条1項本文）。ただし、死刑を科すべき場合は、46条1項の規定により、死刑だけを科す。

　また、併合罪グループの中に2個以上の罰金刑を科すべき犯罪がある場合については、48条2項により、各罪の多額を合算した額をもって処断刑の多額とする（**加重単一刑主義**）。例えば、A罪の法定刑が30万円以下の罰金で、B罪の法定刑が50万円以下の罰金であれば、合計である80万円以下の範囲で1つの罰金刑が言い渡される。

エ　拘留・科料・没収の場合

　罰金刑のほか、**拘留**および**科料**も、軽微な刑であることから併科しても特に過酷な結果を招かないので、例外的に**併科主義**がとられている（53条1項）。すなわち、**拘留**は、死刑および無期懲役・禁錮とは併科されないが（46条）、有期懲役・禁錮、罰金、科料、没収と併科される。**科料**は、死刑とは併科されないが、無期懲役・禁錮、有期懲役・禁錮、罰金、拘留、没収と併科される（46条）。また、複数の拘留や科料は、それぞれ併科される（53条2項）。

第28講　刑罰論

> ◆学習のポイント◆
> 　刑罰論については、制度を覚えることが基本となる。刑罰の機能・目的を踏まえた上で、該当条文を丹念に読みながら、刑の種類・内容、刑の適用の過程、刑の執行・執行猶予、刑罰権の消滅等についてその要件と効果を覚えることを心がけよう。

1　刑罰の体系

(1)　刑罰および刑罰権
ア　刑罰の本質
　刑罰とは、犯罪に対する法律上の効果として、国家によって犯人に科される法益の剝奪をいう。1講で学んだように、刑罰の本質については、刑罰は犯罪に対する応報であるとする応報刑論、刑罰を科すことによって社会の一般人を威嚇し、将来の犯罪を予防する点に刑罰の本質を求める一般予防論、犯人を改善し、犯人が将来に再び犯罪を行わないようにするところに刑罰の本質があるとする特別予防論という考え方があるが、現在の通説は、応報刑論を基本としながらも、犯罪予防目的も考慮する**相対的応報刑論**に立っている。

イ　刑罰権
　国家は社会秩序維持を目的として、犯人に刑罰を科する権限を有している。この権限を刑罰権という。日本国憲法31条は、「何人も、法律の定める手続によらなければ、その生命若しくは自由を奪はれ、又はその他の刑罰を科せられない」と規定し、同法36条は「公務員による拷問及び残虐な刑罰は、絶対にこれを禁ずる」と規定しているが、これは、国家が刑罰権を有することを明らかにするものである。

(2) 刑罰の種類
ア 総説

剥奪する法益の種類という観点から刑罰を分類すると、生命刑、身体刑、自由刑、財産刑、名誉刑に分けられる。**生命刑**とは、人の生命を奪う刑罰であり、死刑のことである。**身体刑**とは、人の身体に対して害を加える刑罰をいい、むち打ちの刑などがこれに含まれる。**自由刑**とは、人の身体の自由を奪う刑罰をいい、追放、居住制限、拘禁などを指す。**財産刑**とは、財産を奪う刑罰をいい、罰金、科料、没収等を内容とする。**名誉刑**とは、人の名誉を奪う刑罰をいい、公権の剥奪などがこれに当たる。わが国の現行刑法は、このうち生命刑としての**死刑**、自由刑としての**懲役、禁錮**および**拘留**、財産刑としての**罰金、科料**および**没収**の7種の刑罰を置いている（9条）。

また、刑罰は、単独で科せるかどうかという観点から、主刑と付加刑に分けられる。**主刑**とは、それ自体を独立して科すことができる刑罰をいい、現行刑法上規定されている7種の刑罰のうち、死刑、懲役、禁錮、罰金、拘留および科料が主刑である。**付加刑**とは、主刑を言い渡すときだけ科しうる刑罰をいい、現行刑法上は没収がこれに当たる（9条）。

イ 死刑

死刑は、犯罪者の生命を剥奪することを内容とする刑罰である。刑法は、死刑を最も重い刑罰としており（9条・10条1項）、殺人罪（199条）、強盗致死罪（240条）などの重大な犯罪について死刑を規定している。

●コラム● 死刑存廃論

死刑を存置すべきか、廃止すべきかについては、古くから争われており、現在でも決着をみるに至っていない。死刑廃止論は、①国は生命を絶対的価値として殺人行為を犯罪としておきながら、刑罰において犯人の生命を剥奪するのは矛盾である、②死刑に威嚇効果があるかどうかは不明であり、死刑に一般予防機能があるとは言い切れない、③死刑は憲法36条にいう「残虐な刑罰」に当たる、④誤判の可能性がある以上、取り返しのきかない死刑を宣告することは適正手続に反する、などと主張する。これに対し、死刑存置論は、①殺人犯など凶悪な犯罪者に対して死刑をもって臨むことは多くの国民から支持されており、国が秩序維持のために犯罪者の生命を剥奪することは正当化されうる、②死刑には、威嚇力としての一般予防的効果があるとともに、極悪な犯罪者を生命剥奪によって社会から完全に隔離するという特別予防的効果がある、③絞首は残虐な執行方法ではないから、死刑は「残虐な刑罰」に当たらない、④誤判は死刑の場合に特有の問題ではない、などと主張している。

ウ 自由刑

自由刑は、受刑者を拘禁してその自由を剥奪することを内容とする刑罰で

ある。わが国の現行刑法は、懲役、禁錮、拘留という3種類の自由刑を定めている。

懲役と禁錮は、いずれも刑事施設（刑務所、少年刑務所）に拘置することによって執行される（刑事収容施設及び被収容者等の処遇に関する法律2条・3条1号）点で共通しているが、懲役は、「所定の作業」が課せられるのに対し、禁錮は、それが課せられないという点で異なる（12条2項・13条2項）。懲役は、殺人罪や窃盗罪（235条）など刑法典上の多くの罪において規定されており、禁錮は、内乱に関する罪（77条～79条）や過失犯において規定されている。

懲役および禁錮には、いずれも無期と有期の場合があり、有期の懲役および禁錮は、1月以上20年以下である。ただし、後述する刑の加重により30年に至ることも可能であるし、逆に、減軽により1月未満に下げることもできる（12条1項・13条1項・14条）。

拘留は、刑期が1日以上30日未満であり、懲役や禁錮に比べて軽い自由刑である。禁錮と同じく、作業は課されない。主として軽犯罪法で用いられているが、刑法典上は、公然わいせつ罪（174条）、暴行罪（208条）、侮辱罪（231条）において規定されている。受刑者を刑事施設（刑務所、少年刑務所）に拘置して執行する（16条、刑事収容施設及び被収容者等の処遇に関する法律2条・3条1号）。

裁判確定前に被告人が勾留（コラム「『拘留』と『勾留』」参照）されていた日数を**未決勾留日数**といい、刑法21条は、未決勾留日数の全部または一部を本刑（宣告刑）に算入することができると規定している。算入するかどうかは、裁判所の裁量に委ねられている。

●コラム● 「拘留」と「勾留」

本文で述べたように、「拘留」は自由刑の一種であるが、同じ「こうりゅう」でも、「勾留」と書くと、意味が変わる。勾留とは、捜査等の刑事手続の過程で一定の要件の下に被疑者や被告人の身柄を拘束することをいう。勾留は、有罪判決が確定する前になされる刑事手続上の処分であって、刑罰ではない。

エ　財産刑

財産刑は、犯罪者から財産的利益を剥奪する刑罰である。現行刑法は、罰金、科料、没収という3種の財産刑を設けている。

a　罰金・科料

罰金・科料とは、一定額の金銭を国庫に納付させる刑罰をいう。刑法は、

罰金を1万円以上とし、上限については定めていない（15条）。ただし、罰金を減軽する場合には1万円未満とすることができる（15条但書）。罰金は、過失致死罪（210条）や窃盗罪など多くの罪で規定されている。一方、科料は、1,000円以上1万円未満である（17条）。科料は、自由刑における拘留に相当し、軽犯罪法違反の罪や侮辱罪など軽微な犯罪について法定されるものである。

罰金・科料を完納することができないときは、**労役場に留置**される（18条1項）。留置の期間は、罰金の場合は1日以上2年以下、科料の場合は1日以上30日以下とされており、併科の場合には、罰金の併科または罰金・科料の併科のときは3年、科料の併科のときは60日を超えることができない（18条1項～3項）。この範囲内で裁判官が留置の期間を定め、罰金または科料の言渡しと同時にこれを言い渡す（18条4項）。労役場は、法務大臣が指定する刑事施設に附置することとされている（刑事収容施設及び被収容者等の処遇に関する法律287条）。

●コラム● 「科料」と「過料」

「かりょう」にも「科料」と「過料」がある。科料は、本文で述べたとおり、財産刑の一種である。これに対し、過料も、一定の法令違反に対して金銭を剥奪する制裁であるが、刑法で定められた制裁ではなく、行政法上の処分としての行政罰である。両者を区別するために、科料を「とがりょう」、過料を「あやまちりょう」と呼ぶことがある。

---

b 没収・追徴
① 没収の意義

没収とは、物の所有権を剥奪して物を国庫に帰属させる処分をいう。わが国の刑法は、没収を付加刑としており、主刑が言い渡される場合にそれに付加して言い渡されるものとしている。没収に関する一般的規定は、刑法総則（19条）に置かれているが、そこでは、裁判官の裁量によって行う**任意的没収**とされている。これに対し、刑法各則（197条の5）や特別法（覚せい剤取締法41条の8第1項など）においては、必ず没収をしなければならない**必要的没収**が規定されている。

② 没収の対象

没収の対象となる物は、ⅰ）組成物件、ⅱ）供用物件、ⅲ）産出物件・取得物件・報酬物件、ⅳ）対価物件の4種である（19条1項）。

ⅰ）**組成物件**とは、犯罪行為を組成した物をいう。主として犯罪予防を目的とするものである。例えば、通貨偽造準備罪における機械・原料、賭博罪

において賭した財物などがこれに当たる。

　ⅱ）**供用物件**とは、犯罪行為の用に供した物または供しようとした物をいう。これも、主として犯罪予防を目的とするものである。例えば、殺人に用いた凶器などがこれに当たる。

　ⅲ）**産出物件・取得物件・報酬物件**は、犯罪行為から得られた不当な利益を犯人の手許に残さないとする趣旨によるものである。産出物件とは、犯罪行為によって作り出された物をいい、偽造された通貨や文書などがこれに当たる。取得物件とは、犯罪時に既に存在し、犯罪行為によって取得した物をいい、有償で譲り受けた盗品、賭博で得た財物がこれに当たる。報酬物件とは、殺人行為の報酬などである。

　ⅳ）**対価物件**とは、産出物件、取得物件および報酬物件の対価として得た物をいい、盗品を売却して得た代金がこれに当たる。

　③　没収の要件

　没収を行うためには、第1に、対象となる物件が現に存在していることが必要である。その物が費消、紛失、破壊などによって存在しなくなったとき、または混同、加工等によってその物の同一性が失われたときは、没収することはできず、後述の追徴の問題となる。第2に、その物が犯人以外の者に属していないことが必要である。ただし、犯罪後に犯人以外の者が事情を知りつつその物を取得した場合は、没収することができる（19条2項但書）。拘留または科料のみに当たる罪については、特別の規定がなければ、没収はできないとされている（20条）。

　④　追　徴

　追徴とは、没収すべき物が没収不能となった場合に、それに代わるべき一定の金額を国庫に納付することを命ずる処分をいう。没収すべき物の全部または一部について没収することができないとき、裁判所は、その価額の追徴を言い渡すことができる（19条の2）。

　「没収することができないとき」とは、犯人が費消し、紛失し、破壊し、混同させ、加工することにより物の同一性を失わせたこと、あるいは善意の第三者に譲渡したことなどの事由によって、判決の当時に事実上または法律上没収できないことをいう。追徴の価額の算定基準は、その行為の時点すなわち物の授受・取得当時の金額であるとされている。

2　刑の適用

(1)　刑の適用の過程

犯罪者に対して言い渡す刑を決定することを**刑の適用**と呼んでいる。刑の適用は、次の3つの段階を経て実施される。

第1に、刑の適用の出発点となるのが、法定刑である。**法定刑**とは、刑罰法規の各本条において規定されている刑をいう。例えば、刑法199条は、殺人罪の法定刑を「死刑又は無期若しくは5年以上の懲役」と定めている。裁判所は、証拠によって確定した犯罪事実に対し、刑罰法規の各本条の規定を具体的に適用することによって法定刑を導き出すのである。

第2は、法定刑につき、科刑上の一罪の処理、刑種の選択、刑の加重減免などの修正を行い、裁判所が最終的に刑の幅を確定する段階である。これによって得られた刑を**処断刑**という。刑の加重減免事由等がなく、法定刑を修正する必要がない場合は、法定刑がそのまま処断刑となる。

第3に、この処断刑の枠内で、裁判所が「懲役3年」というように具体的に被告人に言い渡す刑を確定する。こうして決定されたものを**宣告刑**という。

このように、刑の適用は、**法定刑の確定→処断刑の形成→宣告刑の決定**という3つの段階に分けられる。以下では、それぞれの内容をみていくことにする。

(2)　法定刑の確定

ア　刑　種

法定刑として定められている刑罰の種類を**刑種**という。各本条の刑種については、①刑種が1つに限られている場合、②複数の刑種が選択的に規定されている場合、③複数の刑種が併存的に規定されている場合がある。①の例として詐欺罪があり、刑法246条1項は、詐欺罪の刑種として懲役のみを定めている。②の場合を**選択刑**といい、例えば、刑法204条は、傷害罪の刑種を懲役「又は」罰金としている。③の場合を**併科刑**といい、例えば、刑法256条2項は、盗品運搬等罪の刑種について懲役「及び」罰金としている。

イ　法定刑の上限と下限

法定刑は、死刑、無期懲役・禁錮、没収を除き、いずれも上下の幅をもって規定されている。自由刑については上限を**長期**、下限を**短期**といい、財産刑については上限を**多額**、下限を**寡額**と呼ぶ（10条・68条）。

なお、各本条においては、刑の上限や下限が明確にされていない場合もあ

る。例えば、刑法252条1項は、横領罪の法定刑を「5年以下の懲役」としており、下限を明記していない。逆に、刑法236条1項は、強盗罪の法定刑を「5年以上の有期懲役」とし、上限について直接定めていない。しかし、刑法12条から17条には、それぞれの刑罰の幅が規定されているから、これによって法定刑の上限や下限が設定される。刑法12条1項は、有期の懲役を1月以上20年以下と定めているので、横領罪の法定刑は、「1月以上5年以下の懲役」、強盗罪の法定刑は、「5年以上20年以下の懲役」となる。

ウ 刑の軽重

前述したように、現行刑法は、6種の主刑を定めているが、その軽重について、10条は、以下のような基準を設けている。まず、主刑の軽重は、死刑、懲役、禁錮、罰金、拘留、科料の順による。ただし、無期禁錮と有期懲役とでは禁錮の方を重い刑とし、有期禁錮の長期が有期懲役の2倍を超えるときも禁錮を重い刑とする（10条1項）。同種の刑は、長期の長いもの、または多額の多いものを重い刑とし、長期または多額が同じものは、その短期の長いもの、または寡額の多いものを重い刑とする（10条2項）。2個以上の死刑または長期もしくは多額および短期もしくは寡額が同一である同種の刑は、犯情によってその軽重を定める（10条3項）。

(3) 処断刑の形成

ア 刑の加重・減軽事由

a 刑の加重・減軽事由の意義

法定刑は、その具体的な適用に際して、一定の事由により修正を受ける場合がある。その事由を**刑の加重・減軽事由**という。刑の加重・減軽事由は、法律上の事由と裁判上の事由に分かれる。

法律上の加重事由には、併合罪加重と累犯加重がある。裁判上の刑の加重事由はない。

法律上の減軽事由は、必ず刑の減軽をしなければならない**必要的減軽事由**と、裁判官の裁量によって刑の減軽を決定する**任意的減軽事由**に区別される。必要的減軽としては、心神耗弱（39条2項）、中止犯（43条但書）、幇助犯（63条）による減軽があり、任意的減軽としては、過剰防衛（36条2項）、過剰避難（37条1項但書）、障害未遂（43条本文）、自首・首服（42条）などによる減軽がある。必要的減軽は、条文において「刑を減軽する」と規定されており、任意的減軽は、「刑を減軽することができる」と規定されている。裁判上の減軽事由としては、酌量減軽（66条）がある。

法律上刑を減軽すべき1個または2個以上の事由があるときは、以下の例

による（68条）。酌量減軽すべきときも、減軽の方法は同様である（71条）。なお、法律上の減軽事由が2個以上ある場合には、重ねて数回減軽すべきではなく、法律上の減軽は1回限りである（最判昭24・3・29裁判集刑8号455頁）。

①死刑を減軽するときは、無期または10年以上の懲役・禁錮とする（1号）。

②無期の懲役・禁錮を減軽するときは、7年以上の有期の懲役または禁錮とする（2号）。

③有期の懲役・禁錮を減軽するときは、その刑期の2分の1を減ずる（3号）。

④罰金を減軽するときは、多額・寡額ともにその金額の2分の1を減ずる（4号）。

⑤拘留を減軽するときは、その長期の2分の1を減ずる（5号）。この場合、短期は減じない。

⑥科料を減軽するときは、その多額の2分の1を減ずる（6号）。この場合、寡額は減じない。

以下で、刑の加重・減軽事由のうち、本書の他の箇所で触れられていない累犯、自首・首服、酌量減軽について説明を加えておく。

　b　累　犯

累犯とは、広義では、確定判決を経た犯罪（前犯）に対して、その後に犯された犯罪（後犯）をいう。また、広義の累犯のうち、一定の要件を満たすことによって刑を加重するものを狭義の累犯と呼んでいる。

狭義の累犯において刑の加重を行うためには、第1に、行為者が前犯として、「懲役に処せられた者」、「懲役に当たる罪と同質の罪により死刑に処せられた者」、「併合罪について処断された者」であること、第2に、前犯について刑の宣告があり、かつ、実際にその執行を終わり、または執行の免除があったこと、第3に、前犯の刑の執行を終わり、または執行の免除を得た日より5年以内にさらに罪を犯したこと、第4に、前に懲役刑に処せられた者がさらに有期懲役に処せられることが必要である（56条）。これらの要件を満たす場合に**再犯**といい、再犯の刑は、その罪につき定められている懲役の長期の2倍以下とされている（57条）。ただし、刑法14条により、30年を超えることはできない。加重するのは長期のみであり、短期は加重しない。3犯以上の者についても、再犯の例による（59条）。

c　自首・首服

自首とは、罪を犯した者が捜査機関に発覚する前に、自発的に自己の犯罪事実を申告し、その処分を求める意思表示をいい、その刑は、任意的に減軽される（42条1項）。自首が任意的刑の減軽事由とされているのは、犯罪の捜査を容易にするという政策的理由、および、改悛による非難の減少に基づくとされている。「発覚する前」とは、犯罪事実が捜査機関に全く認知されていない場合、および犯罪事実は認知されていても犯人の誰であるかが認知されていない場合をいう。犯人の所在が不明であるにすぎない場合は、「発覚する前」には当たらない（最判昭24・5・14刑集3巻6号721頁〈プ442〉）。また、申告の一部が虚偽である場合でも、自首は認められうる（最決平13・2・9刑集55巻1号76頁〈プ443〉）。

首服とは、親告罪の犯人が告訴権者（刑訴法230条以下）に対して、捜査機関に発覚する前に、自ら進んで親告罪の犯人であることを申告し、その告訴に委ねることをいう。この場合もその刑が任意的に減軽される（刑法42条2項）。

d　酌量減軽

酌量減軽とは、犯罪の情状に酌量すべきものがあるときに、酌量してその刑を任意的に減軽することをいい、裁判上の減軽事由である（66条）。「犯罪の情状に酌量すべきものがあるとき」とは、犯罪の具体的情状に照らして、法定刑または処断刑の最下限によってもなお刑が重きに失する場合をいう（大判昭7・6・6刑集11巻756頁）。「犯罪の情状」とは、犯罪の軽重、犯罪の動機、平素の行状、犯罪後の後悔など量刑において考慮すべき一切の事情である。法律上刑を加重または減軽する場合でも、酌量減軽をすることができる（67条）。

イ　処断刑形成の順序

このように、刑の加重・減軽事由にはさまざまなものがあるため、刑の加重・減軽事由が1人の被告人に複数存在する場合もある。そのような場合は、どのような順序で刑の加重・減軽をし、処断刑を形成すればよいであろうか。

この点について、刑法72条は、同時に刑を加重し、または減軽するときは、再犯加重、法律上の減軽、併合罪の加重、酌量減軽の順序によると規定している。ただ、法定刑に選択刑があるなど、刑種の選択の余地がある場合は、刑法72条に規定された加重・減軽の前に、適用する刑種を選択する必要がある。このことは、刑法69条が、「法律上刑を減軽すべき場合において、

各本条に2個以上の刑名があるときは、まず適用する刑を定めて、その刑を減軽する」と規定していることからもうかがわれる。さらに、判例は、科刑上一罪の処理を最初に行うものとしている（大判明42・3・25刑録15輯328頁）。

このようにして、実務上、処断刑の形成は、①科刑上一罪の処理→②刑種の選択→③累犯加重→④法律上の減軽→⑤併合罪の加重→⑥酌量減軽という順序で行われている。

(4) 宣告刑の決定
　ア　刑の量定（量刑）の意義

裁判所は、処断刑の枠内で、自らの裁量によって被告人に言い渡すべき刑、すなわち宣告刑を定める。宣告刑を定めることを**刑の量定（量刑）**という。

また、広い意味では、裁判所は、宣告刑のほか、執行猶予の許否、保護観察（25条の2第1項）の要否、付随処分の要否および程度も決定する必要がある。これを広義の刑の量定という。

裁判所は、「被告人を懲役3年に処する」というように、刑の種類と量を確定して刑を言い渡す。このように自由刑の言渡しにおいて刑の種類と量を確定して宣告する場合を**定期刑**という。これに対し、刑の種類や量を確定せずに宣告し、執行の段階で確定する場合を**不定期刑**と呼んでいる。不定期刑のうち、「懲役に処す」というように、刑期を全く定めずに自由刑を言い渡す場合を**絶対的不定期刑**といい、「1年以上5年以下の懲役に処す」というように長期と短期を定めて刑を言い渡し、執行の状況によってその刑期の範囲内で釈放の時期を確定する場合を**相対的不定期刑**という。絶対的不定期刑は、罪刑法定主義の趣旨を事実上没却することになるから、許されない。他方、少年法52条は、少年について相対的不定期刑主義を採用している。少年は、可塑性に富み、教育の可能性があることから、少年の健全育成を図るとする趣旨によるものである。

　イ　刑の量定の基準

刑の量定は、裁判所の自由な裁量に委ねられる。しかし、それは恣意的な判断であってはならないのであり、刑の量定のための合理的な基準が必要となる。1(1)でも述べたとおり、刑罰の本質について、現在の通説は、応報刑論を基本としながらも、犯罪予防目的も考慮する相対的応報刑論に立っている。これを前提とすると、刑の量定も、応報および犯罪予防の観点を考慮して行われることになろう。ただ、責任主義の観点からは、刑の重さが行為者

の責任の量を超えることは許されない（量刑における責任主義）。したがって、刑の量定は、行為責任の範囲内において、応報、一般予防および特別予防の観点を考慮して判断されるべきであろう。

　刑の量定は、さまざまな事実（情状）を基礎として決定される。情状には、犯罪事実に属するもの（犯情）と犯罪事実に属さないもの（狭義の情状）とがある。犯罪の動機、方法、結果および社会的影響等は、前者に属し、主に犯人の責任と一般予防の見地から重要となる。犯人の年齢、性格、経歴・環境、犯罪後における犯人の態度等は、後者に属し、犯人の社会的危険性または改善可能性を判断するための事実として、主に特別予防の観点から重要となる。

●コラム●　**量刑相場**

　量刑は、最終的には個々の裁判所の自由な裁量に委ねられているから、類似の事案であっても裁判所や裁判官ごとに刑の重さが異なるという可能性も否定できない。実際、量刑について地域間格差が生じているのではないかという指摘もある。また、裁判員裁判が開始されて以降、特に刑の標準化の必要性が叫ばれている。

　そこで、実務では、長年の裁判所の判断の積み重ねに加え、検察官の求刑や上訴審の審査などによって、事実上、いわゆる量刑相場が形成され、刑の標準化が図られているといわれている。また、裁判所では、類似の事案における量刑の実態を容易に調べられるよう量刑検索システムが導入されている。

---

(5)　刑の言渡し・刑の免除

ア　刑の言渡し

　裁判所は、犯罪の証明があったときは、後述する刑の免除の場合を除いて、判決で刑を言い渡す（刑訴法333条）。刑の言渡しの判決は、上記((4)ア)のとおり、主文をもって、「被告人を懲役5年に処する」という形式で行う。

　さらに、刑の言渡しに伴って、刑法以外の法令に基づいて**資格制限**を受ける。例えば、刑の言渡し後、一定の期間は、国家公務員（国家公務員法38条2号）、弁護士（弁護士法7条1号）、医師（医師法4条3号）などになれない。また、選挙権または被選挙権を失う公民権停止の制度もある。

イ　刑の免除

　犯罪の証明があっても、刑の免除事由があるときは、裁判所は、刑を言い渡さず、**刑の免除**を言い渡す（刑訴法334条）。刑の免除の言渡しも、有罪判決の一種である。

　刑の免除事由は、法律上定められている場合に限られる。刑の免除事由に

は、必ず刑を免除しなければならない**必要的免除事由**と、刑を免除するかどうかが裁判官の裁量に委ねられている**任意的免除事由**とがある。法文上、必要的免除事由は、「その刑を免除する」とされ、任意的免除事由は、「その刑を免除することができる」とされている。必要的免除事由の例としては、中止犯（43条但書）、内乱罪における自首（80条）、親族相盗例（244条1項）などがあり、任意的免除事由の例としては、過剰防衛（36条2項）、過剰避難（37条1項但書）、親族間の犯人蔵匿・証拠隠滅（105条）などがある。なお、中止犯、過剰防衛、過剰避難のように、刑の免除が刑の減軽と選択的になっている場合もある。

3　刑の執行および執行猶予

(1)　刑の執行

ア　総説

刑の言渡しの裁判が確定すると、国家は、刑罰権を現実に行使する。この国家刑罰権の現実化する過程を刑の執行という。刑の執行は、原則として検察官の指揮によって行われる（刑訴法472条）。

イ　死刑の執行

死刑の言渡しを受けると、死刑が執行されるまで、刑事施設に拘置される（11条2項）。死刑は、刑事施設内において絞首して執行する（11条1項）。

執行は、法務大臣の命令による。この命令は、判決確定の日から原則として6カ月以内にしなければならない（刑訴法475条）。法務大臣の命令があったときは、原則として5日以内に死刑の執行をしなければならない（刑訴法476条）。

ウ　自由刑の執行

懲役・禁錮・拘留は、刑事施設（刑務所、少年刑務所）において執行する（12条2項・13条2項・16条）。懲役・禁錮・拘留の言渡しを受けた者が拘禁されていないときは、検察官は、執行のためにこれを呼び出し、これに応じないときは、収容状によって収容する（刑訴法484条以下）。

ただし、自由刑の執行が停止される場合もある。これには、必ず執行を停止しなければならない必要的執行停止と、裁量により執行を停止するかどうかを判断する任意的執行停止がある。必要的執行停止となるのは、懲役、禁錮、拘留の言渡しを受けた者が心神喪失の状態にある場合である。この場合には、検察官の指揮によって、その状態が回復するまで執行を停止し、検察官は、その者を監護義務者または地方公共団体の長に引き渡し、病院その他

適当な場所に入れさせなければならない（刑訴法480条・481条、精神保健及び精神障害者福祉に関する法律29条・33条）。

　任意的執行停止としては、懲役、禁錮、拘留の言渡しを受けた者が、①刑の執行によって、著しく健康を害するとき、または生命を保つことのできないおそれがあるとき、②年齢70年以上であるとき、③受胎後150日以上であるとき、④出産後60日を経過しないとき、⑤刑の執行によって回復することのできない不利益を生ずるおそれがあるとき、⑥祖父母・父母が年齢70年以上または重病もしくは不具で、他にこれを保護する親族がないとき、⑦子または孫が幼年で、他にこれを保護する親族がないとき、⑧その他重大な事由があるとき、検察官の指揮によって執行を停止することができるとされている（刑訴法482条）。

●コラム● 自由刑の意義と弊害

　自由刑は、受刑者に身体的自由の拘束や強制的作業という苦痛を課すことにより、応報、一般予防、特別予防という刑罰の目的の実現を内容としている。また、自由刑は、犯罪者を施設に収容して社会から引き離すことによって社会を犯罪者の危険性から遠ざけるという効果や、施設内において犯罪者を更生させ、社会復帰を促すという効果を有している。しかし、他方において、自由刑には弊害もある。例えば、犯罪者を施設に収容して社会から断絶させることによって、社会性を失わせるおそれがある。また、施設内で他の受刑者と接触することによって、悪風に染まり、かえって犯罪傾向を進めさせることもありうる。刑事施設は犯罪学校であるといわれることすらある。さらに、「刑務所帰り」という社会の偏見も強く、出所後の社会復帰も容易ではない。

エ　財産刑の執行

　罰金・科料・没収・追徴の裁判は、検察官の命令によって執行する。執行の命令は、執行力のある債務名義と同一の効力を有し、その執行は、原則として民事執行に関する法令の規定に従ってなされる（刑訴法490条）。

(2)　刑の執行猶予

ア　刑の執行猶予の意義

　刑の執行猶予とは、刑の言渡しをした場合において、情状によって一定期間内その執行を猶予し、その期間を無事経過したときは刑の言渡しはその効力を失い、刑罰権を消滅させる制度をいう。執行猶予の期間内にさらに罪を犯すなどした場合には、刑の執行猶予が取り消される。刑の執行猶予制度が設けられている趣旨は、刑罰、特に自由刑を科すことによって生じる弊害（コラム「自由刑の意義と弊害」参照）を避けるとともに、条件に違反した場合には刑が執行されるという心理強制によって、犯人の自覚に基づく改善

更生を図るというところにある。

刑の執行猶予には、**刑の全部執行猶予**と、**刑の一部執行猶予**とがある。前者は、言い渡された刑の全部の執行が猶予されるものであり、後者は、言い渡された刑の一部の執行が猶予されるものである。

イ 刑の全部執行猶予
　a 刑の執行猶予の要件

初度目の執行猶予が認められるためには、第1に、「前に禁錮以上の刑に処せられたことがない者」、または、「前に禁錮以上の刑に処せられたことがあっても、その執行を終わった日又はその執行の免除を得た日から5年以内に禁錮以上の刑に処せられたことがない者」であること、第2に、3年以下の懲役・禁錮または50万円以下の罰金の言渡しを受ける場合であること、第3に、相当な情状があることが必要である（25条1項）。「情状」とは、犯罪そのものの情状のほか、犯罪後の状況も総合して、犯情が軽微であり、刑の執行を猶予することによって自主的に更生することが期待できると判断できるような事情をいう。拘留・科料の場合には、執行猶予は認められない。

再度の執行猶予の場合、すなわち、前に禁錮以上の刑につきその執行を猶予され、猶予中の者が、さらに罪を犯した場合に、執行猶予を認めるためには、より厳格な要件が必要となる（25条2項）。第1に、1年以下の懲役・禁錮が言い渡された場合であること、第2に、情状が特に酌量すべきものがあることが必要となる。罰金の場合には、再度の執行猶予は認められない。また、刑法25条の2第1項の規定により刑の執行猶予の言渡しの際に保護観察に付されながら、その保護観察の期間内にさらに罪を犯した場合には、たとえ上記の2つの要件を満たすとしても、その罪に対する刑の言渡しの際に執行猶予を認めることはできない（25条2項但書）。ただし、保護観察の期間内であっても保護観察の仮解除を受けたときは、それが取り消されるまでの間は保護観察に付されなかったものとみなされる（25条の2第3項）。

　b 刑の執行猶予の期間

刑の執行猶予の期間は、裁判確定の日から1年以上5年以下とされている（25条1項）。その範囲内において裁判所がその裁量によって具体的な期間を定める。執行猶予の期間の長短は、言い渡された刑の軽重に比例する必要はない（大判昭7・9・13刑集11巻1238頁）。刑の執行猶予は、「被告人を懲役2年に処する。この裁判確定の日から3年間その刑の執行を猶予する」というように、刑の言渡しと同時に判決または略式命令によって言い渡される

（刑訴法333条2項・461条）。

　　c　保護観察付執行猶予

　初度目の執行猶予を言い渡された者については裁判所の裁量により、また、再度の執行猶予を許された者については必ず保護観察に付することとされている（25条の2第1項）。保護観察とは、犯罪者を施設に収容せず、社会の中で通常の生活を営ませながら、指導監督し、補助援助することによって、改善更生を図る制度である。

●コラム●　保護観察

　更生保護法48条1～4号に従い、保護観察は、①少年に対する保護処分としての保護観察（1号観察、少年法24条1項1号）、②少年院仮退院者に対する保護観察（2号観察）、③仮釈放者に対する保護観察（3号観察、更生保護法40条）、④執行猶予者に対する保護観察（4号観察）に分類される。本文で述べたのは、④の場合である。

　保護観察の方法等については、更生保護法が定めており、犯罪者には本来自助の責任があることを認めて、これを補導援護するとともに、遵守事項を遵守するよう指導監督することによってこれを行うものとされている（同法49条）。保護観察は、専門的知識を有する国家公務員である保護観察官が行うものとされているが、その数は少なく、実際には、民間篤志家から選任された保護司が大部分を担当している。

---

　　d　刑の執行猶予の取消し

　刑の執行猶予は、取り消されることもある。刑の執行猶予の取消しには、必ず取り消さなければならない必要的取消しと、裁量によって取り消すこととする裁量的取消しがある。

　必要的取消しとして、①執行猶予の期間内にさらに罪を犯して禁錮以上の刑に処せられ、その刑につき執行猶予の言渡しがないとき、②執行猶予の言渡し前に犯した他の罪につき禁錮以上の刑に処せられ、その刑につき執行猶予の言渡しがないとき、③執行猶予の言渡し前に他の罪につき禁錮以上の刑に処せられたことが発覚したとき、刑の執行猶予の言渡しを取り消さなければならないとされている（26条）。

　一方、**裁量的取消し**として、①執行猶予の期間内にさらに罪を犯し罰金に処せられたとき、②保護観察に付された者が遵守事項（更生保護法50条以下）を遵守せず、その情状が重いとき、③執行猶予の言渡し前、他の罪につき禁錮以上の刑に処せられその執行を猶予されたことが発覚したとき、刑の執行猶予の言渡しを取り消すことができるとされている（刑法26条の2）。

　刑の執行猶予の取消しは、検察官の請求により裁判所の決定によって行われる（刑訴法349条・349条の2）。ただし、保護観察に付された者に対する

遵守事項違反を理由とする取消し（26条の2第2号・27条の5第2号）については、検察官は保護観察所の長の申出がなければ上の請求ができない（刑訴法349条2項）。

　e　刑の執行猶予の効力

　刑の執行猶予というときの「猶予」とは、一定の期間刑の執行を実施しないという意味である。刑の執行猶予の言渡しを取り消されることなく猶予の期間を経過したときは、刑の言渡しはその効力を失う（27条）。

ウ　刑の一部執行猶予

　a　意　義

　2013（平成25）年の刑法一部改正により、刑の一部執行猶予制度が導入された。これは、言い渡された刑の一部の期間のみ受刑し、残りの期間は刑の執行が猶予されるという制度である。犯罪者を施設内で処遇した後に社会内で処遇することにより、犯罪者の再犯を防止することを目的としている。

　b　刑の執行猶予の要件と期間

　刑の一部執行猶予が認められるためには、第1に、①前に禁錮以上の刑に処せられたことがない者、②前に禁錮以上の刑に処せられたことがあっても、その刑の全部の執行を猶予された者、③前に禁錮以上の刑に処せられたことがあっても、その執行を終わった日またはその執行の免除を得た日から5年以内に禁錮以上の刑に処せられたことがない者であること、第2に、3年以下の懲役または禁錮の言渡しを受ける場合であること、第3に、犯情の軽重および犯人の境遇その他の情状を考慮して、再び犯罪をすることを防ぐために必要であり、かつ、相当であると認められることが必要である（27条の2第1項）。刑の執行猶予の期間は、1年以上5年以下である。

　一部の執行を猶予された刑については、そのうち執行が猶予されなかった部分の期間を執行し、当該部分の期間の執行を終わった日またはその執行を受けることがなくなった日から、その猶予の期間を起算する（27条の2第2項）。また、その刑のうち執行が猶予されなかった部分の期間の執行を終わり、または、その執行を受けることがなくなったときにおいて他に執行すべき懲役または禁錮があるときは、猶予の期間は、その執行すべき懲役もしくは禁錮の執行を終わった日またはその執行を受けることがなくなった日から起算する（27条の2第3項）。

　猶予の期間中に保護観察に付することができる（26条の3）。

　c　刑の執行猶予の取消し

　必要的取消しとして、①猶予の言渡し後にさらに罪を犯し、禁錮以上の刑

に処せられたとき、②猶予の言渡し前に犯した他の罪について禁錮以上の刑に処せられたとき、③猶予の言渡し前に他の罪について禁錮以上の刑に処せられ、その刑の全部について執行猶予の言渡しがないことが発覚したとき（ただし、③については、猶予の言渡しを受けた者が27条の2第1項第3号に掲げる者であるときは除く）、刑の一部の執行猶予の言渡しを取り消さなければならないとされている（27条の4）。

裁量的取消として、①猶予の言渡し後にさらに罪を犯し、罰金に処せられたとき、②27条の3第1項の規定により保護観察に付せられた者が遵守すべき事項を遵守しなかったとき、刑の一部の執行猶予の言渡しを取り消すことができるとされている（27条の5）。

刑の一部の執行猶予の言渡しを取り消したときは、執行猶予中の他の禁錮以上の刑についても、その猶予の言渡しを取り消さなければならない（27条の6）。

　　d　刑の執行猶予の効力

刑の一部の執行猶予の言渡しを取り消されることなくその猶予の期間を経過したときは、執行が猶予されなかった部分の期間の執行を終わった日またはその執行を受けることがなくなった日において、刑の執行を受け終わったものとする（27条の7）。

(3)　仮釈放・仮出場

ア　意　義

仮釈放とは、矯正施設に収容されている者を、収容期間の満了前に仮に釈放して社会復帰の機会を与える措置の総称である。仮釈放には、①懲役または禁錮受刑者に対する**仮釈放**、②拘留または労役場留置中の者に対する**仮出場**がある。仮釈放者は保護観察に付され、保護観察官および保護司による指導監督、補導援護を受ける。仮釈放制度は、矯正施設における社会復帰を円滑にするために保護観察を実施し、その更生を図ることによって再犯を防止するところに目的がある。

イ　仮釈放

懲役または禁錮に処された者に、改悛の状があるときは、有期刑についてはその刑期の3分の1を、無期刑については10年を経過した後、行政官庁の処分によって仮に釈放することができる（28条）。「行政官庁」とは、地方更生保護委員会をいう（更生保護法16条以下）。仮釈放を許された者は保護観察に付され（同法40条）、一般遵守条項（同法50条）および特別遵守事項（同法51条・51条の2）を遵守しなければならない。

①仮釈放中にさらに罪を犯し、罰金以上の刑に処せられたとき、②仮釈放前に犯した他の罪につき罰金以上の刑に処せられたとき、③仮釈放前に他の罪について罰金以上の刑に処せられた者に対し、その刑の執行をすべきとき、④仮釈放中に遵守すべき事項を遵守しなかったとき、仮釈放の処分を取り消すことができる（29条1項）。

仮釈放の取消しは、地方更生保護委員会の決定による（更生保護法75条）。仮釈放の処分を取り消したときは、釈放中の日数は刑期に算入しない（刑法29条3項）。取消しによって、対象者は残りの刑期すなわち残刑期間について刑の執行を受けなければならない。

仮釈放後、取り消されることなく残刑期間を経過すれば、刑の執行は終了したものとして、その執行を免除する。

ウ　仮出場

拘留に処せられた者および罰金・科料を完納することができないため労役場に留置された者は、情状により、いつでも行政官庁の処分によって仮に出場を許すことができる（30条）。「行政官庁」とは、地方更生保護委員会をいう。

(4)　刑の消滅

ア　刑罰権の消滅事由

一般に、刑罰権は、刑の執行の終了、仮釈放期間の満了、刑の執行猶予期間の満了などによって消滅するが、さらに、①犯人の死亡・法人の消滅、②恩赦、③時効などによっても、刑罰権は消滅する。

イ　犯人の死亡・法人の消滅

自然人としての犯人が死亡し、または法人としての犯人が消滅すれば、国家の刑罰権も消滅する。それゆえ、公訴の提起前に「死亡」ないし「消滅」すれば公訴の提起は許されない（刑訴法339条1項1号）。公訴が提起されたときは、公訴棄却の決定をしなければならない（刑訴法339条柱書）。

ウ　恩　赦

恩赦とは、行政権によって刑罰権の全部または一部を消滅させ、この効果を減殺する制度をいう。恩赦は、①大赦、②特赦、③減刑、④刑の執行の免除および⑤復権に分かれる（恩赦法1条）。①**大赦**とは、特定の犯罪者全体について一般的に刑罰権を消滅させるものである（恩赦法2条・3条）。②**特赦**は、有罪の言渡しを受けた特定の者の有罪の言渡しの効力を失わせることをいう（恩赦法4条・5条）。③**減刑**は、刑を減軽し、または刑の執行を減軽するものである（恩赦法6条・7条）。④**刑の執行の免除**は、

刑の言渡しを受けた特定の者に対して行うものである（恩赦法8条）。⑤**復権**とは、広く刑の言渡しにより失った資格ないし権利をその喪失者に回復させるものである（恩赦法9条・10条）。

エ　刑の時効

　刑の言渡しが確定しても、一定期間その刑が執行されなかったときは、刑罰権が消滅する。これを**刑の時効**という。刑の時効が完成すると、刑の執行が免除される（刑法31条）。刑の時効の趣旨について、通説は、犯罪に対する社会の規範感情が時間の経過とともに次第に緩和され、現実の処罰の要求がなくなると説明している。

　刑の時効に関しては平成22（2010）年の法改正があり、死刑の時効（以前は時効の期間が30年とされていた）が廃止されるとともに、懲役と禁錮についても時効の期間が延長された。具体的には、①無期の懲役または禁錮は30年、②10年以上の有期の懲役または禁錮については20年、③3年以上10年未満の懲役または禁錮については10年、④3年未満の懲役または禁錮については5年、⑤罰金については3年、⑥拘留、科料および没収については1年の期間その執行を受けないことによって、刑の時効は完成する（32条）。

　時効は、法令により執行を猶予し、または執行を停止した期間内は進行しない（33条）。また、自由刑の時効は、刑の言渡しを受けた者がその執行のために拘束されることによって中断する（34条1項）。財産刑の時効は、執行行為によって中断する（34条2項）。

> **●コラム●　公訴の時効**
>
> 　刑事上の時効には、刑の時効のほか、公訴の時効がある。公訴の時効とは、犯罪の発生後、一定の期間が経過しても公訴の提起がなされないときに、公訴権とともに刑罰権を消滅させることをいう。公訴の時効が完成したときは、公訴が提起されても裁判所は免訴の言渡しをしなければならない（刑訴法337条4号）。公訴時効についても、2010年に法改正がなされ、人を死亡させた罪であって禁錮以上の刑に当たるものと、それ以外の罪とに分け、それぞれにおいて法定刑に応じて時効期間が設定された（同法250条）。

オ　刑の消滅

　刑法34条の2は、刑の執行が終わり、または刑の執行の免除を得た者が、一定の期間経過することによって、**刑の言渡しは、効力を失う**と規定している。この制度を刑の消滅という。「刑の言渡しは、効力を失う」とは、刑の言渡しに伴う資格制限（前述2(5)ア）等の法的効果が将来に向かって消滅することをいう。つまり、刑法上、「刑の消滅」と名づけられているが、その

実質は恩赦法における復権と共通する。そこで、刑の消滅は、法律上の復権とも呼ばれている。

　具体的には、禁錮以上の刑の執行を終わり、またはその執行の免除を得た者が、罰金以上の刑に処せられずに10年経過したときは、刑の言渡しはその効力を失う（34条の2第1項前段）。罰金以下の刑の執行を終わり、またはその執行の免除を得た者が、罰金以上の刑に処せられずに5年を経過したときも同様である（同後段）。刑の免除の言渡しを受けた者が、その言渡しが確定した後、罰金以上の刑に処せられずに2年を経過したときは、刑の免除の言渡しは効力を失う（34条の2第2項）。

●コラム●　前　科

　「前科」という言葉が使われることがあるが、これは、法律上の用語ではない。①刑の言渡しを受けたこと、②自由刑の執行を受けたこと、③市町村役場に備え付けられている犯罪人名簿に刑の言渡しが登録されていること、のいずれかの意味で用いられている。

　刑の消滅の効果として、犯罪人名簿から前科者の氏名が削除される。これを前科の抹消と呼ぶことがある。

第29講　刑法の適用範囲

◆学習のポイント◆
1　刑法の場所的適用範囲については、属地主義が原則であり、保護主義と属人主義がそれを補充しているという関係にある。そのことを踏まえて、属地主義、保護主義、属人主義の内容を理解すること。
2　刑法の時間的適用範囲については、罪刑法定主義における刑法不遡及の原則とその例外が問題となっているので、その点に注意すること。

1　総　説

　前講まで、犯罪の成否の判断方法や刑罰の内容を中心に刑法のさまざまな規定の意味について学んできた。それでは、刑法はどの範囲で効力が及ぶのだろうか。これが、刑法の適用範囲の問題である。刑法の適用範囲の問題としては、時間的適用範囲、場所的適用範囲、人的適用範囲、事項的適用範囲がある。
　時間的適用範囲は、どの時点の犯罪行為にまで刑法の効力が及ぶのかという問題である。特に、刑罰法規の内容に変更があったときに、その効力が変更以前の犯罪行為にまで及ぶのかが問題となる。
　場所的適用範囲とは、刑法の効力がその地域に及ぶのかという問題である。例えば、外国で犯罪が行われた場合に、日本の刑法は適用されるのだろうか。その犯罪を行ったのが、日本人の場合と、外国人の場合とで違うのか。それは、犯罪の種類によっても違うのか。日本人が外国で犯罪の被害者になった場合はどうか。こうした点が問題となる。
　人的適用範囲は、刑法がどの範囲の人に適用されるのかという問題である。日本国内で行われた犯罪であれば誰にでも刑法が適用されるのが原則ではあるが、例外はないのかが問題とされる。
　事項的適用範囲は、刑法の効力がどの事項に及ぶのかという問題である。

具体的には、刑法典の規定が他の法令にも適用されるのかが問題となる。

以下では、これらの問題を順番に検討していく。

2 時間的適用範囲

(1) 意　義
ア　遡及処罰の禁止

> 【設問1】コンピュータ・ウイルス事例
> Xは、2011年5月に、コンピュータ・ウイルスを含んだメールをAに送信し、その結果、Aのコンピュータは正常に動作しなくなった。その後、コンピュータ・ウイルスにより他人のコンピュータの機能を阻害するなどの行為を処罰する不正指令電磁的記録に関する罪（168条の2・168条の3）が、平成23（2011）年6月に新設され、施行された。Xを不正指令電磁的記録に関する罪で処罰することは可能か。

刑法の時間的適用範囲は、刑法の効力が開始する時点から、それが失効する時点までの範囲である。したがって、刑罰法規は、刑法の効力が開始する時点以後の犯罪に対してのみ適用されるのであり、それ以前になされた行為に遡って適用することは許されない。これを**遡及処罰の禁止**といい、罪刑法定主義から導かれるものである（2講3）。憲法39条前段は、「何人も、実行の時に適法であった行為……については、刑事上の責任を問はれない」と規定している。したがって、【設問1】のXを処罰することはできない。

> 【設問2】教組同盟罷業事件
> Xは、A県教職員組合の執行委員長であったが、教職員組合がストライキを行った際、教職員に対して争議行為をするよう指示したため、争議行為あおりの企ての罪、および、あおりの罪（地方公務員法37条1項・61条4号）で起訴された。なお、Xの行為以前に出された最高裁判例は、地方公務員の争議行為あおりの罪が成立するためには、争議行為自体の違法性が強いことに加え、あおりが争議行為に通常随伴する以上のものであることが必要であるという「二重の絞り論」を採用して、争議のあおり行為の処罰要件を厳しく絞る態度を示していた。この最高裁判例の基準を適用すれば、Xの行為は争議行為あおりの罪に該当しないものであった。Xの罪を審理する裁判所が、「この最高裁判例は変更すべきであり、Xの行為は争議行為あおりの罪に当たる」と考えたとき、Xを有罪とすることは可能か。

【設問2】で問題となるのは、判例にも不遡及の原則が当てはまるのかで

ある。【設問2】では、行為当時の最高裁判例に従えば、Xの行為は犯罪には該当しないものであった。もし判例を変更してXを有罪とするというのであれば、行為後に出された判例を遡ってXの行為に適用するということになる。そのような**判例の遡及適用**は許されるのであろうか。

この点について、学説上は、Xを有罪とすることに否定的な見解も有力である。たしかに、判例は法律そのものではないが、国民が確立した判例を信じて行動するという点では法律の場合と同じであるから、判例を遡って適用することは国民の予測可能性を奪うことになり、罪刑法定主義に反するというのである。

これに対し、最判平8・11・18刑集50巻10号745頁（岩教組同盟罷業事件第2次上告審）〈プ11・259〉は、【設問2】の事案において、行為当時の最高裁判例の示す法解釈に従えば無罪となるべき行為を処罰しても憲法39条には違反しないとした。判例は、刑罰法規の解釈にすぎず、刑罰法規そのものではないというのであろう。ただし、行為当時の判例を信用したXには違法性の意識の可能性がなかったとして、責任を阻却する余地はある（16講2(3)）。

イ　法律の効力の開始

法律は、国会において成立すると、公布、施行を経て適用が可能となる。**公布**とは、成立した法律を一定の方式により国民が知りうる状態に置くことをいう。その方法は、特段の定めがない限り、官報による。**施行**とは、法律の規定の効力が現実に作用することをいう。つまり、刑法の時間的適用範囲は、施行の時点から始まるのである。法の適用に関する通則法2条によると、法律は、特段の定めがない限り、公布の日から起算して20日を経過した日から施行する。

(2)　犯罪後の法律による刑の変更

ア　刑の変更

a　刑法6条と遡及処罰の禁止

【設問3】**法定刑が重く変更された事例**
　Xは、Aの財布を盗んだ。窃盗罪（235条）の法定刑は、10年以下の懲役または50万円以下の罰金であるが、仮にXの犯行後に法律が改正され、窃盗罪の法定刑を15年以下の懲役または50万円以下の罰金とする法律が施行されたとする。Xはどのように処罰されるか。

【設問4】**法定刑が軽く変更された事例**
　Yは、Bの財布を盗んだ。窃盗罪の法定刑は、10年以下の懲役または50万円以

下の罰金であるが、仮にYの犯行後に法律が改正され、窃盗罪の法定刑を8年以下の懲役または50万円以下の罰金とする法律が施行されたとする。Yはどのように処罰されるか。

遡及処罰の禁止は、刑の変更があったときにも妥当する。【設問3】のように、犯行後に法改正により法定刑が重く変更されたとしても、改正前になされたXの行為に遡って改正後の法律（裁判時法）を適用し、改正後の重い法定刑でXを処罰することは許されない。したがって、Xは、行為のときに有効であった法律（行為時法）によって、10年以下の懲役または50万円以下の罰金の範囲で処罰される。

もっとも、遡及処罰の禁止には、例外もある。それは、法改正により刑が軽く変更された場合である。【設問4】において、遡及処罰の禁止を素直に適用すると、Yは、犯行当時の法律が適用され、10年以下の懲役または50万円の罰金の範囲で処罰されるはずである。しかし、刑法6条は、「犯罪後の法律によって刑の変更があったときは、その軽いものによる」と規定している。つまり、犯罪がなされた後に、法改正により刑が変更されたときは、行為者の利益を保護するという趣旨から、**行為時法（旧法）と裁判時法（新法）とを比較**し、**軽い方の刑を適用する**としているのである。これによると、新法の方が旧法に比べて刑が軽い場合には、新法を改正前になされた行為に遡って適用することになる。その意味で、刑法6条は、遡及処罰の禁止の例外を規定しているのである。したがって、【設問4】のYは、刑法6条が適用され、8年以下の懲役または50万円以下の罰金の範囲で処罰される。

また、行為時法と裁判時法の間に中間時法があり、それぞれにおいて刑の軽重があるときは、刑法6条を適用して、その中で最も刑の軽い法が適用される。

旧法と新法の区別は、法律公布の時期ではなく施行の時期を基準とする。したがって、刑を軽くする法改正がなされたとしても、まだ施行されていないときは、刑法6条は適用されず、旧法が適用される。

b 「犯罪後」の意義

「犯罪後」とは、**実行行為の終了後**という意味である。それでは、実行行為が刑の変更の前後にまたがっている場合はどうか。継続犯（4講2(1)）や包括一罪（27講4）において、実行行為が刑の変更の前後にまたがっている事案について、判例は、刑法6条には該当しないとして、新法を適用している（継続犯に関するものとして、最決昭27・9・25刑集6巻8号1093頁、包

括一罪に関するものとして、大判明43・11・24刑録16輯2118頁〈プ427〉)。また、刑の変更前に行われた罪と刑の変更後に行われた罪とが牽連犯の関係にある場合にも、同様に刑法6条の適用を否定し、全体に対して新法を適用した判例（大判明42・11・1刑録15輯1498頁〈プ428〉）が存在するが、牽連犯は一罪ではなく数罪であるから、それぞれの犯罪を切り離して解決すべきであるという見解が一般的である。

　教唆行為・幇助行為が行われた後、かつ、正犯行為が行われる前に刑の変更があったときに、教唆者・幇助者に適用される法を決定するにあたって、教唆行為・幇助行為を基準とするのか、正犯行為を基準とするのかが問題となる。裁判例には、正犯行為ではなく、教唆行為・幇助行為を基準とするもの（東京高判昭28・6・26高刑集6巻10号1274頁、大阪高判昭43・3・12判時531号86頁〈プ429〉）がある。

　c 「刑の変更」の意義

【設問5】刑の執行猶予の条件が変更された事例
　Xは、Aの財布を盗んだ。刑の全部の執行が猶予されるのは3年以下の懲役もしくは禁錮または50万円以下の罰金の言渡しを受けるときだけとされているが、仮にXの犯行後に法律が改正され、5年以下の懲役を言い渡されるときにも刑の全部の執行を猶予してよいとする法律が施行されたとする。Xが懲役5年に処されるとき、刑の執行猶予を付することは可能か。

　それでは、刑法6条にいう「刑の変更」とは、具体的に何を指すのであろうか。刑罰には、単独で科すことのできる主刑と、主刑を言い渡すときにのみ科すことのできる付加刑がある（28講1(2)）が、①「刑の変更」は、主刑の変更のみを指し、付加刑である没収などの変更は含まないとする見解と、②「刑の変更」には、主刑や付加刑の変更のほか、労役場留置の期間の変更や刑の執行猶予の条件の変更も含むとする見解が対立している。【設問5】においては、刑の全部執行猶予の要件が変更されており、Xの行為当時の法律を前提にすると、刑の全部執行猶予を言い渡すことはできないが、裁判時の法律によれば、刑の全部執行猶予を付することができる。前者の見解からは、刑の全部執行猶予の要件に関する変更について刑法6条は適用されないから、遡及処罰の禁止のとおり、行為時の法律に従い、Xに対して刑の全部執行猶予を言い渡すことはできないことになる。これに対し、後者の見解からは、Xに刑の全部執行猶予を言い渡すことは可能であるということになる。判例は、前者の見解に立っている（大判大2・1・31刑録19輯151頁、

最判昭23・6・22刑集2巻7号694頁〈プ430〉。刑の一部執行猶予について、最決平28・7・27刑集70巻6号571頁)。

イ 刑の廃止

a 「刑の廃止」の意義

刑の変更には、刑の廃止も含まれる。犯罪後に刑が廃止された場合には、刑がゼロに変更されたともいえるから、最も極端な刑の変更として刑法6条の適用があるのである。形式的には、犯罪後に刑が廃止されたときは、刑訴法337条2号により免訴の判決が言い渡される。

ただし、何をもって「刑の廃止」というのかは、必ずしも自明ではない。もちろん、単純に刑罰法規そのものが削除された場合に、それが「刑の廃止」に当たることは明らかである。問題は、他の法令や事実関係の変更に伴って構成要件の内容に変更が生じたために、それまで構成要件に該当するとされていた行為が構成要件に該当しなくなった場合である。

例えば、かつて、尊属を殺害した場合を通常の殺人に比べて重く処罰する尊属殺人罪の規定があったが、殺害行為後、民法の改正により被害者が直系尊属には当たらなくなった事案において、最判昭27・12・25刑集6巻12号1442頁は、刑の変更には当たらないとし、尊属殺人罪で処罰しうるとした。また、原動機付自転車の2人乗りについて、それまで旧道路交通取締法施行令違反の罪に当たるとされていた被告人の行為が、行為後に、同施行令の委任に基づく旧新潟県道路交通取締規則が改正されたことにより、禁止の対象から除外された事案につき、最大判昭37・4・4刑集16巻4号345頁〈プ432〉は、同施行令の罰則自体が存続している以上、刑の廃止には当たらないとした。これに対し、外国とみなされていた奄美大島から密輸入をしたが、その後、奄美大島が外国とみなされなくなった事案においては、刑の廃止に当たるとされている（最大判昭32・10・9刑集11巻10号2497頁〈プ431〉）。

なお、法改正により刑罰法規が廃止されたとしても、他の刑罰法規によって処罰される場合には、「刑の変更」であって、「刑の廃止」ではない。例えば、かつて尊属傷害致死罪（旧205条2項）の規定が存在したが、平成7（1995）年の刑法改正により廃止され、それ以降は、直系尊属に対する傷害致死に対しても通常の傷害致死罪（205条）が適用されることになった。そこで、最判平8・11・28刑集50巻10号827頁は、被告人が実母に暴行を加えて死亡させたが、行為後に尊属傷害致死罪の規定が廃止された事案について、刑の廃止による免訴ではなく、刑の変更に当たるとして、旧法と新法を

比較して軽い方の新法である傷害致死罪として処罰している。

　　b　限時法

> **【設問6】法の失効後の裁判**
> 　Xは、限時法の失効期日の直前にその刑罰法規に違反する行為を行い、起訴された後にその法は有効期間が経過し、失効した。Xを有罪とすることは可能か。

限時法とは、失効の期日の定めがある法律をいう。具体的には、「本法は、施行後5年を限りその効力を有する」といった形で失効の期日が定められる。

限時法に関して問題となるのは、【設問6】のように、法の有効期限内にその刑罰法規に違反する行為を行ったが、裁判は法の失効後に行われるという場合に、法の有効期間経過後であるにもかかわらず有罪とすることは可能かという点である。通常、犯罪行為が行われてから、捜査、起訴を経て判決に至るまでには一定の期間を要するから、もし法の失効後に有罪とすることができないとすれば、法の有効期限が近づくと、事実上処罰されることがないため、罰則としての意味がなくなってしまう。そこで、法の有効期間経過後でも期間内の違反を処罰してよいとする見解（**限時法の理論**）も、主張されている。これによると、【設問6】のXを処罰することは可能である。

しかし、通説は、処罰の根拠となる刑罰法規が失効している以上、処罰は認められないと解している。【設問6】では、「刑の廃止」に当たり、刑訴法337条2号によって免訴の判決を言い渡すほかない。もっとも、実際は、こうした問題の発生を防ぐために、個々の法律において、「失効後も罰則の適用については、なお従前の例による」というように、失効後の処罰を認める追及効の規定を置くことが多い。

3　場所的適用範囲

(1)　基本原則

刑法の場所的適用範囲とは、刑法の効力が及ぶ地域をいう。刑法の場所的適用範囲に関しては、属地主義、属人主義、保護主義、世界主義という4つの考え方がある。**属地主義**とは、自国の領土内の犯罪に対しては、犯人の国籍を問わず自国の刑法を適用するという原則をいう。**属人主義**とは、自国民が外国で自国の刑罰法規に反する行為をした場合には自国の刑法を適用するという原則をいう。**保護主義**とは、自国または自国民の利益を保護する見地

から、これを侵害する行為が外国で行われた場合には、犯人の国籍を問わず自国の刑法を適用するという原則をいう。**世界主義**とは、自国の刑罰法規に反する行為については、いかなる地域で行われたかを問わず自国の刑法を適用するという原則をいう。

(2) 現行刑法の解決方法

場所的適用範囲について、現行刑法は、属地主義を原則とし（1条）、これを属人主義（3条）と保護主義（2条・3条の2・4条）によって補充するという解決方法を採用している。

ア 属地主義

> 【事例1】殺人幇助事例
> A国に住むA国人のXは、日本にいるA国人のYから、「Bの殺害に使うから拳銃を送ってくれ」と依頼され、Yに拳銃を郵送した。Yは、その拳銃を使って、日本においてBの殺害を実行した。

a 意 義

属地主義とは、自国の領土内の犯罪に対しては、犯人の国籍を問わず自国の刑法を適用するという原則である。刑法1条1項は、「この法律は、日本国内において罪を犯したすべての者に適用する」と規定し、属地主義を基本とすることを明らかにしている。

犯罪が行われた土地を**犯罪地**といい、犯罪地が日本国内である場合の犯罪を**国内犯**、犯罪地が日本国外である場合を**国外犯**と呼ぶ。つまり、刑法1条1項は、国内犯についてはどの罪を誰が犯しても国籍を問わず刑法が適用されると規定しているのである。

犯罪事実の一部でも日本国内に存在すれば、その場所が犯罪地であるとされている（遍在説）。例えば、行為が行われた場所（大判明44・6・16刑録17輯1202頁〈プ433〉）、結果が発生した場所、行為と結果の間の因果関係が経過する場所のいずれも犯罪地である。未遂犯の場合は、現実的危険が生じた場所も犯罪地となる。

また、共同正犯者の1人の行為の犯罪地が日本国内であれば、共同正犯者全員について犯罪地は日本となるし、教唆犯と幇助犯の犯罪地は、教唆行為や幇助行為が行われた場所のほか、正犯の犯罪地も含む（○最決平6・12・9刑集48巻8号576頁〈講154、プ436〉）。こうした取扱いは、共同正犯における一部行為全部責任の原則（22講2(1)）や共犯における共犯従属性の原則

(23講1）を基礎とするものといえる。他方、正犯にとっては、自己の犯罪地のみが犯罪地であり、教唆犯や幇助犯の犯罪地は含まない。例えば、正犯行為が国外で行われ、教唆や幇助が日本国内で行われた場合は、教唆犯や幇助犯のみが国内犯となり、正犯は国外犯となる。正犯が教唆犯や幇助犯に従属するわけではないからである。

【事例1】では、Yは殺人罪の正犯、Xは殺人罪の幇助犯であるが、Yは、日本国内で殺人罪を犯しているから、A国人であってもYには刑法が適用される。そして、正犯であるYの犯罪地が日本である以上、幇助犯であるXの犯罪地も日本であるから、Xにも刑法の適用が及ぶことになる。

b　日本国内

日本国内とは、日本国の国家領域すなわち日本国の領土・領海・領空内をいう。領海の範囲は、基線の外側12海里までの海域である。領空は、領土と領海の上方の空間である。日本国内にある外国の大使館内や公使館内や、日本の領海内にいる外国船舶内も、日本国内である。

刑法1条2項は、「日本国外にある日本船舶又は日本航空機内において罪を犯した者についても、前項と同様とする」と規定し、日本の船舶内や日本の航空機内で行われた犯罪については、日本国外を航行中であっても日本の刑法を適用することとしている。これを**旗国主義**という。

イ　属人主義

【事例2】傷害事例
　日本人Xは、A国内においてA国人Bを殴って傷害を負わせた。
【事例3】名誉毀損事例
　日本人Yは、C国内においてC国人Dの名誉を毀損する行為を行った。しかし、C国では、名誉毀損を処罰する規定は、存在しなかった。

a　意　義

属人主義とは、自国民が外国で自国の刑罰法規に反する行為をした場合には自国の刑法を適用するという原則である。刑法3条は、「この法律は、日本国外において次に掲げる罪を犯した日本国民に適用する」とし、現住建造物放火（108条）、強制性交等（177条）、殺人（199条）、傷害（204条）、窃盗（235条）等の罪を列挙している。これは、現住建造物放火等の罪については日本国民が日本国外で犯しても日本の刑法が適用されるという属人主義を定めることにより、刑法1条の属地主義を補充するものである。

【事例2】において、Xは、日本国外で傷害罪を犯しているので、属地主義の見地からは、Xに日本の刑法を適用することはできない。しかし、Xは日本人であるとともに、傷害罪は刑法3条8号に掲げられているから、刑法3条により、Xに日本の刑法を適用することは可能である。

　b　属人主義の根拠

　それでは、属人主義の根拠はどこにあるのであろうか。この点については、外国で処罰されるべき行為を外国に代わって自国で処罰すると解する見解（代理処罰説）も、ありうる。これによると、当該行為がその外国の法によって犯罪とされていなければ、外国に代わって処罰するための前提を欠くことになるから、刑法3条を適用するためには、行為を行った国においてその行為が犯罪とされていることが必要となろう。【事例3】では、名誉毀損は、C国において犯罪とされていないのであるから、代理処罰説からすると、Yに日本の刑法を適用することはできない。

　しかし、通説は、**社会秩序維持説**に立っている。これは、刑法3条に掲げられている各犯罪を放置したのでは日本の社会秩序が乱れることから、日本の社会秩序を維持するために日本の刑法を適用するという考え方である。これによると、行為が行われた国でその行為が犯罪とされている必要はないから、名誉毀損罪が刑法3条13号に掲げられている以上、【事例3】のYにも日本の刑法は適用される。

　ウ　保護主義
　a　意　義

【事例4】通貨偽造事例
　　A国人のXは、日本で偽札を使用する目的で、A国内で1万円札を偽造した。

　保護主義とは、自国または自国民の利益を保護する見地から、これを侵害する行為が外国で行われたときには犯人の国籍を問わず自国の刑法を適用するという原則である。

　刑法2条は、「日本国外において次に掲げる罪を犯したすべての者に適用する」と規定し、内乱（77条）、通貨偽造（148条）等の罪を掲げている。内乱等の罪は、広く日本に関連する利益を侵害する罪であることから、日本国外において国籍を問わず誰が犯しても日本刑法を適用するという保護主義を定め、属地主義を補充したものである。

　また、刑法4条は、「この法律は、日本国外において次に掲げる罪を犯し

た日本国の公務員に適用する」と規定し、看守者等による逃走援助（101条）、虚偽公文書作成（156条）等の罪を列挙している。これも、保護主義を定めたものといえる。

【事例4】では、通貨偽造が日本国外で行われているため、属地主義の見地からは、日本の刑法を適用することはできない。また、Xは日本人ではないので、属人主義の点からも、日本の刑法を適用することはできない。しかし、通貨偽造罪は、刑法2条4号に掲げられているので、刑法2条により、Xに日本の刑法を適用することは可能である。

b 日本国民に対する国外犯

【事例5】強盗事例
A国人Xは、A国内において日本人Bに暴行・脅迫を加えて財布を強取した。

平成15（2003）年の刑法改正により、刑法3条の2が新設された。刑法3条の2は、「この法律は、日本国外において日本国民に対して次に掲げる罪を犯した日本国民以外の者に適用する」と規定し、強制わいせつ（176条）、殺人（199条）、傷害（204条）、略取・誘拐（224条〜228条）、強盗（236条）等の罪を掲げている。これは、人の生命・身体に対する重大な罪が日本国民に対して行われたときには、日本人以外の者による国外犯であっても、日本国民の保護の見地から、日本の刑法を適用するものであり、保護主義に基づいている。

【事例5】において、A国人のXは強盗罪を行っているが、強盗罪は刑法3条の2第6号に掲げられているので、Xには日本の刑法を適用してよい。

エ 世界主義

世界主義とは、自国の刑罰法規に反する行為については、行為者の国籍を問わず、いかなる地域で行われたかを問わず、自国の刑法を適用するという原則をいう。刑法典は、世界主義までは採用していない。

ただし、刑法4条の2は、「第2条から前条までに規定するもののほか、この法律は、日本国外において、第2編の罪であって条約により日本国外において犯したときであっても罰すべきものとされているものを犯したすべての者に適用する」と規定する。これは、刑法各則に規定されている罪について、刑法2条から4条までの規定では国外犯が処罰できない場合に、条約の定める範囲で日本の刑法を適用してよいとするものである。これを**包括的国外犯処罰規定**という。

(3) 外国判決の効力

　確定判決によって有罪または無罪が確定した行為が再び起訴され、処罰されることは、禁止されている（憲法39条）。これを一事不再理という。これに対し、刑法5条は、「外国において確定裁判を受けた者であっても、同一の行為について更に処罰することを妨げない」と規定している。これは、外国の刑事判決については、一事不再理を認めないことを明らかにしたものである。憲法39条は、国内法上の問題にとどまるから、刑法5条により、国外で確定判決を受けた者を起訴し処罰したとしても、憲法違反ではないとされている。

　ただし、同条但書は、「犯人が既に外国において言い渡された刑の全部又は一部の執行を受けたときは、刑の執行を軽減し、又は免除する」としている。外国で執行された刑は、必ず刑に算入しなければならないこと（必要的算入主義）を定めたものである。

4　人的適用範囲

(1) 原　則

　刑法の人的適用範囲とは、刑法が適用される人の範囲をいう。既に述べたように、刑法1条1項は、「日本国内において罪を犯したすべての者」に刑法を適用すると規定している。したがって、上述した時間的適用範囲と場所的適用範囲が認められる限りは、原則として、すべての者に刑法は適用される。

(2) 例　外

　もっとも、例外もある。まず、天皇と摂政である。天皇について、刑法には直接の規定はないが、皇室典範21条は、天皇に代わって国事に関する行為を行う摂政について、「摂政は、その在任中、訴追されない」と規定していることから、いわんや天皇も、在任中は訴追されないと考えられている。摂政は、在任中は訴追されないが、退任後は訴追されることもありうる。これらは、天皇や摂政という地位を考慮して、訴追条件が欠けるとするものである。

　次に、議員や大臣も、例外とされる。憲法51条は、衆議院および参議院の議員は議院で行った演説、討論、表決について院外で責任を問われないとしている。これは、議員の独立を保障するために、一身的処罰阻却事由（3講コラム「客観的処罰条件と一身的処罰阻却事由」参照）を認めたものといえよう。また、憲法75条本文は、「国務大臣は、その在任中、内閣総理大臣の

同意がなければ、訴追されない」と規定している。国務大臣の地位を考慮して、その在任中は内閣総理大臣の同意がなければ訴追条件を欠くとしたものである。

このように、これらの例外は、人的処罰阻却事由または訴追条件の欠如のために刑法を適用しないとするものであるから、逆にいえば、その行為が構成要件に該当し、違法かつ有責である以上、犯罪としては成立しているということになる。したがって、例えば、これらの者との共犯は成立しうるし、これらの者の行為に対する正当防衛も可能である。

5　事項的適用範囲

(1)　原　則

刑法の事項的適用範囲とは、刑法が適用される事項の範囲をいう。覚せい剤取締法や会社法など、刑法典以外の法令によっても犯罪は規定されている（1講1(2)）。それらの場合にも、違法性阻却、責任阻却、共犯といった刑法の諸原則は適用されるのであろうか。この点について、刑法8条は、「この編の規定は、他の法令の罪についても、適用する」と規定している。「この編」とは、「第1編　総則」のことであるから、刑法典の総則規定は、原則として刑法典以外の法令の罪にも適用されることになる。

(2)　例　外

もっとも、刑法8条但書は、「ただし、その法令に特別の規定があるときは、この限りでない」と規定しており、刑法典以外の法令において定められた刑罰法規に刑法典の総則規定が適用されないこともある。具体的には、犯罪の主体、違法性阻却・責任阻却、共犯などに関して特別規定が設けられている。

例えば、刑法典は自然人のみを行為主体としていると解されるが、行政刑罰法規においては、法人や法人格のない団体に刑事責任を認める規定が多数存在しており（4講2(4)）、その場合には刑法総則の規定の適用が除外される。また、盗犯等ノ防止及処分ニ関スル法律1条は、刑法36条1項の正当防衛の要件を拡張するものと解されている。さらに、刑法64条は、「拘留又は科料のみに処すべき罪の教唆者及び従犯は、特別の規定がなければ、罰しない」としているが、軽犯罪法3条は、同法1条に列挙された罪（いずれも法定刑は拘留または科料）を教唆し、幇助した者は正犯に準ずるとしている。

VIII 補論

第30講　事例問題の解き方

> ◆学習のポイント◆
> 1　事例問題を解くとはどういうことかを理解した上で、その手順（①事案分析・論点抽出、②規範定立、③当てはめ）を学び、これに従った解き方を身につける。
> 2　事案分析の際の主な注意点は、体系的に分析すること、先入観をもたずに素直に分析すること、論点にメリハリをつけることである。
> 3　規範定立と当てはめは、要件・論点ごとに行うのが原則である。また、その際には、結論の妥当性に留意すること。
> 4　規範定立は、事案の解決に必要な範囲で行うこと。
> 5　当てはめに際しては、定立した規範との対応関係、事実の摘示のあり方、重要度に応じたメリハリづけに注意すること。

1　事例問題を解くとはどういうことか

　刑法の事例問題で試されるのは、刑法の適用能力、すなわち、具体的事案に刑法を正しく適用し、これを正しく解決する能力（およびそのために必要な刑法に関する基本的知識・理解、論理的思考力、表現力）である。したがって、事例問題を解くということは、このような能力があるということを出題・採点者に示すために、筆記試験であれば答案上で、**具体的事案に刑法を適用してこれを解決してみせる**ということである。

2　事例問題を解く手順

(1)　事案分析・規範定立・当てはめ

　では、その方法は、具体的にどういうものか。それは、①事案を分析して刑法上の論点を抽出し（事案分析・論点抽出）、②事案・論点の解決に必要な刑法の規範を明らかにし（規範定立）、③明らかにされた刑法の規範を事案に適用して結論を導くこと（当てはめ）である。つまり、事例問題は、①

事案分析（論点抽出を含む。以下同じ）、②規範定立、③当てはめ、という手順で解いてゆけばよい。

イメージをつかむために、簡単な事例を使って実際に解いてみよう。

【設問1】
Xは、A（生後1カ月）の母親であり、独りでAを育てていたが、やがてAが疎ましくなり、Aが餓死してもかまわないと思いながら、Aにミルクを与えずに自宅の押入れの中に放置した。その後、Aは餓死した。Xの罪責について論じなさい。

＊ 【設問1】では、Xの「罪責」が問われている。司法試験の刑法の論文式試験問題もそうであるが、刑法の事例問題は、事例中の特定の人物の**罪責**を問うものが多い。罪責の名の下で問われているのは、**犯罪の成否**である。つまり、その人物のいかなる行為について、どのような犯罪が成立するか、しないかである。さらに、事例によっては、中止犯（43条但書）、心神耗弱（39条2項）、親族相盗例（244条）などの**刑の減軽・免除事由**の存否も問われる。罪責を問われたら、特に断りのない限り、これらの点に答えればよい。

ア　事案分析

まずは事案分析である。事案分析とは、要するに「この事例で出題者が聞きたいことは何か」を的確に把握し、事案解決の「見取図」を描く作業であるといってよい。事案分析の段階では、問題文を読んで、罪責を問われている人物のいかなる**行為**について、どのような**犯罪の成否**（あるいは、どのような刑の減軽・免除事由の存否）が問題となるか、問題となる犯罪の成否等を検討する際の**論点**は何か、といったことを明らかにする必要がある（問題の所在・論点の明示は、答案であれば、問題提起に当たる部分である）。

【設問1】について見ると、XはA（生後1カ月）の母親であったこと、それにもかかわらずAにミルクを与えずに放置していたこと、Aが餓死したこと、XはAが餓死してもかまわないと思っていたことから、Aに栄養を与えずに放置したXの不作為について、殺人罪（199条）の成否が問題となる（6講）。そして、不作為による殺人罪の成否が問題であることから、特に、Xの上記不作為が殺人罪の実行行為に当たるか、Xの上記不作為とAの死亡との間に因果関係が認められるか、といったことが問題となる。つまり、この2点が主要な論点である。

イ　規範定立

次に、規範定立である。規範定立とは、事案を解決する前提として、条文・判例・学説に基づいて、**事案の解決に必要な刑法の規範を明らかにする**ことである。ここにいう規範とは、成立要件、判断枠組み、判断基準などを指す。

定立すべき規範は1つとは限らない。例えば、【設問1】の場合、まず、上位の規範として、殺人罪の成立要件（殺人罪の実行行為、結果、因果関係、故意）がある。そして、不作為による殺人罪の成否が問題であることから、実行行為については、特に、作為義務・作為可能性のあること、また、因果関係については、期待された作為がなされていれば結果は確実に発生しなかったであろうといえることが、それぞれ下位規範として定立される必要がある。さらに、いかなる場合に作為義務が認められるか（作為義務の発生根拠・要件）も、作為義務の下位規範として明らかにされる必要がある。

ウ　当てはめ

当てはめとは、定立された**刑法の規範を事案に適用して結論を導く**ことである。定立された規範に上位下位の関係があるのに対応して、当てはめによって得られる結論にも、中間的な結論、最終的な結論といったように段階がありうる。

【設問1】について当てはめを行ってみよう。まず、殺人罪の実行行為に関しては、Xは生後1カ月のAの母親であったことから、XにはAに対する監護義務（民法820条）が認められ、また、Xの自宅にはXとA以外に住人がおらず、XにはAに対する排他的支配が認められることから、Xには、Aが餓死しないように（Aにミルクを与えたり、病院へ搬送して点滴を受けさせたりするなどして）栄養を与える義務があったといえる。また、そのような作為に出ることは可能かつ容易であったといえる。よって、Aに栄養を与えずに放置したXの不作為は、上記作為義務に違反するものとして、殺人罪の実行行為に当たる（中間結論1）。次に、Aが餓死したことから、殺人罪の結果が発生したことは明らかである（中間結論2）。因果関係については、XがAに栄養を与えていればAは餓死しなかったであろうことは確実であったといえ（条件関係あり）、また、Xが解消しなかったAの餓死の危険がそのままAの餓死へと現実化したといえるから（危険の現実化もあり）、Xの上記不作為とAの死亡との間には因果関係が認められる（中間結論3）。最後に、XはAが餓死してもかまわないと思いながらAを放置しており、Aを死亡させることについての認識・認容があったといえるから、殺人罪の故意

も認められる（中間結論4）。以上により、Xには、不作為による殺人罪が成立する（最終結論）。

(2) 練習問題

次の【設問2】を使って、もう少し練習してみよう。

> 【設問2】
> Xは、かねてより不仲のAが自宅に来訪することを知り、Aの性格や日頃の態度から考えてXに殴りかかってくるものと予想したが、この機会を利用してAを徹底的に痛めつけてやろうと考え、木刀を用意して待ち構えていた。Xの予想どおり、来訪したAが素手で殴りかかってきたので、Xは、木刀でAの足をめった打ちにして、Aの足に重傷を負わせた。Xに殺意はなかったものとして、Xの罪責について論じなさい。

まずは事案分析である。Xが木刀でAの足をめった打ちにしてAの足に重傷を負わせた行為は、傷害罪（204条）の構成要件に該当する。論点は、この行為について正当防衛が成立するか、より具体的に言えば、積極的加害意思（単に予期された侵害を避けなかったというにとどまらず、その機会を利用し積極的に相手に対して加害行為をする意思）があった場合の正当防衛の成否である。

次に、この論点について規範を定立してみよう。判例の見解によれば、相手の侵害を予期しただけでは侵害の急迫性は否定されないが、積極的加害意思がある場合には、侵害の急迫性が否定される。ここでは、この見解を規範としておこう。

最後に、この規範を使って、論点について当てはめをしてみよう。Xは、Aが殴りかかってくることを予期していただけでなく、その機会を利用してAを積極的に痛めつけてやろうと考え、木刀を用意して待ち構えていた。この事実から、Xに積極的加害意思があったと認定できる。積極的加害意思がある場合には急迫性が否定されるから、AのXに対する侵害（殴りかかったこと）の急迫性は否定され、正当防衛は不成立となる。よって、Xに傷害罪が成立する。

3 補足説明

以上が事例問題の解き方のアウトラインであるが、これを踏まえつつ、さらにいくつかの補足説明をしておこう。なお、以下に書いてあること、特に注意点の部分は、事例問題の答案を作成する際の参考にもなるであろう。

(1) 事案分析についての補足
ア 事実認定上の論点と法解釈上の論点

　論点には、事実認定上の論点と、法解釈上の論点とがある。例えば、Aに対する殺人罪（199条）の成否を問う事例問題があるとしよう。この問題の場合、殺意（殺人の故意）（7講）の有無を明らかにしなければならない。ところが、問題文を見ても、Aを死亡させることの認識・認容があったとは書かれていない。しかし、凶器として使用された包丁の大きさ・形状、包丁が刺さった身体の部位、傷の深さなど、殺意の根拠となりうる諸々の具体的事実が問題文にちりばめられている。このような場合には、それらの具体的事実を抽出し、それぞれの事実がもつ意味をも明らかにして、殺意を認定することが求められているのである。これが事実認定上の論点である。事実認定上の論点は、学部の定期試験や旧司法試験などの比較的短い事例問題には含まれていないことが多いが（【設問1】【設問2】も、その例である）、（新）司法試験のような長文の事例問題においては、しばしば重要な論点として浮上する（後掲【設問6】参照）。事実認定上の論点を見抜く能力は実務家に必要不可欠の能力であり、これが（新）司法試験で試されているのである。

　法解釈上の論点とは、事案解決に必要な規範を定立する場面での論点である。例えば、PがAを負傷させた行為について正当防衛（12講・13講）の成否を問う事例問題が出た場合、侵害の急迫性の要件が充足するかどうかを明らかにしなければならない。問題文を見ると、Pは、Aの侵害を予期していたことが認定できる。この場合、Aの侵害が急迫性の要件を充足するか否かを明らかにするためには、前提として、相手方の侵害を予期していたとしても侵害の急迫性は否定されないのかという問いに答えておく必要がある。この問いが法解釈上の論点であり、これを見抜く能力も実務家に不可欠の能力である。学部の定期試験や旧司法試験などの比較的短い事例問題では、主としてこの論点についての理解が試されているといってよい（【設問1】【設問2】も、その例である）。もちろん、それが（新）司法試験においても試されていることはいうまでもない。

イ 事案分析の際の注意点
　a 体系的に分析する

　事案分析は、刑法の体系（3講）に従って**体系的に**行わなければならない。例えば、【設問2】のように正当防衛の成否が問題となる事案であっても、まずは、いかなる行為がどのような犯罪の構成要件に該当するか（該当

すると予想されるか）をきちんと分析しておくことが大切である。【設問2】であれば、Ｘの行為は傷害罪の構成要件に該当するということを押さえておかなければならない。

　ｂ　素直に分析する

　事案分析は、**素直**に行わなければならない。事案分析とは、先入観をもたずに事案を虚心に分析し、そこから論点を抽出する作業であって、自分が知っている論点に合わせて自分の都合のいいように事案を分析することではない。論点ばかり勉強してきた学生の中には、自分の知っている論点に沿うように事案を分析し、その結果、論点を正しく抽出できずにとんちんかんなことを書く者がいる。これは何としても避けたいことである（論点主義の弊害1）。

【設問3】
　Ｘは、Ａを射殺する機会をうかがっていたところ、公園でＡとＢが談笑しているのを目撃した。そこで、Ｘは、Ａを殺そうとしてピストルを発射したが、弾丸が外れてＢに命中し、Ｂが死亡した。Ｂに対するＸの罪責について論じなさい。

【Ｐ男の分析】
　弾丸が外れて、狙ったＡとは別のＢが死亡したのだから、論点は方法の錯誤だ。ＡとＢが談笑していたのをＸが目撃したことは、方法の錯誤と関係がないから、無視してよい。

【Ｑ助の分析】
　Ｘは、ＡとＢが談笑しているのを目撃したのであるから、Ａの近くにＢがいることを認識していたと考えられる。よって、方法の錯誤の問題以前に、Ｂに対する（未必の）殺意を肯定できるかを検討しなければならない。

　【設問3】の事例では、Ｂに対する殺人罪の客観的構成要件要素（実行行為、結果、因果関係）が充足していることは明らかである。問題は、主観面、つまり故意である。これについて、【Ｐ男の分析】は、論点は方法の錯誤（8講）だと決めつけ、ＡとＢが談笑しているのをＸが目撃したという事実を無視している。しかし、これは誤りである。【設問3】の事例の場合、【Ｑ助の分析】のように考えて、方法の錯誤の問題以前に、Ｂに対する（未必の）殺意の存否を検討しなければならない。そして、ＡとＢが談笑できるくらいの至近距離にいたことからすると、Ｘには、Ｂに対する（未必の）殺意があったと認定できるであろう。【設問3】については、方法の錯誤について論じるまでもなく、Ｂに対する殺人罪が成立するといえるのである。

c　メリハリをつける

　事例問題には、大小さまざまな論点が含まれているのが通例である。もちろん、まずは論点をすべて拾うことが必要である。しかし、それだけでは不十分である。事例の全体を見て、抽出された各論点の重要度を見極め、重要度の高い論点は手厚く、重要度の低い論点は軽く扱う（あるいはカットしてしまう）というようにメリハリをつける姿勢が大切である。論点の重要度を見極める能力も実務家にとって重要な能力であり、司法試験でも試されている。論点ばかり勉強してきた学生の中には、重要度の低い論点なのに、自分の知っている論点だということで飛びつき、必要以上に手厚く論じてしまう者がいる。これも避けたい誤りである（論点主義の弊害2）。

　d　複数関与者の検討順序

　複数人の関与が問題となる場合には、まず、実行犯（実行行為を行った者）とそれ以外の者とに分け、実行犯の罪責から検討し、これを確定した後に、残りの関与者の罪責を、実行犯の罪責を踏まえながら検討していくのが原則である。

　e　同一行為に複数の犯罪が成立する可能性がある場合

　同一の行為に複数の犯罪が成立する可能性がある場合には、法定刑の重い罪から検討するとよい。例えば、人を死亡させた行為について、殺意が認められる可能性がある場合には、まず、殺人罪の成否を検討し、検討の結果、殺意が認められれば、殺人罪が成立するという結論になり、殺意が認められなかった場合には、傷害致死罪の成否を検討することになる。

(2)　規範定立・当てはめについての補足

　ア　規範定立・当てはめに共通する注意点

　　a　要件・論点ごとに

　事例問題では、論点や定立すべき規範が複数あるのが通例であり、この場合の規範定立と当てはめは、**要件・論点ごとに**行うのが原則である。

　例えば、【設問1】では、殺人罪の実行行為のところで、不作為による実行行為に関する規範として作為義務と作為可能性を定立し、それぞれについて当てはめを行い、それらが肯定されれば、残りの要件についての規範定立と当てはめを要件ごとに行っていくことになる。

　　b　結論の妥当性

　規範定立と当てはめは、**結論の妥当性**も勘案しながら行うことが大切である。刑法の世界においても結論の妥当性は重要である。明らかに不当な結論が導かれた場合には、規範と事実認定のどちらか、あるいは両方に問題があ

ると考えられる。この点をチェックし、妥当な結論をめざす必要がある。
イ 規範定立についての注意点
規範定立は、**事案の解決に必要な範囲**で行われるべきことである。事案の解決に必要でない規範を立てることはナンセンスである。

例えば、【設問2】を判例の立場に従って解く場合、防衛の意思の有無は論点とならないから、これについて規範を立てる必要はない。また、事案の解決に必要な規範であっても、あくまで事案の解決に必要な限度で論ずればよい。このように、規範定立においてもメリハリをつけることが大切である。
ウ 当てはめについての注意点
a 規範と当てはめの対応関係
当てはめは、定立した規範を事案に適用する作業であるから、当然、規範と対応した内容でなければならない。答案の中には、立派に規範を立てたのはいいが、当てはめの部分がそれに（十分に）対応していないものがある。規範と当てはめの対応関係には十分な注意を払いたい。

【設問4】
　Xは、Aを殴って転倒させ、同人にそのまま放置すれば死亡する危険のある頭蓋内出血の傷害を負わせた。Aは、病院において治療を受けたが、なお死亡する危険のある状態であったところ、Aの入院中に何者かがその病院に放火し、これにより発生した火災が原因でAは焼死した。Xの殴打行為とAの死亡との間に因果関係が認められるか。
【規　範】
　因果関係は、実行行為の危険性が結果へと現実化したと認められる場合に肯定される。実行行為の危険性は、行為時に客観的に存在した全事情を基礎に判断する。
【P男の当てはめ】
　人を殴打する行為から人の焼死という結果が生じることは相当とはいえないから、Xの殴打行為とAの死亡との間に因果関係は認められない。
【Q助の当てはめ】
　Xの殴打行為の危険性はAの死亡という結果へと現実化したとは認められないから、Xの殴打行為とAの死亡との間に因果関係は認められない。
【R子の当てはめ】
　Xの殴打行為には頭蓋内出血の傷害によりAを死亡させる危険性があったが、この危険性は、火災によるAの焼死という結果へと現実化したとは認められない。よって、Xの殴打行為とAの死亡との間に因果関係は認められない。

【設問4】は、平成21年新司法試験短答式試験の問題の一部を抜粋し、少し手を加えたものである。【規範】は、危険の現実化の見解に基づくものである。しかし、【P男の当てはめ】は、別の学説（相当因果関係説）に対応する当てはめであり、ここで立てた規範と対応していないので、当てはめとしては不合格である。また、【Q助の当てはめ】も、実行行為の危険性と結果の内容が具体的に認定されておらず、危険の現実化が認められない理由が明らかにされていない点で不十分である。これに対し、【R子の当てはめ】は、立てた規範とぴったり対応しており、かつ、実行行為の危険性と結果の内容が具体的に認定されている点で、良い見本である。

　b　事実の摘示

当てはめにおいては、司法試験でも求められているように、具体的な事実を摘示する必要がある。**事実の摘示**とは、当てはめに必要な事実を（必要があれば要約し、あるいは、どのような意味があるかを明らかにした上で）抽出して示すこと、しかも、それらの事実がそれぞれどの規範・要素に対応するかを明確にして示すことである。問題文にある事実をそのままダラダラと羅列することではないのである。

【設問5】
　Xは、Aの腹部を右手の拳で1回殴打し、さらに、腹部の痛みでしゃがみ込んだAの髪の毛をつかんだ上、その顔面を右膝で3回、立て続けに蹴った。これにより、Aは、前歯を2本折るとともに口の中から出血し、加療約1カ月間を要する上顎左側中切歯・側切歯歯牙破折および顔面打撲等のけがをした。Xの罪責を明らかにしなさい。

【P男の解答】
　Xは、Aの腹部を右手の拳で1回殴打し、さらに、腹部の痛みでしゃがみ込んだAの髪の毛をつかんだ上、その顔面を右膝で3回、立て続けに蹴り、これにより、Aは、前歯を2本折るとともに口の中から出血し、加療約1カ月間を要する上顎左側中切歯・側切歯歯牙破折および顔面打撲等のけがをしたのであるから、Xに傷害罪が成立する。

【Q助の解答】
　XがAの腹部を手拳で殴打し、その顔面を蹴った行為は、Aの身体に対する不法な有形力の行使であり、「暴行」に当たる。そして、これにより、Aは加療約1カ月間を要する上顎左側中切歯・側切歯歯牙破折等のけがを負っており、これはAの生理的機能の障害、すなわち「傷害」に当たるから、Xに傷害罪が成立する。

【設問5】は、平成23年新司法試験論文式試験の問題の一部を抜粋し、若

干手を加えたものである。【P男の解答】は、傷害罪が成立するという結論は正しいが、事例中の事実をほとんどそのまま貼りつけただけであり、どの事実が傷害罪のどの構成要件要素に当たるかを明示していない。これでは、事実の摘示としては不十分である。これに対し、【Q助の解答】は、①「Aの腹部を手拳で殴打し、その顔面を蹴った行為は、Aの身体に対する不法な有形力の行使であり、『暴行』に当たる」の部分において、事例中の「Aの腹部を右手の拳で1回殴打し、さらに、腹部の痛みでしゃがみ込んだAの髪の毛をつかんだ上、その顔面を右膝で3回、立て続けに蹴った」という事実が「暴行」、つまり傷害罪の実行行為に当たること、および暴行の故意が認められることを示し、②「Aは加療約1カ月間を要する上顎左側中切歯・側切歯歯牙破折等のけがを負っており、これはAの生理的機能の障害、すなわち『傷害』に当たる」の部分では、事例中の「Aは、前歯を2本折るとともに口の中から出血し、加療約1カ月間を要する上顎左側中切歯・側切歯歯牙破折および顔面打撲等のけがをした」という事実が傷害罪の結果である「傷害」に当たることを示し、そして、③「これにより」という部分で、暴行と傷害との間に因果関係があることを示している。このように、【Q助の解答】は、どの事実が傷害罪のどの構成要件要素に当たるかを明示しており、好ましい例といえる。

　　c　メリハリをつける

　当てはめも、重要度の高い論点についての当てはめは手厚く、重要度の低い論点についての当てはめは軽く扱う（あるいは規範定立と分けずに一緒に済ませてしまう、カットしてしまう）というようにメリハリをつける必要がある。

　例えば、平成23年新司法試験論文式試験の問題文には、【設問5】に相当する部分が含まれているが、問題文全体を見ると、他に重要な論点が複数含まれており、【設問5】の部分の重要度は低い。したがって、この部分については、例えば【Q助の解答】のように、簡潔に論じておけば十分である（あるいは、もっと簡潔に、「Xは、Aの顔面を蹴るなどの『暴行』を加え、これによりAに加療約1カ月間を要する上顎左側中切歯・側切歯歯牙破折等の『傷害』を負わせたので、Xに傷害罪が成立する」という程度でよいかもしれない）。

4　事例問題を解けるようになるには

(1)　教科書の熟読

　事案分析、規範定立、当てはめができるようになるためには、刑法総論・各論についての基本的知識・体系的理解が必要である。これを身につけるための王道は、六法片手に**条文**を確認しながら、刑法の**教科書**（基本書）を読み込むことである。

　大学レベルの専門の教科書、例えば数学や医学の教科書は難しい。刑法の教科書も大学の専門分野の教科書であるから、やはり難しい。大事なことは、以下に述べる**ポイントを押さえながら繰り返し読む**ことである。そうすれば、やがて刑法のイメージができあがり、体系的理解が深まるとともに、個々の記述についての理解も深まっていくはずである。

ア　基本事項の正確な理解・記憶

　数学をマスターするためには、最初に、数学の記号や公式の意味を理解し、これを正確に覚えなければならない。刑法の勉強も同じであり、まずやるべきことは、刑法の基本事項（基本概念、犯罪・阻却事由の要件など）を正確に理解し覚えることである。基本事項を正確に理解し、使える知識として定着させるためには、具体的な事例、それも典型的な事例を用いて具体的に考えるとよいであろう（本書の本文中にある具体例や【事例】のいくつかは、典型例として活用できるであろう）。

　その際に特に意識してほしいのは、「基本」事項を「正確」に「理解」するということである。曖昧な知識はいくらあっても使えない。「不正確な100の知識より正確な10の基本知識」。このような意識で教科書を繰り返し読むことである。

　また、知識は体系的に（相互に関連づけながら）身につけないと使い物にならない。知識の体系的な理解・定着を心がけてほしい。

イ　論点について自分の頭で考える

　さらに、基本的な論点について、なぜそれが論点になるのか（問題の所在）を意識しながら、そのあるべき解決について自分の頭で考え抜くことが大切である。お手本は、論点についての判例・学説である。ただし、それらはあくまでお手本である。丸暗記しても意味はない。論点との関係で正確に理解し、使える知識として定着させる必要がある。

　以上のことを心がけて教科書を熟読すれば、刑法についての基本的知識・体系的理解は自ずと身につくはずである。

(2) 判例分析

事案分析、事実認定の能力を身につけるためには、**判例分析**が有益である。事案分析、事実認定の最高のお手本は、判例、とりわけ第1審判決である。これを丁寧に読むのである。もちろん、判例の結論だけを覚えても意味はない。結論の前提となっている事案分析と事実認定に注目し、そこから**事案分析や事実認定の方法を具体的に学び取る**ことが大切である。

ただし、教科書に載っているすべての判例について第1審判決を読むのは時間的に無理であろうし、事案分析や事実認定の手法を学び取るという観点からは、すべてを読む必要もない。いくつかサンプルを選んで、それを徹底的に分析するとよいであろう。

(3) 問題演習

事案分析、規範定立、当てはめの作業がしっかりできるようになるには、スポーツと同じように、トレーニングが必要である。トレーニングの素材としては、(新)**司法試験の論文式試験の過去問**が最適である。法務省のウェブサイトに「論文式試験出題の趣旨」や「採点実感等に関する意見」が公表されているので、これと照らし合わせながら過去問を分析し、答案化するとよいであろう。

市販の問題集も活用できる。大塚裕史『ロースクール演習刑法（第2版）』（法学書院、2013年）は、(新)司法試験レベルに合わせた自習可能な演習書であり、解説も充実している。井田良ほか『刑法事例演習教材（第2版）』（有斐閣、2014年）、同ほか編著『事例研究刑事法Ⅰ刑法（第2版）』（日本評論社、2015年）も、お薦めである。

5　司法試験の問題を解いてみよう

【設問6】
以下の事例に基づき、Xの罪責について、具体的な事実を摘示しつつ論じなさい。

X（35歳、男）は、ある夏の日の夜、某市内の繁華街の飲食店にいる友人を迎えに行くため、同繁華街周辺まで車を運転し、車道の左側端に同車を駐車した後、友人との待ち合わせ場所に向かって歩道を歩いていた。

その頃、A（23歳、男）は、酒を飲むため、同繁華街で適当な居酒屋を探しながら歩いていた。Aは、かつて暴走族に所属しており、少年時代から凶暴な性格で知られ、何度か傷害事件を起こして少年院への入退院を繰り返しており、この当時は、地元の暴力団の事務所に出入りしていた。

その日は週末であったため、繁華街に出ている人も多く、歩道上を多くの人が行き交っていたところ、Ｘは、歩道を対向して歩いてきたＡと肩が接触した。しかし、Ａは、謝りもせず、振り返ることもなく歩いていった。Ｘは、一旦はやり過ごしたものの、Ａの態度に腹が立ったので、一言謝らせようと思い、４、５ｍ先まで進んでいたＡを追いかけた上、後ろからＡの肩に手をかけ、「おい。人にぶつかっておいて何も言わないのか。謝れ」と強い口調で言った。Ａは、振り向いてＸの顔をにらみつけながら、「お前、俺を誰だと思ってんだ」などと言ってすごんだ。Ｘは、もともと短気な性格であった上、普段から体を鍛えていて腕力に自信もあり、Ａの態度にひるむこともなかったので、ＸとＡはにらみ合いになった。

　ＸとＡは、歩道上に向かい合って立ちながら、「謝れ」、「そっちこそ謝れ」などと言い合いをしていたが、そのうち、Ｘは、興奮のあまり、Ａの腹部を右手の拳で１回殴打し、さらに、腹部の痛みでしゃがみ込んだＡの髪の毛をつかんだ上、その顔面を右膝で３回、立て続けに蹴った。これにより、Ａは、前歯を２本折るとともに口の中から出血し、加療約１カ月間を要する上顎左側中切歯・側切歯歯牙破折および顔面打撲等のけがをした。

　Ｘは、その直後、全速力で走って逃げ出した。Ａは、「待て。逃げんのか」などと怒鳴りながら、Ｘの５、６ｍ後ろを走って追いかけた。Ａは、多数の通行人が見ている場所でＸからやられたことで面子を潰されたと思って逆上しており、Ｘを痛めつけてやらなければ気持ちがおさまらないと思い、走りながらズボンの後ろポケットに入れていた折り畳み式ナイフ（刃体の長さ約10㎝）を取り出し、ナイフの刃を立てて右手に持った。

　Ｘは、約300ｍ離れた車道上に止めてあった自分の車に乗り込み、運転席ドアの鍵をかけ、車を発進させた。Ｘが車を発進させた場所は、片側３車線のアスファルト舗装された道路であり、Ｘの車の前方には信号機があり、その手前には赤信号のため車が数台止まっていた。

　Ｘは、前方に車が止まっていたので、低速で車を走行させたところ、Ａは、走って同車を追いかけ、運転席側ドアの少し開けられていた窓ガラスの上端部分を左手でつかみ、窓ガラスの開いていた部分から右手に持ったナイフを車内に突っ込み、運転席に座っていたＸの頭部や顔面に向けて何度か突き出しながら、「てめえ、やくざ者なめんな。逃げられると思ってんのか。降りてこい」などと言ってＸに車から降りてこさせようとした。

　Ｘは、信号が変わり前方の車がなくなったことから、しつこく車についてくるＡを何とかして振り切ろうと思い、アクセルを踏んで車の速度を上げた。Ａは、車の速度が上がるにつれて全速力で走り出したが、次第に走っても車に追いつかないようになったため、運転席側ドアの窓ガラスの上端部分と同ドアのドアミラーの部分を両手でつかみ、運転席側ドアの下にあるステップに両足を乗せて車に飛び乗った。その際、Ａは、右手で持っていたナイフを車内の運転席シートとドアの間に落としてしまった。なお、Ｘの車は、四輪駆動の車高が高いタイプのものであった。

Xは、Aがそのような状態にあり、ナイフを車内に落としたことに気づいたものの、Aから逃れるため、「Aが路面に頭などを強く打ちつけられてしまうだろうが、Aを振り落としてしまおう」と思い、アクセルをさらに踏み込んで加速するとともに、ハンドルを左右に急激に切って車を左右に蛇行させ始めた。
　Aは、それでも、開いていた運転席側ドア窓ガラスの上端部分を左手でつかみ、右手の拳で窓ガラスを叩きながら、「てめえ、降りてこい。車を止めろ」などと言っていた。しかし、Xが最初に車を発進させた場所から約250m車が進行した地点（Xが車を加速させるとともに蛇行運転を開始した地点から約200m進行した地点）で、Xが何回目かにハンドルを急激に左に切って左方向に車を進行させた際、Aは、手で自分の体を支えることができなくなり、車から落下して路上に転倒し、頭部を路面に強打した。その際の車の速度は、時速約50kmに達していた。Xは、Aを車から振り落とした後、そのまま逃走した。
　Aは、頭頂部を路面に強打した結果、頭蓋骨骨折および脳挫傷等の大けがを負い、目撃者の通報で臨場した救急車によって病院に搬送され、救命処置を受けて一命を取りとめたものの、意識は回復せず、将来意識を回復する見込みも低いと診断された。

　【設問6】は、平成23年新司法試験論文式試験の問題を一部削除するなどして簡素化したものである。実際の（新）司法試験の問題は、もっと長く、罪責を問われる人物も複数いるのが通例であるが、ここでは、簡素化した【設問6】をサンプルとして用いることにしよう。
　なお、オリジナルの問題は、法務省ウェブサイト（「資格・採用情報」→「司法試験」→「司法試験の実施について」→「平成23年」）に掲載されているので、そちらを参照されたい。また、問題の解説に相当する「論文式試験出題の趣旨」および採点講評に相当する「採点実感等に関する意見」も、同ウェブサイト（「資格・採用情報」→「司法試験」→「司法試験の結果について」→「平成23年」）に掲載されているので、あわせて参照されたい。

(1) 事案分析
ア　検討に値する行為・犯罪の抽出
　まずは、Xの行為のうち、犯罪の成否が問題となりそうなものをピックアップしてみよう。検討に値するものは、2つある。
　1つは、歩道上でAの顔面を蹴るなどして、Aに加療約1カ月間を要する上顎左側中切歯・側切歯歯牙破折等のけがを負わせた行為である（以下、この行為を「第1行為」という）。もっとも、この行為については、傷害罪（204条）が成立することは明らかであろう。よって、第1行為については、どの事実が傷害罪のどの構成要件要素を満たすかを明らかにしつつ、簡潔に

論じておけばよい（この部分は【設問5】に相当するので、【設問5】の説明を参照するとよいであろう）。

　もう1つは、車を加速、蛇行させて、車にしがみついていたAを振り落とし、その頭部を路面に強打させて、Aに頭蓋骨骨折等の大けがを負わせた行為である（以下、この行為を「第2行為」という）。Aは死亡していないが、第2行為は、人を死亡させる現実的危険性のある行為、すなわち殺人罪（199条）の実行行為に当たる可能性があり、結果も、頭蓋骨骨折等の重傷を負って意識回復の見込みもないという重大なものであることから、第2行為については、傷害罪ではなく、殺人未遂罪（203条・199条）の成否が問題となる。これについての検討が【設問6】の中心課題である。この点を見抜き、第2行為を重点的に分析・検討することが大切である。

　なお、第1行為の前に、XとAの肩が接触したり、XがAの肩に手をかけて強い口調で謝罪を求めたりしているが、これらの行為は、第1行為に至る背景事情であって、これらについて犯罪の成否を検討する必要は全くない。犯罪として取り上げる価値のない行為にとらわれないよう注意しよう。

　イ　論点の抽出
　第2行為について、論点を抽出してみよう。
　構成要件該当性の段階においては、殺人未遂罪の成立要件が充足するか、すなわち殺人の実行行為性（論点①）および殺意（殺人の故意）の有無（論点②）について検討する必要がある。実行行為の理解については争いがないので（4講2(2)）、殺人の実行行為性の有無は、事実認定上の論点であると考えてよい。また、殺意についても、故意とは構成要件該当事実の認識（予見）・認容をいうとする判例の見解を前提に（7講）、適切な事実認定ができるかが問われていると考えてよい。

　違法性の段階では、正当防衛（36条1項）（12講・13講）または過剰防衛（36条2項）（13講4）の成否が問題となる（論点③）。Xは、車にしがみついてきたAから逃れるために、第2行為に及んだからである。

　正当防衛の成立要件のうち、まず、急迫不正の侵害の要件については、Aは、Xの車と併走していた時点ではナイフをXに向けて突き出すなどしていたが、車から振り落とされた時点では既にナイフを車内に落としていたことから、それでもなお侵害の急迫性が認められるかが問題となる（論点③-1）。ここでは、Aがナイフを持って車にしがみついてきたことが急迫不正の侵害に当たるという認定を前提に、Aがナイフを車内に落としたことが侵害の急迫性の要件にどのように影響するかを検討する必要がある。

次に、防衛行為について、防衛の意思必要説（判例）に立つかどうかを明らかにし、防衛の意思必要説に立った場合には、防衛の意思の意義を明らかにした上で、Aを車から振り落とすという極めて危険な行為をあえて行ったXに防衛の意思が認められるかを検討する必要がある（論点③-2）。

以上の成立要件が満たされるとした場合、さらに、防衛行為の相当性についても検討する必要がある（論点③-3）。ここでは、相当性の意義、判断方法を明らかにした上で、相当性についての当てはめを丁寧に行う必要がある。

また、正当防衛または過剰防衛の成否の検討にあたり忘れてはならないのが、自招侵害（13講3）についての検討である（論点③-4）。Aがナイフを持ってXの車にしがみついてきたのは、Xの第1行為に触発されたものだからである。自招侵害の問題については、最高裁の判例（最決平20・5・20刑集62巻6号1786頁〈百26、講68、プ198〉）があるので、これに従って検討すればよいであろう。

なお、第1行為について傷害罪、第2行為について殺人未遂罪が成立するとした場合には、両者の罪数関係（27講）にも言及する必要があろう。

(2) 規範定立・当てはめ

第2行為についての規範定立・当てはめの指針は、以下のとおりである。

ア　殺人未遂罪の構成要件該当性（論点①②）

殺人の実行行為性（論点①）については、第2行為が殺人の実行行為、すなわちAを死亡させる現実的危険性のある行為に当たるかを、具体的事実を示しつつ論ずればよい。例えば、㈦車の速度は時速約50kmに達することもあった高速度であったこと、㈑車を何度も激しく蛇行させたこと、㈨激しい蛇行運転を約200mにわたり続けたこと、㈺Aの体勢は車のステップに両足を乗せ、開いていた車のドア窓ガラスの上端部分を手でつかんで車にしがみつくというものであり、高速度の激しい蛇行運転がなされれば車から振り落とされる可能性が十分に認められる体勢であったこと、㈹Xの車は車高が高く、走行していた道路の路面はアスファルト舗装されていた（と考えられる）ことから、Aが高速度のXの車から振り落とされれば、路面で頭部等を強打してAが死亡する危険性が十分に認められること、㈻現に、振り落とされたAは頭蓋骨骨折等の重傷を負って意識回復の見込みもない状態であること、などの事実から、第2行為は、Aを死亡させる現実的危険性の高い行為であったといえ、殺人の実行行為性が認められる、と論じておけばよいであろう。

殺意(殺人の故意)の有無(論点②)については、例えば、殺意を認めるためには第2行為によりAが死亡することをXが認識・認容していたことが必要であるとした上で、Xは、殺人の実行行為性を基礎づける前記(ア)ないし(オ)の事実について認識を有していたと考えられること、それにもかかわらず、あえて「Aを振り落としてしまおう」と思っていたことから、Xには、第2行為によりAが死亡することの認識・認容があったといえ、殺意が認められる、というように論ずればよいであろう。

イ　正当防衛または過剰防衛の成否(論点③)

急迫不正の侵害(論点③-1)については、その意義を明らかにした上で、まず、AがナイフをもってXの車にしがみつき、車内のXに向けてナイフを突き出すなどしたことは、Xの身体に対する急迫不正の侵害に当たることを示し、さらに、Aが車内にナイフを落とした後も、AがXに対して攻撃の気勢を示し続けていることから、なお急迫性は失われていないと認定すべきであろう。

防衛の意思(論点③-2)については、例えば、必要説(判例)に立つこと、およびその意義を明らかにした上で、Xは、Aの前記侵害から逃れる意思で第2行為に及んだと認定して、防衛の意思を肯定すればよいであろう。

防衛行為の相当性(論点③-3)については、例えば、防衛行為の相当性とは、防衛行為が防衛手段として必要最小限度のものであることをいい、その判断は、結果の大小のみにとらわれず、相手方の侵害行為と防衛行為それ自体とを具体的・実質的に比較して行われるべきであるとした上で、Aの侵害行為は、当初はナイフを用いたものであったが、Xが蛇行運転を開始した時点では素手の状態であったこと、これに対し、Xの第2行為は、既に述べたように、Aを死亡させる現実的危険性の高い行為であったこと、また、Xとしては、より低速で走行し、Aが転落することのないよう蛇行運転を控え、より安全な場所に移動して他人に助けを求めるなど、Aの生命・身体等の安全に配慮した行動をとることが十分可能であったと認められることからすると、第2行為は、防衛手段として必要最小限度のものであるとはいえず、防衛行為の相当性を欠くというべきである、というように論ずればよいであろう。このように論じた場合、正当防衛の成立は否定され、過剰防衛の可能性が残ることになる。

自招侵害の点(論点③-4)については、最高裁の前記判例の規範、すなわち、①違法な行為によって侵害を招致し、②侵害が侵害招致行為と緩やかな均衡を保っている場合には、反撃行為に出ることが正当とされる状況にお

ける行為とはいえない、という規範に従って検討すると、例えば、次のようになろう。まず、①Aの侵害がXの違法な第1行為に触発されたものであることは明らかである。また、第1行為とAの侵害との場所的間隔は300m以上あるが、その間AがXを追い続けていたことを考慮すると、なお時間的・場所的近接性を肯定することができるであろう。よって、Xは、違法な第1行為によりAの侵害を自ら招いたものといえる。これに対し、時間的・場所的近接性を否定したならば、自招侵害を理由とする正当防衛または過剰防衛の制限は認められず、少なくとも過剰防衛は成立することになる。①を肯定した場合、次に問題となるのは、②第1行為とAの侵害との均衡である。ここで、Aの侵害は、ナイフを使用してのものであるが、車の外から車内にいるXに向けられたものであったこと、Xの第1行為は、素手によるものとはいえ、加療約1カ月間を要する重い傷害を生じさせるものであったことからすると、Aの侵害は、第1行為の程度を大きく超えるものであるとはいえず、両者の間に緩やかな均衡が保たれていると認定すれば、Xの第2行為は、Xにおいて何らかの反撃行為に出ることが正当とされる状況における行為とはいえず、正当防衛はもちろん、過剰防衛も成立しない、ということになる。このように当てはめをした場合には、実は、急迫性以下の要件を個別に検討する必要はないことになる（13講3(4)参照）。これに対し、Aの侵害は、第1行為の程度を大きく超えるものであったと認定すれば、少なくとも過剰防衛は成立することになろう。いずれにせよ、本論点については、特に、第1行為とAの侵害との時間的・場所的近接性の検討や、両者の侵害の程度の比較がポイントとなろう。

　ウ　結　論

　以上の検討によれば、第2行為については殺人未遂罪が成立する、ということになる。なお、罪数関係については、第1行為による傷害罪は第2行為による殺人未遂罪に吸収され、包括一罪になると解することができよう。

●事項索引●

【あ 行】

当てはめの錯誤……………………239
安楽死・尊厳死……………………164
意思
　──支配可能性…………………25
　──説………………………………97
　──を抑圧された者の利用……311
一故意犯説…………………………111
一罪…………………………………412
一事不再理効………………………413
一部行為全部責任の原則…………319
一身の処罰阻却事由…………………40
一般予防論……………………………11
一方的な利用・支配関係…………309
意図的自招（挑発）事例…………198
違法…………………………………26
　──・責任減少説………………201
　──・有責類型説…………………30
　──減少説………………………200
　──と責任の峻別…………………28
　──の相対性………………155,344,407
　──は連帯的に、責任は個別的に
　　　………………………345,346,407
　──身分…………………………363
　──類型説…………………………30
違法性………………………………150
　──推定機能……………………30,47
　──阻却事由…………………34,152
　──阻却事由説…………………207
　──の意識………………………234
　──の意識の可能性………………38
　──の意識の可能性必要説……236
違法性の錯誤（法律の錯誤）…94,102
　──の錯誤説……………………243
　──の錯誤の回避可能性………238
意味の認識……………………………96
因果関係………………………………52,57
　──の機能…………………………66

　──の錯誤………………………103,113
　──の断絶…………………………66
　──の中断…………………………66
因果経過の相当性……………………71
因果的共犯論…………………306,344
インフォームド・コンセント……159
陰謀…………………………………251
ウェーバーの概括的故意…………117
営業犯………………………………421
応報刑論……………………………10
横領物の横領………………………423
遅すぎた構成要件の実現…………116
恩赦…………………………………452

【か 行】

概括的故意……………………………99
外国判決の効力……………………466
介在事情の結果への寄与度………78
蓋然性説………………………………98
確信犯………………………………236
覚せい剤注射事件……………………89
拡張解釈………………………………22
拡張的正犯概念……………………301
確定的故意……………………………99
科刑上一罪…………………………425
加減的身分…………………………360
過失……………………………………54,131
　──行為者の利用………………313
　──と共犯………………………386
　──による教唆…………………349
　──による共犯…………………386
　──による幇助…………………354
　──の競合………………………145,335
過失犯………………………………131
　──に対する教唆………………347
　──に対する共犯………………387
　──に対する幇助………………351
　──の共同正犯…………………331
加重単一刑主義……………………433

過剰避難……………………………212
過剰防衛……………………………200
かすがい現象………………………430
仮定的因果経過……………………61
可罰的違法性…………………26,155
仮釈放………………………………451
仮出場………………………………451
科料…………………………………437
過料…………………………………438
軽い犯罪の故意しかない者の利用………313
間接教唆……………………………349
間接正犯……………………………307
　──と共犯との間の錯誤………385
　──の実行の着手………………262
　──の実行の着手時期…………385
　──の本質………………………309
　──否定説………………………308
　──類似説………………………226
間接的危険実現類型………………78
間接幇助……………………………355
監督過失……………………………146
観念的競合……………………113,425
管理過失……………………………146
危険
　──の現実化……………………90
　──の現実化説…………………73
　──犯……………………………49
　──引受け………………………165
旗国主義……………………………463
記述的構成要件要素………………54
　──の認識………………………93
期待可能性……………………39,221
期待説………………………………61
危難…………………………………209
規範的構成要件要素………………54
　──の認識………………………96
規範的障害…………………………309
規範的条件関係説…………………64
客体の錯誤…………………………102
客体の不能…………………………272
客観主義……………………………9
客観説………………………………294
客観的

　──危険説………………………275
　──帰責（帰属）………………58
　──構成要件要素の認識………92
　──処罰条件……………………39
　──相当因果関係説（客観説）………69
　──注意義務……………………141
　──未遂論……………………253,270
吸収一罪……………………………422
急迫性………………………………171
狭義の
　──共犯…………………………303
　──誤想過剰防衛………………245
　──誤想防衛……………………242
　──相当性………………………71
　──包括一罪……………………419
教唆犯………………………………346
　──の幇助………………………355
行政刑法……………………………3
行政犯………………………………236
共同義務の共同違反……………332,334
共同
　──教唆…………………………347
　──正犯…………………………319
　──正犯と量的過剰防衛………404
　──正犯の本質…………………377
　──幇助…………………………351
共罰的
　──事後行為…………………51,423
　──事前行為……………………422
共犯
　──関係からの離脱……………397
　──関係の解消…………………397
　──形式相互間の錯誤…………384
　──従属性………………………338
　──と違法性阻却………………406
　──と身分………………………358
　──の因果性………306,324,375,384
　──の過剰………………………372
　──の罪数………………………415
　──の錯誤………………………372
　──の処罰根拠…………………343
　──の中止犯……………………402
共謀…………………………………322

――共同正犯	321, 326
――の射程	383, 406
業務上の過失	131
強要による緊急避難	214
挙動犯（単純行為犯）	49, 57
緊急救助	185
緊急行為	35, 167
緊急状況性	173
緊急避難	205
――の法的性質	206
――の本質	168
禁錮	437
偶然防衛	187
具体的	
――危険説	273
――危険犯	49
――事実の錯誤	102, 114
――符合説	106
――法定符合説	108
――予見可能性	138
クロロホルム事件	264
経験的通常性	67
形式的	
――違法性	150
――客観説	253
――二分説	213
刑事政策説	284
刑種	440
継続犯	50
刑の	
――言渡し	445
――一部執行猶予	450
――軽重	441
――時効	453
――執行	446
――執行猶予	447
――消滅	452, 453
――全部執行猶予	448
――適用	440
――廃止	460
――変更	457
――免除	445
――量定（量刑）	444
刑罰権	412
刑罰法規の適正性	18
刑法	2
――典	2
――の機能	4
――の謙抑性	8
結果	48
――回避可能性	140
――回避義務違反	140
――行為	225
――行為説	227
――的加重犯	49, 58, 92
――的加重犯の教唆犯	349
――的加重犯の共同正犯	336
――的加重犯の幇助犯	354
――犯	49, 57
――無価値論	27, 151, 180
原因	
――行為	225
――行為説	225
――において違法な行為の理論	198
――において自由な行為	224
厳格故意説	236
厳格責任説	243
喧嘩と正当防衛	199
現在	209
現在の危難	209
限時法	461
限縮的正犯概念	301
限定主観説	295
限定責任能力	222
現場共謀	323
謙抑性の原則	28
権利濫用説	198
牽連犯	428
故意	54, 91
――・過失	220
――ある幇助的道具	314
――ある幇助的道具の利用	314
――規制機能	30, 47
――の個数	111
――の提訴機能	121
――犯処罰の原則	91

——論	105
行為	25, 52
——規範	4, 27
——規範説	68
——客体	48
——状況	54
——責任論	222
——態様の共通性	124
——と責任の同時存在の原則	221
——の一体性評価	202
——の相当性	71
——無価値論	27, 151, 178
広義の共犯	303
広義の相当性	71
攻撃的緊急避難	205
口実防衛	188
構成的身分	360
構成要件	29, 46
——該当性	29, 33
——的故意	91
——的行為	52
——的符合説	122
——と違法性の関係	30
——と有責性の関係	30
——の重なり合い	123
——の理論	30
——標準説	413
広範性	19
拘留	437
勾留	437
国外犯	462
国内犯	462
誤想過剰防衛	245
誤想防衛	241
異なる関与形式間の錯誤	384
個別化説	263
混合的包括一罪	424
コンディツィオ公式	59

【さ 行】

再間接教唆	349
再間接幇助	355

罪刑の均衡	18
罪刑法定主義（の原則）	8, 13, 32
——機能	30, 47
最広義の共犯	304
財産刑	437
罪質符合説	125
裁判規範	5, 27
——説	70
罪名従属性	343
作為可能性・容易性	88
作為義務	82
作為犯	52
錯誤	93
——論	101, 105
猿払事件	16
時間的適用範囲	456
自救行為	158, 169
死刑	436
事項的適用範囲	467
事後の併合罪	432
事後判断説	191
自己保全の利益	170
事実的因果関係	59
事実の錯誤	94, 101
——説	242
自首	443
自手犯	308
自招危難	212
自招侵害	196
事前共謀	323
事前判断説	191
実行	
——共同正犯	320
——行為	52
——従属性	339
——の着手	250, 252
——未遂	287
実質的	
——違法性	150
——客観説	253
——二分説	213
実体的デュー・プロセス	18
質的過剰	201

社会的責任論	219	素人仲間の平行的評価	97

社会的相当性
　——原理 171
　——説 35, 152, 160
シャクティ事件 86
酌量減軽 443
重過失 131
自由刑 436
集合犯 301, 421
修正された客観的危険説 276
集団犯 301
自由保障機能 4
主観
　——主義 9
　——説（純主観説）（不能犯） 270
　——説（中止犯） 293
　——的違法要素 54, 153
　——的危険説（抽象的危険説） 270
　——的帰責（帰属） 58
　——的正当化要素 154
　——的注意義務 141
　——的未遂論 252
主刑 436
種の認識 96
首服 443
順次共謀 323
障害未遂 282
承継的
　——共同正犯 390
　——共犯 389
　——幇助犯 351, 397
条件
　——関係 59
　——関係の公式 59
　——説 65
　——つき故意 100
常習犯 421
状態犯 50
承諾能力 161
処断刑 440
処罰根拠 26
自力救済の禁止 167
　——の例外 173

侵害
　——原理 5
　——の急迫性 171
　——の終了時期 174
　——の不正性 177
　——の予期 174
　——犯 49
人格責任論 222
真摯な努力 289
心神喪失・心神耗弱 223
真正不作為犯 79
真正身分犯 360
人的適用範囲 466
信頼の原則 142
推定的承諾 163
数故意犯説 111
数罪 412
制御能力 223
制限故意説 237
精神的幇助犯 350
精神の障害 223
正当
　——化事由 34, 152
　——化事由の錯誤 233, 241
　——業務行為 157
　——行為 35, 156
　——防衛 167
　——防衛行為者の利用 316
　——防衛の制度趣旨 173
　——防衛の本質 168
正犯なき共犯 315
世界主義 465
責任
　——故意 38
　——故意総説 233
　——主義（の原則） 7, 32, 109, 219
　——説 237
　——阻却事由 36
　——阻却事由説 207
　——能力 37, 222
　——身分 363
　——無能力 222

積極的加害意思……………………175
接続犯………………………………420
絶対的応報刑論……………………10
絶対的不定期刑……………………18
折衷的相当因果関係説……………68
是非弁別能力のない者の利用……310
前科…………………………………454
先行行為……………………………83
宣告刑………………………………440
専断的治療行為……………………159
全面肯定説…………………………213
相対的応報刑論……………………11
相当因果関係説……………………66
　──の危機………………………71
相当性判断の方法…………………193
遡及処罰の禁止……………17, 456
属人主義……………………………463
促進的因果関係……………………353
即成犯………………………………50
属地主義……………………………462

【た　行】

対向犯………………………………301
対物防衛……………………………178
択一
　──関係…………………………418
　──的競合………………………62
　──的故意………………………99
打撃の錯誤…………………………102
多衆犯………………………………301
だまされたふり作戦………………279
段階的過失…………………………144
単純一罪……………………………416
単純数罪……………………………431
着手未遂……………………………287
注意義務……………………………132
中止
　──行為…………………………286
　──犯……………………………281
　──未遂…………………………281
抽象的
　──危険犯………………………49

　──事実の錯誤………102, 117, 119
　──事実の錯誤の3類型…………125
　──符合説………………………120
　──法定符合説…………………108
懲役…………………………………437
鳥獣捕獲事件………………………23
重畳的因果関係……………………63
直接正犯……………………………307
直接的危険実現類型………………78
治療行為……………………………158
追徴…………………………………439
付け加え禁止説……………………60
罪を犯す意思………………………91
適法行為者の利用…………………316
同一関与形式内（共同正犯内、教唆犯内、幇
　助犯内）の錯誤…………………372
動機説………………………………98
道義的責任論………………………219
道具理論……………………………309
同時
　──傷害の特例…………………394
　──審判の可能性………………431
　──的併合罪……………………431
　──非難の可能性………………431
到達時説……………………………262
徳島市公安条例事件………………19
特殊詐欺……………………260, 279
特定委任……………………………16
特別関係……………………………417
特別刑法……………………………3
特別予防論…………………………11

【な　行】

二重
　──起訴の禁止…………………413
　──の故意………………………227
　──の誤想防衛…………………245
日常取引行為による幇助…………355
二分説………………………………207
任意
　──性……………………………292
　──的共犯………………………301

——的減免	200
認識ある過失	97
認識説	97
認容説	98
練馬事件判決	323, 327

【は 行】

排他的支配	83
場所的適用範囲	461
罰金	437
発送時説	261
早すぎた構成要件の実現	263
反撃行為	180
犯罪	24
——個別化機能	30, 47
——地	462
——論	24
——論体系	31
反対給付の錯誤	162
判断基底	68
判例の遡及適用	457
被害者自身の行為の利用	311
被害者の承諾（同意）	159
必要最小限の手段	194
必要的共犯	301
非難可能性	28
避難行為の相当性	211
避難の意思	210
火鉢事件	87
被利用者標準説	263
付加刑	436
不可罰的事後行為	51
——と共罰的事後行為	424
福岡県青少年保護育成条例事件	20
複合的身分犯	364
不作為	
——と共犯	367
——による共犯	370
——の因果関係	89
——の共同正犯	337
——犯	52, 79
——犯に対する教唆	347

——犯に対する共犯	371
——犯に対する幇助	351
不真正不作為犯	79
不真正身分犯	360
不正性	177
物理的幇助犯	350
不能犯	269
併科主義	431
併合罪	431
併合説	285
併発事実	110
弁識能力	223
片面的	
——教唆	347
——共同正犯	337
——幇助	351
防衛	
——行為と第三者	180, 242
——行為の誤想	244
——行為の相当性	191
——するための行為	185
——の意思	154, 187
法益	
——関係的錯誤	161
——均衡の原則	206
——欠如原理	170
——欠如説	160
——の均衡	211
——保護機能	4
——保護主義	7
——保護主義の原則	32
法確証の利益	171
包括一罪	418
包括的国外犯処罰規定	465
防御的緊急避難	205
法条競合	416
幇助犯	350
——の因果関係	352
——の教唆	350
法定刑	440
法定的符合説	105, 122
法的因果関係	66
法の不知	239

方法の錯誤·················102
方法の不能·················272
法律主義···················15
法律説····················284
法律の錯誤（違法性の錯誤）·······94, 102
法令行為···················156
保護観察···················449
保護主義···················464
保護の引受け················83
保護法益の共通性·············124
補充関係···················417
補充性（補充の原則）···········210
保障人的地位················82
没収······················438
（本来的）一罪···············414

【ま 行】

未遂······················250
　——の教唆················348
　——の幇助················354
　——犯···················250
　——犯の処罰根拠············252
未必の故意················97, 100
身分······················358
　——なき故意ある者の利用······315
　——犯··················53, 358
無過失行為者の利用··········307, 313
明確性·····················18
免責事由···················36
目的刑論···················10

目的なき故意ある者の利用·······316

【や 行】

やむを得ずにした行為··········190
優越的利益
　——原理··················170
　——説·················35, 152
有責······················27
要素従属性·················340
予見可能性·················137
予備······················250
　——罪···················251
　——罪・陰謀罪の教唆·········347
　——罪・陰謀罪の幇助·········351
　——罪の共同正犯············337
　——の中止················283

【ら 行】

離隔犯····················261
量刑（刑の量定）·············444
利用者標準説················263
量的過剰···················201
類推の禁止··················21
類の認識···················96
累犯······················442
連続犯····················420
労役場留置·················438
労働争議行為················158
論理的結合説················64

● 判例索引 ●

【明　治】

大判明36・5・21刑録9輯874頁 …………22
大判明36・12・21刑録9輯1905頁 ………260
大判明41・4・14刑録14輯391頁 …………337
大判明41・5・18刑録14輯539頁 …………347
大判明42・3・25刑録15輯328頁 …………444
大判明42・7・27刑録15輯1048頁 ………429
大判明42・11・1刑録15輯1498頁 ………459
大判明43・4・25刑録16輯739頁 …………422
大判明43・10・11刑録16輯1620頁 ………155
大判明43・11・24刑録16輯2118頁 ………459
大判明44・3・16刑録17輯380頁 …………332
大判明44・6・16刑録17輯1202頁 ………462
大判明44・9・25刑録17輯1560頁 ………432
大判明44・10・9刑録17輯1652頁 ………366
大判明44・11・16刑録17輯1989頁 ………429

【大　正】

大判大2・1・31刑録19輯151頁 …………459
大判大2・7・9刑録19輯771頁 ……………353
大判大2・11・18刑録19輯1212頁 ………293
大判大3・3・10刑録20輯266頁 …………367
大判大3・5・18刑録20輯932頁 …………367
大判大3・7・24刑録20輯1546頁 …………278
大判大4・2・10刑録21輯90頁 ……………87
大判大6・2・26刑録23輯134頁 …………429
大判大6・5・25刑録23輯519頁 …………350
大判大6・9・10刑録23輯999頁 …………278
大判大7・11・16刑録24輯1352頁 …262, 263
大判大7・12・18刑録24輯1558頁 ……87, 88
大判大10・5・7刑録27輯257頁 …………317
大判大11・2・25刑集1巻79頁 ……………337
大判大11・3・1刑集1巻99頁 ……………349
大判大11・4・18刑集1巻233頁 …………327
大判大12・4・30刑集2巻378頁 ……75, 117
大判大13・4・25刑集3巻364頁 …………94
大判大13・12・12刑集3巻867頁 …………213

大判大14・1・22刑集3巻921頁 …………351
大判大14・6・9刑集4巻378頁 ……………94
大判大15・10・25裁判拾遺(1)87頁…………87

【昭　和】

大判昭3・3・9刑集7巻172頁 ……………371
大判昭3・6・19新聞2891号14頁 ………191
大判昭4・9・17刑集8巻446頁 …………292
大判昭5・12・12刑集9巻893頁 …………429
大判昭7・5・12刑集11巻621頁 …………429
大判昭7・5・25刑集11巻680頁 …………429
大判昭7・6・6刑集11巻756頁 …………443
大判昭7・6・15刑集11巻859頁 …………260
大判昭7・9・13刑集11巻1238頁 ………448
大判昭8・6・29刑集12巻1001頁 ………244
大判昭8・11・21刑集12巻2072頁 …39, 221
大判昭9・2・2刑集13巻41頁 ……………429
大判昭9・8・27刑集13巻1086頁 ………161
大判昭9・9・28刑集13巻1230頁 ………241
大判昭9・9・29刑集13巻1245頁 ………346
大判昭9・10・19刑集13巻1473頁 ………257
大判昭9・11・20刑集13巻1514頁 ………366
大判昭10・10・24刑集14巻1267頁 ……351
大判昭11・5・28刑集15巻715頁 ………327
大判昭12・6・25刑集16巻998頁 ………289
大判昭12・9・21刑集16巻1303頁 ………296
大判昭12・11・6裁判例(11)刑87頁 ……211
大判昭13・3・11刑集17巻237頁 …………88
大判昭13・11・18刑集17巻839頁 ………395
大判昭13・12・23刑集17巻980頁 ………420
大判昭15・8・22刑集19巻540頁 …………23
最判昭23・3・16刑集2巻3号220頁 ……331
最判昭23・3・16刑集2巻3号227頁
　　　　　　　　　　　　　　…………98, 100
最判昭23・4・17刑集2巻4号399頁 ……256
最判昭23・5・1刑集2巻5号435頁 ……380
最判昭23・5・8刑集2巻5号478頁 ……336
最判昭23・6・22刑集2巻7号694頁 ……460
最判昭23・10・23刑集2巻11号1386頁 …347

最判昭24・3・29裁判集刑 8 号455頁 ……… 442
最判昭24・4・5 刑集 3 巻 4 号421頁 …… 245
最判昭24・5・14刑集 3 巻 6 号721頁 …… 443
最判昭24・7・9 刑集 3 巻 8 号1174頁 …… 296
最判昭24・7・12刑集 3 巻 8 号1237頁 …… 429
最判昭24・7・23刑集 3 巻 8 号1373頁 …… 421
最判昭24・8・18刑集 3 巻 9 号1465頁 …… 186
最判昭24・11・22裁判集刑14号805頁 …… 429
東京高判昭24・12・10高刑集 2 巻 3 号292頁
　……………………………………………… 256
最判昭24・12・17刑集 3 巻12号2028頁 …… 403
最大判昭24・12・21刑集 3 巻12号2048頁 … 429
最判昭25・7・6 刑集 4 巻 7 号1178頁 …… 315
最判昭25・7・11刑集 4 巻 7 号1261頁 …… 376
東京高判昭25・9・14高刑集 3 巻 3 号407頁
　……………………………………………… 399
名古屋高判昭25・11・14高刑集 3 巻 4 号748頁
　……………………………………………… 257
最大判昭26・1・17刑集 5 巻 1 号20頁 …… 231
最判昭26・3・27刑集 5 巻 4 号686頁 …… 336
最判昭26・4・10刑集 5 巻 5 号825頁 …… 421
最判昭26・12・6 刑集 5 巻13号2485頁 …… 346
最決昭27・2・21刑集 6 巻 2 号275頁 …… 161
最判昭27・9・19刑集 6 巻 8 号1083頁 …… 359
最決昭27・9・25刑集 6 巻 8 号1093頁 …… 458
最大判昭27・12・24刑集 6 巻11号1346頁 … 16
最判昭27・12・25刑集 6 巻12号1442頁 …… 460
最判昭28・1・23刑集 7 巻 1 号30頁 …… 332
高松高判昭28・1・31判特36号 3 頁 ……… 257
高松高判昭28・2・25高刑集 6 巻 4 号417頁
　……………………………………………… 257
最大判昭28・6・17刑集 7 巻 6 号1289頁 … 422
東京高判昭28・6・26高刑集 6 巻10号1274頁
　……………………………………………… 459
札幌高判昭28・6・30高刑集 6 巻 7 号859頁
　……………………………………………… 395
福岡高判昭28・11・10判特26号58頁 ……… 279
最大判昭29・1・20刑集 8 巻 1 号41頁 …… 283
最判昭29・3・2 裁判集刑93号59頁 …… 371
最決昭29・5・6 刑集 8 巻 5 号634頁 …… 257
最決昭29・5・27刑集 8 巻 5 号741頁
　………………………………………… 429,430
東京高判昭29・6・16高刑集 7 巻 7 号1053頁

　……………………………………………… 278
広島高判昭29・6・30判時33号23頁 ……… 312
最判昭30・11・11刑集 9 巻12号2438頁 …… 158
最判昭31・5・24刑集10巻 5 号734頁 …… 361
最判昭31・6・26刑集10巻 6 号874頁 …… 423
最大判昭32・3・13刑集11巻 3 号997頁 …… 97
広島高判昭32・7・20裁特 4 巻追録696頁
　……………………………………………… 335
最決昭32・9・10刑集11巻 9 号2202頁 …… 296
最大判昭32・10・9 刑集11巻10号2497頁 … 460
最判昭32・11・19刑集11巻12号3073頁 …… 365
最大判昭32・11・27刑集11巻12号3113頁 … 53
浦和地判昭33・3・28判時146号33頁 …… 395
最大判昭33・5・28刑集12巻 8 号1718頁
　……………………………………… 323,327,328
最判昭33・7・10刑集12巻11号2471頁 …… 221
最判昭33・9・9 刑集12巻13号2882頁 … 87,88
最判昭33・11・21刑集12巻15号3519頁 …… 162
最判昭34・2・5 刑集13巻 1 号 1 頁 …… 202
東京高判昭34・7・2 判タ94号44頁 …… 260
東京高判昭34・12・2 東高刑時報10巻12号
　435頁 ……………………………………… 395
最大判昭35・1・27刑集14巻 1 号33頁 …… 18
最判昭35・2・4 刑集14巻 1 号61頁 … 209,211
広島高判昭35・6・9 判時236号34頁 …… 244
最決昭35・10・18刑集14巻12号1559頁 …… 279
盛岡地一関支判昭36・3・15判時254号35頁
　……………………………………………… 245
広島高判昭36・7・10判時269号17頁 …… 278
東京地昭37・3・17判時298号32頁 …… 290
最判昭37・3・23刑集16巻 3 号305頁 …… 279
最判昭37・4・4 刑集16巻 4 号345頁 … 460
東京高判昭37・4・24高刑集15巻 4 号210頁
　……………………………………………… 278
最大判昭37・5・30刑集16巻 5 号577頁 …… 17
横浜地判昭37・5・30下刑集 4 巻 5 ＝ 6 号
　499頁 ……………………………………… 85
最決昭37・11・8 刑集16巻11号1522頁 …… 337
名古屋高判昭37・12・22判時324号11頁 … 165
名古屋高判昭38・12・5 下刑集 5 巻11＝12号
　1080頁 …………………………………… 395
東京高判昭39・8・5 判タ166号145頁 …… 296
福岡地判昭40・2・24下刑集 7 巻 2 号227頁

判例索引　497

……………………………395
最決昭40・3・9刑集19巻2号69頁………256
札幌高判昭40・3・20判時423号55頁……144
最判昭40・3・26刑集19巻2号83頁………54
最決昭40・3・30刑集19巻2号125頁……366
秋田地判昭40・3・31下刑集7巻3号536頁
……………………………334
大阪高判昭40・6・7下刑集7巻6号1166頁
……………………………161
東京高判昭40・6・7東高刑時報16巻6号
49頁………………………323
東京地判昭40・9・30判時429号13頁…84,85
宇都宮地判昭40・12・9判時437号62頁…262
高松高判昭41・3・31判時447号3頁……137
最判昭41・6・14刑集20巻5号449頁……142
最大判昭41・10・26刑集20巻8号901頁…156
最判昭41・12・20刑集20巻10号1212頁…142
最判昭42・3・7刑集21巻2号417頁……360
最決昭42・8・28刑集21巻7号863頁……429
最判昭42・10・13刑集21巻8号1097頁…143
最決昭42・10・24刑集21巻8号1116頁…65,77
最決昭43・2・27刑集22巻2号67頁……232
大阪高判昭43・3・12判時531号86頁…459
最判昭43・9・17刑集22巻9号853頁……429
最判昭43・12・24刑集22巻13号1625頁…303
最決昭44・7・17刑集23巻8号1061頁…355
東京高判昭44・9・17判時571号19頁…241
大阪高判昭44・10・17判タ244号290頁…290
最決昭44・11・11刑集23巻11号1471頁……317
最判昭44・12・4刑集23巻12号1573頁
……………………………191,193
最判昭45・1・29刑集24巻1号1頁……154
大阪高判昭45・5・1判タ249号223頁…210
最決昭45・7・28刑集24巻7号585頁…259
東京高判昭45・9・8判タ259号306頁…258
東京高判昭46・3・4判265号220頁…86
福岡地久留米支判昭46・3・8判タ264号
403頁………………………87
最判昭46・6・17刑集25巻4号567頁…74,78
最判昭46・11・16刑集25巻8号996頁
……………………………171,189
最大判昭49・5・29刑集28巻4号114頁……425
最大判昭49・5・29刑集28巻4号151頁

……………………………426,427
最大判昭49・11・6刑集28巻9号393頁
……………………………16,18
名古屋高判昭50・7・1判時806号108頁…395
最大判昭50・9・10刑集29巻8号489頁……19
最判昭50・11・28刑集29巻10号983頁
……………………………154,177,189
大阪地判昭51・3・4判時822号109頁……231
最判昭51・3・16刑集30巻2号146頁……278
札幌高判昭51・3・18判時820号36頁
……………………………137,138,139,142
最決昭51・3・23刑集30巻2号229頁…158
東京高判昭51・6・1判時815号114頁…240
最大判昭51・9・22刑集30巻8号1640頁…428
松江地判昭51・11・2判時845号127頁……400
横浜地川崎支判昭51・11・25判時842号127頁
……………………………315
最大判昭52・5・4刑集31巻3号182頁…156
最決昭52・7・21刑集31巻4号747頁
……………………………174,175,177
最決昭53・2・16刑集32巻1号47頁…416
最決昭53・3・22刑集32巻2号381頁…75
最判昭53・3・24刑集32巻2号408頁…223
最判昭53・5・31刑集32巻3号457頁
……………………………153,158
最決昭53・7・28刑集32巻5号1068頁…109
最判昭54・3・27刑集33巻2号140頁…128
最判昭54・4・13刑集33巻3号179頁
……………………………126,380
東京高判昭55・9・26判時983号22頁
……………………………39,240
最決昭55・11・13刑集34巻6号396頁……161
札幌高判昭56・1・22判時994号129頁…148
横浜地判昭56・7・17判時1011号142頁
……………………………331,395,396
最決昭57・2・17刑集36巻2号206頁
……………………………415,416
最決昭57・7・16刑集36巻6号695頁…324
東京地八王子支判昭57・12・22判タ494号
142頁………………………86
横浜地判昭58・7・20判時1108号138頁
……………………………258,264
最決昭58・9・13判時1100号156頁………223

最決昭58・9・21刑集37巻7号1070頁
　　　　　　　　　　　　　………311,342
最決昭58・9・27刑集37巻7号1078頁……429
最判昭58・9・29刑集37巻7号1110頁……428
最判昭59・3・6刑集38巻5号1961頁……100
最決昭59・3・27刑集38巻5号2064頁……312
最決昭59・7・3刑集38巻8号2783頁……223
最決昭59・7・6刑集38巻8号2793頁……75
最大判昭60・10・23刑集39巻6号413頁……20
福岡高判昭61・3・6判時1193号152頁……296
最決昭61・6・24刑集40巻4号292頁……156
名古屋高判昭61・9・30判時1224号137頁
　　　　　　　　　　　　　…………………332
大阪高判昭61・10・21判タ630号230頁……356
最決昭61・11・18刑集40巻7号523頁……425
仙台地石巻支判昭62・2・18判時1249号145頁
　　　　　　　　　　　　　…………………161
最決昭62・3・26刑集41巻2号182頁……247
大阪高判昭62・7・10判時1261号132頁
　　　　　　　　　　　　　………395,396
最決昭62・7・16刑集41巻5号237頁
　　　　　　　　　　　　　………240,241
東京高判昭62・7・16判時1247号140頁……287
千葉地判昭62・9・17判時1256号3頁……192
大阪高判昭62・10・2判タ675号246頁……370
岐阜地判昭62・10・15判タ654号261頁……279
最決昭63・5・29刑集42巻5号807頁……76,78
東京地判昭63・7・27判時1300号153頁……351
最判昭63・10・27刑集42巻8号1109頁
　　　　　　　　　　　　　………142,148

【平　成】

最決平元・3・14刑集43巻3号262頁……139
福岡高宮崎支判平元・3・24判タ718号226頁
　　　　　　　　　　　　　…………………161
最決平元・6・26刑集43巻6号567頁……399
最判平元・7・18刑集43巻7号752頁……96
最決平元・12・15刑集43巻13号879頁……62,90
札幌地判平2・1・17判タ736号244頁……381
大阪高判平2・1・23判タ731号244頁……371
最決平2・2・9判時1341号157頁………96
東京高判平2・2・21判タ733号232頁……353

山口簡判平2・10・1判時1373号144頁……258
東京地判平2・11・15判時1373号145頁……258
最決平2・11・16刑集44巻8号744頁……147
最決平2・11・20刑集44巻8号837頁
　　　　　　　　　　　　　………67,72,78
最決平2・11・29刑集44巻8号871頁……147
東京高判平2・12・10判タ752号246頁……356
最判平3・11・14刑集45巻8号221頁……148
長崎地判平4・1・14判時1415号142頁……231
東京地判平4・1・23判時1419号133頁
　　　　　　　　　　　　　………332,333
浦和地判平4・2・27判タ795号263頁……296
最判平4・6・5刑集46巻4号245頁
　　　　　　　　　　　　　………342,409
最判平4・12・17刑集46巻9号683頁……76,78
大阪高判平5・3・30判タ840号218頁……351
最決平5・10・29刑集47巻8号98頁………427
最判平5・11・25刑集47巻9号242頁……147
最判平6・12・6刑集48巻8号509頁
　　　　　　　　　　　　　………384,405
最決平6・12・9刑集48巻8号576頁……462
横浜地判平7・3・28判時1530号28頁……165
千葉地判平7・12・13判時1565号144頁……166
最判平8・2・8刑集50巻2号221頁……6,23
東京地判平8・6・26判時1578号39頁
　　　　　　　　　　　　　………215,221
最判平8・11・18刑集50巻10号745頁
　　　　　　　　　　　　　…………18,457
最決平8・11・28刑集50巻10号827頁………460
最判平9・6・16刑集51巻5号435頁……174
大阪地判平9・8・20判タ995号286頁……395
東京高判平11・1・29判時1683号153頁……371
釧路地判平11・2・12判時1675号148頁……371
東京高判平11・3・12判タ999号297頁……18
札幌高判平12・3・16判時1711号170頁……371
東京地判平12・7・4判時1769号158頁……400
最決平12・12・20刑集54巻9号1095頁……139
東京地判平12・12・27判時1771号168頁……335
最決平13・2・9刑集55巻1号76頁………443
東京地判平13・2・20判時1756号162頁……264
東京地判平13・3・28判時1763号17頁……139
東京高判平13・4・9高刑速平成13年50頁
　　　　　　　　　　　　　…………………290

札幌高判平13・5・10判タ1089号298頁……290
最決平13・10・25刑集55巻6号519頁
　　　　　　　　　　　　　……311,342,406
東京高判平14・3・13東高刑時報53巻1～12号31頁……396
名古屋高判平14・8・29判時1831号158頁
　　　　　　　　　　　　　　　　　……400
大阪高判平14・9・4判タ1114号293頁
　　　　　　　　　　　　　　　……184,242
最判平15・1・24判時1806号157頁………140
最大判平15・4・23刑集57巻4号467頁……424
最決平15・5・1刑集57巻5号507頁
　　　　　　　　　　　　　　……324,328
最判平15・7・10刑集57巻7号903頁……433
最決平15・7・16刑集57巻7号950頁……76,78
最決平16・1・20刑集58巻1号1頁………312
最決平16・2・17刑集58巻2号169頁……76,78
最決平16・3・22刑集58巻3号187頁
　　　　　　　　　　　　……254,256,258,264～
千葉地判平16・5・25判タ1188号347頁……259
東京高判平16・6・22東高刑時報55巻1～12号50頁……396
最決平16・10・19刑集58巻7号645頁……77,78
最判平17・4・14刑集59巻3号283頁……429
最決平17・7・4刑集59巻6号403頁
　　　　　　　　　　　　　　……86,380,381
最決平17・11・15刑集59巻9号1558頁……145
最決平18・3・27刑集60巻3号382頁……77,78
名古屋高判平19・2・16判タ1247号342頁
　　　　　　　　　　　　　　……258,266
最決平19・3・26刑集61巻2号131頁
　　　　　　　　　　　　　　……145,335
最判平19・9・18刑集61巻6号601頁……20
最決平20・3・3刑集62巻4号567頁……141

最判平20・4・25刑集62巻5号1559頁……224
最決平20・5・20刑集62巻6号1786頁
　　　　　　　　　　　　　　……199,485
最決平20・6・25刑集62巻6号1859頁……203
最決平21・2・24刑集63巻2号1頁……204
最判平21・6・30刑集63巻5号475頁……401
最判平21・7・16刑集63巻6号711頁……196
最判平21・12・7刑集63巻11号1899頁……165
最判平21・12・7刑集63巻11号2641頁……139
最判平21・12・8刑集63巻11号2829頁……223
最判平22・3・17刑集64巻2号111頁……422
最判平22・5・31刑集64巻4号447頁……146
最決平22・10・26刑集64巻7号1019頁
　　　　　　　　　　　　　　……74,146
最決平23・12・19刑集65巻9号1380頁……356
最判平24・2・8刑集66巻4号200頁
　　　　　　　　　　　　　……74,90,141
最決平24・11・6刑集66巻11号1281頁……396
最判平24・12・7刑集66巻12号1337頁……20
東京高判平24・12・18判時2212号123頁……215
最決平26・3・17刑集68巻3号368頁……421
最決平26・7・22刑集68巻6号775頁……141
最決平26・11・7刑集68巻9号963頁……254
最決平28・5・25刑集70巻5号117頁……141
最決平28・7・12刑集70巻6号411頁
　　　　　　　　　　　　　　……333,335
最決平28・7・27刑集70巻6号571頁……460
最判平29・4・26刑集71巻4号275頁……176
最判平29・6・12刑集71巻5号315頁……138
最大判平29・11・29刑集71巻9号467頁……154
最判平29・12・11刑集71巻10号535頁
　　　　　　　　　　　　　　……280,396
最判平30・3・22刑集72巻1号82頁
　　　　　　　　　　　　……256,260,261

◆執筆者

大塚裕史（おおつか・ひろし）

1950年生まれ。神戸大学名誉教授、弁護士。主著に、『刑法総論の思考方法（第4版）』（早稲田経営出版、2012年）、『刑法各論の思考方法（第3版）』（早稲田経営出版、2010年）、『刑法演習サブノート210問』（共編著、弘文堂、2020年）、『ロースクール演習刑法（第3版）』（法学書院、2022年）、『応用刑法Ⅰ──総論』（日本評論社、2023年）、『応用刑法Ⅱ──各論』（日本評論社、2024年）。

執筆：「はしがき」、第3講、第5講、第8講～第9講、第12講～第13講、第27講

十河太朗（そごう・たろう）

1965年生まれ。同志社大学大学院司法研究科教授。主著に、『身分犯の共犯』（成文堂、2009年）、『新・判例ハンドブック刑法総論』（共編、日本評論社、2016年）、『新・判例ハンドブック刑法各論』（共編、日本評論社、2016年）、『刑法総論判例50！』（共著、有斐閣、2016年）、『刑法各論判例50！』（共著、有斐閣、2017年）、『刑法事例演習──メソッドから学ぶ』（有斐閣、2021年）。

執筆：第10講、第20講、第22講～第26講、第28講～第29講

塩谷　毅（しおたに・たけし）

1969年生まれ。岡山大学法学部教授。主著に、『被害者の承諾と自己答責性』（法律文化社、2004年）。

執筆：第1講、第4講、第7講、第11講、第14講、第16講、第21講

豊田兼彦（とよた・かねひこ）

1972年生まれ。大阪大学大学院法学研究科教授。主著に、『共犯の処罰根拠と客観的帰属』（成文堂、2009年）、『刑法総論判例50！』（共著、有斐閣、2016年）、『刑法各論判例50！』（共著、有斐閣、2017年）。

執筆：「本書の使い方」、第2講、第6講、第15講、第17講～第19講、第30講

基本刑法Ⅰ——総論［第3版］
2012年11月25日　第1版第1刷発行
2016年 3月20日　第2版第1刷発行
2019年 3月25日　第3版第1刷発行
2025年 5月20日　第3版第9刷発行

著　者——大塚裕史・十河太朗・塩谷　毅・豊田兼彦
発行所——株式会社　日本評論社
　　　　　東京都豊島区南大塚3-12-4
　　　　　電話 03-3987-8621（販売），-8631（編集）
　　　　　振替 00100-3-16
印刷所——精文堂印刷株式会社
製本所——株式会社難波製本

Ⓒ H.Ohtsuka, T.Sogo, T.Shiotani, K.Toyota 2019
装丁／桂川　潤　Printed in Japan
ISBN 978-4-535-52383-8

JCOPY　＜(社)出版者著作権管理機構　委託出版物＞
本書の無断複写は著作権法上での例外を除き禁じられています。複写される場合は、そのつど事前に、(社)出版者著作権管理機構（電話 03-5244-5088，FAX03-5244-5089，e-mail: info@jcopy.or.jp）の許諾を得てください。また、本書を代行業者等の第三者に依頼してスキャニング等の行為によりデジタル化することは、個人の家庭内の利用であっても、一切認められておりません。

基本刑法 I 総論[第3版] II 各論[第4版]
大塚裕史・十河太朗・塩谷 毅・豊田兼彦[著]

絶大な人気を誇る定番の教科書。法改正・新判例を踏まえ、さらに明快にバージョンアップ。Iは「正当防衛」「実行の着手」「共犯」を全面改訂。IIは「性犯罪」「拘禁刑」「逃走罪」の法改正に対応。　◆I：定価4,180円、II：定価3,740円

応用刑法 I 総論 II 各論　大塚裕史[著]
判例実務の考え方・使い方がこれでわかる！

『基本刑法I・II』で学んだ法的知識を、より深く、より正確に理解させ、使いこなせる力に変える。実務刑法学入門の決定版。　◆各定価4,400円

基本刑事訴訟法　◆各定価3,300円
I 手続理解編　II 論点理解編[第2版]
吉開多一・緑 大輔・設楽あづさ・國井恒志[著]

法曹三者と研究者による徹底的にわかりやすいテキスト。手続も論点もこれで完璧。IIは新判例・法改正を入れ、読者の声に応えてさらに読みやすく全面改訂。

基本憲法 I 基本的人権　木下智史・伊藤 建[著]
判例の示す「規範」とは何か。どう事例に当てはめるのか。各権利・自由につき、意義、内容、判断枠組み、具体的問題、「演習問題」という構成で明快に解説。　◆定価3,300円

基本行政法[第4版] 中原茂樹[著]
大人気の教科書。『基本行政法判例演習』とリンクさせ、全体の解説もさらにわかりやすく、最新の判例も入れてバージョンアップ。　◆定価3,740円

基本行政法判例演習
中原茂樹[著]

『基本行政法』の判例学習を深く広く発展させ、完成させる。立体的で精緻、かつ明快な解説で、事例問題を正確に解く力が身につく。　◆定価3,960円

新基本法コンメンタール 刑法[第2版]
浅田和茂・井田 良[編]　別冊法学セミナー

2017年に成立した性犯罪規定の改正までを反映した最新版。第1版以降の判例・学説の動きをフォローし、自動車運転死傷行為処罰法についても解説。　◆定価5,390円

日本評論社
https://www.nippyo.co.jp/　※表示価格は税込価格です。